Der strafrechtliche Schutz des Rechts am eigenen Bild
vor dem neuen Phänomen des Cyber-Bullying

Schriften zum Medien-, Urheber- und Wirtschaftsrecht

Herausgegeben von Prof. Dr. Georgios Gounalakis

Band 14

PETER LANG
Frankfurt am Main · Berlin · Bern · Bruxelles · New York · Oxford · Wien

Ricarda Leffler

Der strafrechtliche Schutz des Rechts am eigenen Bild vor dem neuen Phänomen des Cyber-Bullying

Eine Untersuchung der Normanwendungs- und Auslegungsprobleme der strafrechtlichen Bildnisschutzvorschriften bei deren Verletzung im Rahmen von Internetdelikten

PETER LANG
Internationaler Verlag der Wissenschaften

Bibliografische Information der Deutschen Nationalbibliothek
Die Deutsche Nationalbibliothek verzeichnet diese Publikation in der Deutschen Nationalbibliografie; detaillierte bibliografische Daten sind im Internet über http://dnb.d-nb.de abrufbar.

Zugl.: Berlin, Freie Univ., Diss., 2012

D 188
ISSN 1867-1012
ISBN 978-3-631-63794-4

www.peterlang.de

Danksagung

Die vorliegende Arbeit lag dem Fachbereich Rechtswissenschaft der Freien Universität Berlin im Sommersemester 2011 als Dissertation vor. Die mündliche Prüfung fand am 14. Februar 2012 statt. Rechtsprechung und Literatur haben den Stand von Juni 2012.

Mein aufrichtiger Dank gilt Herrn Prof. Dr. Axel Montenbruck, der mir sehr geduldig und immer zur rechten Zeit zur Seite stand. Mein Dank gilt auch Herrn Prof. Dr. Tobias Singelnstein für die Erstellung des Zweitgutachtens.

Ein ganz besonderer und persönlicher Dank gilt meinen Eltern, die durch ihre Unterstützung maßgeblich die Entstehung und Veröffentlichung dieser Arbeit ermöglicht haben. Bedanken möchte ich mich auch bei meinem Lebensgefährten Vincent, der mir mit mentalem Rückhalt und Geduld als konstruktiver Gesprächspartner zur Seite stand.

Die Arbeit widme ich meinen Eltern und meiner Schwester Alexandra.

Frankfurt am Main, Juli 2012 Ricarda Leffler

Inhaltsverzeichnis

Danksagung 5
Abkürzungsverzeichnis 17
1. Teil: Grundlagen zum strafrechtlichen Schutz des Rechts am eigenen Bild 25
1. Kapitel: Einführung und Überblick über die Grundlage der Normierung eines strafrechtlichen Schutzes des Rechts am eigenen Bild 25
A. Einführung in die Problemstellung 25
B. Konkreter Untersuchungsgegenstand und Gang der Darstellung 30
C. Überblick über die Grundlage für die Normierung eines strafrechtlichen Schutzes des Rechts am eigenen Bild 34
I. Das allgemeine Persönlichkeitsrecht 34
II. Das Recht am eigenen Bild als besondere Ausprägung des allgemeinen Persönlichkeitsrechts 39
2. Kapitel: Die historische Entwicklung des Rechts am eigenen Bild 42
A. Gesetzeslage vor dem 19. Jahrhundert 44
I. Gesetz zum Schutz der Urheberrechte an literarischen Erzeugnissen und der Kunst vom 28. Juni 1865 44
II. Gesetz betreffend das Urheberrecht an Werken der bildenden Künste vom 9. Januar 1876 45
III. Gesetz betreffend den Schutz der Photographien gegen unbefugte Nachbildungen vom 10. Januar 1876 46
B. Kritik an den vorstehenden Gesetzen 46
C. Rechtsprechung des Reichsgerichts 48
I. Entscheidung des Reichsgerichts „Dame im Badeanzug" vom 29. November 1898 48
II. Bismarck- Entscheidung des Reichsgerichts vom 28. Dezember 1899 49
III. Entscheidung des Reichsgerichts in Strafsachen vom 26. Mai 1900 50
IV. Stellungnahme zur Rechtsprechung des Reichsgerichts 51
D. Diskussionen in Wissenschaft und Gesetzgebung über die Anerkennung des Rechts am eigenen Bild 53
E. Die Entstehung des Gesetzes betreffend das Urheberrecht an Werken der bildenden Künste und der Photographie vom 9. Januar 1907 57
I. Der zivilrechtliche Bildnisschutz (§§ 22, 23 KUG) 59
II. Die strafrechtliche Blankettverweisung, § 33 i.V.m. §§ 22, 23 KUG 61
F. Erweiterung des strafrechtlichen Bildnisschutzes durch das Inkrafttreten des § 201a StGB 62
I. Die Entstehung des 15. Abschnitts im Besonderen Teil des StGB 62
II. Frühere Reformdiskussionen und Gesetzesvorschläge zum strafrechtlichen Bildnisschutz 62
III. Entscheidung des Europäischen Gerichtshofes für Menschenrechte Caroline von Hannover ./. Deutschland 64
1. Ausgangspunkt der Entscheidung des EGMR 64
2. Allgemein zu Art. 8 EMRK 65
3. Bedeutung der Entscheidung des Europäischen Gerichtshofes für Menschenrechte 66
IV. EU-Richtlinie 2002/58/EG des Europäischen Parlaments und des Rates vom 12. Juli 2002 68
V. Die Entstehung des § 201a StGB 69
3. Kapitel: Der Schutz des Rechts am eigenen Bild in den Vorschriften des Nebenstrafrechts und des StGB 73
A. Strafrechtlicher Sonderschutz des Rechts am eigenen Bild 73
I. gemäß § 33 i.V.m. §§ 22, 23 KUG 73
II. gemäß § 4 i.V.m. § 1 Abs. 2 Satz 1 Nr. 2 b) GewSchG 74
III. gemäß § 148 Abs. 1 Nr. 2 a) i.V.m. § 90 Abs. 1 Satz 1 TKG 77
IV. gemäß dem Bundesdatenschutzgesetz 78
1. Anwendbarkeit der datenschutzrechtlichen Regelungen auf Bilder? 78
a) Auslegung des Begriffs „personenbezogene Daten" 79

b) Europarechtliche Implikationen ... 81
aa) EU-Datenschutz-Richtlinie ... 81
bb) Richtlinienkonforme Auslegung ... 82
c) Stellungnahme ... 83
2. Deliktsart ... 84
V. gemäß den Landesdatenschutzgesetzen ... 84
1. Strafvorschriften in den einzelnen Landesdatenschutzgesetzen ... 84
2. Anwendbarkeit der datenschutzrechtlichen Regelungen auf Bilder? ... 86
a) Verfolgter Gesetzeszweck in den föderalen Datenschutzregelungen ... 86
b) Anwendbarkeit ... 88
c) Stellungnahme ... 88
3. Deliktsart ... 89
B. Schutz des Rechts am eigenen Bild nach dem StGB ... 89
I. gemäß § 130a StGB ... 89
II. gemäß § 131 StGB ... 91
III. gemäß § 184 StGB ... 93
IV. gemäß § 185 StGB ... 94
1. Allgemeine Auslegung des § 185 StGB ... 94
2. Schutz mithilfe einer persönlichkeitsorientierten Auslegung? ... 97
3. Ergebnis ... 98
V. gemäß § 201a StGB ... 99
C. Zusammenfassung und Vergleich der strafrechtlichen Bildnisschutzvorschriften ... 101
2. Teil: Das Phänomen Cyber-Bullying ... 107
4. Kapitel: Begriff, Erscheinungsformen, Kategorisierungen ... 107
A. Begriff des Cyber-Bullying ... 107
I. Ausgangspunkt „Mobbing“ ... 107
II. Charakteristika des Cyber-Bullying ... 109
1. Agitation im Cyberspace ... 110
2. Fehlender Handlungskontext ... 110
3. Vielfalt innerhalb der Kommunikationsart ... 110
4. Fehlende Face-to-Face Konfrontation ... 111
5. Größere Reichweite beim Cyber-Bullying ... 111
6. Weniger Abwehrmöglichkeiten für die Opfer ... 111
7. Weniger Unterstützungsmöglichkeiten für Außenstehende ... 111
8. Drangsalierung über einen längeren Zeitraum ... 112
III. Definition des Begriffs Cyber-Bullying ... 112
IV. Betroffener Personenkreis – Opfer und Täter ... 114
B. Erscheinungsformen ... 116
I. Cyber-Bullying unter Gleichaltrigen ... 116
II. Cyber-Grooming ... 116
III. Cyber-Bullying gegen Lehrpersonal ... 117
C. Kategorisierungen ... 117
I. Kategorisierung nach der Art der Übergriff ... 117
1. Flaming (Beleidigung, Beschimpfung) ... 118
2. Harassment (Belästigung) ... 118
3. Denigration (Anschwärzen, Gerüchte verbreiten) ... 118
4. Impersonation (Auftreten unter falscher Identität) ... 119
5. Outing und Trickery (Bloßstellung und Betrügerei) ... 120
6. Exclusion (Ausschluss) ... 120
7. Cyberstalking (fortwährende Belästigung und Verfolgung) ... 121
8. Cyberthreats (offene Androhung und Gewalt) ... 122
II. Kategorisierung anhand des verwendeten Mediums ... 122
III. Kategorisierung nach den verwendeten Methoden ... 123
1. Dirketes Cyber-Bullying ... 123
2. Indirektes Cyber-Bullying ... 123
IV. Relevante Kategorisierungen in Bezug auf den strafrechtlichen Bildnisschutz ... 124

5. Kapitel: Verbreitungsmedien 125
A. Verbreitungsmedium: Fotohandy 125
B. Verbreitungsmedium: Internet 127
I. Aufbau und Funktionsweise des Internet 129
II. Akteure des Internet 130
1. Content-Provider 131
2. Host-Provider 131
3. Access-Provider 131
4. Internet-Service-Provider 132
5. User 132
III. Einzelne Dienste im Internet = Tatorte beim Cyber-Bullying 132
1. World Wide Web (WWW) 133
2. Electronic Mail (E-Mail) 134
3. Newsgroups 135
4. Chatten 136
a) Internet-Relay Chat 137
b) Instant Messaging 138
5. Smartphone 138
6. Videoplattformen 139
7. Sonderproblem: Soziale Netzwerke 141
a) Begriffserklärung 142
b) Einzelne Communities und ihre Funktionen 143
aa) SchülerVZ 144
bb) Facebook 146
F. Recht am eigenen Bild strafrechtlich verletzenden Tathandlungen beim Cyber-Bullying 147

3. Teil: Strafanwendungsprobleme und strafrechtliche Bedeutung des Cyber-Bullying in Bezug auf den Bildnisschutz 149
6. Kapitel: Die Anwendbarkeit des deutschen Strafrechts auf Straftaten beim Cyber-Bullying 149
A. Problemstellung bei Straftaten via Internet 149
B. Grundprinzipien des Strafanwendungsrechts 150
I. Territorialitätsprinzip des § 3 StGB 151
1. Der Begriff des Inlands 152
2. Bestimmung des Tatorts 152
II. Flaggenprinzip 154
III. Aktives Personalitätsprinzip 154
IV. Schutzprinzip 155
1. Staatsschutzprinzip 155
2. Passives Personalitätsprinzip (Individualschutzprinzip) 156
V. Universalitätsprinzip (Weltrechtsprinzip) 156
VI. Prinzip der stellvertretenden Strafrechtspflege (Stellvertretungsprinzip) 157
C. Übertragbarkeit der dargestellten Grundprinzipien des Strafanwendungsrechts auf die Taten des Cyber-Bullying im Internet 158
I. Einführung 158
II. Auslegung des Ubiquitätsprinzips in § 9 StGB 159
1. Ort der Handlung, § 9 Abs. 1, 1. Alt. StGB 159
a) Ort der Handlung in Deutschland 160
b) Ort der Handlung im Ausland 160
aa) Abstellen auf die „virtuelle Anwesenheit" des Täters 160
bb) Abstellen auf den Standort des Servers 161
cc) Abstellen auf die gesetzliche Unrechtsbeschreibung des Tatbestandes 163
dd) Ergebnis 165
2. Ort des zum Tatbestand gehörenden Erfolgs, § 9 Abs. 1, 3. Alt. StGB 165
a) Deliktstypen der strarechtlichen Bildnisschutzvorschriften 167
aa) § 33 i.V.m. §§ 22, 23 KUG 167
bb) § 148 Abs. 1 Nr. 2 a) i.V.m. § 90 Abs. 1 Satz 1 TKG 169
cc) Strafvorschriften der Landesdatenschutzgesetze 170

dd) § 44 i.V.m. § 43 Abs. 2 BDSG ... 171
ee) § 201a StGB ... 171
b) Erfolgsorte bei den Deliktsarten der Bildnisschutzvorschriften ... 172
aa) Erfolgsort bei Tätigkeitsdelikten ... 172
bb) Erfolgsort bei Gefährdungsdelikten ... 173
aaa) Konkrete Gefährdungsdelikte ... 173
bbb) Abstrakte Gefährdungsdelikte ... 174
(1) Rechtsprechung des BGH ... 174
(2) Auffassungen in der Literatur ... 175
ccc) Ergebnis ... 177
c) Anwendung des deutschen Strafrechts anhand von subjektiven Einschränkungen des Ubiquitätsprinzips ... 178
d) Anwendung des deutschen Strafrechts anhand von objektiven Anknüpfungspunkten ... 179
aa) Übernahme der Anknüpfungspunkte des § 7 StGB ... 179
bb) Territoriale Spezifizierung als Anknüpfungspunkt ... 180
cc) Analoge Anwendung des Prinzips der identischen Norm ... 180
dd) Eigenständige Auslegung des Erfolgsbegriffs in § 9 StGB ... 181
e) Die Entscheidung des BGH im Fall Töben ... 182
III. Stellungnahme ... 184
IV. Reformansätze ... 186
1. Erweiterung der Kommunikationsdelikte in § 6 StGB ... 186
2. Internationale Übereinkommen ... 187

7. Kapitel: Die Strafbarkeit des Cyber-Bullying in Bezug auf den strafrechtlichen Bildnisschutz gemäß § 33 i.V.m. §§ 22, 23 KUG und die Anwendungs- und Auslegungsprobleme im Rahmen des Cyber-Bullying ... 189
A. Tatobjekt = Bildnis ... 189
I. Definition des Begriffs „Bildnis“ ... 189
II. vom Bildnisschutz erfasster Kreis ... 190
1. Natürliche Personen ... 190
2. Schulen und Hochschulen ... 190
a) Rechtsstellung ... 190
aa) Schulen ... 190
bb) Hochschulen ... 191
b) Träger von Grundrechten ... 192
aa) Begriff der juristischen Person ... 192
bb) Grundrechtsfähigkeit von juristischen Personen des Privatrechts ... 193
aaa) Rechtsprechung des BVerfG ... 193
bbb) Rechtsprechung des BGH ... 194
ccc) Stellungnahme ... 195
cc) Grundrechtsfähigkeit von juristischen Personen des öffentlichen Rechts ... 196
c) Ergebnis ... 197
3. Lehrpersonal ... 198
4. Lehrerzimmer ... 199
5. Verstorbene ... 199
a) Bildnis zu Lebzeiten erstellt ... 199
b) Leichenfotos ... 200
aa) 1. Auffassung ... 200
bb) 2. Auffassung ... 201
cc) Stellungnahme ... 202
III. Erkennbarkeit ... 202
IV. Medium der Darstellung ... 206
B. Tathandlungen ... 209
I. Anfertigen von Bildnissen ? ... 209
II. Verbreiten gemäß § 22 Satz 1, 1. Alt. KUG ... 210
1. Definition des Begriffs Verbreiten ... 210
2. Übertragbarkeit des Begriffs Verbreiten auf das Internet ... 211
III. öffentlich zur Schau stellen gemäß § 22 Satz 1, 2. Alt. KUG ... 212
1. Definition des Begriffs des öffentlichen Zurschaustellens ... 212

2. Reichweite des Begriffs des Zurschaustellens auf Grund der technischen Fortentwicklung 213
a) Eröffnung des Anwendungsbereichs des § 19a UrhG 214
aa) Zugänglich machen 214
bb) Drahtgebunden oder drahtlos 215
cc) von Orten und zu Zeiten ihrer Wahl 216
dd) Sonderproblem: Öffentlich 216
aaa) Der Begriff der Öffentlichkeit im UrhG 216
(1) Für eine Mehrzahl von Personen bestimmt 217
(2) Persönliche Verbundenheit 218
(3) Erforderlichkeit der Gleichzeitigkeit der Wiedergabe ? 219
(4) Räumliche Verbindung ? 220
bbb) Der Begriff der Öffentlichkeit im StGB 221
(1) Personenkreis 221
(2) Wahrnehmbarkeit der Handlung 222
(3) Erforderlichkeit der Gleichzeitigkeit der Wahrnehmung der Handlung ? 223
(4) Öffentlichkeit des Ortes 223
ccc) Verstoß gegen das strafrechtliche Analogieverbot ? 224
b) Anwendungsprobleme auf Tatort und Tathandlungen im Rahmen des Cyber-Bullying 225
aa) Rechtliche Beurteilung der technischen Handlungsvorgänge beim Cyber-Bullying 225
aaa) Speichern der hergestellten Bildaufnahmen auf dem Fotohandy oder Smartphone 225
bbb) Übertragen der hergestellten Bildaufnahme auf ein anderes Speichermedium 226
ccc) Hochladen (Uploading) 226
ddd) Bereithalten zum Abruf 227
eee) Übermittlung der Bildaufnahme 227
fff) Herunterladen (Downloading) 229
ggg) Sichtbarmachen auf dem Bildschirm 230
hhh) Sonderproblem: Streaming 231
(1) Begriff 231
(2) Rechtliche Bewertung 231
iii) Versenden einer E-Mail 232
jjj) Sonderproblem: Links 234
(1) Begriff 234
(2) Rechtliche Bewertung 235
bb) Beurteilung der Einheitlichkeit der Handlungsvorgänge des Cyber-Bullying i.R.d. des öffentlichen Zu-gänglichmachens i.S.d. § 19a UrhG 237
aaa) Rechtsprechung 238
(1) Entscheidung des LG München I vom 25. Juni 2009 – myvideo 238
(2) Entscheidung des OLG München vom 29. April 2010 – myvideo 238
bbb) Vertretene Auffassungen in der Literatur 239
ccc) Stellungnahme 239
(1) Fehlerhafte Prüfungsgrundlage des OLG München 239
(2) Widerspruch zur Systematik der Verwertungsrechte in § 15 UrhG 240
(3) Widerspruch zu den urheberrechtlichen Schrankenbestimmungen der §§ 52a, 52b UrhG 241
(4) Kein entgegenstehendes Verkehrsschutzinteresse 242
(5) Widerspruch zu den WIPO-Verträgen 242
ddd) Ergebnis 245
cc) Beurteilung der Öffentlichkeit der Tatorte beim Cyber-Bullying 245
c) Ergebnis 248
C. Das Merkmal „mit Einwilligung“ 248
I. Einwilligung durch Hinnehmen der Bildaufnahme ? 249
II. Lehrer = Person der Zeitgeschichte ? 249
III. Einwilligung durch Minderjährige ? 252
IV. Einwilligung in die Veröffentlichung eines Bildnisses durch vorherige Einwilligung in die Veröffentlichung auf einer anderen Internetseite 253
D. Täterkreis 254
I. Unmittelbarer Täter 255
II. Täter und Teilnehmer 255
III. Zuschauer und Betrachter = Täter oder Teilnehmer des § 33 KUG? 255

8. Kapitel: Die Strafbarkeit des Cyber-Bullying in Bezug auf den strafrechtlichen Bildnisschutz gemäß § 201a StGB und die Anwendungsprobleme im Rahmen des Cyber-Bullying ... 257
A. Tatobjekt = Bildaufnahme von einer anderen Person ... 257
I. Begriff der Bildaufnahme ... 257
1. Rückführbarkeit des Aufnahmeobjektes auf ein selbsttätig arbeitendes Bildaufnahmegerät – Problem bei Foto- und Videomontagen ... 258
2. gegenständliche perpetuierbare zur Vervielfältigung geeignete Verkörperung eines visuell erfassbaren Abbildes ... 259
II. „von einer anderen Person“ ... 260
1. Täter als geschützter Aufnahmegegenstand ... 260
2. Schulen und Hochschulen ... 261
3. Lehrerzimmer ... 261
4. Lehrpersonal ... 262
5. Verstorbene als Aufnahmegegenstand ... 262
a) Postmortaler Strafrechtsschutz ... 262
b) Postmortaler Schutz durch § 201a StGB ? ... 263
aa) Bildaufnahmen von Leichen ... 265
bb) Bildaufnahmen von gerade sterbenden Personen ... 266
cc) zu Lebzeiten erstellte Bildaufnahmen nach dem Tod der abgebildeten Person ... 266
aaa) Beurteilung in Bezug auf § 201a Abs. 2 StGB ... 267
bbb) Beurteilung in Bezug auf § 201a Abs. 3 StGB ... 267
dd) Kritik ... 268
c) Ergebnis ... 268
III. Notwendigkeit der Erkennbarkeit des Aufnahmegegenstandes ... 268
1. Darstellung des Meinungsstandes ... 269
2. Stellungnahme ... 269
B. „in einer Wohnung oder einem gegen Einblick besonders geschützten Raum“ ... 270
I. Auslegung des Begriffs „Wohnung“ ... 270
1. Bedeutung des Begriffs der Wohnung in anderen Normen des StGB ... 271
a) in § 123 Abs. 1 StGB ... 271
b) in § 180a Abs. 2 Nr. 1 und 2 StGB ... 272
c) in § 244 Abs. 1 Nr. 3 StGB ... 273
d) in § 306a Abs. 1 Nr. 1 StGB ... 274
2. Auswirkungen der unterschiedlichen Definitionen auf den Wohnungsbegriff in § 201a StGB ... 274
3. Bedeutung der Definition für die im Rahmen des Cyber-Bullying betroffenen Räume ... 278
II. Auslegung des Begriffs „gegen Einblick besonders geschützter Raum“ ... 278
1. Gesetzgeberisches Ziel der Verwendung des Begriffs ... 279
2. Begriff des gegen Einblick besonders geschützten Raumes ... 279
a) Begriff des Raumes ... 280
b) „gegen Einblick besonders geschützt“ ... 280
3. Bedeutung des Begriffs für die im Rahmen des Cyber-Bullying betroffenen Räume ... 281
C. Tathandlungen ... 282
I. Herstellen und Übertragen von Bildaufnahmen, § 201a Abs. 1 StGB ... 282
1. Herstellen gemäß § 201a Abs. 1, 1. Alt. StGB ... 282
2. Übertragen gemäß § 201a Abs. 1, 2. Alt. StGB ... 284
II. Gebrauchen und Zugänglichmachen von Bildaufnahmen, § 201a Abs. 2 StGB ... 285
1. Gebrauchen gemäß § 201a Abs. 2, 1. Alt. StGB ... 285
a) „Bloßes Betrachten“ der Bildaufnahme ... 286
b) Übertragen und Kopie einer Bildaufnahme ... 287
c) Vorgänge des Speicherns, Verarbeitens und Veränderns ... 287
2. Zugänglichmachen einer Bildaufnahme gegenüber einem Dritten im Sinne von § 201a Abs. 2, 2. Alt. und § 201a Abs. 3 StGB ... 289
D. Taterfolg = Verletzung des höchstpersönlichen Lebensbereichs ... 291
I. Auslegung des Begriffs anhand der Rechtsprechung zur Intimsphäre ... 291
II. Auslegung des Begriffs anhand des § 68a StPO und des § 171b GVG ... 292
III. Stellungnahme und Bedeutung für die Taten des Cyber-Bullying ... 293
E. Täterkreis ... 294

I. Unmittelbarer Täter ... 294
II. Täter und Teilnehmer ... 295
F. Das Merkmal „Unbefugt“ ... 296
I. in § 201a Abs. 1 StGB ... 296
II. in § 201a Abs. 2 StGB ... 297
III. in § 201a Abs. 3 StGB ... 297
9. Kapitel: Beurteilung des strafrechtlichen Bildnisschutzes gemäß TKG und den Datenschutzgesetzen – Vergleich der einschlägigen strafrechtlichen Bildnisschutzvorschriften des § 33 i.V.m. § 22 KUG sowie § 201a StGB und ihre Wertungswidersprüche ... 299
A. Strafbarkeit gemäß § 148 Abs. 1 Nr. 2 a) i.V.m. § 90 Abs. 1 Satz 1 TKG ... 299
I. Tatobjekt = Sendeanlage ... 299
1. Begriff der Sendeanlage ... 299
2. Eignung zum unbemerkten Aufnehmen von Bildern ... 300
3. Tarnung der Sendeanlage ... 300
4. Stellungnahme ... 301
II. Ergebnis ... 301
B. Strafbarkeit gemäß dem BDSG und den LDSGen ... 302
C. Vergleich der einschlägigen strafrechtlichen Bildnisschutzvorschriften des § 33 i.V.m. § 22 KUG sowie § 201a StGB und ihre Wertungswidersprüche ... 303
I. in Bezug auf die Deliktsart ... 303
II. in Bezug auf das Tatobjekt ... 304
III. in Bezug auf die Tathandlungen ... 306

4. Teil: Verfassungsrechtliche Beschränkungen des strafrechtlichen Bildnisschutzes ... 309
10. Kapitel: Die Beschränkung des strafrechtlichen Bildnisschutzes im Zusammenhang mit Taten des Cyber-Bullying durch Art. 5 GG ... 309
A. Beschränkung des strafrechtlichen Bildnisschutzes durch Art. 5 GG in Bezug auf das Herstellen der Bildaufnahmen gemäß § 201a Abs. 1, 1. Alt. StGB ... 309
I. Beschränkung durch den sachlichen Schutzbereich der Meinungsfreiheit nach Art. 5 Abs. 1 Satz 1, 1. Halbs. GG ... 309
1. Bedeutung des Grundrechts der Meinungsfreiheit ... 310
2. Begriff der Meinung ... 310
3. Formen der Kundgabe ... 312
4. Ergebnis ... 313
II. Beschränkung durch den sachlichen Schutzbereich der Informationsfreiheit nach Art. 5 Abs. 1 Satz 1, 2. Halbs. GG ... 313
1. Bedeutung des Grundrechts der Informationsfreiheit ... 314
2. Sachlicher Schutzbereich ... 314
a) Quellen ... 315
b) Allgemein zugängliche Quellen ... 315
aa) Rechtswidriges Überwinden der Sperre der fehlenden Allgemeinzugänglichkeit ... 316
bb) Eingriff in anderweitige Rechtsgüter Dritter ... 317
cc) Beurteilung des Falles des § 201a Abs. 1, 1. Alt. StGB ... 317
3. Ergebnis ... 318
III. Beschränkung durch den sachlichen Schutzbereich der Medienfreiheiten des Art. 5 Abs. 1 Satz 2 GG ... 318
1. Beschränkung durch den sachlichen Schutzbereich der Pressefreiheit nach Art. 5 Abs. 1 Satz 2, 1. Alt. GG ... 318
a) Bedeutung des Grundrechts der Pressefreiheit ... 318
b) Sachlicher Schutzbereich ... 319
aa) Begriff der Presse ... 319
bb) Geschütztes Verhalten ... 320
c) Ergebnis ... 322
2. Beschränkung durch den sachlichen Schutzbereich der Rundfunkfreiheit gemäß Art. 5 Abs. 1 Satz 2, 2. Alt. GG ... 322
a) Die Bedeutung der Freiheit der Rundfunkberichterstattung ... 322
b) Sachlicher Schutzbereich ... 323

aa) Begriff des Rundfunks ... 323
bb) Geschütztes Verhalten ... 324
c) Ergebnis ... 324
3. Beschränkung durch den sachlichen Schutzbereich der Filmfreiheit gemäß Art. 5 Abs. 1 Satz 2, 3. Alt. GG ... 325
a) Bedeutung der Filmfreiheit ... 325
b) Sachlicher Schutzbereich ... 325
aa) Begriff des Films ... 325
bb) Geschütztes Verhalten ... 325
c) Ergebnis ... 326
IV. Beschränkung durch die Kunstfreiheit des Art. 5 Abs. 3 Satz 1, 1. Alt. GG ... 326
1. Bedeutung des Grundrechts der Kunstfreiheit ... 326
2. Sachlicher Schutzbereich ... 326
a) Begriff der Kunst ... 326
b) Geschütztes Verhalten ... 328
3. Ergebnis ... 328
V. Ergebnis ... 328
B. Beschränkung des strafrechtlichen Bildnisschutzes durch Art. 5 GG in Bezug auf das Übertragen der Bildaufnahmen gemäß § 201a Abs. 1, 2. Alt. StGB ... 329
I. Beschränkung durch den sachlichen Schutzbereich der Meinungsfreiheit nach Art. 5 Abs. 1 Satz 1, 1. Halbs. GG ... 329
II. Beschränkung durch den sachlichen Schutzbereich der Informationsfreiheit nach Art. 5 Abs. 1 Satz 1, 2. Halbs. GG ... 330
III. Beschränkung durch die Medienfreiheiten des Art. 5 Abs. 1 Satz 2 GG ... 330
1. Beschränkung durch den sachlichen Schutzbereich der Pressefreiheit nach Art. 5 Abs. 1 Satz 2, 1. Alt. GG 330
2. Beschränkung durch den sachlichen Schutzbereich der Rundfunkfreiheit nach Art. 5 Abs. 1 Satz 2, 2. Alt. GG ... 331
3. Beschränkung durch den sachlichen Schutzbereich der Filmfreiheit nach Art. 5 Abs. 1 Satz 2, 3. Alt. GG ... 331
IV. Beschränkung durch die Kunstfreiheit nach Art. 5 Abs. 3 Satz 1, 1. Alt. GG ... 331
V. Ergebnis ... 331
C. Beschränkung des strafrechtlichen Bildnisschutzes durch Art. 5 GG in Bezug auf das Gebrauchen und das Zugänglichmachen unbefugt hergestellter Bildaufnahmen gemäß § 201a Abs. 2 StGB ... 332
I. Beschränkung durch den sachlichen Schutzbereich der Meinungsfreiheit gemäß Art. 5 Abs. 1 Satz 1, 1. Halbs. GG ... 332
II. Begrenzung durch die Medienfreiheiten ... 333
III. Beschränkung durch die Kunstfreiheit nach Art. 5 Abs. 3 Satz 1, 1. Alt. GG ... 334
IV. Ergebnis 334
D. Beschränkung des strafrechtlichen Bildnisschutzes durch Art. 5 GG in Bezug auf das unbefugte Zugänglichmachen befugt hergestellter Bildaufnahmen gemäß § 201a Abs. 3 StGB .. 334
E. Beschränkung des strafrechtlichen Bildnisschutzes durch Art. 5 GG in Bezug auf das öffentliche Zurschaustellen gemäß § 33 i.V.m. § 22 KUG ... 335
11. Kapitel: Verfassungsrechtliche Rechtfertigung des 201a Abs. 2 und Abs. 3 StGB und § 33 i.V.m. § 22 KUG ... 336
A. Verfassungsrechtliche Rechtfertigung des § 201a Abs. 2 und Abs. 3 StGB ... 336
I. Eingriffsqualität der in § 201a StGB getroffenen Regelungen ... 336
II. Verfassungsrechtliche Rechtfertigung ... 336
1. Schranke der allgemeinen Gesetze ... 336
2. Gesetzgeberisches Ziel ... 338
3. Geeignetheit der Strafnorm ... 339
4. Erforderlichkeit der Strafnorm ... 339
5. Angemessenheit der Strafnorm ... 340
B. Verfassungsrechtliche Rechtfertigung des § 33 i.V.m. § 22 KUG ... 341

5. Teil: Zusammenfassung und abschließende Würdigung in 40 Thesen ... 342

Verzeichnis der zitierten gerichtlichen Entscheidungen 361

Literaturverzeichnis 376

Internetrecherche 400

Glossar 404

Anhang 415
Gesetzestexte 415

Abkürzungsverzeichnis

a.A.	andere Ansicht
Abl.	Amtsblätter
Abs.	Absatz
AcP	Archiv für die civilistische Praxis
AE-StGB	Alternativentwurf eines Strafgesetzbuches
a.F.	alte Fassung
AfP	Archiv für Presserecht
AG	Amtsgericht
AGB	Allgemeine Geschäftsbedingungen
Alt.	Alternative
Anm.	Anmerkung
AöR	Archiv des öffentlichen Rechts
Art.	Artikel
AT	Allgemeiner Teil
Aufl.	Auflage
BAG	Bundesarbeitsgericht
BayDSG	Bayerisches Datenschutzgesetz
BayHSchG	Bayerisches Hochschulgesetz
BayObLG	Bayerisches Oberstes Landesgericht
BbgDSG	Brandenburgisches Datenschutzgesetz
BbgHG	Brandenburgisches Hochschulgesetz
BerlHG	Berliner Hochschulgesetz
BGB	Bürgerliches Gesetzbuch
Bd.	Band
BDSG	Bundesdatenschutzgesetz
Bekl.	Beklagte / Beklagter
Beschl. v.	Beschluss vom
BGB	Bürgerliches Gesetzbuch

BGBl.	Bundesgesetzblatt
BGH	Bundesgerichtshof
BGHSt	Entscheidungen des Bundesgerichtshofes in Strafsachen
BGHZ	Entscheidungen des Bundesgerichtshofes in Zivilsachen
BK	Bonner Kommentar
BlnDSG	Berliner Datenschutzgesetz
BR-Drs.	Bundesrats-Drucksache
BremDSG	Bremisches Datenschutzgesetz
BR-Prot.	Bundesrats-Protokoll
bspw.	beispielsweise
BT	Besonderer Teil
BT-Drs.	Bundestags-Drucksache
BT-Prot.	Bundestags-Protokoll
BVerfG	Bundesverfassungsgericht
BVerfGE	Amtliche Sammlung der Entscheidungen des BVerfG
BWLHG	Landeshochschulgesetz Baden-Württemberg
bzw.	beziehungsweise
CR	Computer und Recht
c´t	Magazin für Computertechnik
ders.	derselbe
d.h.	das heißt
DJZ	Deutsche Juristen-Zeitung
DRiZ	Deutsche Richterzeitung
Drucks. des Reichst.	Drucksache des Reichstages
DSG-LSA	Datenschutzgesetz Land Sachsen-Anhalt
DSG M-V	Datenschutzgesetz Mecklenburg-Vorpommern
DSG NRW	Datenschutzgesetz Nordrhein-Westfahlen
DuD	Datenschutz und Datensicherheit

DVBl.	Deutsches Verwaltungsblatt
EG	Europäische Gemeinschaft
EGMR	Europäischer Gerichtshof für Menschenrechte
EGStGB	Einführungsgesetz zum Strafgesetzbuch
Einl.	Einleitung
EMRK	Europäische Menschenrechtskonvention
etc.	et cetera
EU	Europäische Union
EU-Abl.	Amtsblatt der Europäischen Gemeinschaften
EuGH	Europäischer Gerichtshof
EuGRZ	Europäische Grundrechte Zeitschrift
f. / ff.	folgende(r) / fortfolgende
FamRZ	Zeitschrift für das gesamte Familienrecht
FN	Fußnote
FS	Festschrift
GA	Goltdammer`s Archiv für Strafrecht
gest.	gestorben
GEW	Gewerkschaft Erziehung und Wissenschaft
GewSchG	Gesetz zum zivilrechtlichen Schutz vor Gewalttaten und Nachstellungen, kurz Gewaltschutzgesetz
GG	Grundgesetz
GRUR	Gewerblicher Rechtsschutz und Urheberrecht
GVG	Gerichtsverfassungsgesetz
HDSG	Hessisches Datenschutzgesetz
HK	Heidelberger Kommentar
HmbDSG	Hamburgisches Datenschutzgesetz
HmbHG	Hamburgisches Hochschulgesetz
HRG	Hochschulrahmengesetz
Hrsg.	Herausgeber
HSG LSA	Hochschulgesetz des Landes Sachsen-Anhalt

insbes.	insbesondere
i.S.	in Sachen
i.S.d.	im Sinne des/der
i.V.m.	in Verbindung mit
JA	Juristische Arbeitsblätter
JIM	Jugend, Information, (Multi-) Media
JR	Juristische Rundschau
JuR-PC	Internet-Zeitschrift für Rechtsinformatik und Informationsrecht
JuS	Juristische Schulung
JW	Juristische Wochenschrift
JZ	Juristenzeitung
Kap.	Kapitel
KG	Kammergericht
Kl.	Kläger / Klägerin
K&R	Kommunikation und Recht
KritV	Kritische Viertel-Jahresschrift für Gesetzgebung und Rechtswissenschaft
KUG	Kunsturhebergesetz
LDSG	Landesdatenschutzgesetz(e)
LG	Landgericht
LHG M-V	Landeshochschulgesetz Mecklenburg-Vorpommern
MDR	Monatsschrift für Deutsches Recht
MMR	Multimedia und Recht, Zeitschrift für Informations-, Telekommunikations- und Medienrecht
MünchKommBGB	Münchner Kommentar zum Bürgerlichen Gesetzbuch
MünchKommStGB	Münchner Kommentar zum Strafgesetzbuch
m.w.N.	mit weiteren Nachweisen
NDSG	Niedersächsisches Datenschutzgesetz
NHG	Niedersächsisches Hochschulgesetz

NJOZ	Neue Juristische Online-Zeitschrift
NJW	Neue Juristische Wochenschrift
NJW-RR	NJW-Rechtsprechungsreport
Nr.	Nummer
NStZ	Neue Zeitschrift für Strafrecht
NStZ-RR	NStZ-Rechtsprechungsreport
NVwZ	Neue Zeitschrift für Verwaltungsrecht
OHG	Oberster Gerichtshof
OLG	Oberlandesgericht
RBÜ	Revidierte Berner Übereinkunft
Rdnr.	Randnummer
Reichs-StGB	Reichsstrafgesetzbuch
RG	Reichsgericht
RGSt	Entscheidungen des Reichsgerichts in Strafsachen
RGZ	Amtliche Sammlung der Entscheidungen des Reichsgerichts in Zivilsachen
Rz.	Randziffer
S.	Seite(n)
SächsDSG	Sächsisches Datenschutzgesetz
SächsFrTrSchulG	Sächsisches Gesetz über Schulen in Freier Trägerschaft
SächsHSG	Sächsisches Hochschulgesetz
SchweizBG	Schweizerisches Bundesgericht
SDSG	Saarländisches Datenschutzgesetz
SK	Systematischer Kommentar
sog.	sogenannten
StaatsR	Staatsrecht
StGB	Strafgesetzbuch
StGB-E	Entwurf zum Strafgesetzbuch
StPO	Strafprozessordnung
StrafR	Strafrecht

StV	Strafverteidiger
Teilurt. v.	Teilurteil vom
ThürDSG	Thüringer Datenschutzgesetz
ThürHSG	Thüringisches Hochschulgesetz
TKG	Telekommunikationsgesetz
u.a.	und andere
UFITA	Archiv für Urheber-, Film-, Funk- und Theaterrecht
UrhG	Urhebergesetz
UrhR	Urheberrecht
Urt. v.	Urteil vom
u.v.a.	und viele(n) andere(n)
v.	vom/von
VBE	Verband Bildung und Erziehung
VG	Verwaltungsgericht
VGH	Verwaltungsgerichtshof
Vgl./vgl.	Vergleiche / vergleiche
Vorbem	Vorbemerkung
WCT	WIPO Copyright Treaty
WiKG	Gesetz zur Bekämpfung der Wirtschaftskriminalität
WIPO	World Intellectual Property Organization
wistra	Zeitschrift für Wirtschafts- und Steuerstrafrecht
WPPT	WIPO Performances and Phonograms Treaty
WRP	Wettbewerb in Recht und Praxis
z.B.	zum Beispiel
ZGB	Schweizerisches Zivilgesetzbuch
ZIP	Zeitschrift für Internationales Privatrecht
ZIS	Zeitschrift für Internationales Strafrecht
ZPO	Zivilprozessordnung
ZUM	Zeitschrift für Urheber- und Medienrecht

ZUM-RD	Zeitschrift für Urheber- und Medienrecht Rechtsprechungs-Dienst
ZRP	Zeitschrift für Rechtspolitik
ZS	Zivilsenat
ZStW	Zeitschrift für die gesamte Strafrechtswissenschaft

1. Teil: Grundlagen zum strafrechtlichen Schutz des Rechts am eigenen Bild

1. Kapitel: Einführung und Überblick über die Grundlage der Normierung eines strafrechtlichen Schutzes des Rechts am eigenen Bild

A. Einführung in die Problemstellung

Mit dem Aufkommen der *Sozialen Medien*[1] eröffnete sich im *Internet*[2] ein neues Zeitalter. Den *Usern*[3] des *Internets* wird es nun ermöglicht, selbst Inhalte im *WorldWideWeb (WWW)*[4] zu produzieren und sich mit anderen über das *Netz*[5] zu

---

1 Unter Sozialen Medien, die auch als Social Media bezeichnet werden, werden Soziale Netzwerke und Netzgemeinschaften verstanden, die als Plattformen zum gegenseitigen Austausch von Meinungen, Eindrücken und Erfahrungen dienen. Soziale Medien sind eine Vielfalt digitaler Medien und Technologien, die es Nutzern ermöglichen, sich untereinander auszutauschen und mediale Inhalte einzeln oder in Gemeinschaft zu gestalten. Sie sollen die Demokratisierung von Wissen und Information unterstützen und den Benutzer von einem Konsumenten zu einem Produzenten entwickeln. Die Nutzer nehmen durch Kommentare, Bewertungen und Empfehlungen aktiv auf die Inhalte Bezug und bauen auf diese Weise eine soziale Beziehung untereinander auf. Als Kommunikationsmittel werden dabei Text, Bild, Audio oder Video verwendet. Soziale Medien sind von den traditionellen Massenmedien, wie z.B. Zeitungen, Radio, Fernsehen und Film zu unterscheiden. Sie stützen sich ausschließlich auf online-basierte Kommunikationskanäle und Anwendungen.

2 Im Kern ist Internet nichts anderes als die Verbindung vieler Computer zu einem zusammenhängenden Netz unter Einigung auf einen Standard zur Kommunikation zwischen den angeschlossenen Rechnern, die auf der Grundlage des „Internet-Protokoll" (IP) bzw. des „Transmission Control Protocol" (TCP) Daten austauschen können.

3 Der englische Begriff User bedeutet im Deutschen Anwender, Verwender oder Benutzer. In der elektronischen Datenverarbeitung ist er u.a. gebräuchlich für a) den Benutzer eines Computers, also eine reale Person, b) ein Mitglied z.B. einer Online-Community oder c) einen Internetnutzer.

4 Der englische Begriff WorldWideWeb bedeutet im Deutschen „Weltweites Netz". Das WWW ist ein über das Internet abrufbares Hypertext-System, bestehend aus elektronischen Dokumenten, die durch Hyperlinks miteinander verknüpft sind. Zur Nutzung des WWW wird ein Webbrowser benötigt, welcher die Daten vom Webserver holt und z.B. auf dem Bildschirm anzeigt. Der Benutzer kann den Hyperlinks, die auf andere Dokumente verweisen, im Dokument folgen, gleichgültig, ob sie auf demselben Server oder einem anderen gespeichert sind. Dadurch ergibt sich ein weltweites Netz aus

verbinden oder zu kommunizieren. Neben den vielen positiven Aspekten, die das *Internet* mit sich bringt, gibt es aber auch das Risiko des Datenmissbrauchs. Von den *Usern* werden allzu oft leichtfertig Daten von sich oder auch von anderen im *Internet* preisgegeben. Diese veröffentlichten Daten können dann von Dritten frei eingesehen werden. Eine besondere Gefahr für den Datenmissbrauch stellen die Sozialen Netzwerke dar[6]. Dies sollen die folgenden Beispiele verdeutlichen:

Vor kurzem nahm die Berichterstattung über das Mobbingportal „I Share Gossip" im *Internet* einen großen Raum in der Medienlandschaft ein[7]. Dieses *Internet*portal stachelte Schüler[8] bundesweit zum Mobbing von Klassenkameraden an.

Am 1. November 2009 war in der Zeitung Rheinmain-Extra Tipp ein Artikel mit der folgenden Schlagzeile zu lesen: „Frankfurt - Miriam liebt ihren Freund Steve. Es ist die große Liebe für die 15-Jährige. Seit fünf Monaten haben die beiden Sex. Danach hat Steve mit seiner *Handy*[9]-Kamera Bilder von Miriam gemacht, auf denen sie nackt ist. Er hat ihr gesagt, wie schön er sie findet. Miriam hat nicht weiter darüber nachgedacht. Nun will sie sich von Steve trennen. Seine Eifersucht macht ihr das Leben schwer. Doch er droht ihr: „Wenn Du Schluss machst, schicke ich die Bilder an alle Deine Freunde." Miriam ist verzweifelt."[10]

Im *Internet*, insbesondere auf dem Videoportal YouTube, kursieren Tausende von Videomitschnitten aus Klassenzimmern[11]. Auf den Videos sind meistens

---

Websites. Das WWW wird im allgemeinen Sprachgebrauch oft mit dem Internet gleichgesetzt, obwohl es nur eine mögliche Nutzung des Internet darstellt. Es gibt durchaus Internetdienste, die nicht in das WWW integriert sind. Dazu gehören z.B. E-Mail und IRC.

5 Der Begriff wird synonym für den Begriff WWW benutzt.

6 Vgl. dazu: Ehrenstein (2011); Hofer (2011).

7 Vgl. dazu: Akyol (2011); Krüger (2011); Schneider (2011); Schneider/Cronauer (2011); Schüler wehrt sich erfolgreich gegen Lästerseite, Frankfurter Neue Presse vom 26. Januar 2011, online abrufbar unter: http://www.genios-presse.de/artikel,FNP,20110126,schueler-wehrt-sich-erfolgreich geg,570C532CA1B8D42D3000; Wieczorek, AfP 2012, 14 ff.

8 Aus Gründen der Lesbarkeit bedient sich die vorliegende Arbeit der männlichen Substantive, die die weibliche Form der Begriffe jedoch stets einbeziehen.

9 Ein Handy, auch Mobiltelefon genannt, ist ein tragbares Telefon, das über Funk mit dem Telefonnetz kommuniziert und daher ortsunabhängig eingesetzt werden kann. Heutzutage ist fast jedes Mobiltelefon mit einer integrierten Digitalkamera ausgestattet. In diesem Zusammenhang wird auch von einem Foto-Handy oder einem Kamera-Handy gesprochen.

10 Dreher (2009).

11 Vgl. z.B.: YouTube (2010). „Lehrer rastet aus wegen Papierflieger" eingestellt am 23. September 2008 (190.186 views), online abrufbar unter:

Aufnahmen von Mitschülern und Lehrern während des Unterrichts zu sehen. Besonders Lehrer dienen dabei als Zielscheibe entsprechender bloßstellender Videos. Dabei konzentrieren sich die Schüler darauf, Lehrer in Extremsituationen zu filmen[12]. In den Filmen werden Unterrichtsszenen gezeigt, in denen Schüler versuchen durch bestimmte Handlungen, die Lehrer zu provozieren, und filmen diese dann mit dem *Handy*[13]. Zu diesen Filmen gibt es keine Vor- und Nachgeschichten. Das hat zur Folge, dass die Lehrbeauftragten meist bei den *Viewern*[14] in ein schlechtes Licht gerückt werden[15]. Ein Extrembeispiel ist auf der Videoplattform YouTube zu sehen, das von einem schottischen Schüler mit seiner *Handy*-Kamera aufgenommen wurde: ein Mitschüler schleicht sich an den zur Tafel gewandten Lehrer heran und zieht diesem die Hose herunter, so dass der Lehrer für einen Augenblick in seiner Unterhose zu sehen ist und daraufhin dem Schüler, der diesen „Scherz“ begangen hat, wutentbrannt und beschämt durch das Klassenzimmer hinterherjagt[16]. Verschiedene Portale bieten den Schülern die Möglichkeit, selbst gefilmte Unterrichtsszenen, aber auch zusammen geschnittene Sequenzen wie im Extremfall Pornomontagen oder fingierte Hinrichtungsvideos, in denen der Kopf des unliebsamen Lehrers rollt, öffentlich zu machen[17].

Die Berichterstattung über diese Fälle ist in den Medien neu, obwohl das Phänomen des Lehrermobbings im Grunde genommen keine neue Erscheinung ist. Das Wirken von Lehrern wird von Schülern von jeher dokumentiert und kritisiert. Es gab schon immer Schulzeitungen, die zum Teil sehr harte Äußerungen

---

http://youtube.com/watch?v=wZZKCUQzyAE&feature=related; YouTube (2010). „Lehrerin im Unterricht“ eingestellt am 1. Oktober 2007 (130.438 views), online abrufbar unter: http://www.youtube.com/watch?v=6vnSudhhCqU&feature=related; YouTube (2010). „Steinbart Lehrer rastet aus“ eingestellt am 14. November 2009 (20.958 views), online abrufbar unter: http://www.youtube.com/watch?v=zrvY2RAQAXc&feature=related; YouTube (2010) „Lehrerin rastet aus Teil 1“ eingestellt am 27. März 2009 (13.044 views), online abrufbar unter: http://www.youtube.com/watch?v=A1OXeTfbam0&feature=related; YouTube (2010). „Lehrerin rastet aus Teil 2“ eingestellt am 27. März 2009 (7.721 views), online abrufbar unter: http://www.youtube.com/watch?v=A6TsL9g-x1A&feature=related.

12 Shanmuganathan, Information – Wissenschaft und Praxis, Band 61 (2010), 91, 93.

13 Shanmuganathan, Information – Wissenschaft und Praxis, Band 61 (2010), 91, 93.

14 Ein Viewer ist ein Dateibetrachter, der dem Darstellen der als Datei abgelegten digitalen Daten dient.

15 Shanmuganathan, Information – Wissenschaft und Praxis, Band 61 (2010), 91, 93.

16 YouTube (2010). „Lehrer Verarschung“ eingestellt am 4. August 2008 (3.167 views); abrufbar unter: http://www.youtube.com/watch?v=5ecpMc1LX9U&feature=related.

17 Vgl. auch: „Internetmobbing: Lehrer schlägt zurück“ vom 9. Juli 2009, online abrufbar unter: http://www.focus.de/schule/lehrerzimmer/internetmobbing_aid_65911.html.

über Lehrer enthalten. Auch ist es nicht neu, dass Bildaufnahmen von Lehrern kursieren, auf denen diese mehr oder weniger vorteilhaft getroffen worden sind. Schülerscherze gehören seit jeher zum Schulalltag. Neu ist aber die Qualität solcher Erscheinungen durch die mit Foto-*Handy* und *Internet* gegebene Möglichkeit, Bilder und Berichte rasch und weltweit und vor allem auch dauerhaft zu publizieren sowie zu manipulieren.

In der Presse ist auch von Fällen zu lesen, in denen das *Handy* unter die Toilettentür gehalten wird[18]. Die so erstellten Filme werden dann via *Bluetooth*[19] verbreitet oder sind auf *Internetplattformen*[20], wie z.B. SchülerVZ, wiederzufinden[21].

Ein weiterer Fall soll auch nur ein Beispiel für eine Vielzahl gleichgelagerter Fälle sein. Der Terror für Alina begann mit einem Paar neuer Schuhe. Das hatte sich Alina gekauft, weil ihre beste Freundin Alex das gleiche hatte. Doch Alex war darüber sehr wütend. Wie sehr, das merkte Alina, als sie sich auf SchülerVZ einloggte. „Dreckschlampe" stand auf der Pinnwand der 14 Jahre alten Schülerin. Bald bildete sich auf SchülerVZ eine Alina-Hassgruppe, auf der anonyme Nutzer gegen das Mädchen hetzten, es täglich beleidigten und sogar gefälschte Bilder veröffentlichten[22].

---

18 Vgl. Takim (2010).

19 Bluetooth ist eine energiesparende Funktechnik zur Datenübertragung, mit der es möglich ist, Daten ohne Kabel auf kurze Distanz von einem Datenträger auf einen anderen zu übertragen. Die Geräte haben dafür einen winzigen Mikrochip samt Sende- und Empfangseinheit. Darüber hinaus benötigen die Geräte die passende Software, die den Datentransfer steuert. Der Name Bluetooth entstand bei einem Treffen zwischen einem Intel- und einem Ericsson-Ingenieur im Jahr 1997 in einer kanadischen Bar. Er verweist auf den Wikinger-König Harald Blaatand (wörtlich übersetzt „Blauzahn", englisch: „bluetooth"). So wie König Blauzahn einst weite Teile Dänemarks und Norwegens einte, sollte die Funktechnik die Computer- und Telekommunikationswelt zusammenführen und eine Vielzahl unterschiedlicher Anschlüsse ablösen. Bluetooth gehört inzwischen zur Standardausstattung von Mobiltelefonen. Damit lassen sich Daten mit anderen Bluetooth-Handys in der Nähe austauschen. Von einem bluetoothfähigen PC oder Notebook kann das Handy so auch Fotos empfangen.

20 Der Begriff Internetplattform wird im deutschen Sprachgebrauch auch für den Begriff Website genutzt. Dabei handelt es sich um einen virtuellen Platz im WWW.

21 Vgl. Takim (2010).

22 Zitiert nach: „EU will mit dem „Safer Internet Day" Cyber-Mobbing bekämpfen" vom 8. Februar 2009, online abrufbar unter: http://www.heise.de/meldung/EU-will-mit-dem-Safer-Internet-Day-Cyber-Mobbing-bekaempfen-206403.html/from/related.

„Cyber-Bullying“[23] heißt diese technologisierte Form des Mobbings. Ihre Entstehung war nur durch die hochdynamische Entwicklung und Miniaturisierung der Bildaufnahmegeräte und die schnelle Verbreitungsmöglichkeit der Bilder über Massenkommunikationsmittel, insbesondere das *Internet*, möglich. Nach Angaben der Europäischen Kommission in Brüssel wurde bereits jeder fünfte Schüler in Deutschland im *Internet* gemobbt[24].

Auch ein Blick in die USA soll die Aktualität, Brisanz und vor allem weltumspannende Verbreitung dieses Phänomens verdeutlichen. Im Jahr 2009 verklagte der Teenager Denise Finkel aus Long Island die Social-Networking-Plattform Facebook samt einiger ihrer Mitglieder und deren Eltern. Der Teenager wirft den Genannten dabei vor, durch Cyber-Mobbing-Attacken auf dem Sozialen Netzwerk traumatisiert worden zu sein. Ehemalige Klassenkameraden aus der High School hätten auf Facebook eine eigene *Chat*group[25] eingerichtet, mit der sie systematisch versuchten, den Ruf des Mädchens in der Öffentlichkeit zu zerstören. Als Wiedergutmachungsleistung fordert die Geschädigte nun vor Gericht eine Entschädigung in Höhe von drei Millionen Dollar ein[26].

Im Rahmen des Cyber-Bullying ist die Entwicklung und Nutzung von den Sozialen Netzwerken hervorzuheben, die hoch dynamisch und von schnellen Entwicklungen geprägt sind. Vor allem bei Jugendlichen erfreuen sich die Sozialen Netzwerke zunehmender Beliebtheit. Der Grund dafür ist, dass sie den altersbedingten Bedürfnissen von Jugendlichen nach Mitteilung, Austausch von Ideen, Kontakten, der Selbstdarstellung und des Zugehörigkeitsgefühls ohne die unmittelbare Kontrolle von Erwachsenen breiten Raum geben. Allein in der EU ist die Zahl der regelmäßigen Nutzer sozialer Online-Netzwerke nach Angaben der EU-Kommission zwischen 2007 und 2008 um 35 Prozent auf 41,7 Millionen

---

23 Neben dem Begriff Cyber-Bullying werden synonym auch die Begriffe Cyber-Mobbing, Internet-Mobbing oder E-Mobbing verwendet. Der Einfachheit halber und zum Zwecke einer einheitlichen Begriffsbenutzung wird in der vorliegenden Arbeit ausschließlich der Begriff Cyber-Bullying verwendet.

24 Zitiert nach: „EU will mit dem „Safer Internet Day“ Cyber-Mobbing bekämpfen“ vom 8. Februar 2009, online abrufbar unter: http://www.heise.de/meldung/EU-will-mit-dem-Safer-Internet-Day-Cyber-Mobbing-bekaempfen-206403.html/from/related.

25 Der englische Begriff chat bedeutet im Deutschen „plaudern, sich unterhalten“. Er bezeichnet die elektronische Kommunikation in Echtzeit, meist über das Internet. Der Raum, in dem gechattet wird, wird deshalb auch als Chatroom bezeichnet. Chatrooms können öffentlich sein oder aber geschlossen. Im letzteren Fall benötigen die chattenden Personen dann eine entsprechende Software, die auf ihrem Rechner installiert ist.

26 Millionenklage gegen Facebook vom 6. März 2009, online abrufbar unter: http://www.pcwelt.de/_misc/article/print/index.cfm?pid=172-o&pk=194897&op=prn.

gestiegen. Für 2012 rechnen Prognosen mit einem weiteren Anstieg auf 110 Millionen User[27].

Diese Portale können jedoch auch schnell zum bewussten oder auch unbewussten Missbrauch führen. So verleiten sie auch dazu, persönliche Konflikte in diesem Medium auszutragen. Gerade aber dieser Austragungsort der Konfliktsituation ist das Neue am Cyber-Bullying denn die Ausgrenzung Einzelner durch Spott, Häme und Schikanen bis hin zum Psychoterror ist unter Schülern kein neues Phänomen. Hierzu trägt auch die scheinbare Anonymität des *Internet*, die niedrige Hemmschwelle wegen des Wegfalls der physischen Gegenwart von Täter und Opfer bei. Das Interesse an der technologisierten Mobbingform Cyber-Bullying rührt daher, dass die Täter durch das *Internet* die Attacken gegen ihre Opfer vermehrt multimedial gestalten und weltweit verbreiten können. Diese weite Verbreitungsmöglichkeit bedingt auch die neue Qualität des Cyber-Bullying. Ferner die dadurch bedingte größere Prangerwirkung für die Opfer, da die oft peinlichen Situationen der gesamten Welt bekannt gemacht werden können. Auch die sich rasant entwickelnden Technologien in Bezug auf Bildaufnahmegeräte bringen eine intensivierende Dynamik beim Cyber-Bullying mit sich.

Viele Fotos und Videos, die in Sozialen Netzwerken und Videoplattformen eingestellt werden, entstehen mit Hilfe von *Handys*, die als wichtigstes Medium der Jugendlichen ständig präsent sind und über hochauflösende Kameras und drahtlose Schnittstellen verfügen, mit deren Hilfe sich Inhalte schnell und einfach versenden lassen. Missgeschicke und peinliche Situationen können sofort dokumentiert werden. *Handys* sind aber auch handlich genug, um heimliche Aufnahmen, z.B. auf Toiletten oder in Umkleideräumen, zu machen, wie das oben dargelegte Fallbeispiel aufzeigt.

B. Konkreter Untersuchungsgegenstand und Gang der Darstellung

Es überrascht nicht, dass mit der extremen Ausbreitung von Computern und Netzwerken auch Gefahren durch sozialschädliche Missbräuche der neuen Technologien einhergehen. Die Betrachtung der aufgezeigten Beispiele zeigt, dass beim Cyber-Bullying an die Verwirklichung einer Reihe von Straftatbeständen zu denken ist, wie z.B. die Straftatbestände der Delikte gegen die öffentliche Ordnung gemäß §§ 130a, 131 StGB, die Straftatbestände gegen die sexuelle

---

27 Zitiert nach: „EU will mit dem „Safer Internet Day" Cyber-Mobbing bekämpfen" vom 8. Februar 2009, online abrufbar unter: http://www.heise.de/meldung/EU-will-mit-dem-Safer-Internet-Day-Cyber-Mobbing-bekaempfen-206403.html/from/related.

Selbstbestimmung gemäß §§ 184 ff. StGB, die Ehrverletzungsdelikte gemäß §§ 185 ff. StGB, Delikte zum Schutz des gesprochenen Wortes (§ 201 StGB) sowie Delikte zum Schutz des eigenen Bildes des § 33 i.V.m. § 22 KUG sowie § 201a StGB aufgezählt.

Ob es sich jedoch bei dem Erstellen und Benutzen von Bildaufnahmen im Rahmen des Cyber-Bullying um ein strafrechtlich relevantes Verhalten handelt, erscheint vor dem Hintergrund verwunderlich, dass mit dem Aufkommen der *Sozialen Medien* auch der Drang nach visueller Präsenz in unserer heutigen Gesellschaft erheblich zugenommen hat. Mit der rasanten Entwicklung und Miniaturisierung der Technik sowie dem Umgang mit Bildern aus dem persönlichen Lebensbereich in den Massenmedien, insbesondere dem *Internet* und dort in den Sozialen Netzwerken, sind zugleich die Möglichkeiten des Selbstschutzes durch den Einzelnen extrem zurückgegangen. Ferner ist das Risiko des Datenmissbrauchs gewachsen. Denn von den *digital natives*[28] werden allzu oft in Sozialen Netzwerken wie MySpace, StudiVZ, SchülerVZ, Facebook u.v.a. leichtfertig Daten von sich und auch von anderen preisgegeben. Diese preisgegebenen Daten können dann von Dritten teilweise sogar ohne Überwindung einer Zugangsbeschränkung frei eingesehen werden. Wie schnell kann es also passieren, dass man ohne sein Wissen für eine Vielzahl von Menschen auf der ganzen Welt zum Anschauungsobjekt wird, und das womöglich noch in seiner privaten Umgebung und eventuell sehr intimen oder demütigenden Situationen sowie in den Extremfällen des Cyber-Bullying als ungewollter Darsteller in Hinrichtungs- oder Pornovideo- und/oder Fotomontagen.

Die strafrechtliche Relevanz eines Verhaltens setzt voraus, dass dieses Verhalten ein vom Gesetzgeber durch das Strafrecht geschütztes Rechtsgut gefährdet oder verletzt. Denn das Strafrecht beruht auf dem sog. Rechtsgutskonzept[29]. Hierbei hat es fragmentarischen Charakter, ein Rundumschutz eines bestimmten Rechtsguts kann und soll durch das Strafrecht nicht gewährleistet werden[30]. Dies

---

28 Als digital native werden all diejenigen bezeichnet, die in einer Zeit aufgewachsen sind, in der digitale Technologien wie Computer, Internet und Handys bereits weit verbreitet waren, umgangssprachlich auch Netzgeneration genannt. Es ist anzunehmen, dass es sich dabei um die Generation ab dem Geburtsjahrgang 1980 handelt.

29 Baumann/Weber/Mitsch, Strafrecht AT, § 3 Rdnr. 10 ff.; Günther, JuS 1978, 8, 9; Jescheck/Weigend, Strafrecht AT, § 1 III 1; Kühl, AfP 2004, 190, 193; Lackner/Kühl, Vor § 13 Rdnr. 3; MünchKommStGB/Freund, Bd. 1, Vor §§ 13 ff. Rdnr. 152 ff.; Roxin, Strafrecht AT, Bd. I, § 2 Rdnr. 1 ff.; Schönke/Schröder/Lenckner/Eisele, Vorbem §§ 13 ff. Rdnr. 8 ff.; Walter, in: Leipziger Kommentar, StGB Bd. 1, Vor § 13 Rdnr. 8-14; Wessels/Beulke, Rdnr. 6-9.

30 Baumann/Weber/Mitsch, Strafrecht AT, § 3 Rdnr. 11 m.w.N.; Gallas, S. 16 f.; Kühl, AfP 2004, 190, 191; Pollähne, KritV 2003, 387, 389 und 405.

gilt in besonderem Maße für die Rechtsgüter des 15. Abschnitts des Besonderen Teils[31]. In diesem Abschnitt werden nur einzelne Aspekte des Persönlichkeitsrechts unter strafrechtlichen Schutz gestellt, wobei die Voraussetzungen eines strafbaren Eingriffs nicht einheitlich geregelt sind. Ein allgemeines Indiskretionsdelikt kennt das Strafrecht ausdrücklich nicht[32].

Da die im Rahmen des Cyber-Bullying erstellten und verwendeten Bilder das allgemein anerkannte, verfassungs- und konventionsabgesicherte Individualrechtsgut des allgemeinen Persönlichkeitsrechts, in seiner besonderen Ausprägung als Recht am eigenen Bild, gefährden oder sogar verletzen können, soll es Aufgabe dieser Arbeit ausschließlich sein, die vorhandenen strafrechtlichen Bildnisschutzvorschriften vor dem Hintergrund, dass es sich beim Cyber-Bullying um ein Verhalten in der digitalen und gerade nicht der analogen Welt handelt, inhaltlich auf ihre Anwendbarkeit und Einschlägigkeit zu untersuchen und miteinander zu vergleichen. Zu diesem Zweck verfolgt die vorliegende Arbeit den folgenden Gang der Darstellung:

Die Arbeit teilt sich in fünf Teile auf, wobei jeder Teil für sich in Kapitel gegliedert ist. Der 1. Teil der Arbeit beschäftigt sich mit den Grundlagen zum strafrechtlichen Schutz am eigenen Bild. Das 1. Kapitel dient der Darstellung eines Überblicks über die Grundlage für die Normierung eines strafrechtlichen Schutzes des Rechts am eigenen Bild. Daran schließt sich im 2. Kapitel die Darstellung eines Überblicks der historischen Entwicklung des Rechts am eigenen Bild an. Das 3. Kapitel beschäftigt sich mit der Untersuchung, welche Strafvorschriften tatsächlich das Recht am eigenen Bild als geschütztes Rechtsgut beinhalten. Der 2. Teil dieser Arbeit ist der Darstellung des Phänomens des Cyber-Bullying gewidmet. Zu diesem Zweck dient das 4. Kapitel der Begriffsdefinition des Cyber-Bullying sowie der Darstellung seiner Erscheinungsformen und Kategorisierungen. Dem schließt sich im 5. Kapitel die Darstellung der Verbreitungsmedien des Cyber-Bullying an. Der 3. Teil dieser Arbeit beschäftigt sich zum einen mit der Problematik des Strafanwendungsrechts und der strafrechtlichen Bedeutung des Cyber-Bullying in Bezug auf den Bildnisschutz. Im 6. Kapitel wird deshalb die Frage behandelt, inwiefern das deutsche Strafrecht Anwendung findet bei der Verletzung der strafrechtlichen Bildnisschutzvorschriften im *Cyberspace*[33]. Dar-

---

31 Schünemann, ZStW 90 (1978), 11, 31.

32 Beck, MMR 2008, 77, 78; vgl. zur rechtspolitischen Diskussion um eine einheitliche Gesamtkonzeption eines Straftatbestandes der öffentlichen Bloßstellung eines anderen: Lenckner, in: FS Baumann, 1992, S. 135, 139f.; Schilling, JZ 1980, 7, 10.

33 Der Begriff Cyberspace ist ein Kunstwort. Er setzt sich zusammen aus der Vorsilbe „Cyber“, die die englische Kurzform für Kybernetik ist, und „space“, dem englischen Begriff für Raum bzw. Weltraum. Kybernetik leitet sich vom griechischen Begriff Ky-

an schließt sich im 7. und 8. Kapitel die Untersuchung der Strafbarkeit des Cyber-Bullying in Bezug auf den Bildnisschutz und der Anwendungsprobleme der Bildnisschutzvorschriften bei Taten im Internet an. Das 9. Kapitel beinhaltet die Beurteilung des strafrechtlichen Bildnisschutzes gemäß dem TKG und den Datenschutzgesetzen und nimmt einen Vergleich zwischen den einschlägigen strafrechtlichen Bildnisschutzvorschriften des § 33 i.V.m. § 22 KUG sowie des § 201a StGB vor und deckt deren Wertungswidersprüche auf. Der 4. Teil dieser Arbeit beschäftigt sich mit den Beschränkungen des strafrechtlichen Bildnisschutzes. Das 10. Kapitel dient der Beantwortung der Frage, ob die strafrechtlichen Verbote des § 201a StGB und des § 33 i.V.m. § 22 KUG durch Art. 5 GG beschränkt werden können. Das 11. Kapitel untersucht die verfassungsrechtliche Rechtfertigung des § 201a Abs. 2 und Abs. 3 StGB sowie des § 33 i.V.m. § 22 KUG. Zum Schluss werden im 5.Teil dieser Arbeit in 40 Thesen die Ergebnisse der Untersuchung zusammengefasst und abschließend gewürdigt.

---

bernetike ab und bedeutet „Kunst des Steuermanns". Im Deutschen lässt sich der Begriff Cyberspace als kybernetischer Raum übersetzen.

C. Überblick über die Grundlage für die Normierung eines strafrechtlichen Schutzes des Rechts am eigenen Bild

I. Das allgemeine Persönlichkeitsrecht

Das allgemeine Persönlichkeitsrecht sichert jedem Einzelnen einen autonomen Bereich privater Lebensgestaltung, in dem er seine Individualität entwickeln und wahren kann[34]. Der Schutz des Einzelnen zielt dabei auf das Person-Sein ab[35], also die personale und soziale Identität jedes Einzelnen[36]. Aufgrund dieses Schutzzwecks hat die Rechtsprechung des BVerfG verschiedene Ausprägungen des allgemeinen Persönlichkeitsrechts hervorgebracht.

Das BVerfG orientiert sich dazu an den verschiedenen Entfaltungsweisen des Subjekts, nämlich der Selbstbestimmung[37], der Selbstbewahrung[38] und der Selbstdarstellung[39] sowie der informationellen Selbstbestimmung[40].

---

34 Jarass/Pieroth/Jarass, Art. 2 Rdnr. 39; BVerfG, Urt. v. 31. Januar 1989 – 1 BvL 17/87, BVerfGE 79, 256, 268 – Kenntnis der eigenen Abstammung; BVerfG, Urt. v. 5. Juni 1973 – 1 BvR 536/72, BVerfGE 35, 202, 220 – Lebach.

35 Jarass, NJW 1989, 857, 859; Jarass/Pieroth/Jarass, Art. 2 Rdnr. 39.

36 Jarass/Pieroth/Jarass, Art. 2 Rdnr. 39.

37 Als Recht der Selbstbestimmung verbürgt das allgemeine Persönlichkeitsrecht dem Einzelnen, seine Identität selbst zu bestimmen. Dazu gehören u.a. das Recht, sich der eigenen Identität zu vergewissern, und die Freiheit, nicht in einer Weise belastet zu werden, die die Identitätsbildung und –behauptung massiv beeinträchtigt. Dazu: Degenhart, JuS 1992, 361, 366 ff.; Di Fabio, in: Maunz/Dürig, GG Bd. I, Art. 2 Abs. 1 Rdnr. 200 ff.; Germann, Jura 2010, 734 ff.; Hufen, § 11 II Rdnr. 9 ff.; D.Lorenz, in: Dolzer/Kahl/Waldhoff/Graßhof (Hrsg.), BK, Art. 2 Abs. 1 Rdnr. 301 ff.; Murswiek, in: Sachs (Hrsg.), Grundgesetz, 6. Aufl. 2011, Art. 2 Rdnr. 74, 75, 75a; Pieroth/Schlink, Rdnr. 392 f.; Sodan/Ziekow, § 27 Rdnr. 7; von Münch/Kunig/Kunig, Art. 2 Rdnr. 32, 33; BVerfG, Beschl. v. 6. Dezember 2005 – 1 BvL 3/03, BVerfGE 115, 1, 14 – Transsexuellengesetz; BVerfG, Urt. v. 18. Februar 2004 – 1 BvR 193/97, BVerfGE 109, 256, 266f – gemeinsamer Familienname; BVerfG, Beschl. v. 6. Mai 1997 – 1 BvR 409/90, BVerfGE 96, 56, 63 - Vaterschaftsbenennung; BVerfG, Beschl. v. 24. Oktober 1996 – 2 BvR 1851, 1853, 1875, 1852/94, BVerfGE 95, 96, 140 - Mauerschützen; BVerfG, Beschl. v. 26. April 1994 – 1 BvR 1299/89 und 1 BvL 6/90, BVerfGE 90, 263, 270 f. - Ehelichkeitsanfechtung; BVerfG, Urt. v. 28. Mai 1993 – 2 BvF 2/90 und 4,5/92, BVerfGE 88, 203, 254 - Schwangerschaftsabbruch; BVerfG, Urt. v. 31. Januar 1989 – 1 BvL 17/87, BVerfGE 79, 256, 268f. – Kenntnis der eigenen Abstammung; BVerfG, Beschl. v. 8. März 1988 – 1 BvL 9/85 und 43/86, BVerfGE 78, 38, 49 - Namensrecht; BVerfG, Beschl. v. 13. Mai 1986 – 1 BvR 1542/84, BVerfGE 72, 155, 170 ff. – elterliche Vertretungsmacht; BVerfG, Beschl. v. 28. Juni 1983 – 2 BvR 539, 612/80, BVerfGE 64, 261, 276 f. - Hafturlaub; BVerfG, Beschl. v. 16. März 1982 – 1 BvR 938/81, BVerfGE 60, 123, 134 - Transsexuellenoperation; BVerfG, Beschl. v. 11.

Oktober 1978 – 1 BvR 16/72, BVerfGE 49, 286, 298 - Transsexueller; BVerfG, Beschl. v. 21. Dezember 1977 – 1 BvL 1/75, 1 BvR 147/75, BVerfGE 47, 46, 73 - Sexualkundeunterricht; BVerfG, Urt. v. 5. Juni 1973 – 1 BvR 536/72, BVerfGE 35, 202, 235 f. - Lebach.

38 Als Recht der Selbstbewahrung verbürgt das allgemeine Persönlichkeitsrecht dem Einzelnen, sich zurückzuziehen, abzuschirmen, für sich und allein zu bleiben. Der Rückzug und die Abschirmung, die durch das allgemeine Persönlichkeitsrecht als Selbstbewahrungsrecht geschützt sind, sind vor allem sozial, aber auch räumlich zu verstehen. Dazu: Germann, Jura 2010, 734 ff.; Hufen, § 11 II Rdnr. 4 ff.; Jarass/Pieroth/Jarass, Art. 2 Rdnr. 47 ff.; Murswiek, in: Sachs (Hrsg.), Grundgesetz, 6. Aufl. 2011, Art. 2 Rdnr. 69, 70; Pieroth/Schlink, Rdnr. 394 ff.; Sodan/Ziekow, § 27 Rdnr. 7; von Münch/Kunig/Kunig, Art. 2 Rdnr. 33; BVerfG, Beschl. v. 25. Januar 2012 – 1 BvR 2499/09,1 BvR 2503/09, Absatz - Nr. 35, abrufbar unter: http://www.bverfg.de/ entscheidungen/rk20120125_1bvr249909. html - Wortberichterstattung über Prominente; BVerfG, Urt. v. 15. Dezember 1999 – 1 BvR 653/96, BVerfGE 101, 361, 383 f. – Caroline von Monaco; BVerfG, Beschl. v. 24. Juni 1993 – 1 BvR 689/92, BVerfGE 89, 69, 82f. - Haschischkonsum; BVerfG, Beschl. v. 14. September 1989 – 2 BvR 1062/87, BVerfGE 80, 367, 373 ff. – Tagebuch; BVerfG, Beschl. v. 8. März 1972 – 2 BvR 28/71, BVerfGE 32, 373, 379 - Krankenblätter. Zu den Bereichen des Rückzugs und der Abschirmung hat das BVerfG die Sphärentheorie entwickelt, die zwischen einer der öffentlichen Gewalt schlechthin verschlossenen Intimsphäre und einer Privatsphäre unterscheidet, in die unter strenger Beachtung des Verhältnismäßigkeitsgrundsatzes eingegriffen werden darf. Dazu: Di Fabio, in: Maunz/Dürig, GG Bd. I, Art. 2 Abs. 1 Rdnr. 157 ff.; Geis, JZ 1991, 112 ff.; Germann, Jura 2010, 734 ff.; Hufen, § 11 II Rdnr. 4 ff.; Jarass/Pieroth/Jarass, Art. 2 Rdnr. 47 ff.; D.Lorenz, in: Dolzer/Kahl/Waldhoff/Graßhof (Hrsg.), BK, Art. 2 Abs. 1 Rdnr. 274 ff.; Pieroth/Schlink, Rdnr. 396; Wölfl, NVwZ 2002, 49 f.; BVerfG, Beschl. v. 15. Januar 1975 – 2 BvR 65/74, BVerfGE 38, 312, 320; BVerfG, Urt. v. 16. Januar 1957 – 1 BvR 253/56, BVerfGE 6, 32, 41 - Elfes.

39 Als Recht der Selbstdarstellung verbürgt das allgemeine Persönlichkeitsrecht dem Einzelnen, sich herabsetzender, verfälschender, entstellender und unerbetener öffentlicher Darstellungen, aber auch unerbetener heimlicher Wahrnehmungen seiner Person erwehren zu können. Dazu: H.Dreier, in: Dreier (Hrsg.), Grundgesetz-Kommentar, Bd. 1, 2. Aufl. 2004, Art. 2 I Rdnr. 71 ff.; Germann, Jura 2010, 734 ff.; Hufen, § 11 II Rdnr. 12 ff.; Jarass/Pieroth/Jarass, Art. 2 Rdnr. 40 f.; D.Lorenz, in: Dolzer/Kahl/Waldhoff/Graßhof (Hrsg.), BK, Art. 2 Abs. 1 Rdnr. 296 ff.; Murswiek, in: Sachs (Hrsg.), Grundgesetz, 6. Aufl. 2011, Art. 2 Rdnr. 71; Pieroth/Schlink, Rdnr. 397 f.; Sodan/Ziekow, § 27 Rdnr. 7; von Münch/Kunig/Kunig, Art. 2 Rdnr. 35; BVerfG, Beschl. v. 25 Januar 2012 – 1 BvR 2499/09, 1BvR 2499/09, 1 BvR 2503/09, Absatz-Nr. 35, online abrufbar unter: http://www.bverfg.de/entscheidungen/rk20120125_ 1bvr249909.html - Wortberichterstattung über Prominente; BVerfG, Beschl. v. 7. Dezember 2011 – 1 BvR 2678/10, Absatz-Nr. 30, abrufbar unter: http://www.bverfg.de /entscheidungen/rk20111207_1bvr267810.html; BVerfG, Beschl. v. 25. Oktober 2005

Eine spezifische Ausprägung des allgemeinen Persönlichkeitsrechts ist das „Grundrecht auf Gewährleistung der Vertraulichkeit und Integrität informationstechnischer Systeme"[41]. Das BVerfG kreierte dieses Grundrecht erst vor kurzer

---

– 1 BvR 1696/98, BVerfGE 114, 339, 346 – Manfred Stolpe; BVerfG, Beschl. v. 14. Februar 2005 – 1 BvR 240/04, NJW 2005, 3271, 3272 – Ron Sommer; BVerfG, Beschl. v. 9. Oktober 2002 – 1 BvR 1611/96, 805/98, BVerfGE 106, 28, 39 f. - Mithörvorrichtung; BVerfG, Urt. v. 15. Dezember 1999 – 1 BvR 653/96, BVerfGE 101, 361, 380 f. – Caroline von Monaco; BVerfG, Beschl. v. 10. November 1998 – 1 BvR 1531/96, BVerfGE 99, 185, 193 f. - Scientology; BVerfG, Beschl. v. 14. Januar 1998 – 1 BvR 1861/93, 1864/96, 2073/97, BVerfGE 97, 125, 148 f. – Caroline von Monaco I; BVerfG, Urt. v. 26. Februar 1997 – 1 BvR 2172/96, BVerfGE 95, 220, 241 - Aufzeichnungspflicht; BVerfG, Beschl. v. 8. Februar 1983 – 1 BvL 20/81, BVerfGE 63, 131, 142f - Gegendarstellung; BVerfG, Beschl. v. 3. Juni 1980 – 1 BvR 797/78, BVerfGE 54, 208, 217 – Heinrich Böll; BVerfG, Beschl. v. 3. Juni 1980 – 1 BvR 185/77, BVerfGE 54, 148, 155 - Eppler; BVerfG, Urt. v. 5. Juni 1973 – 1 BvR 536/72, BVerfGE 35, 202, 220 - Lebach; BVerfG, Beschl. v. 31. Januar 1973 – 2 BvR 454/71, BVerfGE 34, 238, 246 - Tonbandaufnahme.

40 Als Recht auf informationelle Selbstbestimmung verbürgt das allgemeine Persönlichkeitsrecht dem Einzelnen, grundsätzlich selbst zu entscheiden, ob, wann und wie persönliche Lebenssachverhalte offenbart werden. Dazu: Germann, Jura 2010, 734 ff.; Ipsen, Staatsrecht II, Rdnr. 316 ff.; Jarass/Pieroth/Jarass, Art. 2 Rdnr. 42 ff.; Murswiek, in: Sachs (Hrsg.), Grundgesetz, 6. Aufl. 2011, Art. 2 Rdnr. 72 ff.; Pieroth/Schlink, Rdnr. 399 f.; Sodan/Ziekow, § 27 Rdnr. 7; von Münch/Kunig/Kunig, Art. 2 Rdnr. 38; BVerfG, Urt. v. 11. März 2008 – 1 BvR 2074/05, 1 BvR 1254/07, NJW 2008, 1505, 1506 – Kfz-Kennzeichenerfassung; BVerfG, Beschl. v. 13. Juni 2007 – 1 BvR 1550/03, 2357/04, 603/05, BVerfGE 118, 168, 184 f. - Kontenabfrage; BVerfG, Urt. v. 13. Februar 2007 – 1 BvR 421/05, BVerfGE 117, 202, 228 f. - Kuckuckskinder; BVerfG, Beschl. v. 4. April 2006 – 1 BvR 518/02, BVerfGE 115, 320, 341 f. – Rasterfahndung m.w.N.; BVerfG, Urt. v. 2. März 2006 – 2 BvR 2099/04, BVerfGE 115, 166, 187 f. – Telekommunikationsüberwachung; BVerfG, Beschl. v. 9. Januar 2006 – 2 BvR 443/02, NJW 2006, 1116, 1117 – Einsichtsanspruch in Krankenhausunterlagen; BVerfG, Beschl. v. 12. April 2005 – 2 BvR 1027/02, BVerfGE 113, 29, 46 – Beschlagnahme von Datenträgern; BVerfG, Beschl. v. 14. Dezember 2000 – 2 BvR 1741/99, 276, 2061/00, BVerfGE 103, 21, 32 f. – Genetischer Fingerabdruck I; BVerfG, Urt. v. 8. Juli 1997 – 1 BvR 2111/94 und 195, 2189/95, BVerfGE 96, 171, 181 – Stasi-Fragen; BVerfG, Urt. v. 15. Dezember 1983 – 1 BvR 209, 269, 362, 420, 440, 484/83, BVerfGE 65, 1, 41 f. – Volkszählung; siehe auch: BGH, Urt. v. 23. Juni 2009 – VI ZR 196/08, NJW 2009, 2888, 2891 – www.spickmich.de.

41 Vgl. dazu: Germann, Jura 2010, 734, 739; Murswiek, in: Sachs (Hrsg.), Grundgesetz, 6. Aufl. 2011, Art. 2 Rdnr. 73b f.; Sodan/Ziekow, § 27 Rdnr. 7; BVerfG, Urt. v. 27. Februar 2008 – 1 BvR 370/07, 1 BvR 595/07, NJW 2008, 822, 824 – Online-Durchsuchung.

Zeit, um den neuartigen Gefährdungen zu begegnen, die mit der modernen Informationstechnik einhergehen.

Ein Blick auf den Wortlaut des GG zeigt zwar, dass dieser nicht von einem allgemeinen Persönlichkeitsrecht spricht[42]. Seinem Wortlaut ist aber zu entnehmen, dass Art. 2 Abs. 1 GG[43] das Recht auf freie Entfaltung der Persönlichkeit und Art. 1 Abs. 1 GG[44] die Würde des Menschen schützen. Aus diesen beiden Grundrechtsgewährleistungen hat das BVerfG[45] deshalb das allgemeine Persönlichkeitsrecht des Art. 2 Abs. 1 i.V.m. Art. 1 Abs. 1 GG entwickelt[46]. Es folgte damit dem BGH, der das allgemeine Persönlichkeitsrecht schon von Beginn seiner Rechtsprechung[47] an zu den schadensersatzbewehrten Schutzgütern des § 823 Abs. 1 BGB gerechnet hat[48 49].

---

42 Vgl. zur Lehre von den unbenannten Freiheitsrechten: Di Fabio, in: Maunz/Dürig, GG Bd. I, Art. 2 Abs. 1 Rdnr. 128; Murswiek, in: Sachs (Hrsg.), Grundgesetz, 6. Aufl. 2011, Art. 2 Rdnr. 64 f.; Schmidt, AöR 91 (1966), 42, 73 ff.; Starck, in: v. Mangoldt/Klein/Starck, GG I, Art. 2 Abs. 1 Rdnr. 14, 17 ff.; BVerfG, Beschl. v. 18. November 2004 – 1 BvR 2252/04, NJW 2005, 883 – Tierversuchsbericht; BVerfG, Urt. v. 15. Dezember 1999 – 1 BvR 653/96, BVerfGE 101, 361, 380 – Caroline von Monaco; BVerfG, Beschl. v. 26. Februar 1997 – 1 BvR 2172/96, BVerfGE 95, 220, 241 – Aufzeichnungspflicht; BVerfG, Urt. v. 31. Januar 1989 – 1 BvL 17/87, BVerfGE 79, 256, 268 – Kenntnis der eigenen Abstammung; BVerfG, Beschl. v. 13. Mai 1986 – 1 BvR 1542/84, BVerfGE 72, 155, 170 – Elterliche Vertretungsmacht; BVerfG, Beschl. v. 3. Juni 1980 – 1 BvR 185/77, BVerfGE 54, 148, 153 – Eppler.

43 Siehe Gesetzestext in Anhang 1.

44 Siehe Gesetzestext in Anhang 1.

45 BVerfG, Beschl. v. 26. April 1994 – 1 BvR 1299/89 und 1 BvL 6/90, BVerfGE 90, 263, 270 – Ehelichkeitsanfechtung; BVerfG, Beschl. v. 26. Juni 1990 – 1 BvR 776/84, BVerfGE 82, 236, 269 - Flughafenblockade; BVerfG, Urt. v. 31. Januar 1989 – 1 BvL 17/87, BVerfGE 79, 256, 268 – Kenntnis der eigenen Abstammung; BVerfG, Beschl. v. 13. Mai 1986 – 1 BvR 1542/84, BVerfGE 72, 155, 170 – Elterliche Vertretungsmacht; BVerfG, Beschl. v. 3. Juni 1980 – 1 BvR 185/77, BVerfGE 54, 148, 153 – Eppler; BVerfG, Urt. v. 5. Juni 1973 – 1 BvR 536/72, BVerfGE 35, 202, 220 - Lebach; BVerfG, Urt. v. 16. Januar 1957 – 1 BvR 253/56, BVerfGE 6, 32, 41 – Elfes.

46 Di Fabio, in: Maunz/Dürig, GG Bd. I, Art. 2 Abs. 1 Rdnr. 127 zur Entwicklung des Persönlichkeitsschutzes in der Literatur und der Rechtsprechung des BGH und des BVerfG; Hufen, § 11 I Rdnr. 2; Ipsen, StaatsR II, Rdnr. 315; Jarass/Pieroth/Jarass, Art. 2 Rdnr. 36; D.Lorenz, in: Dolzer/Kahl/Waldhoff/Graßhof (Hrsg.), BK, Art. 2 Abs. 1 Rdnr. 28; Murswiek, in: Sachs (Hrsg.), Grundgesetz, 6. Aufl. 2011, Art. 2 Rdnr. 60; Pieroth/Schlink, Rdnr. 391; Sodan/Ziekow, § 27 Rdnr. 6; Starck, in: v. Mangoldt/Klein/Starck, GG I, Art. 2 Abs. 1 Rdnr. 14; von Münch/Kunig/Kunig, Art. 2 Rdnr. 30.

47 BGH, Urt. v. 20. Mai 1958 – VI ZR 104/57, BGHZ 27, 284, 286 ff. – Tonbandaufnahme; BGH, Urt. v. 2. April 1957 – VI ZR 9/56, BGHZ 24, 72, 76 ff. - Krankenkas-

Für das allgemeine Persönlichkeitsrecht ist kennzeichnend, dass es wie die allgemeine Handlungsfreiheit nicht auf bestimmte Lebensbereiche begrenzt ist, sondern in allen Lebensbereichen relevant wird. Deshalb hat es seine Wurzeln auch in Art. 2 Abs. 1 GG[50]. Bei der Bestimmung seines Schutzumfanges ist allerdings Art. 1 Abs.1 GG heranzuziehen, der als Interpretationsdirektive und Schutzverstärkung für Art. 2 Abs. 1 GG wirkt[51]. Das allgemeine Persönlichkeitsrecht hat die Aufgabe, im Sinne des obersten Konstitutionsprinzips der Würde

---

senpapiere; BGH, Urt. v. 8. Mai 1956 – I ZR 62/54, BGHZ 20, 345, 351 – Paul Dahlke; BGH, Urt. v. 25. Mai 1954 – I ZR 211/53, BGHZ 13, 334, 338 – Schacht-Briefe.

48 Di Fabio, in: Maunz/Dürig, GG Bd. I, Art. 2 I Rdnr. 143; Ehmann, JuS 1997, 193, 195 f.; Hufen, § 11 I Rdnr. 2; Leßmann, JA 1988, 409, 410 ff.; MünchKommBGB/Wagner, Bd. 5, § 823 Rdnr. 178 ff.; Murswiek, in: Sachs (Hrsg.), Grundgesetz, 6. Aufl. 2011, Art. 2 Rdnr. 67; Palandt/Sprau, § 823 Rdnr. 83 ff.; Pieroth/Schlink, Rdnr. 401; Sodan/Ziekow, § 27 Rdnr. 6; von Münch/Kunig/Kunig, Art. 2 Rdnr. 31.

49 Ersichtlich ist, dass das allgemeine Persönlichkeitsrecht als Grundrecht von dem allgemeinen Persönlichkeitsrecht im Zivilrecht nach Funktion und Inhalt zu unterscheiden ist. Im Zivilrecht ist das allgemeine Persönlichkeitsrecht nur in Einzelaspekten ausdrücklich geregelt: das Namensrecht in § 12 BGB sowie das Recht am eigenen Bild in §§ 22 ff. KUG. Daneben, wie bereits dargestellt, erkennt die Rechtsprechung es als absolutes Recht i.S.d. § 823 Abs. 1 BGB an und gewährt bei seiner Verletzung entgegen § 253 BGB einen Anspruch auf Geldentschädigung. Vgl. dazu: Kraenz, S. 90 ff.; Murswiek, in: Sachs (Hrsg.), Grundgesetz, 6. Aufl. 2011, Art. 2 Rdnr. 67; Pieroth/Schlink, Rdnr. 401; Sodan/Ziekow, § 27 Rdnr. 6; von Münch/Kunig/Kunig, Art. 2 Rdnr. 31; BVerfG, Beschl. v. 25. August 2005 – 1 BvR 2165/00, NJW 2006, 595 f. – Ehrenschutz; BVerfG, Beschl. v. 14. Februar 1973 – 1 BvR 112/65, BVerfGE 34, 269, 292 – Soraya; BGH, Urt. v. 24. November 2009 – VI ZR 219/08, ZUM 2010, 251, 252; BGH, Urt. v. 1. Dezember 1999 – I ZR 49/97, BGHZ 143, 214, 218 f. – Marlene Dietrich I; BGH, Urt. v. 5. Dezember 1995 – VI ZR 332/94, NJW 1996, 984, 985 m.w.N. – Caroline von Monaco II; BGH, Urt. v. 15. November 1994 – VI ZR 56/94, BGHZ 128, 1, 14 f. – Caroline von Monaco I; BGH, Urt. v. 5. März 1963 – VI ZR 55/62, BGHZ 39, 124, 131 ff. - Fernsehansagerin; BGH, Urt. v. 19. September 1961 – VI ZR 259/60, BGHZ 35, 363, 366 f. – Ginseng-Wurzel; BGH, Urt. v. 14. Februar 1958 – I ZR 151/56, BGHZ 26, 349, 357 - Herrenreiter.

50 Di Fabio, in: Maunz/Dürig, GG Bd. I, Art. 2 Abs. 1 Rdnr. 128; Dreier, in: Dreier (Hrsg.), Grundgesetz-Kommentar, Bd. 1, 2. Aufl. 2004, Art. 2 I Rdnr. 68; Jarass, NJW 1989, 857; Jarass/Pieroth/Jarass, Art. 2 Rdnr. 36; Murswiek, in: Sachs (Hrsg.), Grundgesetz, 6. Aufl. 2011, Art. 2 Rdnr. 63 ff.; Pieroth/Schlink, Rdnr. 391; Sodan/Ziekow, § 27 Rdnr. 6; von Münch/Kunig/Kunig, Art. 2 Rdnr. 30.

51 Murswiek, in: Sachs (Hrsg.), Grundgesetz, 6. Aufl. 2011, Art. 2 Rdnr. 63; Pieroth/Schlink, Rdnr. 391; Sodan/Ziekow, § 27 Rdnr. 6; Starck, in: v. Mangoldt/Klein/Starck, GG I, Art. 2 Abs. 1 Rdnr. 15; von Münch/Kunig/Kunig, Art. 2 Rdnr. 30; BVerfG, Beschl. v. 15. Januar 1970 – 1 BvR 13/68, BVerfGE 27, 344, 350 f. – Ehescheidungsakten I.

des Menschen (Art. 1 Abs. 1 GG) die engere persönliche Lebenssphäre und die Erhaltung ihrer Grundbedingungen zu gewährleisten, die sich durch die traditionellen konkreten Freiheitsgarantien nicht abschließend erfassen lassen[52], insbesondere gegenüber neuen Gefährdungen der Persönlichkeitsentfaltung[53]. Die Notwendigkeit einer solchen Lücken schließenden Gewährleistung besteht insbesondere im Blick auf neuartige Gefährdungen der Persönlichkeitsentfaltung, die meist in Begleitung des wissenschaftlich-technischen Fortschritts auftreten[54].

II. Das Recht am eigenen Bild als besondere Ausprägung des allgemeinen Persönlichkeitsrechts

Das allgemeine Persönlichkeitsrecht hat in dem Recht auf Selbstdarstellung in der Öffentlichkeit eine besondere Ausprägung erfahren[55]. Zum Recht auf Selbstdarstellung in der Öffentlichkeit zählt insbesondere das Recht am eigenen Bild[56].

---

52 Jarass/Pieroth/Jarass, Art. 2 Rdnr. 39; Murswiek, in: Sachs (Hrsg.), Grundgesetz, 6. Aufl. 2011, Art. 2 Rdnr. 60; Starck, in: v.Mangoldt/Klein/Starck, GG I, Art. 2 Abs. 1 Rdnr. 17; von Münch/Kunig/Kunig, Art. 2 Rdnr. 32 ff.; BVerfG, Beschl. v. 25. Oktober 2005 – 1 BvR 1696/98, BVerfGE 114, 339, 346 – Manfred Stolpe; BVerfG, Beschl. v. 9. Oktober 2002 – 1 BvR 1611/96, 805/98, BVerfGE 106, 28, 39 - Mithörvorrichtung; BVerfG, Urt. v. 15. Dezember 1999 – 1 BvR 653/96, BVerfGE 101, 361, 380 – Caroline von Monaco; BVerfG, Beschl. v. 10. November 1998 – 1 BvR 1531/96, BVerfGE 99, 185, 193 - Scientology; BVerfG, Beschl. v. 3. Juni 1980 – 1 BvR 185/77, BVerfGE 54, 148, 153 - Eppler.

53 Jarass/Pieroth/Jarass, Art. 2 Rdnr. 36; BVerfG, Urt. v. 15. Dezember 1999 – 1 BvR 653/96, BVerfGE 101, 361, 380 – Caroline von Monaco; BVerfG, Urt. v. 31. Januar 1989 – 1 BvL 17/87, BVerfGE 79, 256, 268 – Kenntnis der eigenen Abstammung; BVerfG, Urt. v. 15. Dezember 1983 – 1 BvR 209, 269, 362, 420, 440, 484/83, BVerfGE 65, 1, 41 – Volkszählung; BVerfG, Beschl. v. 3. Juni 1980 – 1 BvR 185/77, BVerfGE 54, 148 – Eppler.

54 BVerfG, Urt. v. 15. Dezember 1999 – 1 BvR 653/96, BVerfGE 101, 361, 380 – Caroline von Monaco; BVerfG, Urt. v. 15. Dezember 1983 – 1 BvR 209, 269, 362, 420, 440, 484/83, BVerfGE 65, 1, 41 - Volkszählung; BVerfG, Beschl. v. 3. Juni 1980 – 1 BvR 185/77, BVerfGE 54, 148, 153 - Eppler.

55 Vgl. FN 39.

56 Götting, in: Götting/Schertz/Seitz, Handbuch des Persönlichkeitsrechts, § 11 Rdnr. 9; Götting, in: Schricker/Loewenheim, 4. Aufl., § 60/§22 KUG Rdnr. 7; Hufen, § 11 II Rdnr. 12 f.; Jarass/Pieroth/Jarass, Art. 2 Rdnr. 44; Murswiek, in: Sachs (Hrsg.), Grundgesetz, 6. Aufl. 2011, Art. 2 Rdnr. 71; Pieroth/Schlink, Rdnr. 398; Sodan/Ziekow, § 27 Rdnr. 7; von Münch/Kunig/Kunig, Art. 2 Rdnr. 35; von Strobl-Albeg, in: Wenzel, Kap. 7 Rdnr. 5; EGMR, Urt. v. 7. Februar 2012 – 40660/08, 60641/08, NJW 2012, 1053, 1054 – von Hannover Nr. 2; BVerfG, Beschl. v. 25. Januar 2012 – 1 BvR 2499/09, 1 BvR 2503/09, Absatz-Nr. 35, abrufbar unter:

Dieses gewährleistet dem Einzelnen Einfluss- und Entscheidungsmöglichkeiten, soweit es um die Anfertigung und Verwendung von Fotografien oder Aufzeichnungen seiner Person durch andere geht[57]. Es soll nur dem Abgebildeten die Verfügung über das eigene Bild zustehen; nur er selbst soll darüber befinden dürfen, ob, wann und wie er sich gegenüber Dritten oder der Öffentlichkeit im Bild darstellen will[58]. Die Schutzbedürftigkeit des Einzelnen ergibt sich vor allem aus der

---

http://www.bverfg.de/entscheidungen/rk20120125_1bvr249909.html - Wortberichterstattung über Prominente; BVerfG, Beschl. v. 14. September 2010 – 1 BvR 1842/08, 1 BvR 6/09, 1 BvR 2538/08, ZUM-RD 2010, 657, 661 – Wortberichterstattung Prominentenkind; BVerfG, Beschl. v. 26. Februar 2008 – 1 BvR 1602/07 u.a., NJW 2008, 1793, 1794 – Caroline von Hannover; BVerfG, Beschl. v. 14. Februar 2005 – 1 BvR 240/04, NJW 2005, 3271, 3272 – Ron Sommer; BVerfG, Beschl. v. 9. Oktober 2002 – 1 BvR 1611/96, 805/98, BVerfGE 106, 28, 39 f. - Mithörvorrichtung; BVerfG, Urt. v. 15. Dezember 1999 – 1 BvR 653/96, BVerfGE 101, 361, 380 f. – Caroline von Monaco; BVerfG, Urt. v. 17. Februar 1998 – 1 BvF 1/91, BVerfGE 97, 228, 268 - Kurzberichterstattung im Fernsehen; BVerfG, Beschl. v. 11. November 1992 – 1 BvR 1595, 1606/92, BVerfGE 87, 334, 340; BVerfG, Beschl. v. 3. Juni 1980 – 1 BvR 185/77, BVerfGE 54, 148, 154 – Eppler; BVerfG, Urt. v. 5. Juni 1973 – 1 BvR 536/72, BVerfGE 35, 202, 220 - Lebach; BVerfG, Beschl. v. 31. Januar 1973 – 2 BvR 454/71, BVerGE 34, 238, 246 - Tonbandaufnahme; BGH, Urt. v. 18. November 2010 – I ZR 119/08, Absatz-Nr. 12, abrufbar unter: http://www.bundesgerichtshof.de - Markt & Leute; BGH, Urt. v. 29. Oktober 2009 – I ZR 65/07, ZUM 2010, 529, 530 – Der strauchelnde Liebling; OLG Dresden, Urt. v. 16. April 2010 – 4 U 127/10, ZUM 2010, 597 – Werbung für Welterbe.

57 Di Fabio, in: Maunz/Dürig, GG Bd. 1, Art. 2 Abs. 1 Rdnr. 193; Germann, Jura 2010, 734, 738; Götting, in: Schricker/Loewenheim, 4. Aufl., § 60/§22 KUG Rdnr. 7; Hufen, § 11 II Rdnr. 12; Murswiek, in: Sachs (Hrsg.), Grundgesetz, 6. Aufl. 2011, Art. 2 Rdnr. 71; Schertz, in: Götting/Schertz/Seitz, Handbuch des Persönlichkeitsrechts, § 12 Rdnr. 1; von Münch/Kunig/Kunig, Art. 2 Rdnr. 35; BVerfG, Beschl. v. 26. Februar 2008 – 1 BvR 1626/07 u.a., BVerfGE 120, 180, 198 – Caroline von Monaco IV; BVerfG, Beschl. v. 13. April 2000 – 1 BvR 2080/98, NJW 2000, 2192 f.; BVerfG, Beschl. v. 31. März 2000 – 1 BvR 2223/96, NJW 2000, 2194; BVerfG, Beschl. v. 31. März 2000 – 1 BvR 1454/97, NJW 2000, 2191 – Caroline von Monaco III; BVerfG, Urt. v. 15. Dezember 1999 – 1 BvR 653/96, BVerfGE 101, 361, 381 – Caroline von Monaco; BVerfG, Beschl. v. 31. Januar 1973 – 2 BvR 454/71, BVerfGE 34, 238, 246 – Tonbandaufnahme; BGH, Urt. v. 26. Oktober 2006 – I ZR 182/04, BGHZ 169, 340, 347 – Rücktritt des Finanzministers; OLG Frankfurt a.M., Urt. v. 21. September 1999 – 11 U 28/99, NJW 2000, 594 f.

58 Amelung/Tyrell, NJW 1980, 1560; Franke, JR 1982, 48, 49; Reinhardt, JZ 1959, 41, 42; von Münch/Kunig/Kunig, Art. 2 Rdnr. 35; von Strobl-Albeg, in: Wenzel, Kap. 7 Rdnr. 5; EGMR, Urt. v. 7. Februar 2012 – 40660/08, 60641/08, NJW 2012, 1053, 1054 – von Hannover Nr. 2; BVerfG, Beschl. v. 9. Oktober 2002 – 1 BvR 1611/96, 805/98, BVerfGE 106, 28, 39 f. - Mithörvorrichtung; BVerfG, Urt. v. 5. Juni 1973 – 1

Möglichkeit, das Erscheinungsbild eines Menschen in einer bestimmten Situation von diesem abzulösen, datenmäßig zu fixieren und jederzeit vor einem unüberschaubaren Personenkreis zu reproduzieren[59]. Diese Möglichkeit ist durch den Fortschritt der Aufnahmetechnik noch weiter gewachsen. Überdies kann sich mit dem Wechsel des Kontextes, in dem eine Abbildung reproduziert wird, auch der Sinngehalt einer Bildaussage ändern oder sogar absichtlich ändern lassen[60]

BvR 536/72, BVerfGE 35, 202, 220 - Lebach; BGH, Urt. v. 6. März 2007 – VI ZR 51/06, GRUR 2007, 527 – Winterurlaub, m.w.N.; BGH, Urt. v. 26. Oktober 2006 – I ZR 182/04, BGHZ 169, 340, 347 Rdnr. 19 – Rücktritt des Finanzministers; BGH, Urt. v. 12. Dezember 1995 – VI ZR 223/94, NJW 1996, 985, 986 – Caroline von Monaco III; BGH, Urt. v. 22. Januar 1985 – VI ZR 28/83, NJW 1985, 1617, 1618 - Nacktfoto.

59 BVerfG, Beschl.v. 26. Februar 2008 – 1 BvR 1626/07 u.a., BVerfGE 120, 180, 198 – Caroline von Monaco IV; BVerfG, Urt. v. 15. Dezember 1999 – 1 BvR 653/96, GRUR 2000, 446, 449 – Caroline von Monaco.

60 BVerfG, Beschl. v. 26. Februar 2008 – 1 BvR 1626/07 u.a., BVerfGE 120, 180, 198 – Caroline von Monaco IV; BVerfG, Urt. v. 15. Dezember 1999 – 1 BvR 653/96, GRUR 2000, 446, 449 – Caroline von Monaco.

2. Kapitel: Die historische Entwicklung des Rechts am eigenen Bild

Bei der Betrachtung der historischen Entwicklung des Rechts am eigenen Bild fällt zunächst der sehr lange Entwicklungszeitraum ins Auge. Ein Schutz der Persönlichkeit im Zusammenhang mit Bildaufnahmen besteht in Deutschland erst seit knapp über 100 Jahren nämlich seit dem Inkrafttreten des KUG[61] im Jahre 1907. Geprägt ist die geschichtliche Entwicklung natürlich vom technischen Fortschritt der Massenkommunikationsmittel und den damit einhergehenden gesellschaftlichen Wandlungen.

Ausgangspunkt für die Etablierung des Bildnisschutzes war die Erfindung der Fotografie und insbesondere ihre Weiterentwicklung zur Momentfotografie, die das äußere Erscheinungsbild von jedermann für jedermann verfügbar machte und dadurch die Gefahren einer unerwünschten Fremddarstellung drastisch erhöhte[62].

Die Geburt der Fotografie fällt auf das Jahr 1839[63]. Die darauf folgende rasante technische Entwicklung der Fotografie ist zugleich ein Spiegelbild der gesellschaftlichen Entwicklung, welche von dem Wunsch nach äußerer Darstellung und Ewigkeit geprägt ist[64]. Zuvor war die originalgetreue Darstellung von Personen und Ereignissen lediglich einem kleinen Kreis handwerklich-künstlerisch Begabter vorbehalten[65]. Mit den technischen Entwicklungen der Fotografie war es nunmehr auf einmal beinahe jedermann quasi per Knopfdruck möglich, Personen in den verschiedensten Lebenssituationen im Bild festzuhalten[66]. Die Herstellung von Bildaufnahmen wurde also für einen immer größer werdenden Kreis möglich[67]. Damit war der Weg für die Amateurfotografie geebnet[68].

Im heutigen Leben spielt die Fotografie eine sehr wichtige Rolle[69]. Mit ihr öffnet sich ein Fenster zur Welt[70]. Es gibt heutzutage kaum mehr eine menschli-

---

61 Gesetz betreffend das Urheberrecht an Werken der bildenden Künste und der Photographie vom 9. Januar 1907; siehe Gesetzestext in Anhang 4.

62 Götting, in: Schricker/Loewenheim, 4. Aufl., § 60/§ 22 KUG Rdnr. 1.

63 Mulligan/Wooters, S. 36.

64 Freund, S. 13.

65 Götting, S. 14; vgl. auch Freund, S. 98.

66 Götting, S. 14.

67 Freund, S. 98.

68 Freund, S. 98.

69 Freund, S. 6.

70 Freund, S. 117.

che Tätigkeit, die sich nicht auf die eine oder andere Weise ihrer bedient[71]. Das geschriebene Wort ist abstrakt, doch das Bild ist die mutmaßlich konkrete Widerspiegelung der Welt, in der jeder lebt[72]. Das Besondere am Bild ist seine gezielte Wirkungsweise. Es ruft eine sofortige Emotionalität beim Menschen hervor. Die Fotografie ist zu einer Alltagserscheinung geworden[73]. Sie ist ein so wesentlicher Bestandteil des sozialen Lebens geworden, dass man sie nicht mehr wahrnimmt, weil man sie ständig sieht[74]. Ihr Charakteristikum besteht darin, dass sie von allen Schichten der Gesellschaft gleichermaßen akzeptiert und konsumiert wird[75].

Mit diesem Fortschritt begann aber auch einherzugehen, dass derjenige, der das Foto eines anderen besitzt, eine gewisse Verfügungsmacht über ihn erlangt[76]. Aufgrund der Reproduzierbarkeit insbesondere mit den Verbreitungsmöglichkeiten in den Neuen Massenkommunikationsmedien, speziell sei hier das *Internet* genannt, kann der Abgebildete gegen seinen Willen aus der Anonymität herausgerissen werden und zum Betrachtungsobjekt einer großen und unkontrollierbaren Öffentlichkeit gemacht werden[77]. Darüber hinaus erhält der Besitzer eines Bildnisses eine Manipulationsmacht, denn er kann den Abgebildeten nach seinem Belieben in die unterschiedlichsten Sinnzusammenhänge stellen oder die Abbildung sogar mittels Retuschen inhaltlich verändern und zudem, den Abgebildeten zu kommerziellen Zwecken missbrauchen, insbesondere indem er das Bildnis für Werbezwecke verwendet[78].

---

71 Freund, S. 6.
72 Freund, S. 117.
73 Freund, S. 6.
74 Freund, S. 6.
75 Freund, S. 6.
76 Götting, S. 14; Götting, in: Schricker/Loewenheim, 4. Aufl., § 60/§ 22 KUG Rdnr. 1.
77 Freund, S. 117; Götting, in: Schricker/Loewenheim, 4. Aufl., § 60/§ 22 KUG Rdnr. 1; Götting, S. 14; Wandtke/Bullinger/Fricke, KUG, § 22 Rdnr. 3.
78 Götting, in: Schricker/Loewenheim, 4. Aufl., § 60/§ 22 KUG Rdnr. 1; Götting, S. 14 f.; Wandtke/Bullinger/Fricke, KUG, § 22 Rdnr. 3; vgl. zur Behandlung von Werbemaßnahmen mit unautorisierter Nutzung von Personenbildnissen die folgenden Fälle aus der Rechtsprechung: BVerfG, Beschl. v. 5. März 2009 – 1 BvR 127/09, EuGRZ 2009, 273 ff. – Fernsehköchin; BGH, Urt. v. 18. November 2010 – I ZR 119/08, Absatz-Nr. 31, abrufbar unter: http://www.bundesgerichtshof.de - Markt & Leute; BGH, Urt. v. 29. Oktober 2009 – I ZR 65/07, ZUM 2010, 529 ff. – Der strauchelnde Liebling; BGH, Urt. v. 11. März 2009 – I ZR 8/07, GRUR 2009, 1085, 1087 f. – Rätselheft; BGH, Urt. v. 26. Oktober 2006 – I ZR 182/04, BGHZ 169, 340, 347 Rdnr. 19 – Lafontaine; BGH, Urt. v. 1. Dezember 1999 – I ZR 226/97, GRUR 2000, 715 ff. – Der blaue Engel; BGH, Urt. v. 1. Dezember 1999 – I ZR 49/97, NJW 2000, 2195 ff. – Marlene Dietrich I; BGH, Urt. v. 1. Oktober 1996 – VI ZR 206/95, AfP 1997, 475 ff. -

Beim dem im Folgenden noch zu untersuchenden Phänomen des Cyber-Bullying zeigt sich diese Manipulationsmacht insbesondere beim Herstellen und/oder Verbreiten von Hinrichtungs- und Pornomontagen durch Verwendung einer Bild- oder Videoaufnahme.

Nachdem sich in Deutschland herausstellte, dass die herkömmlichen rechtlichen Instrumentarien den sich aus der technischen Entwicklung der Fotografie ergebenden Herausforderungen nicht gewachsen waren, wurden Bestrebungen unternommen, einen umfassenden Bildnisschutz zu etablieren[79].

A. Gesetzeslage vor dem 19. Jahrhundert

I. Gesetz zum Schutz der Urheberrechte an literarischen Erzeugnissen und der Kunst vom 28. Juni 1865

Erstmals fand der Bildnisschutz in Deutschland im bayerischen „Gesetz zum Schutze der Urheberrechte an literarischen Erzeugnissen und der Kunst“ vom 28. Juni 1865 Eingang in das geltende Recht. In § 35 dieses Gesetzes ist geregelt, dass bei Portraits das Recht der Vervielfältigung auf den Besteller übergehen soll[80]. Der Gesetzgeber ließ sich bei der Schaffung dieser Vorschrift von dem Gedanken leiten, dass regelmäßig der Besteller des Bildes auch der Abgebildete sein müsse[81]. Nach dem Gesetz genossen nur solche Fotografien Urheberrechts-

---

Schallplattenhülle; BGH, Urt. v. 14. April 1992 – VI ZR 285/91, AfP 1992, 149, 150 – Joachim Fuchsberger; BGH, Urt. v. 14. Oktober 1986 – VI ZR 10/86, NJW-RR 1987, 231 f. – NENA; BGH, Urt. v. 26. Juni 1979 – VI ZR 108/78, GRUR 1979, 732, 733 – Fußballtor; BGH, Urt. v. 20. Februar 1968 – VI ZR 200/66, GRUR 1968, 652, 653 – Ligaspieler; BGH, Urt. v. 17. November 1960 – I ZR 87/59, GRUR 1961, 138, 139 f. – Familie Schölermann; BGH, Urt. v. 14. Februar 1958 – I ZR 151/56, GRUR 1958, 408 ff. – Herrenreiter; BGH, Urt. v. 8. Mai 1956 – I ZR 62/54, BGHZ 20, 345 ff. – Paul Dahlke; OLG Köln, Urt. v. 22. Februar 2011 – I – 15 U 133/10, ZUM 2011, 504 ff.; Sonderfälle in der Rechtsprechung des BGH: BGH, Urt. v. 5. Juni 2008 – I ZR 223/05, NJOZ 2008, 4549, 4551 – Zwei Zigarettenschachteln; BGH, Urt. v. 5. Juni 2008 – I ZR 96/07, GRUR 2008, 1124 f. – Zerknitterte Zigaretteschachtel; BGH, Urt. v. 26. Oktober 2006 – I ZR 182/04, GRUR 2007, 139, 140 – Lafontaine; vgl. bereits zuvor: OLG Hamburg, Urt. v. 9. Juni 1994 – 3 U 277/93, AfP 1995, 214 f.

79 Götting, in: Schricker/Loewenheim, 4. Aufl., § 60/§ 22 KUG Rdnr. 3; vgl. zur Entstehungsgeschichte des deutschen Bildnisschutzes: Götting, S. 12 ff.; Kraenz, S. 85 ff.; Osterrieth, GRUR 1902, 361, 367 ff.

80 Zitiert nach Hirsch, S. 3.

81 Hirsch, S. 3.

schutz, die *„als Werke der Kunst zu betrachten sind“*[82]. Die Folge dieser gesetzlichen Regelung war, dass der Bildnisschutz nur dann eingriff, wenn es sich um fotografische Bildnisse handelte, welche die erforderliche künstlerische Gestaltungshöhe erreichten[83].

II. Gesetz betreffend das Urheberrecht an Werken der bildenden Künste vom 9. Januar 1876[84]

Nach § 8 des „Gesetzes betreffend das Urheberrecht an Werken der bildenden Künste“[85] griff der Bildnisschutz auch hier nur dann ein, wenn es sich bei den Portraits oder Portraitbüsten um ein Werk der bildenden Künste handelte. Dementsprechend war eine gewisse künstlerische Gestaltungshöhe erforderlich. Zum Zwecke des Bildnisschutzes wurde das Schutzrecht des Portraiturhebers auch in diesem Gesetz dahingehend eingeschränkt, dass das Recht der Nachbildung auf den Besteller überging, da auch hier der Gedanke vorherrschte, dass der Besteller der Abgebildete sein müsse[86]. Dies beruht auf der Erwägung des Gesetzgebers, dass bei bestellten Portraits der Besteller ein unzweifelhaftes Recht und ein persönliches Interesse daran hat, dass sein Bildnis nicht ohne seinen Willen oder sogar gegen denselben in die Öffentlichkeit gelange[87]. Im Umkehrschluss wurde durch diese Gesetzesbestimmung den Künstlern, beispielsweise Malern und Bildhauern, das Recht genommen, ihr Werk der Öffentlichkeit vorzuführen[88]. Diese Erwägung lässt sich auch schon dem bayerischen Gesetz vom 28. Juni 1865 entnehmen[89]. In § 9 des „Gesetzes betreffend das Urheberrecht an Werken der bildenden Künste“[90] wurde der Nachbildungsschutz auf die Lebensdauer des Urhebers und dreißig Jahre nach dem Tode desselben gewährt.

---

82 Zitiert nach Götting, S. 16.

83 Götting, S. 16 f.

84 Gesetz betreffend das Urheberrecht an Werken der bildenden Künste vom 9. Januar 1876, Deutsches Reichsgesetzblatt Band 1876, Nr. 2, Seite 4-8.

85 Siehe Gesetzestext in Anhang 2.

86 Bewier, S. 6; Hirsch, S. 3.

87 Bewier, S. 6.

88 Hirsch, S. 4.

89 Aus den Motiven, zitiert nach: Gareis, Verhandlungen des 26. Deutschen Juristentages, Bd. 1, S. 4.

90 Siehe Gesetzestext in Anhang 2.

III. Gesetz betreffend den Schutz der Photographien gegen unbefugte Nachbildungen vom 10. Januar 1876[91]

Im selben Jahr wie das „Gesetz betreffend das Urheberrecht an Werken der bildenden Künste“ trat das „Gesetz betreffend den Schutz der Photographien gegen unbefugte Nachbildungen“ vom 10. Januar 1876 in Kraft. Diese beiden Gesetze unterscheiden sich jedoch in einem Punkt wesentlich. Das Reichsgesetz vom 10. Januar 1876 gewährte in § 6[92] allen Fotografien einen auf fünf Jahre begrenzten Nachbildungsschutz (§ 1[93]) unabhängig vom Vorliegen einer schöpferischen Leistung. Für das Eingreifen eines Nachbildungsschutzes wurde jedoch die Einhaltung bestimmter Formalien, wie die Regelung des § 5[94] zeigt, gefordert. Entsprechend der Regelung des § 7 Satz 3[95] schränkte der Gesetzgeber zum Zwecke des Bildnisschutzes das Schutzrecht des Bildnisurhebers dahingehend ein, dass bei fotografischen Bildnissen (Portraits) das Nachbildungsrecht auf den Besteller überging. Aus den Motiven geht hervor, dass der Gesetzgeber das Ziel verfolgte,

> „dem vielfach hervorgetretenen Missbrauch entgegenzutreten, dass photographische Portraits ohne oder gegen den Willen des Bestellers vervielfältigt und verbreitet werden“.[96]

B. Kritik an den vorstehenden Gesetzen

Bei einem Vergleich der dargestellten gesetzlichen Regelungen fällt zunächst auf, dass sie die Gemeinsamkeit teilen, dass der Bildnisschutz im Rahmen des Urheberrechts erfolgte. Hintergrund war dabei der Gedanke des jeweiligen Gesetzgebers, dass an den vom menschlichen Willen getragenen und erschaffenen Objekten sich das Recht der Person, die es aus ihrer Schaffenskraft hervorbringt, fortsetzen muss[97]. Dieser Gedanke wurde auch auf das Bildnisrecht übertragen.

---

91 Gesetz betreffend den Schutz der Photographien gegen unbefugte Nachbildung, Deutsches Reichsgesetzblatt Band 1876, Nr. 2, Seite 8-10.

92 Siehe Gesetzestext in Anhang 3.

93 Siehe Gesetzestext in Anhang 3.

94 Siehe Gesetzestext in Anhang 3.

95 Siehe Gesetzestext in Anhang 3.

96 Aus den Motiven, zitiert nach: Gareis, Verhandlungen des 26. Deutschen Juristentages, Bd. 1, S. 4.

97 Erstmals befasste sich in Deutschland um 1875 Klostermann mit dem Problemfeld des Bildnisschutzes, allerdings unter rein urheberrechtlichen Gesichtspunkten; vgl. dazu: Eisenbarth, S. 7; Götting, S. 16; Osterrieth, GRUR 1904, 245 ff.; Wildhagen, Verhandlungen des 27. Deutschen Juristentages, Bd. IV, S. 28 ff.

Folge dieser systematischen Einordnung des Bildnisschutzes war allerdings seine Akzessorietät vom fotografischen Urheberschutz. Mithin musste die Fotografie die urheberrechtlichen Voraussetzungen erfüllen[98]. Ein weiteres Schutzdefizit der frühen Bestimmungen zum Bildnisschutz resultierte daraus, dass sie das Verbreitungsrecht des Bildnisurhebers nicht zugunsten des Abgebildeten, sondern zugunsten des Bildnisbestellers begrenzten[99]. Der Abgebildete in seiner Eigenschaft als Abgebildeter wurde mithin nicht geschützt[100]. Hintergrund dieser Konzeption waren die technischen Verhältnisse in der Frühphase der Fotografie[101]. Vor der Entwicklung der Momentfotografie ließ sich ein fotografisches Bildnis nur dann herstellen, wenn sich der Abgebildete damit einverstanden erklärte und bereit war, Modell zu stehen[102]. Da die Initiative zur Bildnisherstellung grundsätzlich vom Abgebildeten ausging, also auf seine Bestellung hin erfolgte, ließ sich der Gesetzgeber demnach von der Vorstellung leiten[103], dass Abgebildeter und Besteller identisch seien und glaubte daher, den persönlichkeitsrechtlichen Belangen des Abgebildeten dadurch hinreichend Rechnung tragen zu können, dass er in das Vertragsverhältnis zwischen Bildnisurheber und Besteller eingriff, indem er die Frage der Verbreitungsbefugnis zugunsten des letzteren regelte[104]. Dieser Zustand konnte allerdings zu gesellschaftlichen Problemen insbesondere für die Frauen der damaligen Zeit führen. Das soll durch das folgende Beispiel verdeutlicht werden: Ein Bräutigam lässt seine Braut, mit der er ein uneheliches Kind hat, mit diesem Kind fotografieren. Die Verlobung wird aufgelöst. Die Braut möchte, da eine Familie das Kind adoptiert und sie die Möglichkeit hat, sich zu verheiraten, die Verbreitung und Zurschaustellung des

---

98 Götting, S. 16; siehe dazu und zum Folgenden: Bewier, S. 5 ff.; Dumont, S. 5 ff.; Hirsch, S. 2 ff.; Koenig, S. 12 ff.; Scanzoni, S. 11 ff.; Schuster, S. 8 ff.

99 Götting, S. 16.

100 Schuster, S. 8.

101 Götting, S. 16.

102 Götting, S. 16.

103 In den Motiven wird die Bestimmung des Überganges des Nachbildungsrechts auf die Erwägung zurückgeführt, dass „bei bestellten Porträts der Besteller ein unzweifelhaftes Recht und ein persönliches Interesse daran hat, dass sein Bildnis nicht ohne seinen Willen oder sogar gegen seinen Willen in die Öffentlichkeit gelange." Drucks. des Reichst. 1875 Nr. 24 S. 15, zitiert nach Bewier, S. 7. In einer an den Reichstag gebrachten Vorlage sprach diese sich aus: „Man könne vom Besteller annehmen, dass er in der Regel die porträtierte Person oder doch ein naher Angehöriger derselben sein werde und deshalb ein unbedingtes Verfügungsrecht über sein eigenes Abbild oder das Abbild der Verwandten haben müsse.", Drucks. des Reichst. 1875 Nr. 76, S. 7 und 16, zitiert nach Bewier, S. 7 und 8.

104 Götting, S. 16; Scanzoni, S. 20.

Bildes verbieten[105]. Nach dem damaligen Gesetz wäre ihr ein Rechtsschutz zu versagen gewesen, da sie nicht die Bestellerin des Bildes war. Ein Verbietungsrecht zur Verbreitung und Vervielfältigung des Bildes hätte nur dem Bräutigam als Besteller zugestanden. Schon zur Zeit der Modellfotografie kam es also vor, dass der Besteller und der Abgebildete nicht identisch waren[106]. Das gesetzliche Erfordernis der Bestellereigenschaft führte nun ferner zu dem absurden Ergebnis, dass der Abgebildete der Verbreitung seines Bildnisses gerade dann schutzlos ausgeliefert war, wenn er eines Schutzes besonders bedurfte, nämlich wenn die Aufnahme gegen seinen Willen hergestellt worden war[107].

C. Rechtsprechung des Reichsgerichts

Die Unzulänglichkeiten des Bildnisschutzes zeigen sich, neben dem bereits aufgeführten Beispiel, vor allem an den folgenden Entscheidungen des RG:

I. Entscheidung des Reichsgerichts „Dame im Badeanzug" vom 29. November 1898[108]

In dieser Entscheidung hatte das RG über einen Sachverhalt zu urteilen, in dem eine junge Dame im Badeanzug gegen ihren Willen heimlich beim Baden im Ostseebad Kranz aufgenommen worden war und die Bildaufnahme anschließend auf Briefbeschwerern angebracht und verbreitet worden war. Mangels einer entsprechenden Bildnisschutzregelung sah das RG in dem Ausstellen, Freihalten und Verkaufen der inkriminierten Bilder eine nach § 185 StGB strafbare Beleidigung,

> „weil dadurch bei Dritten die Annahme hervorgerufen werde, die Dame habe sich freiwillig in einem so intimen, nicht für die Öffentlichkeit bestimmten Kostüm, wie es ein Badeanzug sei, photographieren lassen und sei damit einverstanden gewesen, das die davon angefertigten Abbildungen öffentlich ausgestellt und feilgeboten würden, - was ein bedenkliches Licht auf das Scham- und Sittlichkeitsgefühl werfen und sie in der Achtung bei anderen schwer schädigen würde. Damit ist eine Handlung festgestellt, welche eine vorsätzliche, die Ehre der Dame verletzende rechtswidrige

---

105 Vgl. Hirsch, S. 4.

106 Götting, S. 17.

107 Götting, S. 18.

108 Reichsgericht (II. Strafsenat), Urt. v. 29. November 1898 – D.4093/98.VIII.3145., abgedruckt bei Kohler, S. 32 f. – Dame im Badeanzug.

> Kundgebung an Andere enthalte und somit der Begriff der Beleidigung im Sinne des § 185 StGB erfüllt (...)“[109].

Der Fotograf musste eine sechsmonatige Haftstrafe verbüßen.

II. Bismarck- Entscheidung des Reichsgerichts vom 28. Dezember 1899[110]

Bei dieser Entscheidung des RG handelt es sich um den ersten Paparazzi-Fall in der Gerichtsgeschichte. Fotografen waren in der auf den Tod des Reichskanzlers Otto Freiherr von Bismarck (gest. am 30. Juli 1898) folgenden Nacht widerrechtlich gegen den Willen der Kinder des Verstorbenen in das Sterbezimmer eingedrungen und hatten den Leichnam fotografiert, um die Aufnahme später zu verkaufen. Das RG gab der Klage der Erben auf Verbot der Veröffentlichung des Bildnisses und der Vernichtung der Negative und Platten, Plattenabzüge, sowie sämtlicher Reproduktionen oder aufgenommenen Fotografien statt. Die Herausgabe und Vernichtung der erlangten Bildnisse des Leichnams mussten mangels einer positiv-rechtlichen Rechtsgrundlage auf die Rechtswidrigkeit des Hausfriedensbruchs gestützt werden. Zur Begründung führte das RG aus:

> „(...) Da nun weder die Hamburger Statuten, noch der im preußischen Kreise Herzogtum Lauenburg geltende Sachsenspiegel, noch sonst ein hierher gehöriges Partikulargesetz hier einschlagende Normen enthalten, so ist, abgesehen von etwa eingreifenden Reichsgesetzen, jedenfalls nur das gemeine deutsche Recht zur Anwendung zu bringen.(...)
>
> Es ist mit dem natürlichen Rechtsgefühle unvereinbar, dass jemand das unangefochten behalte, was er durch eine widerrechtliche Handlung erlangt und dem durch dieselbe in seinen Rechten Verletzten entzogen hat. Hier nun handelt es sich darum, dass die beiden Beklagten mittels eines Hausfriedensbruchs gegen den Willen der Kläger in dasjenige Zimmer eingedrungen sind, in welchem diese die Leiche ihres Vaters, die sie in ihrem Gewahrsam hatten (...), aufbewahrten, und damit das Hausrecht, das den Klägern seit dem Tode ihres Vaters in Ansehung dieses Zimmers zustand, verletzt und diese Gelegenheit benutzt haben, um eine photographische Aufnahme eines Teiles des Inneren des Zimmers mit der darin ruhenden Leiche herzustellen. Solche photographische Aufnahme eines umfriedeten Raumes und folgeweise deren Veröffentlichung zu hindern, hat der Inhaber des Hausrechts an sich das Recht und die Macht, und diese Möglichkeit haben hier die Beklagten durch ihr rechtswidriges Thun den Klägern zunächst entzogen, indem sie gleichzeitig für sich

109 Reichsgericht (II. Strafsenat), Urt. v. 29. November 1898 – D.4093/98.VIII.3145., abgedruckt bei Kohler, S. 32 – Dame im Badeanzug.

110 Reichsgericht, Urt. v. 28. Dezember 1899 - Rep. VI. 259/99, RGZ 45, 170 ff. – Otto von Bismarck.

> die thatsächliche Verfügung über das in Frage stehende photographische Bild erlangt haben. Die Kläger haben den Beklagten gegenüber ein Recht darauf, dass dieses Ergebnis wieder rückgängig gemacht werde. Das römische Recht gewährt (...) dem durch eine rechtswidrige Handlung Verletzten eine condictio ob injustam causam auf Wiedererstattung alles desjenigen, was thatsächlich durch jene Handlung aus seinem Machtbereiche in die Gewalt des Thäters gelangt ist. (...)“ [111]

III. Entscheidung des Reichsgerichts in Strafsachen vom 26. Mai 1900[112]

In einer weiteren Entscheidung des RG vom 26. Mai 1900 traten die Unzulänglichkeiten des Bildnisschutzes durch das „Gesetz betreffend den Schutz der Photographien gegen unbefugte Nachbildungen“ vom 10. Januar 1876 eindeutig zu Tage, auf die das Gericht in seiner Entscheidung auch selbst hinweist[113].

Eine junge Dame trat in einem Zirkus als Radfahrerin auf. Während ihres Auftritts trug sie ein seidenes Trikot, das eindeutige Sicht auf ihren Körper zuließ. Ein Vertreter eines deutschen Fahrradwerkes, der den Auftritt der jungen Dame gesehen hatte, kam auf den Gedanken, dass ein Bild von der jungen Dame in ihrem Kostüm mit einem Fahrrad des Unternehmens ein außerordentlich wirksames Werbemittel sei. Mit Erlaubnis der jungen Dame wurde diese in ihrem Kostüm auf einem Fahrrad des Unternehmens fotografiert. Es wurde vereinbart, dass das Unternehmen überall in Deutschland in seinen Filialen dieses Bild öffentlich als Reklame aushänge. Die junge Dame bekam zur Belohnung zwei Fahrräder und einen eingerahmten Abdruck des Bildes. Der Fotograf hatte nun jedoch Nachbildungen dieses Bildes eigenmächtig auf Postkarten verbreitet. Die von der Abgebildeten hiergegen erhobene Strafklage wies das RG mit der Begründung ab, dass nicht sie, sondern das Unternehmen der Besteller des Bildnisses gewesen sei und sich gemäß der Regelung des § 7 Satz 3 „Gesetz betreffend den Schutz der Photographien gegen unbefugte Nachbildung“ vom 10. Januar 1876 nur der Besteller gegen die Verbreitung der Aufnahme zur Wehr setzen könnte. Das Gericht erkannte zwar an, dass der Gesetzgeber mit der Regelung einen Schutz der portraitierten Person bezweckt habe, weil er davon ausgegangen war, dass diese regelmäßig auch der Besteller der Aufnahme ist; es hielt sich aber an den eindeutigen Wortlaut des Gesetzes gebunden und sah keine Mög-

---

111 Reichsgericht, Urt. v. 28. Dezember 1899 - Rep. VI. 259/99, RGZ 45, 170, 173 – Otto von Bismarck.

112 Reichsgericht (III. Strafsenat), Urt. v. 26. Mai 1900 - Rep. 1525/00, RGSt 33, 295 ff.

113 Das Reichsgericht deutet dies mit den Worten an: „(...) das vielleicht unzureichende der für den Gesetzgeber bestimmend gewesenen Erwägungen (...).“, Reichsgericht (III. Strafsenat), Urt. v. 26. Mai 1900 - Rep. 1525/00, RGSt 33, 295, 297.

lichkeit, sich hierüber durch eine weite Auslegung des Begriffs „Besteller“ hinwegzusetzen. Im Einzelnen führte das RG aus:

> „(...), dass die Gesetzgebungsfaktoren den vielleicht wünschenswert erscheinenden rechtlichen Schutz des Portraitierten selbst durch eine Vorschrift, wie sie gegenwärtig der § 7 des Gesetzes enthält, für ausreichend gewährt erachteten, indem sie sich hierbei von der Meinung leiten ließen, dass der Besteller des Bildes in der Regel der Portraitierte selbst oder doch ein naher Angehöriger derselben sein werde. Mag nun auch diese Erwägung für zahlreiche Fälle nicht zutreffen und für diese der Portraitierte für seine Person des Rechtsschutzes entbehren, so bleibt doch für die Auslegung des § 7 immer entscheidend, dass der Gesetzgeber erkennbar nur dem Besteller in dem allgemein gebräuchlichen Sinne dieses Wortes seinen Rechtsschutz hat gewähren wollen, nicht aber dem Portraitierten selbständig, und das vielleicht unzureichende der für den Gesetzgeber bestimmend gewesenen Erwägungen berechtigt den Richter nicht, in dem einzelnen seiner Entscheidung unterbreiteten Falle die hier einschlagende gesetzliche Vorschrift gegen den an sich klaren Wortlaut und gegen die aus der Geschichte der Entstehung des Gesetzes erkennbare Absicht des Gesetzgebers in einem weiteren, als dem sich aus dem Gesetze ergebenden Umfange anzuwenden (...).“[114]

IV. Stellungnahme zur Rechtsprechung des Reichsgerichts

Aus den dargestellten Urteilen des RG ist ersichtlich, dass die Rechtsprechung sich hartnäckig weigerte, sowohl die persönlichkeitsrechtlichen Belange des Abgebildeten als auch die bereits im Schrifttum vertretene Befürwortung eines ungeschriebenen allgemeinen Persönlichkeitsrechts als schützenswertes Rechtsgut anzuerkennen.

Das einzig bekannte Gegenurteil verfasste das LG Berlin am 21. Februar 1902[115]. Das LG Berlin sprach der Klägerin einen Unterlassungsanspruch wegen der Verletzung eines Rechts am eigenen Bild zu und sprach sich weiter auch für ein „allgemeines Recht auf Achtung der Persönlichkeit aus, da ihr Foto ohne ihre Einwilligung zu Reklamezwecken verwendet wurde[116].

Die Rechtsprechung des RG hingegen stützte ihre Entscheidungen ausschließlich auf das „Gesetz betreffend den Schutz der Photographien gegen unbefugte Nachbildungen“ vom 10. Januar 1876. Wie aber bereits dargelegt, schützte dieses nur den Fotografen vor unberechtigten Nachbildungen und billigte außerdem dem Besteller eines Portraits das Vervielfältigungsrecht zu. Schutz-

---

114 Reichsgericht (III. Strafsenat), Urt. v. 26. Mai 1900 - Rep. 1525/00, RGSt 33, 295, 297 f.

115 LG Berlin, Urt. v. 21. Februar 1902, abgedruckt bei Kohler, S. 38 ff.

116 Vgl. LG Berlin, Urt. v. 21. Februar 1902, abgedruckt bei Kohler, S. 41 ff.

los war dagegen ausgerechnet derjenige gestellt, dessen Abbild gegen seinen Willen veröffentlicht wurde.

Allerdings kam die Rechtsprechung auf die Idee, den fehlenden Rechtsschutz über den strafrechtlichen Ehrenschutz auszugleichen und interpretierte unautorisierte Fotografien als Beleidigung gegenüber dem Abgebildeten, jedenfalls soweit es der Bildinhalt oder der abredewidrige Verwendungszweck erlaubten[117].

Auch die ordentlichen Gerichte machten von dieser Idee Gebrauch. Das OLG Hamburg[118] hatte im Jahre 1900 einen Fall zu verhandeln, bei dem ein Detektivbüro von einer eifersüchtigen Ehefrau den Auftrag bekommen hatte, ihren Ehemann wegen des Verdachts des unerlaubten Verkehrs zu beobachten. Der Detektiv fotografierte mit einem Momentapparat heimlich ein sehr hübsches Mädchen auf der Straße, jedoch ohne irgendwelche Anhaltspunkte für einen Kontakt zwischen der Fotografierten und dem Ehemann zu haben. Das OLG Hamburg vertrat die Auffassung, dass das Mädchen durch die bloße Anfertigung des Bildes beleidigt wurde, weil dadurch der Verdacht bestätigt werden könnte, dass es möglicherweise mit dem Ehemann in unerlaubtem Verkehre stehe[119].

Ein weiterer Fall kam vor dem LG Graudenz zur Verhandlung. Es handelte sich hier um ein öffentlich in einem Restaurant aufgehängtes Bild, welches den Abgebildeten zusammen mit zwei anderen Personen in heiterer Stimmung in Feuerwehruniform zeigte. Das Gericht erblickte in der Verbreitung dieses Bildes, das offensichtlich nur für den engsten Bekanntenkreis aufgenommen worden war, eine Verletzung der Interessen des Abgebildeten[120].

Eine andere Lösung, den fehlenden Rechtsschutz auszugleichen, suchte das RG in der Bismarck-Entscheidung über den Straftatbestand des Hausfriedensbruchs. Die Literatur griff die der Bismarck-Entscheidung zugrunde liegenden Gründe heftig an. Als entscheidendes Argument führte sie an, dass ein Hausfriedensbruch nicht auch das in den Bereich des Unrechts ziehe, was mit seiner Hilfe bei dieser Gelegenheit erlangt worden ist[121]. Denn der Inhaber des Hausrechts hat kein Recht, die fotografische Aufnahme zu verbieten, sondern nur das Recht,

---

117 Götting, S. 18; Schuster, S. 9.

118 OLG Hamburg, Urt. v. 20. November 1901, Hanseatische Gerichtszeitung 1901, Nr. 5-6 Beiblatt, S. 25 ff.

119 OLG Hamburg, Urt. v. 20. November 1901, Hanseatische Gerichtszeitung 1901, Nr. 5-6 Beiblatt, S. 25 ff.; vgl. auch: Kohler, S. 33 ff.; Osterrieth, GRUR 1902, 361, 368; Schuster, S. 9 f.

120 Zitiert nach: Schuster, S. 10.

121 Kraenz, S. 88.

das Betreten des Raumes zu verbieten[122]. Deshalb kann auch niemand etwa durch die Aufnahme einen neuen Hausfriedensbruch begehen[123]. Wenn daher das Erlangte selbst wieder etwas rechtswidrig Erlangtes ist und sein Besitz die ständige Gefahr weiterer Rechtswidrigkeit in sich schließt, kann diese Rechtswidrigkeit nur eine Verletzung der Persönlichkeit bedeuten[124]. Der Hausfriedensbruch ist deshalb nur insoweit relevant, als er lediglich die Gelegenheit geboten hat, etwas Diskretes, Vertrauliches und der allgemeinen Kenntnis Entzogenes zu erlangen[125]. Indirekt hatte das RG wiederum mit diesem Urteil das Persönlichkeitsrecht anerkannt[126].

D. Diskussionen in Wissenschaft und Gesetzgebung über die Anerkennung des Rechts am eigenen Bild

Die Diskussionen über die Anerkennung eines Rechts am eigenen Bild verstummten nicht[127]. Insbesondere die Bismarck-Entscheidung war Gegenstand der kritischen Auseinandersetzung. Die Bismarck-Entscheidung zeigt deutlich, zu welchen Verlegenheitsbegründungen gegriffen werden musste, um zu einem als richtig erkannten Ergebnis, nämlich dem Schutz des Abgebildeten, zu gelangen[128]. Zu Recht weisen die Kritiker darauf hin, dass in dem Fall, in dem die Fotografen nicht in das Haus eingedrungen wären, sondern durch das Fenster hineinfotografiert hätten, sie freigesprochen worden wären[129].

Die nun an die Bismarck-Entscheidung anschließenden Erörterungen waren der Beginn der theoretischen Diskussionen über die Frage, ob dem Abgebildeten gegen die unbefugte Verbreitung seines Bildes ein rechtlicher Schutz gewährt werden solle.

---

122 Kraenz, S. 88.
123 Kraenz, S. 88.
124 Kraenz, S. 88.
125 Kraenz, S. 88.
126 Kohler, GRUR 1900, 196, 208 ff.; Kraenz, S. 89.
127 Vgl. dazu: Dumont, S. 5 ff.; Gareis, Verhandlungen des 26. Deutschen Juristentages, Bd. I, S. 3 ff., 72 ff.; Hirsch, S. 1 ff.; Koenig, S. 9 ff.; Müller-Meiningen, DJZ 1902, 430ff.; Scanzoni, S. 11 ff., ausdrücklich S. 81; Schuster, S. 8ff.; Stenglein, DJZ 1902, 501 ff..
128 Schuster, S. 11.
129 Vgl. Gareis, Verhandlungen des 26. Deutschen Juristentages, Bd. I, S. 16; Hirsch, S. 6; Kohler, S. 12: „Zwar treffe die Entscheidung sachlich das Richtige, aber die Rechtswidrigkeit der Gelegenheit, bei welcher die Photographie erlangt worden sei, werde mit der Rechtswidrigkeit des Erlangten verwechselt.“; Schuster, S. 11.

Bereits Ende des 19. Jahrhunderts hatte *Keyßner* in seiner Monographie „Das Recht am eigenen Bilde“ die Frage des Bildnisschutzes aufgeworfen[130]. Er spricht jedem Menschen das freie Verfügungsrecht über sein eigenes Bild zu und gibt ihm das Recht, jede, ohne seine Zustimmung erfolgte Veröffentlichung verbieten zu dürfen[131]. Damit ging *Keyßner* von einem absoluten Recht aus, das als solches ein grundsätzliches Verbietungsrecht gegen jeden enthält, allerdings mit ebenso zahlreichen Ausnahmen[132]. Er sah das Recht am eigenen Bilde bereits als ein Persönlichkeitsrecht an, das nach seiner Auffassung allerdings durch die bestehenden Gesetze, insbesondere den Straftatbestand der Beleidigung, ausreichend geschützt sei[133]. Zu Beginn des 20. Jahrhunderts nahm dann auch *Kohler* in seiner Schrift „Das Eigenbild im Recht“ denselben Standpunkt ein[134].

Das Thema des Bildnisschutzes wurde auf die Tagesordnung des 26. Deutschen Juristentages im Jahre 1902 mit der Frage: Inwieweit ist ein Recht am eigenen Bild anzuerkennen? gesetzt, kam allerdings nicht zur Verhandlung. Gutachterlich hatten sich *Gareis*[135] und *Keyßner*[136] mit dem Thema des Bildnisschutzes auseinandergesetzt. *Gareis* setzte sich in seinem Gutachten mit der Frage auseinander, wie weit ein Recht am eigenen Bild anzuerkennen und zu schützen sei. Er schloss seine Erörterungen mit dem Ergebnis, dass jeder freie Mensch ein Persönlichkeitsrecht habe, wie an seinem Körper so auch an seinem Abbild[137]. Mithin erkannte *Gareis* zwar das Bestehen eines Persönlichkeitsrechts, von dem auch der Schutz des Bildnisses eines Menschen erfasst wird, an, allerdings hielt er die unbefugte Herstellung und Verwendung eines Abbildes eines lebenden oder verstorbenen Menschen durch den Tatbestand der Beleidigung im Sinne des § 185 StGB erfasst[138]. Auch *Keyßner* setzte sich in seinem Gutachten mit der Frage des Schutzes des Rechts am eigenen Bild auseinander. *Keyßner* weist ausdrücklich, wie bereits in seiner Monographie, auf die Berechtigung und

---

130 Keyßner, S. 17 ff., 23, insbes. 25, 26, 27.

131 Keyßner, S. 23 ff.; er stellt den Satz auf: „Jeder ist seines Bildes Herr und darf ohne seine Genehmigung nicht durch Abbilder veranschaulicht werden.“, S. 31 f.

132 Keyßner, S. 41 ff.; zu diesen Ausnahmen gehören: 1. Aufnahmen einer Person im Interesse der Polizei und der Strafrechtspflege, 2. kein Einspruchsrecht gegen die Verbreitung haben auf Landschaftsbildnissen dargestellte Personen und 3. im Rahmen eines öffentlichen Ereignisses aufgenommene Personen.

133 Keyßner, S. 23 ff., 41 ff.

134 Kohler, S. 10, insbes. S. 17; ders., GRUR 1900, 196 f.

135 Gareis, Verhandlungen des 26. Deutschen Juristentages, Bd. I, S. 3 ff.

136 Keyßner, Verhandlungen des 26. Deutschen Juristentages, Bd. I, S. 72 ff.

137 Gareis, Verhandlungen des 26. Deutschen Juristentages, Bd. I, S. 8, 9, 17.

138 Gareis, Verhandlungen des 26. Deutschen Juristentages, Bd. I, S. 17.

Notwendigkeit der Anerkennung des Rechts am eigenen Bild hin[139]. Allerdings änderte er seine Auffassung nicht, dass eine eigenständige gesetzliche Regelung notwendig sei.

Im Jahre 1904 veröffentlichte die Reichsregierung einen Entwurf eines „Gesetzes betreffend das Urheberrecht an Werken der bildenden Künste und der Photographie“[140]. Besonders hervorzuheben ist an diesem Entwurf, dass in ihm betont wurde, dass neben dem Urheberrecht auch der Schutz des Abgebildeten erforderlich sei[141]. Dieser Schutz wurde allerdings auf die Verbreitung und öffentliche Schaustellung beschränkt. Die Herstellung und Nachbildung von Bildnissen sollte hingegen frei bleiben[142].

Die Ausführungen der einzelnen Referenten in den Verhandlungen des 27. Deutschen Juristentages verdeutlichen, dass Einigkeit dahingehend bestand, dass das neue Medium der Fotografie aufgrund der sich stetig fortentwickelnden Fotografier- und Reproduktionstechnik einen wie immer gearteten Schutz vor missbräuchlicher Verwendung von Bildaufnahmen erforderlich mache[143]. Zweifel bestanden allerdings an der Notwendigkeit der Anerkennung des Rechts am eigenen Bild[144]. Einigkeit bestand jedoch dahingehend, dass ein Verbot gegen missbräuchliche Verwendung, d.h. Verbreitung und Veröffentlichung, von Bildnissen gesetzlich festgelegt werden müsse. Die Gegner vertraten die Auffassung, das bei ungewollten Bildnisherstellungen stets eine Beleidigung des Abgebildeten vorliege[145]. Im Gegensatz dazu wurde vertreten, dass der zugrundeliegende Vertrag das entscheidende Instrument sei, sich gegen missbräuchliche Verwen-

---

139 Keyßner, Verhandlungen des 26. Deutschen Juristentages, Bd. I, S. 83.

140 Stenographische Berichte über die Verhandlungen des Reichstages, 11. Legislaturperiode, II. Session, 1. Abschnitt 1905/1906, Aktenstück Nr. 30, S. 1526 ff.

141 Kächele, S. 28.

142 Stenographische Berichte über die Verhandlungen des Reichstages, 11. Legislaturperiode, II. Session, 1. Abschnitt 1905/1906, Aktenstück Nr. 30, S. 1540.

143 Kächele, S. 28 f.; vgl. bereits Gareis, Verhandlungen des 26. Deutschen Juristentages, Bd. I, S. 17; Rietschel, Verhandlungen des 27. Deutschen Juristentages, Bd. IV, S. 56 f. und Wildhagen, ebenda S. 82.

144 Wildhagen, Verhandlungen des 27. Deutschen Juristentages, Bd. IV, S. 33 ff.; a.A. zuvor Keyßner, Verhandlungen des 26. Deutschen Juristentages, Bd. I, S. 83, der sich offen für die Anerkennung eines Rechts am eigenen Bild ausspricht; ansatzweise auch Gareis, Verhandlungen des 26. Deutschen Juristentages, Bd. I, S. 17, der davon ausgeht, dass jeder freie Mensch ein Persönlichkeitsrecht hat, was nicht nur den Körper sondern auch das Abbild umfasst; Gegner der Anerkennung des Rechts am eigenen Bild: u.a. Cohn, S. 39 ff.; Kohler, S. 17.

145 Kächele, S. 29; Wildhagen, Verhandlungen des 27. Deutschen Juristentages, Bd. IV, S. 33 ff.; so auch bereits Gareis, Verhandlungen des 26. Deutschen Juristentages, Bd. I, S. 17.

dung des Bildes zur Wehr zu setzen, wenn das Bild mit Einwilligung des Abgebildeten entstanden sei[146]. Von dem Bestehen eines Vertragsverhältnisses sei insbesondere dann auszugehen, wenn der Abgebildete dem Verfertiger eines künstlerischen oder fotografischen Bildnisses gesessen habe und dadurch an der Entstehung des Bildnisses aktiv mitgewirkt habe[147]. Um eventuelle Gefahren für die Kunst[148] abzuwenden, gab es den Vorschlag, Fotografien und Gemälde unterschiedlich zu behandeln[149]; allerdings konnte sich diese Ansicht in der Beschlussfassung nicht durchsetzen. Es wurde auch vorgeschlagen, sich bei der Ausgestaltung des Rechts am eigenen Bild am Namensrecht i.S.d. § 12 BGB zu orientieren[150].

Eine weitgehende Einigkeit bestand dahingehend, dass die Herstellung von Bildnissen nicht vom Recht am eigenen Bild umfasst sein sollte[151]. *Wildhagen* vertrat die Ansicht, die Menschen hätten allgemein eine besondere Freude daran, sich abbilden zu lassen[152]. *Rietschel* sah im Schutz gegen Abbildungen sogar einen Eingriff in die Privatsphäre des Bildnisherstellers[153]. In diesen Äußerungen kommt deutlich zum Ausdruck, dass Abbildungen von Personen noch selten Schnappschüsse waren, sondern in aller Regel gestellte Portraits, sei es künstlerisch, sei es fotografisch, so dass ungewollte Bildaufnahmen kaum vorkamen und zumindest das damit verbundene Problem noch nicht ins Bewusstsein der Menschen gerückt war[154]. *Schuster* sah es gar als Krankheit, als Zeichen einer sittlich-geistigen Idiosynkrasie und als Folge der Dekadenz an, wenn der Mensch es nicht mehr wie in der Renaissance als Ehre ansehe, abgebildet zu werden[155].

Ein Schutz durch das Strafrecht wurde überwiegend abgelehnt[156]. In Ansätzen war zu diesem Zeitpunkt bereits das allgemeine Persönlichkeitsrecht erkenn-

---

146 Rietschel, Verhandlungen des 27. Deutschen Juristentages, Bd. IV, S. 65; Wildhagen, Verhandlungen des 27. Deutschen Juristentages, Bd. IV, S. 34 f.

147 Rietschel, Verhandlungen des 27. Deutschen Juristentages, Bd. IV, S. 65.

148 Warnte vor Gefahren für die Kunst: Wildhagen, Verhandlungen des 27. Deutschen Juristentages, Bd. IV, S. 40.

149 Enneccerus, Verhandlungen des 27. Deutschen Juristentages, Bd. IV, S. 76; Rietschel, ebenda, S. 57 ff.; dagegen Neumann, ebenda S. 73 und Wildhagen, ebenda S. 85.

150 Brunstein, Verhandlungen des 27. Deutschen Juristentages, Bd. IV, S. 78; Neumann, ebenda S. 73 f.; Rietschel, ebenda S. 62; dagegen Wildhagen, ebenda S. 82 f.

151 Kächele, S. 29.

152 Wildhagen, Verhandlungen des 27. Deutschen Juristentages, Bd. IV, S. 42 ff.

153 Rietschel, Verhandlungen des 27. Deutschen Juristentages, Bd. IV, S. 59.

154 Kächele, S. 29.

155 Schuster, Verhandlungen des 27. Deutschen Juristentages, Bd. IV, S. 67.

156 Enneccerus, Verhandlungen des 27. Deutschen Juristentages, Bd. IV, S. 75; Wildhagen, ebenda S. 50 f.; offengelassen von Rietschel, ebenda S. 63.

bar, wenngleich es noch stark mit dem Schutz der Ehre verbunden war[157]. Im Ergebnis fasste der Juristentag den Beschluss, dass gegen missbräuchliche Verbreitung und Schaustellung jeder Art von Abbildungen gesetzlicher Schutz zu gewähren sei, wenn diese schutzwürdige Interessen verletzen, insbesondere wenn die Achtung verletzt sei oder Tatsachen der Öffentlichkeit preisgegeben würden, deren Veröffentlichung nach den herrschenden Auffassungen nur den Beteiligten freistünde[158].

Die Kritik in der Literatur an den verfehlten Kunstgriffen des RG und die Forderung nach der Anerkennung eines Rechts am eigenen Bild hatten allerdings zunächst kein gesetzliches Nachspiel auf das am 1. Januar 1900 in Kraft getretene BGB und brachte keine Veränderungen für den Bildnisschutz[159]. Fortan urteilten die Gerichte nach § 823 Abs. 2 BGB i.V. m. § 185 Reichs-StGB[160].

E. Die Entstehung des Gesetzes betreffend das Urheberrecht an Werken der bildenden Künste und der Photographie vom 9. Januar 1907

Die erkennbar gewordene Regelungslücke sollte sieben Jahre später durch das am 9. Januar 1907 in Kraft getretene KUG[161] geschlossen werden, das einen Ausgleich zwischen dem Achtungsanspruch der Persönlichkeit und dem Informationsinteresse der Allgemeinheit vorzunehmen sucht[162]. Darin war nun auch das Recht am eigenen Bild geregelt, das in seiner ursprünglichen Fassung bis heute in Kraft ist[163]. Mit dieser Regelung erkannte der Gesetzgeber das äußere Erscheinungsbild eines Menschen, das gerade Ausdruck seines Wesens und seiner Persönlichkeit ist, an. Die systemwidrige Einbeziehung des Bildnisschutzes in das Urheberrecht erklärt sich daraus, dass das Persönlichkeitsrecht des Abge-

---

157 Gareis, Verhandlungen des 26. Deutschen Juristentages, Bd. I, S. 9; Kächele, S. 30; Wildhagen, Verhandlungen des 27. Deutschen Juristentages, Bd. IV, S. 44 ff.

158 Kächele, S. 30; Verhandlungen des 27. Deutschen Juristentages, Bd. IV, Beschluss auf S. 86.

159 Kraenz, S. 89.

160 Kraenz, S. 89.

161 Siehe Gesetzestext in Anhang 4.

162 Wandtke/Bullinger/Fricke, KUG, § 22 Rdnr. 1 m.w.N.

163 Die den Bildnisschutz des KUG betreffenden Vorschriften gelten gemäß § 141 Abs. 5 UrhG (siehe Gesetzestext in Anhang 5) auch nach Inkrafttreten des UrhG von 1965 fort. Denn eine Neuregelung des Bildnisschutzes sollte einer Gesamtkodifikation des Persönlichkeitsrechts vorbehalten bleiben, zu der es allerdings bis heute nicht gekommen ist; vgl. Dreier/Schulze/Dreier, Vor §§ 22 ff. KUG Rdnr. 2.

bildeten zugleich eine gewisse Beschränkung des Urheberrechts des Künstlers an dem von ihm geschaffenen Bildnis darstellt[164] und dass sich der Gesetzgeber damals noch nicht zu einer Anerkennung eines allgemeinen Persönlichkeitsrechts entschließen konnte[165]. Der Gesetzgeber beseitigte durch das KUG die Unzulänglichkeiten der früheren Bestimmungen zum Bildnisschutz im Photographieschutzgesetz, indem er dem Abgebildeten vorbehaltlich gewisser Ausnahmen, die dem öffentlichen Interesse Rechnung tragen, das ausschließliche Recht zuspricht, über die Verbreitung und öffentliche Zurschaustellung seines Bildnisses zu entscheiden[166]. Nur er selbst soll darüber befinden dürfen, ob, wann und wie er sich gegenüber Dritten oder der Öffentlichkeit im Bild darstellen will[167]. Die Erforderlichkeit des Schutzes des Einzelnen ergibt sich vor allem aus der Möglichkeit, das Erscheinungsbild eines Menschen in einer bestimmten Situation von diesem abzulösen und jederzeit vor einem unüberschaubaren Personenkreis zu reproduzieren sowie mit dem Wechsel des Kontextes, in dem eine Abbildung reproduziert wird, auch den Sinngehalt einer Bildaussage zu än-

---

164 Allfeld, S. 8, der Werke der Fotografie dem Schutz des Urheberrechts zuordnete; Götting, S. 22; Rehbinder, Rdnr. 856.

165 Reformbestrebungen, den Bildnisschutz in das Bürgerliche Gesetzbuch zu integrieren, bestehen seit 1957, als sich der 42. Deutsche Juristentag für eine gesetzliche Regelung des allgemeinen Persönlichkeitsrechts aussprach (vgl. BT-Drs 3/1237). Die KUG-Normen sollten fast wortgetreu übernommen werden. Vorbild war die bis heute geltende schweizerische Generalklausel Art. 28 ZGB (siehe Gesetzestext in Anhang 6), welche die Privatsphäre schlechthin schützt. Der Entwurf sah auch eine Regelung für das unbefugte Anfertigen von Bildnisaufnahmen vor; vgl. Kraenz, S. 90 und von Strobl-Albeg, in: Wenzel, Kap. 7 Rdnr. 22. In seiner Herrenreiter-Entscheidung (BGHZ 26, 349) kam der BGH dem Gesetz jedoch zuvor und leitete damit die richterliche Rechtsfortbildung ein. Das Gesetzgebungsverfahren wurde nicht mehr fortgeführt (vgl. Kraenz, S. 90 FN 371). Wiederbelebt wurden die Reformbestrebungen letztmalig 1990. Es folgte allerdings keine Kodifizierung und ist auch nicht in Sicht.

166 Götting, S. 22 f.; BGH, Urt. v. 16. September 1966 – VI ZR 268/64, GRUR 1967, 205, 208 – Vor unserer eigenen Tür.

167 In diesem Zusammenhang wird auch vom right of publicity gesprochen. Vgl. dazu: Amelung/Tyrell, NJW 1980, 1560 f.; Dreier/Schulze/Dreier, Vor. §§ 22 ff. KUG Rdnr. 1; Franke, JR 1982, 48, 49; Jarass/Pieroth/Jarass, Art. 2 Rdnr. 44; Reinhardt, JZ 1959, 41, 42; von Münch/Kunig/Kunig, Art. 2 Rdnr. 35; von Strobl-Albeg, in: Wenzel, Kap. 7 Rdnr. 4; Wandtke/Bullinger/Fricke, KUG, § 22 Rdnr. 3; BVerfG, Urt. v. 5. Juni 1973 – 1 BvR 536/72, BVerfGE 35, 202, 220 - Lebach; BGH, Urt. v. 6. März 2007 – VI ZR 51/06, GRUR 2007, 527 – Winterurlaub m.w.N.; BGH, Urt. v. 22. Januar 1985 – VI ZR 28/83, NJW 1985, 1617, 1618 - Nacktfoto.

dern[168]. Das Recht am eigenen Bilde ist in seinem Bestand und seiner Dauer vom Schutzrecht des Bildnisurhebers im Gegensatz zur Regelung im Photographieschutzgesetz unabhängig[169]. Diese ausdrückliche Regelung hat den Vorzug, dass es nicht mehr der Heranziehung wesensfremder Rechtsgrundlagen bedurfte, wie es insbesondere in der Bismarck-Entscheidung des RG noch erforderlich war. Der Reichsgesetzgeber erkannte in den §§ 22 ff. KUG den zivilrechtlichen Bildnisschutz an und verknüpfte diesen zugleich mit der ersten Anerkennung des strafrechtlichen Bildnisschutzes in dem Blankettstraftatbestand des § 33 i.V.m. §§ 22, 23 KUG[170].

I. Der zivilrechtliche Bildnisschutz (§§ 22, 23 KUG[171])

In § 22 KUG findet sich die zivilrechtliche Anerkennung des neuen Rechts am eigenen Bild, wonach jede unautorisierte Bildnisveröffentlichung nicht erlaubt ist. Gemäß § 22 KUG hängt die Verbreitung und öffentliche zur Schaustellung des Bildnisses von der Einwilligung des Abgebildeten und nach seinem Tode bis zum Ablaufe von 10 Jahren von der Einwilligung der Angehörigen des Abgebildeten ab. Zugunsten des öffentlichen Interesses machen die in § 23 KUG bestimmten enumerativ aufgezählten Fälle Ausnahmen von der erforderlichen Einwilligung. Der Bildnisschutz ist damit von der Güterabwägung zwischen den schutzwürdigen Belangen des Betroffenen und dem Publikumsinteresse beherrscht[172]. Indem der Bildnisschutz zum einen die Freiheit der Selbstbestimmung über die Darstellung des eigenen Bildnisses[173] schützt, und zum anderen nun daneben auch die Entscheidungsfreiheit darüber umfasst, Bildnisse von sich

---

168 Wandtke/Bullinger/Fricke, KUG, § 22 Rdnr. 3; BVerfG, Beschl. v. 26. Februar 2008 – 1 BvR 1626/07 u.a., GRUR 2008, 539, 541 – Caroline von Hannover; BVerfG, Urt. v. 15. Dezember 1999 – 1 BvR 653/96, GRUR 2000, 446, 449 – Caroline von Monaco.

169 Vgl. dazu: Entwurf eines Gesetzes betreffend das Urheberrecht an Werken der bildenden Künste und der Photographie, abgedruckt in GRUR 1906, 11, 25.

170 Kraenz, S. 90 ff. und S. 93 ff.

171 Siehe Gesetzestext in Anhang 4.

172 Fezer/Prinz, § 4-S7 Rdnr. 136; Kraenz, S. 90; Prinz/Peters, Rdnr. 255.

173 von Strobl-Albeg, in: Wenzel, Kap. 7 Rdnr. 5; BVerfG, Beschl. v. 25. November 1999 – 1 BvR 348/98 u.a., NJW 2000, 1859, 1860 – Lebach II; BVerfG, Beschl. v. 8. April 1999 – 1 BvR 2126/93, NJW 1999, 2358, 2359 – Greenpeace; BVerfG, Beschl. v. 24. März 1998 – 1 BvR 131/96, NJW 1998, 2889, 2890 – Namensnennung; BVerfG, Urt. v. 5. Juni 1973 – 1 BvR 536/72, NJW 1973, 1226, 1227 – Lebach; BGH, Urt. v. 6. März 2007 – VI ZR 52/06, WRP 2007, 648 – „7 Tage“; BGH, Urt. v. 14. Februar 1958, GRUR 1958, 408, 409 f. – Herrenreiter.

kommerziell zu nutzen[174], verfügt das Recht am eigenen Bild über eine Doppelnatur[175].

Die Rechtsfolge des zivilrechtlichen Bildnisschutzes erschöpft sich in Abwehrrechten des Betroffenen[176]. Die Vorschrift des § 22 KUG ist ein Schutzgesetz i.S.d. § 823 Abs. 2 BGB[177]. Zwar stellt das Recht am eigenen Bild eine spezielle Ausformung des allgemeinen Persönlichkeitsrechts nach Art. 2 Abs. 1 i.V.m. Art. 1 Abs. 1 GG dar, das zivilrechtlich als „sonstiges Recht" i.S.d. § 823 Abs. 1 BGB geschützt wird[178]. Jedoch gehen die Vorschriften der §§ 22 ff. KUG in ihrem Regelungsbereich der generalklauselartigen Regelung des allgemeinen Persönlichkeitsrechts vor[179]. Aus diesem Grund ist ein Rückgriff auf das allge-

---

174 Vgl. zur vermögensrechtlichen Seite des Bildnisschutzes: Dreier/Schulze/Dreier, Vor §§ 22 KUG Rdnr. 1; Dreyer in HK-UrhR, III KUG, Einl. Rdnr. 3; Götting, in: Schricker/Loewenheim, 4.Aufl., § 60/§ 22 KUG Rdnr. 9; Loewenheim/Schertz, Handbuch des Urheberrechts, 2. Aufl., § 18 Rdnr. 3; Schertz, in: Götting/Schertz/Seitz, Handbuch des Persönlichkeitsrechts, § 12 Rdnr. 3; Schertz/Reich, AfP 2010, 1 ff.; von Strobl-Albeg, in: Wenzel Kap. 7 Rdnr. 4; Wandtke/Bullinger/Fricke, KUG, § 22 Rdnr. 3; BVerfG, Beschl. v. 22. August 2006 – 1 BvR 1168/04, NJW 2006, 3409, 3410 – Marlene Dietrich, mit Anmerkung von Wanckel, NJW 2006, 3411; BGH, Urt. v. 29. Oktober 2009 – I ZR 65/07, ZUM 2010, 529, 530 – Der strauchelnde Liebling; BGH, Urt. v. 1. Dezember 1999 – I ZR 49/97, NJW 2000, 2195, 2197 – Marlene Dietrich I; BGH, Urt. v. 14. April 1992 – VI ZR 285/91, GRUR 1992, 557, 558 – Talkmaster-Foto; BGH, Urt. v. 8. Mai 1956 – I ZR 62/54, BGHZ 20, 345, 351 – Paul Dahlke.

175 Dreier/Schulze/Dreier, Vor §§ 22 KUG Rdnr. 1; Dreyer in HK-UrhR, III KUG, Einl. Rdnr. 3; Götting, in: Schricker/Loewenheim, 4. Aufl., § 60/§ 22 KUG Rdnr. 9; Götting, S. 4 ff., 66 ff.; BGH, Urt. v. 5. Oktober 2006 – I ZR 277/03, GRUR 2007, 168, 169 f. – kinski-klaus.de; BGH, Urt. v. 6. Dezember 2005 – VI ZR 265/04, GRUR 2006, 252 ff. – Mordkommission Köln; BGH, Urt. v. 1. Dezember 1999 – I ZR 226/97, GRUR 2000, 715, 716 – Der blaue Engel; BGH, Urt. v. 10. Mai 1957 – I ZR 234/55, GRUR 1957, 494 ff. – Spätheimkehrer; LG Düsseldorf, Urt. v. 29. August 2001 – 12 O 566/00, AfP 2002, 64, 66; LG Hannover, Urt. v. 11. Januar 2006 – 6 O 73/05, AfP 2006, 193, 195.

176 Zu diesen Abwehrrechten zählen: Unterlassungsanspruch, Beseitigungsanspruch, Bereicherungsanspruch, Schadensersatzanspruch, Geldentschädigung und Auskunftsanspruch.

177 Helle, S. 50; Petersen, § 3 Rdnr. 4; OLG München, Urt. v. 13. November 1987 – 21 U 2979/87, NJW 1988, 915, 916.

178 Burkhardt, in: Wenzel, Kap. 5 Rdnr. 3 ff.; MünchKommBGB/Wagner, Bd. 5, § 823 Rdnr. 178, 179; Palandt/Sprau, § 823 Rdnr. 19; Schertz, in: Götting/Schertz/Seitz, Handbuch des Persönlichkeitsrechts, § 12 Rdnr. 2; Wasserburg, S. 49; BGH, Urt. v. 25. Mai 1954 – I ZR 211/53, BGHZ 13, 334, 338 – Schacht-Briefe.

179 Schertz, in: Götting/Schertz/Seitz, Handbuch des Persönlichkeitsrechts, § 12 Rdnr. 2; BGH, Urt. v. 18. März 1959 – IV ZR 182/58, BGHZ 30, 7, 11 – Caterina Valente.

meine Persönlichkeitsrecht ausgeschlossen, wenn das Recht am eigenen Bild verletzt wird[180]. Jedoch lebt das allgemeine Persönlichkeitsrecht als Auffangtatbestand auf, wenn es im Zusammenhang mit der Verwendung eines Bildnisses nicht nur um eine von diesem Schutzbereich erfasste Persönlichkeitsverletzung geht[181].

II. Die strafrechtliche Blankettverweisung, § 33 i.V.m. §§ 22, 23 KUG[182]

Bei der Blankettverweisung des § 33 KUG handelt es sich um die erste strafrechtliche Anerkennung des Bildnisschutzes. Der Ausdruck eines Blankettstrafgesetzes kennzeichnet Tatbestände, die ein verbotenes Verhalten nicht vollständig beschreiben, sondern vom Inhalt anderer Normen abhängig machen[183]. Durch die Verweisung in § 33 KUG auf die §§ 22, 23 KUG wird eine vollinhaltliche Bezugnahme auf diese sachlich-rechtlichen Gebotsnormen gewährleistet.

Das bekannteste Urteil zu § 33 KUG ist jenes des Schöffengerichts Ahrensböck aus dem Jahre 1920, das über die Titelbildnisveröffentlichung einer Berliner Illustrierten zu entscheiden hatte, auf der der Reichspräsident Ebert und der Reichswehrminister Noske in Badehose zu sehen waren[184]. Im Übrigen ist hervorzuheben, dass entgegen der zahlreichen zivilrechtlichen Entscheidungen zu §§ 22, 23 Abs. 1 Nr. 1 KUG die Anwendung des § 33 KUG in der Praxis ein Schattendasein fristet und Verurteilungen nach dieser Norm kaum vorliegen[185].

---

180 Magold, S. 402; MünchKommBGB/Rixecker, Bd. 1, Anhang zu § 12 Rdnr. 45; Schertz, in: Götting/Schertz/Seitz, Handbuch des Persönlichkeitsrecht, § 12 Rdnr. 2; VGH Baden-Württemberg, Urt. v. 19. August 2010 – 1 S 2266/09, AfP 2011, 97, 100.

181 Magold, S. 402; Schertz, in: Götting/Schertz/Seitz, Handbuch des Persönlichkeitsrecht, § 12 Rdnr. 2.

182 Siehe Gesetzestext in Anhang 4.

183 Dietmeier, S. 1.

184 AG Ahrensböck, Urt. v. 9. März 1920, DJZ 1920, 595 – Reichspräsident Ebert. Das Gericht verneinte die Strafbarkeit im Übrigen, weil „jede im öffentlichen Leben stehende Person selbst die Verantwortung dafür trägt, wie sie sich an einem öffentlichen Ort zeigt.“.

185 Kraenz, S. 95.

F. Erweiterung des strafrechtlichen Bildnisschutzes durch das Inkrafttreten des § 201a StGB[186]

I. Die Entstehung des 15. Abschnitts im Besonderen Teil des StGB

Die Strafvorschrift des § 201a StGB wurde im 15. Abschnitt des StGB eingefügt. Dieser Abschnitt wurde durch das EGStGB im Jahre 1974 neu geschaffen und enthält seither die Straftatbestände gegen den persönlichen Lebens- und Geheimbereich[187]. Zu diesen gehören: die Verletzung der Vertraulichkeit des Wortes (§ 201 StGB), die Verletzung des Briefgeheimnisses (§ 202 StGB) und die Verletzung von Privatgeheimnissen (§ 203 StGB). Zwar waren diese Tatbestände nicht neu, sie waren zuvor im 25. Abschnitt des StGB bei den Tatbeständen des strafbaren Eigennutzes geregelt gewesen[188]. Neu geschaffen wurde durch das EGStGB der Tatbestand der Verwertung fremder Geheimnisse, § 204 StGB[189]. Im Jahr 1986 kam die Vorschrift des § 202a StGB hinzu, die die Ausspähung von Daten unter Strafe stellt, die so gespeichert sind oder übermittelt werden, dass sie nicht unmittelbar wahrgenommen werden können[190]. Im Jahre 1997 wurde die Vorschrift des § 206 StGB, der die Verletzung des Post- oder Fernmeldegeheimnisses unter Strafe stellt, eingefügt[191].

Mit der Zusammenfassung der Vorschriften in einem besonderen Abschnitt des StGB unterstrich der Gesetzgeber die Bedeutung, die den hier geschützten Rechtsgütern nach heutigem Verständnis, insbesondere vor dem Hintergrund des GG und der EMRK, beizumessen ist[192].

II. Frühere Reformdiskussionen und Gesetzesvorschläge zum strafrechtlichen Bildnisschutz

Bereits im Rahmen der Strafrechtsreform der 60er Jahre des 20. Jahrhunderts war diskutiert worden, ob das Recht am eigenen Bild durch die Norm des § 33

---

186 Siehe Gesetzestext in Anhang 29.

187 Vgl. zur Entstehungsgeschichte des 15. Abschnitts die Ausführungen von Kächele, S. 45; Schünemann, in: Leipziger Kommentar, StGB Bd. 6, Vor § 201 Rdnr. 1.

188 Kächele, S. 45.

189 Kächele, S. 45.

190 Eingefügt durch das Gesetz zur Bekämpfung der Wirtschaftskriminalität (2. WiKG) vom 15. Mai 1986, BGBl. I 1986 S. 721; Kächele, S. 45.

191 Eingefügt durch Art. 2 Abs. 13 Nr. 6 Begleitgesetz zum Telekommunikationsgesetz vom 17. Dezember 1997, BGBl. I 1997 S. 3108; Kächele, S. 45.

192 Vgl. BT-Drs. 7/550, S. 235.

KUG strafrechtlich ausreichend geschützt sei[193]. Die Gesetzesinitiative der Bundesregierung aus dem Jahr 1958 zur Schaffung eines § 103a StGB, der als „Lex Soraya“ bekannt wurde und neben den auswärtigen Beziehungen der Bundesrepublik Deutschland auch die Persönlichkeit ausländischer Staatsoberhäupter oder ihrer Angehörigen schützen sollte[194], wurde vom Bundesrat abgelehnt[195]. Der amtliche Entwurf von 1962 hielt allerdings eine Regelung für nicht notwendig, weil er den Schutz durch das Nebenstrafrecht und das Zivilrecht für ausreichend ansah[196].

Anfang der 70er Jahre des 20. Jahrhunderts wurde angesichts erhöhter Gefahren für die Privatsphäre durch die moderne Massengesellschaft und die laufende Vervollkommnung technischer Mittel eine Ergänzung der Delikte gegen den persönlichen Lebens- und Geheimbereich gefordert[197]. Im Jahre 1971 wurde dann die Problematik vom Alternativentwurf eines Strafgesetzbuchs in Anlehnung an die entsprechende Vorschrift des Art. 179 des Schweizerischen Strafgesetzbuches[198] aufgegriffen[199]. Die Verfasser des Entwurfs waren der Ansicht, dass

> „(...) im technischen Zeitalter gerade auch dieser Eingriff in den Intimbereich für die Freiheitssphäre des Bürgers eine schwere und gefährliche Bedrohung darstellt, vor der er mit den äußersten Mitteln des Rechts geschützt werden muss. (...)“[200].

Die im Alternativentwurf vorgeschlagene Regelung des § 146 AE-StGB[201] stellte das unbefugte Abbilden dem unbefugten Abhören gleich, weil man der Ansicht war, dass beide Angriffe nach Art und Schwere gleichwertig seien[202]. Nach diesem Vorschlag sollte bestraft werden, wer ohne Einwilligung 1.) von einer fremden Person in ihren Privaträumen oder 2.) von einem anderen oder von dessen Privaträumen unter Verletzung des Anspruchs auf Wahrung des höchstpersönlichen Lebensbereichs Bildaufnahmen herstellt oder überträgt. Auch sollte

---

193 Eisele, JR 2005, 6.

194 BR-Drs. 181/58; Kächele, S. 45.

195 BR-Prot. 196, S. 175; BR-Drs. 181/58; Kächele, S. 45.

196 BR-Drs. 200/62, S. 327 ff.; vgl. auch: Eisele, JR 2005, 6.

197 Zu entsprechenden Vorschlägen des Alternativentwurfs in § 146 Abs. 2 und 3 StGB-E (siehe Gesetzestext in Anhang 7) vgl. AE-StGB, S. 32 ff.; ergänzend die Nachweise bei Bosch, JZ 2005, 377, 378; Pollähne, KritV 2003, 387 in FN 4.

198 Siehe Gesetzestext in Anhang 8.

199 § 146 des AE-StGB, S. 33 ff.; vgl. auch Arzt, S. 22 ff. und 64 ff.; Kienapfel, S. 14 ff.

200 Zitiert nach Eisele, JR 2005, 6.

201 Siehe Gesetzestext in Anhang 7.

202 Eisele, JR 2005, 6.

bestraft werden, wer eine derart hergestellte Aufnahme oder Aufzeichnung einem Dritten zugänglich macht.

Im Rahmen der großen Strafrechtsreform verzichtete dann auch das EGStGB aus dem Jahre 1974 ausdrücklich auf die Normierung eines entsprechenden Tatbestandes im neuen 15. Abschnitt des StGB[203]. Hintergrund war, dass man kein dringendes Bedürfnis für die Einführung einer solchen Vorschrift sah und die damaligen Gesetzgebungsarbeiten nicht mit dieser Frage belastet werden sollten[204]. Die Problematik wurde für so schwierig gehalten, dass es aus zeitlichen Gründen nicht für möglich gehalten wurde, eine in diesem Punkte befriedigende Lösung vorzuschlagen.

Von der Strafrechtswissenschaft wurde aber weiterhin die Schaffung eines solchen Tatbestandes gefordert[205]. Neue Gesetzinitiativen wurden jedoch nicht auf den Weg gebracht.

III. Entscheidung des Europäischen Gerichtshofes für Menschenrechte Caroline von Hannover ./. Deutschland[206]

1. Ausgangspunkt der Entscheidung des EGMR

Ausgangspunkt der Entscheidung des EGMR ist der Kampf der Prinzessin Caroline von Monaco, heute von Hannover, gegen die Presse. In den Jahren von 1993 bis 1997 wurden in den Magazinen „Freizeit Revue“, „Neue Post“ und „Bunte“ zahlreiche Bilder der Prinzessin mit Textbeiträgen veröffentlicht[207]. Die Prinzessin sah sich durch diese Veröffentlichungen in ihrem Persönlichkeitsrecht verletzt und nahm deshalb die Verlegerin der Zeitschriften, die Burda GmbH, gerichtlich auf Unterlassung weiterer Veröffentlichungen in Anspruch. Der BGH nahm in seiner Entscheidung eine Güter- und Interessenabwägung vor, aus der sich ergab,

> „dass die Beklagte mit der Veröffentlichung der in einem Gartenlokal aufgenommenen und in der Zeitschrift F.R. Nr. 30 zu der Überschrift „Diese Fotos sind der Be-

---

203 Eisele, JR 2005, 6.

204 Siehe BT-Drs. 7/550, S. 235 f.

205 Vgl. Diemer-Nicolaus in BT-Prot. 5/121, S. 6158; Müller-Emmert in BT-Prot. 5/121, S. 6156 f; MünchKommStGB/Graf, Bd. 3, Vor §§ 201 ff. Rdnr. 3 und § 201 Rdnr. 6; Pelgau, ZRP 1998, 249, 250; Schünemann, ZStW 90 (1978), 11, 33; Schünemann, in: Leipziger Kommentar, StGB Bd. 6, Vor § 201 Rdnr. 11.

206 EGMR (III. Sektion), Urt. v. 24. Juni 2004 – 59320/00 (Caroline von Hannover./.Deutschland), NJW 2004, 2647 ff. – Caroline von Hannover.

207 Siehe dazu die Darstellung durch BVerfG, Urt. v. 15. Dezember 1999 – 1 BvR 653/96, BVerfGE 101, 361, 362-364 – Caroline von Monaco.

> weis für die zärtlichste Romanze unserer Zeit“ abgedruckten Bilder in unzulässiger Weise in die geschützte Privatsphäre der Klägerin eingegriffen hat. Diese kann daher die weitere Veröffentlichung der Bilder verbieten.“[208].

Gegen weitere Bildveröffentlichungen, die vom BGH zugelassen worden waren, erhob die Prinzessin Verfassungsbeschwerde. Das BVerfG überprüfte das Urteil des BGH und hob es auf, soweit dem Umstand keine Beachtung geschenkt worden war,

> „dass die persönlichkeitsrechtliche Schutzposition der Beschwerdeführerin im Fall des familiären Umgangs mit ihren Kindern durch Art. 6 GG verstärkt wird.“[209].

Da die Prinzessin auch mit dem Urteil des BVerfG nicht zufrieden war, wandte sie sich an den EGMR und rügte die Verletzung ihres Rechts auf Achtung ihres Privatlebens aus Art. 8 Abs. 1 EMRK, weil überhaupt Bilder von ihr gemacht und veröffentlicht worden seien, die aus ihrer Privatsphäre stammten. Es ging dabei noch um die folgenden mit Textbeiträgen versehenen Abbildungen[210]: Die Prinzessin in einer Pferdekoppel auf einem Pferde reitend, auf einem Feldweg radfahrend, auf einem Markt einkaufend mit Begleiterin, im Restaurant mit einem Schauspieler sitzend. Ferner kamen noch weitere Abbildungen hinzu, über die das BVerfG in der genannten Entscheidung nicht entschieden hatte: die Prinzessin während ihres Skiurlaubs in Österreich, die Prinzessin, die allein oder in Begleitung ihre Wohnung bei Paris verlässt, die Prinzessin beim Tennisspiel und beim Abstellen von Fahrrädern mit Prinz Ernst August von Hannover, die Prinzessin im Badeanzug im „Beach Club“ von Monte Carlo über einen Gegenstand stolpernd und stürzend.

2. Allgemein zu Art. 8 EMRK[211]

Nach Art. 8 Abs. 1 EMRK hat jede Person das Recht auf Achtung ihres Privat- und Familienlebens, ihrer Wohnung und ihrer Korrespondenz. Demnach bekräftigt und verdeutlicht Art. 8 Abs. 1 EMRK die Bedeutung des allgemeinen Persönlichkeitsrechts und die Notwendigkeit seines möglichst umfassenden Schutzes. Durch eine Behörde darf nach Art. 8 Abs. 2 EMRK in die Ausübung dieses Rechts nur eingegriffen werden, soweit der Eingriff gesetzlich vorgesehen und in

---

208 BGH, Urt. v. 19. Dezember 1995 – VI ZR 15/95, BGHZ 131, 332, 341 – Paparazzi-Fotos.

209 BVerfG, Urt. v. 15. Dezember 1999 – 1 BvR 653/96, BVerfGE 101, 361, 395, 396 – Caroline von Monaco.

210 BVerfG, Urt. v. 15. Dezember 1999 – 1 BvR 653/96, BVerfGE 101, 361, 362 ff. – Caroline von Monaco.

211 Siehe Gesetzestext in Anhang 9.

einer demokratischen Gesellschaft notwendig ist für die nationale oder öffentliche Sicherheit, für das wirtschaftliche Wohl des Landes, zur Aufrechterhaltung der Ordnung, zur Verhütung von Straftaten, zum Schutz der Gesundheit oder der Moral oder zum Schutz der Rechte und Freiheiten anderer. Durch Art. 8 Abs. 2 EMRK werden mithin die Rechte des Staates eingeschränkt.

Der europäische Gesetzgeber definiert den Begriff des Privatlebens nicht legal. Der EGMR legt den Begriff des Privatlebens jedoch wie folgt aus:

> „(...) 95. Der Gerichtshof ruft in Erinnerung, dass der Begriff Privatleben eine Reihe von Aspekten umfasst, die sich auf die Identität einer Person beziehen, wie ihren Namen, ihr Bild, ihre körperliche und geistige Integrität; die Garantie nach Art. 8 der Konvention dient hauptsächlich dazu, die Entwicklung der Persönlichkeit jedes Einzelnen im Rahmen der Beziehungen zu anderen Mitmenschen unter Ausschluss äußerer Eingriffe zu gewährleisten. Demnach gibt es zwischen dem Einzelnen und Dritten eine interaktive Zone, die auch in einem öffentlichen Zusammenhang dem Privatleben zugerechnet werden kann. Die Veröffentlichung eines Fotos greift somit in das Privatleben einer Person ein, selbst wenn es sich bei dieser Person um eine Person des öffentlichen Lebens handelt. (...).
>
> 96. Was Lichtbilder anbelangt, so hat der Gerichtshof unterstrichen, dass das Bild des Einzelnen eines der Hauptmerkmale seiner Persönlichkeit ist, weil es die Besonderheit der Person zum Ausdruck bringt und ihr ermöglicht, sich von anderen Mitmenschen zu unterscheiden. Das Recht der Person auf Schutz des eigenen Bildes stellt eine der wesentlichen Bedingungen für seine persönliche Entfaltung dar. Voraussetzung ist vor allem, dass der Einzelne den Umgang mit dem eigenen Bild bestimmt, wozu insbesondere die Möglichkeit zählt, dass er die Verbreitung des Bildes ablehenen kann. (...)“[212]

Dem Recht auf Achtung des Privat- und Familienlebens wird also auf europäischer Ebene eine bedeutende Rolle zugesprochen, die die Notwendigkeit seines Schutzes bestärkt[213].

3. Bedeutung der Entscheidung des Europäischen Gerichtshofes für Menschenrechte

Durch die Caroline von Hannover–Entscheidung machte der EGMR deutlich, dass es aufgrund von Art. 8 EMRK eines angemessenen Schutzes des Privatlebens bedarf. Dazu führte der Gerichtshof aus:

> „(...) 57. Der Gerichtshof wiederholt, dass Art. 8 EMRK im Wesentlichen darauf abzielt, den Einzelnen gegen willkürliche Eingriffe des Staates zu schützen, den Staat

---

212 EGMR, Urt. v. 7. Februar 2012 – 40660/08, 60641/08, NJW 2012, 1053, 1054 – von Hannover Nr. 2.

213 Linkens, S. 13.

aber nicht nur verpflichtet, solche Eingriffe zu unterlassen: Zu dieser negativen Verpflichtung können positive Verpflichtungen kommen, die sich aus dem Gebot zu wirksamer Achtung des Privat- und Familienlebens ergeben. Dazu können Maßnahmen zum Schutz des Privatlebens sogar im Verhältnis zwischen Privatpersonen untereinander gehören (...). Das gilt auch für den Schutz des Rechts am eigenen Bild gegen Missbrauch durch Dritte (...). Allerdings lassen sich die Grenzen zwischen den auf Art. 8 EMRK beruhenden Handlungs- und Unterlassungspflichten des Staates nicht genau ziehen. Die anwendbaren Grundsätze sind aber ähnlich. In beiden Fällen ist der gerechte Ausgleich zu beachten, der zwischen den Interessen der Allgemeinheit und denen des Einzelnen hergestellt werden muss, und in beiden Fällen hat der Staat einen bestimmten Beurteilungsspielraum (...).“[214]

Das Caroline-Urteil des EGMR ist ein Feststellungsurteil[215]. Der EGMR kann das Urteil des BVerfG und die ihm zugrunde liegenden Urteile der ordentlichen Gerichte nicht aufheben[216]. Völkerrechtlich besteht jedoch für die Bundesrepublik Deutschland die Verpflichtung, in allen Rechtssachen, in denen sie Partei ist, das endgültige Urteil des EGMR zu befolgen. Dies folgt aus Art. 46 Abs. 1 EMRK[217]. Jedoch aus der bindenden Wirkung des Feststellungsurteils ergeben sich Rechtswirkungen. Der Eintritt der materiellen Rechtskraft bedeutet, dass feststeht, dass der Staat in Bezug auf den konkreten Streitgegenstand die Konvention verletzt oder eingehalten hat[218]. Im Fall der Prinzessin stellte der EGMR eine Verletzung fest, so dass die Bundesrepublik Deutschland nicht mehr geltend machen konnte, dass das Handeln ihrer Organe konventionsgemäß gewesen sei[219]. Die Feststellung der Konventionsverletzung begründete für die Bundesrepublik Deutschland die Verpflichtung, die Konventionsverletzung abzustellen[220]. Sie musste nun individuelle oder allgemeine Maßnahmen in ihrer Rechtsordnung treffen, um die Verletzung abzustellen und den Folgen soweit wie mög-

---

214 EGMR (III. Sektion), Urt. v. 24. Juni 2004 – 59320/00 (Caroline von Hannover ./. Deutschland), NJW 2004, 2647, 2649 – Caroline von Hannover.

215 Vgl. zu den Entscheidungsformen des EGMR: Grabenwarter/Pabel, § 14 Rdnr. 1 ff.; Meyer-Ladewig, EMRK, Art. 46 Rdnr. 23; Schilling, Rdnr. 796 ff.

216 Meyer-Ladewig, EMRK, Art. 46 Rdnr. 23.

217 Siehe Gesetzestext in Anhang 9.

218 Meyer-Ladewig, EMRK, Art. 46 Rdnr. 23.

219 EGMR, Urt. v. 24. Juni 2004 – 59320/00, NJW 2004, 2647 ff. – Caroline von Hannover; BVerfG, Beschl. v. 14. Oktober 2004 – 2 BvR 1481/04, NJW 2004, 3407, 3409 – Görgülü-Beschluss.

220 Meyer-Ladewig, EMRK, Art. 46 Rdnr. 25; EGMR (III Sektion), Urt. v. 26. Februar 2004 – 74969/01, NJW 2004, 3397 ff. – Görgülü/Deutschland.

lich abzuhelfen[221]. Im Übrigen ist die Bundesrepublik frei in der Wahl der Mittel, mit denen sie ihrer rechtlichen Verpflichtungen nach Art. 46 EMRK nachkommen will, sofern sie mit den Schlussfolgerungen vereinbar ist, zu denen der EGMR in seinem Urteil gelangt ist[222].

IV. EU-Richtlinie 2002/58/EG des Europäischen Parlaments und des Rates vom 12. Juli 2002[223]

Auf diese Richtlinie bezogen sich die Gesetzesentwürfe der CDU/CSU-[224] und der FDP-Fraktion[225] für ein Gesetz zum verbesserten Schutz der Intimsphäre.Die Richtlinie, die lediglich einen Appell an die europäischen Staaten darstellt[226], hat die Verarbeitung personenbezogener Daten und den Schutz der Privatsphäre in der elektronischen Kommunikation zum Inhalt (Datenschutzrichtlinie für elektronische Kommunikation). Die EU fordert hierin ihre Mitgliedsstaaten auf, für öffentliche Kommunikationsnetze besondere rechtliche, ordnungspolitische und technische Vorschriften zum Schutz der Grundrechte und Grundfreiheiten natürlicher Personen und der berechtigten Interessen juristischer Personen zu erlassen, insbesondere im Hinblick auf die zunehmenden Fähigkeiten zur automatischen Speicherung und Verarbeitung personenbezogener Daten über Teilnehmer und Nutzer[227].

Die Richtlinie begründet diese Aufforderung mit einem Blick auf die neue Entwicklung: öffentliche Kommunikationsnetze würden in der Gemeinschaft mit fortschrittlichen neuen Digitaltechnologien ausgestattet, die besondere Anforderungen an den Schutz personenbezogener Daten und der Privatsphäre des Nutzers mit sich brächten[228]. Auch das *Internet* revolutioniere die herkömmlichen Marktstrukturen, indem es eine gemeinsame, weltweite Infrastruktur für die Bereitstellung eines breiten Spektrums elektronischer Kommunikationsdienste bie-

---

221 Meyer-Ladewig, EMRK, Art. 46 Rdnr. 25; EGMR, Urt. v. 24. Juni 2004 – 59320/00, NJW 2004, 2647 ff. – Caroline von Hannover; EGMR (III. Sektion), Urt. v. 26. Februar 2004 – 74969/01, NJW 2004, 3397, 3400 – Görgülü/Deutschland.

222 Meyer-Ladewig, EMRK, Art. 46 Rdnr. 25; Schilling, Rdnr. 805; EGMR, Urt. v. 24. Juni 2004 – 59320/00, NJW 2004, 2647 ff. – Caroline von Hannover; EGMR (III. Sektion), Urt. v. 26. Februar 2004 – 74969/01, NJW 2004, 3397, 3400 f. – Görgülü/Deutschland.

223 EU-Abl. L 201 vom 31. Juli 2002, S. 37 ff.

224 BT-Drs. 15/533, S. 3.

225 BT-Drs. 15/361, S. 3.

226 Linkens, S. 14.

227 EU-Abl. L 201 vom 31. Juli 2002, S. 37, Ziffer 7.

228 EU-Abl. L 201 vom 31. Juli 2002, S. 37, Ziffer 5.

te[229]. Öffentlich zugängliche elektronische Kommunikationsdienste über das *Internet* eröffneten neue Möglichkeiten für die Nutzer, bildeten aber auch neue Risiken in Bezug auf ihre personenbezogenen Daten und ihre Privatsphäre[230].

Diese Richtlinie verdeutlicht die Erkenntnis der EU, welche Konsequenzen die enorme technische Entwicklung auf die einzelne Person hat[231]. Erkannt wird, dass die Person und ihre Privatsphäre nicht mehr sicher und ausreichend geschützt sind und der Eingriff von außen in die schutzwürdige Privatsphäre immer leichter wird und durch die neuen technischen Erfindungen immer häufiger erfolgt[232]. Wenn die Richtlinie den Schutz des Einzelnen vor der Verarbeitung seiner personenbezogenen Daten und dessen Privatsphäre in den Vordergrund stellt, so sind dies Rechtsgüter, die gerade Bestandteil des allgemeinen Persönlichkeitsrechts nach Art. 2 Abs. 1 i.V.m. Art. 1 Abs. 1 GG sind[233]. Hieraus ergibt sich nun, dass die Richtlinie auch den Schutz des Rechts am eigenen Bild erfasst[234]. In der Richtlinie steckt also auch der Gedanke, dass das Grundrecht des allgemeinen Persönlichkeitsrechts des Einzelnen im Allgemeinen eines weitergehenden Schutzes bedarf[235].

Der deutsche Gesetzgeber entschied sich daraufhin dem Schutz des Persönlichkeitsrechts gerade durch die Einführung eines neuen Straftatbestandes ausreichend Rechnung zu tragen.

V. Die Entstehung des § 201a StGB

Neben der europäischen Gesetzgebung und Rechtsprechung waren endgültige Auslöser, die ein Handeln des Gesetzgebers zur Folge hatten, die folgenden Fälle: die Praktiken eines Frauenarztes aus Baden-Württemberg, der heimlich Untersuchungen seiner Patientinnen filmte und nur wegen einer zugleich erfolgten Tonaufzeichnung bestraft werden konnte[236], in Umkleidekabinen gebohrte Löcher, um Aufnahmen mit Foto-*Handys* zu ermöglichen, bis hin zur Zunahme heimlich installierter *Webcams*[237], die zu Live-Übertragungen in das *Internet* ge-

---

229 EU-Abl. L 201 vom 31. Juli 2002, S. 37, Ziffer 6.

230 EU-Abl. L 201 vom 31. Juli 2002, S. 37, Ziffer 6.

231 Vgl. auch BT-Drs. 15/533, S. 3; BT-Drs. 15/361, S. 3.

232 Linkens, S. 15.

233 Linkens, S. 15; Pieroth/Schlink, Rdnr. 391 ff.

234 Linkens, S. 15.

235 Linkens, S. 15.

236 Vgl. Werwigk-Hertneck in ZRP-Rechtsgespräch, ZRP 2003, 293.

237 Eine Webcam ist eine Kamera, deren Bilder direkt auf eine Seite des WorldWideWeb übertragen werden. Der Begriff Webcam geht auf Websites zurück, auf denen durch den Betreiber regelmäßig aktualisierte Bilder angeboten werden. Bei vielen Webcams

nutzt werden können[238]. In Ausnahmefällen kann ein die Intimsphäre verletzender optischer Angriff zwar durch den Tatbestand der Beleidigung erfasst werden, dessen Auffangfunktion als Sexualdelikt kleiner Münze steht aber auf tönernen Füßen, da ein auf geheime Informationsgewinnung abzielender Voyeurismus nur schwerlich als konkludente Missachtungskundgabe interpretiert werden kann[239]. Auslösende Fälle waren auch, dass ein Arbeitgeber Videoaufnahmen eines Arbeitnehmers anordnete, um festzustellen, ob dieser während der Arbeit Unterschlagungen beging[240], oder dass ein Hauseigentümer per Video den auch von seinem Nachbarn notwendigerweise zu nutzenden Zugang zu den Wohnhäusern überwachte[241]. Auch der Fall Lady Diana führte zu einer Diskussion in der breiten Öffentlichkeit, als nämlich Medien in den USA Bilder der im Jahre 1997 bei einem Verkehrsunfall tödlich verunglückten Lady Diana veröffentlichten.

Wie bereits dargestellt, war bis zu diesem Zeitpunkt das Recht auf Wahrung des persönlichen Lebensbereichs vor Bildaufnahmen im Wesentlichen nur hinsichtlich der Verbreitung und öffentlichen Schaustellung eines Bildnisses ohne

---

wird dabei das Bild nur in längeren Abständen (z.B. alle 15 Minuten) aktualisiert, nur manche Webcams bieten tatsächlich eine Art Live-Stream. Webcams werden häufig durch Firmen oder öffentliche Einrichtungen angeboten, die über eine Standleitung zum Internet verfügen. Aber auch Privatpersonen z.B. mit DSL-Anschluss stellen zunehmend Webcams bereit. Die Motive für den Betrieb einer Webcam sind unterschiedlichster Natur: von der reinen Hobbyausübung, Exhibitionismus, Werbung, bis hin zu rein finanziellen Interessen.

238 Darauf und auf die Dringlichkeit, die Veröffentlichung heimlicher Bildaufnahmen unter Strafe zu stellen, wies auch der Bundesbeauftragte für Datenschutz in seinem 18. Tätigkeitsbericht vom 13. März 2001 in der 14. Legislaturperiode zum ersten Mal hin; vgl. BT-Drs. 14/5555, S. 22 und 57. Zutreffend wies er auch darauf hin, dass im Gegensatz zu heimlichen Tonaufnahmen eine vergleichbare Regelung für Bildaufnahmen nicht existierte. In der 15. Legislaturperiode wiederholte der Bundesdatenschutzbeauftragte seine Forderung nach einem neuen Straftatbestand in seinem 19. Tätigkeitsbericht vom 7. Mai 2003 (BT-Drs. 15/888, S. 50 f.). Dabei ging er auf die §§ 22 ff. KUG ein und befand, die Vorschriften seien veraltet (BT-Drs. 15/888, S. 51).

239 Bosch, JZ 2005, 377, 378; Eisele, JR 2005, 6, 7; Otto, JZ 1989, 803 f.; BGH, Urt. v. 20. September 1994 – 1 StR 466/94, NStZ 1995, 129; BGH, Urt. v. 15. März 1989 – 2 StR 662/88, JZ 1989, 801, 802f.; BGH, Urt. v. 14. Mai 1986 – 3 StR 504/85, NStZ 1986, 453, 454; BayObLG, Beschl. v. 25. April 1980 – RReg. 3 St 140/78, NJW 1980, 1969; OLG Düsseldorf, Beschl. v. 29. Mai 2001 – 2 a Ss 50/01 – 16/01 II, NJW 2001, 3562, 3563.

240 BAG, Urt. v. 27. März 2003 – 2 AZR 51/02, NJW 2003, 3436 ff.

241 BGH, Urt. v. 25. April 1995 – VI ZR 272/94, NJW 1995, 1955, 1956 f.; ähnliche Fallgestaltung: OLG Karlsruhe, Urt. v. 8. November 2001 – 12 U 180/01, NJW 2002, 2799.

Einwilligung des Abgebildeten strafrechtlich geschützt (§ 33 i.V.m. §§ 22, 23 KUG). Nicht strafbar war es, eine Bildaufnahme von einer anderen Person ohne deren Einverständnis herzustellen und an eine dritte Person weiterzugeben. Demgegenüber war das Recht auf Wahrung der Vertraulichkeit des nicht öffentlich gesprochenen Wortes strafrechtlich umfassend auch gegen das unbefugte Aufnehmen auf einen Tonträger, das Gebrauchen und das Verbreiten einer solchen Aufnahme (§ 201 StGB[242]) geschützt[243]. Mit der Einführung des § 201a StGB verfolgte der Gesetzgeber also den Zweck, die bestehende Disparität zwischen dem strafrechtlichen Schutz vor Wortaufnahmen durch § 201 StGB und dem bislang defizitären Schutz vor Bildaufnahmen zu schließen[244]. Der sogenannte „optische Lauschangriff"[245] sollte dem akustischen grundsätzlich gleichgestellt werden. Der Gesetzgeber hielt dies vor dem Hintergrund für geboten, dass der „optische Lauschangriff" in einer Wohnung strafprozessual sogar als der intensivere Eingriff gegenüber dem akustischen gewertet wird und deswegen im Unterschied zu diesem gänzlich verboten ist[246]. Wenn aber der Staat einerseits zu optischen Eingriffen in fremde Wohnungen noch weniger berechtigt ist als zu akustischen (§ 100c Abs. 1 StPO[247]), dann müsste andererseits auch die staatliche Schutzpflicht gegenüber optischen Lauschangriffen noch weitergehender sein als gegenüber akustischen[248]. Im Interesse einer übereinstimmenden Gesetzeslage konnte es daher bei einem rein zivilrechtlichen Schutz des Rechts am eigenen Bild nicht länger bleiben[249]. Auch die dynamischen technischen Entwicklungen im Bildbereich ließen immer mehr Schutzdefizite und damit eine strafrechtliche Disparität entstehen[250].

Aus diesen Gründen wurde mit dem 36. Strafrechtsänderungsgesetz § 201a in das StGB eingeführt, der die Strafbarkeit der Verletzung des höchstpersönlichen Lebensbereichs durch Bildaufnahmen regelt[251]. Das Gesetz trat am 6. Au-

---

242 Siehe Gesetzestext in Anhang 29.

243 Vgl. dazu BT-Drs. 15/2466, S. 4.

244 Vgl. BT-Drs. 15/2466, S. 4; vgl. auch: Borgmann, NJW 2004, 2133; Flechsig, ZUM 2004, 605, 606; Heuchemer/Paul, JA 2006, 616; Wendt, AfP 2004, 181.

245 Werwigk-Hertneck in ZRP-Rechtsgespräch, ZRP 2003, 293.

246 Hoyer, ZIS 2006, 1.

247 Siehe Gesetzestext in Anhang 31.

248 Hoyer, ZIS 2006, 1.

249 Hoyer, ZIS 2006, 1.

250 Borgmann, NJW 2004, 2133; Bosch, JZ 2005, 377, 378; Eisele, JR 2005, 6, 7; Kargl, ZStW 117 (2005), 324, 325; Koch, GA 2005, 589, 590 f.; Schertz, AfP 2005, 421, 422; Wendt, AfP 2004, 181.

251 Vgl. zum Gesetzgebungsverfahren: Gesetzesinitiativen in der 14. Legislaturperiode: BR-Drs. 158/01; Stächele in BR-Prot. 760, S. 117 und Köberle in BR-Prot. 765, S.

gust 2004 in Kraft. Strafbarkeit besteht damit ab diesem Tag, insbesondere auch für die Weitergabe von Bildern, die vor Inkrafttreten der Vorschrift entstanden sind, § 2 Abs. 1 StGB[252].

320; BR-Drs. 158/01 (Beschluss); BT-Drs. 14/5555; BT-Drs. 14/6117, S. 6; BT-Drs. 14/9490, S. 2; BT-Drs. 14/7193; BT-Prot. 14/221, S. 21992 und 22005 ff.; Gesetzesinitiativen in der 15. Legislaturperiode: Entwurf der FDP-Fraktion im Bundestag: BT-Drs. 15/361, BT-Prot. 15/28, S. 2211 ff.; Entwurf der CDU/CSU-Fraktion im Bundestag: BT-Drs. 15/533, BT-Prot. 15/31, S. 2378; Entwurf des Landes Baden-Württemberg im Bundesrat: BR-Drs. 164/03; Entwurf des Bundesrates: BT-Drs. 15/1891; Fraktionsübergreifender Entwurf im Bundestag: BT-Drs. 15/2466; Beschlussempfehlung des Rechtsausschusses des Bundestages: BT-Drs. 15/2995; vgl. auch die umfassende Darstellung des Gangs des Gesetzgebungsverfahrens bei Kächele, S. 47 ff.

252 Siehe Gesetzestext in Anhang 29.

3. Kapitel: Der Schutz des Rechts am eigenen Bild in den Vorschriften des Nebenstrafrechts und des StGB

Wie der Abriss der historischen Entwicklung des Rechts am eigenen Bild zeigt, hat der strafrechtliche Bildnisschutz in der Blankettverweisung des § 33 i.V.m. §§ 22, 23 KUG sowie in § 201a StGB ausdrückliche Anerkennung gefunden. Darüber hinaus sind sowohl in den Gesetzen des Nebenstrafrechts als auch des StGB Vorschriften zu finden, die unter anderem auch das Recht am eigenen Bild als geschütztes Rechtsgut beinhalten. Deshalb soll das folgende Kapitel dazu dienen, zu untersuchen, welche Vorschriften des Nebenstrafrechts und des StGB das Recht am eigenen Bild tatsächlich als geschütztes Rechtsgut beinhalten.

A. Strafrechtlicher Sonderschutz des Rechts am eigenen Bild

Zunächst soll untersucht werden, welche Vorschriften des Nebenstrafrechts das Recht am eigenen Bild als geschütztes Rechtsgut beinhalten.

I. gemäß § 33 i.V.m. §§ 22, 23 KUG

Nach dem Blankettstraftatbestand des § 33 KUG wird mit Freiheitsstrafe bis zu einem Jahr oder mit Geldstrafe bestraft, wer entgegen den §§ 22, 23 KUG ein Bildnis verbreitet oder öffentlich zur Schau stellt.

Wie bereits im 1. Kapitel dargestellt ist ausdrücklicher Schutzgegenstand des § 33 i.V.m. §§ 22, 23 KUG das Recht am eigenen Bild. Eine Strafverfolgung durch die Staatsanwaltschaft hängt gemäß § 33 Abs. 2 KUG von dem Vorliegen eines Strafantrages ab. § 33 KUG ist also als absolutes Antragsdelikt ausgestaltet. Antragsberechtigt sind der Verletzte und die in § 77 Abs. 2 und Abs. 3 StGB[253] genannten Personen. Eine vorsätzliche und rechtswidrige Verletzung des § 33 i.V.m. §§ 22, 23 KUG kann auch im Wege der Privatklage gemäß § 374 Abs. 1 Nr. 8 StPO[254] verfolgt werden. Privatklageberechtigt sind der Verletzte und die in § 374 Abs. 2 und Abs. 3 StPO[255] genannten Personen.

253 Siehe Gesetzestext in Anhang 29.

254 Siehe Gesetzestext in Anhang 31.

255 Siehe Gesetzestext in Anhang 31.

II. gemäß § 4 i.V.m. § 1 Abs. 2 Satz 1 Nr. 2 b) GewSchG[256]

Das „Gesetz zum zivilrechtlichen Schutz vor Gewalttaten und Nachstellungen", kurz Gewaltschutzgesetz, dient der Stärkung der rechtlichen Stellung vor allem von Frauen als den typischen Opfern von Gewalt, indem es den zivilrechtlichen Schutz gegen Gewalt Drohungen und Nachstellungen im Allgemeinen verbessert, allerdings unter besonderer Berücksichtigung des familiären und sonstigen Nahbereichs[257]. Dabei soll gerade eine schnelle Entscheidung durch vollstreckbare gerichtliche Anordnungen den Schutz der Opfer ermöglichen[258].

Gemäß § 1 Abs. 2 Satz 1 Nr. 2 b), Abs. 1 Satz 1 und 3 GewSchG[259] kann das Gericht Maßnahmen treffen, wenn eine Person widerrechtlich und vorsätzlich eine andere Person dadurch unzumutbar belästigt, dass sie ihr gegen ihren ausdrücklichen Willen wiederholt nachstellt oder sie unter Verwendung von Fernkommunikationsmitteln verfolgt. Hiervon sollen Fälle des sogenannten „Stalkings"[260] erfasst werden: Liebeswahn, Rachegelüste zurückgewiesener Verehrer und Ex-Partner, Mobbing und übertriebener Star-Kult[261]. In § 1 Abs. 1 Satz 3 GewSchG sind Maßnahmen, die das Gericht treffen kann, beispielhaft aufgezählt: Betretungs- und Näherungsverbote sowie Verbote, Kontakt mit der betroffenen Person aufzunehmen.

Werden derartige vollstreckbare Anordnungen der Zivilgerichte nicht befolgt, kann sich der Täter gemäß § 4 GewSchG strafbar machen, wobei die Anordnung im Strafverfahren überprüft wird und nur bei ihrer Rechtmäßigkeit der Tatbestand erfüllt ist[262]. Die Vorschrift des § 4 GewSchG ist als Blankettstraftatbestand ausgestaltet, der durch § 1 GewSchG inhaltlich ausgefüllt wird, und sanktioniert entsprechende Tatbestandverletzungen mit Freiheitsstrafe bis zu einem Jahr oder mit Geldstrafe.

§ 1 Abs. 2 Satz 1 Nr. 2 GewSchG schützt vor dem widerrechtlichen Eindringen in die Wohnung oder das befriedete Besitztum (a) und vor der unzumutbaren Belästigung durch wiederholtes Nachstellen gegen den ausdrücklich erklärten Willen des Betroffenen und vor der Verfolgung unter Verwendung von Fernkommunikationsmitteln (b). Mit diesen Handlungen sind Eingriffe in das allge-

---

256 Siehe Gesetzestext in Anhang 10.

257 Palandt/Brudermüller, GewSchG, Einl. Rdnr. 1; Schuhmacher, FamRZ 2002, 645, 646.

258 Linkens, S. 37; MünchKommBGB/Krüger, Bd. 7/1, GewSchG, Vorbem. Rdnr. 1.

259 Siehe Gesetzestext in Anhang 10.

260 Kaboth, ZUM 2003, 342 ff.

261 Walter, ZUM 2002, 886, 887; ähnlich Grziwotz, NJW 2002, 872, 873.

262 MünchKommBGB/Krüger, Bd. 7/1, GewSchG § 4 Rdnr. 1; Palandt/Brudermüller, GewSchG § 4 Rdnr. 1; Schuhmacher, FamRZ 2002, 645, 655.

meine Persönlichkeitsrecht verbunden, verhindern sie doch, dass der Betroffene frei darüber befinden kann, ob und mit wem er Kontakt hält oder ob er für sich alleine gelassen werden will[263]. Mithin soll der Einzelne in der Entfaltungsweise seiner Selbstbewahrung, die eine besondere Ausprägung des allgemeinen Persönlichkeitsrechts darstellt, geschützt werden. Denn als Recht der Selbstbewahrung verbürgt das allgemeine Persönlichkeitsrecht dem Einzelnen das Recht, sich zurückzuziehen, abzuschirmen, für sich und allein zu bleiben[264]. Schutzgegenstand des § 1 Abs. 2 Satz 1 Nr. 2 GewSchG ist zumindest auch teilweise das allgemeine Persönlichkeitsrecht[265].

Es stellt sich die Frage, ob zugleich auch das Recht der Selbstdarstellung als besondere Ausprägung des allgemeinen Persönlichkeitsrechts Schutzgegenstand sein soll, zu dem insbesondere das Recht am eigenen Bild zählt.

Das ist zum einen nach der verfolgten Schutzrichtung des GewSchG zu verneinen[266]. Der Gesetzgeber hat sich in § 1 GewSchG darauf beschränkt lediglich zwei wesentliche Teilbereiche des allgemeinen Persönlichkeitsrechts zu regeln[267]. Dies gilt für die Drohung mit Gewalttaten, die in § 1 Abs. 2 Satz 1 Nr. 1 GewSchG ausdrücklich genannt wird, sowie für unzumutbare Belästigungen in der Form von Verletzungen des Hausrechts, wiederholten Nachstellungen oder Verfolgung mit Telekommunikationsmitteln in § 1 Abs. 2 Satz 1 Nr. 2 GewSchG[268].

Zum anderen sprechen gegen einen strafrechtlichen Bildnisschutz durch § 4 GewSchG auch die folgenden Gründe: Im Rahmen der Herstellung von Bild- und Videoaufnahmen gibt es Fälle, in denen eine Person über einen längeren Zeitraum beobachtet und verfolgt wird, damit der richtige Zeitpunkt für das Entstehen des Bildes abgepasst werden kann[269]. Dieses Auflauern und Verfolgen betrifft gerade die Entfaltungsfreiheit des Einzelnen, ob und mit wem er Kontakt hält oder ob er für sich alleine gelassen werden will. Dementsprechend wären diese Verhaltensweisen als Vorbereitungshandlungen vom Schutz des § 4 i.V.m. § 1 GewSchG erfasst[270]. Das darauf folgende Fotografieren oder Aufnehmen ist hingegen nicht mehr vom Schutz erfasst[271]. Der Begriff des Nachstellens in § 1

---

263 Linkens, S. 38; so letztlich auch Grziwotz, NJW 2002, 872, 873.
264 Vgl. FN 38.
265 BT-Drs. 14/5429, 18, 19; Linkens, S. 37.
266 Vgl. Linkens, S. 38 f.
267 BT-Drs. 14/5429, 18.
268 BT-Drs. 14/5429, 18, 19.
269 Linkens, S. 38.
270 Linkens, S. 38.
271 Linkens, S. 38.

Abs. 2 Satz 1 Nr. 2 b) GewSchG ist eng zu verstehen[272]. Er erfasst also nicht speziell das Herstellen oder Verbreiten von Bildaufnahmen, sondern nur das diesem vorgelagerte Verhalten[273].

Auch die Auslegung des Merkmals „Verfolgung unter Verwendung von Fernkommunikationsmitteln" führt zu keinem anderen Ergebnis[274]. Bei der Verfolgung mittels Fernkommunikationsmittel wird eine fehlende physische Nähe zum Opfer überwunden[275]. Es wird vielmehr eine psychische Nähe vermittelt[276]. Die Vermittlung dieser psychischen Nähe erfolgt durch den Einsatz von Briefen, Telefonanrufen, Telekopien, E-Mails, Mediendienste wie *SMS*[277], in denen sich der Täter dem Opfer als Verfolger zu erkennen gibt oder in Erinnerung bringt[278]. Der Begriff des Fernkommunikationsmittels ist nicht legaldefiniert. Für die Qualifizierung als Fernkommunikationsmittel ist es erforderlich, dass das Mittel zur zwischenmenschlichen Verständigung durch Sprache oder Zeichen geeignet ist[279]. Dementsprechend kann dieses Tatbestandsmerkmal nicht das Anfertigen von Bildaufnahmen mittels einer *Handy*kamera, die in der Regel Tatmittel beim Cyber-Bullying sind, erfassen[280]. Denn *Handy*kameras sind im Fall des Anfertigens von Bildaufnahmen nicht zur zwischenmenschlichen Verständigung durch Sprache oder Zeichen geeignet.

Hingegen ist eine Verfolgung durch das Verbreiten einer Bildaufnahme per E-Mail oder per *Handy* durchaus möglich[281]. In diesen Fällen soll der Einzelne aber gerade nach dem Zweck des GewSchG in seinem Recht auf Selbstbewahrung geschützt werden, nicht jedoch in seinem Recht auf Selbstdarstellung.

Im Übrigen fehlt es sowohl im Fall des Anfertigens einer Bildaufnahme als auch im Fall der Verfolgung durch das Verbreiten einer Bildaufnahme auch an dem ausdrücklich entgegenstehenden Willen des Opfers i.S.d. § 1 Abs. 2 Satz 1 Nr. 2 b) GewSchG[282].

---

272 Linkens, S. 38.

273 Linkens, S. 38.

274 Linkens, S. 38.

275 Walter, ZUM 2002, 886, 893.

276 Walter, ZUM 2002, 886, 893.

277 SMS ist die Abkürzung für den englischen Begriff short message system, der im Deutschen Kurznachrichtendienst bedeutet. Dabei handelt es sich um einen Telekommunikationsdienst zur Übertragung von Textnachrichten.

278 Walter, ZUM 2002, 886, 893.

279 Walter, ZUM 2002, 886, 893; BT-Drs. 14/5429, S. 10.

280 Vgl. auch: Linkens, S. 38.

281 MünchKommBGB/Krüger, Band 7/1. Halbband, § 1 GewSchG Rdnr. 16.

282 Vgl. zur Qualität des der Nachstellung entgegenstehenden Willens die Ausführungen von Walter, ZUM 2002, 886, 894; Linkens, S. 39.

III. gemäß § 148 Abs. 1 Nr. 2 a) i.V.m. § 90 Abs. 1 Satz 1 TKG[283]

Gemäß dem Blankettstraftatbestand[284] des § 148 Abs. 1 Nr. 2 a) i.V.m. § 90 Abs. 1 Satz 1 TKG wird mit Freiheitsstrafe bis zu zwei Jahren oder mit Geldstrafe derjenige bestraft, der entgegen § 90 Abs. 1 Satz 1 TKG eine dort genannte Sendeanlage besitzt, herstellt, vertreibt, einführt oder sonst in den Geltungsbereich des TKG verbringt, die ihrer Form nach einen anderen Gegenstand vortäuschen oder die mit Gegenständen des täglichen Gebrauchs verkleidet sind und aufgrund dieser Umstände in besonderer Weise geeignet sind, das Bild eines anderen von diesem unbemerkt aufzunehmen.

Da die technische Entwicklung es möglich machte, immer kleinere und immer leistungsfähigere Sendeanlagen herzustellen und diese selbst in ganz gewöhnlichen Gebrauchsgegenständen, wie z.B. einem Kugelschreiber, unterzubringen[285], dient die Vorschrift des § 90 TKG daher nach der Auffassung des Gesetzgebers unmittelbar dem Schutz der Privatsphäre bzw. des allgemeinen Persönlichkeitsrechts aus Art. 2 Abs. 1 GG i.V.m. Art. 1 Abs. 1 GG[286]. Der Gesetzgeber war der Auffassung, dass schon die allgemeine Verfügbarkeit derartiger Apparate ein unbeschwertes Privatleben grundlegend in Frage stellt[287]. Um dem zu begegnen, bedarf es eines strafbewehrten Verbots, das schon im Vorfeld das Aufnehmen von Bildern unterbindet[288]. Dementsprechend ist das Recht am eigenen Bild sowohl nach dem eindeutigen Wortlaut der Vorschrift als auch nach dem Willen des Gesetzgebers Schutzgegenstand des § 90 TKG.

§ 148 TKG macht die Strafverfolgung nicht von einem Strafantrag abhängig. Es handelt sich demnach um ein Offizialdelikt[289].

---

283 Siehe Gesetzestext in Anhang 11.

284 Vgl. zur Ausgestaltung als Blankettstraftatbestand: BerlKommTKG/Klesczewski, § 148 Rdnr. 1, 4; Fetzer, in: Arndt/Fetzer/Scherer (Hrsg.), TKG, § 148 Rdnr. 1; Scheurle/Mayen/Dierlamm, § 148 Rdnr. 2.

285 BT-Drs. 10/1618, S. 6; BerlKommTKG/Klesczewski, § 90 Rdnr. 1.

286 BerlKommTKG/Klesczewski, § 90 Rdnr. 1; Ellinghaus, in: Arndt/Fetzer/Scherer (Hrsg.), TKG, § 90 Rdnr. 2; Scheurle/Mayen/Dierlamm, § 90 Rdnr. 1; vgl. bereits zu § 64 TKG a.F., BT-Drs. 13/3609, S. 50 f. und zuvor die Gesetzesbegründung zum „Entwurf eines Gesetzes zur Verhinderung des Missbrauchs von Sendeanlagen“, BT-Drs. 10/1618, S. 1, 6 ff.; BT-Drs. 13/3609, S. 51; BT-Drs. 15/2316, S. 88.

287 BT-Drs. 10/1618, S. 6; BT-Drs. 15/2316, S. 88.

288 Vgl. auch zuvor bereits BT-Drs. 10/1618, S. 6; BeckTKG-Komm/Bock/Piepenbrock, § 90 Rdnr. 5; BerlKommTKG/Klesczewski, § 90 Rdnr. 1.

289 BerlKommTKG/Klesczewski, § 148 Rdnr. 3; Fetzer, in: Arndt/Fetzer/Scherer (Hrsg.), TKG, § 148 Rdnr. 15; Scheurle/Mayen/Dierlamm, § 148 Rdnr. 5.

IV. gemäß dem Bundesdatenschutzgesetz

Gemäß dem Blankettstraftatbestand des § 44 i.V.m. § 43 Abs. 2 BDSG[290] wird mit Freiheitsstrafe bis zu zwei Jahren oder mit Geldstrafe bestraft, wer eine in § 43 Abs. 2 BDSG bezeichnete vorsätzliche Handlung gegen Entgelt oder in der Absicht, sich oder einen anderen zu bereichern oder einen anderen zu schädigen, begeht. Zu den strafbewehrten Handlungen des § 43 Abs. 2 BDSG gehören unter anderem die Erhebung oder Verarbeitung, das Bereithalten zum Abruf mittels automatisiertem Verfahren, das Abrufen oder Verschaffen aus automatisierten Verarbeitungen oder nicht automatisierten Dateien und die Übermittlung von personenbezogenen Daten, die nicht allgemein zugänglich sind.

1. Anwendbarkeit der datenschutzrechtlichen Regelungen auf Bilder?

Der Blankettstraftatbestand des § 44 BDSG dient dazu, den Schutz des Betroffenen gegen bestimmte Formen des unbefugten Umgangs mit seinen personenbezogenen Daten zu verstärken[291]. Das Schutzgut entspricht dabei dem in § 1 Abs. 1 BDSG[292] bestimmten Schutzzweck des Gesetzes im Ganzen. Danach ging es dem Gesetzgeber bei der Schaffung des BDSG um die Wahrung der Persönlichkeit des Betroffenen, soweit andere mit seinen personenbezogenen Daten umgehen. Nach der Ansicht des BVerfG[293] dient der Datenschutz jedoch nicht nur dem Persönlichkeitsrecht, sondern er verfolgt gleichzeitig auch eine objektive Komponente. Effektiver Datenschutz ist eine Voraussetzung für die von Überwachungsängsten freie Teilnahme mündiger Bürger an demokratischen Meinungsbildungsprozessen[294]. Die Furcht davor, aufzufallen, könnte dazu führen, abweichende Verhaltensweisen möglichst zu vermeiden und damit auch auf die Ausübung entsprechender Grundrechte wie der Meinungs-, Versammlungs- und Vereinigungsfreiheit zu verzichten[295]. Da der demokratisch verfasste Rechtsstaat auf die Mitwirkung seiner Bürger angewiesen ist, stellt ein effektiver Daten-

---

290 Siehe Gesetzestext in Anhang 28.

291 Klebe, in: Däubler/Klebe/Wedde/Weichert, BDSG, § 44 Rdnr. 1; OLG Stuttgart, Beschl. v. 17. Mai 2006 – 1 Ws 128/06, NJW 2006, 2197.

292 Siehe Gesetzestext in Anhang 28.

293 BVerfG, Urt. v. 15. Dezember 1983 – 1 BvR 209, 269, 362, 420, 440, 484/83, BVerfGE 65, 1 ff. – Volkszählung.

294 BVerfG, Urt. v. 15. Dezember 1983 – 1 BvR 209, 269, 362, 420, 440, 484/83, BVerfGE 65, 1, 43 – Volkszählung.

295 BVerfG, Urt. v. 15. Dezember 1983 – 1 BvR 209, 269, 362, 420, 440, 484/83, BVerfGE 65, 1, 43 – Volkszählung.

schutz als Teil einer demokratisch verfassten Kommunikationsordnung eine Voraussetzung für eine funktionierende Demokratie dar[296].

Für die Beantwortung der Frage, ob das BDSG einen strafrechtlichen Bildnisschutz gewährt und damit sein Anwendungsbereich eröffnet ist, ist entscheidend, ob Bilder überhaupt unter den Begriff der personenbezogenen Daten fassbar sind. Nach § 3 Abs. 1 BDSG[297] werden personenbezogene Daten als Einzelangaben über persönliche oder sachliche Verhältnisse einer bestimmten oder bestimmbaren Person (Betroffener) legaldefiniert.

a) Auslegung des Begriffs „personenbezogene Daten“

Gegen eine Einbeziehung von Bildern könnte der Wortlaut der Vorschrift des § 3 Abs. 1 BDSG sprechen, der nicht eindeutig von Bildaufnahmen spricht. Nach dem Wortsinn könnten unter dem Begriff „Einzelangaben“ nur solche Angaben verstanden werden, die schriftlich über eine bestimmte Angelegenheit angefertigt werden[298].

Für eine Einbeziehung von Bildern könnte eine gesetzessystematische Auslegung sprechen[299]. Nach § 46 Abs. 2 Satz 1 BDSG[300] ist eine Akte jede amtlichen oder dienstlichen Zwecken dienende Unterlage. In § 46 Abs. 2 Satz 1, 2. Halbs. BDSG werden Bild- und Tonträger ausdrücklich miteinbezogen. Allerdings lässt sich der Vorschrift des § 46 Abs. 1 BDSG[301] entnehmen, dass seit der Novellierung des BDSG vom Begriff Datei gerade keine Akten oder Aktensammlungen erfasst werden, es sei denn, dass sie durch automatisierte Verfahren umgeordnet und ausgewertet werden können. Der Aktenbegriff gilt mithin nur begrenzt weiter[302].

---

296 BVerfG, Urt. v. 15. Dezember 1983 – 1 BvR 209, 269, 362, 420, 440, 484/83, BVerfGE 65, 1, 43 – Volkszählung; Schnabel, ZUM 2008, 657.

297 Siehe Gesetzestext in Anhang 28.

298 So Linkens, S. 41 mit dem Argument: „Den Begriff der personenbezogenen Daten so weit auszudehnen, dass nunmehr auch jedwede Art von technischen Aufnahmen erfasst würde, würde zu großen Problemen mit dem auch in diesem Rahmen geltenden Bestimmtheitsgrundsatz führen.“; im Ergebnis auch Schünemann, ZStW 90 (1978), 11, 23 f. mit FN 36 und 37.

299 Vgl. zur Einbeziehung unter den Aktenbegriff: Dammann, in: Simitis, BDSG, § 3 Rdnr. 4.

300 Siehe Gesetzestext in Anhang 28.

301 Siehe Gesetzestext in Anhang 28.

302 Gola/Schomerus, § 46 Rdnr. 1.

Von der Gesetzessystematik her spricht ferner die Regelung des § 6b BDSG[303] für eine Einbeziehung von Bildern in den Anwendungsbereich des BDSG. § 6b BDSG regelt in Absatz 1 die Zulässigkeit der Beobachtung öffentlich zugänglicher Räume mit optisch-elektronischen Einrichtungen (Videoüberwachung) sowie in Absatz 3 die Zulässigkeit die Verarbeitung oder Nutzung der nach Absatz 1 erhobenen Daten. In Form von Videoaufzeichnungen sind Bildträger also ausdrücklich vom Anwendungsbereich des BDSG erfasst.

Nach der Begriffsdefinition des § 3 Abs. 1 BDSG ist eine Einzelangabe jede Information über den Betroffenen[304]. Die Information muss Aussagen über persönliche oder sachliche Verhältnisse einer natürlichen Person enthalten[305]. Persönliche Verhältnisse sind Angaben über den Betroffenen selbst, seine Identifizierung und Charakterisierung[306]. Dementsprechend umfasst der Begriff der personenbezogenen Daten alle Informationen, die über eine Bezugsperson etwas aussagen oder mit ihr in Verbindung zu bringen sind[307]. Aus einem einzigen Bild können sich je nach Inhalt zahlreiche Hinweise auf den Angebildeten ergeben, zum Beispiel Hautfarbe, persönliche Umstände, Hobbys etc.[308] Zumindest jedoch enthält jedes Bild einer Person Angaben darüber, wie die Person aussieht[309]. Bilder sind mithin persönliche Verhältnisse und damit Einzelangaben i.S.v. § 3 Abs. 1 BDSG[310].

Eine weitere Voraussetzung für die Anwendbarkeit der datenschutzrechtlichen Vorschriften ist allerdings, dass die abgebildete natürliche Person bestimmt oder zumindest bestimmbar ist. Die Person ist bestimmt, wenn die Daten selbst einen unmittelbaren Rückschluss auf die Identität des Betroffenen zulassen[311]. Auf welche Weise die Bezugsperson identifiziert und der Bezug dargestellt wird,

---

303 Siehe Gesetzestext in Anhang 28.

304 Dammann, in: Simitis, BDSG, § 3 Rdnr. 5; Gola/Schomerus, § 3 Rdnr. 3; Weichert, in: Däubler/Klebe/Wedde/Weichert, BDSG, § 3 Rdnr. 2 ff.

305 Gola/Schomerus, § 3 Rdnr. 5; Taeger/Gabel-Buchner, § 3 BDSG Rdnr. 4; Weichert, in: Däubler/Klebe/Wedde/Weichert, BDSG, § 3 Rdnr. 19.

306 Gola/Schomerus, § 3 Rdnr. 6; Taeger/Gabel-Buchner, § 3 BDSG Rdnr. 4; Weichert, in: Däubler/Klebe/Wedde/Weichert, BDSG, § 3 Rdnr. 19.

307 Vgl. auch: BGH, Urt. v. 23. Juni 2009 – VI ZR 196/08, NJW 2009, 2888, 2890 – www.spickmich.de.

308 Gola/Schomerus, § 3 Rdnr. 6; Taeger/Gabel-Buchner, § 3 BDSG Rdnr. 4; Weichert, in: Däubler/Klebe/Wedde/Weichert, BDSG, § 3 Rdnr. 19.

309 Gola/Schomerus, § 3 Rdnr. 6; Taeger/Gabel-Buchner, § 3 BDSG Rdnr. 4.

310 Weichert, in: Däubler/Klebe/Wedde/Weichert, BDSG, § 3 Rdnr. 19.

311 Dammann, in: Simitis, BDSG, § 3 Rdnr. 21; Gola/Schomerus, § 3 Rdnr. 10; Taeger/Gabel-Buchner, § 3 Rdnr. 11.

ist dabei irrelevant[312]. Nur bestimmbar ist eine Person demgegenüber durch solche Angaben, bei denen zusätzliche Kenntnisse erforderlich sind, um die betroffene Person zu identifizieren[313]. Ob eine Information personenbeziehbar ist, lässt sich also nicht aus der Einzelangabe allein ableiten, sondern ist abhängig vom jeweiligen Zusatzwissen[314]. Es lässt sich also festhalten, dass der Begriff des Personenbezugs relativ ist[315]. Dieselben Daten können für den einen Datenverwender der betroffenen Person zuordenbar sein, für den anderen jedoch nicht[316].

Ob das BDSG anwendbar ist, ist demnach bei möglicherweise personenbeziehbaren Daten nicht für die Daten als solche festzustellen, sondern erfordert, die Relation zwischen Daten und Datenverwender zu betrachten[317]. Nur für denjenigen Datenverwender, der durch sein Zusatzwissen den Bezug der Daten zum Betroffenen herstellen kann, gilt das BDSG[318].

b) Europarechtliche Implikationen

Die Auslegung des Begriffs „personenbezogene Daten" führt zu dem Ergebnis eines sehr engen strafrechtlichen Bildnisschutzes nach dem BDSG, da dieses nur für denjenigen Datenverwender gilt, der durch sein Zusatzwissen den Bezug der Daten zum Betroffenen herstellen kann. Fraglich ist jedoch, ob der Begriff „personenbezogene Daten" vor dem Hintergrund europarechtlicher Implikationen so verstanden werden kann.

aa) EU-Datenschutz-Richtlinie[319]

Gemäß Art. 1 Abs. 1 Datenschutzrichtlinie[320] ist Gegenstand dieser Richtlinie die Gewährleistung des Schutzes der Grundrechte und Grundfreiheiten und insbe-

---

312 Dammann, in: Simitis, BDSG, § 3 Rdnr. 21.

313 Dammann, in: Simitis, BDSG, § 3 Rdnr. 22; Gola/Schomerus, § 3 Rdnr. 10; Taeger/Gabel-Buchner, § 3 Rdnr. 11.

314 Gola/Schomerus, § 3 Rdnr. 10; streitig ist, ob das Kriterium der Bestimmbarkeit nach relativen oder objektiven Maßstäben zu beurteilen ist, vgl. dazu Taeger/Gabel-Buchner, § 3 BDSG Rdnr. 13.

315 Vgl auch: Dammann, in: Simitis, BDSG, § 3 Rdnr. 33; Gola/Schomerus, § 3 Rdnr. 10; Roßnagel/Scholz, MMR 2000, 721, 723.

316 Dammann, in: Simitis, BDSG, § 3 Rdnr. 33; Gola/Schomerus, § 3 Rdnr. 10; Taeger/Gabel-Buchner, § 3 BDSG Rdnr. 13.

317 Taeger/Gabel-Buchner, § 3 BDSG Rdnr. 3.

318 Taeger/Gabel-Buchner, § 3 BDSG Rdnr. 3.

319 Richtlinie 95/46/EG des Europäischen Parlaments und des Rates vom 24. Oktober 1995 zum Schutz natürlicher Personen bei der Verarbeitung personenbezogener Daten und zum freien Datenverkehr, ABl. der EG, Nr. L 281 v. 23. November 1995, S. 31ff.

sondere des Schutzes der Privatsphäre natürlicher Personen bei der Verarbeitung personenbezogener Daten. Den Erwägungsgründen 14 bis 17 der Datenschutzrichtlinie ist folgendes zu entnehmen:

„(14) In Anbetracht der Bedeutung der gegenwärtigen Entwicklung im Zusammenhang mit der Informationsgesellschaft bezüglich Techniken der Erfassung, Übermittlung, Veränderung, Speicherung, Aufbewahrung oder Weitergabe von personenbezogenen Ton- und Bilddaten muss diese Richtlinie auch auf die Verarbeitung dieser Daten Anwendung finden.

(15) Die Verarbeitung solcher Daten wird von dieser Richtlinie nur erfasst, wenn sie automatisiert erfolgt oder wenn die Daten, auf die sich die Verarbeitung bezieht, in Dateien enthalten oder für solche bestimmt sind, die nach bestimmten personenbezogenen Kriterien strukturiert sind, um einen leichten Zugriff auf die Daten zu ermöglichen.

(16) Die Verarbeitung von Ton- und Bilddaten, wie bei der Videoüberwachung, fällt nicht unter diese Richtlinie, wenn sie für Zwecke der öffentlichen Sicherheit, der Landesverteidigung, der Sicherheit des Staates oder der Tätigkeiten des Staates im Bereich des Strafrechts oder anderen Tätigkeiten erfolgt, die nicht unter das Gemeinschaftsrecht fallen.

(17) Bezüglich der Verarbeitung von Ton- und Bilddaten für journalistische, literarische oder künstlerische Zwecke, insbesondere im audiovisuellen Bereich, finden die Grundsätze dieser Richtlinie gemäß Art. 9 eingeschränkt Anwendung.“

Im Übrigen sei auch auf die Begriffsbestimmung des Art. 2 a) Datenschutzrichtlinie[321] hingewiesen. Danach sind „personenbezogene Daten“ alle Informationen über eine bestimmte oder bestimmbare natürliche Person; als bestimmbar wird eine Person angesehen, die direkt oder indirekt identifiziert werden kann, insbesondere durch Zuordnung zu einer Kennummer oder zu einem oder mehreren spezifischen Elementen, die Ausdruck ihrer physischen, physiologischen, psychischen, wirtschaftlichen, kulturellen oder sozialen Identität sind.

bb) Richtlinienkonforme Auslegung

Nach der Rechtsprechung des EuGH verlangt das Unionsrecht, dass Bestimmungen des nationalen Rechts so weit wie möglich richtlinienkonform ausgelegt werden. Der EuGH führt dazu in seiner Adeneler-Entscheidung aus:

„Der Grundsatz der gemeinschaftskonformen Auslegung verlangt..., dass die nationalen Gerichte unter Berücksichtigung des gesamten nationalen Rechts und unter Anwendung ihrer Auslegungsmethoden alles tun, was in ihrer Zuständigkeit liegt, um die volle Wirksamkeit der fraglichen Richtlinie zu gewährleisten und zu einem

---

320 Siehe Text in Anhang 32.

321 Siehe Text in Anhang 32.

Ergebnis zu gelangen, das mit dem von der Richtlinie verfolgten Ziel übereinstimmt."[322]

c) Stellungnahme

Die Datenschutzrichtlinie gibt vor, den Begriff „personenbezogene Daten" grundsätzlich umfassend zu verstehen[323]. Es ist ersichtlich, dass der europäische Gesetzgeber beabsichtigte, gerade den Begriff „personenbezogene Daten" möglichst weit zu fassen[324]. Dem ist deshalb durch eine richtlinienkonforme Auslegung auf nationaler Ebene Rechnung zu tragen[325].

Der europäische Gesetzgeber spricht in seinen Erwägungen ausdrücklich von Ton- und Bilddateien sowie von einer Videoüberwachung. Dementsprechend können personenbezogene Daten in beliebigen Formaten und auf beliebigen Trägern gespeichert werden[326]. Bildaufnahmen sind also vom Begriff der personenbezogenen Daten erfasst[327]. Dafür dass Bildträger in Form von Videoaufzeichnungen auch vom Anwendungsbereich des BDSG erfasst sind, spricht nicht nur eine richtlinienkonforme Auslegung, sondern auch die vom nationalen Gesetzgeber selbst getroffene Regelung der Videoüberwachung in § 6b Abs. 1 BDSG.

Deshalb ist festzustellen, dass Bilder vom Anwendungsbereich des BDSG erfasst sind[328]. Eine andere Auslegung würde dem Grundsatz der europarechtskonformen Auslegung widersprechen[329]. Dementsprechend gewährt das BDSG einen strafrechtlichen Bildnisschutz und eröffnet damit seinen Anwendungsbereich. Dies jedoch lediglich in dem bereits dargelegten eingeschränkten Anwen-

---

322 EuGH, Urt. v. 4. Juli 2006 – R C-212/04, ZIP 2006, 2141, 2142 Rz. 111 – Adeneler; vgl. zuvor: EuGH, Urt. v. 5. Oktober 2004 – Rs c-397-403/01, ZIP 2004, 2342, 2343 f. Rz. 110, 111, 112, 113 – Pfeiffer; vgl. insgesamt zur richtlinienkonformen Auslegung: Herdegen, § 8 Rdnr. 41 ff.; Hobe, § 10 Rdnr. 28 ff.; Oppermann/Classen/Nettesheim, § 9 Rdnr. 99; Streinz, Rdnr. 498 ff.

323 Taeger/Gabel-Buchner, § 3 BDSG Rdnr. 3 mit FN 4.

324 Taeger/Gabel-Buchner, § 3 BDSG Rdnr. 3.

325 Taeger/Gabel-Buchner, § 3 BDSG Rdnr. 3.

326 Gola/Schomerus, § 3 Rdnr. 21; Taeger/Gabel-Buchner, § 3 BDSG Rdnr. 7; von Sponeck, CR 1993, 334, 335 ff.; Weichert, in: Däubler/Klebe/Wedde/Weichert, BDSG, § 3 Rdnr. 16.

327 Amelung, S. 161; Gola/Schomerus, § 3 Rdnr. 6; Schnabel, ZUM 2008, 657, 661 in FN 57; Taeger/Gabel-Buchner, § 3 BDSG Rdnr. 7; Weichert, in: Däubler/Klebe/Wedde/Weichert, BDSG, § 3 Rdnr. 19; VG Hamburg, Urt. v. 7. März 1980 – VII VG 1280/79, DuD 1981, 57; VG Wiesbaden, Urt. v. 11. November 1980 – IV/1 E 79/79, DVBl. 1981, 790, 792.

328 Weichert, in: Däubler/Klebe/Wedde/Weichert, BDSG, § 3 Rdnr. 19.

329 Linkens, S. 15.

dungsrahmen für denjenigen Datenverwender, der durch sein Zusatzwissen den Bezug der Daten zum Betroffenen herstellen kann. Dieses Ergebnis ist auch von einer richtlinienkonformen Auslegung gedeckt, da nach Art. 2 a) Datenschutzrichtlinie eine Person als bestimmbar angesehen wird, die direkt oder indirekt identifiziert werden kann, insbesondere durch Zuordnung zu einer Kennummer oder zu einem oder mehreren spezifischen Elementen, die Ausdruck ihrer physischen, physiologischen, psychischen, wirtschaftlichen, kulturellen oder sozialen Identität sind. Diese direkte oder indirekte Identifikation kann aber gerade nur durch denjenigen Datenverwender erfolgen, der über entsprechendes Zusatzwissen verfügt.

2. Deliktsart

Darüber hinaus handelt es sich bei § 44 i.V.m. § 43 Abs. 2 BDSG um ein absolutes Antragsdelikt, § 44 Abs. 2 Satz 1 BDSG, mit einer erweiterten Antragsberechtigung. Gemäß § 44 Abs. 2 Satz 2 BDSG sind demnach neben dem Betroffenen auch die verantwortliche Stelle, der Bundesbeauftragte für den Datenschutz und die Informationsfreiheit- und Aufsichtbehörde antragsberechtigt.

V. gemäß den Landesdatenschutzgesetzen

1. Strafvorschriften in den einzelnen Landesdatenschutzgesetzen

Strafvorschriften in den einzelnen Bundesländern sind: Art. 37 Abs. 3 BayDSG[330], § 41 LDSG Baden-Württemberg[331], § 32 BlnDSG[332], § 38 BbgDSG[333], § 37 BremDSG[334], § 32 HmbDSG[335], § 40 HDSG[336], § 42 DSG M-V[337], § 28 NDSG[338], § 33 DSG NRW[339], § 37 LDSG (Rheinland-Pfalz)[340], § 35 SDSG[341], § 39 SächsDSG[342], § 31 DSG-LSA[343] und § 43 ThürDSG[344]. Das

330 Siehe Gesetzestext in Anhang 12.
331 Siehe Gesetzestext in Anhang 13.
332 Siehe Gesetzestext in Anhang 14.
333 Siehe Gesetzestext in Anhang 15.
334 Siehe Gesetzestext in Anhang 16.
335 Siehe Gesetzestext in Anhang 17.
336 Siehe Gesetzestext in Anhang 18.
337 Siehe Gesetzestext in Anhang 19.
338 Siehe Gesetzestext in Anhang 20.
339 Siehe Gesetzestext in Anhang 21.
340 Siehe Gesetzestext in Anhang 22.
341 Siehe Gesetzestext in Anhang 23.
342 Siehe Gesetzestext in Anhang 24.

LDSG von Schleswig-Holstein enthält keine Strafvorschrift, sondern lediglich eine Ordnungswidrigkeitsvorschrift.

In den einzelnen LDSGen handelt in der Regel strafbewehrt, wer gegen Entgelt oder in der Absicht, sich oder einen anderen zu bereichern oder einen anderen zu schädigen, personenbezogene Daten entgegen den Vorschriften des entsprechenden LDSG a) erhebt, speichert, verändert, zum Abruf mittels automatisiertem Verfahren bereithält, löscht oder nutzt, übermittelt sowie b) abruft, einsieht oder sich oder einem Dritten aus Dateien verschafft[345]. Gemäß § 28 Abs. 1 Satz 2 NDSG sowie § 33 Abs. 1 Satz 2 DSG NRW wird bestraft, wer unter den zuvor genannten Voraussetzungen Einzelangaben über persönliche oder sachliche Verhältnisse einer nicht mehr bestimmbaren Person mit anderen Informationen zusammenführt und dadurch die betroffene Person wieder bestimmbar macht. Die Verwirklichung des Tatbestandes wird in der Regel in allen LDSGen mit Freiheitsstrafe bis zu zwei Jahren oder mit Geldstrafe bestraft[346]. Eine Ausnahme stellt jedoch § 37 Abs. 1 LDSG Rheinland-Pfalz dar. Danach wird die Tatbestandsverwirklichung mit Freiheitsstrafe bis zu einem Jahr oder mit Geldstrafe geahndet.

Einige LDSG stellen allerdings die aufgeführten Handlungen unabhängig vom Vorliegen der Qualifizierungsmerkmale „Entgelt" und „Bereicherungs- oder Schädigungsabsicht" unter Strafe[347]. Dies wirkt sich zugunsten des Täters auf einen geringeren Strafrahmen aus, der entweder Freiheitsstrafe bis zu einem Jahr oder Geldstrafe vorsieht.

Der Versuch ist strafbar in Baden-Württemberg (§ 41 Satz 2 LDSG Baden-Württemberg), Bremen (§ 37 Satz 2 BremDSG), Hamburg (§ 32 Abs. 2 HmbDSG), Niedersachsen (§ 28 Abs. 2 NDSG), Nordrhein-Westfalen (§ 33 Abs. 1 Satz 3 DSG-NRW), Rheinland-Pfalz (§ 37 Abs. 2 LDSG Rheinland-

---

343 Siehe Gesetzestext in Anhang 25.

344 Siehe Gesetzestext in Anhang 26.

345 Vgl.: Art. 37 Abs. 3 BayDSG; § 41 Satz 1 LDSG Baden-Württemberg; § 32 Abs. 2 BlnDSG; § 38 Satz 1 BbgDSG; § 37 BremDSG; § 32 Abs. 1 HmbDSG; § 40 Abs. 1 HDSG; § 42 Abs. 3 DSG M-V; § 28 Abs. 1 NDSG; § 33 Abs. 1 Satz 1 DSG NRW; § 37 Abs. 1 LDSG Rheinland-Pfalz; § 39 SächsDSG; § 31 Abs. 1 DSG-LSA; § 43 Abs. 3 ThürDSG.

346 Art. 37 Abs. 3 BayDSG; § 41 Satz 1 LDSG Baden-Württemberg; § 32 Abs. 2 BlnDSG; § 38 Abs. 3 Satz 1 BbgDSG; § 37 Satz 1 BremDSG; § 32 Abs. 2 HmbDSG; § 40 Abs. 1 HDSG; § 42 Abs. 3 DSG M-V; § 28 Abs. 1 NDSG; § 33 Abs. 1 DSG NRW; § 35 Abs. 1 Satz 1 SDSG; § 39 SächsDSG; § 31 Abs. 1 DSG-LSA; § 43 Abs. 3 ThürDSG.

347 Vgl. § 32 Abs. 1 und Abs. 2 BlnDSG; § 42 Abs. 1, Abs. 2 und Abs. 3 DSG M-V; § 43 Abs. 1 und Abs. 2 ThürDSG.

Pfalz), Saarland (§ 35 Abs. 1 Satz 2 SDSG) und Sachsen (§ 39 Satz 2 SächsDSG).

2. Anwendbarkeit der datenschutzrechtlichen Regelungen auf Bilder?

a) Verfolgter Gesetzeszweck in den föderalen Datenschutzregelungen

Bei der Umschreibung des Gesetzeszweckes und des konkret geschützten Rechtsgutes haben die Bundesländer verschiedene Formulierungen gewählt. In Bayern ist Zweck des Gesetzes, die einzelnen davor zu schützen, dass sie bei der Erhebung, Verarbeitung oder Nutzung ihrer personenbezogenen Daten durch öffentliche Stellen in unzulässiger Weise in ihrem Persönlichkeitsrecht beeinträchtigt werden, Art. 1 BayDSG[348].

In Baden-Württemberg und in Sachsen-Anhalt ist Aufgabe des Gesetzes, den Einzelnen davor zu schützen, dass er durch die Verarbeitung seiner personenbezogenen Daten durch öffentliche Stellen in seinem Persönlichkeitsrecht beeinträchtigt wird, § 1 LDSG Baden-Württemberg[349] und § 1 Abs. 1 DSG-LSA[350]. Ähnlich ist auch die Formulierung in § 1 ThürDSG[351].

In Berlin ist Aufgabe des Gesetzes, die Verarbeitung personenbezogener Daten durch Behörden und sonstige öffentliche Stellen zu regeln, um 1. das Recht des Einzelnen zu schützen, selbst über die Preisgabe und Verwendung seiner Daten zu bestimmen, soweit keine Einschränkungen in diesem Gesetz oder in anderen Rechtsvorschriften zugelassen sind (informationelles Selbstbestimmungsrecht), und 2. die auf dem Grundsatz der Gewaltenteilung beruhende verfassungsmäßige Ordnung vor einer Gefährdung infolge der automatisierten Datenverarbeitung zu bewahren, § 1 Abs. 1 BlnDSG[352]. Das Gesetz schützt ferner personenbezogene Daten, die von Behörden oder sonstigen öffentlichen Stellen erhoben, gespeichert, verändert, übermittelt, gesperrt, gelöscht oder sonst genutzt werden, § 1 Abs. 2 BlnDSG[353]. Das BlnDSG nimmt also neben der subjektiven Schutzkomponente des Datenschutzes auch ausdrücklich eine objektive Schutzkomponente des Datenschutzgesetzes in den Gesetzestext mit auf.

In Brandenburg ist es Aufgabe des Gesetzes, den Einzelnen davor zu schützen, dass er durch die Verarbeitung personenbezogener Daten durch öffentliche Stellen in unzulässiger Weise in seinem Grundrecht beeinträchtigt wird, selbst

348 Siehe Gesetzestext in Anhang 12.
349 Siehe Gesetzestext in Anhang 13.
350 Siehe Gesetzestext in Anhang 25.
351 Siehe Gesetzestext in Anhang 26.
352 Siehe Gesetzestext in Anhang 14.
353 Siehe Gesetzestext in Anhang 14.

über die Preisgabe und Verwendung seiner Daten zu bestimmen (informationelles Selbstbestimmungsrecht), § 1 BbgDSG[354]. Ähnlich formulieren es auch § 1 BremDSG[355], § 1 DSG M-V[356], § 1 NDSG[357], § 1 DSG NRW[358], § 1 Abs. 1 LDSG Rheinland-Pfalz[359], § 1 SDSG[360] und § 1 SächsDSG[361].

Das HmbDSG regelt die Verarbeitung personenbezogener Daten durch öffentliche Stellen, um das Recht einer jeden Person zu schützen, selbst über die Preisgabe und Verwendung ihrer Daten zu bestimmen, soweit keine Einschränkungen in diesem Gesetz oder in anderen Rechtsvorschriften zugelassen sind, § 1[362].

In Hessen ist Aufgabe des Gesetzes, die Verarbeitung personenbezogener Daten durch die in § 3 Abs. 1 genannten Stellen zu regeln, um 1. das Recht des Einzelnen zu schützen, selbst über die Preisgabe und Verwendung seiner Daten zu bestimmen, soweit keine Einschränkungen in diesem Gesetz oder in anderen Rechtsvorschriften zugelassen sind, und 2. das auf dem Grundsatz der Gewaltenteilung beruhende verfassungsmäßige Gefüge des Staates, insbesondere der Verfassungsorgane des Landes und der Organe der kommunalen Selbstverwaltung untereinander und zueinander, vor einer Gefährdung infolge der automatisierten Datenverarbeitung zu bewahren, § 1 Abs. 1 HDSG[363]. Der hier formulierte Schutzzweck ist fast identisch mit dem Wortlaut des BlnDSG. Auch im HDSG sind neben einer subjektiven auch eine objektive Schutzkomponente in den Datenschutz mitaufgenommen worden.

Eindeutig ist, dass es den föderalen Gesetzgebern wie dem Bundesgesetzgeber bei der Schaffung der einzelnen LDSGe um die Wahrung der Persönlichkeit des Betroffenen ging, soweit andere mit seinen personenbezogenen Daten umgehen. Neben dieser subjektiven Schutzkomponente verfolgen einige föderale Gesetzgeber zugleich auch eine objektive Schutzkomponente.

---

354 Siehe Gesetzestext in Anhang 15.
355 Siehe Gesetzestext in Anhang 16.
356 Siehe Gesetzestext in Anhang 19.
357 Siehe Gesetzestext in Anhang 20.
358 Siehe Gesetzestext in Anhang 21.
359 Siehe Gesetzestext in Anhang 22.
360 Siehe Gesetzestext in Anhang 23.
361 Siehe Gesetzestext in Anhang 24.
362 Siehe Gesetzestext in Anhang 17.
363 Siehe Gesetzestext in Anhang 18.

b) Anwendbarkeit

Für die Beantwortung der Frage, ob die LDSGe einen strafrechtlichen Bildnisschutz gewähren und damit ihr Anwendungsbereich eröffnet ist, ist auch hier entscheidend, ob Bildaufnahmen unter den Begriff der personenbezogenen Daten fassbar sind. Nach den LDSGen sind personenbezogene Daten Einzelangaben über persönliche oder sachliche Verhältnisse bestimmter oder bestimmbarer natürlicher Personen (Betroffener)[364]. Diese Legaldefinition entspricht der des § 3 Abs. 1 BDSG. Die Ausführungen, die im Rahmen der Beantwortung dieser Frage zum BDSG gemacht wurden, gelten demnach auch für den Anwendungsbereich der LDSGe. Deshalb sind Bildaufnahmen vom Begriff der personenbezogenen Daten im Sinne der LDSGe erfasst. Auch hier gilt, dass personenbezogene Daten auf beliebigen Formaten und auf beliebigen Trägern gespeichert werden können. Dafür dass Bildträger in Form von Videoaufzeichnungen vom Anwendungsbereich der LDSGe erfasst sind, spricht schon die von den Landesgesetzgebern selbst getroffene Regelung der Videoüberwachung[365].

c) Stellungnahme

Auch wenn Bildaufnahmen vom Begriff der personenbezogenen Daten im Sinne der LDSGe erfasst sind, geht damit nicht einher, dass der verfolgte Gesetzeszweck in den einzelnen LDSGen der Schutz des Rechts am eigenen Bild ist.

Nach § 1 Abs. 1 BlnDSG, § 1 BbgDSG sowie § 1 BremDSG, § 1 DSG-M-V, § 1 HmbDSG, § 1 Abs. 1 HDSG, § 1 NDSG, § 1 DSG NRW, § 1 Abs. 1 LDSG Rheinland-Pfalz, § 1 SDSG und § 1 SächsDSG ist Aufgabe der Datenschutzgesetze der Schutz des informationellen Selbstbestimmungsrechts. Dieses Recht ist eine besondere Ausprägung des allgemeinen Persönlichkeitsrechts und verbürgt dem Einzelnen, grundsätzlich selbst zu entscheiden, ob, wann und wie persönli-

---

364 Vgl. Art. 4 Abs. 1 BayDSG (Anhang 12); § 3 Abs. 1 LDSG Baden-Württemberg (Anhang 13); § 4 Abs. 1 BlnDSG (Anhang 14); § 3 Abs. 1 BbgDSG (Anhang 15); § 2 Abs. 1 BremDSG (Anhang 16); § 4 Abs. 1 HmbDSG (Anhang 17); § 2 Abs. 1 HDSG (Anhang 18); § 3 Abs. 1 DSG M-V (Anhang 19); § 3 Abs. 1 NDSG (Anhang 20); § 3 Abs. 1 DSG-NRW (Anhang 21); § 3 Abs. 1 LDSG Rheinland-Pfalz (Anhang 22); § 3 Abs. 1 SDSG (Anhang 23); § 3 Abs. 1 SächsDSG (Anhang 24); § 2 Abs. 1 Satz 1 DSG-LSA (Anhang 25); § 3 Abs. 1 ThürDSG (Anhang 26).

365 Vgl. Art. 21a BayDSG (Anhang 12); § 31b BlnDSG (Anhang 14); § 33c BbgDSG (Anhang 15); § 20b BremDSG (Anhang 16); § 30 HmbDSG (Anhang 17); § 37 DSG M-V (Anhang 19); § 34 LDSG Rheinland-Pfalz (Anhang 22); § 34 SDSG (Anhang 23); § 33 SächsDSG (Anhang 24); § 30 DSG-LSA (Anhang 25); § 20 LDSG Schleswig-Holstein (Anhang 27); so auch Gola/Schomerus, § 3 Rdnr. 21; Pollähne, KritV 2003, 387, 402; Taeger/Gabel - Wedde-Buchner, § 3 BDSG Rdnr. 19.

che Lebenssachverhalte offenbart werden[366]. Da die föderalen Gesetzgeber den Schutzzweck ausschließlich auf diese Entfaltungsweise beschränkt haben, kann daraus gefolgert werden, dass andere Entfaltungsweisen, die vom allgemeinen Persönlichkeitsrecht erfasst werden, insbesondere das Recht am eigenen Bild, nicht vom Schutzzweck erfasst sein sollen.

Hingegen haben die Landesgesetzgeber in Art. 1 BayDSG, § 1 LDSG Baden-Württemberg, § 1 Abs. 1 DSG-LSA sowie § 1 ThürDSG den verfolgten Gesetzeszweck als Schutz des Einzelnen vor Beeinträchtigungen in seinem Persönlichkeitsrecht definiert. Dementsprechend verfolgten diese Landesgesetzgeber das Ziel, das allgemeine Persönlichkeitsrecht umfassend in allen seinen Ausprägungen zu schützen, so dass auch das Recht am eigenen Bild geschütztes Rechtsgut ist. Jedoch ist der Anwendungsbereich wie beim BDSG auf diejenigen Datenverwender eingeschränkt, die durch ihr Zusatzwissen den Bezug der Daten zum Betroffenen herstellen können.

3. Deliktsart

Als absolute Antragsdelikte sind Art. 37 Abs. 3 Satz 2 BayDSG und § 43 Abs. 4 Satz 1 ThürDSG ausgestaltet. § 31 Abs. 3 DSG-LSA ist hingegen als relatives Antragsdelikt ausgestaltet. Nicht als Antragsdelikte, sondern vom Landesgesetzgeber als Offizialdelikte ausgestaltet ist § 41 LDSG Baden-Württemberg.

B. Schutz des Rechts am eigenen Bild nach dem StGB

I. gemäß § 130a StGB[367]

Gemäß § 130a Abs. 1 StGB wird bestraft, wer eine Schrift (§ 11 Abs. 3 StGB[368]), die geeignet ist, als Anleitung zu einer in § 126 Abs. 1 StGB[369] genannten rechtswidrigen Tat zu dienen, und nach ihrem Inhalt bestimmt ist, die Bereitschaft anderer zu fördern oder zu wecken, eine solche Tat zu begehen, verbreitet, öffentlich ausstellt, anschlägt, vorführt oder sonst zugänglich macht. Ebenso wird gemäß § 130a Abs. 2 StGB bestraft, wer eine Schrift (§ 11 Abs. 3 StGB), die geeignet ist als Anleitung zu einer in § 126 Abs. 1 StGB genannten rechtwidrigen Tat zu dienen, verbreitet, öffentlich ausstellt, anschlägt, vorführt oder sonst zugänglich macht (Nr. 1) oder öffentlich oder in einer Versammlung

366 Verweis auf FN
367 Siehe Gesetzestext in Anhang 29.
368 Siehe Gesetzestext in Anhang 29.
369 Siehe Gesetzestext in Anhang 29.

zu einer in § 126 Abs.1 StGB genannten rechtswidrigen Tat eine Anleitung gibt (Nr. 2), um die Bereitschaft anderer zu fördern oder zu wecken, eine solche Tat zu begehen.

Im Rahmen der Frage, ob § 130a StGB auch dem Recht am eigenen Bild Schutz gewährt, ist zunächst entscheidend, ob Bildaufnahmen unter den Begriff „Schriften“ i.S.d. § 11 Abs. 3 StGB fassbar sind. Gemäß § 11 Abs. 3 StGB stehen den Schriften Ton- und Bildträger, Datenspeicher, Abbildungen und andere Darstellungen in denjenigen Vorschriften gleich, die auf diesen Absatz verweisen. Diese Vorschrift bietet keine Legaldefinition, sondern vielmehr eine Gleichstellungsklausel[370].

Den eigentlichen Oberbegriff für Schriften, Ton- und Bildträger, Datenspeicher und Abbildungen bildet die Darstellung[371]. Dabei meint Darstellung jedes körperliche Gebilde von gewisser Dauer, das sinnlich wahrnehmbar eine Vorstellung oder einen Gedanken ausdrückt[372]. Unter dem Begriff der Schriften sind nach Literatur[373] und Rechtsprechung[374] Gedankenäußerungen durch Buchstaben, Bilder oder andere stoffliche Zeichen, die für Auge oder Tastsinn wahrnehmbar sind und die Vorstellung eines Sinnzusammenhangs vermitteln, zu verstehen. Bildträger enthalten analog oder digital gespeicherte Informationen vornehmlich über Bilder, Bildfolgen oder Graphiken, die durch technische Einrichtungen dem Auge wahrnehmbar gemacht werden können[375]. Datenspeicher sind alle elektronischen, elektromagnetischen, optischen, chemischen oder auf sonstige Weise erfolgenden Aufzeichnungen von gedankliche Inhalte verkörpernden

---

370 Fischer, § 11 Rdnr. 33; MünchKommStGB/Radtke, Bd. 1, § 11 Rdnr. 141.

371 Hilgendorf, in: Leipziger Kommentar, StGB Bd. 1, § 11 Rdnr. 125; Saliger, in: Kindhäuser/Neumann/Paeffgen, StGB Bd. 1, § 11 Rdnr. 80; Schönke/Schröder/Eser, § 11 Rdnr. 78.

372 Fischer, § 11 Rdnr. 33; Hilgendorf, in: Leipziger Kommentar, StGB Bd. 1, § 11 Rdnr. 125; MünchKommStGB/Radtke, Bd. 1, § 11 Rdnr. 143; Saliger, in: Kindhäuser/Neumann/Paeffgen, StGB Bd. 1, § 11 Rdnr. 80; Schönke/Schröder/Eser, § 11 Rdnr. 78; Sieber, JZ 1996, 494, 495; Walther, NStZ 1990, 523; BT-Drs. 13/7385, S. 36; RG, Urt. v. 28. Oktober 1913 – II 197/13, RGSt 47, 404, 406; RG, Urt. v. 27. Juni 1913 – IV 11/13, RGSt 47, 223 f..

373 Fischer, § 11 Rdnr. 34; Hilgendorf, in: Leipziger Kommentar, StGB Bd. 1, § 11 Rdnr. 116; Saliger, in: Kindhäuser/Neumann/Paeffgen, StGB Bd. 1, § 11 Rdnr. 75; Schönke/Schröder/Eser, § 11 Rdnr. 78.

374 RG, Urt. v. 27. Juni 1913 – IV 11/13, RGSt 47, 223, 224; BGH, Urt. v. 22. Dezember 1959 – 3 StR 52/59, BGHSt 13, 375, 376.

375 Fischer, § 11 Rdnr. 35; Hilgendorf, in: Leipziger Kommentar, StGB Bd. 1, § 11 Rdnr. 118; Saliger, in: Kindhäuser/Neumann/Paeffgen, StGB Bd. 1, § 11 Rdnr. 77; Schönke/Schröder/Eser, § 11 Rdnr. 78.

Daten, die durch technische Geräte für den Menschen wahrnehmbar gemacht werden können[376]. Bei Abbildungen handelt es sich um unmittelbar durch Auge oder Tastsinn wahrnehmbare nachbildende Wiedergaben der Außenwelt in Fläche und Raum, insbesondere also auch um Bildaufnahmen[377].

Den dargelegten Begriffsbestimmungen ist eindeutig zu entnehmen, dass Bildaufnahmen auf den unterschiedlichsten Medienträgern von der Gleichstellungsklausel des § 11 Abs. 3 StGB erfasst sind.

Jedoch ist die sich daran anschließenden Frage, ob damit auch das Recht am eigenen Bild Schutzgut des § 130a StGB ist, zu verneinen. Als geschütztes Rechtsgut des § 130a StGB wird der innerstaatliche öffentliche Friede angesehen, d.h. sowohl der objektive Zustand der allgemeinen Rechtssicherheit und des frei von Furcht voreinander verlaufenden Zusammenlebens der Staatsbürger als auch das Vertrauen der Bevölkerung in Ruhe und Frieden leben zu können[378]. Das geistig-politische Klima, in dem Gewaltanwendung tabu ist, soll geschützt bzw. hergestellt werden, nicht die Individualsphäre des Einzelnen[379].

II. gemäß § 131 StGB[380]

Wer Schriften (§ 11 Abs. 3 StGB), die grausame oder sonst unmenschliche Gewalttätigkeiten gegen Menschen oder menschenähnliche Wesen in einer Art schildern, die eine Verherrlichung oder Verharmlosung solcher Gewalttätigkeiten ausdrückt oder die das Grausame oder Unmenschliche des Vorgangs in einer

---

376 Fischer, § 11 Rdnr. 36; Hilgendorf, in: Leipziger Kommentar, StGB Bd. 1, § 11 Rdnr. 121; MünchKommStGB/Radtke, Bd. 1, § 11 Rdnr. 147; Saliger, in: Kindhäuser/Neumann/Paeffgen, StGB Bd. 1, § 11 Rdnr. 78; Schönke/Schröder/Eser, § 11 Rdnr. 78; BT-Drs. 13/7385, S. 36.

377 Fischer, § 11 Rdnr. 37; Hilgendorf, in: Leipziger Kommentar, StGB Bd. 1, § 11 Rdnr. 124; MünchKommStGB/Radtke, Bd. 1, § 11 Rdnr. 149; Saliger, in: Kindhäuser/Neumann/Paeffgen, StGB Bd. 1, § 11 Rdnr. 79; Schönke/Schröder/Eser, § 11 Rdnr. 78; RG, Urt. v. 2. Oktober 1906 – II 459/06, RGSt 39, 183; RG, Urt. v. 30. Dezember 1912 – VI 1013/12, RGSt 46, 390, 392.

378 Krauß, in: Leipziger Kommentar, StGB Bd. 5, § 130a Rdnr. 1, vgl. auch § 126 Rdnr. 1; Lackner/Kühl, § 130a Rdnr. 1; MünchKommStGB/Schäfer, Bd. 3, 2. Aufl., § 130a Rdnr. 1; Ostendorf, in: Kindhäuser/Neumann/Paeffgen, StGB Bd. 1, § 130a Rdnr. 4; Schönke/Schröder/Lenckner/Sternberg-Lieben, § 130a Rdnr. 1; SK-StGB/Rudolphi/Stein, § 130a Rdnr. 2; BT-Drs. 10/6286, S. 5; BT-Drs. 10/6635, S. 13; einschränkend: Fischer, § 130a Rdnr. 2: „ (...) vorverlagerten Schutz der öffentlichen Sicherheit dient und der von den in § 126 genannten Delikten verletzten Individualrechtsgüter dient."

379 MünchKommStGB/Schäfer, Bd. 3, 2. Aufl., § 130a Rdnr. 1.

380 Siehe Gesetzestext in Anhang 29.

die Menschenwürde verletzenden Weise darstellt, verbreitet (Nr. 1), öffentlich ausstellt, anschlägt, vorführt oder sonst zugänglich macht (Nr. 2) oder einer Person unter achtzehn Jahren anbietet, überlässt oder zugänglich macht (Nr. 3) oder herstellt, bezieht, liefert, vorrätig hält, anbietet, ankündigt, anpreist, einzuführen oder auszuführen unternimmt, um sie oder aus ihnen gewonnene Stücke im Sinne der Nummern 1 bis 3 zu verwenden oder einem anderen eine solche Verwendung zu ermöglichen (Nr. 4), wird bestraft, § 131 Abs. 1 StGB. Gemäß § 131 Abs. 2 StGB wird ebenso bestraft, wer eine Darbietung des in Absatz 1 bezeichneten Inhalts durch Rundfunk, Medien- oder Teledienste verbreitet.

Der Begriff der Schriften i.S.d. § 11 Abs. 3 StGB ist deckungsgleich mit dem in § 130a StGB, so dass auch Bildaufnahmen von der Begriffsbestimmung erfasst sind.

Jedoch bedeutet dies auch in § 131 StGB nicht, dass damit zugleich der Schutz des Rechts am eigenen Bild einhergeht. Die Schutzgutbestimmung des § 131 StGB ist zwar vielfältig. Allerdings soll die Vorschrift des § 131 StGB grundsätzlich exzessiven Formen gewaltverherrlichender, gewaltverharmlosender und menschenwürdeverletzender Schriften und Darstellungen entgegenwirken[381]. In erster Linie ist sie auf den Schutz der Allgemeinheit vor sozialschädlicher Aggression und Hetze ausgerichtet, die stimulierend auf die Gewaltbereitschaft von Gewalttätern wirken kann[382]. Im Wege einer Vorverlagerung des Strafrechtsschutzes soll verhindert werden, dass durch die Verbreitung von Gewaltdarstellungen ein gesellschaftliches Klima entsteht, das durch drohende Gewalttätigkeiten und Brutalisierung gekennzeichnet ist und das ein nachhaltiges Gefühl der Rechtsunsicherheit bei der Bevölkerung hervorruft. Vorrangig geschütztes Rechtsgut ist deshalb der öffentliche Friede[383]. Darunter ist, wie auch in § 130a StGB, sowohl der Zustand der allgemeinen Rechtssicherheit zu verstehen als auch des Friedensgefühls der Bevölkerung, im Schutze der Rechtsordnung zu leben[384]. Darüber hinaus soll die Norm nach dem Willen des Gesetzge-

---

381 Krauß, in: Leipziger Kommentar, StGB Bd. 5, § 131 Rdnr. 1.

382 Krauß, in: Leipziger Kommentar, StGB Bd. 5, § 131 Rdnr. 1.

383 Erdemir, ZUM 2000, 699, 701; Gössel/Dölling, StrafR BT 1, § 48 Rdnr. 31; Köhne, KritV 2005, 244, 245; Krauß, in: Leipziger Kommentar, StGB Bd. 5, § 131 Rdnr. 1; Lackner/Kühl, § 131 Rdnr. 1; MünchKommStGB/Schäfer, Bd. 3, 2. Aufl., § 131 Rdnr. 1; Ostendorf, in: Kindhäuser/Neumann/Paeffgen, StGB Bd.1, § 131 Rdnr. 3; Schönke/Schröder/Lenckner/Sternberg-Lieben, § 131 Rdnr. 1; SK-StGB/Rudolphi/Stein, § 131 Rdnr. 3; kritisch: Fischer, § 131 Rdnr. 3: „Die Strafvorschrift kann daher nur als – vorverlagerter- Schutz des Einzelnen (der Allgemeinheit i.S. abstrakter Gefährdung) vor Gewalttaten legitimiert werden.“; ähnlich Maurach/Schroeder/Maiwald, Strafrecht BT 2, § 94 I Rdnr. 2.

384 MünchKommStGB/Schäfer, Bd. 3, 2. Aufl., § 131 Rdnr. 1.

bers den Einzelnen vor einer aggressionsbedingten Fehlentwicklung bewahren, wie sie etwa durch Aktivierung vorhandener Labilitäten oder Anlagemomente im Sinne einer Stimulierung oder Abstumpfung und Verrohung eintreten kann[385]. Schließlich dient die Norm insbesondere in § 131 Abs. 1 Nr. 3 StGB dem Jugendschutz[386].

Trotz der Vielfältigkeit dieser Schutzbestimmung ist eindeutig, dass es nicht der Wille des Gesetzgebers war, das Recht am eigenen Bild als schutzfähiges Rechtsgut im Rahmen des § 131 StGB anzuerkennen.

III. gemäß § 184 StGB[387]

Auch § 184 StGB verwendet den Begriff der Schriften i.S.d. § 11 Abs. 3 StGB. Jedoch ist geschütztes Rechtsgut des § 184 StGB eindeutig nicht das Recht am eigenen Bild, sondern zum einen der Jugendschutz[388]. Dies folgt aus § 184 Abs.1 Nr. 1-5. Zum anderen ist geschütztes Rechtsgut aber auch die Freiheit der sexuellen Selbstbestimmung[389]. Dieses Rechtsgut umfasst das Recht, von der belästigenden Wahrnehmung sexualbezogener Vorgänge und Darstellungen verschont zu bleiben[390]. Geschützt ist dementsprechend nicht die Individualsphäre des Einzelnen in Form eines Bildnisschutzes.

---

385 BT-Drs.10/2546, S. 21; Fischer, § 131 Rdnr. 2; Krauß, in: Leipziger Kommentar, StGB Bd. 5; § 131 Rdnr. 2; Lackner/Kühl, § 131 Rdnr. 1; Maurach/Schroeder/Maiwald, Strafrecht BT 2, § 94 I Rdnr. 2; MünchKommStGB/Schäfer, Bd. 3, 2. Aufl., § 131 Rdnr. 2; BGH, Urt. v. 15. Dezember 1999 – 2 StR 365/99, NStZ 2000, 307, 308.

386 Krauß, in: Leipziger Kommentar, StGB Bd. 5, § 131 Rdnr. 3; MünchKommStGB/Schäfer, Bd. 3, 2. Aufl., § 131 Rdnr. 2; a.A. Schönke/Schröder/Lenckner/Sternberg-Lieben, § 131 Rdnr. 1: „...Abs. 1 Nr. 3, der gleichfalls nicht dem Jugendschutz gilt, sondern ausschließlich der besonderen Beeinflussbarkeit Jugendlicher durch Schriften der in § 131 genannten Art Rechnung trägt."

387 Siehe Gesetzestext in Anhang 29.

388 Erdemir, MMR 2003, 628, 630; Fischer, § 184 Rdnr. 2; Frommel, in: Kindhäuser/Neumann/Paeffgen, StGB Bd. 2, § 184d Rdnr. 7; Lackner/Kühl, § 184 Rdnr. 1; MünchKommStGB/Hörnle, Bd. 3, 2. Aufl., § 184 Rdnr. 2; Schönke/Schröder/Lenckner/Perron/Eisele, § 184 Rdnr. 3; SK-StGB/Wolters, § 184 Rdnr. 2.

389 A/W-Hilgendorf, Strafrecht BT, § 10 Rdnr. 3 ff.; Gössel/Dölling, StrafR BT 1, § 28 Rdnr. 1; Lackner/Kühl, § 184 Rdnr. 1; Maurach/Schroeder/Maiwald, Strafrecht BT 1, § 18 I Rdnr. 6; Schönke/Schröder/Lenckner/Perron/Eisele, § 184 Rdnr. 3.

390 Frommel, in: Kindhäuser/Neumann/Paeffgen, StGB Bd. 2, § 184d Rdnr. 7; Gössel/Dölling, StrafR BT 1, § 28 Rdnr. 1; MünchKommStGB/Hörnle, Bd. 3, 2. Aufl., § 184 Rdnr. 8; SK-StGB/Wolters, § 184 Rdnr. 2.

IV. gemäß § 185 StGB[391]

Nach § 185 StGB ist die Beleidigung strafbewehrt. Ob davon auch die Sanktionierung des Herstellens und Verbreitens von Bildaufnahmen erfasst ist, soll die Auslegung des § 185 StGB zeigen.

1. Allgemeine Auslegung des § 185 StGB

Geschütztes Rechtsgut des § 185 StGB ist die Ehre. Von der h.M. wird die Ehre dualistisch („normativ-faktisch") dahingehend interpretiert, dass sie den personalen und den sozialen Geltungswert einer Person erfasst (sog. innere und äußere Ehre)[392].

Eine Beleidigung nach § 185 StGB ist die Kundgabe eigener Nichtachtung und Missachtung einer anderen Person[393]. Durch eine Zuschreibung negativer Qualitäten wird dem Betroffenen der sittliche, personale oder soziale Geltungswert ganz oder teilweise abgesprochen bzw. ihm seine Minderwertigkeit unter einem dieser Aspekte attestiert[394], so dass sein grundsätzlich uneingeschränkter Achtungsanspruch verletzt wird[395].

---

391 Siehe Gesetzestext in Anhang 29.

392 Vgl. zum Ehrbegriff: Fischer, Vor §§ 185 Rdnr. 3; Geppert, Jura 1983, 530, 531 ff.; Hilgendorf, in: Leipziger Kommentar, StGB Bd. 6, Vor § 185 Rdnr. 1 ff.; Lackner/Kühl, Vor § 185 Rdnr. 1 ff.; Maurach/Schroeder/Maiwald, Strafrecht BT 1, § 24 I Rdnr. 1 ff.; MünchKommStGB/Regge, Bd. 3, Vor §§ 185 ff. Rdnr. 7 ff.; Schönke/Schröder/Lenckner/Eisele, Vorbem. §§ 185 ff.; SK-StGB/Rudolphi/Rogall, Vor § 185 Rdnr. 1 ff.; Wessels/Hettinger, StrafR BT1, Rdnr. 464 ff.; Zaczyk, in: Kindhäuser/Neumann/Paeffgen, StGB Bd. 2, Vor §§ 185 bis 200 Rdnr. 1 ff.; BGH, Urt. v. 29. Mai 1951 – 2 StR 153/51, BGHSt 1, 288, 289.

393 A/W-Hilgendorf, Strafrecht BT, § 7 Rdnr. 27; Fischer, § 185 Rdnr. 4 ff.; Hilgendorf, in: Leipziger Kommentar, StGB Bd. 6, § 185 Rdnr. 1; Lackner/Kühl, § 185 Rdnr. 3; MünchKommStGB/Regge, Bd. 3, § 185 Rdnr. 8; Schönke/Schröder/Lenckner/Eisele, § 185 Rdnr. 1; SK-StGB/Rudolphi/Rogall, § 185 Rdnr. 4; Zaczyk, in: Kindhäuser/Neumann/Paeffgen, StGB Bd. 2, § 185 Rdnr. 2; BGH, Urt. v. 29. Mai 1951 – 2 StR 153/51, BGHSt 1, 288, 289; BGH, Urt. v. 16. Dezember 1954 – 3 StR 384/54, BGHSt 7, 129, 131; BGH, Beschl. v. 18. November 1957 – GSSt 2/57, BGHSt 11, 67, 71; BayObLG, Beschl. v. 20. Oktober 2004 – 1 St RR 153/04, NJW 2005, 1291; KG, Urt. v. 12. August 2005 – (4) 1 Ss 93/04 (91/04), NJW 2005, 2872; OLG Hamm, Beschl. v. 13. September 2007 – 4 Ss 389/07, NStZ 2008, 631.

394 Geppert, Jura 1983, 580, 589; BGH, Urt. v. 15. März 1989 – 2 StR 662/88, BGHSt 36, 145, 148; OLG Düsseldorf, Beschl. v. 7. Juli 1989 – 5 Ss 250/89 – 101/89 I, NJW 1989, 3030.

395 Geppert, Jura 1983, 580, 589; Lackner/Kühl, § 185 Rdnr. 4; BayObLG, Beschl. v. 20. Oktober 2004 – 1 St RR 153/04, NJW 2005, 1291.

Vor dem Hintergrund der dargestellten Begriffsbestimmung erscheint es fraglich, ob in dem Anfertigen oder Verbreiten unbefugter Bildaufnahmen eine Beleidigung nach § 185 StGB gesehen werden kann.

Als Beleidigung können unbefugte Bildaufnahmen dann einzustufen sein, wenn sie konkludent eine Kundgabe der Missachtung im Sinne einer gedanklichen Äußerung aufweisen[396]. Eine ehrherabsetzende Äußerung ergibt sich nicht bereits aus der Handlung des Aufnehmens des Bildes an sich[397]. Vielmehr resultiert eine solche aus der darauffolgenden Verbreitung[398] der Bildaufnahme[399].

Bei § 185 StGB ist nicht allein die Nichtbeachtung des entgegenstehenden Willens anderer Rechtsinhaber entscheidend, sondern die Frage, ob eine Nichtbeachtung bei Anlegung objektiver Maßstäbe an die Umstände des Einzelfalles als Kundgabe einer herabsetzenden Missachtung, also so zu verstehen ist, dass der Wille des Betroffenen deshalb nicht beachtet wird, weil er wegen dessen Minderwertigkeit als unbeachtlich angesehen wird[400]. Jedoch ist in diesem Zusammenhang zu berücksichtigen, dass allein das Fotografieren gegen den Willen des Abgebildeten nicht immer, sondern nur unter bestimmten Umständen als Missachtung zu werten ist[401]. Notwendig wäre, dass das Ansehen des Abgebildeten schon durch das Fotografieren verunglimpft oder entgegen den Tatsachen in einem anderen Zusammenhang dargestellt würde[402].

Da eine sog. sexualbezogene Beleidigung voraussetzt, dass in dem sexualbezogenen Verhalten des Täters zugleich eine herabsetzende Bewertung des Opfers zu sehen ist, wird eine solche im Zusammenhang mit Bildaufnahmen selten anzunehmen sein[403]. Zu Recht hat das OLG Düsseldorf in einem Fall eine Beleidigung verneint, in dem der Täter eine Frau bei ihrem „Geschäft" auf der Toilette dadurch beobachtete, dass er sich auf den Boden legte und unter der Kabinentür hindurchsah[404]. In diesem Fall war es gerade das Ziel des Täters gewesen, nicht

---

396 Fischer, § 185 Rdnr. 7; Linkens, S. 26; BGH, Urt. v. 12. Januar 1956 – 4 StR 470/55, BGHSt 9, 17, 19.

397 Linkens, S. 26.

398 OLG Oldenburg, Urt. v. 18. Januar 1963 – 1 Ss 323/62, NJW 1963, 920, 921.

399 So auch Eisele, JR 2005, 6, 7; Linkens, S. 26.

400 OLG Oldenburg, Urt. v. 18. Januar 1963 – 1 Ss 323/62, NJW 1963, 920, 921.

401 Linkens, S. 26.

402 Linkens, S. 26; Teubner, Anm. zu OLG Celle, Urt. v. 25. September 1978 – 2 Ss 157/78, JR 1979, 424, 425.

403 Linkens, S. 26.

404 OLG Düsseldorf, Beschl. v. 29. Mai 2001 – 2 a Ss 50/01 – 16/01 II, NJW 2001, 3562, 3563 f.; ebenso zuletzt LG Darmstadt, Beschl. v. 18. November 2004 – 3 Qs 637/04, NStZ-RR 2005, 140.

vom Opfer wahrgenommen zu werden[405]. Das bloße Beobachten an sich stellt noch keine Äußerung einer Missachtung und folglich noch keine Beleidigung dar[406]. Vielmehr muss hinzukommen, dass mit der Beobachtung eine Meinungsäußerung verbunden ist und diese eine herabwürdigende Achtungsverletzung zum Gegenstand hat[407]. Auch in der Weitergabe von Aktfotos kann keine Beleidigung gegenüber dem Abgebildeten gesehen werden, da es auch hier an der Kundgabe der Missachtung fehlt[408]. Dem Tatbestand der Beleidigung soll dementsprechend gerade keine lückenfüllende Aufgabe zukommen[409].

Auch wenn damit die unbefugte Verbreitung von Bildaufnahmen in einigen Fällen den Tatbestand des § 185 StGB erfüllt und eine Beleidigung darstellt, so ist dies doch die Ausnahme[410]. Da die Beleidigung nach § 185 StGB ein Kundgabedelikt darstellt, setzt sie voraus, dass sich die Kundgabe der Miss- oder Nichtachtung an einen Anderen richtet, der sie zur Kenntnis nimmt und als Beleidigung auffasst[411]. Nun kann aber nicht in jeder Bildaufnahme ohne weiteres eine konkludente Kundgabe der Missachtung gesehen werden[412]. Gerade in den Fällen, in denen die Herstellung der Bildaufnahme und ihre Verbreitung der bloßen Informationsgewinnung und –weitergabe dienen, wird keine Äußerung im Sinne einer Missachtung anzunehmen sein[413].

---

405 Pollähne, KritV 2003, 387, 403; OLG Düsseldorf, Beschl. v. 29. Mai 2001 – 2 a Ss 50/01 – 16/01, NJW 2001, 3562, 3563 f..

406 Fischer, § 185 Rdnr. 11c; Linkens, S. 26 f.; Pollähne, KritV 2003, 387, 403.

407 Linkens, S. 27; BayObLG, Beschl. v. 25. April 1980 – RReg. 3 St 140/78, NJW 1980, 1969.

408 Kächele, S. 121; a.A. noch BGH, Urt. v. 12. Januar 1956 – 4 StR 470/55, BGHSt 9, 17, 19; daran anschließend Linkens, S. 27.

409 A/W-Hilgendorf, StrafR BT, § 7 Rdnr. 4 f.; Eisele, JR 2005, 6, 7; Lackner/Kühl, § 185 Rdnr. 6; Rengier, StrafR BT II, § 29 III Rdnr. 28; Schönke/Schröder/Lenckner/Eisele, § 185 Rdnr. 4; BGH, Urt. v. 21. April 1961 – 4 StR 20/61, BGHSt 16, 58, 63; BGH, Urt. v. 15. März 1989 – 2 StR 662/88, BGHSt 36, 145, 149; BGH, Urt. v. 14. Mai 1986 – 3 StR 504/85, NStZ 1986, 453, 454; BGH, Urt. v. 20. September 1994 – 1 StR 466/94, NStZ 1995, 129.

410 Linkens, S. 27.

411 Fischer, § 185 Rdnr. 6; Hilgendorf, in: Leipziger Kommentar, StGB Bd. 6, § 185 Rdnr. 26 und dort FN 121; Lackner/Kühl, § 185 Rdnr. 7; Linkens, S. 27; MünchKommStGB/Regge, Bd. 3, § 185 Rdnr. 27, 28; Rengier, Strafrecht BT II, § 28 III Rdnr. 20 ff.; Schönke/Schröder/Lenckner/Eisele, § 185 Rdnr. 11; SK-StGB/Rudolphi/Rogall, § 185 Rdnr. 5; Zaczyk, in: Kindhäuser/Neumann/Paeffgen, StGB Bd. 2, § 185 Rdnr. 13.

412 Linkens, S. 27.

413 Linkens, S. 27; Teubner, Anm. zu OLG Celle, Urt. v. 25. September 1978 – 2 Ss 157/78 , JR 1979, 424, 425; vgl. auch: Beck, MMR 2008, 77, 79: „Das missbilligte,

2. Schutz mithilfe einer persönlichkeitsorientierten Auslegung?

Ein ausreichender strafrechtlicher Schutz nach § 185 StGB kann auch nicht dadurch erreicht werden, dass diese Vorschrift derart persönlichkeitsorientiert ausgelegt wird, dass man über § 192 StGB[414] die Umstände der Kundgabe einer bestimmten Meinung berücksichtigt und bei Vorliegen einer Persönlichkeitsverletzung zu der Annahme einer Beleidigung kommt[415].

Gemäß § 192 StGB kann sich grundsätzlich auch aus den Umständen, unter denen die Kundgabe erfolgt, eine Beleidigung ergeben[416]. Allerdings wird eine solche Beleidigung hauptsächlich nur in den Fällen anzunehmen sein, in denen die Kundgabe in der Öffentlichkeit in der Weise erfolgt, dass zahlreiche Personen davon Kenntnis erlangen können[417] und sich gerade hieraus erst eine Bloßstellung und damit verbunden die Missachtung der jeweiligen Person ergibt[418]. In dem Fall, in dem jemand gegen seinen Willen in die Öffentlichkeit gezerrt wird, ohne dass er ein besonderes öffentliches Interesse an seiner Person hervorgerufen hat, kann nicht ohne weiteres ein Eingriff in den Menschenwürdekern und hieraus resultierend eine Degradierung zum bloßen Objekt angenommen werden, aus der sich eine Beleidigung ergeben könnte[419]. Eine solche Auslegung geht deutlich zu weit[420].

Im Übrigen wäre es auch nicht mit dem Wortlaut des § 185 StGB zu vereinbaren, wenn in jeder Verletzung des allgemeinen Persönlichkeitsrechts gleichzeitig eine Missachtung in dem speziellen Sinn des § 185 StGB gesehen werden würde[421]. Zugleich würde eine solche Auslegung auch dem Willen des Gesetzgebers widersprechen[422]. Der Gesetzgeber wollte die Fälle der Persönlichkeitsverletzungen gerade nicht unter die Beleidigungstatbestände der §§ 185 ff. StGB

---

tatbestandsmäßige Verhalten bei § 185 ist jedoch nur die Kundgabe der Missachtung oder Nichtachtung einer Person. Die Beleidigung ist damit ein Äußerungsdelikt, die Ehrverletzung als Taterfolg Ergebnis eines Kommunikationsprozesses. Der reine Vorgang der Informationsgewinnung (Beobachten, Fotografieren, Filmen) kann deswegen nicht nach § 185 StGB strafbar sein.“.

414 Siehe Gesetzestext in Anhang 29.

415 Linkens, S. 28; so aber Pelgau, ZRP 1998, 249, 250 f.

416 Fischer, § 192 Rdnr. 2.

417 Fischer, § 192 Rdnr. 2; Lackner/Kühl, § 192 Rdnr. 2; Linkens, S. 28.

418 Linkens, S. 28.

419 Linkens, S. 28.

420 Linkens, S. 28.

421 Linkens, S. 28.

422 Linkens, S. 28.

einordnen[423]. Dies verdeutlicht sich durch die enge Fassung der §§ 185 ff. StGB[424].

Außerdem wäre eine solch weite Auslegung nicht mit dem Analogieverbot des Strafrechts zu vereinbaren, da ein potentieller Täter diese Auslegungsweite nicht ohne weiteres erkennen könnte, da ihm die genauen Grenzen des allgemeinen Persönlichkeitsrechts nicht unbedingt bekannt sein werden[425].

Aus den dargelegten Gründen ist deshalb von einer persönlichkeitsorientierten Auslegungsweise des § 185 StGB abzusehen[426].

3. Ergebnis

Eine allgemeine Auslegung sowie eine persönlichkeitsorientierte Auslegung kommen zu dem Ergebnis, dass das Recht am eigenen Bild nicht als geschütztes Rechtsgut von § 185 StGB erfasst ist. Die Beleidigung nach § 185 StGB stellt ein Kundgabedelikt dar[427]. Sie setzt also voraus, dass sich die Kundgabe der Miss- oder Nichtachtung an einen Anderen richtet, der sie zur Kenntnis nimmt und als Beleidigung auffasst[428]. In einer Bildaufnahme kann jedoch nicht ohne weiteres eine konkludente Kundgabe der Missachtung gesehen werden[429]. Ferner wird gerade in den Fällen keine Äußerung im Sinne einer Missachtung anzunehmen sein, in denen die Herstellung der Bildaufnahme und ihre Verbreitung der bloßen Informationsgewinnung und Informationsweitergabe dient[430]. Auch eine persönlichkeitsorientierte Auslegung über § 192 StGB führt zu keinem anderen Ergebnis[431]. Eine solche ist zum einen nicht mit dem Wortlaut der Vorschrift des § 185 StGB zu vereinbaren[432]. Zum anderen widerspricht sie eindeutig dem Willen des Gesetzgebers, der die Fälle der Persönlichkeitsverletzungen gerade nicht unter die Beleidigungstatbestände der §§ 185 ff. StGB fassen wollte[433]. Ganz entscheidend ist jedoch, dass eine persönlichkeitsorientierte Auslegung mit dem Analogieverbot des Strafrechts nicht zu vereinbaren ist[434].

---

423 Linkens, S. 28.
424 Linkens, S. 28.
425 Linkens, S. 28 f..
426 Linkens, S. 29.
427 Fischer, § 185 Rdnr. 6; Linkens, S. 27.
428 Fischer, § 185 Rdnr. 6; Linkens, S. 27.
429 Linkens, S. 27.
430 Linkens, S. 27.
431 Linkens, S. 29.
432 Linkens, S. 28.
433 Linkens, S. 28.
434 Linkens, S. 28 f.

V. gemäß § 201a StGB

Die Vorschrift des § 201a StGB verfügt über drei Straftatbestände. Nach § 201a Abs. 1 StGB wird derjenige mit Freiheitsstrafe bis zu einem Jahr oder Geldstrafe bestraft, der von einer anderen Person, die sich in einer Wohnung oder einem gegen Einblick besonders geschützten Raum befindet, unbefugt Bildaufnahmen herstellt (1.Alt.) oder überträgt (2. Alt.) und dadurch den höchstpersönlichen Lebensbereich verletzt. § 201a Abs. 2 StGB verfolgt die strafrechtliche Ahndung des Gebrauchens einer durch eine Tat nach Absatz 1 hergestellten Bildaufnahme (1.Alt.) oder das einem Dritten Zugänglichmachen einer durch eine Tat nach Absatz 1 hergestellten Bildaufnahme (2. Alt.). Auch hier beträgt der Strafrahmen Freiheitsstrafe bis zu einem Jahr oder Geldstrafe. Gemäß § 201a Abs. 3 StGB wird derjenige mit Freiheitsstrafe bis zu einem Jahr oder Geldstrafe bestraft, der eine befugt hergestellte Bildaufnahme von einer anderen Person, die sich in einer Wohnung oder einem gegen Einblick besonders geschützten Raum befindet, wissentlich unbefugt einem Dritten zugänglich macht und dadurch deren höchstpersönlichen Lebensbereich verletzt.

§ 201a StGB soll dem Umstand Rechnung tragen, dass durch die Entwicklung und Miniaturisierung der Technik[435], aber auch durch einen inzwischen in Massenmedien und *Internet* verbreiteten Umgang mit Bildern aus dem Privatbereich von prominenten und nicht prominenten Personen, der auf ein aggressives Eindringen und die Präsentation von „Enthüllungen“ und vorgeblich Spektakulärem abzielt, Beeinträchtigungen der Persönlichkeitsrechte eintreten können[436]. § 201a StGB erfasst dabei die Beeinträchtigungen des Rechts am eigenen Bild[437]. Der Verweis auf den Schutz des Rechts am eigenen Bild darf aber nicht darüber hinwegtäuschen, dass eigentliches Schutzgut der Vorschrift der höchstpersönli-

---

435 Gemeint sind damit Fotohandys, webcams, digitale Bildaufnahmegeräte, Vergrößerungsmöglichkeiten, Miniaturisierung und leichte Zugänglichkeit von bildgebender Überwachungs-Elektronik, usw.; Bosch, JZ 2005, 377, 378; Fischer, § 201a Rdnr. 2; Sauren, ZUM 2005, 425, 426 f.; Schertz, AfP 2005, 421, 422; Schönke/Schröder/Lenckner, § 201a Rdnr. 1; SK-StGB/Hoyer, § 201a Rdnr. 1; Tillmanns/Führ, ZUM 2005, 441; Valerius, in: Leipziger Kommentar, StGB Bd. 6, § 201a Rdnr. 1; BT-Drs. 15/1891, S. 6; BR-Drs. 164/03, S. 3; BT-Drs. 15/361, S. 3; BT-Drs. 15/533, S. 3; erg. den das Gesetzgebungsverfahren maßgeblich beeinflussenden 18. Tätigkeitsbericht des Datenschutzbeauftragten des Bundes, BT-Drs. 14/5555, S. 22; aufgegriffen durch den Abgeordneten Jörg v. Essen vgl. BT-Drs. 14/6117, S. 6; hierzu auch Schnorr/Wissing, ZRP 2001, 278, 279.

436 Borgmann, NJW 2004, 2133; Bosch, JZ 2005, 377, 378; Fischer, § 201a Rdnr. 2; Schertz, AfP 2005, 421, 422.

437 Valerius, in: Leipziger Kommentar, StGB Bd. 6, § 201a Rdnr. 5.

che Lebensbereich ist[438]. Dies kann zum einen durch den Hinweis auf den Wortlaut der Vorschrift, die von der Verletzung des höchstpersönlichen Lebensbereichs spricht, verdeutlicht werden[439]. Zum anderen sei auf die amtlichen Überschriften des 15. Abschnitts des StGB verwiesen, in denen von der Verletzung des persönlichen Lebens- und Geheimbereichs gesprochen wird[440].

Eine Besonderheit stellt in diesem Zusammenhang allerdings der Tatbestand des § 201a Abs. 3 StGB dar. Danach muss nicht mehr die Aufnahme selbst im Zusammenhang mit dem höchstpersönlichen Lebensbereich stehen[441]. Vielmehr muss der spätere Gebrauch den höchstpersönlichen Lebensbereich tangieren[442]. Damit ist also der Bruch persönlich entgegengebrachten Vertrauens unter Strafe gestellt, da der Täter, wenn er über die Aufnahme nicht befugt verfügt, bereits nach § 201a Abs. 1 und 2 strafbar wäre[443]. Mithin ist der Aufnahmeinhalt ohne Bedeutung[444].

Im Übrigen ist gemäß § 205 Abs. 1 StGB[445], der auf § 201a verweist, für die Verfolgung des Delikts ein Strafantrag erforderlich, ohne den die Strafverfolgungsbehörden nicht tätig werden können. § 201a StGB ist als absolutes Antragsdelikt ausgestaltet. Der Grund dafür liegt in der höchstpersönlichen Betroffenheit, so dass der Geschädigte selbst darüber entscheiden können soll, ob er eine strafrechtliche Verfolgung der Tat wünscht[446].

---

438 Fischer, § 201a Rdnr. 3; Koch, GA 2005, 589, 595; Kühl, AfP 2004, 190, 193; Lackner/Kühl, § 201a Rdnr. 1; Schönke/Schröder/Lenckner, § 201a Rdnr. 2; SK-StGB/Hoyer, §201a Rdnr. 2; Valerius, in: Leipziger Kommentar, StGB Bd. 6, § 201a Rdnr. 5; Wendt, AfP 2004, 181, 187; Wessels/Hettinger, StrafR BT/1, Rdnr. 545a.

439 Valerius, in: Leipziger Kommentar, StGB Bd. 6, § 201a Rdnr. 5.

440 Valerius, in: Leipziger Kommentar, StGB Bd. 6, § 201a Rdnr. 5.

441 Valerius, in: Leipziger Kommentar, StGB Bd. 6, § 201a Rdnr. 29.

442 Valerius, in: Leipziger Kommentar, StGB Bd. 6, § 201a Rdnr. 29.

443 Vgl. auch Borgmann, NJW 2004, 2133, 2135; Bosch, JZ 2005, 377, 381; Fischer, § 201a Rdnr. 22; Kühl, AfP 2004, 190, 195; kritisch dazu: Heuchemer/Paul, JA 2006, 616, 620.

444 Vgl. auch Borgmann, NJW 2004, 2133, 2135.

445 Siehe Gesetzestext in Anhang 29.

446 BT-Drs. 15/2466, S. 5; BT-Drs. 15/1891, S. 7; BR-Drs. 164/03, S. 7; Eisele, JR 2005, 6, 11; Flechsig, ZUM 2004, 605, 616.

C. Zusammenfassung und Vergleich der strafrechtlichen Bildnisschutzvorschriften

Das Recht am eigenen Bild genießt zum einen durch § 33 i.V.m. §§ 22, 23 KUG strafrechtlichen Sonderschutz und dessen Tatbestandsverwirklichung sieht eine strafrechtliche Sanktionierung in Form einer Freiheitsstrafe bis zu einem Jahr oder Geldstrafe vor. § 33 KUG ist als absolutes Antragsdelikt sowie als Privatklagedelikt i.S.d. § 374 Abs. 1 Nr. 8 StPO ausgestaltet. Ein Vergleich mit den übrigen strafrechtlichen Bildnisschutzvorschriften zeigt, dass lediglich § 33 KUG als Privatklagedelikt ausgestaltet worden ist. Dieser Umstand verdeutlicht, dass der Gesetzgeber im Laufe der Entstehung des strafrechtlichen Bildnisschutzes die einzelnen Strafvorschriften nicht aufeinander abgestimmt hat. Auf der anderen Seite kann daraus auch der Schluss gezogen werden, dass die Verletzung des Rechts am eigenen Bild nicht mehr nur als leichtes Vergehen angesehen werden soll und der Schutz des Persönlichkeitsrechts durch den technischen und gesellschaftlichen Wandel immer mehr Bedeutung erlangt. Denn in der Regel werden im Privatklageverfahren nach den §§ 374 ff. StPO lediglich Verfahren verfolgt, die die Allgemeinheit wenig berühren.

Die Sonderstrafvorschrift des § 4 i.V.m. § 1 Abs. 2 Satz 1 Nr. 2 b) GewSchG gewährt dem Recht am eigenen Bild hingegen keinen strafrechtlichen Schutz. Schutzgegenstand ist zwar das allgemeine Persönlichkeitsrecht, jedoch bedeutet dies nicht, dass damit auch alle von ihm erfassten Entfaltungsweisen vom Schutzziel dieser Vorschrift erfasst sind. Verfolgter Schutzzweck des § 1 Abs. 2 Satz 1 Nr. 2 GewSchG ist die Freiheit des Einzelnen über die Entfaltungsweise seiner Selbstbewahrung, also seinem Recht, sich zurückzuziehen, abzuschirmen, für sich und allein zu bleiben[447]. Dafür sprechen auch die folgenden Gründe: Zwar erfasst der Begriff des Nachstellens in § 1 Abs. 2 Satz 1 Nr. 2 b) GewSchG im Rahmen der Herstellung von Bild- und Videoaufnahmen als strafbare Vorbereitungshandlungen die Beobachtung einer bestimmten Person über einen längeren Zeitraum und deren Verfolgung[448]. Im Übrigen ist der Begriff des Nachstellens aber eng zu verstehen, so dass er gerade nicht das Herstellen oder Verbreiten von Bildaufnahmen erfasst[449]. Auch von dem Merkmal „Verfolgung unter Verwendung von Fernkommunikationsmitteln“ wird das Anfertigen von Bildaufnahmen mittels einer *Handy*kamera nicht erfasst; denn unter Fernkommunikationsmitteln sind nur solche Tatmittel zu verstehen, die zur zwischenmenschli-

447 Vgl. FN 263, 264.
448 Vgl. FN 270.
449 Vgl. FN 272, 273.

chen Verständigung durch Sprache oder Zeichen geeignet sind[450]. Die *Handy*-kamera erfüllt diese Voraussetzungen jedoch nicht[451]. Zwar stellt eine E-Mail oder eine *MMS*[452] ein Fernkommunikationsmittel i.S.d. GewSchG dar, so dass angenommen werden kann, dass eine Verfolgung durch das Verbreiten einer Bildaufnahme per E-Mail oder *MMS* durchaus möglich ist[453]. In diesen Fällen ist es aber Zweck des GewSchG, dass der Einzelne in seinem Recht auf Selbstbewahrung, nicht jedoch in seinem Recht am eigenen Bild geschützt werden soll. Im Übrigen fehlt es sowohl im Fall des Anfertigens einer Bildaufnahme als auch im Fall der Verfolgung durch das Verbreiten einer Bildaufnahme auch an dem ausdrücklich entgegenstehenden Willen des Opfers i.S.d. § 1 Abs. 2 Satz 1 Nr. 2 b) GewSchG[454].

Nach der Auffassung des Gesetzgebers dient die Vorschrift des § 148 Abs. 1 Nr. 2 a) i.V.m. § 90 Abs. 1 Satz 1 TKG zum einen dem Schutz der Privatsphäre, zum anderen aber auch dem Schutz des allgemeinen Persönlichkeitsrechts in seiner besonderen Ausprägung als Recht am eigenen Bild. § 148 i.V.m. § 90 TKG ist als Offizialdelikt ausgestaltet[455]. Der Strafrahmen beträgt Freiheitsstrafe bis zu zwei Jahren oder Geldstrafe. Zwar ist es auch nach § 201a StGB strafbar, andere ohne ihre Einwilligung an einem von der Öffentlichkeit abgeschirmten Ort zu fotografieren. Dem Gesetzgeber kam es jedoch gerade darauf an bereits im Vorfeld das Aufnehmen von Bildern zu verhindern, da die allgemeine Verfügbarkeit von Sendeanlagen, die ganz gewöhnlichen Gebrauchsgegenständen gleichen, ein unbeschwertes Privatleben grundlegend in Frage stellen[456].

Auch der Blankettstraftatbestand des § 44 i.V.m. § 43 Abs. 2 BDSG gewährt strafrechtlichen Bildnisschutz, da Bildaufnahmen vom Begriff der Daten i.S.d. § 3 Abs. 1 BDSG erfasst sind und das BDSG in § 1 Abs. 1 BDSG den Zweck verfolgt, den Einzelnen vor Beeinträchtigungen in seinem Persönlichkeitsrecht zu schützen. Sowohl der Wille des nationalen Gesetzgebers als auch eine richtlinienkonforme Auslegung sprechen dafür, dass das Recht am eigenen Bild als be-

---

450 Vgl. FN 279.

451 Vgl. FN 280.

452 MMS ist die Abkürzung für den englischen Begriff Multimedia Messaging Service. Dabei handelt es sich um einen Telekommunikationsdienst zur Übertragung von multimedialen Nachrichten mit einem Mobiltelefon an andere mobile Endgeräte oder an normale E-Mail-Adressen. Mit diesem Service ist es möglich, simple Texte, komplexe Dokumente, Bilder und sogar kurze Videosequenzen an einen oder mehrere Empfänger zu verschicken.

453 Vgl. FN 281.

454 Vgl. FN 282.

455 Vgl. FN 289.

456 Vgl. FN 287, 288.

sondere Ausprägung des allgemeinen Persönlichkeitsrechts auch vom Schutz des BDSG erfasst ist. Indem der nationale Gesetzgeber in § 6b Abs. 1 BDSG eine Regelung zur Zulässigkeit der Videoüberwachung getroffen hat, wird deutlich, dass Bildaufnahmen vom Begriff der Daten erfasst sind. Zum gleichen Ergebnis führt eine richtlinienkonforme Auslegung. Denn die Datenschutzrichtlinie gibt vor, den Begriff personenbezogene Daten grundsätzlich umfassend zu verstehen[457]. Jedoch setzt die Anwendbarkeit der datenschutzrechtlichen Vorschriften voraus, dass die abgebildete natürliche Person bestimmt oder zumindest bestimmbar ist. Demnach ist die Anwendbarkeit des BDSG bei personenbeziehbaren Daten nicht für die Daten als solche festzustellen, sondern erfordert die Relation zwischen Daten und Datenverwender zu betrachten. Das hat zur Folge, dass das BDSG, insbesondere auch im Vergleich zu den anderen strafrechtlichen Bildnisschutzvorschriften, einen engen Anwendungsbereich hat und deshalb nur für denjenigen Datenverwender gilt, der durch sein Zusatzwissen den Bezug der Daten zum Betroffenen herstellen kann. Auch eine richtlinienkonforme Auslegung führt zu diesem Ergebnis. Das folgt aus Art. 2 a) Datenschutzrichtlinie. Der Anwendungsbereich des BDSG ist mithin eingeschränkt. Im Übrigen ist § 44 i.V.m. § 43 Abs. 2 BDSG als absolutes Antragsdelikt mit erweiterter Antragsberechtigung ausgestaltet und sieht einen Strafrahmen von einer Freiheitsstrafe bis zu zwei Jahren oder Geldstrafe vor.

Eindeutig ist, dass eine föderale Vielfalt der Strafvorschriften in den LDSGen besteht. Daraus resultiert auch eine Ungleichheit, die insbesondere die unterschiedlichen tatbestandlichen Ausgestaltungen der Strafvorschriften, die Strafrahmen und die Ausgestaltung als Antragsdelikte betreffen. Jedoch sind auch die von den LDSGen verfolgten Schutzzwecke unterschiedlich ausgestaltet. Das führt dazu, dass in einigen Bundesländern, ausschließlich das informationelle Selbstbestimmungsrecht als besondere Ausprägung des allgemeinen Persönlichkeitsrechts Schutzzweck ist. Lediglich Art. 37 BayDSG, § 41 LDSG Baden-Württemberg, § 31 DSG-LSA und § 43 ThürDSG verfolgen einen strafrechtlichen Bildnisschutz. Der Schutz des Rechts am eigenen Bild ist demnach auf föderaler Ebene lückenhaft. Diese Strafbarkeitslücke kann auch nicht durch die Anwendung des BDSG ausgeglichen werden. Das Strafrecht gehört zu den Gegenständen der konkurrierenden Gesetzgebung gemäß Art. 74 Abs. 1 Nr. 1 GG[458]. Die Vorschriften über den Anwendungsbereich des BDSG zeigen, dass der Bundesgesetzgeber davon abgesehen hat, Sanktionsnormen auch für den Bereich der Erhebung, Verarbeitung und Nutzung von personenbezogenen Daten

---

457 Vgl. FN 323.

458 Siehe Gesetzestext in Anhang 1.

durch Landesbehörden zu erlassen. Gemäß Art. 72 Abs. 1 GG[459] verbleibt dieser Bereich somit der Gesetzgebungskompetenz der Länder. Dementsprechend sind die Strafvorschriften des BDSG nicht anwendbar, wenn eine Datenverarbeitung im Anwendungsbereich eines Landesdatenschutzgesetzes erfolgt[460].

Interessant ist auch, dass sämtliche Tatbestände des Nebenstrafrechts, die das Recht am eigenen Bild als Schutzgut beinhalten, als Blankettstraftatbestände ausgestaltet sind[461]. Die wesentlichen gesetzgeberischen Motive für die Verwendung blankettartiger Verweisungen sind gesetzestechnische Vereinfachung sowie die Flexibilisierung des Strafrechtsschutzes. Dadurch kann der Gesetzgeber der schnellen technischen Entwicklung und den damit einhergehenden wachsenden Gefahren für das Recht am eigenen Bild besser Rechnung tragen.

Auch wenn der in den §§ 130a, 131 und § 184 StGB verwendete Begriff „Schriften“ Bildaufnahmen auf den unterschiedlichsten Medienträgern erfasst, enthalten diese Strafvorschriften nicht das Recht am eigenen Bild als Schutzgut. Vielmehr ist geschütztes Rechtsgut des § 130a StGB der innerstaatliche öffentliche Friede[462]. Die Schutzbestimmung des § 131 StGB ist vielfältig. Vorrangig geschütztes Rechtsgut ist der öffentliche Friede[463]. Darüber hinaus soll die Strafvorschrift nach dem Willen des Gesetzgebers den Einzelnen vor einer aggressionsbedingten Fehlentwicklung bewahren[464]. Schließlich dient § 131 StGB auch dem Jugendschutz[465]. § 184 StGB beinhaltet als geschütztes Rechtsgut zum einen den Jugendschutz und zum anderen die Freiheit der sexuellen Selbstbestimmung[466].

§ 185 StGB erfasst nicht das Recht am eigenen Bild als geschütztes Rechtsgut. Die Vorschrift des § 185 StGB ist ein Kundgabedelikt[467]. Sie setzt mithin voraus, dass sich die Kundgabe der Miss- und Nichtachtung an einen Anderen richtet, der sie zur Kenntnis nimmt und als Beleidigung auffasst[468]. Eine konkludente Kundgabe der Missachtung kann nun aber nicht in jeder Bildaufnahme gesehen werden. Dies gilt insbesondere für die Fälle, in denen die Herstellung der Bildaufnahme und ihre Verbreitung der bloßen Informationsgewinnung und In-

---

459 Siehe Gesetzestext in Anhang 1.
460 Dammann, in: Simitis, BDSG, § 44 Rdnr. 17.
461 Vgl. zum Blankettstrafrecht: Dietmeier, S. 1 ff..
462 Vgl. FN 378.
463 Vgl. FN 383.
464 Vgl. FN 385.
465 Vgl. FN 386.
466 Vgl. FN 388, 389.
467 Vgl. FN 427.
468 Vgl. FN 427.

formationsweitergabe dienen[469]. Ferner widerspricht eine persönlichkeitsorientierte Auslegung über § 192 StGB zum einen dem Wortlaut des § 185 StGB[470]. Zum anderen widerspricht eine derartige Auslegung dem eindeutigen Willen des Gesetzgebers, der die Fälle der Persönlichkeitsverletzung gerade nicht unter die Beleidigungstatbestände der §§ 185 ff. StGB fassen wollte[471]. Entscheidend ist jedoch, dass eine derart weite Auslegung zu einem Verstoß gegen das strafrechtliche Analogieverbot führen würde[472].

Im Strafgesetzbuch werden Beeinträchtigungen des Rechts am eigenen Bild allein von der Vorschrift des § 201a StGB erfasst. Jedoch darf dies nicht darüber hinwegtäuschen, dass das eigentliche Schutzgut des § 201a der höchstpersönliche Lebensbereich ist[473]. Eine Besonderheit bildet die Vorschrift des § 201a Abs. 3 StGB, der den Bruch des persönlich entgegengebrachten Vertrauens unter Strafe stellt[474].

Im Vergleich zum BDSG ist festzustellen, dass im Fall des Vorliegens des Tatbestandes des § 201a StGB diese Norm aufgrund der in § 1 Abs. 4 BDSG[475] verfügten Subsidiarität des BDSG vorrangig ist. Das hat zur Folge, dass dem Täter dann ein auf die Hälfte reduzierter Strafrahmen zugute kommt.

In der Regel sind die Bildnisschutzvorschriften des Nebenstrafrechts sowie § 201a StGB als absolute Antragsdelikte ausgestaltet. Eine Ausnahme stellt § 31 Abs. 3 DSG-LSA dar, der als relatives Antragsdelikt ausgestaltet ist. Im Gegensatz dazu hat es der baden-württembergische Landesgesetzgeber für notwendig erachtet, die Strafvorschrift des § 41 LDSG Baden-Württemberg als Offizialdelikt auszugestalten. Eine weitere Besonderheit besteht darin, dass sowohl § 44 Abs. 2 Satz 2 BDSG als auch Art. 37 Abs. 3 Satz 3 BayDSG und § 43 Abs. 4 Satz 2 ThürDSG über ein erweitertes Antragsrecht verfügen. Dies erscheint deshalb fragwürdig, da der Grund für die Ausgestaltung als absolutes Antragsdelikt gerade in der höchstpersönlichen Betroffenheit des Opfers liegt. Der Gesetzgeber sah das erweiterte Antragsrecht als sachgerecht an, damit sich die verantwortliche Stelle gegen einen Missbrauch der von ihr gespeicherten Daten wehren kann[476]. Diese Erwägung des Gesetzgebers ändert jedoch nichts daran, dass das Schutzobjekt der Datenschutzgesetze das Persönlichkeitsrecht des Opfers ist.

---

469 Linkens, S. 27.
470 Linkens, S. 28.
471 Linkens, S. 28.
472 Linkens, S. 28 f.
473 Vgl. FN 438.
474 Vgl. FN 443.
475 Siehe Gesetzestext in Anhang 28.
476 BT-Drs. 14/4329, S. 47 zu Nr. 47.

Das erweiterte Antragsrecht soll gerade auf einen wirksameren Schutz des Betroffenen abzielen, und nicht zur Verteidigung eigener Rechtspositionen der verarbeitenden Stelle dienen[477]. Das kann jedoch zur Folge haben, dass ein Verfahren auch gegebenenfalls gegen den Willen des Betroffenen eingeleitet werden kann. Dieses erweiterte Antragsrecht im BDSG sowie vereinzelt in den LDSGen ist mit Art. 1 EGStGB[478] vereinbar. Gemäß Art. 1 Abs. 1 EGStGB gelten die Vorschriften des Allgemeinen Teils des StGB für das bei seinem Inkrafttreten bestehende und das künftige Bundesrecht, soweit das Gesetz nichts anderes bestimmt. Ferner gelten die Vorschriften des Allgemeinen Teils nach Art. 1 Abs. 2 Satz 1 EGStGB auch für das bei seinem Inkrafttreten bestehende und das zukünftige Landesrecht. Da die Vorschrift des § 77 Abs. 1 StGB den Begriff Gesetz verwendet, schließt die in § 77 Abs. 1 StGB eingeräumte Möglichkeit, durch Gesetz eine Antragsbefugnis anderen Personen als dem Verletzten zuzubilligen, nach ihrem Wortlaut eindeutig bundes- sowie landesgesetzliche Regelungen ein[479]. Um zu vermeiden, dass das Opfer durch einen gegen seinen Willen durchgeführten Strafprozess erneut in seinen schutzwürdigen Belangen beeinträchtigt wird, ist es aber notwendig, dass sich die verarbeitende Stelle vor Stellung eines Strafantrags mit dem Opfer einvernehmlich abstimmt[480].

477 Dammann, in: Simitis, BDSG, § 44 Rdnr. 14.

478 Siehe Gesetzestext in Anhang 30.

479 Johann Schmid, in: Leipziger Kommentar, StGB Bd. 3, Vor § 77 ff. Rdnr. 16.

480 Dammann, in: Simitis, BDSG, § 44 Rdnr. 14.

2. Teil: Das Phänomen Cyber-Bullying

4. Kapitel: Begriff, Erscheinungsformen, Kategorisierungen

Vor dem Hintergrund, dass die strafrechtliche Bedeutung des Cyber-Bullying in der juristischen Literatur sowie in der Rechtsprechung noch keinen Einzug gefunden hat, soll dieses Kapitel der Begriffsdefinition „Cyber-Bullying", der Darstellung seiner Erscheinungsformen und Kategorisierungen sowie seiner Verbreitungsmedien dienen. Lediglich *Beck*[481] hat sich in einem Aufsatz mit diesem Phänomen ansatzweise hinsichtlich der strafrechtlichen Relevanz, den Schwierigkeiten der Sachverhaltsermittlung sowie der strafprozessualen Besonderheiten bei jugendlichen Straftätern auseinandergesetzt.

A. Begriff des Cyber-Bullying

Der Begriff Cyber-Bullying ist nicht legaldefiniert. Auch in der juristischen Literatur oder der Rechtsprechung ist keine Definition zu finden. Die erziehungs- und kommunikationswissenschaftliche sowie psychologische Literatur hat sich jedoch bereits mit einiger Intensität mit den Ursachen und Auswirkungen des Phänomens Cyber-Bullying auseinandergesetzt und verschiedene Definitionsversuche vorgenommen, die auch für die juristische Untersuchung von Bedeutung sind und übertragen werden können. Der Ausgangspunkt für Cyber-Bullying ist im traditionellen Mobbing zu finden, deren Weiterentwicklung es in der virtuellen Welt darstellt[482].

I. Ausgangspunkt „Mobbing"

Das Phänomen Mobbing unter Schülern sowie unter Lehrpersonen und Schülern ist in der realen Welt kein neues. Das Wort „Mobbing" ist jedoch erst in der zweiten Hälfte des 20. Jahrhunderts aus dem Englischen übernommen worden. Nach der Definition im Duden – Herkunftswörterbuch bezeichnet es eigentlich das „ständige Schikanieren von Arbeitskollegen mit der Absicht, sie vom Ar-

---

481 Beck, MMR 2008, 77 ff.
482 Stephan, S. 15.

beitsplatz zu vertreiben"[483]. Diese Handlungen lassen sich aber auch auf alle anderen sozialen Gemeinschaften übertragen. „Mobbing" ist von dem englischen Verb *„to mob"* abgeleitet, was allgemein „belästigen, anpöbeln" bedeutet und zur Wortfamilie *„mob"* gehört. Der Ausdruck *„mob"* bezeichnet im Englischen „die aufgebrachte, aufgewiegelte Volksmenge". Er stammt wiederum vom Lateinischen „mobile vulgus", das im Deutschen übersetzt „aufgewiegelte Volksmenge" bedeutet, ab.

Nach der Definition von *Olweus* ist unter dem Begriff *„mobbing"* zu verstehen:

> „The original English word stem „mob" implies that it is a usually large and anonymous group of people wich is engaged in the harassment. But the term has also often been used when one person picks on, harasses, or pesters another. It is important to include in the concept of „mobbing" or bullying both the situation in wich a single individual harasses another and that in wich a group is responsible for the harassment."[484]

Da sich diese Definition jedoch zu stark auf Angriffe von Personenmehrheiten bezieht, setzte sich mit der Zeit immer mehr der Begriff „Bullying" durch[485]. „Bullying" leitet sich vom englischen Wort „bully" ab. Als „Bully" wird nach „The New International Webster`s Comprehensive Dictionary of The English Language" eine Person bezeichnet

> „who terrorizes or threatens those weaker than himself".

Olweus definiert „Bullying" als negative Handlungen, die wiederholt und über einen längeren Zeitraum von einer oder mehreren Personen gegen eine Person ausgeführt werden:

> „A person is bullied when he or she is exposed, repeatedly and over time, to negative actions on the part of one or more other persons, and he or she has difficulty defending himself or herself"[486].

Entscheidend beim „Bullying" ist der längere Zeitraum, über den die Handlungen hinweg wiederholt werden[487]. Ein weiteres wichtiges Merkmal für das Vorliegen von Bullying ist das Ungleichgewicht der Stärke zwischen Täter (Bully)

---

483 Vgl. zum Begriff Mobbing: Duden, Herkunftswörterbuch, Etymologie der deutschen Sprache. Geprägt wurde der Ausdruck von dem Verhaltensforscher Konrad Lorenz, der damit Gruppenangriffe von unterlegenen Tieren bezeichnete, um einen überlegenen Gegner zu verscheuchen.

484 Olweus, S. 8; so auch: Stephan, S. 13.

485 Stephan, S. 14.

486 Olweus, S. 9; so auch: Stephan, S. 14.

487 Fawzi, S. 8.

und Opfer (Victim) zugunsten der Bullys[488]. Dabei muss „Bullying" nicht zwingend körperlich stattfinden, sondern kann auch verbal erfolgen[489]. Ferner wird zwischen direktem und indirektem „Bullying" unterschieden[490]. Während direktes Bullying sich sichtbar gegen das Opfer richtet, findet das indirekte Bullying subtiler, bspw. durch soziale Isolation und den Ausschluss aus einer Gruppe, statt[491].

Im deutschsprachigen Raum werden mangels sprachlicher Alternativen beide Begrifflichkeiten also sowohl „Bullying" als auch „Mobbing" verwendet[492]. Es scheint jedoch insofern eine Trennung vorgenommen zu werden, als dass „Mobbing" schwerpunktmäßige Übergriffe am Arbeitsplatz bezeichnet, wie bereits auch die Definition des Dudens zeigt, der Begriff „Bullying" hingegen meist dann gewählt wird, wenn es sich um Vorkommnisse im schulischen Umfeld handelt[493]. Diese Differenzierung wird auch in dieser Arbeit vorgenommen.

Für Mobbing in der Schule bzw. den in dieser Arbeit verwendeten Begriff Bullying ist eine detaillierte Definition bei *Gollnick* zu finden:

> „Unter Mobbing wird eine konfliktbelastete Kommunikation in der Klasse/im Kurs also unter Mitgliedern einer Lerngruppe, oder zwischen Lehrperson(en) und Schüler/innen verstanden, bei der die angegriffene Person unterlegen ist und von einer oder mehreren Personen systematisch, oft und während längerer Zeit mit dem Ziel und/oder dem Effekt der Ausgrenzung aus der Lerngruppe direkt oder indirekt angegriffen wird und dies als Diskriminierung empfindet. Dabei sind die Angriffe in verletzender Absicht tendiert (beabsichtigt) und können sich gegen einzelne, aber auch gegen eine Gruppe richten und von einzelnen oder von einer Gruppe ausgehen."[494]

II. Charakteristika des Cyber-Bullying

Bevor der Versuch einer Definition des Begriffs Cyber-Bullying gemacht wird, sollen zunächst die charakteristischen Merkmale[495] des Cyber-Bullying als Anknüpfungspunkte dargestellt werden.

---

488 Stephan, S. 14.
489 Stephan, S. 14.
490 Stephan, S. 14.
491 Vgl. Fawzi, S. 8 und 9; Scheithauer/Hayer/Petermann, S. 17, 25 ff.; Stephan, S. 14.
492 Stephan, S. 14.
493 Vgl. Fawzi, S. 33; Gollnick, S. 37; Scheithauer/Hayer/Petermann, S. 20 f.; Stephan, S. 14.
494 Gollnick, S. 35 f.; so auch: Fawzi, S. 8; Neider, S. 126 ff.
495 Vgl. dazu auch: Shariff, S. 32 ff.

1. Agitation im Cyberspace

Musste der Täter beim klassischen Bullying noch direkt seinem Opfer gegenübertreten oder doch zumindest in der wirklichen Welt gegen sein Opfer agieren, so spielt sich Cyber-Bullying in der digitalen Welt ab[496]. Das folgt bereits aus der Verwendung der Vorsilbe „Cyber". Die Vorsilbe „Cyber" wird im alltäglichen Sprachgebrauch wie das Attribut „virtuell" verwendet und soll die Nutzung und Bedeutung des *Internet* im Zusammenhang mit einem bestimmten sozialen Phänomen unterstreichen[497]. Cyber-Bullying findet über das Mobiltelefon und/oder *Internet* in Form von Text, Bild oder Video statt[498]. Die Vorsilbe „Cyber" umfasst somit zusätzlich zum *Internet* auch das *Handy*[499]. Dementsprechend können Eingriffe rund um die Uhr in das Privatleben stattfinden[500]. Sie enden nicht nach der Schule oder Arbeit. Die Tat ist also orts- und zeitunabhängig[501]. Weil Cyber-Bullies rund um die Uhr über das *Internet* oder das Mobiltelefon angreifen können, wird man sogar zu Hause von ihnen verfolgt. Die eigenen vier Wände schützen also nicht vor Bullying-Attacken, es sei denn, man nutzt keine Neuen Medien.

2. Fehlender Handlungskontext

Zwischen Täter und Opfer gibt es keinen gemeinsamen Kontext oder Handlungshintergrund, da beide nicht physisch anwesend sind[502]. Das hat zur Folge, dass es schwerer fällt, Einträge oder Nachrichten richtig zu interpretieren[503]. Da es an einem gemeinsamen Handlungskontext fehlt, wird zwischen Täter und Opfer eine Distanz geschaffen[504].

3. Vielfalt innerhalb der Kommunikationsart

Die meisten *Internet*anwendungen finden in schriftlicher Form statt. Das bedeutet, dass das Opfer die Beleidigungen, Diffamierungen etc. als geschriebenes Wort liest und nicht wie beim verbalen Mobbing als gesprochenes Wort wahr-

---

496 Stephan, S. 17.
497 Döring, S. 48; Fawzi, S. 17.
498 Fawzi, S. 67.
499 Vgl. Fawzi, S. 17.
500 Fawzi, S. 34; Stephan, S. 17.
501 Vgl. auch: Abrahams (2009); Fawzi, S. 34, 66, 68; Haldenwang, S. 2.
502 Fawzi, S. 68.
503 Fawzi, S. 68.
504 Fawzi, S. 68.

nimmt. Zusätzlich können beim Cyber-Bullying diffamierende Bilder und Videos eingesetzt werden. Das bedeutet, dass nonverbale Zeichen, wie Gesichtsausdrücke oder Erröten, nicht direkt übermittelt werden können.

4. Fehlende Face-to-Face Konfrontation

Täter und Opfer sind beim Cyber-Bullying füreinander unsichtbar. Es fehlt an einer Face-to-Face Konfrontation[505]. Nicht zu wissen, wer der andere ist, kann einem Opfer Angst machen und es verunsichern, weil es nicht weiß, wer es belästigt. Der Cyber-Bully zeigt sich seinem Opfer nicht direkt, sondern kann anonym agieren, was ihm eine, wenn auch trügerische, Sicherheit und oftmals eine zähe Ausdauer verleiht[506]. Ferner nimmt der Bully die Reaktionen, die auf Angriffe im realen Leben erfolgen, nicht wahr und empfindet keine Empathie, die seine Handlungen unter Umständen mildern würde[507].

5. Größere Reichweite beim Cyber-Bullying

Vorfälle von Cyber-Bullying sind aufgrund der Digitalisierung der Daten dauerhaft gespeichert und können eine wesentlich größere Reichweite als traditionelles Mobbing erlangen; Nachrichten oder Bilder, die elektronisch herumgeschickt werden, sind, sobald sie online sind, nur schwer zu kontrollieren[508]. Filme können beispielsweise ganz einfach von einem *Internet*portal in ein anderes kopiert werden. Deshalb sind Ausmaß und Spielraum von Cyber-Bullying viel größer. Inhalte, die man schon längst vergessen hat, können immer wieder an die Öffentlichkeit gelangen und es Opfern schwermachen, darüber hinwegzukommen.

6. Weniger Abwehrmöglichkeiten für die Opfer

Die Opfer haben noch weniger Möglichkeiten sich zu wehren und können sich den Cyber-Attacken kaum entziehen[509].

7. Weniger Unterstützungsmöglichkeiten für Außenstehende

Im Vergleich zum traditionellen Bullying haben die Zuschauer jedoch eine geringere Unterstützungsmöglichkeit[510]. Beim traditionellen Bullying können sie

---

505 Fawzi, S. 34.

506 Vgl. auch: Abrahams (2009); Fawzi, S. 34, 67; Haldenwang, S. 2.

507 Fawzi, S. 67.

508 Vgl. auch: Abrahams (2009); Fawzi, S. 69 f.; Haldenwang, S. 2.

509 Fawzi, S. 34, 71.

durch ihr Verhalten den Bullying-Prozess beeinflussen[511]. Beispielsweise können sie dem Opfer zu Hilfe kommen[512]. Beim Cyber-Bullying sind die Zuschauer aber gerade nicht direkt anwesend, so dass es schwierig ist in das Geschehen einzugreifen und dem Opfer zu helfen[513]. Ein weiteres Problem ist, Cyber-Bullying als Bullying auch zu erkennen[514].

8. Drangsalierung über einen längeren Zeitraum

Wesentliches Kennzeichen des Cyber-Bullying ist auch, dass die Drangsalierung meistens über einen längeren Zeitraum geht[515]. Das liegt daran, dass Cyber-Attacken aufgrund der technischen Verbreitungsmöglichkeiten eine längere Lebensdauer haben[516]. In der juristischen Praxis wird sich gerade an diesem Punkt das Problem stellen, ab welcher Zeitspanne von Cyber-Bullying gesprochen werden kann. Zu klären ist, ob die Aggressionen überhaupt mehrmals stattfinden müssen, damit man von Bullying sprechen kann. Eine einzige Aussage kann an Hunderte oder Tausende weitergeleitet werden und von ihnen täglich erneut betrachtet werden. Es handelt sich zwar nur um einen einzelnen Fall, aber das Opfer fühlt sich möglicherweise von mehreren Personen und über einen längeren Zeitraum gemobbt. Die Frage wird in der juristischen Praxis sein, ob bei der Beurteilung dieses Zeitraumes objektive oder subjektive Kriterien herangezogen werden sollen.

III. Definition des Begriffs Cyber-Bullying

Da eine Legaldefinition des Terminus Cyber-Bullying bzw. eine Definition dieses Begriffs auch nicht in der juristischen Literatur oder der Rechtsprechung zu finden ist, soll der Versuch einer Definition anhand der dargestellten Charakteristika dieses Phänomens vorgenommen werden.

Zunächst kann festgehalten werden, dass Cyber-Bullying die digitale Fortsetzung des analogen, klassischen Phänomens Bullying/Mobbing ist. In der erziehungs- und kommunikationswissenschaftlichen sowie psychologischen Lite-

---

510 Fawzi, S. 70.
511 Fawzi, S. 70.
512 Fawzi, S. 70.
513 Fawzi, S. 70.
514 Fawzi, S. 70 f.
515 Haldenwang, S. 2.
516 Fawzi, S. 69.

ratur sind mehrere Definitionsansätze zu finden, die inhaltlich nicht sehr verschieden sind.

Bill Belsey, der Gründer der virtuellen Hilfsorganisation für Opfer von Bullying im Jahre 2000[517], definiert den Begriff Cyber-Bullying wie folgt:

> „Cyberbullying involves the use of information and communication technologies such as a e-mail, cell phone and pager text messages, instant messaging, defamatory personal Web sites, and defamatory online personal polling Web sites, to support deliberate, repeated, and hostile behaviour by an individual or group that is intended to harm others."[518]

In ihrer Untersuchung definieren *Smith, Mahdavi, Carvalho* und *Tippelt* Cyber-Bullying wie folgt:

> „(.....) an aggressive, intentional act carried out by a group or individual, using electronic forms of contact repeatedly and over time against a victim who cannot easily defend him- or herself."[519]

Willard definiert den Begriff hingegen allgemeiner:

> „Cyberbullying is being cruel to others by sending or posting harmful material or engaging in other forms of social aggression using the Internet or other digital technologies."[520]

Kowalski und *Limber* definieren Cyber-Bullying als:

> „bullying through e-mail, instant messaging, in a chat room, on a website, or through a text message sent to a cell phone."[521]

Aufgrund der dargestellten Definitionsansätze und seiner Charakteristika lässt sich für den Begriff Cyber-Bullying nach der deutschsprachigen erziehungs- und kommunikationswissenschaftlichen sowie psychologischen Literatur zusammenfassend die folgende Definition aufstellen:

> „Cyber-Bullying ist das absichtliche Beleidigen, Bedrohen oder Belästigen anderer Menschen über einen längeren Zeitraum mit Hilfe elektronischer Kommunikationsmittel durch einzelne Personen oder durch Gruppen. Es findet entweder im Internet, wie z.B. durch E-Mails, Chatrooms, Instant Messaging oder in Sozialen Netzwer-

---

517 Siehe http://www.bullying.org.

518 Zitiert nach Shariff, S. 29 und Stephan, S. 16.

519 Smith/Mahdavi/Carvalho/Tippelt (2006).

520 Willard, S. 5- 15; vgl. auch: Stephan, S. 16.

521 Kowalski/Limber/Agatston, S. 24; vgl. auch Fawzi, S. 31, 32.

ken, durch Videos auf Portalen, und/oder mittels Mobiltelefonen, wie z.B. durch SMS oder lästige Anrufe, statt.“ [522]

IV. Betroffener Personenkreis – Opfer und Täter[523]

Cyber-Bullying ist ein großes Risiko, dem die *digital natives* ausgesetzt sind. Einem Artikel des Deutschen Ärzteblattes vom 8. Juni 2011 zufolge, werden Internet und Handy unter Schülern zunehmend zum Medium für persönliche Angriffe[524]. Eine Forsa-Erhebung, für die 1000 Schüler – je zur Hälfte Mädchen und Jungen – telefonisch befragt worden sind, zu diesem Thema ergab, dass bundesweit jeder dritte Schüler im Alter zwischen 14 und 20 Jahren schon einmal Opfer einer sogenannten Cybermobbing-Attacke war[525]. Danach waren 36 Prozent schon einmal Opfer von Cybermobbing[526]. Bei den Mobbing-Attacken dominieren Bedrohungen oder Beleidigungen, die der Umfrage zufolge ein Fünftel der betroffenen Schüler erlitt[527]. Jeder sechste hatte es mit Verleumdungen zu tun und bei jedem zehnten wurde dessen Internet-Identität missbraucht[528]. Aufgrund

522 Vgl. zu dieser Definition auch: Cyber-Mobbing – Wikipedia, http://de.wikipedia.org/w/index.php?title=Cyber-Mobbing; Cyber-Mobbing-was ist das?, online abrufbar unter: http://www.klicksafe.de/themen/kommunizieren/cyber-mobbing/cyber-mobbing-was-ist-das.html; Blickpunkt, Schwerpunkt-Thema: „Cyber-bullying“, Ausgabe 01-2009, herausgegeben vom LandesMedienZentrum Rheinland-Pfalz, online abrufbar unter http://lmz.rlp.de/presse; Haldenwang, S. 1; Fawzi, S. 32, 63 ff.; Robertz, Deutsche Polizei 10/2006, S. 12; Jäger/Riebel/Fluck (2009); Bolder/Morz/Schornberg (2010); Höller (2010); Fall des Monats: Ist Cyber-Mobbing eine Straftat? Stand: 13. Januar 2010, online abrufbar unter: http://www.lehrer-online.de/url/fall-des-monats-01-10.php; GEW (2008); Dambach, S. 15.

523 Vgl. zu den Ausführungen: Fawzi (2009), S. 8 f.; Fawzi, S. 10, 11, 35, 43; GEW (2008), S. 6; Haldenwang, S. 1; Olweus, S. 31 ff.

524 Cybermobbing unter Schülern weit verbreitet, Deutsches Ärzteblatt vom 8. Juni 2011, online abrufbar unter: www.aerzteblatt.de/nachrichten/46168; vgl auch schon: Cyber-Mobbing bei Schülern weit verbreitet, Ärzte Zeitung vom 28. April 2010, online abrufbar unter: http://www.aerztezeitung.de/panorama/article/600316/cyber-mobbing-schuelern-weit-verbreitet.html.

525 Cybermobbing unter Schülern weit verbreitet, Deutsches Ärzteblatt vom 8. Juni 2011, online abrufbar unter: www.aerzteblatt.de/nachrichten/46168.

526 Cybermobbing unter Schülern weit verbreitet, Deutsches Ärzteblatt vom 8. Juni 2011, online abrufbar unter: www.aerzteblatt.de/nachrichten/46168.

527 Cybermobbing unter Schülern weit verbreitet, Deutsches Ärzteblatt vom 8. Juni 2011, online abrufbar unter: www.aerzteblatt.de/nachrichten/46168.

528 Cybermobbing unter Schülern weit verbreitet, Deutsches Ärzteblatt vom 8. Juni 2011, online abrufbar unter: www.aerzteblatt.de/nachrichten/46168.

der intensiven Nutzung des Internets bei den Jugendlichen, ist Cybermobbing kein Randphänomen mehr, sondern eine weitverbreitete Realität[529].

In ihrer Studie „Safer Internet for Children" im Jahr 2007[530] stellte die Europäische Kommission bereits fest, dass Cyber-Bullying ein Phänomen ist, das insbesondere bei Kindern und Jugendlichen auftaucht. Danach gaben je nach Land ein Drittel bis die Hälfte der Jugendlichen an, bereits Opfer von Cyber-Bullying im *Internet* oder per *SMS* geworden zu sein. Neben dieser Gruppe der Gleichaltrigen kann es aber auch zwischen unterschiedlichen Generationen stattfinden. Alter und Aussehen spielen dabei keine Rolle, da der Cyber-Bully sich eine eigene Identität aufbauen kann, die in Wirklichkeit häufig ganz anders aussieht. Gerade Jugendliche sind jedoch sehr anfällig für Cyber-Attacken, da zentrale Entwicklungsaufgaben im Jugendalter die Ausbildung eines individuellen Selbstkonzepts sowie die Integration in eine Gruppe und Freundschaft mit Gleichaltrigen sind. Deshalb bieten diese beiden Bereiche zentrale Angriffsflächen.

Typische Merkmale von Täterpersonen sind: eine positive Einstellung gegenüber Gewalt und eine niedrige Hemmschwelle, Gewalt als Lösungsmittel einzusetzen, sowie ein Mangel an empathischem Einfühlungsvermögen[531]. Opferpersonen sind tendenziell jüngere, schwächere, unsichere, sensible Schüler mit niedrigem Selbstwertgefühl. Es sind oft Jugendliche, die in irgendeiner Hinsicht anders sind als die Gleichaltrigen. Häufig zeigen sie sich verletzlich, passiv und hilflos[532].

In Deutschland bestätigen 26 % der *Internet*nutzer im Alter von 12 bis 19 Jahren auf eine Befragung des Medienpädagogischen Forschungsverbund Südwest im Jahr 2011, dass das Thema „Cyber-Mobbing" ein Problem darstellt[533].

---

529 Cybermobbing unter Schülern weit verbreitet, Deutsches Ärzteblatt vom 8. Juni 2011, online abrufbar unter: www.aerzteblatt.de/nachrichten/46168.

530 Vgl. Safer Internet for Children, Qualitative Study in 29 European Countries, SummaryReport, May 2007, online abrufbar unter: ec.europa.eu/public.../quali/ql_safer_internet_summary.pdf.

531 Vgl. Olweus, S. 34 ff. und S. 58 ff.

532 Vgl. Gollnick, S. 63 f.; Olweus, S. 31 ff. und S. 54 ff.

533 JIM Studie 2011, S. 39; Die Abkürzung JIM steht für Jugend, Information, (Multi)Media. Die Studienreihe JIM des Medienpädagogischen Forschungsverbundes Südwest (mpfs) untersucht den Medienumgang der 12- bis 19–Jährigen. Die JIM-Studie ist als Langzeitstudie konzipiert und wird seit 1998 jährlich herausgegeben. Die Grundgesamtheit der JIM-Studie 2011 umfasst die knapp sieben Millionen Jugendlichen im Alter von 12 bis 19 Jahren in Telefon-Haushalten der Bundesrepublik Deutschland. Aus dieser Grundgesamtheit wurde eine repräsentative Stichprobe von 1.205 Jugendlichen in der Zeit vom 16. Mai bis 26. Juni 2011 telefonisch befragt. Herausgeber der Studi-

8 % der von der Gewerkschaft für Erziehung und Wissenschaft[534] befragten Lehrer geben an, schon einmal Opfer von Cyber-Bullying gewesen zu sein. Knapp 31% der Befragten gaben an, von Fällen aus dem Kollegen- und Bekanntenkreis gehört zu haben[535]. Die Täter, die Lehrkräfte per *Handy* oder *Internet* mobben, sind in drei Viertel der Fälle Schüler. Ein Großteil der Bullying-Opfer sind allerdings Schüler[536].

B. Erscheinungsformen

Erscheinungsformen des Cyber-Bullying sind: Cyber-Bullying unter Gleichaltrigen, Cyber-Grooming und Cyber-Bullying gegen Lehrpersonal.

I. Cyber-Bullying unter Gleichaltrigen

In der öffentlichen Wahrnehmung spielt sich Cyber-Bullying vor allem im schulischen Bereich ab und findet hauptsächlich zwischen Gleichaltrigen statt[537].

II. Cyber-Grooming

Cyber-Grooming ist eine zweite Erscheinungsform des Cyber-Bullying. Es geht von Erwachsenen aus, die im *Internet* auf entsprechenden Plattformen, wie den Sozialen Netzwerken bzw. Plattformen, auf denen sich ausschließlich Jugendliche bewegen, gezielt Kinder und Jugendliche ansprechen[538]. Die vermeintlich gleichaltrigen Cyber-Groomer nutzen diese Kontakte, um ihre Opfer sexuell zu belästigen[539].

---

enreihe JIM ist der Medienpädagogische Forschungsverbund Südwest (mpfs), der gemeinsam von der Landesanstalt für Kommunikation Baden-Württemberg (LFK) und der Landeszentrale für Medien und Kommunikation Rheinland-Pfalz (LMK) getragen wird in Kooperation mit der SWR Medienforschung, in Zusammenarbeit mit der Bundeszentrale für politische Bildung, den Landeszentralen für politische Bildung Baden-Württemberg und Rheinland-Pfalz, der Stiftung Lesen und der ZMG, Zeitungsmarketing Gesellschaft mbH & Co.KG; siehe dazu: JIM Studie 2011, S. 3 f.

534 GEW (2008).

535 GEW (2008).

536 Angaben zitiert nach: Fawzi (2009), S. 8; GEW (2008), S. 6; Haldenwang, S. 1.

537 Stephan, S. 17.

538 Stephan, S. 17.

539 Stephan, S. 17.

III. Cyber-Bullying gegen Lehrpersonal

Eine dritte Erscheinungsform ist das Cyber-Bullying gegen Lehrpersonal[540]. Plattformen wie spickmich.de und Mein-Prof.de bieten laut Verband Bildung und Erziehung (VBE)[541] neben der Möglichkeit zur freien Meinungsäußerung auch die zur „medialen Hinrichtung“ und zum „Mobbing“[542]. Ferner häufen sich die Fälle, wie z.B. auf der *Internet*plattform YouTube, dass Lehrer durch unautorisierte Videoaufnahmen zu Opfern von Cyber-Bullying wurden[543].

C. Kategorisierungen

Die Kategorisierung des Cyber-Bullying ist nicht einheitlich erfasst. Insgesamt werden drei Kategorisierungsarten vertreten: die Kategorisierung nach der Art der Übergriffe, die Kategorisierung anhand des verwendeten Mediums und die Kategorisierung nach den verwendeten Methoden.

I. Kategorisierung nach der Art der Übergriff

Willard[544] nimmt eine Kategorisierung nach Art der Übergriffe vor. Er unterscheidet dabei acht Typen des Cyber-Bullying, die auch in Mischformen auftreten können:

---

540 Stephan, S. 17.

541 Vgl. dazu: http://vbe.de.

542 Stephan, S. 18.

543 Vgl. dazu die auf der Plattform YouTube eingestellten Videoaufnahmen. Als fragmentarische Beispiele für eine Vielzahl derartiger Videoaufnahmen: „lehrer verarschung“ eingestellt am 4. August 2008 (3.167 views), online abrufbar unter: http://youtube.com/watch?v=5ecpMc1LX9U&feature=related; „Lehrer rastet aus wegen Papierflieger“ eingestellt am 23. September 2008 (190.186 views), online abrufbar unter: http://youtube.com/watch?v=wZZKCUQzyAE&feature=related; „Lehrerin im Unterricht“ eingestellt am 1. Oktober 2007 (130.438 views), online abrufbar unter: http://youtube.com/watch?v=6vnSudhhCqU&feature=related; „Steinbart Lehrer rastet aus“ eingestellt am 14. November 2009 (20.958 views), online abrufbar unter: http://www.youtube.com/watch?v=zrvY2RAQAXc&feature=related; „Lehrerin rastet aus Teil 1“ eingestellt am 27. März 2009 (13.044 views), online abrufbar unter: http://www.youtube.com/watch?v=A1OXeTfbam0&feature=related; „Lehrerin rastet aus Teil 2“ eingestellt am 27. März 2009 (7.721 views), online abrufbar unter: http://www.youtube.com/watch?v=A6TsL9g-x1A&feature=related; alle Clips wurden am 21. Juni 2010 abgefragt.

544 Willard, S. 5-15; vgl. auch: Stephan, S. 18 f.

1. Flaming (Beleidigung, Beschimpfung)

> „Online fights using electronic messages with angry and vulgar language."[545]

Unter Flaming sind Online-Angriffe, bei denen verletzende Kommentare oder vulgäre Äußerungen verwendet werden, zu verstehen[546]. In der Regel findet dies in öffentlichen, für die Allgemeinheit zugänglichen Bereichen des *Internet* statt, wie *Internetforen*[547], öffentlichen Profilen in Sozialen Netzwerken oder *Chatrooms*, aber auch per E-Mail oder Instant Messenger[548].

2. Harassment (Belästigung)

> „Repeatedly, sending nasty, mean and insulting messages."[549]

Beim Harassment handelt es sich um zielgerichtete immer wiederkehrende Attacken von gänzlich unbekannten *Usern* in Sozialen Netzwerken oder gar Bekannten aus dem realen sozialen Umfeld[550]. Bei den Attacken handelt es sich um beleidigende und gemeine Nachrichten. Der Unterschied zum Flaming besteht also in der Kontinuität und der Quantität der Angriffe.

3. Denigration (Anschwärzen, Gerüchte verbreiten)

> „Dissing someone online. Sending or posting gossip or runours about a person to damage his or her reputation or friendships."[551]

Unter dem Begriff Denigration wird das beabsichtigte Bloßstellen des Opfers durch das Onlinestellen oder direkte Versenden von Texten, Fotos/Videos verstanden, um beispielsweise Freundschaften zu zerstören oder um sich an der Ex-Freundin oder dem Ex-Freund zu rächen[552]. Unter diese Kategorie fällt auch das Eröffnen einer Gruppe in einem Sozialen Netzwerk, die auf die Rufschädigung

---

545 Willard, S. 5-15; vgl. auch: Stephan, S. 18; http://en.wikipedia.org/wiki/Flaming_(Internet).

546 Fawzi, S. 39; Stephan, S. 18.

547 Ein Internetforum, auch Diskussionsforum, ist ein virtueller Platz zum Austausch und zur Archivierung von Gedanken, Meinungen und Erfahrungen. Die Kommunikation findet dabei asynchron, dass heißt, nicht in Echtzeit statt.

548 Bolder/Morz/Schornberg (2010); Dambach, S. 17; Fawzi, S. 39; Stephan, S. 18.

549 Willard (2007), S. 5-15; vgl. auch: Stephan, S. 18; http://en.wikipedia.org/wiki/Harassment.

550 Dambach, S. 18; Fawzi, S. 39; Stephan, S. 18.

551 Stephan, S. 18; Willard, S. 5-15.

552 Fawzi, S. 39; Stephan, S. 18.

des Opfers abzielt[553]. In diese Kategorie gehört insbesondere auch das Manipulieren von Bild- und/oder Videoaufnahmen. Dabei erhält das Opfer die Nachrichten meist nicht selbst[554].

4. Impersonation (Auftreten unter falscher Identität)

> „Pretending to be somone else and sending or posting material to get that person in trouble or danger or to damage that person`s reputation or friendships.“[555]

Unter dem Begriff Impersonation wird im Netz verstanden, dass sich eine Person als eine andere ausgibt, um dieser Person Schwierigkeiten zu bereiten oder sie gar in Gefahr zu bringen[556]. Durch Knacken des Passworts für den persönlichen Login-Bereich wird z.B. die Identität des Opfers angenommen und dazu missbraucht, verletzende Nachrichten an dessen Freunde zu verschicken oder auch falsche oder schädigende Gerüchte über das Opfer zu verbreiten[557]. Dies kann auf *Homepages*[558], *Blogs*[559] oder durch jegliche Kommunikationsform stattfinden[560]. Hat der Täter die Möglichkeit, sich als jemand anderes auszugeben, kann er ebenso jede andere Kategorie von Cyber-Bullying durchführen[561]. Auch das

---

553 Bolder/Mörz/Schornberg (2010).

554 Fawzi, S. 39.

555 Stephan, S. 18; Willard, S. 5-15.

556 Dambach, S. 18; Fawzi, S. 39; Stephan, S. 18.

557 Bolder/Mörz/Schornberg (2010).

558 Der englische Begriff Homepage bedeutet im Deutschen Leitseite, Einstiegseite, Hauptseite oder Frontpage. Sie bezeichnet die Seite eines Webauftritts (Website), die als zentraler Dreh- und Angelpunkt angelegt ist. In den meisten Fällen ist die Homepage auch die Startseite einer Website. In besonderen Fällen ist ihr jedoch eine Intro-Seite vorgeschaltet, die dann als Einstiegsseite fungiert. Als Startseite wird das Webdokument bezeichnet, welches erscheint, wenn eine Webadresse ohne Angabe eines Webdokuments aufgerufen wird. Umgangssprachlich wird das Wort Homepage auch häufig für eine Website verwendet.

559 Ein Blog oder auch Web-Log ist eine Wortkreuzung aus dem englischen Begriff WorldWideWeb und Log für Logbuch. Er wird auf einer Website geführt und ist damit ein meist öffentlich einsehbares Tagebuch oder Journal, in dem mindestens eine Person, der Blogger, Aufzeichnungen führt, Sachverhalte protokolliert oder Gedanken niederschreibt. Das Medium kann dementsprechend sowohl dem Ablegen von Notizen in einem Zettelkasten, dem Austausch von Informationen, Gedanken und Erfahrungen als auch der Kommunikation dienen.

560 Fawzi, S. 39.

561 Fawzi, S. 39.

Annehmen einer falschen Identität, wie einem „Fake-Profil" in SchülerVZ, ist hier zuzuordnen[562].

5. Outing und Trickery (Bloßstellung und Betrügerei)

> „Talking someone into revealing secrets or embarassing information, then sharing it online. Sharing someone`s secrets or embarassing information or images online."[563]

Unter dem Begriff „Outing and Trickery" wird die Vorgabe vermeintlicher privater Kommunikation oder Verbreitung intimer Details bzw. peinlicher Aufnahmen verstanden, um z.B. den Ex-Partner bloßzustellen[564].

Ein heimliches Foto in der Umkleidekabine nach dem Sport geschossen und wenige Minuten später ins *Netz* gestellt, ist ein Beispiel für die Kategorie des Outing, mithin das Verbreiten von persönlichen, privaten oder peinlichen Informationen im *Internet,* um die betroffene Person dadurch bloßzustellen[565]. Ein weiteres Beispiel: „Ein 16-jähriger Junge lernt im *Internet* einen anderen Jungen kennen und verliebt sich in diesen. Jedoch handelt es sich auch hier um einen Fall von Impersonation. Der andere Junge ist in Wirklichkeit ein Schulkamerad, der die falsche Identität angenommen hat, um den 16-Jährigen zu hintergehen. Denn die Details aus der virtuellen Beziehung leitet er an Dritte weiter. Als der 16-Jährige dies erkennt, begeht er einen Selbstmordversuch. Der Täter zeigt sich davon geschockt: für ihn war das Ganze nicht mehr als ein Streich, dessen Konsequenzen er nicht geahnt hatte"[566].

Das eben dargelegte Beispiel verdeutlicht nicht nur das Outing, sondern auch das Trickery: Denn das 16-jährige Opfer der Attacke wurde durch das Vortäuschen falscher Tatsachen (Impersonation) dazu gebracht, vertrauliche Details über sich preiszugeben[567]. Dies kann allgemein auch durch das Vortäuschen eines privaten *Chats* geschehen, der später an andere weitergegeben wird[568].

6. Exclusion (Ausschluss)

> „Intentionally and cruelly excluding someone from online group."[569]

---

562 Fawzi, S. 39, 40.
563 Willard, S. 5-15; vgl. auch: Stephan, S. 19.
564 Fawzi, S. 40; Stephan, S. 19.
565 Bolder/Mörz/Schornberg (2010).
566 Zitiert nach: Bolder/Mörz/Schornberg (2010).
567 Bolder/Mörz/Schornberg (2010).
568 Bolder/Mörz/Schornberg (2010).
569 Willard, S. 5-15; vgl. auch: Stephan, S. 19.

Unter dem Begriff Exclusion wird die bewusste Ausgrenzung aus einer Gruppe, bspw. den Ausschluss aus einer bestimmten Gruppe in Sozialen Netzwerken verstanden.[570] Instant-Messenger-*Chats* oder Online-Games ermöglichen die Unterhaltung zwischen einer abgeschlossenen Gruppe, aus der unerwünschte Teilnehmer mit wenigen Klicks ausgeschlossen werden können[571].

7. Cyberstalking (fortwährende Belästigung und Verfolgung)

> „Repeated, intense harassment and denigration that includes threats or creates significant fear."[572]

Unter Cyberstalking versteht man die Belästigung und das beharrliche Nachstellen einer Person unter Anwendung und Zuhilfenahme von modernen technischen Hilfsmitteln wie *Handy* oder *Internet*[573]. Ziel ist es vor allem, dem Opfer Angst einzujagen oder es in massiver Weise zu bedrohen[574]. Cyber-Stalker versuchen häufig, falsche Informationen über die Opfer zu verbreiten und ihre Freundschaften oder ihren Ruf zu zerstören, z.B. aus Rache[575]. Nach *Fawzi*[576] ist die Grenze zwischen Harassment und Cyberstalking nicht eindeutig. Ein Indikator kann der Zeitpunkt sein, ab dem das Opfer sich um seine eigene Sicherheit fürchtet[577].

In der juristischen Praxis wird die Bestimmbarkeit dieses Zeitpunktes schwierig sein. Insbesondere wird sich die Frage stellen, ob bei der Bestimmung dieses Zeitpunktes auf objektive Kriterien zur Beurteilung der Gefährdung der Sicherheit des Opfers oder auf die subjektive Sichtweise des Opfers abzustellen ist.

---

570 Fawzi, S. 40; Stephan, S. 19.

571 Bolder/Mörz/Schornberg (2010); Fawzi, S. 40.

572 Willard, S. 5-15; vgl. auch: Stephan, S. 19.

573 Vgl. Bolder/Mörz/Schornberg (2010); Stephan, S. 19 f.; Cyberstalking-Psychoterror per Internet, abrufbar unter: http://www.computerbetrug.de/sicherheit-im-internet/cyber-stalking-psychoterror-per-internet/; Was ist Cyberstalking?, abrufbar unter: http://www.gegenstalking.de/cyberstalking.html; http://de.wikipedia.org/wiki/Stalking.

574 Fawzi, S. 39.

575 Fawzi, S. 39.

576 Fawzi, S. 39.

577 Fawzi, S. 39.

8. Cyberthreats (offene Androhung und Gewalt)

> „(...) Statements that make it sound like the writer is emotionally upset and may be considering harming someone else, harming himself or herself, or committing suicide.“[578]

Unter dem Begriff „Cyberthreats“ ist die direkte oder indirekte Ankündigung zu verstehen, dass jemand verletzt oder gar getötet werden soll, sowie die Androhung eines Suizids[579].

II. Kategorisierung anhand des verwendeten Mediums

Da Cyber-Bullying in verschiedenen digitalen Medien stattfinden und darin unterschiedlich ausgeprägt sein kann, wird im Rahmen dieser zweiten Kategorisierung das verwendete Medium als zur Differenzierung geeignetes Merkmal gewählt[580]. Cyber-Bullying kann sich in *SMS*- oder *MMS*-Nachrichten manifestieren, kann Instant Messanger, Online-*Chats*, *Websites*[581], Soziale Netzwerke, Videoplattformen wie YouTube, *Internetforen* oder E-Mails als Plattform nut-

---

578 Willard, S. 5-15; vgl. auch: Stephan, S. 19.

579 Stephan, S. 19.

580 Stephan, S. 19.

581 Der Begriff Website leitet sich zum einen vom englischen Begriff site ab und bedeutet im Deutschen Ort, Platz, Stelle und zum anderen lässt sich der Begriff vom lateinischen Wort situs ableiten, dem im Deutschen die Bedeutung Lage oder Stellung zukommt. Eine Website ist ein virtueller Platz im World Wide Web, an dem sich meist mehrere Webdokumente (Dateien) und andere Ressourcen befinden. Diese sind üblicherweise durch eine einheitliche Navigation zusammengefasst und verknüpft. Die Website kann unterschiedliche Zwecke verfolgen: a) Sie kann zum einen der rein privaten Selbstdarstellung dienen, in der sich jemand mit seinen persönlichen Angaben, seinen Interessen, Fotos, einem Online-Tagebuch und einem Gästebuch darstellt, in dem Besucher ihre Kommentare zu der Gestaltung und dem Inhalt des Angebots abgeben können; b) zum anderen kann sie der halb privaten Darstellung in so genannten Weblogs dienen, die meist privater Natur sind und einem offenen Online-Tagebuch gleichen, bei dem die Besucher zu den Inhalten der Seite beitragen können, sowie in Foren, die sich mit teils sehr speziellen Themenbereichen beschäftigen und wo jeder seine Fragen, Antworten und Meinungen in den öffentlichen Raum des Internets stellen kann; c) ferner kann die Website rein informativer Darstellung geschäftlicher oder privater Art dienen, mit der entweder eine Organisation oder ein Unternehmen sich und das dazugehörige Tätigkeitsfeld oder eine Privatperson ihre Qualifikation und bisherigen Tätigkeiten vorstellt; d) sie kann der geschäftlichen Webpräsenz von Unternehmen, deren Hauptbetätigungsfeld das Netz ist, dienen; e) die Website kann themenbezogen sein. Dann dient sie dazu, sich über einen bestimmten Inhalt unfassend zu informieren.

zen[582]. Zu unterscheiden ist im Rahmen dieser Kategorisierung demzufolge nach den folgenden Kanälen: Bullying via *SMS*, Bullying via E-Mail, Bullying am Telefon, Bullying durch Verbreitung von Bildern oder Videoclips, Bullying in *Chatrooms*, Bullying via Instant Messaging, Bullying auf *Websites*[583]. Allerdings können auch unterschiedliche Mischformen auftreten, die durch die technologische Entwicklung und damit einhergehende Medienkonvergenz bedingt sind[584].

III. Kategorisierung nach den verwendeten Methoden[585]

Dabei ist zwischen Kategorien des direkten und des indirekten Cyber-Bullying zu unterscheiden:

1. Dirketes Cyber-Bullying

Im direkten Cyber-Bullying erfolgt der Angriff durch einen tatsächlichen, direkten Kontakt des Bullys zum Victim über einen digitalen Kommunikationsweg, also bspw. über *SMS*, *MMS*, E-Mails, Telefonanrufe, Instant Messenger oder in einem Sozialen Netzwerk[586]. Inhaltliche Ausprägungen können im direkten Cyber-Bullying Flaming, Harassment, Cyberstalking und Cyberthreats sein[587].

2. Indirektes Cyber-Bullying

Beim indirekten Cyber-Bullying ist hingegen kein persönlicher Kontakt des Bullys zum Victim notwendig[588]. Vielmehr konzentriert es sich auf Verleumdung und Ausgrenzung, nutzt die Möglichkeiten einer falschen Identität oder verleumdet das Opfer[589]. Inhaltliche Ausprägungen können Denigration, Outing and Trickery, Impersonation und Exclusion sein[590].

---

582 Stephan, S. 19 f.
583 Stephan, S. 19 ff.
584 Stephan, S. 20.
585 Vgl. dazu: Fawzi, S. 39; Stephan, S. 20; Wachs (2009).
586 Stephan, S. 20.
587 Fawzi, S. 39; Stephan, S. 21.
588 Stephan, S. 20.
589 Stephan, S. 20.
590 Fawzi, S. 39; Stephan, S. 21.

IV. Relevante Kategorisierungen in Bezug auf den strafrechtlichen Bildnisschutz

Von Relevanz für den strafrechtlichen Bildnisschutz können die Kategorisierungen des Flaming, des Harassment, des Denigration, des Impersonation, des Outing and Trickery sowie des Cyberstalking sein, da diese Kategorisierungen auch die Verwendung von Bildaufnahmen des Opfers beinhalten können. Diese können natürlich auch in Mischformen auftreten. Dies gilt auch im Zusammenhang mit den verwendeten Medien, da deren Konvergenz durch die technischen Entwicklungen bedingt wird.

Die folgenden Ausführungen in dieser Arbeit werden sich an der Kategorisierung anhand der verwendeten Medien orientieren, da fraglich ist, ob die in diesen Medien vorgenommenen Ausführungshandlungen tatsächlich strafrechtlich relevante Tathandlungen im Sinne der strafrechtlichen Bildnisschutzvorschriften sind.

5. Kapitel: Verbreitungsmedien

A. Verbreitungsmedium: Fotohandy

Cyber-Bullying findet über ein Medium statt, nämlich entweder das *Internet* und/oder *Handy*. Nach der JIM-Studie 2011 sind die technischen Möglichkeiten für Jugendliche, Medien zu nutzen, enorm[591]. Haushalte, in denen Jugendliche von 12 bis 19 Jahren leben, sind in hohem Maße mit Mediengeräten ausgestattet[592]. Aus diesem Grund sind die Formen der Verbreitung des Cyber-Bullying auch vielfältig.

Das *Handy* zählt schon seit geraumer Zeit zur Grundausstattung einer jeden Person. Nach der JIM-Studie 2011 haben 99 % der Haushalte in Deutschland ein *Handy*[593]. Entsprechend der hohen Haushaltsausstattung ist auch der Gerätebesitz der Jugendlichen recht hoch. Mit 96 % hat so gut wie jeder Jugendliche ein eigenes *Handy*[594]. Es ist zum Inbegriff des sozialen Status geworden[595]. Die Geräte sind mit vielen Funktionen ausgestattet, so dass man kaum mehr nur noch von einem Mobiltelefon sprechen kann[596]. Die relevanten Funktionen bei der *Handy*-kommunikation sind das Telefonieren, das Versenden von *SMS* und *MMS* sowie das Aufnehmen von Videos und Bildern per *Digitalkamera*[597]. Auch über das *Internet* gibt es die Möglichkeit, eine *SMS* an ein *Handy* zu schicken. Über diesen Weg ist das Versenden auch anonym möglich. Die *Digitalkamera* ist jedoch die am häufigsten verbreitete Zusatzfunktion, die inzwischen fast jedes *Handy* integriert hat[598]. Man spricht dann auch von einem Foto*handy* oder einem Kamera-*Handy*[599]. Mit vielen Mobiltelefonen ist es möglich, Daten via Datenkabel, *Infrarot*[600], *Bluetooth*, *W-Lan*[601] oder mit einer Speicherkarte zwischen dem Mobilte-

591 JIM-Studie 2011, S. 5 ff.

592 JIM-Studie 2011, S. 5.

593 JIM-Studie 2011, S. 5.

594 JIM-Studie 2011, S. 6.

595 Vgl. auch: Robertz, Deutsche Polizei 10/2006, S. 12, 14.

596 JIM-Studie 2011, S. 58.

597 Eine Digitalkamera ist eine Kamera, die als Aufnahmemedium anstatt eines Films einen elektronischen Bildwandler (Bildsensor) und ein digitales Speichermedium enthält. Sie basiert auf der Videotechnik.

598 http://de.wikipedia.org/wiki/Fotohandy.

599 http://de.wikipedia.org/wiki/Fotohandy.

600 Infrarot-Schnittstellen arbeiten mit elektromagnetischen Wellen und ermöglichen eine drahtlose Kommunikation von Computern mit Peripheriegeräten bzw. unter diesen Peripheriegeräten.

lefon und einem anderen elektronischen Gerät, bspw. einem Computer oder einem anderen Mobiltelefon zu übertragen, womit Bilder, Klingeltöne und Programme auf das Mobiltelefon übertragen und Organizer-Daten abgeglichen werden können sowie das Mobiltelefon als *Mobilfunkmodem*[602] für den mobilen Zugang zum *Internet* eingesetzt werden kann[603]. Die meisten modernen *Handys* besitzen auch einen *Browser*[604] zum Surfen auf *WAP*[605]- und Mobile-*HTML*[606]-Seiten[607]. Viele neuere Mobiltelefone besitzen auch ein integriertes E-Mail-Programm[608].

Um die Bedeutung des *Handy* im Zusammenhang mit Cyber-Bullying zu veranschaulichen, soll das folgenden Beispiel herangezogen werden: Die Lübecker Nachrichten[609] berichteten von einer 16-jährigen Schülerin, die außerhalb der Schule von einer Gruppe Jugendlicher zum Oralsex gezwungen wurde. Ein 17-Jähriger filmte mit seinem *Handy* heimlich den Vorfall. Er zeigte das Video in der Schule seinen Mitschülern und versendete es an weitere *Handys*. Es dauerte nicht lange bis der Großteil der Schüler davon erfuhr. Ferner sei auf die mit dem *Handy* gefilmten, einen Lehrer demütigenden Unterrichtsszenen verwiesen, die dann über die Videoplattform YouTube verbreitet werden sowie auf den dargestellten Fall von Miriam.

---

601 W-Lan ist die Abkürzung für den englischen Begriff Wireless Local Area Network und bedeutet im Deutschen wörtlich drahtloses lokales Netzwerk. Es bezeichnet ein lokales Funknetz, das der Datenübertragung dient.

602 Ein Modem ist ein Anpassungsgerät, das über entsprechende Modulationsumsetzung, z.B. in eine Frequenzmodulation die Übertragung von Computersignalen über Standardtelefonkabel ermöglicht.

603 http://de.wikipedia.org/wiki/Mobiltelefon.

604 Ist die Abkürzung für Web-Browser. Dabei handelt es sich um ein Anwendungsprogramm, das zum Blättern und Recherchieren im WorldWideWeb dient, dem graphisch orientierten Teil des Internet.

605 WAP ist die Abkürzung für den englischen Begriff Wireless Application Protocol. Es bezeichnet eine Sammlung von Techniken und Protokollen, deren Zielsetzung es ist, Internetinhalte für die langsamere Übertragungsrate und die längeren Antwortzeiten im Mobilfunk sowie für die kleinen Displays der Mobiltelefone verfügbar zu machen.

606 HTML ist die Abkürzung für den englischen Begriff Hyper Text Markup Language. Es bezeichnet eine Beschreibungssprache, die im WorldWideWeb, dem graphischen Teil des Internets, zum Formatieren von Seiten zum Einsatz kommt.

607 http://de.wikipedia.org/wiki/Mobiltelefon.

608 http://de.wikipedia.org/wiki/Mobiltelefon.

609 Vogt (2006).

B. Verbreitungsmedium: Internet

Das *Internet* findet in Umfang, Entwicklung und in seinen sozialen Auswirkungen einzig in der industriellen Revolution des 19. Jahrhunderts eine historische Parallele. Nach der JIM-Studie 2011 haben 100 % der Haushalte einen Computer oder ein Notebook und 99 % verfügen über einen *Internet*zugang[610]. 79 % der Jugendlichen haben einen Computer oder Laptop im persönlichen Besitz, mehr als jeder Zweite kann vom eigenen Zimmer aus online gehen[611]. Zu den Nutzern des *Internets* zählen 98% der 12- bis 19-Jährigen[612]. Der Anteil der Intensivnutzer, die täglich bzw. mehrmals pro Woche online sind, liegt aktuell bei 90 %[613]. Die durchschnittliche tägliche Nutzungsdauer des *Internets* (Montag bis Freitag) liegt nach eigenen Schätzungen der Jugendlichen bei 134 Minuten[614]. Jungen schätzen ihre Onlinenutzung (140 Minuten tgl.) höher ein als Mädchen (127 Minuten tgl.)[615]. Mit zunehmendem Alter der Jugendlichen steigt die Frequenz der Online-Nutzung täglich an[616].

I. Aufbau und Funktionsweise des Internet

Das *Internet* ist die zivile Nutzung eines in den USA ursprünglich für militärische Zwecke entwickelten Nachrichtenaustausches[617]. Aufgabe war es, eine Form der Nachrichtenübermittlung zu finden, die auch im Fall einer teilweisen Zerstörung eigener Übertragungswege durch einen militärischen Gegner funktionieren würde[618]. Die Nutzbarkeit dieser Technik für den zivilen Gebrauch wurde vor allem von der Wissenschaft übernommen und weiter ausgebaut[619]. Daraufhin kamen Nutzungswünsche der Wirtschaft hinzu, die sich auf das Interesse der Allgemeinheit an Informationen und an Unterhaltung stützen konnten und zu einem Ausbau des *Netzes* und Etablierung des *Internets* als Medium führten[620].

---

610 JIM-Studie 2011, S. 5.
611 JIM-Studie 2011, S. 6.
612 JIM-Studie 2011, S. 31.
613 JIM-Studie 2011, S. 31.
614 JIM-Studie 2011, S. 31.
615 JIM-Studie 2011, S. 31.
616 JIM-Studie 2011, S. 31.
617 Fechner, S. 349.
618 Fechner, S. 349.
619 Fechner, S. 349 f.; Wiedemann, Kriminalistik 2000, 229.
620 Fechner, S. 350.

In technischer Hinsicht stellt das *Internet* einen Netzwerkverbund dar, der Tausende individueller privater und kommerzieller *Netzwerke*[621] zusammenschließt und dessen Funktionieren das freiwillige Befolgen offener Protokollstandards und –prozeduren durch die Beteiligten voraussetzt[622]. Das Protokoll ist dabei die gemeinsame Sprache der unzähligen *Netzwerke*[623]. Dabei handelt es sich um eine spezielle *Software*[624], die die Verständigung der einzelnen Computer untereinander ermöglicht[625].

Durch seine geschichtliche Entwicklung bedingt, ist das *Internet* nicht hierarchisch, sondern dezentral aufgebaut[626]. Jeder am *Netzwerk*verband beteiligte *Rechner*[627] ist prinzipiell gleichberechtigt, das *Netz* kann daher von jedem Nutzer weltweit zur Informationsweitergabe und –suche genutzt werden, wenn dieser die hierfür notwendigen technischen Voraussetzungen erfüllt[628].

Der Informationsaustausch erfolgt nach dem folgenden Muster: Verbindungsaufbau, Anfrage, Antwort, Verbindungsabbau[629]. Der Nutzer wählt sich zunächst von seinem *Rechner* über so genannte Einwahlknoten, die in der Regel von kommerziellen Anbietern[630] zur Verfügung gestellt werden, in das *Internet* ein und richtet seine Informationsanfrage an den *Server*[631], auf dem die ge-

---

621 Computer, die miteinander verbunden sind, bilden ein Netzwerk. Die Netzwerke in gleichen oder in benachbarten Gebäuden heißen Local area networks, LAN (= lokale Netzwerke), die weiter auseinander liegen, heißen Wide area networks, WAN. Die Netzwerke, die über die ganze Welt miteinander verbunden sind, bilden das Internet.

622 Fechner, S. 348; Finke, S. 2, 6; Hoeren, NJW 1995, 3295; Holtschneider, c`t 1/1996, S. 114 f.; Irlbeck, S. 418 ff.; Malek, S. 8 Rdnr. 21.

623 Finke, S. 4.

624 Software ist ein Sammelbegriff für die Gesamtheit ausführbarer Programme und die zugehörigen Daten. Sie dient dazu, Aufgaben zu erledigen, indem sie von einem Prozessor ausgewertet wird und so softwaregesteuerte Geräte, die einen Teil der Hardware bilden, in ihrer Arbeit beeinflusst.

625 Finke, S. 4.

626 Hoeren, NJW 1995, 3295, 3298; Kröger/Kuner, S. 4; Malek, S. 8 Rdnr. 21.

627 Das Wort Rechner bezeichnet im allgemeinen Sprachgebrauch einen Personalcomputer (PC).

628 Hoeren, NJW 1995, 3295, 3298; Kröger/Kuner, S. 4; Malek, S. 8 Rdnr. 21.

629 Malek, S. 8 Rdnr. 22.

630 Zu den kommerziellen Anbietern gehören z.B.: Arcor AG (Vodafone), United Internet Ag (1&1, GMX, WEB.DE), freenet AG (mobilcom, Strato), AOL (America Online).

631 Der englische Begriff Server bedeutet im Deutschen Diener. Er bezeichnet entweder eine Software (Programm) im Rahmen eines Client-Server-Modells oder eine Hardware (Computer), auf der diese Software im Rahmen dieses Konzepts abläuft. Ein Server als Software ist ein Programm, das mit einem anderen Programm, dem Client

wünschten Daten gespeichert sind[632]. Dieser gibt die angeforderten Daten ins *Netz*, wo sie an den abfragenden Nutzer geleitet werden[633]. Dieser Vorgang ist sehr komplex und wird an dieser Stelle lediglich in seinen Grundzügen dargestellt.

Damit ein Computer, Informationen weltweit versenden kann, wird die zu übertragende Datenmenge in kleine „Pakete" aufgeteilt, da eine Versendung der Daten als Gesamtpaket zu groß wäre[634]. Die kleinen Pakete werden unabhängig voneinander an ihren Bestimmungsort geschickt und dort in ihrer ursprünglichen Form wieder zusammengesetzt[635]. Man spricht in diesem Zusammenhang auch vom „Packet-Switching"[636].

Der Datenversand erfolgt auf der Grundlage eines einheitlichen Kommunikationsprotokolls, dem so genannten *TCP*[637]*/IP*[638] [639]. Darüber hinaus ist das

---

kommuniziert, um ihm Zugang zu speziellen Dienstleistungen zu verschaffen. Ein Server als Hardware ist ein Computer, auf dem ein oder mehrere Server laufen.

632 Barton, Rdnr. 54; Malek, S. 8 Rdnr. 22.

633 Malek, S. 8 Rdnr. 22.

634 Kröger/Kuner, S. 3; Malek, S. 6 Rdnr. 13; Wiedemann, Kriminalistik 2000, 229, 230.

635 Wiedemann, Kriminalistik 2000, 229, 230.

636 Malek, S. 6 Rdnr. 13.

637 TCP steht für Transmission Control Protocol. Das TCP sorgt für die schnelle und sichere Datenübertragung. Es ist verantwortlich für die Fragmentierung der zu versendenden Daten und die Rekonstruktion der übersandten Pakete in der richtigen Reihenfolge. Hierzu werden die Pakete beim Empfänger auf ihre Vollständigkeit überprüft und möglicherweise fehlende Pakete erneut beim Absender angefordert. Zur Überprüfung, ob bei der Übersendung Übertragungsfehler aufgetreten sind, berechnet das TCP eine Prüfsumme, die sich aus der präzisen Datenmenge des Pakets ergibt. Stimmt diese Prüfsumme nicht mit der zu übertragenden Datenmenge überein, steht fest, dass die Übertragung nicht erfolgreich war. In diesem Fall wird das entsprechende Element eleminiert und beim Absender die erneute Übermittlung des Original-Pakets angefordert.

638 IP steht für Internet Protocol. Das Kommunikationsprotokoll IP ist verantwortlich für die tatsächliche Versendung und die Routenwahl durch das Internet, das so genannte Routing. Es eruiert die jeweils schnellste und stabilste Verbindung vom Absender zum Empfänger. Es sucht auch Ersatzwege, wenn die Daten auf einem bestimmten vorgesehenen Weg nicht weitergeleitet werden können. Da die Auslastung und die Kapazität des Internets ständig wechseln, ist es auf diese Weise möglich, dass die Datenpakete auf völlig verschiedenen Routen und zeitlich asynchron verschickt werden. Hieraus ergibt sich auch, dass eine inhaltliche Überprüfung der einzelnen Pakete jedenfalls durch Router üblicherweise nicht möglich ist. Um eine vollständige Rekonstruktion der Daten beim Empfänger zu gewährleisten, wird jedem Paket ein so genannter IP-Header beigefügt, der – ähnlich einem Briefumschlag im Postversand – Absender- und Empfängeradresse enthält. Die richtige Adressierung ist notwendige Voraussetzung

TCP/IP notwendig, damit graphische Benutzeroberflächen, wie z.B. die des *WorldWideWeb*, funktionieren können[640].

Die sehr dezentralisierte technische Funktionsweise des *Internet* findet ihre Entsprechung in einer dezentralen Administration[641]. Es gibt im *Internet* keine zentrale Stelle, bei der die Daten gesammelt und von der sie gemeinsam „verschickt" werden[642]. Ebenso gibt es niemanden, der für eine Kontrolle des *Internet* zuständig ist[643]. Eine solche wäre von einer einzelnen Person oder einem einzelnen Unternehmen auch gar nicht zu bewältigen[644]. Das *Internet* hat sich im Laufe der Zeit „verselbständigt"[645]. Es ist mittlerweile ein riesiges Gebilde geworden, das gleichsam aus sich selbst heraus funktioniert[646]. Durch die Millionen von Anwendern, von denen jeder eine eigene *Homepage* errichten kann, entstehen ständig neue Inhalte[647]. Das *Internet* ist durch die modernen Kommunikationswege weltweit verbreitet und weltweit von jedem Ort der Erde aus erreichbar[648].

II. Akteure des Internet[649]

Die Beteiligten am *Internet* sind die Content-Provider, die Host-Provider, die Access-Provider, die *Internet*-Service-Provider sowie die *User*.

---

dafür, dass die einzelnen Pakete den gewünschten Empfänger erreichen und nicht etwa ungewollt an Dritte übermittelt werden. Jeder Rechner, der an das Internet angeschlossen ist, verfügt zu diesem Zweck über eine eigene eindeutige Adresse, einer so genannten IP-Adresse. Diese Adressen bestehen aus vier Bytes und identifizieren die jeweiligen Unternetze sowie den benutzten Computer, wobei diese Zahlen nur programmintern auftauchen. An der Oberfläche, die dem Benutzer sichtbar ist, erscheinen nur Klartextnamen. Die Zuordnung dieser Klartextnamen zu Adressen übernimmt der „Domain Name Server" (DNS). Dieser setzt die Klartextnamen von Computern in IP-Adressen um und umgekehrt, so dass mit diesen Namen gearbeitet werden kann.

639 Kröger/Kuner, S. 3; Malek, S. 8 Rdnr. 24.

640 Finke, S. 5.

641 Barton, Rdnr. 56, Finke, S. 7; Wiedemann, Kriminalistik 2000, 229, 230.

642 Barton, Rdnr. 56; Finke, S. 7; Wiedemann, Kriminalistik 2000, 229, 230.

643 Malek, S. 7 Rdnr. 20.

644 Finke, S. 7 f.

645 Finke, S. 8.

646 Finke, S. 8.

647 Finke, S. 8.

648 Finke, S. 8.

649 Vgl. zum Begriff Akteure des Internet: Stadler, Rdnr. 8 und dort FN 18.

1. Content-Provider

Der englische Begriff content bedeutet im Deutschen Inhalt und der englische Begriff provider bedeutet Anbieter. Dementsprechend sind Content-Provider alle jene, die eigene Inhalte, Produkte oder Dienstleistungen bereithalten[650]. Beispielsweise können dies Betreiber von *Websites* und Onlineshops sein, aber auch jeder, der Textnachrichten z.B. an eine Newsgroup schickt[651]. Damit ist jeder, der aktiv eigene Inhalte in beliebiger Form so ins Netz stellt, dass diese Inhalte zumindest für eine gewisse Dauer allgemein abgerufen werden können, Content-Provider[652].

2. Host-Provider

Der englische Begriff „host" bedeutet im Deutschen Gastgeber. Dementsprechend beherbergen Host-Provider fremde Inhalte und halten sie zum Abruf bereit[653]. Vor allem gehören hierzu Provider, die ihren Kunden Speicherplatz zur Verfügung stellen, damit diese eigene Inhalte, wie z.B. *Websites*, auf dem *Server* des Providers ablegen und allgemein zum Abruf bereit stellen können[654].

3. Access-Provider

Im Deutschen hat der englische Begriff access die Bedeutung Zugang. Access-Provider ermöglichen demnach als Zugangsvermittler technisch den Zugang zum *Netz* bzw. die Einwahl ins *Internet*[655]. So bieten sie dem *User* die physische Anbindung an das *Internet* über das Telefonnetz oder eine Standleitung[656].

---

650 Malek, S. 14 Rdnr. 47; Marberth-Kubicki, Rdnr. 11.

651 Marberth-Kubicki, Rdnr. 11.

652 Barton, Rdnr. 76, 77; Köhntopp/Köhntopp, CR 2000, 248, 250; Marberth-Kubicki, Rdnr. 11; Stadler, Rdnr. 9.

653 Marberth-Kubicki, Rdnr. 12.

654 Barton, Rdnr. 76, 80; Marberth-Kubicki, Rdnr. 12; Stadler, Rdnr. 10.

655 Malek, S. 15 Rdnr. 49; Marberth-Kubicki, Rdnr. 13.

656 Barton, Rdnr. 76, 79; Köhntopp/Köhntopp, CR 2000, 248, 249 f.; Marberth-Kubicki, Rdnr. 13; Stadler, Rdnr. 11.

4. Internet-Service-Provider

Die vierte Gruppe der Beteiligten bilden die *Internet*-Service-Provider. Diese bieten neben dem Zugang zum *Internet* weitere Dienste an[657]. *Internet*-Service-Provider sind zum Beispiel t-online, AOL, freenet, GMX.

5. User

Die letzte Gruppe bilden die *User*, also die Nutzer. Sie nutzen die Dienste des *Internets* von einem lokalen *Rechner* aus[658].

Zwischen den genannten Gruppen von Akteuren des *Internet* gibt es selbstverständlich zahlreiche Überschneidungen. Der *User*, der bspw. eine *Website* betreibt oder Textnachrichten an eine Newsgroup schickt, betätigt sich nach der skizzierten Einteilung zugleich auch als Content-Provider.

Die vorliegende Arbeit wird sich ausschließlich mit der strafrechtlichen Verantwortlichkeit der *User* des *Internets* beim Cyber-Bullying auseinandersetzen[659].

III. Einzelne Dienste im Internet = Tatorte beim Cyber-Bullying

Vom *Internet* zu trennen ist der *Cyberspace*. Wie bereits dargestellt, wird durch das *Internet* zunächst eine Infrastruktur geschaffen[660]. Der *Cyberspace* wird hingegen erst durch computervermittelnde Kommunikation verwirklicht[661]. Unter computervermittelnder Kommunikation werden alle kommunikativen, d.h. sozialen Austauschprogramme verstanden, die durch einen Computer als vermittelndes technisches Medium stattfinden[662].

Kommunikation ist für Jugendliche und Heranwachsende das zentrale Nutzungsmotiv des *Internets*[663]. Knapp die Hälfte der Zeit der Online-Nutzung entfällt bei Jugendlichen und Heranwachsenden auf die Kommunikation[664]. Zum

---

657 Barton, Rdnr. 76, 77; Köhntopp/Köhntopp, CR 2000, 248, 250; Marberth-Kubicki, Rdnr. 14; Wiedemann, Kriminalistik 2000, 229, 230.

658 Köhntopp/Köhntopp, CR 2000, 248, 249; Marberth-Kubicki, Rdnr. 14; Stadler, Rdnr. 13.

659 Vgl. zur strafrechtlichen Verantwortlichkeit von Internet-Providern: Finke. S. 100 ff.; Marberth-Kubicki, Rdnr. 311 ff.; Popp, S. 105 ff.

660 Fawzi, S. 17.

661 Fawzi, S. 17.

662 Fawzi, S. 17.

663 Vgl. JIM-Studie 2011, S. 33 ff.

664 JIM-Studie 2011, S. 33.

Zwecke der Kommunikation bedienen sie sich dabei so genannter *Internet*dienste[665]. Bei diesen handelt es sich um spezielle Funktionen auf der Anwenderebene, die ohne Bindung an nationale Schranken den Austausch von Daten ermöglichen[666]. Computervermittelnde Kommunikation stellt zugleich die Grundlage von Cyber-Bullying dar. Deshalb sollen im Folgenden die konkreten Dienste, die von den jugendlichen und heranwachsenden *Usern* verwendet werden, interessieren.

1. World Wide Web (WWW)

Der bekannteste Dienst im *Internet* ist das *World Wide Web*[667]. Bei dem *WWW* handelt es sich um einen Dienst, der mit allen verbreiteten Computer-Betriebssystemen zusammenarbeiten kann und die Kommunikation zwischen den verschiedenen *Rechnern* ermöglicht[668]. Das *WWW* integriert zahlreiche *Internet*-Dienste, die über eine einheitliche graphische Benutzeroberfläche zugänglich sind, wobei eine Sammlung von vielen Millionen elektronisch miteinander verknüpfbarer Einzeldokumente, den so genannten *Websites*, enthalten ist, die von ihren Anbietern dezentral auf *Servern* in der ganzen Welt abgelegt sind[669]. Diese Einzeldokumente sind über ihre Adresse, den *Uniform Resource Locator (URL)*[670], direkt abrufbar[671]. Jedes mit einer eigenen Adresse versehene Einzeldokument kann direkt ohne Zwischenschritte vom *User* aufgerufen werden[672].

---

665 JIM-Studie 2011, S. 33.

666 Malek, S. 9 Rdnr. 27.

667 Das World Wide Web wird auch kurz web genannt. Es wurde 1989 von Tim Berners-Lee, einem Physiker am Europäischen Institut für Teilchenphysik (CERN) in Genf, entwickelt und wird seit 1993 im Netz angeboten; vgl. Marberth-Kubicki, Rdnr. 17; Wiedemann, Kriminalitsik 2000, 229, 231.

668 Finke, S. 11.

669 Finke, S. 11, 12; Loewenheim/Koch, S. 36; Malek, S. 10 Rdnr. 28; Sieber, JZ 1996, 429, 433; Valerius, S. 11.

670 Als Uniform Resource Locator (URL, dt. „einheitlicher Quellenanzeiger") bezeichnet man eine Unterart von Uniform Resource Identifiern (URIs). URLs identifizieren und lokalisieren eine Ressource über das verwendete Netzwerkprotokoll (beispielsweise HTTP oder FTP) und den Ort (engl. location) der Ressource in Computernetzwerken. Da URLs die erste und häufigste Art von URIs darstellen, werden die Begriffe häufig synonym verwendet. In der Umgangssprache wird URL häufig als Synonym für Internetadresse verwendet.

671 Finke, S. 12; Malek, S. 10 Rdnr. 28; Marberth-Kubicki, Rdnr. 17.

672 Finke, S. 12; Marberth-Kubicki, Rdnr. 17.

In der Regel greift der private *User* auf die übrigen Dienste über das *WWW* zu, während kommerzielle *User* in der Regel auch die Möglichkeit haben, direkt auf diese Dienste ohne den Umweg über das *WWW* zuzugreifen[673].

Der große Vorteil des *WWW* liegt darin, dass die benutzte Programmsprache *HTML* Verknüpfungen zu anderen Seiten erlaubt[674]. Dies geschieht durch so genannte Hyperlinks, über die der Benutzer durch einfaches Anklicken mit der *Maus*[675] von Seite zu Seite springen („surfen") kann[676]. Das *WWW* verbindet mit dieser Methode die einzelnen *Websites* zu einer riesigen weltweit verteilten und verfügbaren Datenbank[677]. Diese *Websites* können neben normalem Text auch Bild- oder Tondokumente enthalten, die sich der jeweilige Nutzer ansehen bzw. anhören und die er auf seinem *Rechner* abspeichern und gegebenenfalls weiterverwenden kann[678].

2. Electronic Mail (E-Mail)

E-Mail ist die Abkürzung für den englischen Begriff electronic mail, der im Deutschen elektronische Post oder elektronischer Brief bedeutet. Die E-Mail[679]

---

673 Finke, S. 11.

674 Barton, Rdnr. 71; Kröger/Kuner, S. 36; Loewenheim/Koch, S. 37; Malek, S. 10 Rdnr. 29; Marberth-Kubicki, Rdnr. 17; Stadler, Rdnr. 4.

675 Eine Maus ist ein Eingabegerät zur vereinfachten Eingabe bestimmter Befehle, die mittels „Anklickens" bestimmter Schaltflächen auf dem Monitor ermöglicht wird.

676 Barton, Rdnr. 72; Finke, S. 13; Malek, S. 10 Rdnr. 29; Marberth-Kubicki, Rdnr. 17; Stadler, Rdnr. 4; Valerius, S. 11.

677 Malek, S. 10 Rdnr. 29.

678 Finke, S. 13; Valerius, S. 11.

679 Voraussetzung für die Versendung elektronischer Post ist die eindeutige Definition der Mailadresse. Diese übernimmt die Funktion der normalen Postadresse und setzt sich aus zwei Elementen zusammen: Der Benutzererkennung und dem Namen des Rechners, auf dem die E-Mail abgelegt werden soll. Diese beiden Elemente werden verbunden durch das Symbol @, so dass sich die Standard-E-Mail-Adresse nach dem Benutzer@Domainadresse aufbaut. Dementsprechend ist jeder Nutzer über eine individuelle Adresse identifizierbar. Der Internet-Service-Provider richtet für die Nutzer eine einen ständig erreichbaren Mail-Server ein, der die Mail des Absenders an die angegebene Empfängeradresse weiterleitet, die dann im elektronischen Postfach des Empfängers im Mail-Server bis zur Abholung zwischengespeichert wird. Dort wird die Post bis zum Abruf durch den Empfänger gelagert und in der Regel nach der Übermittlung gelöscht. Typisch für die Datenübermittlung per E-Mail ist daher die Zeitverzögerung zwischen Absendung und Empfang der Nachricht. Verglichen werden kann dieser Dienst mit den herkömmlichen Postfächern. Der E-Mail-Server repräsentiert die Postdienststelle, auf der für die Kunden zahlreiche Postfächer, so genannte E-Mail-Konten,

ist der im geschäftlichen und privaten Verkehr am häufigsten eingesetzte Dienst im *Internet*[680]. Sie ermöglicht den Austausch von geschriebenen Textnachrichten als elektronische Nachricht über den Computer, denen Dateien beliebiger Art, wie z.B. Text-, Grafik-, Bild- und Klangdateien als Anhang (Attachment) beigefügt werden können, und zusammen über das *Internet* versendet werden können[681]. Diese werden innerhalb kürzester Zeit und ohne die bei der normalen Post entstehenden Kosten an den Empfänger übermittelt[682]. Für den Empfänger werden die Daten dann im Speicher eines *Rechners* festgelegt und sind über den Bildschirm oder wahlweise durch Ausdruck per Drucker abrufbar[683]. Ferner ist die E-Mail international nutzbar und am Computerarbeitsplatz direkt zugänglich[684]. Einen zusätzlichen Reiz erfährt der Dienst der E-Mail dadurch, dass eine Nachricht ohne weiteres an mehrere Empfänger zugleich gesendet werden kann[685].

3. Newsgroups

Newsgroups als Teil des *Usenets*[686] sind öffentliche Diskussions*foren*, auf denen die Teilnehmer zu beliebigen Themen ihre Meinungen austauschen können[687]. In

---

eingerichtet sind, in denen Postsendungen (E-Mails gegebenenfalls mit Anhang) lagern und darauf warten, vom jeweiligen Empfänger abgeholt zu werden. Dem Schlüssel zum Postfach entspricht die Benutzername-Passwort-Kombination, die der Empfänger in der Regel beim Abrufen seiner E-Mail zum Nachweis seiner Zugriffsberechtigung anzugeben hat. Vgl. dazu: Barton, Rdnr. 70; Finke, S. 15; Loewenheim/Koch, S. 39; Malek, S. 10 Rdnr. 32, 33; Marberth-Kubicki, Rdnr. 18; Valerius, S. 12.

680 Finke, S. 15.

681 Barton, Rdnr. 70; Finke, S. 15; Loewenheim/Koch, S. 39; Malek, S. 10 Rdnr. 32; Marberth-Kubicki, Rdnr. 18; Sieber, JZ 1996, 429, 431; Valerius, S. 12; ; Werner, in: Ensthaler/Weidert (Hrsg.), Handbuch Urheberrecht und Internet, 2. Aufl., 3 B Rdnr. 66; Wiedemann, Kriminalistik 2000, 229, 231.

682 Finke, S. 15; Malek, S. 10 Rdnr. 32; Valerius, S. 11 f.

683 Werner, in: Ensthaler/Weidert (Hrsg.), Handbuch des Urheberrecht und Internet, 2. Aufl., 3 B Rdnr. 66.

684 Finke, S. 15; Valerius, S. 12.

685 Valerius, S. 12.

686 Usenet ist die Abkürzung für den englischen Begriff Users Network. Auch die Bezeichnungen Usenet News, Network News oder Netnews werden verwendet. Dabei handelt es sich bei Usenet um das bekannteste der weltweit existierenden verschiedenen News-Systeme. Das Usenet verbindet eine Vielzahl von Newsservern weltweit. Oft sind Newsgroups aber auch rein regional verteilt, oder sie werden in Intranets zur Verfügung gestellt. Der Zugriff auf Newsgroups erfolgt über spezielle Computerprogramme, die man Newsreader nennt, oder über Webschnittstellen.

diesem System existieren zu vielen tausend Diskussionsthemen elektronische „Schwarze Bretter“[688], an die Diskussionsbeiträge geschickt („gepinnt“) werden können[689]. Die Diskussionsbeiträge können weltweit von jedermann abgerufen und gelesen werden[690], sowie gegebenenfalls beantwortet werden, was dann wiederum für alle anderen Teilnehmer sichtbar ist[691]. Technisch wird für Newsgroup-Beiträge das Format von E-Mails verwendet[692]. Die Teilnehmer können ihre Beiträge unmittelbar veröffentlichen, wobei den Textbeiträgen auch Bild-, Ton- oder Videodateien angehängt werden können[693]. In jeder Newsgroup finden sich Informationen zu einem bestimmten Thema, so dass die potentiellen Teilnehmer direkt und gezielt nach einem Thema suchen können, das ihren Interessen oder Neigungen entspricht[694].

Es ist zwischen moderierten und unmoderierten Newsgroups zu unterscheiden. Bei den moderierten werden alle Diskussionsbeiträge zunächst als Mail an den Moderator geschickt, der den Inhalt kontrolliert und über die Aufnahme in die Newsgroup entscheidet[695]. Wegen des damit verbundenen Arbeitsaufwandes sind die meisten Newsgroups unmoderiert[696], so dass jeder Beitrag sofort für alle sichtbar ist[697].

4. Chatten

An einer Gesamtschule in Nordrhein-Westfalen veröffentlichte eine Gruppe von Schülern pornografische Montagen, die Lehrer und Schüler beim Sex zeigten[698]. Die Fotos waren professionell bearbeitet, selbst Experten mussten genau hinsehen, um sie als Fälschungen zu enttarnen[699]. Als Ausgangsbilder verwendeten

---

687 Malek, S. 11 Rdnr. 37; Stadler, Rdnr. 5; Valerius, S. 15; Wiedemann, Kriminalistik 2000, 229, 231.

688 In der realen Welt sind die „Schwarzen Bretter“ das Pendant zu den Newsgroups. An diesen werden Nachrichten und Anfragen (Beiträge der Teilnehmer) ausgehängt und vor denen werden gelegentlich Prospekte oder ähnliches (gepostete Dateien) zur Mitnahme ausgelegt.

689 Finke, S. 18; Valerius, S. 15.

690 Finke, S. 18; Loewenheim/Koch, S. 40; Malek, S. 11 Rdnr. 37.

691 Finke, S. 18.

692 http://de.wikipedia.org/wiki/Newsgroup.

693 Finke, S. 18; Malek, S. 12 Rdnr. 38.

694 Finke, S. 18.

695 Finke, S. 18; Malek, S. 12 Rdnr. 38; Marberth-Kubicki, Rdnr. 20.

696 Finke, S. 18; Malek, S. 12 Rdnr. 38; Valerius, S. 15.

697 Malek, S. 12 Rdnr. 38.

698 Eberspächer (2007).

699 Eberspächer (2007).

die Schüler Pornobilder, die schon die passende Kulisse, nämlich Klassenzimmer, boten[700]. Die Bilder wurden dann als Pornoschulzeitung via *Bluetooth*-Verbindung der *Handys* und über *ICQ*[701] im *Internet* unter die Schüler gebracht[702]. Bis Lehrer und Schulleitung davon erfuhren, gab es bereits drei Ausgaben der "Porn-News", wie die Schüler das digitale Pornoschulheft betitelten[703].

Im Vergleich zur stärker personalisierten Kommunikation in Online-Communities ermöglicht das Agieren in *Chat*rooms eine anonymere Form der Kontaktaufnahme mit anderen Online-Nutzern[704]. *Chatten* ist ein zentrales Element der Online-Kommunikation von Jugendlichen und Heranwachsenden[705]. Aus technischer Sicht werden im Wesentlichen zwei *Chatt*formen[706] unterschieden: das Internet-Relay *Chat* (IRC) und das Instant Messaging[707].

a) Internet-Relay Chat

Die Besonderheit des Internet-Ralay *Chat* (IRC) besteht darin, dass die Teilnehmer direkt und ohne Zeitverzögerung miteinander kommunizieren können[708]. Man spricht deshalb auch von der Echtzeitkommunikation[709]. Die Dialoge werden dabei über die Tastatur in Form von Buchstaben geführt[710]. Ein Erkennen des Gesprächspartners über die Stimme ist daher nicht möglich[711]. In der Regel wird im IRC nicht unter dem richtigen Namen kommuniziert, sondern unter einem Pseudonym (Nickname)[712]. Zugang zu diesem Dienst erhält ein Teilnahmewilliger, indem er mittels einer speziellen *Software* eine *Internet*verbindung zu

---

700 Eberspächer (2007).

701 ICQ ist ein Homophon, das für „I seek you", im Deutschen „Ich suche Dich" steht. Dabei handelt es sich um ein Instant-Messaging- Programm.

702 Eberspächer (2007).

703 Eberspächer (2007).

704 Malek, S. 12 Rdnr. 41.

705 JIM-Studie 2011, S. 33 ff.

706 Eine dritte Chatform ist der Webchat. Beim Webchat kann direkt im Webbrowser gechattet werden, wobei meistens keine weitere Software benötigt wird. Webchats sind in der Regel auf die jeweilige Website beschränkt. Vgl. http://de.wikipedia.org/wiki/Chat.

707 http://de.wikipedia.org/wiki/Chat.

708 Finke, S. 19; Valerius, S. 13; http://de.wikipedia.org/wiki/Chat.

709 Valerius, S. 14; http://de.wikipedia.org/wiki/Chat.

710 Finke, S. 19; Marberth-Kubicki, Rdnr. 21; Stadler, Rdnr. 7; Valerius, S. 14; Wiedemann, Kriminalistik 2000, 229, 232; http://de.wikipedia.org/wiki/Chat.

711 Malek, S. 12 Rdnr. 41.

712 Malek, S. 12 Rdnr. 41; Valerius, S. 14; http://de.wikipedia.org/wiki/Chat.

einem Internet-Relay-*Chat-Server* herstellt[713]. Dort kann er sich dann entweder einer laufenden Diskussion anschließen oder eine neue Gruppe ins Leben rufen[714].

Der Echtzeitcharakter des IRC besteht darin, dass die gesendeten Beiträge und deren Urheber bzw. Pseudonyme unmittelbar und ohne weitere Eingabe oder einen *Maus*klick bei allen Besuchern des jeweiligen *Channels*[715] auf dem Bildschirm erscheinen[716]. Eine gesendete E-Mail dagegen wird für den Empfänger erst dann sichtbar, wenn er sie öffnet. Das IRC beinhaltet auch die Funktionalität des Übermittelns von Dateien und Hyperlinks.

b) Instant Messaging

Instant Messaging bedeutet sofortige Nachrichtenübermittlung oder Nachrichtensofortversand. Es ist eine Kommunikationsmethode, bei der sich zwei oder mehr Teilnehmer per Textnachrichten unterhalten. Bei Instant Messaging wird der *Chat* in der Regel nicht in einem öffentlichen *Chat*room geführt, sondern nur zwischen denjenigen, die die entsprechende *Software* auf ihrem *Rechner* installiert haben[717]. Die Teilnehmer müssen dazu mit einem Computerprogramm (genannt *Client*[718]) über ein *Netzwerk* wie das *Internet* direkt oder über einen *Server* miteinander verbunden sein. Viele *Clients* unterstützen zusätzlich die Übertragung von Dateien und Audio- und Video-*Streams*[719].

5. Smartphone

Unter den Kommunikationsdiensten ist das Smartphone die jüngste Errungenschaft. Smartphones erlauben, wie das herkömmliche Telefonat, in erster Linie die Übermittlung von Sprachpaketen[720]. Darüber hinaus bieten die einschlägigen Programme aber auch Zusatzfunktionen an, angefangen bei einfachen Textnach-

---

713 Valerius, S. 14.

714 Valerius, S. 14.

715 Channel ist im Internet Relay Chat und anderen Chats die gängige Bezeichnung für einen Chatroom.

716 Marberth-Kubicki, Rdnr. 21; Stadler, Rdnr. 7; Valerius, S. 14.

717 http://de.wikipedia.org/wiki/Chat.

718 Der englische Begriff client bedeutet im Deutschen Kunde. Ein Client ist ein Computerprogramm, das Kontakt zu einem anderen Computerprogramm, dem Server, aufnimmt, um dessen Dienstleistung zu nutzen.

719 Stream bzw. Streaming ist die kontinuierliche Übertragung von Daten.

720 Valerius, S. 17.

richten über den Transfer von Dateien bis hin zu Videokonferenzen[721]. Ein Smartphone kann als kleiner transportabler Computer mit zusätzlicher Funktionalität eines Mobiltelefons verstanden werden[722]. Der Transfer der in Daten umgewandelten Kommunikation erfolgt direkt zwischen den *Rechnern* der Gesprächspartner bzw. bei Verbindungen mit einem Telefon über entsprechende *Gateways*[723], die als Schnittstelle zwischen dem Telefonnetz und dem *Internet* tätig werden[724].

Das besondere am Smartphone ist, dass dieses Gerät die Größe eines Mobilfunktelefons hat und über eine Vielfalt von Nutzungsmöglichkeiten verfügt. Der Nutzer kann sich über zusätzliche Programme, die sog. *Apps*[725], sein Smartphone individuell mit neuen Funktionen aufrüsten lassen[726]. Neben dem herkömmlichen Telefongespräch ermöglicht es unter anderem durch eine integrierte *Digitalkamera* Bildaufnahmen herzustellen, aufgrund der hohen Speicherkapazität können diese in hoher Anzahl abgespeichert werden und aufgrund der Vernetzung mit dem *Internet* im *Cyberspace* unter Nutzung der entsprechenden Dienste verbreitet werden.

6. Videoplattformen

Eine Gruppe von Schülern an einem süddeutschen Gymnasium machte ihren Lateinlehrer für den Schulabgang eines Freundes verantwortlich und wollte sich an ihm rächen[727]. Gnadenlos sollte er schlechte Noten verteilt haben[728]. Nun wollte man selbst gnadenlos sein[729]. Die Schüler, keiner älter als 14 Jahre, beschafften sich ein Bild des verhassten Lehrers, dann das animierte Video einer Hinrichtung

---

721 Valerius, S. 17.

722 http://de.wikipedia.org/wiki/Smartphone.

723 Ein Gateway (zu Deutsch: Protokollumsetzer) erlaubt es Netzwerken, die auf völlig unterschiedlichen Protokollen basieren, miteinander zu kommunizieren. Ein Beispiel für die Umsetzung unterschiedlicher Protokolle ist E-Mail zu SMS.

724 Valerius, S. 17.

725 Der Begriff App ist die deutsche Kurzform für Applikation und bezeichnet im Allgemeinen jede Form von Anwendungsprogrammen. Im allgemeinen Sprachgebrauch sind damit meist Anwendungen für Smartphone und Tablet-Computer gemeint, die über einen in das Betriebssystem integrierten Onlineshop bezogen und so direkt auf dem Smartphone installiert werden können.

726 http://de.wikipedia.org/wiki/Smartphone.

727 Eberspächer (2007).

728 Eberspächer (2007).

729 Eberspächer (2007).

und fügten das Gesicht des Lehrers ein[730]. Das Video zeigt ihn nun, wie er eine Straße entlang läuft[731]. Ein Gewehr taucht auf, ein Schuss trifft den Mann in den Kopf[732]. Der Kopf platzt Blut spritzend und rollt auf die Straße[733]. Im Hintergrund läuft düstere Musik der "Böhsen Onkelz"[734]. Das Video stellten die Schüler ins *Internet*, dazu einen Text, in dem sie dem Lehrer die Schuld dafür gaben, dass einige Mitschüler die Schule verlassen mussten[735]. Doch der Pädagoge konnte die Schüler ausfindig machen, die das Video montierten[736]. Nur weil sie so jung waren, flogen sie nicht sofort von der Schule[737].

YouTube[738] ist eine der beliebtesten Videoplattformen[739]. Die *User* können auf ihm kostenlos Video-Clips ansehen und *hochladen*[740]. Die Videos lassen sich online als *Stream* im *Browser* betrachten und lassen sich in verschiedenen Formaten hochladen[741]. Zum lokalen Speichern der Videos können *client*-basierte Lösungen wie *Bookmarklets*[742] und *Greasemonkey*-Skripte[743] oder server-

---

730 Eberspächer (2007).
731 Eberspächer (2007).
732 Eberspächer (2007).
733 Eberspächer (2007).
734 Eberspächer (2007).
735 Eberspächer (2007).
736 Eberspächer (2007).
737 Eberspächer (2007).
738 Zum Begriff: Der Begriffsteil „Tube“ (eigentlich: Röhre) bezeichnet umgangssprachlich im Englischen einen Fernseher. Das Wort wird abgeleitet von der in einem Fernseher traditionell verwendeten „cathode ray tube“ (im Deutschen: Kathodenstrahlröhre). Wörtlich übersetzt bedeutet YouTube im Deutschen „DuRöhre“; allerdings kommt im Deutschen die Bedeutung „Du sendest“ der Übersetzung näher. Vgl. auch: http://de.wikipedia.org/wiki/Youtube.
739 Dieses Internet-Videoportal hat seinen Sitz in San Bruno, Kalifornien. Zu den übrigen bekanntesten Videoplattformen gehören u.a. MyVideo, Clipfish, Google Video und Sevenload.
740 Der Begriff Hochladen oder auch Upload leitet sich vom englischen Wort Upload her, das im Deutschen Hochladen oder Hinaufladen bedeutet. Das Hochladen bezeichnet in der Informatik einen Datenfluss vom lokalen Rechner oder einem lokalen Speichermedium zu einem entfernten Rechner. Der Datenfluss in die andere Richtung wird auch als Download bezeichnet. Im Rahmen eines Uploads von Daten über das Internet wird der Upload auch als Upstream bezeichnet.
741 http://de.wikipedia.org/wiki/YouTube.
742 Ein Bookmarklet ist ein kleines in JavaScript geschriebenes Makro, das als Bookmark abgespeichert wird und dadurch die Funktionen eines Browsers erweitert. Es erlaubt bspw. Aussehen und Funktionalität von Websites zu verändern. Technisch gesehen sind Bookmarklets Lesezeichen.

basierte Dienste verwendet werden[744]. Auch einfaches Sichern der Videos durch das Kopieren temporärer Dateien ist möglich[745]. Eine weitere Möglichkeit ist das Herunterladen mithilfe spezieller *Software*, die die Videos teilweise auch in andere Dateiformate umwandeln kann[746]. Jeder *User* kann auf YouTube einen kostenlosen Account freischalten und Videos als Favoriten speichern[747]. Die Favoritenliste können wiederum andere *User* einsehen[748]. So kann also auch ein Archiv errichtet werden.

7. Sonderproblem: Soziale Netzwerke

Auch die Sozialen Netzwerke sind ein zentrales Element der Online-Kommunikation Jugendlicher und Heranwachsender. Soziale Netzwerke sind inzwischen omnipräsent und sind für Jungendliche die meistgenutzte Kommunikationsform im Internet[749]. Für den Großteil der Jugendlichen gilt, dass Soziale Netzwerke ganz selbstverständlich zum Alltag gehören[750]. 78% der 12- bis 19-Jährigen suchen inzwischen regelmäßig Kontakt zu anderen auf entsprechenden Plattformen (täglich/mehrmals pro Woche)[751]. Alle Sozialen Netzwerke leben von der Kommunikations- und Präsentationsfreude ihrer Nutzer und dem wachsenden Individualismus und damit einhergehenden Narzissmus sowie Exhibitionismus in der Gesellschaft. Insgesamt haben 65% der *Internet*nutzer Fotos oder Filme von sich online gestellt, dabei sind 40% der Fotos und Filme von Freunden oder der Familie[752]. Kann man sich in der realen Welt noch von Personen

---

743 Der Begriff leitet sich von dem englischen Begriff grease monkey ab, dem im Deutschen die wörtliche Bedeutung Schmieraffe zukommt und im übertragenen Sinn Kfz-Mechaniker bedeutet. Dabei handelt es sich um eine Erweiterung zum Browser Mozilla Firefox, die die Implementierung des Konzeptes Active Browsing ermöglicht. Greasemonkey erlaubt dem User, eigene JavaScript-Dateien im Browser auszuführen. Diese Skripte individualisieren das Erscheinungsbild und Verhalten der angezeigten Website, ohne einen Zugriff auf die eigentliche Website vornehmen zu müssen. Dadurch erweitert Greasemonkey bspw. Websites und Funktionen, behebt Fehler in der Darstellung, bindet Inhalte anderer Websites ein und erledigt wiederkehrende Aufgaben automatisch.

744 http://de.wikipedia.org/wiki/YouTube.

745 http://de.wikipedia.org/wiki/YouTube.

746 http://de.wikipedia.org/wiki/YouTube.

747 http://de.wikipedia.org/wiki/YouTube.

748 http://de.wikipedia.org/wiki/YouTube.

749 JIM-Studie 2011, S. 47.

750 Bager, c´t 2008, 92, 93; JIM-Studie 2011, S. 47.

751 JIM-Studie 2011, S. 47.

752 JIM-Studie 2011, S. 50.

fernhalten, mit denen man nichts zu tun haben möchte, so ist man im *Cyberspace* schnell mit allen vernetzt unabhängig davon, ob dies gewollt ist oder nicht[753]. Sind dann versehentlich oder aufgrund von laxen Privatsphäreneinstellungen Daten öffentlich, die nicht öffentlich sein sollen, wie z.B. Bildaufnahmen, kann es schnell zu Problemen kommen[754].

a) Begriffserklärung

Ein Soziales Netzwerk stellt eine Online-Community dar. Eine Online-Community ist eine Sonderform einer Gemeinschaft, die aus Menschen besteht, die einander via *Internet* begegnen und sich dort austauschen[755]. Diese Kommunikation kann in so genannten Sozialen Netzwerken stattfinden. Soziale Netzwerke sind Internetplattformen, die den Nutzern nach einmaliger Registrierung die Möglichkeit geben, sich eine eigene persönliche Seite mit Informationen über sich selbst anzulegen, diese gegebenenfalls mit Bildern anzureichern und sich mit anderen Teilnehmern des Sozialen Netzwerks zu vernetzen[756]. Soziale Netzwerke bieten die Möglichkeit, anderen Nutzern Nachrichten zu senden, Gruppen zu gründen, Blogs zu veröffentlichen und vieles mehr[757]. Die Benutzer erstellen also gemeinsam eigene Inhalte, so genannten User Generated Content. Die bekanntesten *Tools*[758], die die Kommunikation zwischen den Mitgliedern ermöglichen, sind E-Mail, *Chat*, Instant-Messanger und *Foren*[759]. Die Online-Community ist jedoch nicht gleichzusetzen mit der Technik derer sie sich bedient[760]. Sie definiert sich vielmehr über den Inhalt, der sie zusammenführt[761]. Zu unterscheiden ist zwischen kommerziellen Online-Communitys, themenorientierten Communitys und methodenorientierten Communitys[762].

---

753 Stephan, S. 28.

754 Stephan, S. 28.

755 Siehe dazu: Marberth-Kubicki, Rdnr. 19, 22; http://de.wikipedia.org/wiki/Online-Community.

756 Stephan, S. 26.

757 Stephan, S. 26.

758 Der englische Begriff tool bezeichnet im Deutschen allgemein den Begriff Werkzeug. In der Informatik steht der Begriff jedoch für die eingesetzte Software zum Erstellen, Verwalten oder Prüfen anderer Software.

759 Marberth-Kubicki, Rdnr. 19 ff.

760 http://de.wikipedia.org/wiki/Online-Community.

761 http://de.wikipedia.org/wiki/Online-Community.

762 http://de.wikipedia.org/wiki/Online-Community.

Eine kommerzielle Community ist eine Online-Community, die unter Aufsicht eines Unternehmens steht[763]. Die Gemeinschaft nutzt dabei zur Kommunikation die Infrastruktur des Unternehmens[764]. Viele kommerzielle „Social-Network"-Dienste sind mit einer kommerziellen Online-Community verbunden[765]. Dazu zählen MySpace, Facebook, StayFriends, wer-kennt-wen und Lokalisten wie StudiVZ, SchülerVZ und MeinVZ etc.[766].

Themenorientierte Communitys bekommen ihre Anziehungskraft aus einem Thema, welches die Nutzer verbindet, wie z.B. ein Hobby, der Glaube oder die Politik[767].

Methodenorientierte Communitys sind WiKi Community oder Voting Community bzw. Rating Community[768]. Eine WiKi-Community ist eine Online-Community, die sich um ein WiKi-Projekt herum bildet[769]. Den Nutzern geht es darum, gemeinsam – zumeist textliche – Inhalte online zu erstellen und sie anderen Nutzern zur Verfügung zu stellen[770]. Eine Voting Community bzw. Rating Community ist eine Online-Community, deren Mitglieder sich einer Bewertung durch andere Mitglieder stellen[771].

Hauptmerkmale der Sozialen Netzwerke sind: die Erforderlichkeit einer Registrierung, Profilseiten mit Interessen und Tätigkeiten, Vorliegen von Daten in hauptsächlich strukturierter Form, Darstellung von Beziehungen zu anderen Menschen, die Nachvollziehbarkeit von Bekanntschaften und die starke Bezugnahme zu realen Sozialbindungen[772].

b) Einzelne Communities und ihre Funktionen

Zu den im deutschsprachigen Raum relevanten Sozialen Netzwerken gehören: StudiVZ, SchülerVZ, Wer kennt wen, Xing, Facebook, MySpace, StayFriends, Lokalisten, MeinVZ und Linked in. Die Nutzung von Communities hat sich im Medien-Alltag stark habitualisiert. Die Hälfte der *Internet*nutzer sucht täglich

---

763 http://de.wikipedia.org/wiki/Online-Community.
764 http://de.wikipedia.org/wiki/Online-Community.
765 http://de.wikipedia.org/wiki/Online-Community.
766 http://de.wikipedia.org/wiki/Online-Community.
767 http://de.wikipedia.org/wiki/Online-Community.
768 http://de.wikipedia.org/wiki/Online-Community.
769 http://de.wikipedia.org/wiki/Online-Community.
770 Wie z.B. die Online-Enzyklopädie Wikipedia.
771 http://de.wikipdeia.org/wiki/Online-Community.
772 Stephan, S. 26.

das eigene Profil oder die Profile anderer auf. Zu den meist genutzten Communities von Jugendlichen gehören jedoch SchülerVZ und Facebook[773].

Zum Zwecke der noch folgenden rechtlichen Beurteilung der Verletzung des Rechts am eigenen Bild durch Cyber-Bullying sollen deshalb diese beiden Communities näher beleuchtet werden, da ihnen die größte Bedeutung im Umgang mit Bildaufnahmen durch den einzelnen *User* zukommt.

aa) SchülerVZ[774]

SchülerVZ ist ein Online-Projekt der VZnet Netzwerke[775]. Die VZnet Netzwerke Ltd. ist ein deutsches Unternehmen für webbasierte soziale *Netzwerke*[776]. Sie gründete im Jahr 2005 das Online-Projekt StudiVZ für die Zielgruppe der Studenten[777]. Im Jahr 2007 startete der Ableger für Schüler SchülerVZ und im Jahr 2008 der dritte Ableger ohne spezielle Zielgruppe als MeinVZ[778].

SchülerVZ ist in seiner Nutzung auf Schüler ab zehn bis einundzwanzig Jahren beschränkt[779]. Das Anlegen eines Kontos ist nur durch die Einladung eines Mitglieds möglich[780]. Diese Sicherheitsmaßnahme existiert bereits seit Start der Plattform und soll den Nutzern ein sicheres Umfeld garantieren[781]. Die Einladung wird per E-Mail an den einzuladenden Benutzer versandt und enthält einen Link, unter dem die Registrierung durchgeführt werden kann[782]. Erwachsene sind von der Nutzung ausdrücklich ausgeschlossen[783]. SchülerVZ ist eine Kommunikationszentrale. Der Nachrichtendienst ähnelt einem konventionellen E-Mail-System mit dem Unterschied, dass die Nachrichten nur innerhalb des SchülerVZ verschickt werden können.

---

773 JIM-Studie 2011, S. 48.

774 Vgl. zu diesem Netzwerk: http://www.schuelervz.net/.

775 http://de.schuelervz.net.

776 http://de.wikipedia.org/wiki/VZnetNetzwerke.

777 http://de.wikipedia.org/wiki/VZnetNetzwerke.

778 http://de.wikipedia.org/wiki/VZnetNetzwerke.

779 AGB der schülerVZ (Version 1.17), online abrufbar unter: http://www.schuelervz.net/.

780 Ziffer 2.4 der AGB von schülerVZ (Version 1.17), online abrufbar unter: http://www.schuelervz.net.

781 Stephan, S. 41.

782 Stephan, S. 41.

783 Ziffer 2.2 der AGB von schülerVZ (Version 1.17), online abrufbar unter: http://www.schuelervz.net.

SchülerVZ bietet unter anderem die folgenden Funktionen:

- die Erstellung eines eigenen Profils mit der Möglichkeit vielfältige optionale Angaben zu machen[784]. Neben den obligatorischen Angaben, wie Vor- und Nachname, Geburtsdatum, Geschlecht und besuchte Schule, können außerdem freiwillige Informationen wie Kontaktdaten, Nebenjob oder Persönliches, z.B. Interessen, Hobbys, Angaben über sich selbst etc., eingetragen werden[785]. Auf der Profilseite werden auch die Freundesliste, selbst angelegte Fotoalben, eine Liste der Gruppenmitgliedschaften sowie das Gästebuch des Nutzers, die so genannte Pinnwand, angezeigt. Die Auswahl der Schule ist nicht optional und auch bei eingeschränkten Profilen sichtbar, allerdings dann ohne Ortsangabe.
  Ob diese Informationen von jedem im *Netzwerk* bzw. jedem *Internet*nutzer eingesehen werden können, entscheidet der jeweilige Nutzer durch die sog. Privatsphäreneinstellung[786]. Umfangreiche Privatsphäreneinstellungen ermöglichen es den *Usern*, individuell zu bestimmen, welche Inhalte sie welchen Nutzern zugänglich machen möchten und wer sie über welche Wege kontaktieren darf[787]. Unter anderem kann die Profilseite nur den eigenen Freunden angezeigt und der Nachname zum Initial abgekürzt werden[788]. Daneben ist natürlich auch die Einstellung möglich, dass allen, die Mitglied im SchülerVZ sind, die Profilseite angezeigt wird. Weiterhin kann eingestellt werden, dass nur Freunde einem Nachrichten schicken dürfen und man selbst über die Suchfunktion nicht gefunden werden kann.
  Die Profile sind ausschließlich von der Plattform SchülerVZ abrufbar[789]. Eine Auffindbarkeit über Suchmaschinen wie Google ist ausgeschlossen, auch nicht optional einstellbar[790]. Auch eine Vernetzung mit den Schwesternnetzwerken StudiVZ und MeinVZ ist nicht gegeben. Profile von SchülerVZ-Nutzern können nicht von angemeldeten Nutzern der Schwesternnetzwerke aufgerufen werden[791].
- die Funktion zur Suche, nach anderen Schülern, auch über die in den Profilen hinterlegten Interessen[792].

---

784 http://de.wikipdeia.org/wiki/SchülerVZ.
785 http://de.wikipdeia.org/wiki/SchülerVZ.
786 Stephan, S. 48 ff.
787 Stephan, S. 49.
788 Stephan, S. 49.
789 Stephan, S. 52.
790 Stephan, S. 52.
791 Stephan, S. 52.
792 http://de.wikipedia.org/wiki/SchülerVZ.

- die Anzeige von Verbindungen zwischen im System registrierten Mitgliedern[793]. Bei SchülerVZ wird grundsätzlich auch eine Unterteilung zwischen „gemeinsame Freunde“ und „Freunde, welche die gleiche Schule besuchen“ angezeigt[794].
- Bei SchülerVZ können Foren gebildet werden, die als Gruppen bezeichnet werden[795]. In diesen Gruppen wird mitunter die Möglichkeit zur öffentlichen Meinungsäußerung missbraucht, um über andere Schüler oder Lehrer herzuziehen[796]. Mitunter sind in diesen Gruppen auch mit der *Handy*-Kamera geschossene Fotos von den verhassten Pädagogen anzusehen[797].
- Erstellen von Fotoalben und *Hochladen* von Fotos[798]. Im SchülerVZ sind zurzeit 200 Millionen Fotos hochgeladen. Die Fotoalben lassen sich so einstellen, dass sie entweder für jeden, nur für die eigenen Freunde oder auch nur für den Nutzer selbst einsehbar sind. Auf jedem Bild können die eigenen Freunde markiert werden. Diese Markierung verlinkt dann direkt auf das Profil des Freundes[799]. Die Markierung lässt sich wieder löschen, außerdem können die Nutzer einstellen, dass sie einer Markierung zunächst zustimmen müssen, bevor diese frei geschaltet wird. SchülerVZ speichert die Bilder in Verzeichnissen auf einem *Webserver*. Wie bereits ausgeführt, ist eine Auffindbarkeit über Suchmaschinen ausgeschlossen. Ist allerdings die *URL* bekannt, können Bilder aus dem Inhalt der Plattform auch von Nicht-Mitgliedern frei im *Internet* abgerufen werden, insbesondere gilt dies jedoch für Profilbilder. Im eingeloggten Zustand genügt ein Rechtsklick auf die Eigenschaften des Bildes, so dass die Bild-*URL* sichtbar ist. Mit dieser ist es möglich, ohne Login und ohne Anmeldung das entsprechende Bild frei im *Internet* abzurufen.
- Plauderkasten. Mit Kontakten, die zur selben Zeit online sind, kann, wie in einem Instant Messanger, ge*chattet* werden[800].

bb) Facebook

Facebook ist eine *Website* zur Bildung und Unterhaltung Sozialer Netzwerke[801]. Facebook bietet unter anderem die folgenden Funktionen:

---

793 http://de.wikipedia.org/wiki/SchülerVZ.
794 http://de.wikipedia.org/wiki/SchülerVZ.
795 Bager, c´t 2008, 92, 93.
796 Bager, c´t 2008, 92, 93.
797 Bager, c´t 2008, 92, 93.
798 http://de.wikipedia.org/wiki/SchülerVZ.
799 http://de.wikipedia.org/wiki/SchülerVZ.
800 http://de.wikipedia.org/wiki/SchülerVZ.
801 Vgl. http://de.wikipedia.org/wiki/Facebook; http://www.facebook.com.

- Jeder Benutzer verfügt über eine Profilseite, auf der er sich vorstellen und Fotos oder Videos *hochladen* kann[802]. Auf Facebook ist es möglich, sich mit einer fiktiven Identität anzumelden[803]. Die Auffindbarkeit über Suchmaschinen wie Google ist möglich. Öffentlich sichtbar sind dann die Profilseite, mithin das eigene Profilbild sowie die Bilder von Freunden und weitere persönliche Daten der Profilseite wie z.B. die Interessen. Nach der Registrierung sind die persönlichen Informationen zunächst für alle registrierten Nutzer sichtbar. Die Privatsphäreneinstellung sieht vor, dass das Profil entweder „Nur Freunde", „Freunde von Freunden" oder „alle" Nutzer einsehen können. Erfolgt keine Privatsphäreneinstellung ist das Profil weiterhin für alle sichtbar.
- Auf der Pinnwand des Profils können Besucher öffentlich sichtbare Nachrichten hinterlassen oder Notizen/Blogs veröffentlicht werden[804].
- Alternativ zu öffentlichen Nachrichten können sich Benutzer persönliche Nachrichten schicken oder *chatten*[805].
- Freunde können zu Gruppen und Events eingeladen werden[806].
- Zudem verfügt Facebook über einen Marktplatz, auf dem Benutzer Kleinanzeigen aufgeben und einsehen können[807].
- Ferner bietet Facebook die Anwendung Facebook Connect an[808]. Registrierte Nutzer können über diese Funktion ihre Anmeldedaten auf anderen *Websites* verwenden, ohne sich dort registrieren zu müssen[809]. In bestimmten Fällen ist zudem möglich, Inhalte wie das Profil, Fotos, Kontaktlisten und Kommentare mitzunehmen[810].

F. Recht am eigenen Bild strafrechtlich verletzenden Tathandlungen beim Cyber-Bullying

In Bezug auf den strafrechtlichen Bildnisschutz beim Cyber-Bullying können die innerhalb der einzelnen Verbreitungsmedien vorgenommenen Handlungen einzelne Straftatbestände erfüllen. Eine strafrechtliche Relevanz könnten dabei die folgenden Handlungen beinhalten:

---

802 http://de.wikipedia.org/wiki/Facebook.
803 http://de.wikipedia.org/wiki/Facebook.
804 http://de.wikipedia.org/wiki/Facebook.
805 http://de.wikipedia.org/wiki/Facebook.
806 http://de.wikipedia.org/wiki/Facebook.
807 http://de.wikipedia.org/wiki/Facebook.
808 http://de.wikipedia.org/wiki/Facebook.
809 http://de.wikipedia.org/wiki/Facebook.
810 http://de.wikipedia.org/wiki/Facebook.

- der Besitz eines Foto*handys* zur unbemerkten Bildaufnahme;
- das Betrachten einer Person mittels eines Foto*handys*;
- das Herstellen eines Bildes einer anderen Person mittels eines Foto*handys*;
- das Speichern des hergestellten Bildes auf dem Foto*handy*;
- das Versenden einer Bildaufnahme per *MMS* oder unter Nutzung der *Bluetooth*- oder *Infrarotschnittstelle* bzw. eines Datenkabels, also das Übertragen des hergestellten Bildes auf einen anderen Medienträger;
- das Speichern des Bildes auf dem *Rechner*;
- das Betrachten, also Sichtbarmachen der Bildaufnahme oder des Videos auf dem Bildschirm / der *Website*; die Rolle des Zuschauers beim Cyber-Bullying ist im Vergleich zum analogen Bullying interessant, da sie eine andere ist. Stellt jemand diskreditierende Bild- bzw. Videoaufnahmen online, hat der Zuschauer die Wahl, sich die Bild- oder Videoaufnahme anzuschauen oder dies zu unterlassen;
- das Bereithalten der Bild- oder Videodateien auf dem *Server*;
- die Übermittlung der Bildaufnahme;
- das *Uploading* und *Downloading*;
- das Setzen von Hyperlinks;
- das Anklicken des Hyperlinks;
- Das Versenden von E-Mails mit Bildanhängen;

Ob diese Tathandlungen die Tatbestände der strafrechtlichen Bildnisschutzvorschriften verletzen, soll Gegenstand der folgenden Untersuchung sein.

3. Teil: Strafanwendungsprobleme und strafrechtliche Bedeutung des Cyber-Bullying in Bezug auf den Bildnisschutz

6. Kapitel: Die Anwendbarkeit des deutschen Strafrechts auf Straftaten beim Cyber-Bullying

A. Problemstellung bei Straftaten via Internet

Nationale und internationale Computer*netze* wachsen immer mehr zusammen[811]. Das daraus erwachsende weltumspannende *Netz* ermöglicht es in einem zunehmenden Maße, Straftaten in einem Staat mit Auswirkungen in anderen Staaten zu begehen[812]. Vor allem findet sich die transnationale Begehung von Delikten in internationalen Computer*netzen* bei den so genannten Verbreitungs- und Äußerungsdelikten[813]. Im internationalen Kontext der Computer*netze* bekommt das Zugänglichmachen von Bildinhalten eine zunehmende Bedeutung. Durch die zeit- und grenzenlose Verbreitung von Bildinhalten können Lehrer und Schüler zum Gespött der ganzen Welt gemacht werden. Dies stellt eindrucksvoll ein auf YouTube eingestelltes Video eines schottischen Schülers unter Beweis. Dieser hat mit seinem *Handy* gefilmt, wie ein Mitschüler dem Lehrer, der gerade etwas an die Tafel schreibt, die Hosen bis auf die Knie herunterzieht[814].

Diese transnationale Deliktsbegehung im *Internet* führt zu der Fragestellung, inwieweit das nationale Strafrecht gemäß §§ 3-7, 9 StGB[815] auf Sachverhalte in weltweiten Computernetzen anwendbar ist[816]. Die §§ 3-7 StGB regeln das Strafanwendungsrecht[817]. Dieses enthält den Geltungsbereich des deutschen Strafrechts und gibt an, wie weit ein Sachverhalt, der hinsichtlich des Tatorts, des Täters oder des Verletzten internationale Bezüge aufweist, der innerstaatlichen

---

811 Sieber, NJW 1999, 2065.

812 Sieber, NJW 1999, 2065.

813 Sieber, NJW 1999, 2065.

814 „lehrer verarschung" eingestellt am 4. August 2008 (3.167 views), online abrufbar unter: http://youtube.com/watch?v=5ecpMc1LX9U&feature=related.

815 Siehe Gesetzestext in Anhang 29.

816 Sieber, NJW 1999, 2065.

817 Gerhard Werle/Florian Jeßberger, in: Leipziger Kommentar, StGB Bd. 1, Vor § 3 Rdnr. 1.

Strafgewalt unterliegt[818]. Unter dem Begriff des deutschen Strafrechts ist die Gesamtheit aller Normen der Bundesrepublik und ihrer Länder zu verstehen, soweit die Normen Voraussetzungen und Rechtsfolgen rechtswidriger Taten regeln[819]. Es umfasst auch blankettausfüllende Normen[820]. Diese Feststellung ist insofern bedeutend, als dass alle strafrechtlichen Bildnisschutzvorschriften als Blankettstraftatbestände ausgestaltet sind mit Ausnahme von § 201a StGB.

Die aufgeworfene Problematik des Strafanwendungsrechts hat vor allem deswegen Bedeutung, weil die Verletzung der einschlägigen strafrechtlichen Bildnisschutzvorschriften beim Cyber-Bullying im globalen *Cyberspace* von den verschiedenen Rechtsordnungen unterschiedlich beurteilt werden kann. Denn eine frei zugängliche *Website* mit einem strafbaren Inhalt kann grundsätzlich aus jedem Staat der Welt abgerufen werden, wodurch eine Verbindung zum jeweiligen Hoheitsgebiet erzeugt wird.

B. Grundprinzipien des Strafanwendungsrechts[821]

Für die Anwendbarkeit des deutschen Strafrechts gibt es mehrere Anknüpfungspunkte, die als Grundsätze des staatlichen Strafanwendungsrechts bezeichnet werden[822]. Zu den Grundsätzen des deutschen Strafanwendungsrechts zählen: das Territorialitätsprinzip, das durch den Ubiquitätsgrundsatz ergänzt wird, das Flaggenprinzip, das aktive Personalitätsprinzip, das Schutzprinzip, das Univer-

---

818 Fischer, Vor §§ 3-7 Rdnr. 1; Gerhard Werle/Florian Jeßberger, in: Leipziger Kommentar, StGB Bd.1, Vor § 3 Rdnr. 4; Hilgendorf/Frank/Valerius, Rdnr. 216; Jescheck/Weigend, Strafrecht AT, § 18 I; Lackner/Kühl, Vor §§ 3-7 Rdnr. 1; MünchKommStGB/Ambos, Bd. 1, Vor §§ 3-7 Rdnr. 2; Schönke/Schröder/Eser, Vorbem. §§ 3-9 Rdnr. 1; Walter, JuS 2006, 870.

819 Fischer, Vor §§ 3-7 Rdnr. 2; Gerhard Werle/Florian Jeßberger, in: Leipziger Kommentar, StGB Bd. 1, Vor § 3 Rdnr. 329; MünchKommStGB/Ambos, Bd. 1, § 3 Rdnr. 4; Schönke/Schröder/Eser, § 3 Rdnr. 6.

820 Fischer, Vor §§ 3-7 Rdnr. 2; OLG Karlsruhe, Urt. v. 21. Februar 1985 – 4 Ss 1/85, NStZ 1985, 317.

821 Die Grundprinzipien werden in der vorliegenden Arbeit nicht abschließend dargestellt. Vgl. zu diesem Themenkomplex die ausführliche Darstellung bei Gerhard Werle/Florian Jeßberger, in: Leipziger Kommentar, StGB Bd. 1, Vor § 3 Rdnr. 216 bis 256 m.w.N.; MünchKommStGB/Ambos, Bd. 1, Vor §§ 3-7 Rdnr. 17 bis 64; Schönke/Schröder/Eser, Vorbem. §§ 3-9 Rdnr. 11 ff.

822 Fischer, Vor §§ 3-7 Rdnr. 3; Rengier, Strafrecht AT, § 6 II.

salprinzip, das Staatsschutzprinzip, das passive Personalitätsprinzip sowie der Grundsatz der stellvertretenden Strafrechtspflege[823].

I. Territorialitätsprinzip des § 3 StGB

Gemäß § 3 StGB gilt das deutsche Strafrecht für Taten, die im Inland begangen werden. In § 3 StGB ist der allgemeine völkerrechtliche Grundsatz des Territorialitätsprinzips (Gebietsgrundsatz) verankert[824]. Nach dem Territorialitätsprinzip ist das deutsche Strafrecht für Inlandstaten stets anzuwenden, unabhängig von der Staatsangehörigkeit des Täters oder des Opfers[825]. Mit anderen Worten darf ein Staat seiner Strafgewalt alle Taten unterwerfen, die innerhalb seines Staatsgebietes begangen werden[826]. Dieser allgemein anerkannte und im internationalen Strafrecht vorherrschende Grundsatz beruht auf der Erwägung, dass jedermann die Gesetze des Staates zu beachten hat, in welchem er sich aufhält[827]. Das Territorialitätsprinzip ist der grundlegende Anknüpfungspunkt des Strafanwendungsrechts, der allerdings durch die §§ 4-7 StGB ergänzt und durchbrochen wird[828]. Im Übrigen erweitern diese Vorschriften den Geltungsbereich des deutschen Strafrechts in erheblichem Umfang, weil das Territorialitätsprinzip nicht allen schutzwürdigen Interessen des eigenen Staates und seiner Staatsbürger

---

823 Vgl. zum Themenkomplex: Fischer, Vor §§ 3-7 Rdnr. 3; Gerhard Werle/Florian Jeßberger, in: Leipziger Kommentar, StGB Bd. 1, Vor § 3 Rdnr. 216 ff.; Hilgendorf/Wolf, K&R 2006, 541, 542; Jescheck/Weigend, Strafrecht AT, § 18 I; Lackner/Kühl, Vor §§ 3-7 Rdnr. 2; MünchKommStGB/Ambos, Bd. 1, Vor §§ 3-7 Rdnr. 17 ff.; Rengier, Strafrecht AT, § 6 II; Schönke/Schröder/Eser, Vorbem §§ 3-9 Rdnr. 11 ff.; Walter, JuS 2006, 870 ff.; Wessels/Beulke, Rdnr. 62 ff.

824 Vgl. dazu: Gerhard Werle/Florian Jeßberger, in: Leipziger Kommentar, StGB Bd. 1, Vor § 3 Rdnr. 222; Herdegen, § 26 Rdnr. 4 ff.; Jescheck/Weigend, Strafrecht AT, § 18 II 1; Lackner/Kühl, § 3 Rdnr. 1; MünchKommStGB/Ambos, Bd. 1, § 3 Rdnr. 1; Oehler, S. 151 ff.; Schönke/Schröder/Eser, § 3 Rdnr. 1; Walter, JuS 2006, 870, 871; Zieher, S. 75 f.; BVerfG, Beschl. v. 15. Mai 1995 – 2 BvL 19/91, 2 BvR 1206; 1584/91 und 2601/93, BVerfGE 92, 277, 320 – DDR-Spionage.

825 Fischer, § 3 Rdnr. 1; Gerhard Werle/Florian Jeßberger, in: Leipziger Kommentar, StGB Bd. 1, Vor § 3 Rdnr. 222; Rengier, Strafrecht AT, § 6 II Rdnr. 8; Wessels/Beulke, Rdnr. 64.

826 Fischer, § 3 Rdnr. 1; Gerhard Werle/Florian Jeßberger, in: Leipziger Kommentar, StGB Bd. 1, Vor § 3 Rdnr. 222; MünchKommStGB/Ambos, Bd. 1 Vor §§ 3-7 Rdnr. 17; Rengier, Strafrecht AT, § 6 II Rdnr. 8; Wessels/Beulke, Rdnr. 64.

827 Wessels/Beulke, Rdnr. 64.

828 Fischer, § 3 Rdnr. 1; Rengier, Strafrecht AT, § 6 II Rdnr. 8.

Rechnung zu tragen vermag[829]. § 3 StGB wirft zwei Fragen auf: zum einen welche Reichweite der Begriff des Inlands hat und zum anderen, welche Orte Tatorte sind.

1. Der Begriff des Inlands

Der Begriff des Inlands[830] wird vom Gesetz nicht näher erläutert. In der strafrechtlichen Literatur wird unter dem Inlandsbegriff das Staatsgebiet mit seinen Eigengewässern (Flüssen, Seen) sowie das Küstenmeer, in der Nordsee eine Zwölf-Seemeilen-Zone und in der Ostsee eine Drei-Seemeilen-Zone, verstanden, auf dem die Bundesrepublik Deutschland Hoheitsgewalt ausübt[831]. Ferner gehören zum Inland der Luftraum über diesen Land- und Wasserflächen und das Erdinnere darunter[832]. Alles was nicht zum Inland gehört, ist Ausland, auch wenn ein Land- oder Seegebiet keiner Staatsgewalt unterliegt[833].

2. Bestimmung des Tatorts

Die Reichweite des Territorialitätsprinzips hängt entscheidend von der Bestimmung des Begehungsortes ab[834]. Völkerrechtlich unstrittig ist, dass es für die

---

829 Fischer, § 3 Rdnr. 1; Gerhard Werle/Florian Jeßberger, in: Leipziger Kommentar, StGB Bd. 1, § 3 Rdnr. 5.

830 Vgl. zum Begriff Inland: Fischer, Vor §§ 3-7 Rdnr. 12 ff. und § 3 Rdnr. 4; Gerhard Werle/Florian Jeßberger, in: Leipziger Kommentar, StGB Bd. 1, § 3 Rdnr. 24 ff.; Lackner/Kühl, Vor §§ 3-7 Rdnr. 4; MünchKommStGB/Ambos, Bd. 1, § 3 Rdnr. 8; Schönke/Schröder/Eser, Vorbem. §§ 3-9 Rdnr. 43 ff.; BGH, Urt. v. 26. November 1980 – 3 StR 393/80 (S), BGHSt 30, 1, 4 ; BGH, Urt. v. 7. März 1984 – 3 StR 550/83 (S), BGHSt 32, 293, 297.

831 Böse, in: Kindhäuser/Neumann/Paeffgen, StGB Bd. 1, § 3 Rdnr. 3 ff.; Fischer, Vor §§ 3-7 Rdnr. 13 ff.; Gerhard Werle/Florian Jeßberger, in: Leipziger Kommentar, StGB Bd. 1, § 3 Rdnr. 24 ff.; Lackner /Kühl, § 3 Rdnr. 4; MünchKommStGB/Ambos, Bd. 1, § 3 Rdnr. 9 ff.; Schönke/Schröder/Eser, Vorbem. §§ 3-9 Rdnr. 43 ff.; SK-StGB/Hoyer, Vor § 3 Rdnr. 22 ff.

832 Böse, in: Kindhäuser/Neumann/Paeffgen, StGB Bd. 1, § 3 Rdnr. 8; Fischer, Vor §§ 3-7 Rdnr. 13, 17; Gerhard Werle/Florian Jeßberger, in: Leipziger Kommentar, StGB Bd. 1, § 3 Rdnr. 41, 51 ff.; Lackner/Kühl, Vor §§ 3-7 Rdnr. 4; MünchKommStGB/Ambos, Bd. 1, § 3 Rdnr. 12, 20 ff.; Schönke/Schröder/Eser, Vorbem. §§ 3-9 Rdnr. 48.

833 Fischer, Vor §§ 3-7 Rdnr. 20; Gerhard Werle/Florian Jeßberger, in: Leipziger Kommentar, StGB Bd. 1, Vor § 3 Rdnr. 324; Lackner/Kühl, Vor §§ 3-7 Rdnr. 6; Schönke/Schröder/Eser, Vorbem. §§ 3-9 Rdnr. 52.

834 Gerhard Werle/Florian Jeßberger, in: Leipziger Kommentar, StGB Bd. 1, Vor § 3 Rdnr. 223.

Ausübung von Strafgewalt auf Grundlage des Territorialitätsprinzips genügt, wenn entweder der Ort der Handlung oder der Ort, an dem der tatbestandliche Erfolg eintritt, im Inland liegt[835]. Wo ein Tatort liegt, regelt § 9 StGB. Diese Vorschrift ergänzt § 3 StGB inhaltlich insofern, als das sie die Frage regelt, nach welchen Kriterien der Begehungsort einer Tat rechtlich zu bestimmen ist[836]. Die Festlegung des Begehungsorts ist von zentraler Bedeutung. Materiellrechtlich entscheidet die Lokalisierung der Tat im Inland oder im Ausland darüber, ob für die Frage der Geltung des deutschen Strafrechts § 3 StGB oder aber die §§ 4 bis 7 StGB maßgeblich sind. Prozessual hängt von der Festlegung des Begehungsortes ab, ob die Tat dem Verfolgungs- und Anklagezwang unterliegt (§ 152 Abs. 2 StPO[837]) oder ob das Opportunitätsprinzip gilt (§ 153c Abs. 1 Satz 1 Nr. 1 StPO[838]). Die Vorschrift ist ferner für die Bestimmung des Gerichtsstands (§ 7 StPO[839]) maßgebend[840]. Grundlage des § 9 StGB ist das Ubiquitätsprinzip[841]. Dieses wurde bereits in ständiger Rechtsprechung des RG[842] angewandt und stellt für die Definition des Tatortes alternativ auf den Handlungs- und den Erfolgsort ab[843].

---

835 Gerhard Werle/Florian Jeßberger, in: Leipziger Kommentar, StGB Bd. 1, Vor § 3 Rdnr. 223; Kunig/Uerpmann, Jura 1994, 186, 193; Miller/Rackow, ZStW 117 (2005), 379, 385; BGH, Urt. v. 5. März 1998 – 5 StR 494/97, BGHSt 44, 52, 56.

836 MünchKommStGB/Ambos, Bd. 1, § 9 Rdnr. 1; Rengier, Strafrecht AT, § 6 II Rdnr. 8.

837 Siehe Gesetzestext in Anhang 31.

838 Siehe Gesetzestext in Anhang 31.

839 Siehe Gesetzestext in Anhang 31.

840 Vgl. Gerhard Werle/Florian Jeßberger, in: Leipziger Kommentar, StGB Bd. 1, § 9 Rdnr. 2.

841 Das Ubiquitätsprinzip ist eine Synthese zweier in der Rechtsprechung entwickelter Theorien, der Tätigkeitstheorie und der Erfolgstheorie, die jeweils für sich keine befriedigenden Ergebnisse lieferten. Dazu: Gerhard Werle/Florian Jeßberger, in: Leipziger Kommentar, StGB Bd. 1, § 9 Rdnr. 3; SK-StGB/Hoyer, § 9 Rdnr. 2; BGH, Urt. v. 5. März 1998 – 5 StR 494/97, BGHSt 44, 52, 56; RG, Urt. v. 2. März 1933 – II 834/32, RGSt 67, 130, 138.

842 RG, Urt. v. 2. Februar 1940 – 4 D 663/39, RGSt 74, 55, 59; RG, Urt. v. 2. März 1933 – II 834/32, RGSt 67, 130, 138; RG, Urt. v. 24. Juni 1884 – Rep. 1433/84, RGSt 11, 20, 22.

843 MünchKommStGB/Ambos/Ruegenberg, Bd. 1, § 9 Rdnr. 4; SK-StGB/Hoyer, § 9 Rdnr. 2.

II. Flaggenprinzip

Die Vorschrift des § 4 StGB kodifiziert den völkerrechtlich anerkannten Flaggengrundsatz. Danach gilt das deutsche Strafrecht, unabhängig vom Recht des Tatorts, für Taten, die auf einem Schiff oder in einem Luftfahrzeug begangen werden, das berechtigt ist, die Bundesflagge oder das Staatszugehörigkeitszeichen der Bundesrepublik Deutschland zu führen. Durch dieses Prinzip ist sichergestellt, dass jeder, der sich einem deutschen Schiff oder Luftfahrzeug anvertraut, überall deutschen Strafrechtsschutz beanspruchen kann, und besagt, dass das deutsche Strafrecht auch dann gilt, wenn das Schiff- oder Luftfahrzeug sich im Ausland befindet[844]. Die Vorschrift des § 4 StGB fingiert also, dass eine Tat im Inland begangen sei, wenn der Tatort auf einem Schiff unter deutscher Flagge oder in einem deutschen Flugzeug liegt[845].

III. Aktives Personalitätsprinzip

Das aktive Personalitätsprinzip besagt, dass das Strafrecht des Heimatstaates für Straftaten seiner Staatsangehörigen Geltung beanspruchen kann, gleichgültig, ob diese Straftaten im Inland oder im Ausland begangen werden[846]. Es folgt dem Gedanken, dass ein Staat von seinen Staatsangehörigen erwarten und fordern könne, dass sie die Gebote und Verbote der eigenen Rechtsordnung beachten, gleichgültig, wo sie sich aufhalten[847]. Dem Prinzip liegt der Gedanke der internationalen Solidarität zugrunde: der Heimatstaat des Täters kann es nicht zulassen, dass dieser im Ausland Straftaten begeht und sich danach ungestraft in sein Land zurückziehen kann[848]. Im umgekehrten Fall, wenn also die Tat im Ausland lediglich von einem Straftatbestand des Heimatstaates des Täters erfasst wird, setzt die Bestrafung eines eigenen Staatsangehörigen wegen einer Auslandstat das Bestehen einer identischen Norm wie beim passiven Personalitätsprinzip nicht un-

---

844 Fischer, § 4 Rdnr. 2; Gerhard Werle/Florian Jeßberger, StGB Bd. 1, Vor § 3 Rdnr. 224; Jescheck/Weigend, Strafrecht AT, § 18 II 2; MünchKommStGB/Ambos, Bd. 1, § 4 Rdnr. 1; Schönke/Schröder/Eser, § 4 Rdnr. 1, 2; Wessels/Beulke, Rdnr. 67.

845 Walter, JuS 2006, 967.

846 Böse, in: Kindhäuser/Neumann/Paeffgen, StGB Bd. 1, Vor § 3 Rdnr.18; Fischer, Vor §§ 3-7 Rdnr. 3; Gerhard Werle/Florian Jeßberger, in: Leipziger Kommentar, Bd. 1, Vor § 3 Rdnr. 232; MünchKommStGB/Ambos, Bd. 1, Vor §§ 3-7 Rdnr. 27 ff.; Lackner/Kühl, Vor §§ 3-7 Rdnr. 2; Schönke/Schröder/Eser, Vorbem. §§ 3-9 Rdnr. 15; Wessels/Beulke, Rdnr. 68.

847 Gerhard Werle/Florian Jeßberger, StGB Bd. 1, Vor § 3 Rdnr. 234; Jescheck/Weigend, Strafrecht AT, § 18 II 3.

848 Kienle, S. 32.

bedingt voraus[849]. Allerdings kann der Heimatstaat von seinen Staatsangehörigen im Ausland kein Verhalten erzwingen, das den Normen des ausländischen Aufenthaltsortes widerspräche[850]. Im geltenden deutschen Strafrecht hat das aktive Personalitätsprinzip nur vereinzelt und in eingeschränkter Form Bedeutung in § 5 Nr. 3 a), 5 b), 8, 9, 11 a), 12, 14a, 15 StGB, wobei hierunter auch einige Mischformen fallen, die vom aktiven und passiven Personlitätsprinzip ausgehen, § 5 Nr. 8 a), 14 a) StGB, indem dort sowohl auf Opfer- als auch auf Täterseite jeweils Inlandsbezüge vorausgesetzt werden.

IV. Schutzprinzip

Das Schutzprinzip hat zum Ziel, nationales Strafrecht auch auf Taten zu erstrecken, die unabhängig von ihrem Begehungsort und der Nationalität des Täters inländische Rechtsgüter des Staates (Staatsschutzprinzip) oder Individualrechtsgüter (Individualschutzprinzip oder passives Personalitätsprinzip) gefährden oder verletzen[851]. Es sollen also diejenigen Taten vom deutschen Strafrecht erfasst werden, die im Ausland von einem Ausländer begangen werden und sich gegen Rechtsgüter im Inland richten[852].

1. Staatsschutzprinzip

Das Staatsschutzprinzip bezweckt den Selbstschutz des Staates und seiner Institutionen[853]. Bei den betroffenen Rechtsgütern des eigenen Staates ist das Schutzprinzip dadurch gerechtfertigt, dass der Täter selbst durch die Richtung seines Angriffes die Beziehung zu der Strafgewalt des betroffenen Staates hergestellt hat[854]. Schließlich ist die Anwendung der eigenen Strafgesetze auf solche Handlungen auch die einzige Möglichkeit, sich gegen Angriffe von Ausländern aus

---

849 Kienle, S. 32.

850 Kienle, S. 32.

851 Fischer, Vor §§ 3-7 Rdnr. 3; Lackner/Kühl, Vor §§ 3-7 Rdnr. 2; MünchKommStGB/Ambos, Bd. 1, Vor §§ 3-7 Rdnr. 31; Schönke/Schröder/Eser, Vorbem. §§ 3-9 Rdnr. 16.

852 Kienle, S. 30.

853 Böse, in: Kindhäuser/Neumann/Paeffgen, StGB Bd. 1, Vor § 3 Rdnr. 19; Fischer, Vor §§ 3-7 Rdnr. 3; Gerhard Werle/Florian Jeßberger, in: Leipziger Kommentar, Bd. 1, Vor § 3 Rdnr. 225; Jescheck/Weigend, Strafrecht AT, § 18 II 4; Lackner/Kühl, Vor §§ 3-7 Rdnr. 2; MünchKommStGB/Ambos, Bd. 1, Vor §§ 3-7 Rdnr. 32 f.; Oehler, S. 137; Schönke/Schröder/Eser, Vorbem. §§ 3-9 Rdnr. 17.

854 Jescheck/Weigend, Strafrecht AT, § 18 II 4; MünchKommStGB/Ambos, Bd. 1, Vor §§ 3-7 Rdnr. 32; Oehler, S. 137.

dem Ausland zu wehren, da der Staat, dessen Rechtsgut verletzt wurde, meist nicht durch das ausländische Strafrecht geschützt ist[855]. Auf das Staatsschutzprinzip gründen sich die eigentlichen Staatsschutzdelikte des § 5 Nr. 1, 2, 3 b), 4, 5 a) StGB, die Rechtspflegedelikte nach § 5 Nr. 10 StGB, die Umweltdelikte nach § 5 Nr. 11 StGB und Delikte gegen Amtsträger nach § 5 Nr. 12 bis 14 a) StGB.

2. Passives Personalitätsprinzip (Individualschutzprinzip)

Das passive Personalitätsprinzip dient dem Schutz der eigenen Staatsangehörigen im Ausland[856]. Die durch dieses Prinzip hervorgerufene Ausdehnung der Staatsgewalt auf Straftaten gegen Inländer lässt sich mit der Nähebeziehung, die zwischen dem Heimatstaat und dem Opfer der Tat besteht, begründen sowie mit der auch völkerrechtlich fundierten Schutzpflicht, die den Staat gegenüber seinen Angehörigen trifft[857]. Das passive Personalitätsprinzip bedingt die Anwendbarkeit einer Strafnorm durch den Umstand, ob sich die Tat gegen Rechtsgüter eines Inländers richten, wobei, unabhängig vom Tatort und von der Nationalität des Täters, inländisches Strafrecht auf alle gegenüber Inländern begangenen Straftaten Anwendung findet[858]. Auf das passive Personalitätsprinzip gründen sich § 7 Abs. 1 StGB sowie § 5 Nr. 6, 6a, 8 a), 9, 15 StGB.

V. Universalitätsprinzip (Weltrechtsprinzip)

Das in § 6 StGB verankerte Universalitätsprinzip besagt, dass das inländische Strafrecht für Taten gilt, die sich gegen die gemeinsamen Interessen der Staatengemeinschaft richten, gleichgültig, wer sie begeht oder wo oder gegen wen sie begangen werden[859]. Unabhängig von der Strafbarkeit der konkreten Tat am Tat-

---

855 Böse, in: Kindhäuser/Neumann/Paeffgen, StGB Bd. 1, Vor § 3 Rdnr. 19; Gerhard Werle/Florian Jeßberger, in: Leipziger Kommentar, Bd. 1, Vor § 3 Rdnr. 225; MünchKommStGB/Ambos, Bd. 1, Vor §§ 3-7 Rdnr. 32.

856 Böse, in: Kindhäuser/Neumann/Paeffgen, StGB Bd. 1, Vor § 3 Rdnr. 20; Fischer, Vor §§ 3-7 Rdnr. 3; Gerhard Werle/Florian Jeßberger, in: Leipziger Kommentar, Bd. 1, Vor § 3 Rdnr. 228; Lackner/Kühl, Vor §§ 3-7 Rdnr. 2; Schönke/Schröder/Eser, Vorbem. §§ 3-9 Rdnr. 18; SK-StGB/Hoyer, Vor § 3 Rdnr. 11.

857 Gerhard Werle/Florian Jeßberger, in: Leipziger Kommentar, Bd. 1, Vor § 3 Rdnr. 228; SK-StGB/Hoyer, Vor § 3 Rdnr. 11.

858 SK-StGB/Hoyer, Vor § 3 Rdnr. 11.

859 Böse, in: Kindhäuser/Neumann/Paeffgen, StGB Bd. 1, § 6 Rdnr. 1; Fischer, § 6 Rdnr. 1; Gerhard Werle/Florian Jeßberger, in: Leipziger Kommentar, StGB Bd. 1, Vor § 3 Rdnr. 237; Jescheck/Weigend, Strafrecht AT, § 18 II 5; Keller, GA 2006, 25 ff.;

ort sowie unabhängig von der Nationalität des Täters und des Opfers findet inländisches Strafrecht einerseits auf alle im Ausland begangenen Straftaten Anwendung, sofern nur das angegriffene Rechtsgut allgemeine Anerkennung in allen zivilisierten Gesellschaften genießt (positiver Effekt des Weltrechtsprinzips)[860]. Andererseits bleiben Auslandstaten außer Betracht, wenn abweichende kulturelle Überzeugungen, die den Wert des angegriffenen Rechtsguts bestreiten, ebenfalls Respekt verdienen (negativer Effekt des Weltrechtsprinzips)[861].

VI. Prinzip der stellvertretenden Strafrechtspflege (Stellvertretungsprinzip)[862]

Das Prinzip der stellvertretenden Strafrechtspflege dient der Ergänzung der ausländischen Strafgewalt[863]. Danach greift die deutsche Strafjustiz nur in den Fällen ein, in denen ein Täter im Inland ergriffen wird und der ausländische Staat, der an sich nach dem Territorialitätsprinzip zur Verfolgung berufen wäre, hieran aus tatsächlichen oder aus rechtlichen Gründen gehindert oder an der Verfolgung nicht interessiert ist[864]. Das Prinzip setzt die Existenz einer identischen Norm im Tatortstaat voraus[865]. Es greift nur ein, wenn der Verdächtige nicht ausgeliefert wird[866]. Insofern ist seine Anwendung im Verhältnis zu Auslieferung subsidi-

---

MünchKommStGB/Ambos, Bd. 1, Vor §§ 3-7 Rdnr. 39 ff., § 6 Rdnr. 1; Schönke/Schröder/Eser, § 6 Rdnr. 1; SK-StGB/Hoyer, Vor § 3 Rdnr. 13; Walter, JuS 2006, 967, 968; Wessels/Beulke, Rdnr. 70; BVerfG, Beschl. v. 12. Dezember 2000 – 2 BvR 1290/99, NJW 2001, 1848, 1852 – Völkermordkonvention.

860 SK-StGB/Hoyer, Vor § 3 Rdnr. 13.

861 SK-StGB/Hoyer, Vor § 3 Rdnr. 13.

862 Vgl. Böse, in: Kindhäuser/Neumann/Paeffgen, StGB Bd. 1, Vor § 3 Rdnr. 28 f.; Fischer, Vor §§ 3-7 Rdnr. 3; Gerhard Werle/Florian Jeßberger, in: Leipziger Kommentar, StGB Bd. 1, Vor § 3 Rdnr. 248; Jescheck/Weigend, Strafrecht AT, § 18 II 6; MünchKommStGB/Ambos, Bd. 1, Vor §§ 3-7 Rdnr. 50 ff.; Oehler, S. 145 f.; Schönke/Schröder/Eser, Vorbem. §§ 3-9 Rdnr. 21; SK-StGB/Hoyer, Vor § 3 Rdnr. 12; Wessels/Beulke, Rdnr. 71.

863 Fischer, Vor §§ 3-7 Rdnr. 3; Kienle, S. 34; MünchKommStGB/Ambos, Bd. 1, Vor §§ 3-7 Rdnr. 50.

864 Böse, in: Kindhäuser/Neumann/Paeffgen, StGB Bd. 1, Vor § 3 Rdnr. 28; Gerhard Werle/Florian Jeßberger, in: Leipziger Kommentar, StGB Bd. 1, Vor § 3 Rdnr. 248; Schönke/Schröder/Eser, Vorbem. §§ 3-9 Rdnr. 21; Wessels/Beulke, Rdnr. 71.

865 Gerhard Werle/Florian Jeßberger, in: Leipziger Kommentar, StGB Bd. 1, Vor § 3 Rdnr. 248; Schönke/Schröder/Eser, Vorbem. §§ 3-9 Rdnr. 21; SK-StGB/Hoyer, Vor § 3 Rdnr. 12.

866 Kienle, S. 34 f.

är[867]. Das Prinzip der stellvertretenden Strafrechtspflege schlägt vor allem in der Vorschrift des § 7 Abs. 2 Nr. 2 StGB durch.

C. Übertragbarkeit der dargestellten Grundprinzipien des Strafanwendungsrechts auf die Taten des Cyber-Bullying im Internet

I. Einführung

Die Anwendbarkeit des deutschen Strafrechts auf Sachverhalte, die via *Internet* verbreitet werden, erscheint vor allem in Bezug auf das Territorialitätsprinzip des § 3 StGB, das seine inhaltliche Ausgestaltung durch das Ubiquitätsprinzip des § 9 StGB erfährt, fragwürdig.

Nach § 9 Abs. 1 StGB wird der Begehungsort einer Tat näher bestimmt, indem für die täterschaftliche Begehungsweise vier Anknüpfungspunkte genannt werden: der Ort, an dem der Täter gehandelt hat (sog. Handlungsort) gemäß § 9 Abs. 1, 1. Alt. StGB, der Ort, an dem der Täter im Falle des Unterlassens hätte handeln müssen gemäß § 9 Abs. 1, 2. Alt. StGB, der Ort, an dem der zum Tatbestand gehörende Erfolg eingetreten ist (sog. Erfolgsort) gemäß § 9 Abs. 1, 3. Alt. StGB und schließlich der Ort, an dem der Erfolg nach der Vorstellung des Täters eintreten sollte gemäß § 9 Abs. 1, 4. Alt. StGB. Für eine teilnehmerschaftliche Begehungsweise werden in § 9 Abs. 2 StGB fünf Anknüpfungspunkte genannt: der Ort, an dem die Haupttat begangen ist gemäß § 9 Abs. 2 Satz 1, 1. Alt. StGB, der Ort, an dem der Teilnehmer gehandelt hat gemäß § 9 Abs. 2 Satz 1, 2. Alt. StGB, der Ort, an dem der Teilnehmer im Falle des Unterlassens hätte handeln müssen gemäß § 9 Abs. 2 Satz 1, 3. Alt. StGB sowie der Ort, an dem nach der Vorstellung des Teilnehmers die Tat begangen werden sollte gemäß § 9 Abs. 2 Satz 1, 4. Alt. StGB. Hat der Teilnehmer schließlich an einer Auslandstat im Inland gehandelt, so gilt für die Teilnahme das deutsche Strafrecht, auch wenn die Haupttat nach dem Recht des Tatorts nicht mit Strafe bedroht ist, § 9 Abs. 2 Satz 2 StGB.

Grund für die Fragwürdigkeit des Ubiquitätsprinzips im Zeitalter des *Internet* ist vor allem die Interpretation von § 9 Abs. 1, 3. Alt. StGB, also die Anknüpfung des deutschen Strafrechts an den Erfolgsort. Im Rahmen der strafrechtlichen Beurteilung von Taten im *Internet* ist die territoriale Souveränität, die der

---

867 Gerhard Werle/Florian Jeßberger, in: Leipziger Kommentar, StGB Bd. 1, Vor § 3 Rdnr. 248; MünchKommStGB/Ambos, Bd. 1, Vor §§ 3-7 Rdnr. 50; Schönke/Schröder/Eser, Vorbem. §§ 3-9 Rdnr. 21.

zentrale Bezugspunkt des Strafanwendungsrechts ist, gerade problematisch. Denn die territoriale Souveränität wird vom *Internet* überspielt, da die Überschreitung nationaler Grenzen für dieses Medium wesenstypisch ist[868]. Über das *Internet* verbreitete Inhalte lassen sich weltweit abrufen; es ist technisch nicht möglich, den Abruf auf Nutzer aus bestimmten Staatsgebieten zu beschränken[869]. Damit geht aber einher, dass das Territorialitätsprinzip seinen legitimierenden Anknüpfungspunkt verliert, denn es kann bei Straftaten, die sich der Erfassung in territorialen Kategorien entziehen, seine Funktion, die staatlichen Macht- und Souveränitätsbereiche anhand der Reichweite der Gebietshoheit voneinander abzugrenzen, nicht mehr erfüllen[870].

Eindeutig ist, dass § 9 StGB nicht auf die strafanwendungsrechtlichen Fragen bei *Internet*-Straftaten zugeschnitten ist. Wie nun allerdings die Frage des deutschen Strafanwendungsrechts zu beantworten ist, soll Gegenstand der folgenden Untersuchung sein. Prinzipiell sind Inhalte im *Internet* in Deutschland abrufbar. Es stellt sich allerdings die Frage, ob das bereits ausreicht, um die deutsche Zuständigkeit zu begründen. Auf dieser gewonnen Basis ist dann zu klären, ob sich aus den Besonderheiten des zur Tatbegehung verwendeten Mediums die Notwendigkeit ergibt, den Anwendungsbereich des deutschen Strafrechts nach § 9 Abs.1, 3. Alt. StGB zu modifizieren.

II. Auslegung des Ubiquitätsprinzips in § 9 StGB

Für die Beantwortung der aufgeworfenen Fragestellung ist es notwendig, dass in § 9 StGB verankerte Ubiquitätsprinzip auszulegen. Dabei werden sich die folgenden Überlegungen an der gesetzlich vorgegebenen Unterscheidung von Handlungsort und Erfolgsort orientieren.

1. Ort der Handlung, § 9 Abs. 1, 1. Alt. StGB

Nach § 9 Abs. 1, 1. Alt. StGB ist der Täter strafbar, wenn er im Inland gehandelt hat. Unter dem Handlungsort ist jeder Ort zu verstehen, an dem der Täter zu dem Zeitpunkt körperlich anwesend ist, in welchem er eine auf die Tatbestands-

---

868 Gerhard Werle/Florian Jeßberger, in: Leipziger Kommentar, StGB Bd. 1, § 9 Rdnr. 75.

869 Gerhard Werle/Florian Jeßberger, in: Leipziger Kommentar, StGB Bd. 1, § 9 Rdnr. 75; Hoeren, NJW 1998, 2849, 2850.

870 Gerhard Werle/Florian Jeßberger, in: Leipziger Kommentar, StGB Bd. 1, § 9 Rdnr. 75; Hoeren, NJW 1998, 2849, 2850.

verwirklichung gerichtete Tätigkeit durch positives Tun entfaltet oder versucht[871].

a) Ort der Handlung in Deutschland

Im Falle des Cyber-Bullyings wird die Anwendbarkeit des deutschen Strafrechts aufgrund des Handlungsortes eindeutig anzunehmen sein, wenn das Datenmaterial, also die Bild- oder Videoaufnahmen, für die weitere Nutzung im *Internet* auf dem Territorium der Bundesrepublik Deutschland eingespeist wird oder wenn die eingespeisten Daten im *Internet* weiter verwendet werden.[872]. Maßgeblich ist allein, dass der Täter in Deutschland tätig wird, so dass unerheblich ist, ob der Täter die Inhalte auf einen deutschen oder ausländischen *Server* übermittelt[873].

b) Ort der Handlung im Ausland

Der Täter des Cyber-Bullying kann Bildinhalte auch im Ausland in das *Internet* eingestellt haben. Beim Einstellen von Bildinhalten in das *Internet* im Ausland ist jedoch gerade problematisch, dass eine Anknüpfung an die tatsächlich vorgenommene Handlung des Täters gerade nicht möglich ist. Um einen Handlungsort bestimmen zu können, werden deshalb die folgenden Lösungsansätze vertreten:

aa) Abstellen auf die „virtuelle Anwesenheit" des Täters

Zunächst könnte an eine Anpassung des traditionellen Handlungsbegriffs an die neuen Handlungsweisen zu denken sein, so dass im *Internet* von einer „virtuellen Anwesenheit" gesprochen wird[874]. Denn das *Internet* arbeitet zum einen völlig unabhängig von den Orten, an denen sich die an ihm angeschlossenen Computer

---

871 Fischer, § 9 Rdnr. 3; Gerhard Werle/Florian Jeßberger, in: Leipziger Kommentar, StGB Bd. 1, § 9 Rdnr. 10; MünchKommStGB/Ambos, Bd. 1, § 9 Rdnr. 8; Schönke/Schröder/Eser, § 9 Rdnr. 4; SK-StGB/Hoyer, § 9 Rdnr. 4; BGH, Beschl. v. 19. Juni 1986 – 4 StR 622/85, BGHSt 34, 101, 106; BGH, Beschl. v. 10. Juni 1975 – 5 StR 169/75, NJW 1975, 1610, 1611; KG, Urt. v. 6. Dezember 1979 – (3) Ss 103/79 (78/79), JR 1981, 37, 38; OLG Stuttgart, Urt. v. 26. Oktober 1998 – 1 Ss 433/98, NStZ-RR 2000, 25, 26.

872 Vgl. auch Conradi/Schlömer, NStZ 1996, 366, 368; Gerhard Werle/Florian Jeßberger, in: Leipziger Kommentar, StGB Bd.1, § 9 Rdnr. 78; Schönke/Schröder/Eser, § 9 Rdnr. 4.

873 Gerhard Werle/Florian Jeßberger, in: Leipziger Kommentar, StGB Bd. 1, § 9 Rdnr. 78.

874 Kuner, CR 1996, 453, 454.

befinden[875]. Zum anderen ist jedoch auch wichtig, dass das *Internet* völlig dezentralisiert ist und es keine „Aufsichtsinstanz“ gibt[876]. Daraus ließe sich der Schluss ziehen, dass der Täter durch das Einstellen in das *Internet* auch überall anwesend ist und damit auch gehandelt hat[877].

Das Abstellen auf eine „virtuelle Anwesenheit“ würde jedoch zu einer uferlosen Kollision von Strafrechtsansprüchen führen[878]. Denn die Handlung würde stets zugleich in allen angeschlossenen Ländern begangen werden, und dort, sofern sie gegen die jeweilige Rechtsordnung verstößt, als Inlandstat zu verfolgen sein[879]. Für die deutschen Strafverfolgungsbehörden hätte dies zur Konsequenz, dass sich ihre Ermittlungspflicht auf sämtliche im *Internet* kursierenden und dort abrufbaren illegalen Daten erstrecken würde[880]. Zum anderen wird durch das Abstellen auf eine „virtuelle Anwesenheit“ der traditionelle Handlungsbegriff bedenklich weit ausgedehnt, weil das Merkmal der körperlichen Anwesenheit aufgegeben wird. Der Gesetzgeber unterscheidet jedoch in § 9 StGB gerade zwischen der körperlichen Tätigkeit und dem eingetretenen Erfolg. Die Handlung des Täters als solche erschöpft sich in der Eingabe von Befehlen per Tastatur oder Mausklick, die die jeweilige Datenübertragung und somit auch das Ansprechen eines anderen *Rechners* erst auslösen[881]. Die Datenübertragung ist dagegen bereits eine Folge dieser Tätigkeit[882]. Werden die Folgen einer Handlung aber zur Handlung selbst gerechnet, verliert der Handlungsbegriff an Schärfe und die Abgrenzung zum Erfolg verschwimmt[883].

bb) Abstellen auf den Standort des Servers

Zu denken ist auch daran den Handlungsort nach dem Standort des *Servers* zu bestimmen auf dem der Täter seine Inhalte gezielt und kontrolliert speichert[884].

---

875 Kuner, CR 1996, 453, 454.
876 Kuner, CR 1996, 453, 454.
877 Körber, S. 141.
878 Cornils, JZ 1999, 394, 396.
879 Cornils, JZ 1999, 394, 396.
880 Cornils, JZ 1999, 394, 396.
881 Hilgendorf/Frank/Valerius, Rdnr. 241.
882 Hilgendorf/Frank/Valerius, Rdnr. 241.
883 Hilgendorf/Frank/Valerius, Rdnr. 241; Hilgendorf/Wolf, K&R 2006, 541, 542; Hörnle, NStZ 2001, 309, 310; Sieber, NJW 1999, 2065, 2070; kritisch auch: BGH, Urt. v. 12. Dezember 2000 – 1 StR 184/00, NStZ 2001, 305, 309 – Fall Töben; andere Auffassung vertritt: KG, Urt. v. 16. März 1999 – (5) 1 Ss 7/98(8/98), NJW 1999, 3500, 3501 f.
884 Cornils, JZ 1999, 394, 397; Schönke/Schröder/Eser, § 9 Rdnr. 4.

Handlungsort soll demnach nicht nur der Ort der physischen Anwesenheit des Täters sein, sondern auch der Standort des *Servers* sein[885]. So ist es möglich, von demjenigen *Rechner* aus, an dem man sich körperlich befindet, auf andere *Rechner* zuzugreifen und Datenverarbeitungsprogramme über eine beliebige Entfernung und über Staatsgrenzen hinweg auszulösen[886]. Der Täter ist in der Lage, sowohl den Ausgangs- als auch den Zielrechner zu bedienen[887]. Dass eine Handlung im strafrechtlichen Sinne als eine Einheit betrachtet und dennoch an verschiedenen Orten begangen werden kann, ist im Hinblick auf die mehraktigen Delikte anerkannt[888]. Dann ist es jedoch auch gerechtfertigt, dass das Gleiche für Straftaten im *Internet* gilt, bei denen die tatbestandsmäßige Handlung auf zwei miteinander verbundenen *Rechnern* gleichzeitig begangen wird. Dementsprechend bestimmt sich der Handlungsort i.S.d. § 9 Abs. 1, 1. Alt. StGB nach den Standorten der an dem verursachten Datentransfer beteiligten *Rechnern*[889]. Dies soll einschränkend nur dann gelten, wenn der Täter den Speicherungsvorgang beherrschen und kontrollieren kann[890]. Denn viele Vorgänge beim Einstellen von *Internet*inhalten sind der Kontrolle des Täters entzogen[891].

Gerade dieses einschränkende Merkmal setzt sich jedoch der Kritik aus. Der Ausgangspunkt, dass der Täter den Speicherort seiner Daten beeinflussen kann, ist technisch unzutreffend. Der Täter hat überhaupt keine Kenntnis, an welchem Ort sich seine gespeicherten Daten befinden, eine zielgerichtete Speicherung stellt die Ausnahme dar[892]. Zusätzlich werden diese oft noch gespiegelt, so dass die möglichen Handlungsorte eine nahezu unüberschaubare Anzahl annehmen[893]. Auf den Speichervorgang selbst hat der Täter zudem überhaupt keinen Einfluss[894]. Der Speichervorgang auf dem *Server* stellt vielmehr das Resultat des bereits abgeschlossenen Vorgangs „Einspeisen bzw. Abschicken" dar[895]. Den Speichervorgang als eine von der zuvor ergangenen körperlichen Tätigkeit separate

---

885 Cornils, JZ 1999, 394, 396; Hilgendorf/Frank/Valerius, Rdnr. 238.

886 Cornils, JZ 1999, 394, 396; Hilgendorf/Frank/Valerius, Rdnr. 238.

887 Cornils, JZ 1999, 394, 396; Hilgendorf/Frank/Valerius, Rdnr. 238.

888 Jescheck/Weigend, Strafrecht AT, § 18 IV 2 a).

889 Cornils, JZ 1999, 394, 397; Schönke/Schröder/Eser, § 9 Rdnr. 4.

890 Cornils, JZ 1999, 394, 397; Schönke/Schröder/Eser, § 9 Rdnr. 4.

891 Cornils, JZ 1999, 394, 397; Schönke/Schröder/Eser, § 9 Rdnr. 4.

892 Gerhard Werle/Florian Jeßberger, in: Leipziger Kommentar, StGB Bd. 1, § 9 Rdnr. 80; Hilgendorf, ZStW 113 (2001), 650, 665 f.; Hilgendorf/Frank/Valerius, Rdnr. 240; Koch, GA 2002, 703, 711; Körber, S. 141.

893 Hilgendorf, ZStW 113 (2001), 650, 666; Körber, S. 141.

894 Hilgendorf, ZStW 113 (2001), 650, 666.

895 Hilgendorf, ZStW 113 (2001), 650, 666.

Handlung zu konstruieren ist deshalb dogmatisch nicht haltbar[896]. Zwar ist das Verbreiten strafbarer Inhalte über das *Internet*, wie bereits aufgezeigt, mit einem mehraktigen Delikt vergleichbar[897]. Im Unterschied zu den mehraktigen Delikten erfolgt der Speichervorgang jedoch automatisch, setzt also keinen weiteren Teilakt im Sinne menschlichen Tätigwerdens voraus[898]. Das Speichern auf dem Empfangs*rechner* ist daher nur ein äußeres Resultat der Tätigkeit, d.h. bloße Tatwirkung, nicht aber Teil einer einheitlichen Tathandlung[899]. Wie bei der Konstruktion der „virtuellen Anwesenheit" führt dies zu einer bedenklichen Ausdehnung des Handlunsgbegriffes auf den der Tatwirkung, so dass die dem § 9 StGB zugrundeliegende Differenzierung zwischen Handlungs- und Erfolgsort verloren geht[900].

Außerdem ergeben sich bei dieser Auffassung erhebliche Wertungswidersprüche im Hinblick auf Begehungsformen außerhalb des Online-Bereichs[901]. Der „Klick" mit der *Maus*taste begründet die Strafbarkeit. Hingegen schickt der Täter entsprechende Bildinhalte per Post vom Ausland aus nach Deutschland, würde man unter Zugrundelegung des traditionellen Handlungsbegriffs keine in Deutschland vorgenommene Tathandlung annehmen[902]. Es kann insoweit jedoch keinen Unterschied machen, ob sich der Täter der Post als Beförderungsmittel bedient oder den Weg über die elektronische Datenübertragung wählt[903].

cc) Abstellen auf die gesetzliche Unrechtsbeschreibung des Tatbestandes

Wenn sich aus einer gesetzlichen Unrechtsbeschreibung ergibt, dass auch bestimmte Wirkungen des Verhaltens als Bestandteil der Tathandlung zu betrachten sind, ist der Ort, an dem diese Wirkungen eintreten, für die Bestimmung des Handlungsortes im Sinne des § 9 Abs. 1, 1. Alt. StGB maßgeblich[904].

Fraglich erscheint im Rahmen der strafrechtlichen Bildnisschutzvorschriften bei den Tatbeständen des § 33 i.V.m. §§ 22, 23 KUG und des § 201a StGB, ob

---

896 Leupold/Bachmann/Pelz, MMR 2000, 648, 652.
897 Leupold/Bachmann/Pelz, MMR 2000, 648, 652.
898 Leupold/Bachmann/Pelz, MMR 2000, 648, 652.
899 Leupold/Bachmann/Pelz, MMR 2000, 648, 652.
900 Hörnle, NStZ 2001, 309, 310; Koch, JuS 2002, 123, 127; Körber, S. 142; Kudlich, StV 2001, 397, 398; Leupold/Bachmann/Pelz, MMR 2000, 648, 652; BGH, Urt. v. 12. Dezember 2000 – 1 StR 184/00, BGHSt 46, 212, 224 f. – Fall Töben.
901 Körber, S. 142; Leupold/Bachmann/Pelz, MMR 2000, 648, 653.
902 Leupold/Bachmann/Pelz, MMR 2000, 648, 653.
903 Leupold/Bachmann/Pelz, MMR 2000, 648, 653.
904 Gerhard Werle/Florian Jeßberger, in: Leipziger Kommentar, StGB Bd. 1, § 9 Rdnr. 82.

bei diesen die Wirkungen des Tatverhaltens zugleich auch ein Teil der Tathandlung sind.

Tathandlungen des § 33 i.V.m. § 22 KUG sind das Verbreiten eines Bildnisses oder das öffentlich zur Schau stellen eines Bildnisses. Unter dem Begriff des Verbreitens in § 22 Satz 1, 1. Alt. KUG wird die Weitergabe des Originals oder von Vervielfältigungsstücken in körperlicher Form verstanden, die das Risiko einer nicht mehr zu kontrollierenden Kenntnisnahme in sich birgt[905]. Die Wirkung des Tatverhaltens ist hier gerade nicht Teil der Tathandlung, weil es auf eine tatsächliche Kenntnisnahme gar nicht ankommt. Der Begriff des Zurschaustellens in § 22 Satz 1, 2. Alt. KUG bedeutet, Dritten die Möglichkeit zu verschaffen, das Bildnis wahrzunehmen, also das Sichtbarmachen des Bildnisses im weitesten Sinne[906]. Zwar entspricht der Begriff des Zurschaustellens den technischen Möglichkeiten der unkörperlichen Sichtbarmachung eines Bildnisses, wie sie zu Zeiten der Verabschiedung des KUG im Jahre 1907 bestanden haben[907]. Daraus folgt jedoch nicht, dass der Schutz bloß auf die damaligen Verbreitungsmöglichkeiten beschränkt ist[908]. Vielmehr ist die Auslegung der Vorschrift den technischen Entwicklungen anzupassen[909]. Auch bei dieser Tathandlungsalternative reicht zur Tatvollendung die bloße Möglichkeit der Wahrnehmbarkeit, so dass auch hier die Wirkung des Tatverhaltens nicht Teil der Tathandlung ist.

Nicht anders ist dies bei den Tathandlungsalternativen des § 201a StGB zu beurteilen. Gemäß § 201a Abs. 1, 2. Alt. StGB wird eine Bildaufnahme übertragen, wenn anderen deren Wahrnehmung auf Bildschirmen oder sonstigen Wiedergabegeräten ermöglicht wird, ohne die reproduzierte Wirklichkeit selbst mit eigenen Augen sehen zu müssen[910]. Die Tat ist mit der Live-Übertragung vollendet. Tathandlung des § 201a Abs. 2, 2. Alt. StGB und des § 201a Abs. 3 StGB sind das Zugänglichmachen einer Bildaufnahme. Der Begriff des Zugänglichmachens bedeutet in beiden Tathandlungsalternativen, einem oder mehreren Dritten

---

905 Dreier/Schulze/Dreier, § 22 KUG Rdnr. 9; Wandtke/Bullinger/Fricke, § 22 KUG Rdnr. 8; von Strobl-Albeg, in: Wenzel, Kap. 7 Rdnr. 43.

906 Dreier/Schulze/Dreier, § 22 KUG Rdnr. 11; Dreyer in HK-UrhR, III KUG, § 22 Rdnr. 13; Götting, in: Schricker/Loewenheim, 4. Aufl., § 60/§ 22 KUG Rdnr. 37; Loewenheim/Schertz, Handbuch des Urheberrechts, 2. Aufl., § 18 Rdnr. 13; Schertz, in: Götting/Schertz/Seitz, Handbuch des Persönlichkeitsrechts, § 12 Rdnr. 16; von Strobl-Albeg, in: Wenzel, Kap. 7 Rdnr. 44; Wandtke/Bullinger/Fricke, § 22 KUG Rdnr. 9.

907 Dreier/Schulze/Dreier, § 22 KUG Rdnr. 11.

908 Dreier/Schulze/Dreier, § 22 KUG Rdnr. 11.

909 Dreier/Schulze/Dreier, § 22 KUG Rdnr. 11.

910 Brain Valerius, in: Leipziger Kommentar, StGB Bd. 6, § 201a Rdnr. 20; Lackner/Kühl, § 201a Rdnr. 5; Schönke/Schröder/Lenckner, § 201a Rdnr. 10; SK-StGB/Hoyer, § 201a Rdnr. 10.

den Zugriff auf die Aufnahme oder auch nur deren Kenntnisnahme zu ermöglichen[911]. Hier reicht zur Tatvollendung die bloße Möglichkeit des Zugriffs. Dass die Bildaufnahme bereits auf dem Rechner eines Internetnutzers angekommen, d.h. gespeichert ist, ist nach der gesetzlichen Handlungsbeschreibung nicht erforderlich.

Im Ergebnis ist festzustellen, dass bei § 33 KUG und § 201a Abs. 1, 2. Alt. StGB, § 201a Abs. 2, 2. Alt. StGB und § 201a Abs. 3 StGB die Wirkungen des Verhaltens nicht als Bestandteil der Tathandlung zu betrachten sind.

Im Übrigen begründet der Eintritt der Wirkung eines Verhaltens in Deutschland keinen Handlungsort i.S.d. § 9 Abs. 1, 1. Alt. StGB. Denn eine generelle Einbeziehung von Handlungswirkungen in den Handlungsbegriff würde die in § 9 StGB angelegte Unterscheidung zwischen Handlung und Erfolg auflösen[912].

dd) Ergebnis

Den Versuchen mit Hilfe des Handlungsbegriffs in § 9 Abs. 1, 1. Alt. StGB eine Inlandstat durch eine „virtuelle Anwesenheit“ oder über den Standort eines *Servers* zu konstruieren, ist aus den aufgezeigten Überlegungen abzulehnen. Ebenso kann auch kein Handlungsort über die gesetzliche Unrechtsbeschreibung des § 33 KUG und des § 201a StGB bestimmt werden, da die Wirkungen des Verhaltens dieser Strafvorschriften gerade nicht als Bestandteil der Tathandlungen zu betrachten sind. Unabhängig davon kann im Übrigen der Eintritt der Wirkung eines Verhaltens in Deutschland keinen Handlungsort i.S.d. § 9 Abs. 1, 1. Alt. StGB begründen. Denn diese generelle Einbeziehung von Handlungswirkungen in den Handlungsbegriff würde die in § 9 StGB vom Gesetzgeber angelegte Unterscheidung zwischen Handlung und Erfolg auflösen[913]. Unter dem Aspekt des Handlungsortes ist das deutsche Strafrecht also nur auf vom Inland aus handelnde Täter des Cyber-Bullying anwendbar.

2. Ort des zum Tatbestand gehörenden Erfolgs, § 9 Abs. 1, 3. Alt. StGB

Für im Ausland begangene Bildnisverletzungen über das *Internet* ist § 9 Abs. 1, 3. Alt. StGB praktisch bedeutsamer. Danach kann der Tatort sowohl für Begehungs- als auch Unterlassungsdelikte auch dort belegen sein, wo der zum Tatbestand gehörende Erfolg eintritt.

---

911 Brian Valerius, in: Leipziger Kommentar, StGB Bd. 6, § 201a Rdnr. 25.

912 Brian Valerius, in: Leipziger Kommentar, StGB Bd. 1, § 9 Rdnr. 81.

913 Brain Valerius, in: Leipziger Kommentar, StGB Bd. 1; § 9 Rdnr. 81.

Bei der Verbreitung von Bildinhalten im *Internet* scheint § 9 Abs. 1, 3. Alt. StGB ohne weiteres einzugreifen, da der Erfolgsort auf deutschem Staatsgebiet liegt, denn die in Frage stehenden Bildinhalte sind hier zu empfangen. Daraus wird von einigen Autoren[914] gefolgert, dass das deutsche Strafrecht auf alle im Sinne des Strafrechts tatbestandsmäßigen Publikationen im *Internet* anwendbar sei.

Diese Auffassung verkennt jedoch, dass sie aus völkerrechtlichen sowie politischen Gesichtspunkten unhaltbar ist. Denn auf diese Weise könnten Fälle im *Internet* auch ohne Bezug zur Bundesrepublik Deutschland nach deutschem Recht behandelt werden. Die Folge wäre eine weltweite Allzuständigkeit des deutschen Rechts und die deutschen Strafverfolgungsbehörden würden sich zu einer Art „Weltpolizei" aufschwingen. Denn die Staatsanwaltschaft sähe sich wegen § 152 Abs. 2 StPO einer weltweiten Ermittlungspflicht ausgesetzt. Diese Allzuständigkeit verstößt jedoch gegen die Souveränität der Staaten und verletzt damit den völkerrechtlich garantierten Nichteinmischungsgrundsatz[915]. Aus dem Nichteinmischungsgrundsatz folgt, dass ein Staat nicht das Recht hat, bei Auslandsbezügen seine Strafgewalt beliebig auszudehnen, dass er vielmehr eines legitimierenden Anknüpfungspunktes bedarf, der einen unmittelbaren Bezug zwischen der Strafsache und dem Inland herstellt[916]. Auch aus politischer Sicht

---

914 Collardin, CR 1995, 618, 620; Conradi/Schlömer, NStZ 1996, 366, 369; Graf, DRiZ 1999, 281, 282; Kuner, CR 1996, 453, 456; Sieber, JZ 1996, 429, 430 FN 10, vgl. aber seine modifizierte Auffassung: Sieber, NJW 1999, 2065, 2066 ff.. Vgl. in diesem Zusammenhang auch aus der Rechtsprechung: LG Köln, Urt. v. 17. Juni 2009 – 28 O 662/08, K&R 2009, 820, 821.

915 Das Nichteinmischungsprinzip ist eine allgemeine Regel des Völkerrechts im Sinne des Art. 25 GG. Dazu: Gerhard Werle/Florian Jeßberger, in: Leipziger Kommentar, StGB Bd. 1, Vor § 3 Rdnr. 29; Kunig, JuS 1978, 594, 595; MünchKommStGB/Ambos, Bd. 1, Vor §§ 3-7 Rdnr. 19. Allgemeine Regeln des Völkerrechts sind Bestandteil des Bundesrechts, Art. 25 Satz 1 GG. Sie sind daher von deutschen Gerichten zu beachten und unmittelbar anzuwenden.

916 Dabei handelt es sich um die traditionelle Auffassung. Gerhard Werle/Florian Jeßberger, in: Leipziger Kommentar, StGB Bd. 1, Vor § 3 Rdnr. 24; Rengier, Strafrecht AT, § 6 II Rdnr. 6; Walter, JuS 2006, 870, 871; BVerfG, Beschl. v. 12. Dezember 2000 – 2 BvR 1290/99, EuGRZ 2001, 76, 81 - Völkermordkonvention; BGH, Urt. v. 12. Dezember 2000 – 1 StR 184/00, BGHSt 46, 212, 224 – Fall Töben; BGH, Urt. v. 30. April 1999 – 3 StR 215/98, BGHSt 45, 64, 66; BGH, Urt. v. 8. April 1987 – 3 StR 11/87, BGHSt 34, 334, 336; BayOLG, Urt. v. 23. Mai 1997 – 3 St 20/96, NJW 1998, 392, 393; vgl. die Darstellung der unterschiedlichen Auffassungen zu den völkerrechtlichen Grenzen staatlicher Regelungsmacht und ihrer praktischen Auswirkungen bei Gerhard Werle/Florian Jeßberger, in: Leipziger Kommentar, StGB Bd. 1, vor § 3 Rdnr. 23 ff. m.w.N.

scheint es kaum vertretbar zu sein, den Anwendungsbereich des deutschen Strafrechts weltweit auszudehnen, ohne dazu eine völkerrechtliche Absicherung zu schaffen. Dies ist im Rahmen des Universlitätsprinzips im Sinne des § 6 StGB üblich. Im Übrigen ist auch daran zu denken, dass auch andere Staaten versucht sein könnten, den Anwendungsbereich ihres Strafrechts im *Internet* weltweit auszudehnen und durchzusetzen.

Diese Überlegungen verdeutlichen, dass es notwendig ist, den Anwendungsbereich des deutschen Strafrechts im *Internet* einzuschränken. In diesem Zusammenhang werden unterschiedliche Lösungsansätze vertreten, die im folgenden anhand der strafrechtlichen Bildnisschutzvorschriften aufgezeigt und diskutiert werden.

a) Deliktstypen der strarechtlichen Bildnisschutzvorschriften

Den Ansatz für eine sachgerechte Lösung des Problems der Anwendbarkeit des deutschen Strafrechts liefert das StGB selbst, indem es in § 9 Abs. 1, 3. Alt. StGB nicht jeden auf deutschem Staatsgebiet eintretenden „Erfolg" zur Tatortbegründung ausreichen lässt, sondern nur solche Erfolge, die im Kontext des einschlägigen Delikts tatbestandsmäßig sind. Erfolgsort ist demnach der Ort, an welchem ein zum gesetzlichen Tatbestand gehörender Handlungserfolg eintritt[917]. Dabei ist mit dem Begriff „Erfolg" nicht jede Auswirkung der Tat gemeint, sondern nur solche Tatfolgen, die für die Verwirklichung des Tatbestandes erheblich sind[918]. Die Frage, ob und wo die Tat einen Erfolgsort hat, ist je nach Deliktstyp unterschiedlich, so dass es erforderlich ist, zunächst die Deliktstypen der einzelnen strafrechtlichen Bildnisschutzvorschriften zu bestimmen.

aa) § 33 i.V.m. §§ 22, 23 KUG

Der Deliktstyp für den Blankettstraftatbestand des § 33 i.V.m. §§ 22, 23 KUG kann für beide Tathandlungsalternativen als Tätigkeitsdelikt in seiner besonderen Ausgestaltung als abstraktes Gefährdungsdelikt qualifiziert werden. Das ergibt sich aus den folgenden Überlegungen:

Abstrakte Gefährdungsdelikte sind solche, bei denen ein typischerweise gefährliches Verhalten als solches unter Strafe gestellt wird, ohne dass im konkre-

---

917 Fischer, § 9 Rdnr. 4; SK-StGB/Hoyer, § 9 Rdnr. 6; BGH, Urt. v. 5. März 1998 – 5 StR 494/97, BGHSt 44, 52, 56; BGH, Urt. v. 9. Oktober 1964 – 3 StR 34/64, BGHSt 20, 45, 51.

918 Fischer, § 9 Rdnr. 4a; Gerhard Werle/Florian Jeßberger, in: Leipziger Kommentar, StGB Bd. 1, § 9 Rdnr. 22; Schönke/Schröder/Eser, § 9 Rdnr. 6; OLG Frankfurt, Beschl. v. 12. Dezember 1988 – 1 Ws 229/88, NJW 1989, 675, 676.

ten Fall ein Gefährdungserfolg eingetreten zu sein braucht[919]. Der Tatbestand dieser Delikte verlangt nicht den Eintritt einer Gefahr, sondern beschreibt ein bloßes Tun, das aber deshalb bestraft wird, weil es leicht eine konkrete Gefahr auslösen kann. Die Gefährlichkeit des Verhaltens ist aber kein Merkmal des Tatbestandes, sondern gesetzgeberischer Grund der Strafdrohung[920]. Ein Bedürfnis, abstrakte Gefährdungsdelikte zu definieren, besteht immer dann, wenn ein sozialer Bereich nur bei Standardisierung der Verhaltensweisen organisiert werden kann[921]. Dies ist dann der Fall, wenn etwa wegen der Kompliziertheit des Bereichs nicht zu erwarten ist, dass sich die darin bewegenden Personen selbst so steuern würden, dass Schäden ausbleiben[922].

Gemäß § 33, 1. Alt. i.V.m. §§ 22, 23 KUG wird bestraft, wer ein Bildnis entgegen der §§ 22, 23 KUG verbreitet. Verbreiten bedeutet entsprechend der urheberrechtlichen Werkverwertung in körperlicher Form i.S.d. §§ 15 Abs. 1 Nr. 2, 17 UrhG jede Art der Weitergabe körperlicher Exemplare als Original oder Vervielfältigungsstück, die das Risiko einer nicht mehr zu kontrollierenden Kenntnisnahme in sich birgt[923]. Die Verbreitung der körperlichen Exemplare kann auf jede Art erfolgen, etwa durch Weitergabe an einen beliebigen Dritten im privaten Bereich, z.B. durch Verschenken, in Zeitungen, Zeitschriften, Büchern, auf Postkarten oder Werbeträgern[924]. Auf eine tatsächliche Kenntnisnahme kommt es nicht an[925]. § 33, 1. Alt. KUG ist demnach auf ein strafbewehrtes Tun beschränkt, ohne dass darüber hinaus noch ein Verletzungserfolg eintreten muss. Das Risiko einer nicht mehr zu kontrollierenden Kenntnisnahme soll verhindert werden, so dass es auf eine Verbreitung an die Öffentlichkeit nicht an-

---

919 Baumann/Weber/Mitsch, Strafrecht AT, § 8 Rdnr. 43; Jescheck/Weigend, Strafrecht AT, § 26 2; Roxin, Strafrecht AT, Bd. I, § 11 Rdnr. 153.

920 Baumann/Weber/Mitsch, Strafrecht AT, § 8 Rdnr. 43; Fischer, Vor § 13 Rdnr. 19; Jescheck/Weigend, Strafrecht AT, § 26 II 2; Roxin, Strafrecht AT, § 11 Rdnr. 153; Schönke/Schröder/Lenckner/Eisele, Vorbem. §§ 13 ff. Rdnr. 129; Tonio Walter, in: Leipziger Kommentar, StGB Bd. 1, Vor § 13 Rdnr. 65; Wessels/Beulke, Rdnr. 29.

921 Kienle, S. 41.

922 Jakobs, Strafrecht AT, 6. Abschn. Rdnr. 86a.

923 Dreier/Schulze/Dreier, § 22 KUG Rdnr. 9; Dreyer in HK-UrhR, III, § 22 KUG Rdnr. 12; Götting, in: Schricker/Loewenheim, 4. Aufl., § 60/§ 22 KUG Rdnr. 36; Loewenheim/Schertz, Handbuch des Urheberrechts, 2. Aufl., § 18 Rdnr. 13; MünchKommBGB/Rixecker, Bd. 1, Anhang zu § 12 Rdnr. 50; von Gamm, Einführung IX Rdnr. 105; Wandtke/Bullinger/Fricke, KUG, § 22 Rdnr. 8.

924 Dreier/Schulze/Dreier, § 22 KUG Rdnr. 9; Götting, in: Schricker/Loewenheim, 4. Aufl., § 60/§ 22 KUG Rdnr. 36; Loewenheim/Schertz, Handbuch des Urheberrechts, 2. Aufl., § 18 Rdnr. 13; Wandtke/Bullinger/Fricke, KUG, § 22 Rdnr. 8.

925 Dreier/Schulze/Dreier, § 22 KUG Rdnr. 9.

kommt, da bereits die Verbreitung an eine Einzelperson zu einem grundsätzlich der Kontrolle und dem Selbstbestimmungsrecht des Abgebildeten vorbehaltenen Übergang des Bildnisses in die Verfügungsgewalt eines anderen führt[926]. Dementsprechend kann der Blankettstraftatbestand des § 33, 1. Alt. i.V.m. §§ 22, 23 KUG als Tätigkeitsdelikt in seiner besonderen Ausgestaltung als abstraktes Gefährdungsdelikt qualifiziert werden.

Gemäß § 33, 2. Alt. i.V.m. §§ 22, 23 KUG wird bestraft, wer entgegen §§ 22, 23 KUG ein Bildnis öffentlich zur Schau stellt. Unter dem Begriff des Zurschaustellens ist jegliche Schaffung der Möglichkeit, ein Bildnis wahrzunehmen, zu verstehen[927]. Das Zurschaustellen muss im Gegensatz zur Tathandlung des Verbreitens öffentlich erfolgen. Da die Möglichkeit der Wahrnehmung zur Verwirklichung des Straftatbestandes ausreichend ist, fehlt es auch bei der zweiten Tatbestandsalternative an dem Erfordernis eines Verletzungserfolges. Vielmehr ist auch diese Tatbestandsalternative auf ein strafbewehrtes Tun beschränkt. Auch § 33, 2. Alt. i.V.m. §§ 22, 23 KUG ist als Tätigkeitsdelikt in seiner besonderen Ausgestaltung als abstraktes Gefährdungsdelikt zu qualifizieren.

bb) § 148 Abs. 1 Nr. 2 a) i.V.m. § 90 Abs. 1 Satz 1 TKG

Nach dem Blankettstraftatbestand des § 148 Abs. 1 Nr. 2 a) i.V.m. § 90 Abs. 1 Satz 1 TKG macht sich derjenige strafbar, der entgegen § 90 Abs. 1 Satz 1 TKG eine dort genannte Sendeanlage besitzt, herstellt, vertreibt, einführt oder sonst in den Geltungsbereich des TKG verbringt, die ihrer Form nach einen anderen Gegenstand vortäuschen oder die mit Gegenständen des täglichen Gebrauchs verkleidet sind und aufgrund dieser Umstände in besonderer Weise geeignet sind, das Bild eines anderen von diesem unbemerkt aufzunehmen. Der Blankettstraftatbestand des § 148 i.V.m. § 90 TKG dient unmittelbar dem Schutz der Privatsphäre bzw. des allgemeinen Persönlichkeitsrechts vor den Gefahren der technischen Entwicklung, die es ermöglicht, immer kleinere und immer leistungsfähigere Sendeanlagen herzustellen und diese selbst in ganz gewöhnlichen Gebrauchsgegenständen unterzubringen[928]. Diese technische Entwicklung sah der

---

926 Dreier/Schulze/Dreier, § 22 KUG Rdnr. 9; Götting, in: Schricker/Loewenheim, 4. Aufl., § 60/§ 22 KUG Rdnr. 36.

927 Dreier/Schulze/Dreier, § 22 KUG Rdnr. 11; Dreyer in HK-UrhR, III, § 22 KUG Rdnr. 13; Götting, in: Schricker/Loewenheim, 4. Aufl., § 60/§ 22 KUG Rdnr. 37; Loewenheim/Schertz, Handbuch des Urheberrechts, 2. Aufl., § 18 Rdnr. 13; MünchKommBGB/Rixecker, Bd. 1, Anhang zu § 12 Rdnr. 50; Wandtke/Bullinger/Fricke, KUG, § 22 Rdnr. 9.

928 Vgl. FN 286.

Gesetzgeber für die Privatsphäre und das allgemeine Persönlichkeitsrecht als generell gefährlich an, so dass er die Tatbestandsverwirklichung des § 148 i.V.m. § 90 TKG auf das genannte strafbewehrte Tun beschränkt, ohne dass darüber hinaus noch ein Verletzungserfolg eintreten muss. Dementsprechend ist der Blankettstraftatbestand des § 148 i.V.m. § 90 TKG als schlichtes Tätigkeitsdelikt[929] ausgestaltet und sowohl § 148 Abs. 1 Nr. 1 TKG[930] als auch § 148 Abs.1 Nr. 2 TKG[931] beschreiben abstrakte Gefährdungsdelikte. Der Tatbestand der abstrakten Gefährdungsdelikte verlangt gerade nicht den Eintritt einer Gefahr, sondern beschreibt ein bloßes Tun, das aber deshalb bestraft wird, weil es leicht eine konkrete Gefahr auslösen kann[932]. Die Gefährlichkeit ist hier also nicht Merkmal des gesetzlichen Tatbestandes, sondern gesetzgeberischer Grund der Strafandrohung[933].

cc) Strafvorschriften der Landesdatenschutzgesetze

In den einzelnen Landesdatenschutzgesetzen handelt in der Regel strafbewehrt, wer gegen Entgelt oder in der Absicht, sich oder einen anderen zu bereichern oder einen anderen zu schädigen, personenbezogene Daten entgegen den Vorschriften des entsprechenden Landesdatenschutzgesetzes a) erhebt, speichert, verändert, zum Abruf behält, löscht oder nutzt, sowie b) abruft, einsieht oder einem Dritten verschafft. Einige Landesdatenschutzgesetze stellen allerdings die aufgeführten Handlungen unabhängig vom Vorliegen der Qualifizierungsmerkmale „Entgelt" und „Bereicherungs- oder Schädigungsabsicht" unter Strafe. Die Strafvorschriften der Landesdatenschutzgesetzes sind als Tätigkeitsdelikte in ihrer besonderen Ausgestaltung als abstrakte Gefährdungsdelikte zu typifizieren, da der Gesetzgeber davon ausging, dass bestimmte Formen des Umgangs mit personenbezogenen Daten eine Gefahr für die Persönlichkeit des Betroffenen

---

929 BeckTKG-Komm/Dierlamm, § 148 Rdnr. 5; Fetzer, in: Arndt/Fetzer/Scherer (Hrsg.), TKG, § 148 Rdnr. 1; Scheurle/Mayen/Dierlamm, § 148 Rdnr. 5.

930 BeckTKG-Komm/Dierlamm, § 148 Rdnr. 5; Scheurle/Mayen/Dierlamm, § 148 Rdnr. 5; Vassilaki, MMR 1999, 525, 530; hingegen vertritt Klescewski, dass § 148 Abs. 1 Nr. 1 TKG ein Verletzungsdelikt beschreibt, vgl. BerlKommTKG/Klescewski, § 148 Rdnr. 3, so auch MünchKommStGB/Altenhain, Bd. 6/1, § 148 TKG Rdnr. 7.

931 BerlKommTKG/Klescewski, § 148 Rdnr. 3.

932 Baumann/Weber/Mitsch, Strafrecht AT, § 8 Rdnr. 43; Fischer, Vor § 13 Rdnr. 19; Schönke/Schröder/Lenckner/Eisele, Vorbem. §§ 13 ff. Rdnr. 129; Tonio Walter, in: Leipziger Kommentar, StGB Bd. 1, Vor § 13 Rdnr. 65; Wessels/Beulke, Rdnr. 29.

933 Baumann/Weber/Mitsch, Strafrecht AT, § 8 Rdnr. 43; Fischer, Vor § 13 Rdnr. 19; Schönke/Schröder/Lenckner/Eisele, Vorbem. §§ 13 ff. Rdnr. 129; Tonio Walter, in: Leipziger Kommentar, StGB Bd. 1, Vor § 13 Rdnr. 65; Wessels/Beulke, Rdnr. 29.

darstellen, ohne dass es tatsächlich zu einer Gefährdung durch unbefugten Umgang mit den personenbezogenen Daten kommen zu braucht.

dd) § 44 i.V.m. § 43 Abs. 2 BDSG

Auch bei der Schaffung des Blankettstraftatbestandes des § 44 BDSG vermutete der Gesetzgeber in bestimmten Formen des Umgangs mit personenbezogenen Daten, die nicht allgemein zugänglich sind, eine Gefahrenlage für das allgemeine Persönlichkeitsrecht, ohne dass es zu einer konkreten Gefährdung bzw. einem Verletzungserfolg kommen muss. Dementsprechend ist auch der Blankettstraftatbestand des § 44 BDSG als Tätigkeitsdelikt in seiner besonderen Ausgestaltung als abstraktes Gefährdungsdelikt ausgestaltet.

ee) § 201a StGB

Die Deliktstypifizierung des § 201a StGB wird unterschiedlich vorgenommen. Von *Bosch*[934] wird die Auffassung vertreten, dass § 201a Abs. 1 StGB vom Gesetzgeber als abstraktes Gefährdungsdelikt ausgestaltet worden sei, weil bereits mit der Perpetuierung des eigenen Bildes die Gefahr seiner jederzeitigen Verwendbarkeit begründet wird[935]. Dem Wortlaut des § 201a Abs. 1 StGB ist jedoch eindeutig zu entnehmen, dass es sich bei der Strafvorschrift des § 201a Abs.1 StGB um ein konkretes Gefährdungsdelikt handelt, denn es heißt dort: *„(...) und dadurch deren höchstpersönlichen Lebensbereich verletzt, (...)“*[936].

Auch dem Wortlaut des § 201a Abs. 3 StGB ist eindeutig zu entnehmen, dass es sich bei der Strafvorschrift um ein konkretes Gefährdungsdelikt handelt, da es auch dort heißt: *„(...) und dadurch deren höchstpersönlichen Lebensbereich verletzt, (...)“*.

---

934 Bosch, JZ 2005, 377, 378.

935 Sofern es als Legitimationsgrundlage abstrakter Gefährdungsdelikte angesehen wird, dass das vorausgesetzte Risiko durch den Rechtsgutträger nicht im Wege zumutbarer Eigenvorsorge kompensierbar ist, dann erscheint die Regelung vielleicht schon deshalb zweifelhaft, weil sie weder eine heimliche Begehungsweise noch die Zuhilfenahme besonderer technischer Hilfsmittel oder einer unkontrollierbaren Verbreitung durch den Täter verlangt; Bosch, JZ 2005, 377, 378. Siehe zur besonderen Bedeutung des Selbstschutzarguments im Rahmen der §§ 201, 203: Schünemann, ZStW 90 (1978), 11, 32 f.; allgemein: Wohlers, S. 314.

936 Vgl. auch Hesse, ZUM 2005, 432, 434; Brian Valerius, in: Leipziger Kommentar, StGB Bd. 6, § 201a Rdnr. 5.

Lediglich die Strafvorschrift des § 201a Abs. 2 StGB kann seinem Wortlaut nach als abstraktes Gefährdungsdelikt qualifiziert werden. *Hoppe*[937] hingegen sieht das Zugänglichmachen für Dritte in Form der Veröffentlichung als Erfolgsdelikt an. Diese Auffassung ist allerdings abzulehnen. Das folgt bereits aus der Definition des Begriffs *Zugänglichmachen*. Das Zugänglichmachen einer Bildaufnahme i.S.d. § 201a Abs. 2, 2. Alt. StGB bedeutet, einem oder mehreren Dritten den Zugriff auf die Aufnahme oder auch nur deren Kenntnisnahme zu ermöglichen[938]. Eine tatsächliche Kenntnisnahme, die für die Bejahung eines Erfolgsdelikts zwingend wäre, ist gerade nicht erforderlich[939].

b) Erfolgsorte bei den Deliktsarten der Bildnisschutzvorschriften

Der Blankettstraftatbestand des § 33 i.V.m. §§ 22, 23 KUG ist als Tätigkeitsdelikt in seiner besonderen Ausgestaltung als abstraktes Gefährdungsdelikt ausgestaltet. Auch den Blankettstraftatbestand des § 148 TKG hat der Gesetzgeber als Tätigkeitsdelikt ausgestaltet und sowohl § 148 Abs. 1 Nr. 1 als auch § 148 Abs. 1 Nr. 2 TKG beschreiben abstrakte Gefährdungsdelikte. Ferner sind die Strafvorschriften der Landesdatenschutzgesetze sowie der Blankettstraftatbestand des § 44 BDSG als Tätigkeitsdelikte in ihrer besonderen Form als abstrakte Gefährdungsdelikte ausgestaltet. § 201a Abs. 1 und § 201a Abs. 3 StGB sind als konkrete Gefährdungsdelikte und § 201a Abs. 2 StGB als abstraktes Gefährdungsdelikt ausgestaltet. Vor dem Hintergrund, dass die strafrechtlichen Bildnisschutzvorschriften als Tätigkeitsdelikte und Gefährdungsdelikte ausgestaltet sind, ist nun die Frage zu beantworten, ob und wo die Deliktsarten der einzelnen strafrechtlichen Bildnisschutzvorschriften ihren Erfolgsort haben. Dies ist für die Deliktsart der Tätigkeitsdelikte und der Gefährdungsdelikte unterschiedlich zu beantworten:

aa) Erfolgsort bei Tätigkeitsdelikten

Bei schlichten Tätigkeitsdelikten ist Tatort lediglich der Ort, an dem der Täter gehandelt hat, da diese Delikte gerade keinen Erfolgsort kennen, so dass für die

---

937 Hoppe, GRUR 2004, 990, 991 FN 16.

938 BT-Drs. 15/2466, S. 5; Brian Valerius, in: Leipziger Kommentar, StGB Bd. 6, § 201a Rdnr. 25; Fischer, § 201a Rdnr. 18, 23; Heuchemer/Paul, JA 2006, 616, 619; Kargl, in: Kindhäuser/Neumann/Paeffgen, StGB Bd. 2, § 201a Rdnr. 9; Lackner/Kühl, § 201a Rdnr. 7; Schönke/Schröder/Lenckner/Eisele, § 201a Rdnr. 15.

939 Brian Valerius, in: Leipziger Kommentar, Bd. 6, § 201a Rdnr. 25; Fischer, § 201a Rdnr. 23; Kargl, in: Kindhäuser/Neumann/Paeffgen, StGB Bd. 2, § 201a Rdnr. 9; Schönke/Schröder/Lenckner/Eisele, § 201a Rdnr. 15.

Bestimmung des Tatortes nur der Handlungsort i.S.d. § 9 Abs. 1, 1. Alt. StGB einschlägig ist[940]. Handelt der Täter hingegen im Ausland, fehlt es bei einem Tätigkeitsdelikt an einem sinnvollen Anknüpfungspunkt nach § 9 Abs. 1, 3. Alt. StGB im Inland, um den Anwendungsbereich zu eröffnen[941]. Bei der Verwirklichung von schlichten Tätigkeitsdelikten im Ausland wird die Anwendung deutschen Strafrechts daher nur begründet, wenn Anknüpfungspunkt das passive Personalitätsprinzip des § 7 Abs. 1 StGB, das eingeschränkte aktive Personalitätsprinzip des § 7 Abs. 2 Nr. 1 StGB oder der Grundsatz der stellvertretenden Strafrechtspflege i.S.d. § 7 Abs. 2 Nr. 2 StGB ist.

bb) Erfolgsort bei Gefährdungsdelikten

Bei den Gefährdungsdelikten unterscheidet das StGB zwischen den konkreten Gefährdungsdelikten und den abstrakten Gefährdungsdelikten. Diese Differenzierung ist auch im Hinblick auf die Bestimmung des Erfolgsorts entscheidend.

aaa) Konkrete Gefährdungsdelikte

Die konkreten Gefährdungsdelikte beruhen auf der Erwägung, dass ein normwidriges Verhalten für das geschützte Objekt gefährlich sein kann und strafwürdig ist, sofern die Gefahr im Einzelfall konkret in Erscheinung getreten ist[942]. Ein konkretes Gefährdungsdelikt hat seinen Erfolgsort dort, wo es zur konkreten Gefährdung des geschützten Rechtsgutes gekommen ist[943]. Für die Tatbestände des § 201a Abs. 1 und § 201a Abs. 3 StGB, die als konkrete Gefährdungsdelikte

---

940 Fischer, § 9 Rdnr. 4; Hilgendorf, ZStW 113 (2001), 650, 662; MünchKommStGB/Ambos, Bd. 1, § 9 Rdnr. 19, 35; Schönke/Schröder/Eser, § 9 Rdnr. 6; SK-StGB/Hoyer, § 9 Rdnr. 8; RG, Urt. v. 15. März 1880 – Rep. 599/80, RGSt 1, 279, 281; OLG Köln, Beschl.v. 27. April 1999 – Ss 118/99, NStZ 2000, 39, 40; OLG Stuttgart, Beschl. v. 30. Oktober 2003 – 1 Ws 288/03, NStZ 2004, 402, 403.

941 Hilgendorf, NJW 1997, 1873, 1875; Kienle, S. 41; SK-StGB/Hoyer, § 9 Rdnr. 7, 8; OLG München, Beschl. v. 17. April 1990 – 2 Ws 339/90, StV 1991, 504, 505.

942 Wessels/Beulke, Rdnr. 28.

943 Fischer, § 9 Rdnr. 4d; Gerhard Werle/Florian Jeßberger, in: Leipziger Kommentar, StGB Bd. 1, § 9 Rdnr. 27; Hilgendorf, ZStW 113 (2001), 650, 662, 669; Hilgendorf, NJW 1997, 1873, 1876; Jeßberger, JR 2001, 432, 433; Lackner/Kühl, § 9 Rdnr. 2; MünchKommStGB/Ambos, Bd. 1, § 9 Rdnr. 19; Satzger, NStZ 1998, 112, 114; Schönke/Schröder/Eser, § 9 Rdnr. 6; SK-StGB/Hoyer, § 9 Rdnr. 7; BGH, Beschl. v. 29. Mai 1991 – 3 StE 4/91-3-geh.StB 11/91, NJW 1991, 2498 – Harry Schütt; BayObLG, Urt. v. 9. Mai 1957 – 3 St. 18/57, NJW 1957, 1327, 1328; OLG Köln, Urt. v. 10. Oktober 1967 – Ss 284/67, NJW 1968, 954.

ausgestaltet sind, bedeutet dies, dass der Erfolgsort dort anzunehmen ist, wo die konkrete Gefährdung des höchstpersönlichen Lebensbereichs eintritt.

bbb) Abstrakte Gefährdungsdelikte

Abstrakte Gefährdungsdelikte sind solche, bei denen ein vom Gesetzgeber als typischerweise gefährlich erachtetes Verhalten unter Strafe gestellt wird, ohne dass im konkreten Fall ein Gefährdungserfolg eingetreten zu sein braucht[944]. Im Rahmen der abstrakten Gefährdungsdelikte, wird unterschiedlich beurteilt, ob diese als solche einen Erfolgsort begründen können, da sie keinen Gefahrenerfolg voraussetzen. Es stellt sich mithin die Frage, ob über den Handlungsort hinaus an einen durch das Bestehen der abstrakten Gefahr für ein Rechtsgut definierten Erfolgsort angeknüpft werden kann.

(1) Rechtsprechung des BGH

Der BGH[945] hat diese Frage bislang nur für den Sonderfall der abstrakt-konkreten Gefährdungsdelikte entschieden. Bei diesen Gefährdungsdelikten handele es sich um eine Untergruppe der abstrakten Gefährdungsdelikte[946]. Der Eintritt einer konkreten Gefahr sei nicht erforderlich[947]. Vom Tatrichter verlangt wird aber die Prüfung, ob die jeweilige Handlung bei genereller Betrachtung gefahrgeeignet sei[948]. Die Gefahrgeeignetheit darf nicht nur abstrakt bestehen, sondern muss, wenn auch aufgrund generalisierender Betrachtung, konkret festgestellt sein[949]. In Bezug auf die Bestimmung des Erfolgsortes bei abstrakt-konkreten Gefährdungsdelikten führt der BGH im Einzelnen aus:

---

944 Baumann/Weber/Mitsch, Strafrecht AT, § 8 Rdnr. 43; Jescheck/Weigend, Strafrecht AT, § 26 II 2; Roxin, Strafrecht AT, § 11 Rdnr. 153; Wessels/Beulke, Rdnr. 29.

945 BGH, Urt. v. 12. Dezember 2000 – 1 StR 184/00, BGHSt 46, 212 ff. – Fall Töben; dazu: Heghmanns, JA 2001, 276 ff.; Hörnle, NStZ 2001, 309 ff.; Jeßberger, JR 2001, 432 ff.; Klengel/Heckler, CR 2001, 243 ff.; Koch, JuS 2002, 123 ff.; Kudlich, StV 2001, 397 ff.; Lagodny, JZ 2001, 1198 ff.; Sieber, ZRP 2001, 97 ff.

946 BGH, Urt. v. 12. Dezember 2000 – 1 StR 184/00, BGHSt 46, 212, 218 – Fall Töben; BGH, Urt. v. 25. März 1999 – 1 StR 493/98, NJW 1999, 2129.

947 BGH, Urt. v. 12. Dezember 2000 – 1 StR 184/00, BGHSt 46, 212, 218 – Fall Töben.

948 BGH, Urt. v. 12. Dezember 2000 – 1 StR 184/00, BGHSt 46, 212, 218 – Fall Töben; BGH, Urt. v. 25. März 1999 – 1 StR 493/98, NJW 1999, 2129.

949 BGH, Urt. v. 12. Dezember 2000 – 1 StR 184/00, BGHSt 46, 212, 218 – Fall Töben; OLG Hamburg, Urt. v. 18. Juni 1980 – 1 Ss 37/80, MDR 1981, 71; OLG Koblenz, Urt. v. 11. November 1976 – 1 Ss 524/76, MDR 1977, 334; OLG Köln, Urt. v. 28. Oktober 1980 – 1 Ss 650 – 651/80, NJW 1981, 1280, 1281.

„(...) Abstrakt-konkrete Gefährdungsdelikte stehen zwischen konkreten und rein abstrakten Gefährdungsdelikten. Sie sind unter dem hier relevanten rechtlichen Gesichtspunkt des Erfolgsorts mit konkreten Gefährdungsdelikten vergleichbar, weil der Gesetzgeber auch hier eine zu vermeidende Gefährdung – den Erfolg – im Tatbestand der Norm ausdrücklich bezeichnet. Ob bei rein abstrakten Gefährdungsdelikten ein Erfolgsort jedenfalls dann anzunehmen wäre, wenn die Gefahr sich realisiert hat, braucht der Senat nicht zu entscheiden.

Bei abstrakt-konkreten Gefährdungsdelikten ist ein Erfolg im Sinne des § 9 StGB dort eingetreten, wo die konkrete Tat ihre Gefährlichkeit im Hinblick auf das im Tatbestand umschriebene Rechtsgut entfalten kann. (...)“[950].

Eindeutig offen gelassen hat der BGH jedoch, ob diese Erfolgsortbestimmung auch für sonstige abstrakte Gefährdungsdelikte gelten soll, also für solche, bei denen die Tathandlung nicht zur Herbeiführung einer konkreten Gefahr zumindest geeignet sein muss[951].

(2) Auffassungen in der Literatur

Innerhalb der Literatur ist die Frage umstritten, ob die Rechtsprechung des BGH in Bezug auf die abstrakt-konkreten Gefährdungsdelikte auch für die sonstigen abstrakten Gefährdungsdelikte gelten soll.

In der Literatur wird überwiegend die Auffassung vertreten, dass es bei den abstrakten Gefährdungsdelikten keinen zum Tatbestand gehörenden Erfolg im Sinne des § 9 Abs. 1, 3. Alt. StGB gebe, sondern Begehungsort eines abstrakten Gefährdungsdeliktes sei allein der Handlungsort[952]. Unerheblich sei gerade, wo die Gefahr, deren Vermeidung der Gesetzgeber mit der Strafvorschrift bezweckt, eintrete[953]. Entscheidend sei, dass abstrakte Gefährdungsdelikte sich ge-

950 BGH, Urt. v. 12. Dezember 2000 – 1 StR 184/00, BGHSt 46, 212, 221 – Fall Töben.

951 Kritsich dazu: Koch, GA 2002, 703, 708.

952 Barton/Gercke/Janssen, wistra 2004, 321, 323; Frank, S. 78; Hilgendorf, ZStW 113 (2001), 650, 662 f.; ders., NJW 1997, 1873, 1875, 1876; Hilgendorf/Wolf, K&R 2006, 541, 542; Hilgendorf/Frank/Valerius, Rdnr. 234; Lackner/Kühl, § 9 Rdnr. 2; Römer, S. 126 f.; Satzger, NStZ 1998, 112, 115; Schönke/Schröder/Eser, § 9 Rdnr. 6; vgl. auch im Rahmen der Rechtsprechung: KG, Urt. v. 16. März 1999 – (5) 1 Ss 7/98 (8/98), NJW 1999, 3500, 3501 f.; OLG Saarbrücken, Urt. v. 3. Oktober 1974 – Ss 55/74, NJW 1975, 506, 507.

953 Barton/Gercke/Janssen, wistra 2004, 321, 323; Frank, S. 78; Hilgendorf, ZStW 113 (2001), 650, 662 f.; ders., NJW 1997, 1873, 1875, 1876; Hilgendorf/Wolf, K&R 2006, 541, 542; Hilgendorf/Frank/Valerius, Rdnr. 234; Lackner/Kühl, § 9 Rdnr. 2; Römer, S. 126 f.; Satzger, NStZ 1998, 112, 115; Schönke/Schröder/Eser, § 9 Rdnr. 6; vgl. auch im Rahmen der Rechtsprechung: KG, Urt. v. 16. März 1999 – (5) 1 Ss 7/98 (8/98),

rade dadurch auszeichneten, dass das Gesetz den tatsächlichen Eintritt der Gefahr nicht voraussetze[954].

Konsequenz dieser Auffassung ist, dass ein im Ausland handelnder Täter des Cyber-Bullying sich aufgrund des Territorialitätsprinzips nicht nach deutschem Recht strafbar macht, wenn er Bildinhalte auf einem ausländischen *Server* anbietet, in Newsgroups auf einem deutschen *Server* „postet" oder auch über Mailinglisten E-Mails nach Deutschland schickt. Damit führt diese Auffassung zu einer äußerst weitgehenden Einschränkung des Anwendungsbereichs des deutschen Strafrechts.

Nach der Gegenauffassung können dagegen auch abstrakte Gefährdungsdelikte einen Erfolgsort im Sinne des § 9 Abs.1 haben. Ein solcher sei überall dort anzunehmen, wo die abstrakte in eine konkrete Gefahr umschlagen könne, also im *„gesamten Gefahrenkreis um die Gefahrenquelle"*[955]. Der Eintritt dieses tatbestandsmäßigen Ereignisses konstituiert dann einen zusätzlichen Erfolgsort[956].

Konsequenz dieser Auffassung wäre, dass eine im Ausland handelnde Täter des Cyber-Bullying nach deutschem Recht nicht nur strafbar wäre, wenn sie Bildinhalte nach Deutschland mailt, sondern auch bei einem Angebot dieser Bildinhalte auf einem ausländischen *Server*, der keinerlei Bezug zu Deutschland hat. Denn aufgrund der internationalen Verflechtung der Computer*netze* zum *Internet* besteht auch in den zuletzt genannten Fällen die einfache Möglichkeit und damit die abstrakte Gefahr, dass die auf einem solchen *Server* gespeicherten Angebote in Deutschland abgerufen werden. Bei konsequenter Anwendung dieser Auffassung würde diese zu dem Ergebnis führen, dass praktisch alle weltweit verfügbaren *WWW*-Angebote dem deutschen Strafrecht unterfallen[957].

Die Anwendung der extensiven Gegenauffassung hat zur Folge, das es zu einer sehr weitgehenden Anwendung des deutschen Strafrechts führen würde, die sowohl im Hinblick auf die damit einhergehende „weltweite" Verfolgungs-

---

NJW 1999, 3500, 3501 f.; OLG Saarbrücken, Urt. v. 3. Oktober 1974 – Ss 55/74, NJW 1975, 506, 507.

954 Cornils, JZ 1999, 394, 395; Fischer, § 9 Rdnr. 4b, stellt aber in Frage, ob daraus auch geschlossen werden kann, dass ein inländischer Erfolgsort bei grenzüberschreitenden abstrakten Gefährdungsdelikten nicht bestimmt werden kann; Hilgendorf, ZStW 113 (2001), 650, 662 f.; MünchKommStGB/Ambos, Bd. 1, § 9 Rdnr. 27; Sieber, NJW 1999, 2065, 2068.

955 Hecker, ZStW 115 (2003), 880, 886; Heinrich, GA 1999, 72, 75 ff.; Lehle, S. 102 f.; Martin, ZRP 1992, 19, 20; Schönke/Schröder/Eser, § 9 Rdnr. 6; SK-StGB/Hoyer, § 9 Rdnr. 7.

956 SK-StGB/Hoyer, § 9 Rdnr. 7.

957 Collardin, CR 1995, 618, 620; Conradi/Schlomer, NStZ 1996, 366, 368 f.; Heinrich, GA 1999, 72, 76, 82.

pflicht der deutschen Behörden als auch auf das Völkerrecht problematisch ist[958]. Würden andere Strafrechtsordnungen diesem „Modell“ folgen, unterlägen z.B. alle *Internet*-Angebote einer Vielzahl von Strafrechtsordnungen[959]. Zumindest in der Theorie würde sich danach im *Internet* die strengste nationale Strafrechtsordnung weltweit durchsetzen[960].

Insgesamt sind aber die restriktive Auffassung und die extensive Gegenauffassung aufgrund ihres dogmatischen Ansatzes abzulehnen[961]. Insbesondere gilt dies für die extensive Gegenauffassung, die den Erfolgsort mit dem abstrakten Gefährdungsort gleichsetzt[962]. Mit dem Wortlaut von § 9 StGB lässt sich die Auslegung nicht vereinbaren, wonach ein „zum Tatbestand gehörender“ Erfolg i.S.v. § 9 StGB bei abstrakten Gefährdungsdelikten an allen Orten gegeben sein soll, an denen sich die Gefahr des abstrakten Gefährdungsdeliktes realisieren kann[963]. Es ist jedoch gerade das Charakteristikum von abstrakten Gefährdungsdelikten, dass ihr Tatbestand keinen derartigen Erfolg aufweist[964]. Vielmehr sind diese Tatbestände gerade mit Vollzug des strafbaren Handelns erfüllt. Hinzu kommt, dass es in vielen Fällen unklar ist, wo es zu einer „abstrakten Gefahr“ kommen kann[965]. Auch das Ergebnis ist nicht überzeugend Deutschland zum „Weltpolizisten“ für alle weltweiten *WWW*-Angebote zu machen[966]. Da das *Internet* auf die Abrufbarkeit der Daten an jedem Ort der Welt abzielt, ist die potentielle Abrufbarkeit von Daten im *Internet* kein geeigneter Anknüpfungspunkt für ein bestimmtes nationales Strafanwendungsrecht[967].

ccc) Ergebnis

Im Ergebnis bedeutet das, dass die Bestimmung des Erfolgsortes von im *Internet* verwirklichten Gefährdungsdelikten unterschiedlich zu beurteilen ist. Für die

---

958 Gerhard Werle/Florian Jeßberger, in: Leipziger Kommentar, StGB Bd. 1, § 9 Rdnr. 91; Hilgendorf, ZStW 113 (2001) 650, 660; Sieber, NJW 1999, 2065, 2067.

959 Sieber, NJW 1999, 2065, 2067.

960 Sieber, NJW 1999, 2065, 2067.

961 Sieber, NJW 1999, 2065, 2068.

962 Sieber, NJW 1999, 2065, 2068; a.A.: Gerhard Werle/Florian Jeßberger, in: Leipziger Kommentar, StGB Bd. 1, § 9 Rdnr. 33.

963 Sieber, NJW 1999, 2065, 2068.

964 Cornils, JZ 1999, 394, 395; Kienle, S. 41; Sieber, NJW 1999, 2065, 2068. Vgl. zum Erfolgsbegriff auch: Puppe, in: Kindhäuser/Neumann/Paeffgen, StGB Bd. 1, Vor §§ 13 ff Rdnr. 72 ff.

965 Sieber, NJW 1999, 2065, 2068.

966 Sieber, NJW 1999, 2065, 2068.

967 Sieber, NJW 1999, 2065, 2068.

konkreten Gefährdungsdelikte des § 201a Abs. 1 und § 201a Abs. 3 StGB bedeutet das, dass der Erfolgsort dort anzunehmen ist, wo die konkrete Gefährdung des höchstpersönlichen Lebensbereichs eintritt. Werden also Bildinhalte auf einem *Server* in der Bundesrepublik Deutschland abgerufen, so dass eine konkrete Gefährdung des höchstpersönlichen Lebensbereichs des Abgebildeten eintritt, findet das deutsche Strafrecht Anwendung. Dies führt jedoch zu dem Ergebnis, dass die Anwendung des deutschen Strafrechts von dem Zufall abhängt, dass die Verletzung des höchstpersönlichen Lebensbereichs auf dem Territorium der Bundesrepublik Deutschland eintritt. Denn das *Internet* zielt gerade auf die Abrufbarkeit der Daten an jedem Ort der Welt ab. Wie bereits bei den abstrakten Gefährdungsdelikten festgestellt, erscheint auch bei den im *Internet* verwirklichten konkreten Gefährdungsdelikten die Bestimmung des Erfolgsortes anhand der Deliktsart kein geeigneter Anknüpfungspunkt für ein bestimmtes nationales Strafanwendungsrecht. Im Übrigen führen die dargelegten Überlegungen zu dem Ergebnis, dass den im *Internet* verwirklichten abstrakten Gefährdungsdelikten ein tatbestandsmäßiger Erfolg fehlt[968].

c) Anwendung des deutschen Strafrechts anhand von subjektiven Einschränkungen des Ubiquitätsprinzips

Teilweise wird darauf abgestellt, dass der Geltungsbereich des deutschen Strafrechts durch subjektive Kriterien einzuschränken sei. Deutsches Strafrecht sei danach nur anzuwenden, wenn der Täter den Abruf der Daten im Inland in Kauf genommen habe oder ihn durch zielgerichtetes Handeln mit einem finalen Interesse herbeigeführt habe[969]. Dieser Einschränkungsversuch vermag jedoch nicht zu überzeugen. Zum einen wird sich die Absicht, gerade und ausschließlich in Deutschland zu wirken, bei einem extraterritorial handelnden Täter kaum je nachweisen lassen[970]. Vor allem widerspricht dieser Einschränkungsversuch aber dem eindeutigen Wortlaut des § 9 Abs. 1, 3. Alt. StGB. Aus dem folgt nämlich, dass das deutsche Strafrecht jedenfalls nicht für alle Deliktsgruppen gelten kann[971]. Entscheidend ist jedoch aber, dass die Normen des Internationalen Straf-

---

968 Vgl. auch: Leupold/Bachmann/Pelz, MMR 2000, 648, 654.

969 Derksen, NJW 1997, 1878, 1880 f.; Engel, AfP 1996, 220, 226; Hinterseh, JuR-PC 1996, 460, 463; Ringel, CR 1997, 302, 307.

970 Hilgendorf, ZStW 113 (2001), 650, 661; Leupold/Bachmann/Pelz, MMR 2000, 648, 654.

971 Cornils, JZ 1999, 394, 395; Hilgendorf, ZStW 113 (2001), 650, 661; Hilgendorf, NJW 1997, 1873, 1876; MünchKommStGB/Ambos, Bd. 1, § 9 Rdnr. 30.

rechts von ihrer Rechtsnatur her objektive Strafbarkeitsbedingungen[972] sind, dementsprechend aber auch nicht vom Vorsatz des Täters erfasst sein können[973].

d) Anwendung des deutschen Strafrechts anhand von objektiven Anknüpfungspunkten

Von einigen Autoren im Schrifttum werden zur Einschränkung des Anwendungsbereiches des § 9 Abs. 1, 3. Alt. StGB objektive Kriterien herangezogen.

aa) Übernahme der Anknüpfungspunkte des § 7 StGB

Als Orientierungspunkt wird dabei zum einen § 7 StGB vorgeschlagen. Voraussetzung der Geltung des deutschen Strafrechts bei *Internet*straftaten soll zusätzlich zum Eintritt des Erfolgs in Deutschland sein, dass die Tat gegen einen Deutschen begangen worden ist, der Täter zur Zeit der Tat Deutscher war oder es nach der Tat geworden ist, oder dass der Täter zur Zeit der Tat Ausländer war und im Inland betroffen aber nicht ausgeliefert wird[974]. Dadurch soll erreicht werden, dass bei einem im *Internet* verübten Erfolgsdelikt nicht jeder Erfolgseintritt auf deutschem Territorium unmittelbar deutschem Strafrecht unterfällt[975].

Die Nationalität des Opfers oder Täters ist jedoch kein geeigneter Anknüpfungspunkt, um die Anwendbarkeit des deutschen Strafrechts bei Erfolgsdelikten im *Internet* zu begrenzen[976]. Zum einen kann es in diesem Zusammenhang zu Kollisionen mit dem Gleichheitsgrundsatz des Art. 3 Abs. 1 GG[977] kommen[978]. Zu denken ist an den Fall, dass ein Ausländer auf seiner im Ausland abgespeicherten *Internet*seite einen Landsmann beleidigt, der sich gerade in Deutschland aufhält[979]. Im Anschluss an den Anknüpfungspunkt der Nationalität hätte dies in dem konkreten Beispiel zur Folge, dass das deutsche Strafrecht deshalb keine

---

972 Fischer, Vor §§ 3-7 Rdnr. 30; Gribbohm, JR 1998, 177, 179; Jescheck/Weigend, Strafrecht AT, § 18 V; Lackner/Kühl, Vor §§ 3-7 Rdnr. 10; MünchKommStGB/Ambos, Bd. 1, Vor §§ 3-7 Rdnr. 3; Schönke/Schröder/Eser, Vorbem. §§ 3-9 Rdnr. 6; Walter, JuS 2006, 870, 873.

973 MünchKommStGB/Ambos, Bd. 1, Vor §§ 3-7 Rdnr. 3.

974 Breuer, MMR 1998, 141, 144; Lagodny, JZ 2001, 1198, 1200; ablehnend: Hilgendorf, ZStW 113 (2001), 650, 663 f.

975 Breuer, MMR 1998, 141, 144; Lagodny, JZ 2001, 1198, 1200.

976 Hilgendorf, ZStW 113 (2001), 650, 664; Pelz, ZUM 1998, 530, 531.

977 Siehe Gesetzestext in Anhang 1.

978 Hilgendorf, ZStW 113 (2001), 650, 664; Pelz, ZUM 1998, 530, 531.

979 Hilgendorf, ZStW 113 (2001), 650, 664.

Anwendung findet, weil es sich bei dem Tatopfer um einen Ausländer handelt[980]. Im Übrigen führt das bloße Abstellen auf den Deliktstyp des Erfolgsdeliktes zu Wertungswidersprüchen.

bb) Territoriale Spezifizierung als Anknüpfungspunkt

Andere konkretisieren einen derartigen objektiven Anknüpfungspunkt durch die Forderung, dass das Verhalten des Täters einen objektiven territorialen Bezug zum Inland haben muss, wie z.B. aufgrund der Sprache, in der die Inhalte angeboten werden, sich speziell auf deutsche Sachverhalte oder Personen beziehen oder sich ausdrücklich an deutsche Nutzer wenden muss[981].

Im Fall des Cyber-Bullying ist diese Einschränkung jedoch dann ohne Folgen, wenn der Bully durch das Versenden einer E-Mail mit der Bild- oder Videoaufnahme, eventuell auch als Attachment, oder einem gesetzten Link nach Deutschland gerade den erforderlichen Bezug zum Inland hergestellt hat. Fraglich ist dies nur dann, wenn der Empfänger von Inhalten selbst die Daten auf seinen *Rechner* laden muss, nicht dagegen, wenn die Daten zum Empfänger gesendet werden. Beim Versenden einer E-Mail bestimmt der Absender selbst den Zielort seines Handelns. Zwar weiß der Absender unter Umständen nicht, dass der Empfänger der Nachricht in Deutschland sitzt. Dies ist jedoch für die Anwendbarkeit des deutschen Strafrechts nicht von Bedeutung. Ein objektiver Bezug zum Gebiet der Bundesrepublik reicht aus. Das Erfordernis einer territorialen Spezifizierung soll nicht den Täter privilegieren, sondern lediglich die Einmischung in Angelegenheiten anderer Staaten verhindern. Das ist gewährleistet, wenn der Bezug zur Bundesrepublik durch Senden der E-Mail an einen deutschen Empfänger hergestellt ist.

Der Anknüpfungspunkt der territorialen Spezifizierung krankt jedoch daran, dass diese für jeden Einzelfall festzustellen ist. Dies hat nicht nur eine mangelnde Rechtssicherheit zur Folge, sondern ist auch wenig praktikabel[982].

cc) Analoge Anwendung des Prinzips der identischen Norm

Nach anderen Auffassungen soll deutsches Strafrecht nur anwendbar sein, wenn die Tat auch am Handlungsort mit Strafe bedroht ist[983]. Auch dieser Auffassung ist entgegenzuhalten, dass es zur Verletzung des Gleichheitsgrundsatzes aus Art.

---

980 Vgl. auch Hilgendorf, ZStW 113 (2001) 650, 664.

981 Hilgendorf, NJW 1997, 1873, 1876.

982 Breuer, MMR 1998, 141, 144; Leupold/Bachmann/Pelz, MMR 2000, 648, 654.

983 Kienle, S. 173.

3 Abs. 1 GG kommen kann sowie zu Strafverfolgungslücken[984]. Zu denken ist auch hier wieder an den Fall, dass ein Ausländer auf seiner im Ausland abgespeicherten Internetseite einen Landsmann beleidigt und diese Beleidigung von einem *Internet*nutzer in Deutschland gelesen wird[985]. Ist die Beleidigung im Ausland auch unter Strafe gestellt, muss bei Befolgung des Prinzips der identischen Norm die Anwendbarkeit des deutschen Strafrechts bejaht werden[986]. Ein Rückgriff auf die Straffreiheit der Tat am Handlungsort führt jedoch dazu, dass sich der Täter, um straffrei zu bleiben, einfach vor der Tat in ein Land begeben könnte, in dem die von ihm geplante Tat nicht unter Strafe steht[987]. Straflosigkeit der Tat am Handlungsort muss also keineswegs bedeuten, dass der Täter ohne Unrechtsbewusstsein handelt[988].

dd) Eigenständige Auslegung des Erfolgsbegriffs in § 9 StGB

Ausgangspunkt für die Lösung der dargelegten Problematik soll nach *Sieber*[989] eine eigenständige Auslegung des Erfolgsbegriffs in § 9 StGB sein. Der Erfolgsbegriff i.S.d. § 9 StGB erfasst danach neben dem Erfolg i.S.d. allgemeinen strafrechtlichen Tatbestandslehre auch den sog. Tathandlungserfolg, d.h. jede vom Täter verursachte, ihm zurechenbare und im einschlägigen Tatbestand genannte Folge seiner Handlung[990]. Demnach soll als Erfolg im Sinne des § 9 Abs. 1, 3. Alt. StGB auch ein „Tathandlungserfolg" anzuerkennen sein, wenn der Täter zwar im Ausland handelt, die vom Tatbestand beschriebene Handlung sich jedoch im Inland realisiert[991].

Im Hinblick auf Verbreitungs- und Äußerungsdelikte soll der Tathandlungserfolg im *Internet* dann gegeben sein, wenn die Daten durch sog. *Push-Technologien*[992] an Computersysteme in Deutschland übermittelt werden, z.B. durch Versand einer E-Mail oder Speichern der Daten auf einem deutschen *Server*[993]. Kein derartiger Tathandlungserfolg liegt dagegen vor, wenn die Daten auf

984 Hilgendorf, ZStW 113 (2001), 650, 664.
985 Beispiel nach Hilgendorf, ZStW 113 (2001), 650, 665.
986 Hilgendorf, ZStW 113 (2001), 650, 665.
987 Hilgendorf, ZStW 113 (2001), 650, 665.
988 Vgl. auch die ablehnende Auffassung bei Hilgendorf, ZStW 113 (2001), 650, 665.
989 Sieber, NJW 1999, 2065, 2068.
990 Sieber, NJW 1999, 2065, 2068.
991 Sieber, NJW 1999, 2065, 2068 f.
992 Als Push-Technologie wird eine Technologie bezeichnet, bei der der Informationsfluss vom Sender gesteuert wird und der Kommunikationsfluss primär in einer Richtung vom Sender zum Empfänger verläuft.
993 Sieber, NJW 1999, 2065, 2071; Wieczorek, AfP 2012, 14, 17.

einem ausländischen *Server* gespeichert werden und durch dritte Personen im Wege sog. *Pull-Technologien*[994] von Deutschland aus abgerufen werden[995]. In diesem Fall sind die Daten vom Ersteller nur im Ausland, nicht aber auch in Deutschland zugänglich gemacht worden[996].

Dieser Ansatz hat auf das Zugänglichmachen i.S.d. § 201a Abs. 2, 2. Alt. StGB sowie das öffentliche Zurschaustellen in § 33 Abs. 1, 2. Alt. KUG folgende Auswirkung: Eine Bildaufnahme ist i.S.d. § 201a Abs. 2, 2. Alt. StGB in Deutschland zugänglich gemacht sowie i.S.d. § 33 Abs. 1, 2. Alt. KUG öffentlich zur Schau gestellt, wenn sie in Deutschland auf einem *Rechner* abrufbar ist. Dagegen ist deutsches Strafrecht nicht anwendbar, wenn lediglich die Möglichkeit besteht, eine im Ausland gespeicherte *Website* von Deutschland aus abzurufen[997]. Dies führt jedoch zu Wertungswidersprüchen zwischen den Erfolgsdelikten und den abstrakten Gefährdungsdelikten, denn auf Erfolgsdelikte ist dieser Ansatz wegen der sich notwendigerweise im Verletzungserfolg realisierenden Tathandlung nicht übertragbar[998]. Ferner erscheint es kaum sinnvoll, strafrechtsdogmatische Fragen über die Unterscheidung technischer Details zu lösen, da sich die Computertechnik so rasant wandelt, dass die technischen Details von einem Tag auf den anderen überholt sein können[999]. Wesentlich ist jedoch, dass die vorgenommene Unterscheidung keinerlei Anknüpfungspunkt in § 9 Abs. 1 StGB findet[1000].

e) Die Entscheidung des BGH im Fall Töben[1001]

Im Fall Töben äußerte sich der BGH erstmals zum Anwendungsbereich des deutschen Strafrechts im *Internet.* Der Angeklagte, ein australischer Staatsbürger, hatte auf einem australischen *Server* in englischer Sprache rechtsradikale und rassistische Propaganda eingestellt, wobei er unter anderem die massenhafte Ermordung von Juden im Dritten Reich leugnete. Ihm wurde deshalb Beleidigung der überlebenden Juden (§ 185 StGB) in Tateinheit mit Verunglimpfung

---

994 Die Pull-Technologie ist ein Prinzip des WorldWideWeb, bei dem der Nutzer selbst entscheidet, ob, wann und wie lange er eine Website besucht. Das Pull-Prinzip besagt, dass alle Aktionen im WorldWideWeb durch den Nutzer ausgelöst werden, der sich die gewünschten Informationen „heranzieht" (pull).

995 Sieber, NJW 1999, 2065, 2071.

996 Wieczorek, AfP 2012, 14, 17.

997 Vgl. dazu: Sieber, NJW 1999, 2065, 2071.

998 So auch: Leupold/Bachmann/Pelz, MMR 2000, 648, 653.

999 Vgl. auch: Hilgendorf, ZStW 113 (2001), 650, 668.

1000 Hilgendorf, ZStW 113 (2001), 650, 668.

1001 BGH, Urt. v. 12. Dezember 2000 – 1 StR 184/00, BGHSt 46, 212 ff. – Fall Töben.

Verstorbener (§ 189 StGB[1002]) und Volksverhetzung (§ 130 StGB[1003]) vorgeworfen. Die Vorinstanz vertrat den Standpunkt, dass § 185 und § 189 StGB auf die *Internet*publikationen anwendbar seien, da mit dem Zugang der Äußerungen ein tatbestandsmäßiger Erfolg i.S.v. § 9 Abs. 1, 3. Alt. StGB in Deutschland eingetreten sei. Dagegen sei § 9 Abs. 1, 3. Alt. StGB auf die Volksverhetzung als abstraktes Gefährdungsdelikt nicht anwendbar. Da auch andere Anknüpfungspunkte des internationalen Strafrechts von der Vorinstanz nicht als einschlägig angesehen wurden, kam eine Verurteilung wegen Volksverhetzung insofern nicht in Betracht.

Dieser Auffassung folgte der BGH in seiner Entscheidung nicht. Vielmehr sei deutsches Strafrecht auf Grund der ratio legis des § 9 StGB bereits dann anwendbar, wenn

> „es im Inland zu der Schädigung von Rechtsgütern oder zu Gefährdungen kommt, deren Vermeidung Zweck der jeweiligen Strafvorschrift ist.“[1004].

Das Merkmal „zum Tatbestand gehörender Erfolg“ im Sinne des § 9 Abs. 1, 3. Alt. StGB sei nicht im Sinne von der Begriffsbildung der allgemeinen Tatbestandslehre zu ermitteln[1005]. Entsprechende Schutzrichtungen enthielten nicht nur Erfolgsdelikte oder konkrete Gefährdungsdelikte, sondern zumindest auch „abstrakt-konkrete“ bzw. „potentielle Gefährdungsdelikte“. Zwar zählten diese Delikte grundsätzlich zu den abstrakten Gefährdungsdelikten. Da der Gesetzgeber hier jedoch die zu vermeidende Gefährdung im Tatbestand der Norm ausdrücklich bezeichnet habe, seien sie hinsichtlich des Erfolgsortes mit den konkreten Gefährdungsdelikten vergleichbar[1006]. Als zusätzliche Voraussetzung für die Anwendbarkeit des deutschen Strafrechts verlangte der BGH außerdem einen „völkerrechtlich legitimierenden Anknüpfungspunkt“[1007]. Es müsse ein „gewichtiges inländisches Rechtsgut“ betroffen sein, welches

> „objektiv einen besonderen Bezug auf das Gebiet der Bundesrepublik Deutschland aufweist.“[1008].

1002 Siehe Gesetzestext in Anhang 29.

1003 Siehe Gesetzestext in Anhang 29.

1004 BGH, Urt. v. 12. Dezember 2000 – 1 StR 184/00, BGHSt 46, 212, 220 – Fall Töben.

1005 BGH, Urt. v. 12. Dezember 2000 – 1 StR 184/00, BGHSt 46, 212, 220 – Fall Töben; so auch: Schönke/Schröder/Eser, § 9 Rdnr. 6.

1006 BGH, Urt. v. 12. Dezember 2000 – 1 StR 184/00, BGHSt 46, 212, 221 – Fall Töben.

1007 BGH, Urt. v. 12. Dezember 2000 – 1 StR 184/00, BGHSt 46, 212, 224 – Fall Töben.

1008 BGH, Urt. v. 12. Dezember 2000 – 1 StR 184/00, BGHSt 46, 212, 224 – Fall Töben.

III. Stellungnahme

Für die strafrechtlichen Bildnisschutzvorschriften gilt: Unter dem Aspekt des Handlungsortes i.S.v. § 9 Abs. 1, 1. Alt. StGB ist das deutsche Strafrecht nur auf vom Inland aus handelnde Täter des Cyber-Bullying anwendbar.

Schwierig ist die Beurteilung der Anwendbarkeit deutschen Strafrechts unter dem Aspekt des Erfolgsortes i.S.v. § 9 Abs. 1, 3. Alt. StGB. Vor dem Hintergrund des völkerrechtlich garantierten Nichteinmischungsgrundsatzes ist die von einigen Autoren vertretene Auffassung abzulehnen, dass das deutsche Strafrecht auf alle im Sinne des Strafrechts tatbestandsmäßigen Publikationen im *Internet* anwendbar sei.

Die Anwendung des deutschen Strafrechts nach der Differenzierung der Deliktstypen hat zur Folge, dass bei Tätigkeitsdelikten und ihren besonderen Ausprägungen als abstrakte Gefährdungsdelikte, die gerade keinen Erfolgsort kennen, es für Taten im Ausland an einem sinnvollen Anknüpfungspunkt nach § 9 Abs. 1, 3. Alt. StGB fehlt[1009]. Für die Bestimmung des Tatortes ist dann nur der Handlungsort i.S.d. § 9 Abs. 1, 1. Alt. StGB einschlägig[1010]. Lediglich konkrete Gefährdungsdelikte verfügen über einen Erfolgsort i.S.d. § 9 Abs. 1, 3. Alt. StGB[1011]. Dementsprechend wirken bei diesen Delikten die auf deutschem Territorium eintretenden tatbestandsmäßigen Erfolge tatortbegründend. Dies führt jedoch zu dem Risiko einer Zufallsstrafverfolgung. Denn das *Internet* zielt gerade auf die Abrufbarkeit der Daten an jedem Ort der Welt ab. Insgesamt erscheint es deshalb sehr fragwürdig, ob bei Taten im *Internet* für die Bestimmung der Anwendbarkeit des deutschen Strafrechts eine Differenzierung anhand der Deliktstypen für sinnvoll erscheint.

Den Geltungsbereich des deutschen Strafrechts durch subjektive Kriterien einzuschränken, ist nicht überzeugend. Dies folgt zum einen bereits aus dem Wortlaut des § 9 Abs. 1, 3. Alt. StGB, aus dem folgt, dass das deutsche Strafrecht jedenfalls nicht für alle Deliktsgruppen gelten kann[1012]. Entscheidend ist jedoch, dass die Regelungen des Internationalen Strafrechts von ihrer Rechtsnatur her objektive Strafbarkeitsbedingungen sind[1013], auf die sich der Vorsatz des Täters nicht erstrecken kann[1014].

1009 Vgl. FN 941.
1010 Vgl. FN 940.
1011 Vgl. FN 943.
1012 Vgl. FN 971.
1013 Vgl. FN 972.
1014 Vgl. FN 973.

Auch der objektive Anknüpfungspunkt der Nationalität des Opfers oder Täters ist nicht überzeugend, da dies zu Kollisionen mit dem Gleichheitsgrundsatz aus Art. 3 Abs. 1 GG führen kann[1015].

Der objektive Anknüpfungspunkt der territorialen Spezifizierung ist aufgrund seiner geringen Praktikabilität und mangelnden Rechtsklarheit nicht überzeugend[1016].

Der analogen Anwendung des Prinzips der identischen Norm zur Bestimmung der Anwendbarkeit des deutschen Strafrechts ist entgegenzuhalten, dass es auch bei ihr zu einer Verletzung des Gleichheitsgrundsatzes aus Art. 3 Abs. 1 GG kommen kann sowie zu Strafverfolgungslücken[1017].

Eine eigenständige Auslegung des Erfolgsbegriffs in § 9 Abs. 1, 3. Alt. StGB anhand der *Push-* und *Pull-Technologie* ist insofern abzulehnen, da die vorgenommene technische Unterscheidung keinerlei Anknüpfungspunkt in § 9 Abs. 1, 3. Alt. StGB findet[1018]. Im Übrigen ist es kaum sinnvoll eine strafrechtsdogmatische Frage über die Unterscheidung technischer Details zu lösen, da diese aufgrund des rasanten technischen Wandels von heute auf morgen überholt sein können.

Einige Autoren im Schrifttum sind der Auffassung, dass der BGH mit seiner Entscheidung im Fall Töben ein materiell-rechtliches Problem aus dem Internet-Strafrecht abschließend entschieden hat[1019]. Nach der hier vertretenen Auffassung hat der BGH jedoch die Anwendbarkeit des deutschen Strafrechts bei Taten im Internet nur für die abstrakt-konkreten Gefährdungsdelikte gelöst, nicht hingegen für die abstrakten Delikte insgesamt[1020]. Vielmehr bedient er sich lediglich der Auslegungsmethoden zu den abstrakten Gefährdungsdelikten in anderen Strafvorschriften, wie §§ 13, 78a StGB[1021], um mit Hilfe dieses juristischen Kunstgriffes die Strafverfolgung der Volksverhetzung im Sinne des § 130 StGB auf deutschem Territorium zu ermöglichen. Eindeutig ist demnach, dass die Entscheidung von dem politischen Bestreben geprägt ist, rechtsradikaler und nazistischer Propaganda im *Internet* weltweit entgegenzutreten. Aus dogmatischen Gesichtspunkten erscheint die Entscheidung jedoch sehr fragwürdig, da sich der

---

1015 Vgl. FN 978.

1016 Vgl. FN 982.

1017 Vgl. FN 984.

1018 Vgl. FN 1000.

1019 Marberth-Kubicki, Rdnr. 49; vgl. auch: Gerhard Werle/Florian Jeßberger, in: Leipziger Kommentar, StGB Bd. 1, § 9 Rdnr. 101; Rengier, Strafrecht AT, § 6 II Rdnr. 14 ff.; Scheffler, in: Kilian/Heussen, CHB Nr. 101 Rdnr. 8; Stegmann, S. 118 ff.

1020 Siehe auch: Frank, S. 78 f.

1021 Siehe Gesetzestexte in Anhang 29.

BGH unklarer Grundbegriffe bedient[1022]. Diese weite Erfolgsortbestimmung führt jedoch zu einem weiten Anwendungsbereich des deutschen Strafrechts, so dass dieses auf alle im Sinne des Strafrechts tatbestandsmäßigen Publikationen im *Internet* anwendbar ist. Wie bereits zu Anfang dargestellt, führt dies jedoch zu einer weltweiten Allzuständigkeit des deutschen Strafrechts. Darin ist allerdings ein Verstoß gegen die Souveränität der Staaten zu sehen und eine Verletzung des völkerrechtlich garantierten Nichteinmischungsgrundsatzes. Zwar kann diese Allzuständigkeit durch das Kriterium des legitimierenden Anknüpfungspunktes, wie dies auch vom BGH vorgenommen wurde[1023], eingeschränkt werden. Ferner kann die Möglichkeit der Einstellung nach dem Opportunitätsprinzips genutzt werden (§ 153c StPO).

Bei den Delikten, die das Recht am eigenen Bild schützen, wird dies allerdings zur Folge haben, dass die meisten Strafverfahren eingestellt werden. Denn ein wesentliches Problem ist, dass das Unrecht der Bildnisverletzung vor allem im privaten Bereich entweder erst gar nicht durch den Einzelnen wahrgenommen wird oder aber das Recht am eigenen Bild aufgrund des Dranges nach Selbstdarstellung in der Außenwelt, und der damit einhergehenden Einschränkung des Selbstschutzes, als zu wenig schützenswert angesehen wird.

Da das Medium *Internet* und die in ihm geführte Kommunikation sich immer rasanter entwickeln wird und noch mehr Bedeutung im Alltag des Einzelnen gewinnen wird, scheint der Gesetzgeber gefordert zu sein, für den Bereich der *Internet*-Publikationen im Wege einer Ergänzung der §§ 3 ff. StGB Klarheit für die Anwendbarkeit des deutschen Strafrechts herbeizuführen und Kriterien zu definieren, welche einen über die bloße Abrufbarkeit von Deutschland aus hinausgehenden Bezug zum deutschen Territorium herstellen und eine Ausdehnung der deutschen Strafgewalt auf *Internet*-Publikationen rechtfertigen können. Denn die Ausführungen haben gezeigt, dass insbesondere die Regelung des § 9 Abs. 1, 3. Alt. StGB nicht auf Internetdelikte zugeschnitten ist und seine Auslegung zu keinen überzeugenden und Rechtsklarheit schaffenden Ergebnissen führt.

IV. Reformansätze

1. Erweiterung der Kommunikationsdelikte in § 6 StGB

Ein möglicher Reformansatz könnte vor dem Hintergrund des Gebots der Rechtsklarheit sein, den Katalog des § 6 StGB um weitere Kommunikationsde-

---

1022 Vgl. auch die kritischen Stimmen von: Heghmanns, JA 2001, 276, 280; Jeßberger, JR 2001, 432, 434; Koch, GA 2002, 703, 707 f.; Lagdony, JZ 2001, 1198, 1200.

1023 BGH, Urt. v. 12. Dezember 2000 – 1 StR 184/00, BGHSt 46, 212, 224 – Fall Töben.

likte zu erweitern, die als geschütztes Rechtsgut das Recht am eigenen Bild beinhalten. Dem kann jedoch die Beschränkbarkeit des Universalprinzips entgegenstehen. Das Universalprinzip kann nur auf solche Taten beschränkt bleiben, deren Strafwürdigkeit in allen Kulturstaaten anerkannt ist[1024]. Die Erweiterung um ein Kommunikationsdelikt, das den Schutz des Rechts am eigenen Bild beinhaltet, setzt sich jedoch vor dem Hintergrund des Grundrechts der Meinungsfreiheit großen Bedenken aus. Denn die Reichweite dieses Grundrechts ist in zahlreichen Staaten unterschiedlich weit. Deshalb wäre es anmaßend, die deutsche Rechtsordnung zum weltweiten Maßstab zu erheben[1025].

2. Internationale Übereinkommen

Ein weiterer Ansatz können Internationale Übereinkommen sein. An dieser Stelle sei auf die Convention on Cybercrime des Europarates hingewiesen. Dabei handelt es sich um das erste internationale Übereinkommen über kriminelle Erscheinungsformen in Computernetzwerken. Es ist am 1. Juli 2004 in Kraft getreten und wurde im September 2009 auch von Deutschland als 24igsten von 48 Vertragsstaaten ratifiziert[1026]. Das Hauptanliegen der Convention on Cybercrime war, eine gemeinsame und wirksame Kriminalpolitik zu finden, um auf die Herausforderung der Cyberkriminalität angemessen reagieren und die Gesellschaft vor deren Auswüchsen schützen zu können[1027]. Zu diesem Zweck sollen die nationalen Rechtsordnungen vereinheitlicht und harmonisiert und die internationale Zusammenarbeit effektiver ausgestaltet werden[1028]. Die Convention on Cybercrime gibt Vorgaben zum materiellen Strafrecht, zum Strafverfahrensrecht und zur Internationalen Zusammenarbeit. Vorgaben zur Anwendung des nationalen Strafanwendungsrechts gibt sie jedoch nicht. In den Vorgaben zur Internationalen Zusammenarbeit kommt für die nationalen Rechtsordnungen zum Ausdruck, dass die Convention on Cybercrime auch angesichts des dezentralisierten und grenzüberschreitenden Charakters des *Internets* an der staatliche Souveränität

---

1024 Jescheck/Weigend, Strafrecht AT, § 18 II 5; Schönke/Schröder/Eser, Vorbem. §§ 3-9 Rdnr. 19.

1025 So auch: Bremer, 225 ff.; Koch, GA 2002, 703, 709; Lagodny, JZ 2001, 1198, 1200; Lehle, S. 149; Kudlich, StV 2001, 397, 399.

1026 Valerius, K&R 2004, 513.

1027 Valerius, K&R 2004, 513, 514.

1028 Valerius, K&R 2004, 513, 514; vgl. zur Entstehungsgeschichte: Explanatory Report to the Convention on Cybercrime, online abrufbar unter: http://conventions.coe.int/treaty/en/reports/html/185.htm; vgl. zu den Zielen der Convention on Cybercrime: Sanchez-Hermosilla, CR 2003, 774, 775.

festhält[1029]. In Art. 22[1030] verpflichtet die Convention on Cybercrime die Vertragsstaaten zur Begründung eigener Gerichtsbarkeit u.a. dann, wenn die Tat im Inland begangen wird. Für den Fall konkurrierender Strafgewalt enthält Art. 22 Abs. 5 eine Regelung, die die betroffenen Staaten dazu anhält, sich zu einigen, welcher von ihnen am besten in der Lage ist, die Strafverfolgung durchzuführen. Das könnte ein Hinweis darauf sein, dass auch im Bereich des Strafanwendungsrechts an der staatlichen Souveränität festgehalten werden soll.

1029 Valerius, K&R 2004, 513, 515.
1030 Siehe Gesetzestext in Anhang 33.

7. Kapitel: Die Strafbarkeit des Cyber-Bullying in Bezug auf den strafrechtlichen Bildnisschutz gemäß § 33 i.V.m. §§ 22, 23 KUG und die Anwendungs- und Auslegungsprobleme im Rahmen des Cyber-Bullying

Ob das im 4. Kapitel dargelegte Phänomen des Cyber-Bullying für den strafrechtlichen Bildnisschutz gemäß § 33 i.V.m. §§ 22, 23 KUG eine tatsächliche Relevanz hat und welche Anwendungsprobleme diese Strafnorm bei Internetdelikten mit sich bringt, soll Untersuchungsgegenstand des 7. Kapitels sein.

Gemäß § 33 Abs. 1 KUG wird bestraft, wer entgegen den §§ 22, 23 KUG ein Bildnis verbreitet oder öffentlich zur Schau stellt.

A. Tatobjekt = Bildnis

Tatobjekt des § 33 Abs. 1 i.V.m. §§ 22, 23 KUG sind Bildnisse.

I. Definition des Begriffs „Bildnis“

Ein Bildnis im Sinne des § 22 KUG ist ein Personenbildnis, d.h. die Darstellung einer oder mehrerer Personen, die die äußere Erscheinung der abgebildeten Person in einer für Dritte erkennbaren Weise wiedergibt[1031]. Die ständige Rechtsprechung[1032] führt aus, dass ein Bildnis dann vorliegt,

> „wenn die Darstellung dazu bestimmt und geeignet ist, eine Person in ihrer dem Leben nachgebildeten äußeren Erscheinung dem Beschauer vor Augen zu führen und

---

1031 Dreier/Schulze/Dreier, § 22 KUG Rdnr. 1; Götting, in: Schricker/Loewenheim, 4. Aufl., § 60/§ 22 KUG Rdnr. 14; Helle, S. 91; Rehbinder, Rdnr. 857; Schertz, in: Götting/Schertz/Seitz, Handbuch des Persönlichkeitsrechts, § 12 Rdnr. 5; von Strobl-Albeg, in: Wenzel, Kap. 7 Rdnr. 8; Wandtke/Bullinger/Fricke, KUG, § 22 Rdnr. 5.

1032 RG, Urt. v. 21. Dezember 1921 – I 185/21, RGZ 103, 319, 320 – Rausch; BGH, Urt. v. 18. November 2010 – I ZR 119/08 (Absatz-Nr. 13), online abrufbar unter: www.bundesgerichtshof.de - Markt & Leute; BGH, Urt. v. 1. Dezember 1999 – I ZR 226/97, GRUR 2000, 715, 716 – Der blaue Engel; BGH, Urt. v. 1. Dezember 1999 – I ZR 49/97, NJW 2000, 2195, 2200 – Marlene Dietrich I; BGH, Urt. v. 9. Juni 1965 – Ib ZR 126/63, GRUR 1966, 102 – Spielgefährtin; BGH, Urt. v. 10. November 1961 – I ZR 78/60, GRUR 1962, 211 – Hochzeitsbild; OLG Hamburg, Urt. v. 7 Juli 1983 – 3 U 7/83, AfP 1983, 466, 467 – Oktoberfestattentäter; OLG München, Beschl. v. 14. September 2007 – 18 W 1902/07, ZUM 2007, 932, 933; LG Stuttgart, Urt. v. 2. März 1982 – 7 O 516/81, AfP 1983, 292, 293.

> das Aussehen, wie es gerade dieser bestimmten Person eigen ist, im Bild wiederzugeben, wobei es in der Regel die Gesichtszüge sind, die einen Menschen von seinen Mitmenschen unterscheiden und für den Betrachter erkennbar machen. Dabei ist es rechtlich unerheblich, ob die Darstellung gut oder mangelhaft ist oder ob die Ähnlichkeit eine größere oder geringere ist. Von Bedeutung ist allein die Erkennbarkeit des Abgebildeten.“

II. vom Bildnisschutz erfasster Kreis

1. Natürliche Personen

Aus der zuvor dargelegten Definition folgt, dass der Begriff Bildnis i.S.d. § 22 KUG Darstellungen von lebenden, natürlichen Personen erfasst.

2. Schulen und Hochschulen

Beim Cyber-Bullying ist es durchaus denkbar, dass auch Schulen oder Hochschulen Gegenstand einer Abbildung sein können. Können sich diese Einrichtungen aber auf den Schutz des Rechts am eigenen Bild berufen? Die Beantwortung dieser Frage hängt davon ab, welche Rechtsform diese Einrichtungen haben, und ob diese Rechtsform gerade Träger des Rechts am eigenen Bild sein kann.

a) Rechtsstellung

Zunächst ist zu untersuchen, welche Rechtsform die Einrichtungen Schule und Hochschule haben können.

aa) Schulen

Der Begriff Schule ist in allen Landesschulgesetzen legaldefiniert[1033]. Allgemein wird der Begriff in den Landesschulgesetzen dabei wie folgt definiert:

> „Schulen sind auf Dauer bestimmte Einrichtungen, in denen unabhängig vom Wechsel der Lehrkräfte einer Mehrzahl von Schülerinnen und Schülern nach einem in sich geschlossenen Bildungsplan, der individuelles und soziales Lernen miteinander verbindet, in verschiedenen Fächern, Lernbereichen und Sachzusammenhängen Unterricht erteilt wird und bestimmte Bildungs- und Erziehungsziele verfolgt werden.“

1033 Vgl. § 6 Abs. 1 Berliner Schulgesetz; § 2 Nr. 1 Brandenburgisches Schulgesetz; § 127 Abs. 1 und 2 Hessisches Schulgesetz; § 1 Abs. 2 Niedersächsisches Schulgesetz; § 6 Abs. 1 Schulgesetz für Nordrhein-Westfalen; § 6 Abs. 1 Schulgesetz Rheinland-Pfalz; § 3 Abs. 1 Schulordnungsgesetz Saarland; § 2 Abs. 1 Schleswig-Holsteinisches Schulgesetz.

Bei den Schulen ist zwischen den öffentlichen Schulen und den Schulen in freier Trägerschaft, den Privatschulen, zu unterscheiden. Öffentliche Schulen sind ihrer Rechtsstellung nach nichtrechtsfähige öffentliche Anstalten[1034]. Öffentliche Anstalten sind eine Zusammenfassung personeller und sächlicher Mittel in der Hand eines Trägers öffentlicher Verwaltung, die einem öffentlichen Zweck dauernd zu dienen bestimmt sind; sie sind juristische Personen des öffentlichen Rechts[1035]. Schulen in freier Trägerschaft können hingegen von natürlichen Personen und juristischen Personen des privaten oder des öffentlichen Rechts, jedoch nicht vom Land und von den Gemeinden oder Gemeindeverbänden errichtet und betrieben werden[1036].

bb) Hochschulen

Hochschulen sind die Universitäten, die Pädagogischen Hochschulen, die Fachhochschulen und die sonstigen Einrichtungen des Bildungswesens[1037]. Hochschulen dienen entsprechend ihrer Aufgabenstellung der Pflege und der Entwicklung der Wissenschaften und der Künste durch Forschung, Lehre, Studium

---

1034 Vgl. § 23 Abs. 1 Schulgesetz für Baden-Württemberg; Art. 3 Abs.1 Satz 4 Bayerisches Gesetz über das Erziehungs- und Unterrichtswesen; § 7 Abs. 1 Satz 1 Berliner Schulgesetz; § 6 Abs. 1 Brandenburgisches Schulgesetz; § 127a Abs. 2 Satz 1 Hessisches Schulgesetz; § 52 Abs. 1 Schulgesetz für das Land Mecklenburg-Vorpommern; § 1 Abs. 3 Niedersächsisches Schulgesetz; § 6 Abs. 3 Satz 2 Schulgesetz für Nordrhein-Westfalen; § 73 Satz 2 Schulgesetz Rheinland-Pfalz; § 16 Abs. 1 Schulordnungsgesetz Saarland; § 32 Abs. 1 Schulgesetz für den Freistaat Sachsen; § 2 Abs. 2 Satz 2 Schleswig-Holsteinisches Schulgesetz; § 13 Abs. 1 Satz 2 Thüringer Schulgesetz.

1035 Hufen, § 6 II Rdnr. 38 ff.; Pieroth/Schlink, Rdnr. 170 ff..

1036 Vgl. § 2 Abs. 1 Privatschulgesetz Baden-Württemberg; Art. 3 Abs. 2 Satz 1 Bayerisches Gesetz über das Erziehungs- und Unterrichtswesen; § 7 Abs. 4 Satz 2 Berliner Schulgesetz; § 118 Abs. 1 Brandenburgisches Schulgesetz; § 3 Gesetz über das Privatschulwesen und den Privatunterricht Bremen; § 166 Abs. 2 Hessisches Schulgesetz; § 116 Abs. 2 Schulgesetz für das Land Mecklenburg-Vorpommern; § 1 Abs. 4 Niedersächsisches Schulgesetz; § 6 Abs. 5 Schulgesetz für Nordrhein-Westfalen; § 2 Privatschulgesetz Rheinland-Pfalz; § 1 Abs. 1 Privatschulgesetz Saarland; § 2 Abs. 1 SächsFrTrSchulG; § 2 Abs. 3 Schleswig-Holsteinisches Schulgesetz; § 2 Abs. 1 Thüringer Gesetz über Schulen in freier Trägerschaft.

1037 Vgl. § 1 HRG; § 1 Abs. 2 BWLHG; Art. 1 Abs. 2 BayHSchG; §§ 1, 2 BbgHG; § 1 BerlHG; § 1 Abs. 2 Bremisches Hochschulgesetz; § 1 HmbHG; § 2 Abs. 1 Hessisches Hochschulgesetz; § 1 LHG M-V; § 2 NHG; § 1 Hochschulgesetz Nordrhein-Westfalen; § 1 Kunsthochschulgesetz Nordrhein-Westfalen; § 1 Hochschulgesetz Rheinland-Pfalz; § 1 SächsHSG; § 1 HSG LSA; § 1 Hochschulgesetz Schleswig-Holstein; § 1 ThürHG.

und Weiterbildung in einem freiheitlichen, demokratischen und sozialen Rechtsstaat. Sie bereiten auf berufliche Tätigkeiten vor, die die Anwendung wissenschaftlicher Erkenntnisse und wissenschaftlicher Methoden oder die Fähigkeit zu künstlerischer Gestaltung erfordern. Daneben fallen den Hochschulen noch andere Förderungsaufgaben zu[1038]. Hochschulen sind rechtsfähige Körperschaften des öffentlichen Rechts und zugleich staatliche Einrichtungen. Sie können durch Gesetz auch in anderer Rechtsform errichtet oder in andere Rechtsform umgewandelt werden[1039].

b) Träger von Grundrechten

Da Schulen und Hochschulen juristische Personen des öffentlichen Rechts oder des Privatrechts sein können, stellt sich die Frage, ob juristische Personen überhaupt Träger des Rechts am eigenen Bild sein können.

aa) Begriff der juristischen Person[1040]

Den Begriff der juristischen Person hat das einfache Recht ausgeprägt[1041]. Er bezeichnet die Personenmehrheiten und Organisationen, denen das Privatrecht oder auch das öffentliche Recht Rechtspersönlichkeit und Rechtsfähigkeit zuspricht, das heißt die Fähigkeit, Träger von Rechten und Pflichten zu sein[1042]. Er schließt auch die Fähigkeit ein, zu klagen und verklagt zu werden[1043].

1038 Vgl. § 2 Abs. 1 HRG; § 2 BWLHG; Art. 2 BayHSchG; § 3 BbgHG; § 4 BerlHG; § 4 Bremisches Hochschulgesetz; §§ 3, 4 HmbHG; §§ 3, 4 Hessisches Hochschulgesetz; § 3 LHG M-V; § 3 NHG; § 3 Hochschulgesetz Nordrhein-Westfalen; § 3 Kunsthochschulgesetz Nordrhein-Westfalen; § 2 Hochschulgesetz Rheinland-Pfalz; § 2 Universitätsgesetz Saarland; § 2 Kunsthochschulgesetz Saarland; § 1 Hochschulgesetz für Musik Saarland; § 2 Fachhochschulgesetz Saarland; § 5 SächsHSG; § 3 HSG LSA; § 3 Hochschulgesetz Schleswig-Holstein; § 5 ThürHG.

1039 § 8 Abs.1 Satz 1 und 2 BWLHG; Art. 11 Abs. 1 BayHSchG; § 5 Abs. 1 und 2 BbgHG; § 2 Abs. 1 BerlHG; § 2 Abs. 1 Bremisches Hochschulgesetz; § 2 Abs. 1 HmbHG; § 1 Abs. 1 Hessisches Hochschulgesetz; § 2 Abs. 1 LHG M-V; § 1 Abs. 1 NHG; § 2 Abs. 1 Hochschulgesetz Nordrhein-Westfalen; § 2 Abs. 1 Kunsthochschulgesetz Nordrhein-Westfalen; § 6 Abs. 1 Hochschulgesetz Rheinland-Pfalz; § 1 Abs. 1 Universitätsgesetz Saarland; § 1 Abs. 1 Kunsthochschulgesetz Saarland; § 5 Abs. 1 Hochschulgesetz für Musik Saarland; § 1 Abs. 1 Fachhochschulgesetz Saarland; § 2 Abs. 1 SächsHSG; § 2 Abs. 1 Hochschulgesetz Schleswig-Holstein; § 2 Abs. 1 und 2 ThürHG.

1040 Vgl. dazu: Pieroth/Schlink, Rdnr. 157 ff.

1041 Pieroth/Schlink, Rdnr. 158.

1042 Pieroth/Schlink, Rdnr. 158.

1043 Pieroth/Schlink, Rdnr. 158.

bb) Grundrechtsfähigkeit von juristischen Personen des Privatrechts

Gemäß Art. 19 Abs. 3 GG[1044] gelten Grundrechte auch für inländische juristische Personen, soweit sie ihrem Wesen nach auf sie anwendbar sind. Im Rahmen des Art. 19 Abs. 3 GG spielt es dabei keine Rolle, ob die Personenmehrheiten teil- oder vollrechtsfähig sind[1045]. Die wesensmäßige Anwendbarkeit eines Grundrechts hängt entscheidend von der Frage ab, ob die von dem Grundrecht geschützten Tätigkeiten auch von einer juristischen Person selbst ausgeübt werden können[1046]. Dies ist anzunehmen, wenn sich die juristische Person in einer mit einer natürlichen Person vergleichbaren grundrechtstypischen Gefährdungslage befindet[1047]. Das betreffende Grundrecht darf also nicht an die natürliche Qualität des Menschen anknüpfen[1048]. Die Anwendbarkeit des Grundrechts des allgemeinen Persönlichkeitsrechts auf juristische Personen des Privatrechts wird jedoch in der Rechtsprechung des BGH und des BVerfG unterschiedlich behandelt:

aaa) Rechtsprechung des BVerfG[1049]

Das BVerfG hatte im November 2004 über ein Verfahren zu entscheiden, ob einer juristischen Person des Privatrechts das allgemeine Persönlichkeitsrecht bei ungenehmigten Filmaufnahmen von Tierversuchen zusteht. Die Beschwerdeführerin dieses Verfahrens war ein Forschungsinstitut, das Tierversuche im Bereich der Reproduktionstoxologie überwiegend an Affen vornimmt. Ein Journalist war im Jahr 2003 für etwa drei Monate in den Laboren der Beschwerdeführerin als Tierpfleger tätig und stellte in dieser Zeit mit verdeckter Kamera rund 40 Stunden Filmmaterial her, das die Haltung der Affen und den Umgang mit ihnen bei der Durchführung und nach der Durchführung von Versuchen wiedergibt. Aus diesem Filmmaterial wurden Filmbeiträge gefertigt, die durch mehrere Rund-

---

1044 Siehe Gesetzestext in Anhang 1.

1045 Horst Dreier, in: Dreier (Hrsg.), Grundgesetz-Kommentar, Bd. 1, 2. Aufl. 2004, Art. 19 III Rdnr. 44 ff.; Pieroth/Schlink, Rdnr. 162; von Münch/Kunig/Krebs, Art. 19 Rdnr. 33.

1046 Jarass/Pieroth/Jarass, Art. 19 Rdnr. 16; Pieroth/Schlink, Rdnr. 165 ff.; BVerfG, Beschl. v. 26. Mai 1976 – 2 BvR 294/76, BVerfGE 42, 212, 219 – Quick-Entscheidung.

1047 Jarass/Pieroth/Jarass, Art. 19 Rdnr. 16; Pieroth/Schlink, Rdnr. 168; BVerfG, Beschl. v. 2. Oktober 1995 – 1 BvR 1357/94, NJW 1996, 584; BVerfG, Beschl. v. 8. Juli 1982 – 2 BvR 1187/80, BVerfGE 61, 82, 103 ff. – Sasbach; BVerfG, Beschl. v. 7. Juni 1977 – 1 BvR 108, 424/73 und 226/74, BVerfGE 45, 63, 78 f. - Stadtwerke Hameln.

1048 Germann, Jura 2010, 734, 741.

1049 BVerfG, Beschl. v. 18. November 2004 – 1 BvR 2252/04, NJW 2005, 883f. - Tierversuchsbericht.

funkveranstalter im Dezember 2003 ausgestrahlt wurden. Das BVerfG führt im Zusammenhang mit der Anwendbarkeit des allgemeinen Persönlichkeitsrechts auf juristische Personen des Privatrechts aus:

> „Das grundsätzlich durch Art. 2 Abs. 1 i.V.m. Art. 1 Abs. 1 GG geschützte allgemeine Persönlichkeitsrecht gewährleistet den Schutz der Persönlichkeit hinsichtlich solcher Elemente, die nicht Gegenstand der besonderen Freiheitsgarantien des Grundgesetzes sind, diesen aber in ihrer konstituierenden Bedeutung für die Persönlichkeit nicht nachstehen. (.....) Es schützt insbesondere die Selbstbestimmung des Trägers über seine Person und ihr Erscheinungsbild in der Öffentlichkeit. (.....) Umfasst ist der Schutz des Rechts am Bild. (.....) Dieses gewährleistet dem Einzelnen Einfluss- und Entscheidungsmöglichkeiten, soweit es um die Anfertigung und Verwendung von Fotografien oder Aufzeichnungen seiner Person durch andere geht. Das besondere Schutzbedürfnis des Rechts am Bild ergibt sich vor allem aus der Möglichkeit, das Erscheinungsbild eines Menschen von diesem abzulösen, datenmäßig zu fixieren und jederzeit vor einem unüberschaubaren Personenkreis zu reproduzieren.(.....).“[1050]

Den Ausführungen des BVerfG ist zu entnehmen, dass das es die Frage offen gelassen hat, wie weit das allgemeine Persönlichkeitsrecht einer juristischen Person des Privatrechts zusteht und ob dies auch für das Recht am eigenen Bild anzuerkennen ist, sowie die Frage, was ein dem Bildnis einer natürlichen Person vergleichbares Bild einer juristischen Person sein könnte. Zur Anwendbarkeit des Rechts am eigenen Bild auf juristische Personen hat es aber folgende These aufgestellt:

> „Das Recht einer juristischen Person am Bild kann auf keinen Fall weiter reichen als das entsprechende Recht einer natürlichen Person. Eher dürfte der Schutz schwächer sein, da die juristische Person sich anders als die natürliche nicht auch auf den im allgemeinen Persönlichkeitsrecht mitumfassten Schutz der Menschenwürde i.S.d. Art. 1 Abs. 1 GG berufen kann.“[1051]

bbb) Rechtsprechung des BGH[1052]

Im Jahre 1981 hatte der BGH über einen Rechtsstreit zu entscheiden, in dem es um die Verwertung illegal erlangter Informationen ging. Der Beklagte zu 2) hatte sich unter Verschweigen seiner Absicht, nämlich über die Erlebnisse als Mitarbeiter in der Redaktion der Bild-Zeitung in Hannover zu berichten, unter dem

---

1050 BVerfG, Beschl. v. 18. November 2004 – 1 BvR 2252/04, NJW 2005, 883 – Tierversuchsbericht.

1051 BVerfG, Beschl. v. 18. November 2004 – 1 BvR 2252/04, NJW 2005, 883 – Tierversuchsbericht.

1052 BGH, Urt. v. 20. Januar 1981 – VI ZR 162/79, NJW 1981, 1089, 1091 – Wallraff.

Decknamen „Hans Esser“ als Journalist von März bis Juli 1977 von der klagenden Herausgeberin der Bild-Zeitung anstellen lassen. Nach Beendigung des Anstellungsverhältnisses verfasste der Beklagte zu 2) ein Buch, das von dem Beklagten zu 1), einem Verlag, als Taschenbuch *Der Aufmacher. Der Mann, der bei „Bild“ Hans Esser war.* verlegt wurde. Der BGH verneinte ausdrücklich die Anwendbarkeit des allgemeinen Persönlichkeitsrechts auf juristische Unternehmen und führte dazu aus:

> „Weder einem Wirtschaftsunternehmen allgemein noch den öffentlichen Medien kann rechtlich eine absolut geschützte „Intimsphäre“ in dem Sinn eingeräumt werden, wie sie der Persönlichkeit zu ihrer freien Selbstbestimmung zustehen muss. Die für das Recht der Persönlichkeit geltenden Maßstäbe können auf den Schutz der unternehmerischen Betätigung, für den es nicht um personelle Inhalte, sondern um Sicherung wirtschaftlicher Funktionszusammenhänge geht, insoweit nicht herangezogen werden; in diesem Sinne ist die Tätigkeit immer „öffentliche Angelegenheit.“[1053]

ccc) Stellungnahme

Der Rechtsprechung des BGH ist aus den folgenden Überlegungen zuzustimmen: Juristische Personen des Privatrechts verfolgen in aller Regel kommerzielle Interessen. Kommerzielle Interessen haben aber prinzipiell keinen Abwehranspruch gegen Erörterung und Kritik[1054]. Denn in einem Sozialstaat ist Wirtschaft von Rechts wegen öffentliche Angelegenheit[1055]. Es verbietet sich also Unternehmerschutz aus dem Persönlichkeitsrecht herzuleiten[1056]. Zum anderen fehlt es juristischen Personen an der Intimsphäre[1057]. Dementsprechend können Innenräume von Fabrikgebäuden, Geschäftsstellen u.a. fotografiert werden[1058]. Allerdings kann damit nicht ausgeschlossen werden, dass die Menschen, die sich in ihnen befinden, den Schutz gegen Abbildung für sich in Anspruch nehmen können[1059]. Deshalb dürften sich auch das Büro und damit der Arbeitsplatz als grundsätzlich insoweit strafrechtlich geschützter Bereich darstellen[1060].

1053 BGH, Urt. v. 20. Januar 1981 – VI ZR 162/79, NJW 1981, 1089, 1091 – Wallraff.

1054 Kübler, AcP 172, 177, 196.

1055 Kübler, AcP 172, 177, 196.

1056 Kübler, AcP 172, 177, 196.

1057 Flechsig, ZUM 2004, 605, 609; BGH, Urt. v. 21. Januar 1981 – VI ZR 162/79, NJW 1981, 1089, 1091 – Wallraff.

1058 Flechsig, ZUM 2004, 605, 609 f.

1059 Flechsig, ZUM 2004, 605, 610.

1060 Flechsig, ZUM 2004, 605, 610; Helle, JZ 2004, 340, 341f.; BAG, Urt. v. 27. März 2003 – 2 AZR 51/02, JZ 2004, 366, 367.

Das LG Berlin stellte fest, dass juristische Personen kein Recht am eigenen Bild haben, da sie als solche nicht im Sinne des § 22 KUG abgebildet werden können[1061]. Das folgt auch eindeutig aus der amtlichen Begründung zum KUG, nach der unter einem Bildnis *„die Darstellung der Person in ihrer wirklichen, dem Leben entsprechenden Erscheinung"* zu verstehen ist[1062]. Es muss sich also um eine Person, d.h. um einen Menschen handeln, der erkennbar wiedergegeben wird.

cc) Grundrechtsfähigkeit von juristischen Personen des öffentlichen Rechts

Nach ständiger Rechtsprechung des BVerfG[1063] gelten Grundrechte für die juristischen Personen des öffentlichen Rechts grundsätzlich nicht. Denn hinter diesen stehen nicht natürliche Personen, sondern der Staat[1064]. Die verschiedenen staatlichen Funktionsträger sind vom Einzelnen her gesehen nur besondere Erscheinungsformen der einheitlichen Staatsgewalt und könnten nicht gleichzeitig Verpflichtete und Berechtigte der Grundrechte sein[1065]. Eingriffe und Übergriffe im Verhältnis verschiedener staatlicher Funktionsträger sind immer nur Kompetenzkonflikte im weiteren Sinne[1066]. Bei Anerkennung der Grundrechtsfähigkeit der juristischen Personen des öffentlichen Rechts würde eine sinnvolle Ordnung der staatlichen Aufgabenerfüllung und eine Anpassung der Staatsorganisation an

---

1061 LG Berlin, Urt. v. 11. März 2004 – 27 O 45/04, ZUM 2004, 578, 579; vgl. auch: Dreyer in HK-KUG, III, § 22 Rdnr. 3; Prinz/Peters, Rdnr. 825.

1062 Zitiert nach: RG, Urt. v. 21. Dezember 1921 – I 185/21, RGZ 103, 319, 320 – Rausch.

1063 BVerfG, Beschl. v. 20. September 1995 – 1 BvR 597/95, NJW 1996, 1588 f. – Kassenärztliche Vereinigung; BVerfG, Beschl. v. 14. April 1987 – 1 BvR 775/84, BVerfGE 75, 192, 196 - Sparkasse; BVerfG, Beschl. v. 31. Oktober 1984 – 1 BvR 35, 356, 794/82, BVerfGE 68, 193, 205 ff. – Zahntechniker-Innung; BVerfG, Beschl. v. 8. Juli 1982 – 2 BvR 1187/80, BVerfGE 61, 82, 103 ff. - Sasbach; BVerfG, Beschl. v. 2. Mai 1967 – 1 BvR 578/63, BVerfGE 21, 362, 369 ff. - Sozialversicherungsträger; ebenso: BerlVerfGH, Beschl. v. 27. Januar 1999 – VerfGH 66/98, NVwZ 2000, 549 - Studentenschaft; siehe auch: Horst Dreier, in: H. Dreier (Hrsg.), Grundgesetz-Kommentar, Bd. 1, 2. Aufl. 2004, Art. 19 III Rdnr. 57; Ipsen, Staatsrecht II, Rdnr. 64; Jarass/Pieroth/Jarass, Art. 19 Rdnr. 24; Pieroth/Schlink, Rdnr. 170; von Münch/Kunig/Krebs, Art. 19 Rdnr. 47 ff.

1064 Pieroth/Schlink, Rdnr. 170.

1065 Jarass/Pieroth/Jarass, Art. 19 Rdnr. 24; Pieroth/Schlink, Rdnr. 170.

1066 Pieroth/Schlink, Rdnr. 170; BVerfG, Beschl. v. 8. Juli 1982 – 2 BvR 1187/80, BVerfGE 61, 82, 100 ff. – Sasbach; BVerfG, Beschl. v. 2. Mai 1967 – 1 BvR 578/63, BVerfGE 21, 362, 368ff. - Sozialversicherungsträger.

die wechselnden Erfordernisse der wirtschaftlichen, sozialen und kulturellen Entwicklung erheblich erschwert[1067].

Das BVerfG sieht eine grundrechtstypische Gefährdungslage bei juristischen Personen des öffentlichen Rechts ausnahmsweise dann als gegeben an, wenn *„Einrichtungen des Staates ... Grundrechte in einem Bereich verteidigen, in dem sie vom Staat unabhängig sind“*; diese sind dann *„unmittelbar dem durch die Grundrechte geschützten Lebensbereich zuzuordnen“*[1068].

Eine grundrechtstypische Gefährdungslage ist anerkannt bei staatlichen Universitäten und deren Fakultäten in Bezug auf die Wissenschaftsfreiheit[1069], bei öffentlich-rechtlichen Rundfunkanstalten in Bezug auf die Rundfunkfreiheit[1070] und auf das mit ihr in funktionellem Zusammenhang stehende Fernmeldegeheimnis[1071]. Religionsgemeinschaften sind wegen ihrer Sonderstellung unter den Körperschaften des öffentlichen Rechts umfassend grundrechtsberechtigt[1072].

c) Ergebnis

Schulen und Hochschulen können als juristische Personen des Privatrechts und des öffentlichen Rechts nach den zuvor gemachten Ausführungen sich nicht auf das Schutzgut des Rechts am eigenen Bild berufen und demnach auch keinen strafrechtlichen Bildnisschutz gemäß § 33 Abs. 1 i.V.m. §§ 22, 23 KUG beanspruchen.

1067 BVerfG, Beschl. v. 8. Juli 1982 – 2 BvR 1187/80, BVerfGE 61, 82, 100 ff. – Sasbach.

1068 BVerfG, Beschl. v. 9. April 1975 – 2 BvR 879/73, BVerfGE 39, 302, 314 – AOK; BVerfG, Beschl. v. 27. Juli 1971 – 2 BvF 1/68, 2 BvR 702/68, BVerfGE 31, 314, 322 – 2. Rundfunkurteil; siehe auch: Horst Dreier, in: H. Dreier (Hrsg.), Grundgesetz-Kommentar, Bd. 1, 2. Aufl. 2004, Art. 19 III Rdnr. 59; Pieroth/Schlink, Rdnr. 174.

1069 Horst Dreier, in: H.Dreier (Hrsg.), Grundgesetz-Kommentar, Bd. 1, 2. Aufl. 2004, Art. 19 III Rdnr. 60; Jarass/Pieroth/Jarass, Art. 19 Rdnr. 28; BVerfG, Beschl. v. 16. Januar 1963 – 1 BvR 316/60, BVerfGE 15, 256, 262 – Universitäre Selbstverwaltung.

1070 Horst Dreier, in: H. Deier (Hrsg.), Grundgesetz-Kommentar, Bd. 1, 2. Aufl. 2004, Art. 19 III Rdnr. 61; Jarass/Pieroth/Jarass, Art. 19 Rdnr. 28; BVerfG, Beschl. v. 23. März 1988 – 1 BvR 686/86, BVerfGE 78, 101, 102 f. – Eigentumsrecht von Rundfunkanstalten; BVerfG, Beschl. v. 13. Januar 1982 – 1 BvR 848, 1047/77, 916, 1307/78, 350/79 und 475, 902, 965, 1177, 1238, 1461/80, BVerfGE 59, 231, 254 - WDR.

1071 BVerfG, Urt. v. 12. März 2003 – 1 BvR 330/96, 348/99, BVerfGE 107, 299, 310 – Handy-Überwachung.

1072 Horst Dreier, in: H. Dreier (Hrsg.), Grundgesetz-Kommentar, Bd. 1, 2. Aufl. 2004, Art. 19 III Rdnr. 62; Pieroth/Schlink, Rdnr. 175; BVerfG, 13. Dezember 1983 – 2 BvL 13, 14, 15/82, BVErfGE 66, 1, 19 f. – Konkursausfallgeld; BVerfG, Beschl. v. 21. September 1976 – 2 BvR 350/75, BVerfGE 42, 312, 322 - Abgeordnetenmandat.

Allgemein lässt sich in diesem Zusammenhang festhalten, dass von den einzelnen Ausprägungen des allgemeinen Persönlichkeitsrechts jedenfalls diejenigen, die in diesem Sinne vom menschlichen Individuum unablösbar sind, nicht auf juristische Personen anwendbar sind, so also auch nicht das Recht am eigenen Bild[1073]. Andere Ausprägungen des allgemeinen Persönlichkeitsrechts haben sich wiederum so weit von den Individualinteressen natürlicher Personen verselbstständigt, dass sie ihrem Wesen nach auch auf juristische Personen anwendbar sind[1074]. Das trifft etwa auf das Recht am eigenen Wort[1075], auf den Schutz vor unterstellten Äußerungen, auf das Recht am eigenen Namen und auf den Geheimnisschutz zu[1076], nicht jedoch auf das Recht am eigenen Bild.

3. Lehrpersonal

Das Lehrpersonal an Schulen und Hochschulen kann seine Lehrtätigkeit entweder in einem Beamtenverhältnis oder in einem privatrechtlichen Angestelltenverhältnis ausüben.

Es stellt sich also die Frage, ob sich Beamte und Amtsträger, die bei Ausübung ihrer spezifisch hoheitlichen Funktion wiedergegeben sind, auf den Bildnisschutz berufen können. Praktische Bedeutung kommt dieser Frage in Bezug auf die teilweise sehr erniedrigenden Videosequenzen auf YouTube zu, in denen Lehrer als ungewollte Darsteller gerade im Rahmen ihrer Lehrtätigkeit dargestellt werden.

In diesem Zusammenhang wird von *Paeffgen*[1077] die Auffassung vertreten, dass Amtswalter in der öffentlichen Ausübung ihrer spezifisch hoheitlichen Funktionen aus dem Schutzbereich des KUG ausgeschlossen seien und zwar aus den folgenden Gründen: zum einen verliere der Schutzzweck des allgemeinen Persönlichkeitsrechts durch den Handlungsrahmen einen Gutteil seiner Funktionen. Der Schutz des Rechts am eigenen Bild diene der Schaffung eines privaten Freiraumes. Dieser Reservatbereich würde jedoch im Augenblick des öffentlichen Handelns verlassen werden. Zum anderen könne die Fixierung des öffentlichen Handelns von Staatsorganen nicht unzulässig sein, da staatliches Handeln grundsätzlich der öffentlichen Kontrolle unterliege.

1073 Germann, Jura 2010, 734, 741.

1074 Germann, Jura 2010, 734, 741.

1075 Vgl. dazu: BVerfG, 9. Oktober 2002 – 1 BvR 1611/96, 805/98, BVerfGE 106, 28, 43 - Mithörvorrichtung.

1076 Germann, Jura 2010, 734, 741.

1077 Paeffgen, JZ 1979, 516, 517 f..

Diese von *Paeffgen* vertretene Auffassung ist abzulehnen, da sie im Widerspruch mit der Achtung der Menschenwürde aus Art. 1 Abs. 1 GG steht. Denn die Menschenwürde als Mittelpunkt der grundrechtlichen Werteordnung verbietet es gerade, einem eine staatliche Funktion ausübenden Bürger den Bildnisschutz zu verweigern[1078].

Dementsprechend können sich Beamte und Amtsträger, die bei Ausübung ihrer spezifisch hoheitlichen Funktion wiedergegeben sind, auf den Bildnisschutz berufen.

4. Lehrerzimmer

Abbildungen eines Lehrerzimmers sind bereits nach der Bestimmung des Begriffs Bildnis nicht vom Schutz des § 22 KUG erfasst, denn unter einem Bildnis i.S.d. KUG sind ausschließlich Darstellungen von Personen zu verstehen. Die Abbildung von Sachaufnahmen ist nach dem KUG zulässig[1079].

5. Verstorbene

Im Rahmen des Cyber-Bullying können auch Bildaufnahmen von Verstorbenen als Tatobjekte in Betracht kommen. Ob Verstorbene zum geschützten Personenkreis der §§ 22 ff. KUG gehören, wird unterschiedlich behandelt.

Für die Beantwortung dieser Frage ist dabei zunächst zwischen zwei Aufnahmezeitpunkten bei Bildnissen von Verstorbenen zu unterscheiden. Der erste Aufnahmezeitpunkt bezieht sich auf die Erstellung des Bildnisses zu Lebzeiten und die Verbreitung oder öffentliche zur Schaustellung nach dem Tod des Abgebildeten. Der zweite Aufnahmezeitpunkt bezieht sich auf die Erstellung eines Bildnisses sowie Verbreitung nach dem Tod des Abgebildeten, also auf Leichenfotos.

a) Bildnis zu Lebzeiten erstellt

Bildnisse, die zu Lebzeiten von dem Abgebildeten hergestellt wurden, sind auch nach seinem Tod gegen Verbreitung und öffentliche zur Schaustellung vom Schutz der §§ 22 ff. KUG erfasst. Das ergibt sich eindeutig aus dem Wortlaut des § 22 Satz 3 KUG. Danach bedarf es nach dem Tod des Abgebildeten bis

---

1078 Franke, JR 1982, 48, 49; Rebmann, AfP 1982, 189, 193; von Strobl-Albeg, in: Wenzel, Kap. 7 Rdnr. 8.

1079 von Strobl-Albeg, in: Wenzel, Kap. 7 Rdnr. 8; Wandtke/Bullinger/Fricke, KUG, § 22 Rdnr. 21; OLG Köln, Urt. v. 25. Februar 2003 – 15 U 138/02, AfP 2003, 447, 448.

zum Ablauf von 10 Jahren der Einwilligung der Angehörigen des Abgebildeten für die Verbreitung und öffentliche Zurschaustellung.

b) Leichenfotos

In Rechtsprechung und Literatur wird kontrovers diskutiert, ob Leichenfotos vom Bildnisschutz der §§ 22 ff. KUG erfasst sind. Dazu werden die folgenden Auffassungen vertreten:

aa) 1. Auffassung[1080]

Von *von Strobl-Albeg* wird die Auffassung vertreten, dass der Bildnisschutz der §§ 22 ff. KUG keine Abbildungen von Toten erfasst[1081]. Als Begründung führt er an, dass das Recht am eigenen Bild ein besonderes Persönlichkeitsrecht ist[1082]. Das Persönlichkeitsrecht gehe aber mit dem Tode unter[1083], wie den Ausführungen des BVerfG in seiner Mephisto-Entscheidung eindeutig zu entnehmen sei, wenn es dort heißt:

> „(...) Die Fortwirkung eines Persönlichkeitsrechts nach dem Tode ist jedoch zu verneinen, weil Träger dieses Grundrechts nur die lebende Person ist; mit ihrem Tode erlischt der Schutz aus diesem Grundrecht. Das Grundrecht aus Art. 2 Abs. 1 GG setzt die Existenz einer wenigstens potentiell oder zukünftig handlungsfähigen Person als unabdingbar voraus. (...) Die Versagung eines Persönlichkeitsschutzes nach dem Tode stellt keinen Eingriff dar, der die in Art. 2 Abs. 1 GG gewährleistete Handlungs- und Entscheidungsfreiheit beeinträchtigt. (...)“[1084]

Deshalb sei davon auszugehen, dass Abbildungen von Toten keinen Bildnisschutz genießen[1085]. Jedoch greife gegenüber der Verbreitung von Abbildungen von Toten der Schutz der Menschenwürde im Sinne des Art. 1 GG ein, wie sich insbesondere in der strafrechtlichen Sanktionierung der Verunglimpfung des Andenkens Verstorbener im Sinne des § 189 StGB zeige[1086]. Ferner komme eine Verletzung des Persönlichkeitsrechts der Hinterbliebenen in Betracht[1087]. Einen

---

1080 von Strobl-Albeg, in: Wenzel, Kap. 7 Rdnr. 10; vgl. auch: BGH, Urt. v. 1. Dezember 1999 – I ZR 226/97, GRUR 2000, 715, 716 – Der blaue Engel.

1081 von Strobl-Albeg, in: Wenzel, Kap. 7 Rdnr. 10.

1082 von Strobl-Albeg, in: Wenzel, Kap. 7 Rdnr. 10.

1083 von Strobl-Albeg, in: Wenzel, Kap. 7 Rdnr. 10.

1084 BVerfG, Beschl. v. 24. Februar 1971 – 1 BvR 435/68, BVerfGE 30, 173, 194 – Mephisto.

1085 von Strobl-Albeg, in: Wenzel, Kap. 7 Rdnr. 10.

1086 von Strobl-Albeg, in: Wenzel, Kap. 7 Rdnr. 10.

1087 von Strobl-Albeg, in: Wenzel, Kap. 7 Rdnr. 10.

Hinweis hierauf enthält auch § 23 Abs. 2 KUG, nach dem die Befugnis zur Bildnisverbreitung auch entfällt, wenn ein berechtigtes Interesse eines Angehörigen verletzt ist[1088].

bb) 2. Auffassung[1089]

Diese Auffassung geht davon aus, dass Abbildungen von Toten vom Bildnisschutz der §§ 22 ff. KUG erfasst sind. Zwar stelle der Wortlaut des Gesetzes nach dem Tode des Abgebildeten allein auf die Interessen seiner Angehörigen ab[1090]. Dies schließe aber nicht die Berücksichtigung der Fortwirkungen aus dem Bereich des Persönlichkeitsrechts des Verstorbenen aus[1091]. Denn grundsätzlich wird das Bild eines Verstorbenen seinem Intimbereich zugeordnet, so dass seine Veröffentlichung als Bildnis gegen den Willen der Angehörigen ausscheidet[1092]. An dieser Veröffentlichung gibt es in aller Regel kein überwiegendes Informationsinteresse der Öffentlichkeit[1093]. Das gilt grundsätzlich auch für die Opfer von Unglücksfällen und Verbrechen[1094]. Allerdings vertritt diese Auffassung, dass der Bildnisschutz dann zurücktreten muss, wenn die Aussage des Bildes sich nicht darin erschöpft, den dem engsten Intimbereich zuzuordnenden Anblick des Toten wiederzugeben[1095].

1088 von Strobl-Albeg, in: Wenzel, Kap. 7 Rdnr. 10.

1089 Dreier/Schulze/Dreier, § 22 KUG Rdnr. 1; Dreyer in HK-KUG, III, § 22 Rdnr. 4; Götting, in: Schricker/Loewenheim, 4. Aufl., § 60/§ 22 KUG Rdnr. 15; MünchKommBGB/Rixecker, Bd. 1, Anhang zu § 12 Rdnr. 47 ; OLG Hamburg, Urt. v. 7. Juli 1983 – 3 U 7/83, AfP 1983, 466, 467 f. - Oktoberfestattentäter; LG München I, Urt. v. 9. September 1983 – 21 S 7144/83, UFITA 100 (1985), 294, 296.

1090 OLG Hamburg, Urt. v. 7. Juli 1983 – 3 U 7/83, AfP 1983, 466, 467 - Oktoberfestattentäter.

1091 OLG Hamburg, Urt. v. 7. Juli 1983 – 3 U 7/83, AfP 1983, 466, 467 f. - Oktoberfestattentäter.

1092 OLG Hamburg, Urt. v. 7. Juli 1983 – 3 U 7/83, AfP 1983, 466, 468 - Oktoberfestattentäter.

1093 OLG Hamburg, Urt. v. 7. Juli 1983 – 3 U 7/83, AfP 1983, 466, 468 - Oktoberfestattentäter.

1094 OLG Hamburg, Urt. v. 7. Juli 1983 – 3 U 7/83, AfP 1983, 466, 468 – Oktoberfestattentäter.

1095 OLG Hamburg, Urt. v. 7. Juli 1983 – 3 U 7/83, AfP 1983, 466, 468 - Oktoberfestattentäter.

Dies ist immer dann nicht der Fall, wenn der Tod und seine Begleitumstände Teil eines Ereignisses sind, das ein berechtigtes Interesse der Öffentlichkeit hervorgerufen hat und wenn sich dieses berechtigte Interesse der Öffentlichkeit gerade auch auf den Tod selber richtet[1096].

cc) Stellungnahme

Gegen die zuerst genannte Auffassung spricht allerdings der eindeutige Wille des Gesetzgebers. Denn dieser führt in der amtlichen Begründung zum KUG aus, dass der Bildnisschutz auch die Abbildung eines Toten erfassen soll, ebenso eine Totenmaske[1097]. Dies erklärt sich vor dem rechtshistorischen Hintergrund der Bismarck-Entscheidung des RG und der sich daran anschließenden Diskussion in Wissenschaft und Gesetzgebung sowie der darauf folgenden Einführung des Rechts am eigenen Bild[1098]. Nach der hier vertretenen Auffassung werden also auch Leichenfotos vom Bildnisschutz der §§ 22 ff. KUG erfasst.

III. Erkennbarkeit

Frau Bauer ist Lehrerin mit den Fächern Deutsch und Englisch an einer Oberschule. Sie wird auf der *Homepage* des 10.-Klässlers Karsten mit der Bildunterschrift: „meine Englischlehrerin" abgebildet. Auf der Abbildung ist ihre gesamte Person zu erblicken. Auch der Name der Oberschule kann auf der *Homepage* gelesen werden.

Für das Vorliegen eines Bildnisses i.S.v. § 22 KUG und damit für das Eingreifen des Bildnisschutzes ist die Erkennbarkeit des einzelnen Abgebildeten entscheidend[1099]. Dies wird als ungeschriebene Tatbestandsvoraussetzung angenommen[1100].

1096 OLG Hamburg, Urt. v. 7. Juli 1983 – 3 U 7/83, AfP 1983, 466, 468 – Oktoberfestattentäter; vgl. auch das Urteil im Fall Uwe Barschel, SchweizBG, Kassationshof, Urt. v. 10. Juli 1992 – 6 S. 392/1991/NB – gegen die Entscheidung des StrK des Gerichtshofs des Kanton Genf v. 24. Juni 1991, NJW 1994, 504, 505.

1097 Vgl. von Strobl-Albeg, in: Wenzel, Kap. 7 Rdnr. 9.

1098 von Strobl-Albeg, in: Wenzel, Kap. 7 Rdnr. 9.

1099 Dreier/Schulze/Dreier, § 22 KUG Rdnr. 3; Götting, in: Schricker/Loewenheim, 4. Aufl., § 60/§ 22 KUG Rdnr. 16 ff.; Helle, S. 93 ff.; Löffler/Ricker, Kap. 43 Rdnr. 4; Rehbinder, Rdnr. 857; Schertz, in: Götting/Schertz/Seitz, Handbuch des Persönlichkeitsrechts, § 12 Rdnr. 7; Schertz, Rdnr. 311; Wandtke/Bullinger/Fricke, KUG, § 22 Rdnr. 6; BGH, Urt. v. 26. Juni 1979 – VI ZR 108/78, GRUR 1979, 732, 733 – Fußballtor; BGH, Urt. v. 2. Juli 1974 – VI ZR 121/73, GRUR 1975, 561, 562 – Nacktaufnahmen; OLG Frankfurt, Urt. v. 12. Juli 1991 – 25 U 87/90, NJW 1992, 441, 442; OLG

Die Erkennbarkeit des Abgebildeten muss sich aus den personenbezogenen Bildelementen ergeben[1101]. In der Regel sind es die Gesichtszüge[1102], die einen Menschen erkennbar machen. Im Fall von Frau Bauer würde also die Abbildung ihrer Gesichtzüge für ihre Erkennbarkeit ausreichen.

Allerdings ist die Wiedergabe der Gesichtszüge keine notwendige Voraussetzung des Bildnisschutzes, vielmehr genügt es, dass der Abgebildete durch Merkmale erkennbar ist, die sich aus dem Bild ergeben die ihm gerade eigen sind, wie beispielsweise Körpersilhouette, Statur, Haltung oder Haarschnitt[1103]. Frau Bauer könnte also auf dem Ganzkörperfoto, wenn nicht durch ihre Gesichtszüge, so doch durch ihren Habitus erkennbar sein.

Die Erkennbarkeit des Abgebildeten soll sich aber auch aus begleitenden Umständen ergeben können, die neben oder außerhalb einer Abbildung liegen[1104]. Auch wenn die Abbildung für sich genommen keine Identifizierung des

---

München, Beschl. v. 14. September 2007 – 18 W 1902/07, ZUM 2007, 932, 933; LG Berlin, Urt. v. 29. Juni 1995 – 20 O 67/95, AfP 1997, 732, 733.

1100 Schertz, in: Götting/Schertz/Seitz, Handbuch des Persönlichkeitsrechts, § 12 Rdnr. 7.

1101 Dreier/Schulze/Dreier, § 22 KUG Rdnr. 3; Götting, in: Schricker/Loewenheim, 4. Aufl., § 60/§ 22 KUG Rdnr. 16; Wandtke/Bullinger/Fricke, KUG, § 22 Rdnr. 6; BGH, Urt. v. 1. Dezember 1999 – I ZR 226/97, GRUR 2000, 715, 717 – Der blaue Engel; BGH, Urt. v. 26. Juni 1979 – VI ZR 108/78, GRUR 1979, 732, 733 - Fußballtor; KG, Beschl. v. 5. September 2006 – 9 W 127/06, AfP 2006, 567 f.

1102 Dreier/Schulze/Dreier, § 22 KUG Rdnr. 3; Dreyer in HK-UrhR, III, § 22 KUG Rdnr. 7; Götting, in: Schricker/Loewenheim, 4. Aufl., § 60/§ 22 KUG Rdnr. 16; Schertz, in: Götting/Schertz/Seitz, Handbuch des Persönlichkeitsrechts, § 12 Rdnr. 7; Wandtke/Bullinger/Fricke, KUG, § 22 Rdnr. 6; BGH, Urt. v. 9. Juni 1965 – Ib ZR 126/63, NJW 1965, 2148, 2149 – Spielgefährtin; OLG München, Beschl.v. 14. September 2007 – 18 W 1902/07, ZUM 2007, 932, 933.

1103 Dreier/Schulze/Dreier, § 22 KUG Rdnr. 3; Götting, in: Schricker/Loewenheim, 4. Aufl., § 60/§ 22 KUG Rdnr. 16; Schertz, in: Götting/Schertz/Seitz, Handbuch des Persönlichkeitsrechts, § 12 Rdnr. 7; von Strobl-Albeg, in: Wenzel, Kap. 7 Rdnr. 13; Wandtke/Bullinger/Fricke, KUG § 22 Rdnr. 6; BGH, Urt. v. 26. Juni 1979 – VI ZR 108/78, GRUR 1979, 732, 733 - Fußballtor; OLG Hamburg, Urt. v. 16. April 1987 – 3 U 210/86, AfP 1987, 703, 704; OLG Karlsruhe, Urt. v. 6. Juli 2001 – 14 U 71/00, ZUM 2001, 883, 887; OLG München, Beschl. v. 14. September 2007 – 18 W 1902/07, ZUM 2007, 932, 933; LG Berlin, Urt. v. 29. Juni 1995 – 20 O 67/95, AfP 1997, 732, 733; LG Bremen, Urt. v. 15. September 1993 – 5 O 1374/93b, GRUR 1994, 897 f. – Fotoausschnitt.

1104 Dreier/Schulze/Dreier, § 22 KUG Rdnr. 3; Götting, in: Schricker/Loewenheim, 4. Aufl., § 60/§ 22 KUG Rdnr. 16 ff.; Schertz, in: Götting/Schertz/Seitz, Handbuch des Persönlichkeitsrechts, § 12 Rdnr. 7; von Strobl-Albeg, in: Wenzel, Kap. 7 Rdnr. 14; OLG Frankfurt, Urt. v. 12. Juli 1991 – 25 U 87/90, NJW 1992, 441, 442; a.A.: Hoch-

Abgebildeten ermöglicht, bejaht die Rechtsprechung die Erkennbarkeit beispielsweise etwa infolge eines Zusammenhangs mit früheren Veröffentlichungen[1105], bei paralleler Namensangabe[1106], bei der Identifizierbarkeit über eine mitabgebildete Person[1107] oder Sachen[1108] oder bei sonstigen Hinweisen im Text, die Rückschlüsse auf die abgebildete Person zulassen[1109]. Im genannten Beispielsfall könnte Frau Bauer, auch wenn das Bild durch technische Hilfen entindividualisiert worden wäre, auch durch die Bildunterschrift identifiziert werden sowie durch die Angabe der Schule auf Karstens *Homepage*.

Wie ist nun aber, in dem im 1. Kapitel genannten Fall von Miriam, die Erkennbarkeit zu beurteilen, wenn auf den Abbildungen lediglich nackte Körperteile von Miriam zu erkennen sind, die allerdings aufgrund des Fehlens von bestimmten Merkmalen keine Identifizierung von Miriams Person zulassen? Mangelt es an der Erkennbarkeit bei Nacktaufnahmen oder pornographischen Darstellungen, dann ist ein Bildnis im Sinne des § 22 KUG zu verneinen. Allerdings ist bei einem Nacktfoto oder pornographischen Bildnissen die Verbreitung auch ohne Erkennbarkeit unter dem Gesichtspunkt der Persönlichkeitsverletzung rechtswidrig[1110]. Dies vor dem Hintergrund, dass die Anonymität unter Umständen doch gelüftet werden kann[1111].

---

rathner, ZUM 2001, 669, 671; Wandtke/Bullinger/Fricke, KUG, § 22 Rdnr. 6; OLG Karlsruhe, Beschl. v. 28. Juli 2004 – 6 U 39/04, GRUR 2004, 1058 – Bildfragment.

1105 BGH, Urt. v. 26. Juni 1979 – VI ZR 108/78, GRUR 1979, 732, 733 - Fußballtor; OLG Hamburg, Beschl. v. 6. Januar 1993 – 3 W 2/93, NJW-RR 1993, 923 f.

1106 BGH, Urt. v. 9. Juni 1965 – Ib ZR 126/63, NJW 1965, 2148, 2149 - Spielgefährtin; BGH, Urt. v. 10. November 1961 – I ZR 78/60, GRUR 1962, 211 – Hochzeitsbild; OLG Hamburg, Urt. v. 7. Juli 1983 – 3 U 7/83, AfP 1983, 466, 467 - Oktoberfestattentäter; vgl. auch: Schertz, in: Götting/Schertz/Seitz, Handbuch des Persönlichkeitsrechts, § 12 Rdnr. 7.

1107 OLG Frankfurt, Urt. v. 12. Juli 1991 – 25 U 87/90, NJW 1992, 441, 442.

1108 OLG Düsseldorf, Urt. v. 30. September 1969 – 20 U 80/69, GRUR 1970, 618 f. – Schleppjagd; OLG Nürnberg, Urt. v. 26. Oktober 1971 – 3 U 68/71, GRUR 1973, 40, 41 – Kunstflieger.

1109 Dreyer in HK-UrhR, III, § 22 KUG Rdnr. 7; Prinz/Peters, Rdnr. 827; Schertz, in: Götting/Schertz/Seitz, Handbuch des Persönlichkeitsrechts, § 12 Rdnr. 7; Wanckel, Rdnr. 127; OLG München, Urt. v. 21. Dezember 1981 – 21 U 3951/81, AfP 1983, 276, 277 – Liebesschule.

1110 von Strobl-Albeg, in: Wenzel, Kap. 7 Rdnr. 13; BGH, Urt. v. 2. Juli 1974 – VI ZR 121/73, NJW 1974, 1947, 1948 – Nacktaufnahme; OLG Stuttgart, Urt. v. 30. Januar 1987 – 2 U 195/86, AfP 1987, 693, 694.

1111 von Strobl-Albeg, in: Wenzel, Kap. 7 Rdnr. 13; BGH, Urt. v. 2. Juli 1974 – VI ZR 121/73, NJW 1974, 1947, 1948 – Nacktaufnahme; OLG Stuttgart, Urt. v. 30. Januar 1987 – 2 U 195/86, AfP 1987, 693, 694.

Eine wichtige Frage ist, auf welche Sicht bei der Beurteilung der Erkennbarkeit abzustellen ist. Für die Erkennbarkeit ist das Verständnis des Durchschnittslesers oder –betrachters unerheblich[1112]. Vielmehr ist für die Beurteilung der Erkennbarkeit die Sicht des Abgebildeten maßgeblich[1113]. Danach ist es für die Bejahung der Erkennbarkeit ausreichend, wenn der Abgebildete begründeten Anlass zur Annahme hat, dass er als Abgebildeter identifiziert werden könne[1114]. Die Identifizierbarkeit im engeren Familien- und Freundeskreis genügt nicht[1115]. Vielmehr muss sich die Erkennbarkeit aus einem mehr oder minder großen Bekanntenkreis des Abgebildeten ergeben[1116]. Das heißt, die Erkennbarkeit muss mindestens für einen Personenkreis vorhanden sein, den der Betroffene nicht mehr ohne weiteres selbst unterrichten kann[1117]. Abzustellen ist dabei auf den Schutzzweck des § 22 KUG, welcher die Persönlichkeit davor bewahren will, gegen ihren Willen in Gestalt der Abbildung für andere verfügbar zu werden[1118].

1112 Schertz, in: Götting/Schertz/Seitz, Handbuch des Persönlichkeitsrechts, § 12 Rdnr. 8; von Strobl-Albeg, in: Wenzel, Kap. 7 Rdnr. 15; Wandtke/Bullinger/Fricke, KUG, § 22 Rdnr. 6.

1113 Eine andere Ansicht vertritt Götting, S. 27. Dort heißt es: „Ob die erforderliche Erkennbarkeit zu bejahen ist, richtet sich allein nach dem Empfängerhorizont, das heißt, es ist darauf abzustellen, welcher Eindruck beim Betrachter erweckt wird.“.

1114 Dreier/Schulze/Dreier, KUG § 22 Rdnr.4; Dreyer in HK-UrhR, III, § 22 KUG Rdnr. 6; Prinz/Peters, Rdnr. 827; Schertz, in: Götting/Schertz/Seitz, Handbuch des Persönlichkeitsrechts, § 12 Rdnr. 8; von Strobl-Albeg, in: Wenzel, Kap. 7 Rdnr. 15; Wandtke/Bullinger/Fricke, KUG, § 22 Rdnr. 6; BGH, Urt. v. 26. Januar 1971 – VI ZR 95/70, NJW 1971, 698, 700, NJW 1971, 698, 700 - Pariser Liebestropfen; OLG München, 21. Januar 1998 – 21 U 6238/97, AfP 1999, 351, 352; OLG München, 21. Dezember 1981 – 21 U 3951/81, AfP 1983, 276, 277 - Liebesschule.

1115 Wandtke/Bullinger/Fricke, KUG, § 22 Rdnr. 6.

1116 Götting, in: Schricker/Loewenheim, 4. Aufl., § 60/§ 22 KUG Rdnr. 25; Löffler/Ricker, Kap. 43 Rdnr. 5; Schertz, in: Götting/Schertz/Seitz, Handbuch des Persönlichkeitsrechts, § 12 Rdnr. 8; von Strobl-Albeg, in: Wenzel, Kap. 7 Rdnr. 15; BGH, Urt. v. 26. Juni 1979 – VI ZR 108/78, GRUR 1979, 732, 733 – Fußballtor.

1117 Dreier/Schulze/Dreier, KUG § 22 Rdnr. 4; Fricke, AfP 2005, 335 f.; Götting, in: Schricker/Loewenheim, 4. Aufl., § 60/§ 22 KUG Rdnr. 25; von Strobl-Albeg, in: Wenzel, Kap. 7 Rdnr. 15; Wandtke/Bullinger/Fricke, KUG, § 22 Rdnr. 6; LG Köln, Urt. v. 3. November 2004 – 28 O 731/03, AfP 2005, 81, 82.

1118 Dreier/Schulze/Dreier, § 22 KUG Rdnr. 4; Götting, in: Schricker/Loewenheim, 4. Aufl., § 60/§ 22 KUG Rdnr. 25; Prinz/Peters, Rdnr. 827; Schertz, in: Götting/Schertz/Seitz, Handbuch des Persönlichkeitsrechts, § 12 Rdnr. 8; von Strobl-Albeg, in: Wenzel, Kap. 7 Rdnr. 15; BGH, Urt. v. 26. Juni 1979 – VI ZR 108/78, NJW 1979, 2205 - Fußballtor; OLG Hamburg, Urt. v. 28. März 1991 – 3 U 262/90, NJW-RR 1992, 536 f.

Nicht erforderlich ist ein Beweis, dass Außenstehende die abgebildete Person tatsächlich erkannt haben[1119].

Für die Beurteilung der Erkennbarkeit kommt es nicht darauf an, ob der Abbildende die Erkennbarkeit des Abgebildeten tatsächlich beabsichtigt hat[1120]. Dies begründet bereits *Hirsch*[1121] sehr anschaulich, indem er wie folgt ausführt:

> „Meines Erachtens ist die Abstellung auf den Zweck der Darstellung im Sinne des Kunstschutzgesetzes unrichtig. Die Wiedergabe eines Menschen, die Schöpfung eines Bildnisses oder einer Photographie ist das Recht eines jeden, der Ausfluß der allgemeinen Betätigungsfreiheit. Das Gesetz von 1907 hat den Zweck, die allgemeine Betätigungsfreiheit dort einzuschränken, wo sie die Individualzone eines anderen berührt. Darum darf man zur Festlegung der Begriffe dieses Gesetzes nicht vom Verletzenden und seiner Willensrichtung ausgehen, sondern muss auf den allein verbotenen Erfolg abstellen. Es kommt daher meiner Ansicht nach in erster Linie auf den Erfolg an und das entspricht auch der Verkehrsanschauung des Wortes „Bildnis". Der Ausgang vom Zwecke des Herstellers widerspricht der Verkehrsauffassung, da das Wort „Bildnis" nur den Erfolg kennzeichnet, nämlich die Wiedergabe einer Person."[1122]

Das RG sah dies in seiner Rausch-Entscheidung[1123] noch anders. Es ging davon aus, dass es darauf ankomme, dass die Darstellung nicht nur geeignet, sondern auch dazu bestimmt ist, dem Betrachter die Person des Abgebildeten vor Augen zu führen. Diese Rechtsprechung verfolgte der BGH noch in seiner Spielgefährtin-Entscheidung[1124] aus dem Jahre 1965, um sie dann in seiner Fußballtor-Entscheidung[1125] aus dem Jahre 1979 aufzugeben. Dies zu Recht, wie bereits die Ausführungen von *Hirsch* zeigen.

IV. Medium der Darstellung

Im 1. Kapitel sind bereits die Extremfälle des Cyber-Bullying in Form der Pornomontagen oder fingierten Hinrichtungsvideos, in denen der unliebsame Kopf eines Lehrers rollt, dargestellt worden.

1119 Schertz, in: Götting/Schertz/Seitz, Handbuch des Persönlichkeitsrechts, § 12 Rdnr. 8.

1120 Dreier/Schulze/Dreier, KUG § 22 Rdnr. 3; von Strobl-Albeg, in: Wenzel, Kap. 7 Rdnr. 21.

1121 Hirsch, S. 1 ff.

1122 Hirsch, S. 15f.

1123 RG, Urt. v. 21. Dezember 1921 – I 185/21, RGZ 103, 319, 320 – Rausch.

1124 BGH, Urt. v. 9. Juni 1965 – Ib ZR 126/63, NJW 1965, 2148, 2149 – Spielgefährtin.

1125 BGH, Urt. v. 26. Juni 1979 – VI ZR 108/78, NJW 1979, 2205 – Fußballtor.

Grundsätzlich sind vom Bildnisbegriff sämtliche Projektionen erfasst, durch die das äußere Erscheinungsbild dargestellt werden kann[1126]. Dabei ist es völlig unerheblich durch welche Darstellungsform dies geschieht[1127]. In Betracht kommen also Zeichnungen[1128], Gemälde[1129], Skulpturen[1130], Totenmasken[1131] und insbesondere Abbildungen durch Foto und Film[1132]. Es kommt auch nicht auf die technische Art der Darstellung an. Umfasst werden deshalb vom Bildnisschutz auch die Abbildung auf einer Medaille[1133], in Karikaturen[1134], durch Zei-

---

1126 Dreier/Schulze/Dreier, § 22 KUG Rdnr. 1; Götting, in: Schricker/Loewenheim, 4. Aufl., § 60/§ 22 KUG Rdnr. 15; Schertz, in: Götting/Schertz/Seitz, Handbuch des Persönlichkeitsrechts, § 12 Rdnr. 5; von Strobl-Albeg, in: Wenzel, Kap. 7 Rdnr. 20; Wandtke/Bullinger/Fricke, KUG, § 22 Rdnr. 5; OLG Dresden, Urt. v. 16. April 2010 – 4 U 127/10, ZUM 2010, 587 – Werbung für Welterbe; LG Stuttgart, Urt. v. 2. März 1982 – 7 O 516/81, AfP 1983, 292, 293.

1127 Dreier/Schulze/Dreier, § 22 KUG Rdnr. 1; Dreyer in HK-UrhR, III, § 22 KUG Rdnr. 5; Götting, in: Schricker/Loewenheim, 4. Aufl., § 60/§ 22 KUG Rdnr. 15; Schertz, in: Götting/Schertz/Seitz, Handbuch des Persönlichkeitsrechts, § 12 Rdnr. 5; von Strobl-Albeg, in: Wenzel, Kap. 7 Rdnr. 20; Wandtke/Bullinger/Fricke, KUG, § 22 Rdnr. 5; BGH, Urt. v. 1. Dezember 1999 – I ZR 49/97, NJW 2000, 2195, 2200 -Marlene Dietrich I.

1128 Dreier/Schulze/Dreier, § 22 KUG Rdnr. 1; Dreyer in HK-UrhR, III, § 22 KUG Rdnr. 10; Schertz, in: Götting/Schertz/Seitz, Handbuch des Persönlichkeitsrechts, § 12 Rdnr. 5; BGH, Urt. v. 1. Dezember 1999 – I ZR 49/97, NJW 2000, 2195, 2200 - Marlene Dietrich I; LG München I, Urt. v. 10. Juli 1996 – 21 O 23932/95, AfP 1997, 559, 560 - Meister Eder.

1129 Dreier/Schulze/Dreier, § 22 KUG Rdnr. 1; Götting, in: Schricker/Loewenheim, 4. Aufl., § 60/§ 22 KUG Rdnr. 15; Schertz, in: Götting/Schertz/Seitz, Handbuch des Persönlichkeitsrechts, § 12 Rdnr. 5; von Strobl-Albeg, in: Wenzel, Kap. 7 Rdnr. 20; OLG Dresden, Urt. v. 16. April 2010 – 4 U 127/10, ZUM 2010, 587 – Werbung für Welterbe.

1130 Dreier/Schulze/Dreier, § 22 KUG Rdnr. 1; Götting, in: Schricker/Loewenheim, 4. Aufl., § 60/§ 22 KUG Rdnr. 15; Schertz, in: Götting/Schertz/Seitz, Handbuch des Persönlichkeitsrechts, § 12 Rdnr. 5; Wandtke/Bullinger/Fricke, KUG, § 22 Rdnr. 5.

1131 Dreier/Schulze/Dreier, § 22 KUG Rdnr. 1; Götting, in: Schricker/Loewenheim, 4. Aufl., § 60/§ 22 KUG Rdnr. 15.

1132 Dreier/Schulze/Dreier, § 22 KUG Rdnr. 1; Götting, S. 26; Schertz, in: Götting/Schertz/Seitz, Handbuch des Persönlichkeitsrechts, § 12 Rdnr. 5; von Strobl-Albeg, in: Wenzel, Kap. 7 Rdnr. 20; Wandtke/Bullinger/Fricke, KUG, § 22 Rdnr. 5.

1133 Dreier/Schulze/Dreier, § 22 KUG Rdnr. 1; Götting, in: Schricker/Loewenheim, 4. Aufl., § 60/§ 22 KUG Rdnr. 15; Wandtke/Bullinger/Fricke, KUG, § 22 Rdnr. 5.

1134 Dreier/Schulze/Dreier, § 22 KUG Rdnr. 1; Dreyer in HK-UrhR, III, § 22 KUG Rdnr. 10; Hirsch, S. 54 ff.; Schertz, in: Götting/Schertz/Seitz, Handbuch des Persönlichkeitsrechts, § 12 Rdnr. 5; von Strobl-Albeg, in: Wenzel, Kap. 7 Rdnr. 20; Wandtke/Bullinger/Fricke, KUG, § 22 Rdnr. 5.

chentrickfilme[1135], als Puppe[1136] oder als Computerspiel-Figur[1137] sowie als bloße Silhouette[1138]. Entscheidend ist allein, dass die äußere Erscheinung einer Person in einer für Dritte erkennbaren Weise wiedergegeben wird.

Vor diesem Grundsatz stellt sich die Frage, ob die genannten Foto- und Videomontagen als Medium der Darstellung vom Bildnisbegriff des § 22 KUG erfasst sind. Die Bedeutung dieses Mediums der Darstellung sollen die folgenden beiden Fälle verdeutlichen: Herr Meier hat sich durch die Benotung in Latein unbeliebt gemacht[1139]. Schüler beschafften sich ein Bild des von ihnen verhassten Lehrers, nahmen dann das animierte Video einer Hinrichtung und fügten das Gesicht des Lehrers ein[1140]. Das Video zeigt ihn nun beim Entlanglaufen einer Straße[1141]. Ein Gewehr taucht auf, ein Schuss trifft den Mann in den Kopf. Der Kopf platzt blutspritzend und rollt auf die Straße[1142]. Die Szenerie wird mit düsterer Musik der „Böhsen Onkelz" untermalt[1143].

In einem anderen Fall montierten Schüler das Bild ihrer Lehrerin in einem im Schulbereich spielenden Pornofilm und veröffentlichten diesen im *Internet*.

Bei Foto- und Videomontagen handelt es sich um ein manipuliertes Bild, auf dem der Abgebildete nicht so gezeigt wird, wie er in Wirklichkeit aussieht, bei der aber zugleich der Betrachter über diesen Umstand getäuscht wird[1144]. Die Fotomontage setzt also Teile verschiedener fotografischer Aufnahmen zu einem neuen Bild zusammen. Foto- und Videomontagen werden vom Bildnisbegriff des § 22 KUG erfasst[1145]. Denn für das Merkmal der Erkennbarkeit in § 22 KUG

1135 Dreier/Schulze/Dreier, § 22 KUG Rdnr. 1; von Strobl-Albeg, in: Wenzel, Kap. 7 Rdnr. 20; Wandtke/Bullinger/Fricke, KUG, § 22 Rdnr. 5; LG München I, Urt. v. 10. Juli 1996 – 21 O 23932/95, AfP 1997, 559, 560 – Meister Eder.

1136 Götting, in: Schricker/Loewenheim, 4. Aufl., §60/§ 22 KUG Rdnr. 15; Schertz, in. Götting/Schertz/Seitz, Handbuch des Persönlichkeitsrechts, § 12 Rdnr. 5; von Strobl-Albeg, in: Wenzel, Kap. 7 Rdnr. 20; Wandtke/Bullinger/Fricke, KUG, § 22 Rdnr. 5.

1137 Wandtke/Bullinger/Fricke, KUG, § 22 Rdnr. 5; OLG Hamburg, Urt. v. 13. Januar 2004 – 7 U 41/03, ZUM 2004, 309 ff.

1138 Dreier/Schulze/Dreier, § 22 KUG Rdnr. 1; Wandtke/Bullinger/Fricke, KUG, § 22 Rdnr. 5; KG, Beschl. v. 22. August 2006 – 9 W 114/06, ZUM 2007, 60.

1139 Eberspächer (2007).

1140 Eberspächer (2007).

1141 Eberspächer (2007).

1142 Eberspächer (2007).

1143 Eberspächer (2007).

1144 OLG Dresden, Urt. v. 16. April 2010 – 4 U 127/10, ZUM 2010, 597, 600 – Werbung für Welterbe.

1145 Schertz, in: Götting/Schertz/Seitz, Handbuch des Persönlichkeitsrechts, § 12 Rdnr. 5; von Strobl-Albeg, in: Wenzel, Kap. 7 Rdnr. 20; Zentai, ZUM 2003, 363, 364; BGH, Urt. v. 8. November 2005 – VI ZR 64/05, GRUR 2006, 255 ff. – Satirische Fotomon-

ist es gerade unerheblich, welche Abbildungsform gewählt wird. Entscheidend ist allein, dass die äußere Erscheinung einer Person in einer für Dritte erkennbaren Weise wiedergegeben wird. Die Erkennbarkeit des Abgebildeten bei Foto- und Videomontagen ist allerdings dann anders zu beurteilen, wenn für den Durchschnittsbetrachter, insbesondere den fototechnisch nicht bewanderten, ohne weiteres erkennbar ist, dass es sich bei der infrage stehenden Abbildung lediglich um eine Fotomontage handelt, oder die Abbildung mit einem entsprechenden Hinweis gekennzeichnet ist, dass es sich um eine Fotomontage handelt[1146].

B. Tathandlungen

I. Anfertigen von Bildnissen ?

Bevor der Bully Bildaufnahmen entsprechend verwenden kann, werden diese von ihm durch die *Handy*kamera oder eine *Digitalkamera* angefertigt. Fraglich ist allerdings, ob bereits das Anfertigen von § 33 i.V.m. § 22 KUG erfasst ist.

Nach einem Urteil des OLG Oldenburg[1147] aus dem Jahre 1963 sei die eigenmächtige Herstellung eines Bildnisses von § 22 KUG insofern erfasst, als die Verbreitung dadurch vorbereitet wird[1148].

Allgemein anerkannt ist aber, dass die §§ 22, 23, 33 KUG nur das Verbreiten und öffentliche Zurschaustellen von Bildnissen jedoch nicht deren Anfertigung erfassen[1149]. Das KUG enthält keinerlei Regelung zur Frage, wann die blo-

---

tage; LG Köln, Urt. v. 10. Juni 1977 – 78 O 405/76, AfP 1978, 149 f.; LG Stuttgart, Urt. v. 2. März 1982 – 7 O 516/81, AfP 1983, 292, 293.

1146 Vgl. LG Köln, Urt. v. 10. Juni 1977 – 78 O 405/76, AfP 1978, 149, 150.

1147 OLG Oldenburg, Urt. v. 18. Januar 1963 – 1 Ss 323/62, NJW 1963, 920, 921.

1148 Vgl. auch Helle, S. 69 ff.

1149 Dreier/Schulze/Dreier, § 22 KUG Rdnr. 12; Dreyer in HK-UrhR, III KUG, § 22 Rdnr. 11; Götting, in: Schricker/Loewenheim, 4. Aufl., § 60/§ 22 KUG Rdnr. 34, 35; Loewenheim/Schertz, Handbuch des Urheberrechts, 2. Aufl., § 18 Rdnr. 9; Rehbinder, Rdnr. 858; Schack, Rdnr. 51; Schertz, in: Götting/Schertz/Seitz, Handbuch des Persönlichkeitsrechts, § 12 Rdnr. 9; von Strobl-Albeg, in: Wenzel, Kap. 7 Rdnr. 22; Wandtke/Bullinger/Fricke, KUG, § 22 Rdnr. 9; Zentai, ZUM 2003, 363, 370; BGH, Urt. v. 25. April 1995 – VI ZR 272/94, ZUM 1995, 719, 720; OLG Hamburg, Beschl. v. 14. April 1972 – 1 Ws 84/72, NJW 1972, 1290; OLG Oldenburg, Urt. v. 18. Januar 1963 – 1 Ss 323/62, NJW 1963, 920, 922; OLG Stuttgart, Urt. v. 30. Januar 1987 – 2 U 195/86, AfP 1987, 693; LG Stuttgart, Urt. v. 14. Januar 1992 – 17 O 586/91, AfP 1992, 314.

ße Herstellung einer Personenaufnahme zulässig bzw. unzulässig ist[1150]. Diese Auffassung entspricht bereits dem klaren und eindeutigen Wortlaut des § 22 Satz 1 KUG[1151]. In Anbetracht dessen, dass die Handlungsformen des Verbreitens und öffentlichen Zurschaustellens bei fehlender Einwilligung gemäß § 33 KUG strafbewehrt sind, ist es im Übrigen auch unzulässig, diesen Straftatbestand im Wege der Analogie zuungunsten eines Beschuldigten auszuweiten[1152]. Dementsprechend ist auch das Beobachten des Victims mittels des Foto*handys* nicht von den Tathandlungen des § 33 i.V.m. § 22 KUG erfasst, sondern stellt eine bloße Vorbereitungshandlung dar, die straflos bleibt.

II. Verbreiten gemäß § 22 Satz 1, 1. Alt. KUG

1. Definition des Begriffs Verbreiten

Der Begriff des Verbreitens wurde vom Gesetzgeber des KUG nicht legaldefiniert. Allgemein wird unter dem Begriff „Verbreiten" gemäß § 22 Satz 1, 1. Alt. KUG, entsprechend der urheberrechtlichen Werkverwertung in körperlicher Form im Sinne der §§ 15 Abs. 1 Nr. 2; 17 UrhG[1153], die Weitergabe des Originals oder von Vervielfältigungsstücken, die das Risiko einer nicht mehr zu kontrollierenden Kenntnisnahme in sich birgt, verstanden[1154]. Im Unterschied zu § 17 Abs. 1 UrhG unterfällt dem § 22 Satz 1, 1. Alt. KUG allerdings das Verschenken von Bildnissen[1155]. Denn beim Bildnisschutz kommt es, anders als beim urheberrechtlichen Verbreitungsbegriff, der zumindest ein Angebot an die

1150 Loewenheim/Schertz, Handbuch des Urheberrechts, 2. Aufl., § 18 Rdnr. 9; Schertz, in: Götting/Schertz/Seitz, Handbuch des Persönlichkeitsrechts, § 12 Rdnr. 9; von Strobl-Albeg, in: Wenzel, Kap. 7 Rdnr. 22.

1151 Vgl. auch: Dreier/Schulze/Dreier, § 22 KUG Rdnr. 12; Loewenheim/Schertz, Handbuch des Urheberrechts, 2. Aufl., § 18 Rdnr. 9; Schertz, in: Götting/Schertz/Seitz, Handbuch des Persönlichkeitsrechts, § 12 Rdnr. 9; Wandtke/Bullinger/Fricke, KUG, § 22 Rdnr. 9; OLG Hamburg, Beschl. v. 14. April 1972 – 1 Ws 84/72, NJW 1972, 1290.

1152 Vgl. auch: Dreier/Schulze/Dreier, § 22 KUG Rdnr. 12; Dreyer in HK-UrhR, III KUG, § 22 Rdnr. 11; Wandtke/Bullinger/Fricke, KUG, § 22 Rdnr. 9; OLG Hamburg, Beschl. v. 14. April 1972 – 1 Ws 84/72, NJW 1972, 1290.

1153 Siehe Gesetzestext in Anhang 5.

1154 Dreier/Schulze/Dreier, § 22 KUG Rdnr. 9; von Strobl-Albeg, in: Wenzel, Kap. 7 Rdnr. 43; Wandtke/Bullinger/Fricke, KUG, § 22 Rdnr. 8; vgl. auch: OLG München, Urt. v. 26. Juni 2007 – 18 U 2067/07, K&R 2007, 531, 532.

1155 Dreier/Schulze/Dreier, KUG § 22 Rdnr. 9; Götting, in: Schricker/Loewenheim, 4. Aufl., § 60/§ 22 KUG Rdnr. 36; Loewenheim/Schertz, Handbuch des Urheberrechts, 2. Aufl., § 18 Rdnr. 13; Schertz, in: Götting/Schertz/Seitz, Handbuch des Persönlichkeitsrechts, § 12 Rdnr. 16; Wandtke/Bullinger/Fricke, KUG, § 22 Rdnr. 8.

Öffentlichkeit voraussetzt, auf eine Verbreitung an die Öffentlichkeit nicht an[1156]. Grund dafür ist, dass bereits die Verbreitung an Einzelpersonen zu einem grundsätzlich der Kontrolle und dem Selbstbestimmungsrecht des Abgebildeten vorbehaltenen Übergang des Bildnisses in die Verfügungsgewalt eines anderen führt[1157].

Umfasst ist jede Art der Verbreitung körperlicher Exemplare etwa in Zeitungen, Zeitschriften, Büchern, auf Postkarten oder Werbeträgern[1158]. Verbreitet werden können Bildnisse aller Art, wie etwa Fotonegative oder –abzüge, Fernseh- oder Filmbilder[1159]. Unbeachtlich ist, ob die Verbreitung entgeltlich, zu kommerziellen Zwecken oder mit Gewinnerzielungsabsicht erfolgt[1160].

2. Übertragbarkeit des Begriffs Verbreiten auf das Internet

Das OLG Dresden geht in seiner Entscheidung „Werbung für Welterbe" davon aus, dass das Einstellen eines Bildnisses auf einer *Homepage* als ein Verbreiten i.S.d. § 22 Satz 1, 1. Alt. KUG zu qualifizieren sei[1161]. Diese Qualifizierung erfolgt allerdings ohne weitere Begründung.

Die vom OLG Dresden vorgenommene Qualifizierung ist jedoch abzulehnen. Werden Bildnisse auf einer *Website* gezeigt, so ist die Anwendbarkeit des § 22 Satz 1, 1. Alt. KUG zu verneinen, da das nach der oben aufgezeigten Definition erforderliche Merkmal der Körperlichkeit fehlt. Denn auf einer *Website* wird letztlich nur ein Datensatz bereitgehalten, dem aber jede Körperlichkeit fehlt. Auch der Wortsinn der Verbreitungsalternative führt zum selben Ergebnis. Denn eine Verbreitung setzt schon begrifflich ein aktives Tätigwerden des Verbreitenden voraus. Allein das Einfügen eines Bildnisses bzw. der Bilddatei auf einer *Website* kann für ein solches aktives Handeln nicht ausreichen. Auch in den Fällen, in denen Bildnisse nicht auf einer *Website* dargestellt werden, sondern als Attachment einer E-Mail verschickt werden, muss die Verbreitungsalternative verneint werden. Sowohl die E-Mail als auch das als Anlage beige-

---

1156 Dreier/Schulze/Dreier, § 22 KUG Rdnr. 9.

1157 Dreier/Schulze/Dreier, § 22 KUG Rdnr. 9.

1158 Dreier/Schulze/Dreier, § 22 KUG Rdnr. 9; Wandtke/Bullinger/Fricke, KUG, § 22 Rdnr. 8.

1159 Dreier/Schulze/Dreier, § 22 KUG Rdnr. 9; Wandtke/Bullinger/Fricke, KUG, § 22 Rdnr. 8.

1160 Dreier/Schulze/Dreier, § 22 KUG Rdnr. 9; Loewenheim/Schertz, Handbuch des Urheberrechts, 2. Aufl., § 18 Rdnr. 13; Schertz, in: Götting/Schertz/Seitz, Handbuch des Persönlichkeitsrechts, § 12 Rdnr. 16.

1161 OLG Dresden, Urt. v. 16. April 2010 – 4 U 127/10, ZUM 2010, 597 – Werbung für Welterbe.

fügte Bildnis in Dateiform stellen keine körperlichen Gegenstände dar, sondern digitale Informationen.

Ebenso kann das Versenden eines Bildnisses via *MMS* oder unter Nutzung der *Bluetooth*-oder *Infrarotschnittstelle* kein Verbreiten i.S.d. § 22 Satz 1, 1. Alt. KUG sein. Denn auch hier handelt es sich um digitale Informationen, denen es an der Körperlichkeit fehlt.

Dementsprechend ist unter dem Verbreiten nur die körperliche, nicht auch die unkörperliche Verbreitung zu verstehen[1162]. Die von *Dreyer*[1163] vertretene Auffassung, dass § 22 KUG keine Unterscheidung zwischen körperlichen und unkörperlichen Verwertungsarten vornimmt, ist deshalb aufgrund des eindeutigen Wortsinns des Verbreitens, der ein aktives Tätigwerden des Verbreitenden voraussetzt, abzulehnen. Der Tathandlung des Verbreitens i.S.d. § 33 i.V.m. § 22 Satz 1, 1. Alt. KUG kommt somit im Rahmen der Beurteilung der strafrechtlichen Relevanz des Cyber-Bullying im Bildnisbereich keine Bedeutung zu, da sich die Tathandlungen des Cyber-Bullying gerade ausschließlich in der virtuellen Welt vollziehen.

III. öffentlich zur Schau stellen gemäß § 22 Satz 1, 2. Alt. KUG

1. Definition des Begriffs des öffentlichen Zurschaustellens

Auch der Begriff des öffentlich Zurschaustellens im Sinne des § 22 Satz 1, 2. Alt. KUG ist vom Gesetzgeber des KUG nicht legaldefiniert worden. Im Allgemeinen kommt dem Begriff des Zurschaustellens die Bedeutung zu, Dritten die Möglichkeit zu verschaffen, das Bildnis wahrzunehmen, also das Sichtbarmachen des Bildnisses im weitesten Sinn[1164]. Dafür ist es nicht erforderlich, dass der Abbildende gewerbsmäßig handelt[1165].

Im Unterschied zur Handlungsform des Verbreitens in § 22 Satz 1, 1. Alt. KUG muss die Zurschaustellung jedoch öffentlich sein. Im KUG ist auch keine

---

1162 Schertz, in: Götting/Schertz/Seitz, Handbuch des Persönlichkeitsrechts, § 12 Rdnr. 16; von Strobl-Albeg, in: Wenzel, Kap. 7 Rdnr. 43.

1163 Dreyer in HK-UrhR, III KUG, § 22 Rdnr. 12.

1164 Dreier/Schulze/Dreier, § 22 KUG Rdnr. 11; Dreyer in HK-UrhR, III KUG, § 22 Rdnr. 13; Götting, in: Schricker/Loewenheim, 4. Aufl., § 60/§ 22 KUG Rdnr. 37; Loewenheim/Schertz, Handbuch des Urheberrechts, 2. Aufl., § 18 Rdnr. 13; Schertz, in: Götting/Schertz/Seitz, Handbuch des Persönlichkeitsrechts, § 12 Rdnr. 16; von Strobl-Albeg, in: Wenzel, Kap. 7 Rdnr. 44; Wandtke/Bullinger/Fricke, KUG, § 22 Rdnr. 9; vgl. auch: OLG München, Urt. v. 26. Juni 2007 – 18 U 2067/07, K&R 2007, 531, 532.

1165 Loewenheim/Schertz, Handbuch des Urheberrechts, 2. Aufl., § 18 Rdnr. 13; Schertz, in: Götting/Schertz/Seitz, Handbuch des Persönlichkeitsrechts, § 12 Rdnr. 16.

Legaldefinition des Begriffs der Öffentlichkeit zu finden. Vielmehr wird zur Definition dieses Begriffes auf § 15 Abs. 3 UrhG zurückgegriffen, der den Begriff der Öffentlichkeit im urheberrechtlichen Sinne legaldefiniert[1166]. Im Sinne des § 15 Abs. 3 Satz 1 UrhG ist eine Wiedergabe öffentlich, wenn sie für eine Mehrzahl von Mitgliedern der Öffentlichkeit bestimmt ist. Wer nun zum Personenkreis der Öffentlichkeit gehört wird durch § 15 Abs. 3 Satz 2 UrhG näher bestimmt. Demnach gehört zum Personenkreis der Öffentlichkeit jeder, der nicht mit demjenigen, der das Werk verwertet, oder mit den anderen Personen, denen das Werk in unkörperlicher Form wahrnehmbar oder zugänglich gemacht wird, durch persönliche Beziehungen verbunden ist.

2. Reichweite des Begriffs des Zurschaustellens auf Grund der technischen Fortentwicklung

Cyber-Bullying findet ausschließlich unter Nutzung von Foto*handys* und über das Medium des *Internets* statt. Der Begriff des Zurschaustellens entspricht jedoch den technischen Möglichkeiten der unkörperlichen Sichtbarmachung eines Bildnisses, wie sie zu Zeiten der Verabschiedung des KUG im Jahre 1907 bestanden haben[1167]. Deshalb stellt sich die Frage, ob gerade auch das Sichtbarmachen von Bildnissen über die Medien des Foto*handys* und des *Internets* vom Begriff des Zurschaustellens erfasst sind und welche Anwendungsprobleme sich dadurch innerhalb dieser Tathandlungsalternative ergeben.

Die historische Entwicklung des Rechts am eigenen Bild und seine dogmatische Einordnung innerhalb des Urheberrechts spricht dafür, dass der Begriff des Zurschaustellens auch im urheberrechtlichen Sinne als Akt der öffentlichen Wiedergabe im Sinne des § 15 Abs. 2 Satz 1 UrhG verstanden werden kann[1168]. Danach ist unter dem Recht der öffentlichen Wiedergabe das ausschließliche Recht des Urhebers zu verstehen, sein Werk in unkörperlicher Form öffentlich wiederzugeben. Das Recht der öffentlichen Wiedergabe erfasst unter anderem das Recht der öffentlichen Zugänglichmachung im Sinne der §§ 15 Abs. 2 Satz 2 Nr. 2, 19a UrhG. Gemäß § 19a UrhG[1169] ist das Recht der öffentlichen Zugänglichmachung das Recht, das Werk drahtgebunden oder drahtlos der Öffentlichkeit in einer Weise zugänglich zu machen, dass es Mitgliedern der Öffent-

1166 Dreier/Schulze/Dreier, § 22 KUG Rdnr. 11; Dreyer in HK-UrhR, III KUG, § 22 Rdnr. 13.

1167 Dreier/Schulze/Dreier, § 22 KUG Rdnr. 11.

1168 Siehe auch Dreier/Schulze/Dreier, § 22 KUG Rdnr. 11.

1169 Siehe Gesetzestext in Anhang 5.

lichkeit von Orten oder zu Zeiten ihrer Wahl zugänglich ist. Zum klassischen Anwendungsbereich des § 19a UrhG gehört das *WorldWideWeb*[1170].

a) Eröffnung des Anwendungsbereichs des § 19a UrhG

Demnach unterfällt dem Begriff des Zurschaustellens auch die öffentliche Zugänglichmachung i.S.d. § 19a UrhG, anhand dessen die einzelnen Tathandlungen des Cyber-Bullying beurteilt werden können.

aa) Zugänglich machen

Gegenstand des Rechts der öffentlichen Zugänglichmachung ist das Bereitstellen von Werken zum interaktiven Abruf[1171]. Das Zugänglichmachen setzt also voraus, dass Dritten der Zugriff auf das betreffende geschützte Werk eröffnet wird[1172]. Das bedeutet, dass der Eine das Werk zum Abruf bereit stellt während der Andere entscheidet von wo und wann er es abruft. Die öffentliche Zugänglichmachung beginnt bereits mit der Möglichkeit, das Werk wahrnehmen zu können, also mit dem Bereithalten für den Abruf[1173]. Auf den tatsächlichen Abruf des Werkes kommt es hingegen nicht an[1174]. Dementsprechend ist auch die

1170 Dreier/Schulze/Dreier, § 19a UrhG Rdnr. 6; Dreyer in HK-UrhR, I UrhG, § 19a Rdnr. 7; Dustmann, in: Fromm/Nordemann, § 19a UrhG Rdnr. 15; Loewenheim/Hoeren, Handbuch des Urheberrechts, 2. Aufl., § 21 Rdnr. 63; Wandtke/Bullinger/Bullinger, UrhG, § 19a Rdnr. 7.

1171 Wandtke/Bullinger/Bullinger, UrhG, § 19a Rdnr. 10.

1172 Dreier/Schulze/Dreier, § 19a UrhG Rdnr. 6; Dustmann, in: Fromm/Nordemann, § 19a UrhG Rdnr. 7.

1173 Dustmann, in: Fromm/Nordemann, § 19a UrhG Rdnr. 7; Schack, Rdnr. 460; Ullrich, ZUM 2010, 311; OLG Hamburg, Urt. v. 7. Juli 2005 – 5 U 176/04, MMR 2006, 173, 174 – staytuned; LG Hamburg, Urt. v. 5. September 2003 – 308 O 449/03, GRUR-RR 2004, 313, 314 f. – thumbnails; vgl. auch Richtlinie 96/9/EG des Europäischen Parlaments und des Rates über den rechtlichen Schutz von Datenbanken vom 11. März 1996, Abl. EG Nr. L 77 S. 20, 26, Art. 7 Abs. 2 Satz 1 b): „(...)“Weiterverwendung“ bedeutet jede Form öffentlicher Verfügbarmachung der Gesamtheit oder eines wesentlichen Teils des Inhalts der Datenbank durch die Verbreitung von Vervielfältigungsstücken, durch Vermietung, durch Online-Übermittlung oder durch andere Formen der Übermittlung.(...)“.

1174 Dreier/Schulze/Dreier, § 19a UrhG Rdnr. 6; Poll, GRUR 2007, 476, 479; Schulze, ZUM 2011, 2, 3; v. Ungern-Sternberg, in: Schricker/Loewenheim, 4. Aufl., § 19a UrhG Rdnr. 25; Wandtke/Bullinger/Bullinger, § 19a UrhG Rdnr. 10; LG Hamburg, Urt. v. 5. September 2003 – 308 O 449/03, GRUR-RR 2004, 313, 315 - thumbnails.

Wiedergabe einer Bildaufnahme auf der eigenen *Homepage* vom Tatbestand des Zugänglichmachens erfasst.

bb) Drahtgebunden oder drahtlos

Gemäß § 19a UrhG kann ein Werk alternativ drahtgebunden oder drahtlos zugänglich gemacht werden. Damit ist klargestellt, dass das Recht der öffentlichen Zugänglichmachung grundsätzlich technologieneutral ausgestaltet ist[1175]. Unter einer drahtgebundenen Zugänglichmachung ist jede Bereitstellung für eine Übertragung zu verstehen, bei der ein Werk in Form von Signalen von einer Sendestelle aus über Drahtleitungen einer Person so zugeleitet wird, dass sie das Werk mittels ihrer Empfangsvorrichtung, wie z.B. eines Computers, mit ihren menschlichen Sinnen wahrnehmen kann[1176]. Drahtlos ist eine Zugänglichmachung, wenn zur Überbrückung des Luftraumes zwischen der übermittelnden und der empfangenden Anlage eine solche Drahtleitung nicht erforderlich ist[1177]. Der Gesetzgeber verfolgte mit einer technologieneutralen Ausgestaltung den Zweck, neue technische Entwicklungen problemlos erfassen zu können.

1175 Dreier/Schulze/Dreier, § 19a UrhG Rdnr. 6; Dreyer in HK-UrhR, I UrhG, § 19a Rdnr. 5; Dustmann, in: Fromm/Nordemann, § 19a UrhG Rdnr. 10; v.Ungern-Sternberg, in: Schricker/Loewenheim, 4. Aufl., § 19a UrhG Rdnr. 43; Wandtke/Bullinger/Bullinger, UrhG, § 19a Rdnr. 5.

1176 Dreyer, in: HK-UrhR, I UrhG, § 19a Rdnr. 5; Beispiele für eine drahtgebundene Übertragung: Internet über Telefonmodem, DSL; siehe weitere Beispiele bei: Dreier/Schulze/Dreier, § 19a UrhG Rdnr. 6; Dustmann, in: Fromm/Nordemann, § 19a UrhG Rdnr. 10; Wandtke/Bullinger/Bullinger, UrhG, § 19a Rdnr. 5.

1177 Dreyer in HK-UrhR, I UrhG, § 19a Rdnr. 5; Beispiele für eine drahtlose Übertragung: WLAN, Mobilfunknetze; siehe weitere Beispiele bei: Wandtke/Bullinger/Bullinger, UrhG, § 19a Rdnr. 5.

cc) von Orten und zu Zeiten ihrer Wahl

§ 19a UrhG ist zu entnehmen, dass den Mitgliedern der Öffentlichkeit das Werk zu Orten und zu Zeiten ihrer Wahl zugänglich sein soll. Kennzeichnend für § 19a UrhG ist also, dass das Werk tendenziell auf Dauer bereit gehalten wird, so dass es der Interessent zu einem beliebigen Zeitpunkt abrufen kann, und zwar jeder Interessent zu seiner Zeit[1178]. Dabei genügt es, wenn eine Öffentlichkeit zeitlich und örtlich eine gewisse Wahlmöglichkeit hat und sei es auch nur in einem begrenzten räumlichen Bereich und nur in bestimmten Zeitspannen[1179].

dd) Sonderproblem: Öffentlich

Das Zugänglichmachen in § 19a UrhG muss öffentlich erfolgen. In § 19a UrhG ist jedoch keine Legaldefinition des Begriffs „öffentlich" zu finden. Jedoch stellt das Recht der öffentlichen Zugänglichmachung ein Ausschließlichkeitsrecht im Sinne des § 15 Abs. 2 UrhG dar, sein Werk in unkörperlicher Form öffentlich wiederzugeben. Wann eine Wiedergabe öffentlich ist, wird in § 15 Abs. 3 UrhG legaldefiniert. Zugleich legt das Strafrecht den Begriff der Öffentlichkeit bereits seit der Rechtsprechung des RG selbst aus. Die folgende Untersuchung wird zeigen, dass die urheberrechtliche und strafrechtliche Bestimmung des Begriffs der Öffentlichkeit Unterschiede aufweisen. Deshalb stellt sich die Frage, ob die Heranziehung der urheberrechtlichen Legaldefinition des Begriffs der Öffentlichkeit zur Bestimmung des Begriffs „öffentlich" in § 33 i.V.m. § 22 KUG gegen das strafrechtliche Analogieverbot verstoßen könnte.

aaa) Der Begriff der Öffentlichkeit im UrhG

Das UrhG hat in § 15 Abs. 3 UrhG den Begriff der Öffentlichkeit legaldefiniert. Auch § 19a UrhG verwendet den Begriff „öffentlich", ohne ihn jedoch näher zu definieren. Einigkeit besteht allerdings dahingehend, dass die Legaldefinition des § 15 Abs. 3 UrhG auch auf den Begriff der Öffentlichkeit in § 19a UrhG Anwendung findet[1180].

1178 Dreyer in HK-UrhR, § 19a Rdnr. 17; v. Ungern-Sternberg, in: Schricker/Loewenheim, 4. Aufl., § 19a UrhG Rdnr. 52; OLG Köln, Urt. v. 9. September 2005 – 6 U 90/05, GRUR-RR 2006, 5 – Personal Video Recorder.

1179 Dreyer in HK-UrhR, § 19a Rdnr. 17; v. Ungern-Sternberg, in: Schricker/Loewenheim, 4. Aufl., § 19a UrhG Rdnr. 52; Schwenzer, GRUR Int. 2001, 722, 728.

1180 BT-Drs. 15/38, 17; Dreier/Schulze/Dreier, § 15 UrhG Rdnr. 42 und § 19a UrhG Rdnr. 7; Poll, GRUR 2007, 476, 479; Rehbinder, Rdnr. 349; Schulze, ZUM 2011, 2, 5; Wandtke/Bullinger/Heerma, § 15 UrhG Rdnr. 14; Wandtke/Bullinger/Bullinger, § 19a

Gemäß § 15 Abs. 3 Satz 1 UrhG ist die Wiedergabe öffentlich, wenn sie für eine Mehrzahl von Mitgliedern der Öffentlichkeit bestimmt ist. Zur Öffentlichkeit gehört jeder, der nicht mit demjenigen, der das Werk verwertet, oder mit den anderen Personen, denen das Werk in unkörperlicher Form wahrnehmbar oder zugänglich gemacht wird, durch persönliche Beziehungen verbunden ist, § 15 Abs. 3 Satz 2 UrhG. Für die Bejahung der Öffentlichkeit müssen demnach mehrere Merkmale erfüllt sein:

(1) Für eine Mehrzahl von Personen bestimmt

Die Wiedergabe muss für eine Mehrzahl von Personen bestimmt sein. Mit dieser Formulierung bringt das Gesetz zum Ausdruck, dass es auf den bestimmungsgemäßen Adressatenkreis ankommt[1181].

Dem Merkmal „bestimmt" ist zu entnehmen, dass für die Mehrzahl von Mitgliedern der Öffentlichkeit nicht nur auf diejenigen abzustellen ist, denen das Werk tatsächlich vermittelt wird, sondern grundsätzlich auf alle, an die sich die Wiedergabe richtet[1182].

Welche Personengröße zu fordern ist, um eine Mehrzahl von Personen bejahen zu können, ist nicht einheitlich gefasst. Ob bereits zwei Personen für eine *Mehrzahl* von Personen genügen, hat der BGH in seiner Entscheidung „Zweibettzimmer im Krankenhaus"[1183] offengelassen. Unter Hinweis auf den Wortlaut wird dies in der Literatur und übrigen Rechtsprechung überwiegend bejaht[1184].

UrhG Rdnr. 6; v. Ungern-Sternberg, in: Schricker/Loewenheim, 4. Aufl., § 19a UrhG Rdnr. 48.

1181 Dustmann, in: Fromm/Nordemann, UrhG, § 15 Rdnr. 32; v. Ungern-Sternberg, in: Schricker/Loewenheim, 4. Aufl., § 15 UrhG Rdnr. 67, 68.

1182 Dreier/Schulze/Dreier, § 15 UrhG Rdnr. 46; Dustmann, in: Fromm/Nordemann, UrhG, § 15 Rdnr. 32; Loewenheim/Hoeren, Handbuch des Urheberrechts, 2. Aufl., § 21 Rdnr. 11; Wandtke/Bullinger/Heerma, § 15 UrhG Rdnr. 18; v. Ungern-Sternberg, in: Schricker/Loewenheim, 4. Aufl., § 15 UrhG Rdnr. 68.

1183 BGH, 11. Juli 1996 – I ZR 22/94, GRUR 1996, 875, 876 – Zweibettzimmer im Krankenhaus; ebenso v. Ungern-Sternberg, in: Schricker/Loewenheim, 4. Aufl., § 15 UrhG Rdnr. 67, der davon ausgeht, dass bereits wenige Personen für eine Mehrzahl von Personen genügen können.

1184 Dreier/Schulze/Dreier, § 15 UrhG Rdnr. 40; Dustmann, in: Fromm/Nordemann, UrhG, § 15 Rdnr. 31; Loewenheim/Hoeren, Handbuch des Urheberrechts, 2. Aufl., § 21 Rdnr. 10; Wandtke/Bullinger/Heerma, § 15 UrhG Rdnr. 15.

(2) Persönliche Verbundenheit

Das Gesetz stellt für die Bejahung der Öffentlichkeit darauf ab, ob diejenigen Personen, an denen sich die Wiedergabe richtet, mit dem Werkverwerter oder untereinander durch persönliche Beziehungen verbunden sind. Die Beurteilung dieses Merkmals bedarf grundsätzlich einer Einzelfallbetrachtung und ist im Wesentlichen eine Tatfrage[1185].

Werkverwerter ist derjenige, der die urheberrechtlich relevante Nutzungshandlung vornimmt, also derjenige, der sich technischer Mittel bedient, um das Werk einer Öffentlichkeit mitzuteilen[1186].

Für die Beurteilung der persönlichen Verbundenheit ist immer die konkrete Art der Beziehungen entscheidend[1187]. Dementsprechend können Beziehungen, die im Wesentlichen nur in einer technischen Verbindung zu einer Werknutzung liegen, in der Regel für sich allein keine persönliche Verbundenheit begründen[1188]. Es ist vielmehr erforderlich, dass die persönliche Verbundenheit unabhängig von dieser rein technischen Verbindung bestehen muss, um eine Öffentlichkeit ausschließen zu können[1189]. Nicht erforderlich ist eine familiäre oder freundschaftliche Beziehung der Beteiligten[1190]. Die Rechtsprechung nahm bislang persönliche Beziehungen immer dann an, wenn unter allen Beteiligten ein gegenseitiger Kontakt besteht, der bei allen das Bewusstsein hervorruft, persön-

---

1185 BGH, Urt. v. 7. Juni 1984 – I ZR 57/82, GRUR 1984, 734, 735 – Vollzugsanstalten; BGH, Urt. v. 17. März 1983 – I ZR 186/80, GRUR 1983, 562, 563 – Zoll- und Finanzschulen; BGH, Urt. v. 12. Juli 1974 – I ZR 68/73, GRUR 1975, 33, 34 – Alterswohnheim; BGH, Urt. v. 10. März 1972 – I ZR 30/70, GRUR 1972, 614, 615 – Landesversicherungsanstalt; BGH, Urt. v. 28. November 1961 – I ZR 56/60, GRUR 1962, 201, 202 – Rundfunkempfang im Hotelzimmer; BGH, Urt. v. 7. Oktober 1960 – I ZR 17/59, GRUR 1961, 97, 99 – Sportheim.

1186 v. Ungern-Sternberg, in: Schricker/Loewenheim, 4. Aufl., § 15 UrhG Rdnr. 47, 73.

1187 Dreier/Schulze/Dreier, § 15 UrhG Rdnr. 43.

1188 BT-Drs. 15/38, S. 17; Werner, in: Ensthaler/Weidert (Hrsg.), Handbuch Urheberrecht und Internet, 2. Aufl., 3 B Rdnr. 40.

1189 BT-Drs. 15/38, S. 17.

1190 Dreier/Schulze/Dreier, § 15 UrhG Rdnr. 43; Dustmann, in: Fromm/Nordemann, UrhG, § 15 Rdnr. 34; Loewenheim/Hoeren, Handbuch des Urheberrechts, § 21 Rdnr. 24; Wandtke/Bullinger/Heerma, § 15 UrhG Rdnr. 18; BGH, Urt. v. 11. Juli 1996 – I ZR 22/94, GRUR 1996, 875, 876 – Zweibettzimmer im Krankenhaus; BGH, Urt. v. 12. Juli 1974 – I ZR 68/73, GRUR 1975, 33, 34 – Alterswohnheim; BGH, Urt. v. 12. Juli 1974 – I ZR 67/73, UFITA 73/1975, 286, 288 – Postjugendwohnheim; OLG München, Urt. v. 28. November 1985 – 6 U 4440/84, ZUM 1986, 482 f.; LG Oldenburg, Urt. v. 11. Januar 2006 – 5 S 740/05, GRUR-RR 2006, 177 f. – Beachparty im Bullenstall.

lich verbunden zu sein[1191]. Dabei ist es auch möglich, dass eine persönliche Verbundenheit beim erstmaligen Zusammentreffen begründet wird[1192]. Ein bloßes sachbezogenes Interesse reicht regelmäßig ebenso wenig aus wie das Bewusstsein in einer Gemeinschaft zu leben[1193]. Irgendwelche persönlichen Beziehungen, die keine Verbundenheit begründen können, reichen jedoch nicht aus[1194]. Dementsprechend ist eine vertragliche Beziehung nicht ausreichend[1195]. Ebensowenig reicht die Zugehörigkeit aller Anwesenden zu einer bestimmten Gruppe aus[1196]. Die Teilnahme Außenstehender, die nur mit einigen Personen des Kreises persönlich verbunden sind, schließt die persönliche Verbundenheit aller aus[1197]. Je größer die Zahl der mehreren Personen ist, an die sich die Werkwiedergabe richtet, desto eher wird es am Merkmal der persönlichen Verbundenheit fehlen[1198]. Bei 100 Personen spricht die Lebenserfahrung gegen einen hinreichend persönlichen Kontakt untereinander[1199].

(3) Erforderlichkeit der Gleichzeitigkeit der Wiedergabe ?

Lange Zeit war umstritten, ob es für die Bejahung der Öffentlichkeit der Wiedergabe erforderlich sei, dass das Werk gleichzeitig einer Mehrzahl von Personen zugänglich gemacht wird oder ob auch ein sukzessiver Zugriff auf das Werk ausreichend sei.

1191 BGH, Urt. v. 11. Juli 1996 – I ZR 22/94, GRUR 1996, 875, 876 – Zweibettzimmer im Krankenhaus; BGH, Urt. v. 7. Juni 1984 – I ZR 57/82, GRUR 1984, 734, 735 – Vollzugsanstalten.

1192 BGH, Urt. v. 19. Juni 1956 – I ZR 104/54, GRUR 1956, 515, 518 – Tanzkurse.

1193 Dreier/Schulze/Dreier, § 15 UrhG Rdnr. 43; Loewenheim/Hoeren, Handbuch des Urheberrechts, § 21 Rdnr. 25.

1194 Dustmann, in: Fromm/Nordemann, UrhG, § 15 Rdnr. 34; v. Ungern-Sternberg, in: Schricker/Loewenheim, 4. Aufl., § 15 UrhG Rdnr. 75.

1195 Wandtke/Bullinger/Heerma, § 15 UrhG Rdnr. 18; BGH, Urt. v. 17. März 1983 – I ZR 186/80, GRUR 1983, 562, 563 – Zoll- und Finanzschulen; BGH, Urt. v. 24. Juni 1955 – I ZR 178/53, GRUR 1955, 549, 550 – Betriebsfeier; OLG Frankfurt, Urt. v. 20. März 1986 – 6 U 43/85, NJW-RR 1986, 1056, 1057 – Tanzkurs III.

1196 Wandtke/Bullinger/Heerma, § 15 UrhG Rdnr. 18.

1197 Dreier/Schulze/Dreier, § 15 UrhG Rdnr. 43; BGH, Urt. v. 24. Juni 1955 – I ZR 178/53, GRUR 1955, 549, 551 – Betriebsfeier; BGH, Urt. v. 8. Januar 1960 – I ZR 128/58, GRUR 1960, 338, 339 – Tanzstundenabschlussbälle; a.A. Wandtke/Bullinger/Heerma, § 15 UrhG Rdnr. 19.

1198 Dreier/Schulze/Dreier, § 15 UrhG Rdnr. 43; Loewenheim/Hoeren, Handbuch des Urheberrechts, § 21 Rdnr. 24; Wandtke/Bullinger/Heerma, § 15 UrhG Rdnr. 20.

1199 Wandtke/Bullinger/Heerma, § 15 UrhG Rdnr. 20.

In der Tat ist dieser Streit obsolet geworden, seitdem zeitversetzte Formen der Zugänglichmachung durch den Siegeszug des *Internet* und der netzvermittelten Abrufdienste bekannt geworden sind[1200]. Spätestens mit der Einfügung des neuen Rechts der Zugänglichmachung in § 19a UrhG ist nun auch durch Gesetz belegbar, dass es auf eine Gleichzeitigkeit der Wiedergabe bzw. Wahrnehmung nicht ankommt. § 19a UrhG stellt nämlich ausdrücklich klar, dass eine öffentliche Wiedergabe auch dann vorliegt, wenn das Werk Mitgliedern der Öffentlichkeit zur Zeiten ihrer Wahl zugänglich ist, so dass es auf eine Gleichzeitigkeit der Wiedergabe nicht ankommt[1201]. § 15 Abs. 3 UrhG enthält zwar keine entsprechende Klarstellung. Da § 19a UrhG nach dem eindeutigen Wortlaut des § 15 Abs. 2 UrhG lediglich einen Unterfall der öffentlichen Wiedergabe regelt, wäre es systemwidrig, wenn dieser Unterfall einen weitergehenden Anwendungsbereich als § 15 Abs. 3 hätte[1202]. Eine öffentliche Wiedergabe liegt deshalb auch dann vor, wenn sie nicht gegenüber einer Mehrzahl von Personen gleichzeitig erfolgt[1203]. Im Übrigen verzichtete der Gesetzgeber auf eine entsprechende Klarstellung im Gesetzestext, da der Wortlaut eine differenzierte Auslegung zulässt[1204].

(4) Räumliche Verbindung ?

Ob die Personen an einem Ort versammelt sind oder nicht, ist für die Frage, ob die mehreren Personen der Öffentlichkeit angehören, grundsätzlich nicht entscheidend[1205]. Allerdings ist zu beachten, dass der Begriff der öffentlichen Wiedergabe, anders als die Definition des § 15 Abs. 3 UrhG nahelegt, abhängig von der Verwertungsart jeweils leicht unterschiedlich auszulegen ist[1206]. Das Recht der Zugänglichmachung des § 19a UhrG zeichnet sich gerade durch ein Di-

---

1200 Dustmann, in: Fromm/Nordemann, UrhG, § 15 Rdnr. 37.

1201 Rehbinder, Rdnr. 349; v. Ungern-Sternberg, in: Schricker/Loewenheim, 4. Aufl., § 19a UrhG Rdnr. 49; Wandtke/Bullinger/Heerma, § 15 UrhG Rdnr. 16; Werner, in: Ensthaler/Weidert (Hrsg.), Handbuch Urheberrecht und Internet, 2. Aufl., 3 B Rdnr. 41.

1202 Wandtke/Bullinger/Heerma, § 15 UrhG Rdnr. 16.

1203 Loewenheim/Hoeren, Handbuch des Urheberrechts, § 21 Rdnr. 19; Wandtke/Bullinger/Heerma, § 15 UrhG Rdnr. 16.

1204 BT-Drs. 15/38, S. 17.

1205 Dreier/Schulze/Dreier, § 15 UrhG Rdnr. 41; Wandtke/Bullinger/Heerma, § 15 UrhG Rdnr. 17.

1206 Dustmann, in: Fromm/Nordemann, UrhG, § 15 Rdnr. 38; Wandtke/Bullinger/Heerma, § 15 UrhG Rdnr. 17.

stanzelement aus[1207]. Dementsprechend ist die gleichzeitige Ortsanwesenheit der mehreren Mitgliedern der Öffentlichkeit für das Recht des § 19a UrhG nicht erforderlich[1208].

bbb) Der Begriff der Öffentlichkeit im StGB

Das StGB verwendet den Begriff öffentlich beispielsweise in den folgenden Vorschriften: § 74d Abs. 2, 3. Alt. StGB (*öffentlich ausgelegt*), § 80a 1. Alt. StGB (*öffentlich aufstacheln*), § 86a Abs. 1 Nr. 1, 2. Alt. StGB (*öffentlich verwendet*), § 90 Abs. 1, 1. Alt. StGB (*öffentlich verunglimpft*), § 90a Abs. 1 und 2 StGB (*öffentlich*), § 90b Abs. 1 StGB (*öffentlich*), § 95 Abs. 1, 2. Alt. StGB (*öffentlich bekanntmacht*), § 97 Abs. 1, 2. Alt. StGB (*öffentlich bekanntmacht*), § 100a Abs. 1 und 2 StGB (*öffentlich bekanntmacht; öffentlich bekanntzumachen*), § 111 Abs. 1 StGB (*öffentlich auffordern*), § 130 Abs. 2 Nr. 1b) StGB (*öffentlich ausstellt, anschlägt, vorführt oder sonst zugänglich macht*), § 130 Abs. 3 StGB (*öffentlich billigt, leugnet oder verharmlost*), § 130a Abs. 1 und 2 StGB (*öffentlich ausstellt, anschlägt, vorführt oder sonst zugänglich macht; öffentlich Anleitung gibt*), § 131 Abs. 1 Nr. 2 StGB (*öffentlich ausstellt, anschlägt, vorführt oder sonst zugänglich macht*), § 140 Nr. 2 StGB (*öffentlich billigt*), § 164 Abs. 1 und 2 StGB (*öffentlich verdächtigt; öffentlich Behauptung aufstellt*), § 165 Abs. 1 StGB (*öffentlich bekannt gemacht*), § 183a StGB (*öffentlich sexuelle Handlungen vornimmt*), § 184 Abs. 1 Nr. 5 StGB (*öffentlich anbietet, ankündigt oder anpreist*), § 184a Nr. 2 StGB (*öffentlich ausstellt, anschlägt, vorführt oder sonst zugänglich macht*), § 184b Abs. 1 Nr. 2 StGB (*öffentlich ausstellt, anschlägt, vorführt oder sonst zugänglich macht*), § 186 StGB (*öffentlich begangen*) und § 188 StGB (*öffentlich begangen*).

Dabei wird der Begriff der Öffentlichkeit im StGB einheitlich verwendet. Für die Bejahung des Begriffs der Öffentlichkeit im strafrechtlichen Sinne müssen die folgenden Merkmale vorliegen:

(1) Personenkreis

Erforderlich ist ein größerer, nach Zahl und Individualität unbestimmter oder durch nähere Beziehung nicht verbundener Personenkreis[1209]. Persönliche Be-

---

1207 Dreier/Schulze/Dreier, § 15 UrhG Rdnr. 41; Dustmann, in: Fromm/Nordemann, UrhG, § 15 Rdnr. 38.

1208 Wandtke/Bullinger/Heerma, § 15 UrhG Rdnr. 17.

1209 Fischer, § 74d Rdnr. 6; § 80a Rdnr. 4; § 86a Rdnr. 15; § 111 Rdnr. 5; § 183a Rdnr. 4; Krauß, in: Leipziger Kommentar, StGB Bd. 5, § 130 Rdnr. 110; Lackner/Kühl, § 74d Rdnr. 6; § 80a Rdnr. 2; § 183a Rdnr. 2; Laufhütte/Kuschel, in: Leipziger Kommentar,

ziehungen in diesem Sinn, die den Kreis zu einem geschlossenen machen, können etwa bestehen zwischen den Teilnehmern einer Party oder den Mitgliedern eines Clubs, nicht aber zwischen denen eines Massenvereins, den Besuchern eines Nachtlokals und i.d.R auch nicht zwischen den Angehörigen eines größeren Betriebs[1210]. In die persönlichen Beziehungen, die zum Ausschluss der Öffentlichkeit führen, muss auch der Täter miteinbezogen sein[1211].

Es wird vertreten, dass aus dem tatbestandseinschränkenden Zweck des Merkmals „öffentlich“ folgt, dass bei der Anwesenheit lediglich mehrerer, d.h. mindestens zweier Personen[1212], noch nicht von einem größeren Personenkreis die Rede sein kann[1213]. Auf der anderen Seite wird jedoch nicht gefordert, dass es sich um eine Menschenmenge wie im Falle des früheren § 110 StGB handelt. Es wird aber davon auszugehen sein, dass es sich um eine Personenmehrheit handelt, deren Zahl sich nicht mehr ohne weiteres mit einem Blick sicher feststellen lässt[1214].

(2) Wahrnehmbarkeit der Handlung

Für den Personenkreis muss die Möglichkeit der unmittelbaren Wahrnehmung der Handlung bestehen[1215]. Dass und wie viele der dazugehörenden Personen

---

StGB Bd. 4, § 90 Rdnr. 6; MünchKommStGB/Bosch, Bd. 3, 2. Aufl., § 111 Rdnr. 17; MünchKommStGB/Miebach/Schäfer, Bd. 3, 2. Aufl., § 130 Rdnr. 83; MünchKommStGB/Hörnle, Bd. 3, 2. Aufl., § 183a Rdnr. 7; MünchKommStGB/Hörnle, Bd. 3, 2. Aufl., § 184 Rdnr. 78; Rosenau, in: Leipziger Kommentar, StGB Bd. 5, § 111 Rdnr. 33; Schönke/Schröder/Sternberg-Lieben, § 140 Rdnr. 6; Schönke/Schröder/Perron/Eisele, § 183a Rdnr. 4 und § 184 Rdnr. 32, 40; Schönke/Schröder/Lenckner/Eisele, § 186 Rdnr. 19.

1210 Fischer, § 183a Rdnr. 4; Laufhütte/Kuschel, in: Leipziger Kommentar, StGB Bd. 4, § 90 Rdnr. 6; MünchKommStGB/Bosch, Bd. 3, 2. Aufl., § 111 Rdnr. 17; Rosenau, in: Leipziger Kommentar, StGB Bd. 5, § 111 Rdnr. 33; Schönke/Schröder/Perron/Eisele, § 183a Rdnr. 4; Schönke/Schröder/Lenckner/Eisele, § 186 Rdnr. 19.

1211 Lackner/Kühl, § 183a Rdnr. 2.

1212 RG, Urt. v. 4./11. Juli 1887 – Rep. 1549/87, RGSt 16, 173, 175.

1213 Laufhütte/Kuschel, in: Leipziger Kommentar, StGB Bd. 4, § 90 Rdnr. 7.

1214 Vgl. auch Laufhütte/Kuschel, in: Leipziger Kommentar, StGB Bd. 4, § 90 Rdnr. 7.

1215 Fischer, § 74d Rdnr. 6, § 80a Rdnr. 4, § 86a Rdnr. 15, § 111 Rdnr. 5, § 183a Rdnr. 4; Krauß, in: Leipziger Kommentar, StGB Bd. 5, § 130 Rdnr. 110; Lackner/Kühl, § 80a Rdnr. 2, § 183a Rdnr. 2; Laufhütte/Kuschel, in: Leipziger Kommentar, StGB Bd. 4, § 90 Rdnr. 6; MünchKommStGB/Bosch, Bd. 3, 2. Aufl., § 111 Rdnr. 17; MünchKommStGB/Miebach/Schäfer, Bd. 3, 2. Aufl., § 130 Rdnr. 83; MünchKommStGB/Hörnle, Bd. 3, 2. Aufl., § 183 a Rdnr. 7 und § 184 Rdnr. 78; Rosenau, in: Leipziger Kommentar, StGB Bd. 5, § 111 Rdnr. 33; Schönke/Schröder/Sternberg-

von der fraglichen Äußerung tatsächlich Kenntnis genommen haben, ist für das Merkmal „öffentlich“ unerheblich[1216].

(3) Erforderlichkeit der Gleichzeitigkeit der Wahrnehmung der Handlung ?

Einzig im Rahmen der Tathandlung des § 184 Abs. 1 Nr. 7 StGB ist es für die Bejahung des Merkmals der Öffentlichkeit erforderlich, dass die Filmvorführung von dem Personenkreis gleichzeitig wahrgenommen wird[1217]. Dementsprechend ist das Aufstellen eines Filmautomaten keine öffentliche Filmvorführung, wenn die Filmvorführung jeweils nur von einer Person oder von unbestimmt vielen Einzelpersonen nacheinander verfolgt werden kann[1218].

Im Übrigen ist es nicht erforderlich, dass für die Bejahung des Merkmals der Öffentlichkeit die Möglichkeit der Wahrnehmung gleichzeitig bestehen muss.

(4) Öffentlichkeit des Ortes

Grundsätzlich kommt es auf die Öffentlichkeit des Ortes, an dem die Handlung vorgenommen wird, nicht an[1219]. Jedoch ist es erforderlich, dass an dieser Stelle bei der Beurteilung der Öffentlichkeit im Rahmen der Äußerungsdelikte differenziert wird zwischen den mündlichen Äußerungsdelikten sowie den optischen Äußerungsdelikten. Denn bei den optischen Äußerungsdelikten, insbesondere im Fall des Plakatierens kommt es gerade darauf an, dass dies an einem allgemein oder doch für einen großen Personenkreis zugänglichen Ort geschieht[1220].

Lieben, § 140 Rdnr. 6; Schönke/Schröder/Perron/Eisele, § 183a Rdnr. 4 und § 184 Rdnr. 32 und 40; Schöncke/Schröder/Lenckner/Eisele, § 186 Rdnr. 19.

1216 Schönke/Schröder/Perron/Eisele, § 183a Rdnr. 4; Schönke/Schröder/Lenckner/Eisele, § 186 Rdnr. 19.

1217 Schönke/Schröder/Perron/Eisele, § 184 Rdnr. 40.

1218 Schönke/Schröder/Perron/Eisele, § 184 Rdnr. 40.

1219 Fischer, § 111 Rdnr. 5; Krauß, in: Leipziger Kommentar, StGB Bd. 5, § 130 Rdnr. 110; Lackner/Kühl, § 80a Rdnr. 2; MünchKommStGB/Miebach/Schäfer, Bd. 3, § 130 Rdnr. 83; Schönke/Schröder/Sternerg-Lieben, § 140 Rdnr. 6; Schönke/Schröder/Perron/Eisele, § 183a Rdnr. 4; Schönke/Schröder/Lenckner/Eisele, § 186 Rdnr. 19; Rosenau, in: Leipziger Kommentar, StGB Bd. 5, § 111 Rdnr. 33.

1220 Fischer, § 86a Rdnr. 15; Laufhütte/Kuschel, in: Leipziger Kommentar, StGB Bd. 4, § 90 Rdnr. 8; Schönke/Schröder/Perron/Eisele, § 184 Rdnr. 32 und 40.

ccc) Verstoß gegen das strafrechtliche Analogieverbot ?

Ein Vergleich der beiden Begriffsbestimmungen im UrhG und StGB zeigt gewisse Unterschiede auf. Die urheberrechtliche Legaldefinition lässt für die Bejahung einer Mehrzahl von Personen bereits das Vorhandensein von zwei Personen ausreichen. Hingegen verlangt das Strafrecht für eine nach Zahl unbestimmte Personenmehrheit, dass sich die Zahl der Personen nicht mehr ohne weiteres feststellen lässt. In § 15 Abs. 3 UrhG kommt durch die Formulierung „bestimmt" zum Ausdruck, dass es auf einen bestimmungsgemäßen Adressatenkreis ankommt. Nach der Begriffsbestimmung des Strafrechts reicht es hingegen aus, dass es sich um eine nach Individualität unbestimmte Personenmehrheit handelt.

Auf Grund dieser Unterschiede und der Tatsache, dass das Strafrecht den Begriff der Öffentlichkeit bereits seit der Rechtsprechung des RG selbst auslegt, stellt sich die Frage, ob die Heranziehung der urheberrechtlichen Legaldefinition des § 15 Abs. 3 UrhG zur Bestimmung des Begriffs der Öffentlichkeit in § 33 i.V.m. § 22 KUG gegen das strafrechtliche Analogieverbot verstoßen könnte.

Unter einer Analogie versteht man die Ausdehnung eines Merkmals oder Rechtssatzes auf einen nach dem möglichen Wortsinn des Gesetzes nicht mehr erfassten, vergleichbaren Fall[1221]. Insoweit setzt die Analogie eine Strafbarkeitslücke voraus[1222]. Art. 103 Abs. 2 GG[1223], § 1 StGB[1224] und Art. 7 EMRK[1225] verbieten der Rechtsprechung, solche Strafbarkeitslücken zuungunsten des Täters durch eine den Wortlaut verlassende Auslegung von Strafgesetzen zu schließen[1226]. Das Analogieverbot umfasst alle Merkmale eines Strafgesetzes, von denen die Strafbarkeit des Verhaltens abhängt, sowie die Rechtsfolgen der Tat unter Einschluss von Maßregeln der Besserung und Sicherung[1227].

Die Heranziehung der Legaldefinition des § 15 Abs. 3 UrhG kann jedoch nicht als Analogie begriffen werden, da es eindeutig an einer Strafbarkeitslücke fehlt. Vielmehr soll durch die Heranziehung dieser Legaldefinition die Bedeutung des Merkmals der Öffentlichkeit klargestellt werden. Eine Heranziehung der Legaldefinition des § 15 Abs. 3 UrhG erscheint auch vor dem Hintergrund

---

1221 Baumann/Weber/Mitsch, StrafR AT, § 9 Rdnr. 87; Rengier, Strafrecht AT, § 4 III Rdnr. 31; Wessels/Beulke, Rdnr. 53.

1222 Rengier, Strafrecht AT, § 4 III Rdnr. 31.

1223 Siehe Gesetzestext in Anhang 1.

1224 Siehe Gesetzestext in Anhang 29.

1225 Siehe Gesetzestext in Anhang 9.

1226 Baumann/Weber/Mitsch, StrafR AT, § 9 Rdnr. 94; Rengier, Strafrecht AT, § 4 III Rdnr. 31; Wessels/Beulke, Rdnr. 52.

1227 Wessels/Beulke, Rdnr. 53.

der historischen Entwicklung des Rechts am eigenen Bild und seiner systematischen Einordnung im Rahmen des Urheberrechts, ohne dass es sich bei diesem Recht um ein Urheberrecht handelt, nachvollziehbar.

b) Anwendungsprobleme auf Tatort und Tathandlungen im Rahmen des Cyber-Bullying

Wie bereits am Ende des 5. Kapitels dargestellt finden beim Cyber-Bullying mehrere verschiedene technische Handlungsvorgänge statt. Nach dem Anfertigen der Bild- bzw. Videoaufnahmen werden diese Bildaufnahmen auf ein anderes Verbreitungsmedium per *MMS*, unter Nutzung der *Bluetooth*- oder *Infrarotschnittstelle* oder mittels USB-Kabel übertragen. Dieser Vorgang ist dann mit einem sich daran anschließenden Speichervorgang verbunden. Es schließt sich das Bereitstellen zum Abruf sowie die Übermittlung beim Abruf an. Schließlich kann die Bild- oder Videoaufnahme ausgedruckt, aufgezeichnet oder gespeichert werden. Es können *Websites* mit Bildaufnahmen erstellt werden, E-Mails mit entsprechenden Bild- oder Videoanhängen versendet werden, Links gesetzt oder angeklickt werden, Videos online als *Stream* betrachtet werden, Bilddateien *upgeloaded* bzw. *downgeloaded* werden und Fotoalben erstellt werden.

aa) Rechtliche Beurteilung der technischen Handlungsvorgänge beim Cyber-Bullying

Da der Begriff des Zurschaustellens in § 22 KUG durch die Regelung des § 19a UrhG näher ausgestaltet wird, stellt sich die Frage, ob die Vielfalt der technischen Handlungsvorgänge auch eine Vielfalt an urheberrechtlichen Verwertungsrechten berührt bzw. alle technischen Handlungsvorgänge unter das Recht der öffentlichen Zugänglichmachung i.S.d. § 19a UrhG subsumiert werden können.

aaa) Speichern der hergestellten Bildaufnahmen auf dem Fotohandy oder Smartphone

Das Speichern der hergestellten Bildaufnahmen auf dem Foto*handy* oder I-Phone wird nicht vom Begriff des Zugänglichmachens i.S.d. § 19a UrhG erfasst. Denn der Begriff des Zugänglichmachens i.S.d. § 19a UrhG setzt voraus, dass die Bildaufnahme zum interaktiven Abruf bereitgestellt wird. Dritten muss also der Zugriff auf die Bildaufnahme eröffnet sein. Das ist jedoch zum Zeitpunkt dieser Handlung noch nicht der Fall.

bbb) Übertragen der hergestellten Bildaufnahme auf ein anderes Speichermedium

Bevor die Bildaufnahme öffentlich zugänglich gemacht werden kann, muss sie auf ein anderes Speichermedium übertragen werden. Die Übertragung der hergestellten Bildaufnahme auf einen Rechner mittels eines USB-Kabels oder die Übertragung per *MMS* sowie unter Nutzung der *Bluetooth- oder Infrarotschnittstelle* auf ein anderes *Handy* ist eine Festlegung, die es mittelbar durch entsprechende *Software* bzw. Hardware gestattet, die Bildaufnahme mit den menschlichen Sinnen wahrzunehmen. Dementsprechend ist sie eine Vervielfältigung i.S.d. § 16 UrhG[1228, 1229].

ccc) Hochladen (Uploading)

Das *Hochladen* (*Uploading*) der Bilddatei vom eigenen *Rechner* auf einen *Serverrechner*, der die Bilddatei dann im *Internet* bereithält, stellt eine Vervielfältigung i.S.d. § 16 UrhG dar, da eine Festlegung auf einem Datenträger erfolgt, die geeignet ist, die Bildaufnahme den menschlichen Sinnen mittelbar wahrnehmbar zu machen[1230].

1228 Siehe Gesetzestext in Anhang 5.

1229 Dreier/Schulze/Schulze, § 16 UrhG Rdnr. 7; Dustmann, in: Fromm/Nordemann, UrhG, § 16 Rdnr. 12; Loewenheim/Loewenheim, Handbuch des Urheberrechts, 2. Aufl., § 20 Rdnr. 11; Loewenheim, in: Schricker/Loewenheim, 4. Aufl., § 16 Rdnr. 17; Rehbinder, Rdnr. 318; Schack, Rdnr. 417; Wandtke/Bullinger/Heerma, § 16 UrhG Rdnr. 13; BGH, Urt. v. 4. Oktober 1990 – I ZR 139/89, GRUR 1991, 449, 453 – Betriebssystem; KG, Urt. v. 23. November 2001 – 5 U 188/01, ZUM 2002, 828, 830; OLG Hamburg, Urt. v. 22. Februar 2001 – 3 U 247/00, ZUM 2001, 512, 513 - Roche Lexikon Medizin; OLG Jena, Urt. v. 27. Februar 2008 – 2 U 319/07, MMR 2008, 408, 409; OLG Köln, Urt. v. 9. September 2005 – 6 U 90/05, ZUM 2006, 143, 144 – Personal Video Recorder; OGH, Beschl. v. 21. November 2006 – 4 Ob 178/06 i, GRUR Int. 2007, 626, 627 – St. Stephan; LG München I, Urt. v. 13. März 2008 – 7 O 16829/07, MMR 2008, 839, 840; LG München I, Urt. v. 15. März 2007 – 7 O 7061/06, ZUM 2007, 409, 413; LG München I, Urt. v. 16. Juli 2003 – 21 O 8790/03, ZUM-RD 2003, 607, 610.

1230 Ahrens, ZUM 2000, 1029, 1032; Dreier/Schulze/Schulze, § 16 UrhG Rdnr. 7; Köhler/Arndt/Fetzer, Rdnr. 585; Loewenheim/Loewenheim, Handbuch des Urheberrechts, 2. Aufl., § 20 Rdnr. 23; Loewenheim, in: Schricker/Loewenheim, 4. Aufl., § 16 UrhG Rdnr. 23; Rehbinder, Rdnr. 319; Schack, Rdnr. 417; Ullrich, ZUM 2010, 311; Vianello, MMR 2009, 90; Wandtke/Bullinger/Heerma, § 16 UrhG Rdnr. 14; KG, Urt. v. 23. November 2001 – 5 U 188/01, ZUM 2002, 828, 830; OLG Hamburg, Urt. v. 22. Februar 2001 – 3 U 247/00, ZUM 2001, 512, 513 – Roche Lexikon Medizin; OLG Köln, Urt. v. 9. September 2005 – 6 U 90/05, GRUR-RR 2006, 5 – Personal Video Recorder;

ddd) Bereithalten zum Abruf

Zwischen dem *Hochladen* und dem *Herunterladen* steht das Bereithalten von Inhalten auf dem *Server*. Dieser technische Handlungsvorgang des sog. Ins-Netz-Stellen ist, wie bereits ausgeführt, Gegenstand des Verwertungsrechts des öffentlichen Zugänglichmachens i.S.d. § 19a UrhG. Dementsprechend ist auch die Wiedergabe einer Bildaufnahme auf der eigenen *Website* vom Begriff des Zugänglichmachens erfasst.

eee) Übermittlung der Bildaufnahme

An das Bereithalten der Bilddatei zum Abruf schließt sich in der Regel die Übermittlung an den Abrufenden an. Ob der Tatbestand des Zugänglichmachens zugleich auch die sich an die Bereithaltung des Werks anschließende Übermittlung erfasst, wird unterschiedlich beurteilt.

Von *v. Ungern-Sternberg*[1231] und von *Dreyer*[1232] wird die Auffassung vertreten, dass es sich bei der Bereithaltung der Daten zum Abruf und der Übermittlung der Daten um zwei verschiedene Verwertungsrechte handele. § 19a UrhG beschränke sich auf das Bereithalten zum Abruf. Die Übermittlung beim Abruf hingegen wird von *v. Ungern-Sternberg*[1233] als unbenanntes Verwertungsrecht und von *Dreyer*[1234] als Senderecht i.S.d. § 20 UrhG[1235] angesehen. Nach Auffassung von *Dreier*[1236], *Hoeren*[1237], *Poll*[1238] und *Schack*[1239] hingegen umfasst der Tatbestand des öffentlichen Zugänglichmachens zugleich auch die sich an die Bereithaltung des Werks anschließende Übermittlung.

Für die Auffassung, dass es sich bei der Bereithaltung des Werks und der Übermittlung um zwei verschiedene Verwertungsrechte handelt, kann zwar der

---

OLG München, Urt. v. 29. April 2010 – 29 U 3698/09, ZUM 2010, 709, 711 – myvideo; OLG München, Urt. v. 8. März 2001 – 29 U 3282/00, ZUM 2001, 420, 426 – MIDI-Files; LG München I, Urt. v. 25. Juni 2009 – 7 O 4139/08, ZUM 2009, 788, 792 f. – myvideo; LG München I, Urt. v. 16. Juli 2003 – 21 O 8790/03, ZUM-RD 2003, 607, 610; LG München I, Urt. v. 30. März 2000 – 7 O 3625/98, ZUM 2000, 418, 422 – MIDI-Files; LG Berlin, Urt. v. 14. Oktober 1999 – 16 O 803/98, AfP 2000, 197, 199.

1231 v.Ungern-Sternberg, in: Schricker/Loewenheim, 4. Aufl., § 19a UrhG Rdnr. 42.

1232 Dreyer in HK-UrhR, § 19a Rdnr. 3.

1233 v.Ungern-Sternberg, in Schricker/Loewenheim, 4. Aufl., § 19a UrhG Rdnr. 42.

1234 Dreyer in HK-UrhR, § 19a Rdnr. 3.

1235 Siehe Gesetzestext in Anhang 5.

1236 Dreier/Schulze/Dreier, § 19a UrhG Rdnr. 6.

1237 Loewenheim/Hoeren, Handbuch des Urheberrechts, 2. Aufl., § 21 Rdnr. 52.

1238 Poll, GRUR 2007, 476, 479.

1239 Schack, GRUR 2007, 639, 641.

Wortlaut des § 19a UrhG angeführt werden. Denn die sich an das Zugänglichmachen anschließende Übermittlung wird im Gesetzestext nicht eigens erwähnt[1240]. Auch der Gesetzgeber hat im Rahmen des Gesetzgebungsverfahrens trotz eines entsprechenden Änderungsantrages den Begriff der Übermittlung nicht ausdrücklich in den Wortlaut der Vorschrift des § 19a UrhG übernommen[1241].

Es ist jedoch sinnvoll in § 19a UrhG sowohl die Bereithaltung als auch die sich daran anschließende Übermittlung des Werkes anzuerkennen. Denn obwohl es sich um zwei technisch trennbare Vorgänge handelt, bedingt der eine Handlungsvorgang jedoch den anderen. Denn das Zugänglichmachen erfordert eine Verbindung zum Abrufenden[1242]. Deshalb umfasst der Tatbestand des Zugänglichmachens zugleich auch den Akt der Übermittlung des durch das Bereithalten zum Abruf zugänglich gemachten Werkes[1243]. Im Übrigen ist dies auch vor dem Hintergrund einer technisch-wirtschaftlichen Betrachtungsweise sinnvoll, da die tatsächliche Übermittlung des bereitgehaltenen Werks erst den wirtschaftlich bedeutsamen Kern dieser technischen Handlungsvorgänge ausmacht.

Die Anerkennung eines Übermittlungsrechts in § 19a UrhG ist im Rahmen einer völkerrechts- und richtlinienkonformen Auslegung geboten[1244]. Dies folgt zunächst aus dem Erwägungsgrund 25 der Informationsrichtlinie, dem folgender Inhalt zu entnehmen ist:

> „(25) (...) Es sollte klargestellt werden, dass alle durch diese Richtlinie anerkannten Rechtsinhaber das ausschließliche Recht haben sollten, urheberrechtlich geschützte Werke und sonstige Schutzgegenstände im Wege der interaktiven Übertragung auf Abruf für die Öffentlichkeit zugänglich zu machen. Derartige interaktive Übertragungen auf Abruf zeichnen sich dadurch aus, dass sie Mitgliedern der Öffentlichkeit von Orten und zu Zeiten ihrer Wahl zugänglich sind.“[1245]

1240 So auch: v.Ungern/Sternberg, in: Schricker/Loewenheim, 4. Aufl., § 19a UrhG Rdnr. 42.

1241 Vgl. Beschlussempfehlung und Bericht des Rechtsausschusses des Bundestages, BT-Drs. 15/837, S. 29.

1242 Dreier/Schulze/Dreier, § 19a UrhG Rdnr. 6.

1243 Dreier/Schulze/Dreier, § 19a UrhG Rdnr. 6; vgl. auch LG Hamburg, Urt. v. 5. September 2003 – 308 O 449/03, GRUR-RR 2004, 313, 314 f. - thumbnails.

1244 So auch BT-Drs. 15/837, S. 29.

1245 Richtlinie 2001/29/EG v. 22. Mai 2001 zur Harmonisierung bestimmter Aspekte des Urheberrechts und der verwandten Schutzrechte in der Informationsgesellschaft, ABl. L 167 v. 22. Juni 2001, S. 10 ff.

Dem Wortlaut „Übertragung auf Abruf" ist eindeutig zu entnehmen, dass der europäische Gesetzgeber trotz der technisch verschiedenen Handlungsvorgänge jedoch von einem Verwertungsrecht ausging[1246].

Betrachtet man zunächst ausschließlich den Wortlaut von Art. 8 WCT, ist dieser wenig aufschlussreich, denn danach

> „haben die Urheber von Werken der Literatur und Kunst das ausschließliche Recht, die öffentliche drahtlose oder drahtgebundene Wiedergabe ihrer Werke zu erlauben, einschließlich der Zugänglichmachung ihrer Werke in der Weise, dass sie Mitgliedern der Öffentlichkeit an Orten und zu Zeiten ihrer Wahl zugänglich sind."

Vielmehr ergibt sich aus der Entstehungsgeschichte des Art. 8 WCT dass neben dem Bereithaltungsrecht auch ein Übermittlungsrecht bestehen soll[1247]. Durch das WCT sollte dem Urheber die Kontrolle über interaktive Nutzungen seines Werkes gegeben werden, wenn diese auf einem öffentlichen Bereithalten des Werkes beruhen[1248]. Dem Sinn des Wortes „wiedergeben" ist jedoch immanent, dass dies erst erfolgt, wenn das Werk auf Abruf aktuell übermittelt wird. Deshalb muss auch gerade der Übermittlungsvorgang vom Verwertungsrecht des § 19a UrhG umfasst sein[1249].

Das Recht der öffentlichen Zugänglichmachung i.S.d. § 19a UrhG ist demnach als zweistufiges Recht anzusehen[1250]. Auf der ersten Stufe ist das Recht der öffentlichen Zugänglichmachung, also die Bereithaltung zum Abruf des Werkes. Als zweite Stufe befindet sich daneben, das Übermittlungsrecht, das nach dem Sinn der Vorschrift und vor dem Hintergrund einer völkerrechts- und richtlinienkonformen Auslegung in § 19a UrhG hineinzulesen ist[1251].

fff) Herunterladen (Downloading)

Das *Herunterladen* ist der entgegengesetzte Vorgang zum *Hochladen*. Beim Vorgang des *Herunterladens* werden Daten von *Servern* im *Internet* auf den eigenen *Rechner* übertragen, was zu einer dauerhaften Speicherung auf der Festplatte des *Users* führt. In diesem Vorgang liegt ein Vervielfältigungsakt i.S.d. §

1246 So auch Werner, in: Ensthaler/Weidert (Hrsg.), Handbuch Urheberrecht und Internet, 2. Aufl., 3 B Rdnr. 42.

1247 v. Ungern-Sternberg, in: Schricker/Loewenheim, 4. Aufl., § 19a UrhG Rdnr. 15.

1248 v. Ungern-Sternberg, in: Schricker/Loewenheim, 4. Aufl., § 19a UrhG Rdnr. 15.

1249 Siehe auch: Schack, GRUR 2007, 639, 641.

1250 So auch BT-Drs. 15/837, S. 29.

1251 So auch: Schack, GRUR 2007, 639, 641.

16 UrhG[1252]. Für die öffentliche Zugänglichmachung i.S.d. § 19a UrhG ist es jedoch nicht erforderlich, das Werk herunterzuladen; allein die Wahrnehmbarkeit am Bildschirm ist ausreichend[1253].

ggg) Sichtbarmachen auf dem Bildschirm

Das Sichtbarmachen von Content auf dem Bildschirm eines *Users* stellt einen Vervielfältigungsakt i.S.d. § 16 Abs. 1 UrhG dar. Denn für eine Vervielfältigung i.S.d. Vorschrift des § 16 Abs. 1 UrhG ist es unerheblich, ob diese vorübergehend erfolgt und in welchem Verfahren sie erfolgt. Jedoch ist die Sichtbarmachung auf dem Bildschirm nur die Benutzung des vervielfältigten Werkexemplars durch seine Visualisierung[1254]. Dabei handelt es sich lediglich um eine flüchtige Handlung, die einen wesentlichen Teil der PC-Nutzung darstellt und deren alleiniger Zweck es ist, eine rechtmäßige Nutzung eines Werks zu ermöglichen[1255]. Da dieser Handlung keine eigene wirtschaftliche Bedeutung zukommt, greift die Schranke des § 44a UrhG[1256, 1257]. Nach dieser Schrankenbestimmung sind vorübergehende Vervielfältigungshandlungen zulässig, die flüchtig oder begleitend sind und einen integralen und wesentlichen Teil eines technischen Verfahrens darstellen und deren alleiniger Zweck es ist, entweder eine Übertragung in einem *Netz* zwischen Dritten durch einen Vermittler oder eine rechtmäßige Nutzung eines Werks oder sonstigen Schutzgegenstandes zu ermöglichen, und die keine eigenständige wirtschaftliche Bedeutung haben. Die Intention des Gesetzgebers war es zu vermeiden, dass dann, wenn die sich anschließende Nutzung erlaubnisfrei ist, für bestimmte Fixierungen im Arbeitsspeicher oder im Zwischenspeicher eine besondere Erlaubnis des Urhebers ein-

---

1252 Dreier/Schulze/Schulze, § 16 UrhG Rdnr.13; Köhler/Arndt/Fetzer, Rdnr. 586; Loewenheim, in: Schricker/Loewenheim, 4. Aufl., § 16 UrhG Rdnr. 23; Schulze, ZUM 2011, 2, 4; BGH, Urt. v. 4. Oktober 1990 – I ZR 139/89, GRUR 1991, 449, 453 – Betriebssystem; OLG München, Urt. v. 8. März 2001 – 29 U 3282/00, CR 2001, 333, 337 – MIDI-Files; LG München I, Urt. v. 30. März 2000 – 7 O 3625/98, MMR 2000, 431, 433 – MIDI-Files.

1253 Schulze, ZUM 2011, 2, 4; OLG Hamburg, Urt. v. 7. Juli 2005 – 5 U 176/04, MMR 2006, 173, 174 – staytuned; OLG Stuttgart, Beschl. v. 21. Januar 2008 – 2 Ws 328/07, ZUM 2008, 698, 699.

1254 Köhler/Arndt/Fetzer, Rdnr. 589.

1255 Köhler/Arndt/Fetzer, Rdnr. 589.

1256 Siehe Gesetzestext in Anhang 5.

1257 Köhler/Arndt/Fetzer, Rdnr. 589; Schack, Rdnr. 417 ff.; Wandtke/Bullinger/Bullinger, UrhG, § 19a Rdnr. 12.

geholt werden muss[1258]. Das Sichtbarmachen auf dem Bildschirm unterliegt deshalb nicht dem Ausschließlichkeitsrecht des Urhebers[1259].

hhh) Sonderproblem: Streaming

(1) Begriff

Zum bekanntesten Streaming-Angebot gehört die Videoplattform YouTube. Diese Plattform bietet Zugriff auf ein riesiges Angebot von Musik- und Videodateien. Unter einem *Streaming* wird das Verfahren verstanden, bei dem ein Datenfluss gezielt vom *Server* verschickt wird und dieser Datenfluss vor seiner Nutzungsmöglichkeit nicht zunächst vollständig geladen, sondern schon ab Übertragungsbeginn audiovisuell wiedergegeben wird[1260]. Darüber hinaus lässt sich der gestreamte Medieninhalt auch aufnehmen[1261]. Dies kann im analogen sowie digitalen Verfahren erfolgen[1262].

(2) Rechtliche Bewertung

Ein wie YouTube im *Internet* zugänglich gemachter *Stream*, der nach freier Wahl zu jeder Zeit und mehrfach abrufbar ist, ist als eine öffentliche Zugänglichmachung i.S.d. § 19a UrhG zu beurteilen[1263]. Dafür spricht insbesondere, dass § 19a UrhG gerade nicht voraussetzt, dass der *User* die Verfügungsgewalt über den Inhalt erlangt[1264]. Für das öffentliche Zugänglichmachen ist die alleinige Wahrnehmbarkeit am Bildschirm ausreichend.

Beim Abruf des *Streaming*-Mediums ist keine dauerhafte Speicherung beim Rezipienten vorgesehen[1265]. Jedoch bedarf es zur Darstellung eines Inhalts am

---

1258 BT-Drs. 15/38, S. 18; Vianello, CR 2010, 728, 729.

1259 Köhler/Arndt/Fetzer, Rdnr. 589.

1260 Vianello, CR 2010, 728; Schack, GRUR 2007, 639, 641; Wandtke/Bullinger/Bullinger, UrhG, § 19a Rdnr. 34.

1261 Vianello, CR 2010, 728.

1262 Vianello, CR 2010, 728.

1263 Dreier/Schulze/Dreier, § 19a UrhG Rdnr. 6; Dustmann, in: Fromm/Nordemann, UrhG, § 19a Rdnr. 20; Schack, GRUR 2007, 639, 641; Schulze, ZUM 2011, 2, 4; Wandtke/Bullinger/Bullinger, UrhG, § 19a Rdnr. 34; OLG Köln, Urt. v. 9. September 2005 – 6 U 90/05, GRUR-RR 2006, 5 – Personal Video Recorder; OLG Hamburg, Urt. v. 7. Juli 2005 – 5 U 176/04, MMR 2006, 173, 174 – staytuned; OLG Stuttgart, Beschl. v. 21. Januar 2008 – 2 Ws 328/07, MMR 2008, 474, 475.

1264 So auch: OLG Hamburg, Urt.v. 7. Juli 2005 – 5 U 176/04, MMR 2006, 173, 174 – staytuned.

1265 Wandtke/Bullinger/Bullinger, UrhG, § 19a Rdnr. 34.

Endgerät der vorübergehenden Einlagerung (Pufferung) der Information im Arbeitsspeicher, um Übertragungsengpässe auszugleichen[1266]. Wenn der Arbeitsspeicher zur Zwischenspeicherung nicht ausreicht, speichert der *Streaming-Client* den Inhalt auf der Festplatte[1267]. Die Zwischenspeicherung dient nicht nur der lückelosen Wiedergabe, sondern auch dazu bei einem erneuten Zugriff ein erneutes *Herunterladen* der Daten zu vermeiden[1268]. Dadurch wird die lokale Navigation innerhalb des *Streams* möglich[1269]. Speichert der *Streaming-Client* den *Stream* lokal zwischen, ist eine Navigation in dem bereits empfangenen Teil des *Streams* schneller möglich und die Wiedergabe kann an der jeweils gewünschten Stelle gestartet werden; der Datenempfang läuft dabei immer weiter[1270]. Beim Abruf des *Streams* findet eine Vervielfältigung i.S.d. § 16 UrhG statt, da es nach dem Gesetzeswortlaut des § 16 Abs. 1 UrhG gerade unerheblich ist, ob die Vervielfältigung vorübergehend ist und in welchem Verfahren sie erfolgt[1271]. Da die Vervielfältigung im Puffer von geringem Umfang und von kurzer Dauer ist, kommt ihr keine eigenständige wirtschaftliche Bedeutung zu, so dass sie von der Schrankenbestimmung des § 44a UrhG erfasst wird[1272].

Beim *Streaming* ist eine dauerhafte Speicherung beim Rezipienten gerade nicht vorgesehen[1273]. Deshalb widerspricht die Aufzeichnung eines *Streams* eigentlich auch gerade dieser Eigenart[1274]. Für den Fall, dass es jedoch zu einer dauerhaften Speicherung eines *Streams* auf einem analogen oder digitalen Datenträger kommt, stellt diese Speicherung eine Vervielfältigung i.S.d. § 16 UrhG dar[1275].

iii) Versenden einer E-Mail

Dem Begriff des Zugänglichmachens i.S.d. § 19a UrhG unterfällt jedoch nicht das Senden einer E-Mail. Beim Versenden einer E-Mail handelt es sich vielmehr

---

1266 Vianello, CR 2010, 728; Wandtke/Bullinger/Bullinger, UrhG, § 19a Rdnr. 34.

1267 Vianello, CR 2010, 728.

1268 Vianello, CR 2010, 728.

1269 Vianello, CR 2010, 728.

1270 Vianello, CR 2010, 728.

1271 Vgl. auch Vianello, CR 2010, 728 f.

1272 Schack, GRUR 2007, 639, 641; Vianello, CR 2010, 728, 729 f.; Wandtke/Bullinger/Bullinger, UrhG, § 19a Rdnr. 34.

1273 Wandtke/Bullinger/Bullinger, UrhG, § 19a Rdnr. 34.

1274 Vianello, CR 2010, 728, 732.

1275 Vianello, CR 2010, 728, 732; LG Köln, Urt. v. 28. Februar 2007 – 28 O 16/07, MMR 2007, 610, 611.

um eine Vervielfältigung i.S.d. § 16 UrhG[1276]. Der per E-Mail versandte Datensatz wird zunächst auf der Festplatte der *Server*betreiber gespeichert und dann mit Abruf durch den Empfänger auf der Festplatte von dessen Computer gespeichert[1277].

Die beim Empfänger darauf folgende Zwischenspeicherung beim *Server*betreiber ist eine Vervielfältigung i.S.d. § 16 UrhG, die allerdings nach § 44a Nr. 1 UrhG zulässig ist[1278].

Die Speicherung der E-Mail auf dem *Server* des Empfängers ist wiederum eine Vervielfältigung i.S.d. § 16 UrhG[1279]. Da der Absender der E-Mail einen Ablauf in Gang setzt, der bei ordnungsgemäßem Ablauf zur Speicherung des Datensatzes auf der Festplatte des Empfängers führt, ist er derjenige, der die Vervielfältigung vornimmt[1280]. Eine andere Auffassung wäre deshalb nicht richtig, da gerade der Absender damit rechnet, dass der Empfänger seine E-Mails vom *Server* des *Server*betreibers herunterlädt[1281]. Der Empfänger weiß hingegen regelmäßig nicht, welche E-Mails er vom *Server* herunterlädt[1282]. Die Speicherung beim Empfänger ist allerdings nicht nach § 44a Nr. 1 UrhG zulässig, da sie eine dauerhafte ist und nicht nur eine begleitende[1283].

Im Übrigen fehlt es auch eindeutig an dem Merkmal des Bereitstellens i.S.d. § 19a UrhG, da der Absender die E-Mail lediglich einmal versendet[1284].

1276 Dustmann, in: Fromm/Nordemann, UrhG, § 16 Rdnr. 29; Loewenheim, in: Schricker/Loewenheim, 4. Aufl., § 16 Rdnr. 23; Wandtke/Bullinger/Heerma, UrhG, § 16 Rdnr. 15; Werner, in: Ensthaler/Weidert (Hrsg.), Handbuch Urheberrecht und Internet, 2. Aufl., 3 B Rdnr. 72; KG, Urt. v. 30. April 2004 – 5 U 98/02, GRUR-RR 2004, 228, 230 f. – Ausschnittsdienst; OLG München, Urt. v. 10. Mai 2007 – 29 U 1638/06, MMR 2007, 525, 527 - subito; a.A.: Dreier/Schulze/Dreier, UrhG, § 19a Rdnr. 7, der im Versenden einer E-Mail ein Zugänglichmachen i.S.d. 19a UrhG sieht und die Problematik im Erfordernis der Öffentlichkeit beim Versenden von E-Mails sieht.

1277 Wandtke/Bullinger/Heerma, UrhG, § 16 Rdnr. 15; Werner, in: Ensthaler/Weidert (Hrsg.), Handbuch Urheberrecht und Internet, 2. Aufl., 3 B Rdnr. 72.

1278 Haupt, ZUM 2002, 797, 798 f.; Wandtke/Bullinger/Heerma, UrhG, § 16 Rdnr. 15.

1279 Wandtke/Bullinger/Heerma, UrhG, § 16 Rdnr. 15.

1280 Wandtke/Bullinger/Heerma, UrhG, § 16 Rdnr. 15.

1281 Wandtke/Bullinger/Heerma, UrhG, § 16 Rdnr. 15; a.A.: KG, Urt. v. 23. November 2001 – 5 U 188/01, ZUM 2002, 828, 830; Haupt, ZUM 2002, 797, 798.

1282 Wandtke/Bullinger/Heerma, UrhG, § 16 Rdnr. 15.

1283 Wandtke/Bullinger/Heerma, UrhG, § 16 Rdnr. 15.

1284 Wandtke/Bullinger/Bullinger, UrhG, § 19a Rdnr. 31.

jjj) Sonderproblem: Links

(1) Begriff

Der Begriff „Link“ kommt aus dem Englischen und bedeutet im Deutschen „Verbindung“ oder „Verknüpfung“. Durch Links ist es möglich, unterschiedliche, zunächst voneinander an sich völlig unabhängige Elemente innerhalb eines digitalisierten Werks oder mehrerer solcher Werke zueinander in Beziehung zu setzen[1285]. Mit Hilfe von Links können sowohl einzelne Teile und Elemente einer *Website* als auch verschiedene *Websites* elektronisch in der Weise verknüpft werden, dass man elektronisch von einem Inhalt zum anderen „springt“ bzw. mehrere Inhalte gleichzeitig wahrnehmbar macht[1286]. Technisch ermöglicht der Link den unmittelbaren Aufruf der Datei, auf die der Link verweist[1287]. Der Benutzer muss lediglich den Link anklicken, um das Erscheinen der betreffenden Datei auf seinem Bildschirm zu veranlassen[1288]. Zu unterscheiden ist zwischen Hyperlinks und Deep-Links.

Hyperlinks geben einen Hinweis auf Inhalte fremder *Websites* und bieten zugleich die technische Möglichkeit, eine direkte Verbindung zu dieser *Website* herzustellen[1289]. Die ursprüngliche *Website* wird also verlassen; beim Anklicken des Links wird für den Nutzer in erkennbarer Weise der *Server* gewechselt[1290]. Der Benutzer landet auf der *Homepage* der neuen *Website*[1291].

Anders ist das bei den Deep-Links. Hier führt der Link nicht auf die Eingangsseite der *Homepage*, sondern auf andere „tieferliegende“ Seiten der neuen *Website*[1292].

1285 Werner, in: Ensthaler/Weidert (Hrsg.), Handbuch Urheberrecht und Internet, 2. Aufl., 3 B Rdnr. 60.

1286 Werner, in: Ensthaler/Weidert (Hrsg.), Handbuch Urheberrecht und Internet, 2. Aufl., 3 B Rdnr. 60.

1287 Werner, in: Ensthaler/Weidert (Hrsg.), Handbuch Urheberrecht und Internet, 2. Aufl., 3. B Rdnr. 61.

1288 Werner, in: Ensthaler/Weidert (Hrsg.), Handbuch Urheberrecht und Internet, 2. Aufl., 3 B Rdnr. 61.

1289 Köhler/Arndt/Fetzer, Rdnr. 590; Stadler, S. 209; Werner, in: Ensthaler/Weidert (Hrsg.), Handbuch Urheberrecht und Internet, 2. Aufl., 3 B Rdnr. 61.

1290 Werner, in: Ensthaler/Weidert (Hrsg.), Handbuch Urheberrecht und Internet, 2. Aufl., 3 B Rdnr. 61.

1291 Werner, in: Ensthaler/Weidert (Hrsg.), Handbuch Urheberrecht und Internet, 2. Aufl., 3 B Rdnr. 61.

1292 Völker/Lührig, K&R 2000, 20 f.; Werner, in: Ensthaler/Weidert (Hrsg.), Handbuch Urheberrecht und Internet, 2. Aufl., 3 B Rdnr. 61.

(2) Rechtliche Bewertung

Durch das Setzen eines Hyperlinks kann zwar vom Wortsinn her ein Zugänglichmachen angenommen werden, nicht jedoch im Sinne eines Zugänglichmachens als urheberrechtliche Verwertungshandlung i.S.d. § 19a UrhG[1293]. Ein Hyperlink enthält lediglich eine elektronische Verknüpfung zu der Datei, die das geschützte Werk enthält[1294]. Das Werk wird jedoch bereits durch den, der es öffentlich in das *Internet* gestellt hat, zugänglich gemacht[1295]. Der den Link Setzende hat im Allgemeinen keine Kontrolle über das weitere Bereithalten des Werkes[1296].
In seiner Entscheidung „Paperboy" führt der BGH dazu im Einzelnen aus:

> „(...) Ein Berechtigter, der ein urheberrechtlich geschütztes Werk ohne technische Schutzmaßnahmen im Internet öffentlich zugänglich macht, ermöglicht dadurch bereits selbst die Nutzungen, die ein Abrufender vornehmen kann. Es ist seine Entscheidung, ob er das Werk trotz der Möglichkeit, dass nach Abruf auch rechtswidrige Nutzungen vorgenommen werden, weiter zum Abruf bereithält. Es wird deshalb grds. kein urheberrechtlicher Störungszustand geschaffen, wenn der Zugang zu dem Werk durch das Setzen von Hyperlinks (...) erleichtert wird (...). Die Gefahr rechtswidriger Nutzungen eines vom Berechtigten selbst im Internet öffentlich bereitgehaltenen Werks wird durch Hyperlinks Dritter nicht qualitativ verändert, sondern nur insofern erhöht, als dadurch eine größere Zahl von Nutzern der Zugang zum Werk eröffnet wird. Auch ohne Hyperlink kann ein Nutzer unmittelbar auf eine im Internet öffentlich zugängliche Datei zugreifen, wenn ihm deren URL (...), die Bezeichnung ihres Fundortes im WWW, genannt wird. Ein Hyperlink verbindet mit einem solchen Hinweis auf die Datei, zu der die Verknüpfung gesetzt wird, lediglich eine technische Erleichterung für ihren Abruf. Er ersetzt die sonst vorzunehmende Eingabe der URL im Adressfeld des Webbrowsers und das Betätigen der Eingabetaste.
>
> (...), weil die beanstandeten Handlungen jedenfalls nicht in das Recht der öffentlichen Zugänglichmachung, gelichgültig auf welche Nutzungshandlungen dieses bezogen wird, eingegriffen haben. (...)"[1297]

1293 Dreier/Schulze/Dreier, § 19a UrhG Rdnr. 6; Schulze, ZUM 2011, 2, 10; v.Ungern-Stenberg, in: Schricker/Loewenheim, 4. Aufl., § 19a Rdnr. 46; Wandtke/Bullinger/Bullinger, § 19a UrhG Rdnr. 29; Werner, in: Ensthaler/Weidert (Hrsg.), Handbuch Urheberrecht und Internet, 2. Aufl., 3 B Rdnr. 62; BGH, Urt. v. 17. Juli 2003 – I ZR 259/00, GRUR 2003, 959 ff. – Paperboy; OLG München, Urt. v. 26. Juni 2007 – 18 U 2067/07, K&R 2007, 531, 532.

1294 v.Ungern-Sternberg, in: Schricker/Loewenheim, 4. Aufl., § 19a Rdnr. 46.

1295 v.Ungern-Sternberg, in: Schricker/Loewenheim, 4. Aufl., § 19a Rdnr. 46.

1296 v.Ungern-Sternberg, in: Schricker/Loewenheim, 4. Aufl., § 19a Rdnr. 46.

1297 BGH, Urt. v. 17. Juli 2003 – I ZR 259/00, MMR 2003, 719, 722 – Paperboy.

Anders liegt es, wenn der Hyperlink nur aus der Sicht des Nutzers auf die fremde *Website* verweist, das Werk jedoch tatsächlich vom Linksetzenden selbst auf einem *Rechner* bereitgehalten wird[1298]. Das Zugänglichmachen liegt dann jedoch nicht in der Linksetzung, sondern in dem Bereithalten des Werkes, zu dem auf diese Weise der Zugang eröffnet wird[1299].

Im Gegensatz zu der Entscheidung „Paperboy“ des BGH sah das OLG München[1300] durch die Verlinkung auf ein Foto das Recht am eigenen Bild i.S.d. § 22 KUG verletzt. Ohne eine weitere Begründung führt es dazu lediglich aus:

> „(...)Die Klägerin hat Bildnisse des Beklagten veröffentlicht, indem sie sie öffentlich zu Schau gestellt hat (§ 22 S.1 2. Alt. KunstUrhG). Bildnisse werden verbreitet, wenn sie als körperliche Gegenstände weitergegeben werden und öffentlich zur Schau gestellt, wenn sie für eine nicht bestimmt abgegrenzte und nicht untereinander oder zu einem Veranstalter persönlich verbundene Mehrzahl von Personen sichtbar gemacht werden (...). Letzteres ist hier der Fall. Die Klägerin hat durch die Linksetzung, (...), die streitgegenständliche Bildnisse öffentlich zur Schau gestellt.(...)“[1301]

Das OLG München verkennt in seiner Entscheidung, dass der Begriff des öffentlichen Zurschaustellens in § 22 Satz 1, 2. Alt. KUG urheberrechtlich zu verstehen ist[1302]. Dementsprechend umfasst der Begriff des öffentlichen Zurschaustellens das Recht der öffentlichen Wiedergabe nach § 15 Abs. 2 UrhG und dabei insbesondere das Recht der öffentlichen Zugänglichmachung nach § 19a UrhG. Zugleich beschreiben diese Rechte aber auch die Grenzen des Schutzes[1303]. Vor diesem Hintergrund ist die Auffassung des OLG München abzulehnen. Es war zwar Wille des Gesetzgebers gewesen, durch das Zugänglichmachen des Werkes für den interaktiven Abruf einen frühzeitigen Schutz zugunsten des Urhebers sicherzustellen[1304]. Jedoch machen Hyperlinks die verlinkten Inhalte nicht zugänglich und damit auch nicht sichtbar, sondern verweisen auf das schon zugänglich und sichtbar gemachte Bildnis bzw. Werk[1305]. Würde der technische Handlungsvorgang der Verlinkung rechtlich dem Begriff der öffentlichen Zugänglichmachung i.S.d. § 19a UrhG zuordenbar sein, so würde die Verlinkung auf eine andere *Website* das Sichtbarmachen der dort vorgehaltenen

---

1298 v. Ungern-Sternberg, in: Schricker/Loewenheim, 4. Aufl., § 19a UrhG Rdnr. 46.
1299 v. Ungern-Sternberg, in: Schricker/Loewenheim, 4. Aufl., § 19a UrhG Rdnr. 46.
1300 OLG München, Urt. v. 26. Juni 2007 – 18 U 2067/07, K&R 2007, 531 ff.
1301 OLG München, Urt. v. 26. Juni 2007 – 18 U 2067/07, K&R 2007, 531, 532.
1302 Dreier/Schulze/Dreier, § 22 KUG Rdnr. 11; Wimmers/Schulz, K&R 2007, 533, 534.
1303 Wimmers/Schukz, K&R 2007, 533,534.
1304 BT-Drs. 15/38, S. 17.
1305 Wimmers/Schulz, K&R 2007, 533, 534.

Bildnisse i.S.d. § 22 KUG darstellen[1306]. Die fehlende Einwilligung des Abgebildeten kann dann jedoch eine Strafbarkeit nach § 33 KUG nach sich ziehen. Dies ist jedoch mit dem strafrechtlichen Bestimmtheitsgebot gemäß Art. 103 Abs. 2 GG, § 1 StGB nicht zu vereinbaren. Da die technischen Handlungsvorgänge im *Internet* für den Einzelnen schon schwierig nachzuvollziehen sind, wird es ihm erst recht nicht möglich sein, diese rechtlich einzuordnen und als strafbewehrtes Verhalten i.S.d. § 33 KUG erkennen zu können.

Auch durch das Setzen eines Deep-Links wird aus den gleichen Gründen ein fremdes Werk noch nicht i.S.v. § 19a UrhG zugänglich gemacht[1307].

Durch das Anklicken des Links wird die Datei, auf die der Link verweist, durch den Nutzer aktiviert, d.h. auf dessen Rechner heruntergeladen. Das Anklicken des Links stellt jedoch keine öffentliche Zugänglichmachung des Werkes i.S.d. § 19a UrhG dar. Vielmehr kommt es durch das Anklicken des Links im Bereich des Nutzers zu einer Vervielfältigung i.S.d. § 16 UrhG[1308].

bb) Beurteilung der Einheitlichkeit der Handlungsvorgänge des Cyber-Bullying i.R.d. des öffentlichen Zugänglichmachens i.S.d. § 19a UrhG

Die Ausführungen haben gezeigt, dass die technischen Handlungsvorgänge bei der Onlinenutzung vielfältig sind. Diese Vielfalt der technischen Handlungsvorgänge führt zu der Frage, ob die öffentliche Zugänglichmachung sich in mehrere eigenständige Teilrechte aufspalten lässt, nämlich die Vervielfältigung i.S.d. § 16 UrhG beim Upload sowie die Bereithaltung zum Abruf und elektronische Übermittlung i.S.d § 19a UrhG. Die Beantwortung dieser Frage ist vor allem für die Beurteilung einer Strafbarkeit gemäß § 33 i.V.m. § 22 KUG von Bedeutung. Denn für den Fall, dass die Handlung des Zugänglichmachens sowohl technisch als auch rechtlich in verschiedene Abschnitte unterteilt werden kann, schließt sich die Frage an, welche Handlungsvorgänge beim Cyber-Bullying nicht von § 19a UrhG umfasst werden und damit nicht i.S.d. § 33 i.V.m. § 22 KUG strafbewehrt sind.

Die Frage der Aufspaltbarkeit einer Onlinenutzung wird in der Rechtsprechung und Literatur unterschiedlich beantwortet:

1306 Wimmers/Schulz, K&R 2007, 533, 534.

1307 Dreier/Schulze/Dreier, § 19a UrhG Rdnr. 6; Nolte, ZUM 2003, 540, 541 f.; Werner, in: Ensthaler/Weidert (Hrsg.), Handbuch Urheberrecht und Internet, 2. Aufl., 3 B Rdnr. 62; BGH, Urt. v. 17. Juli 2003 – I ZR 259/00, MMR 2003, 719, 722 – Paperboy.

1308 Werner, in: Ensthaler/Weidert (Hrsg.), Handbuch Urheberrecht und Internet, 2. Aufl., 3 B Rdnr. 62; BGH, Urt. v. 17. Juli 2003 – I ZR 259/00, MMR 2003, 719, 722 – Paperboy.

aaa) Rechtsprechung

(1) Entscheidung des LG München I vom 25. Juni 2009 – myvideo[1309]

Das LG München I hatte sich in seiner Entscheidung „myvideo“ mit der Frage auseinanderzusetzen, ob eine Onlinenutzung in das Recht der öffentlichen Zugänglichmachung und das Vervielfältigungsrecht aufspaltbar ist, und verneinte dies. Im Einzelnen führt das LG München I dazu aus:

> „(...) Die „mechanischen Vervielfältigungsrechte im Onlinebereich“ lassen sich nicht in der von der Beklagten vorgenommenen Weise aufspalten und vom Recht der öffentlichen Zugänglichmachung trennen. (...)
>
> Würde das Onlineangebot eines Werks regelmäßig zwei verschiedene Rechte verletzen, so würde dies zu der Gefahr einer mehrfachen Inanspruchnahme führen. Es würde im Rahmen eines einheitlichen technischen Vorgangs eine für Nutzer unübersichtliche Situation eintreten, die allein in der Aufspaltung der Rechte begründet liegt und nicht etwa durch das Vorliegen wirtschaftlich trennbarer Auswertungsvorgänge geboten wäre. Dies führte zu einer erheblichen Rechtsunsicherheit. (...)
>
> Umgekehrt sind die abgespaltenen mechanischen Vervielfältigungsrechte explizit auf den Onlinebereich beschränkt, setzen damit also stets zugleich ein öffentliches Zugänglichmachen voraus, das das Wesen der Online-Nutzung ist. Eine Trennung der Rechtsinhaberschaft an den „mechanischen Vervielfältigungsrechten im Onlinebereich“ und dem für deren Nutzung regelmäßig zusätzlich benötigten Recht auf öffentliche Zugänglichmachung führt für einheitliche Nutzungsvorgänge damit zwangsläufig zu Rechtsunsicherheit und der jedenfalls abstrakten Gefahr einer doppelten Inanspruchnahme. (...)
>
> Es erscheint bereits fraglich, ob der Gesetzgeber eine bewusste Unterscheidung zwischen dem Vervielfältigungsrecht und dem Recht auf öffentliche Zugänglichmachung, die sich in der Gesetzessystematik niedergeschlagen hat, treffen konnte, da es sich bei dem § 19a UrhG um eine nachträglich eingefügte Norm handelt und § 16 UrhG auch alle Vervielfältigungshandlungen außerhalb des Online-Bereichs betrifft, so dass aus der Weitergeltung des § 16 UrhG trotz Einfügung des zusätzlichen Paragraphen § 19a UrhG in systematischer Hinsicht nichts hergeleitet werden kann. (...).“[1310]

(2) Entscheidung des OLG München vom 29. April 2010 – myvideo[1311]

An die Entscheidung „myvideo“ des LG München I schloss sich die Berufungsinstanz an. Das OLG München prüfte erneut die Frage der Aufspaltbarkeit einer Onlinenutzung und folgte der Auffassung des LG München I. Im Einzelnen führte das OLG München dazu aus:

1309 LG München I, Urt. v. 25. Juni 2009 – 7 O 4139/08, ZUM 2009, 788 ff. – myvideo.

1310 LG München I, Urt. v. 25. Juni 2009 – 7 O 4139/08, ZUM 2009, 788, 793 – myvideo.

1311 OLG München, Urt. v. 29. April 2010 – 29 U 3698/09, ZUM 2010, 709 ff. – myvideo.

„(...)Im Rahmen der Online-Nutzung von Musikwerken, insbesondere im Wege eines Online-Abrufdienstes (Streaming) hat die betreffende Vervielfältigung im Vergleich zur öffentlichen Zugänglichmachung nach der Verkehrsauffassung keine eigenständige wirtschaftliche Bedeutung. Bei der Vervielfältigung im Rahmen des Heraufladens (Upload) auf einen Server zum Zwecke der Online-Nutzung handelt es sich nach der Verkehrsauffassung vielmehr um eine untergeordnete Vorbereitungshandlung zur Vorbereitung der öffentlichen Zugänglichmachung, nicht hingegen um eine ihrer selbst willen vorgenommene wirtschaftliche Nutzungsart. Die Einräumung eines Nutzungsrechts betreffend die öffentliche Zugänglichmachung würde zu einer unübersichtlichen Rechtslage und zu einer nicht akzeptablen Beeinträchtigung der Verkehrsinteressen führen. (...).“[1312]

bbb) Vertretene Auffassungen in der Literatur

Von einigen Autoren[1313] wird vertreten, dass das Recht auf öffentliche Zugänglichmachung i.S.d. §19a UrhG zugleich auch Vervielfältigungshandlungen beinhalte. Der *Upload*vorgang und die nachfolgende weitere Bereithaltung bilden demnach eine einheitliche Verwertungshandlung.

Andere vertreten die Auffassung, dass im Rahmen der Onlinenutzung dem Recht der Vervielfältigung i.S.d. § 16 UrhG und dem Recht der öffentlichen Zugänglichmachung i.S.d. § 19a UrhG eigenständige Bedeutung zukommen[1314]. Diese Abgrenzung ergebe sich bereits zwingend durch die Festlegung der verschiedenen Verwertungsrechte in § 16 UrhG und § 19a UrhG[1315]. Dementsprechend müsse die Onlinenutzung aufgespalten werden und dürfe nicht als einheitlicher Nutzungsvorgang verstanden werden.

ccc) Stellungnahme

(1) Fehlerhafte Prüfungsgrundlage des OLG München

Das OLG München beruft sich in seiner Entscheidung auf die Rechtsprechung des BGH. In beiden herangezogenen Entscheidungen des BGH ging es jedoch darum, inwieweit innerhalb einzelner Verwertungsrechte weitere Unterscheidungen der Nutzungsformen möglich und zulässig sind. In der Entscheidung

---

1312 OLG München, Urt. v. 29. April 2010 – 29 U 3698/09, ZUM 2010, 709, 712 – myvideo.

1313 Dustmann, in: Fromm/Nordemann, UrhG, § 19a Rdnr. 9, 38; Schack, Rdnr. 460; Schaefer, ZUM 2010, 150, 151 ff.

1314 Jani, ZUM 2009, 722, 723; Melichar, ZUM 2010, 713 ff; Wandtke/Bullinger/Bullinger, UrhG, § 19a Rdnr. 12.

1315 Melichar, ZUM 2010, 713.

„Schmalfilmrechte"[1316] des BGH ging es um die Abgrenzung zwischen 16-mm-Schmalfilm und Filmkopien im Normalformat und in der Entscheidung „Taschenbuchlizenz"[1317] des BGH um die Abgrenzung zwischen Taschenbuch- und Hardcoverausgaben. In diesen beiden Fällen waren die Vervielfältigungs- und Verbreitungsrechte gemäß §§ 16 ff. UrhG eingeräumt. Fraglich war, inwiefern diese Verwertungsarten in weitere Nutzungsformen gesplittet werden können. Vor diesem Hintergrund hat das OLG München seine Entscheidungsgrundlage zu Unrecht auf die Rechtsprechung des BGH gestützt[1318].

(2) Widerspruch zur Systematik der Verwertungsrechte in § 15 UrhG

Die Onlinenutzung als einheitliche Verwertungshandlung zu beurteilen, steht im Widerspruch zur Systematik der Verwertungsrechte in § 15 UrhG[1319]. Die Betrachtung der Vorschrift des § 15 UrhG zeigt, dass die Systematik der Verwertungsrechte zwischen den körperlichen Verwertungsrechten in § 15 Abs. 1 UrhG und den unkörperlichen Verwertungsrechten in § 15 Abs. 2 UrhG unterscheidet. Vor dem Hintergrund dieser ausdrücklichen Trennung ist es eindeutig, dass dem Urheberrecht eine Konsumtion von Verwertungsrechten fremd ist[1320].

Das LG München I beruft sich in seiner Entscheidung maßgeblich auf die Kommentierung von *Dustmann* zu § 19a UrhG, der dort die Auffassung vertritt, dass der Uploadvorgang und die nachfolgende weitere Bereithaltung einen einheitlichen Verwertungsvorgang darstellen[1321]. Jedoch widerspricht *Dustmann* an anderer Stelle seiner Kommentierung zu § 16 UrhG seiner eigenen These zur Konsumtion, wenn er ausführt, dass der sog. Upload unter § 16 UrhG fällt, und zwar selbst dann, *„wenn dadurch zugleich ein Eingriff in § 19a UrhG verwirklicht wird."*[1322]

Die Aufspaltung der Onlinenutzung in das Vervielfältigungsrecht des § 16 UrhG und das Recht der öffentlichen Zugänglichmachung des § 19a UrhG deckt sich auch mit der Systematik des Urheberrechts in Bezug auf die körperliche Werknutzung durch Verbreitung[1323]. Der Erwerber eines Verbreitungsrechts i.S.d. § 17 UrhG benötigt zugleich auch immer das Recht zur Vervielfältigung

---

1316 BGH, Urt. v. 30. Juni 1976 – I ZR 63/75, GRUR 1977, 42, 44 – Schmalfilmrechte.
1317 BGH, Urt. v. 12. Dezember 1991 – I ZR 165/89, GRUR 1992, 310, 311 – Taschenbuch-Lizenz.
1318 So auch Melichar, ZUM 2010, 713 f.
1319 Vgl. auch Jani, ZUM 2009, 722, 723.
1320 So auch Jani, ZUM 2009, 722, 723.
1321 Dustmann, in: Fromm/Nordemann, UrhG, § 19a Rdnr. 9, 38.
1322 Dustmann, in: Fromm/Nordemann, UrhG, § 16 Rdnr. 26.
1323 Vgl. auch: Jani, ZUM 2009, 722, 723 f.

des Werkes, wenn er die zur Verbreitung bestimmten Vervielfältigungsstücke selbst herstellen möchte[1324]. Demnach müssen zwei Verwertungsrechte erworben werden, das der Vervielfältigung und das der Verbreitung.

(3) Widerspruch zu den urheberrechtlichen Schrankenbestimmungen der §§ 52a, 52b UrhG[1325]

Dass für Onlinenutzungen eine Aufspaltung der Verwertungsrechte in das Recht der Vervielfältigung gemäß § 16 UrhG und das Recht der öffentlichen Zugänglichmachung gemäß § 19a UrhG erforderlich ist, entspricht auch dem Regelungsgehalt der urheberrechtlichen Schrankenbestimmungen der §§ 52a, 52b UrhG, durch die die Verwertungsrechte zugunsten bestimmter Nutzungen beschränkt werden[1326].

Die Schrankenbestimmung des § 52a UrhG gestattet die öffentliche Zugänglichmachung von Werkteilen und Werken geringen Umfangs sowie von einzelnen Beiträgen aus Zeitungen und Zeitschriften zur Veranschaulichung im Unterricht und zum Zwecke der wissenschaftlichen Forschung. Dadurch wird das Recht der öffentlichen Zugänglichmachung i.S.d. § 19a UrhG beschränkt. In Ergänzung dazu wird in § 52a Abs. 3 UrhG jedoch ausdrücklich die zur öffentlichen Zugänglichmachung erforderliche Vervielfältigung erlaubt.

Eine vergleichbare Konstellation bietet § 52b UrhG. Nach dieser Schrankenbestimmung ist die öffentliche Zugänglichmachung geschützter Werke an elektronischen Leseplätzen in Bibliotheken, Museen und Archiven zulässig. Auch bei dieser Nutzung handelt es sich um eine Form der Onlinenutzung[1327]. Die durch diese Schranke privilegierte Einrichtung muss jedoch vor der Onlinenutzung zunächst ein separates Vervielfältigungsrecht erwerben[1328].

Gäbe es die von der Rechtsprechung und einem Teil der Literatur postulierte untrennbare Verknüpfung der beiden Nutzungsrechte für einen wirtschaftlichen einheitlichen Nutzungsvorgang, dann hätte es dieser Regelung nicht bedurft[1329], denn dann wäre die Befugnis zur Vervielfältigung in dem Recht auf öffentliche Wiedergabe auch ohne ausdrückliche Erwähnung mit enthalten[1330]. Wo kein ge-

---

1324 Jani, ZUM 2009, 722, 723 f.
1325 Siehe Gesetzestext in Anhang 5.
1326 So auch: Jani, ZUM 2009, 722, 728.
1327 Jani, ZUM 2009, 722, 728.
1328 Jani, ZUM 2009, 722, 728.
1329 Jani, ZUM 2009, 722, 728.
1330 Jani, ZUM 2009, 722, 728.

sondertes Verbotsrecht geltend gemacht werden kann, bedarf es auch keiner gesonderten Erlaubnis[1331].

(4) Kein entgegenstehendes Verkehrsschutzinteresse

Die Bedenken des LG München I, dass der Begrenzung der Aufspaltbarkeit der Onlinenutzung Verkehrsschutzinteressen entgegenstehen, werden nach der hier vertretenen Auffassung nicht geteilt. Denn die Unterscheidung zwischen dem *Upload* und der anschließenden Zugänglichmachung sowie gegebenenfalls weiterer Vervielfältigungen beim *Download* ist innerhalb der jeweiligen Verwertungsarten möglich[1332]. Insbesondere vor dem Hintergrund der rasanten technischen Entwicklungen im Onlinebereich ist es nicht ungewöhnlich, dass ein einheitlicher technischer Nutzungsvorgang unterschiedliche Verwertungsrechte berührt, die sogar eventuell die Nutzungsrechte einer Mehrzahl von Rechteinhabern berührt. Das Vervielfältigungsrecht ist gerade im Onlinebereich selbständig verkehrsfähig, denn eine öffentliche Zugänglichmachung setzt keineswegs voraus, dass zuvor stets eine dauerhafte Speicherung des Werkes vorgenommen wird[1333]. Es sind durchaus Formen der öffentlichen Zugänglichmachung denkbar, in denen eine Vervielfältigung nicht erforderlich ist[1334]. Umgekehrt kann eine Vervielfältigung zum Zweck der Zugänglichmachung erfolgen, ohne dass es später tatsächlich zu dieser Zugänglichmachung kommt[1335].

Vor dem Hintergrund, dass es durchaus möglich ist, dass für einen technischen Nutzungsvorgang die Nutzungsrechte von unterschiedlichen Rechteinhabern eingeräumt werden müssen, ist das vom LG München I angenommene Risiko einer doppelten Inanspruchnahme des Nutzers zu verneinen[1336].

(5) Widerspruch zu den WIPO-Verträgen[1337]

Die beiden WIPO-Verträge enthalten inhaltsgleiche Regelungen in Art. 8 WCT sowie in Art. 10 und Art. 14 WPPT. Beide Verträge regeln das Recht der öffentlichen Zugänglichmachung ebenfalls ausdrücklich als einen besonderen Fall der

---

1331 Jani ZUM 2009, 722, 728.

1332 Jani, ZUM 2009, 722, 726.

1333 Jani, ZUM 2009, 722, 727.

1334 Jani, ZUM 2009, 722, 727.

1335 Jani, ZUM 2009, 722, 727.

1336 Jani, ZUM 2009, 722, 726.

1337 WIPO-Urheberrechtsvertrag (WIPO Copyright Treaty – WCT) vom 20. Dezember 1996 und WIPO-Vertrag über Darbietungen und Tonträger (WIPO Performances and Phonograms Treaty – WPPT) vom 20. Dezember 1996.

öffentlichen Wiedergabe. Das Recht der öffentlichen Zugänglichmachung wird also in beiden Verträgen als unkörperliches Verwertungsrecht qualifiziert und beide Verträge grenzen dieses Recht zugleich ausdrücklich vom Vervielfältigungsrecht ab. Im WPPT ist das Vervielfältigungsrecht in Art. 7 als ausschließliches Recht geregelt. Der WCT entbehrt zwar einer ausdrücklichen Regelung zum Vervielfältigungsrecht. Jedoch war die Vereinbarung einer solchen Regelung im WCT nicht erforderlich, weil im Anwendungsbereich des WCT das Vervielfältigungsrecht nach Art. 9 der Revidierten Berner Übereinkunft in vollem Umfang auch auf den digitalen Bereich Anwendung findet. Dies ist der Regelung des Art. 1 Abs. 4 WCT zu entnehmen. Danach kommen die Vertragsparteien den Artikeln 1 bis 21 und dem Anhang der Berner Übereinkunft nach. In der Erklärung zu Art. 1 Abs. 4 des WCT wird klargestellt, dass auch die elektronische Speicherung eines geschützten Werks in digitaler Form als Vervielfältigung im Sinne von Art. 9 RBÜ anzusehen ist. Die WIPO-Verträge sind in Deutschland geltendes Recht und neben den europarechtlichen Vorgaben zu beachten.

(6) Widerspruch zu europarechtlichen Vorgaben

Die Beurteilung der Onlinenutzung als einheitliches Verwertungsrecht steht auch im Widerspruch zur Informationsgesellschafts-Richtlinie[1338] und zur Online-Empfehlung der EU-Kommission für Online-Musikdienste[1339].

Die vom LG München I vertretene Auffassung, dass der deutsche Gesetzgeber eine Unterscheidung zwischen Vervielfältigung und öffentlicher Zugänglichmachung bei der Onlinenutzung nicht getroffen habe, da es sich um eine nachträglich eingeführte Norm handele, ist nicht richtig[1340]. Das Gegenteil ist vielmehr der Fall. Die nachträgliche Schaffung des Rechts der öffentlichen Zugänglichmachung in § 19a UrhG belegt, dass der Gesetzgeber dadurch im Katalog der Verwertungsrechte eine durch die digitale Entwicklung hervorgerufene Schutzlücke geschlossen hat.

1338 Richtlinie 2001/29/EG des Europäischen Parlaments und des Rates vom 22. Mai 2001 zur Harmonisierung bestimmter Aspekte des Urheberrechts und der verwandten Schutzrechte in der Informationsgesellschaft, EG Abl. L 167 v. 22. Mai 2001, S. 10 ff.

1339 Empfehlung der Kommission vom 18. Oktober 2005 für die länderübergreifende kollektive Wahrnehmung von Urheberrechten und verwandten Schutzrechten, die für legale Online-Musikdienste benötigt werden, Abl. L276 vom 21. Oktober 2005, S. 54 ff.

1340 Jani, ZUM 2009, 722, 724.

Der Gesetzesbegründung ist zu entnehmen, dass § 19a UrhG auf dem in Art. 3 der Informationsgesellschafts-Richtlinie geregelten Recht der öffentlichen Zugänglichmachung beruht[1341].

Sowohl die Informationsgesellschafts-Richtlinie als auch die Online-Empfehlung unterscheiden zwischen dem Vervielfältigungsrecht und dem Recht der öffentlichen Zugänglichmachung.

Art. 3 Abs. 1 der Informationsgesellschafts-Richtlinie definiert das Recht der öffentlichen Zugänglichmachung als das Recht der drahtgebundenen oder drahtlosen öffentlichen Wiedergabe von Werken in der Weise, dass sie Mitgliedern der Öffentlichkeit von Orten und zu Zeiten ihrer Wahl zugänglich sind. Das Recht der Vervielfältigung wird nicht erwähnt.

Stattdessen wird das Vervielfältigungsrecht in Art. 2 der Informationsgesellschafts-Richtlinie umfassend gesondert beschrieben als das Recht, die unmittelbare oder mittelbare, vorübergehende oder dauerhafte Vervielfältigung auf jede Art und Weise und in jeder Form ganz oder teilweise zu erlauben. Durch die in Art. 2 gewählte Formulierung *„auf jede Art und Weise und in jeder Form“* ist eindeutig, dass jegliche Vervielfältigung unter Art. 2 fällt. Darauf, ob die Vervielfältigung eine eigenständige Nutzung ist oder aber als flüchtige oder begleitende Nutzung Teil eines Gesamtvorgangs ist, kommt es nicht an. Das ergibt sich unter anderem auch aus Art. 5 Abs. 2 lit. d) der Informationsgesellschafts-Richtlinie, der im deutschen Urheberrecht in § 44a UrhG umgesetzt worden ist, und der ephemere Vervielfältigungen zustimmungsfrei zulässt. Einer solchen Ausnahmeregelung hätte es nicht bedurft, wenn nicht tatsächlich sämtliche Vervielfältigungen unter Art. 2 der Informationsgesellschafts-Richtlinie fielen[1342].

Die Online-Empfehlung der EU-Kommission stellt unmissverständlich klar:

> „Die Bereitstellung legaler Online-Musikdienste berührt eine Reihe von Urheber- und Leistungsschutzrechten. Eine Kategorie dieser Rechte ist das ausschließliche Vervielfältigungsrecht, das sich auf alle im Zuge der Online-Vorbereitung von Musikwerken vorgenommenen Vervielfältigungen erstreckt. Andere Kategorien von Rechten sind (...) das ausschließliche Recht der öffentlichen Zugänglichmachung eines Musikwerks oder anderer Inhalte.“[1343]

1341 BT-Drs. 15/38, S. 16.

1342 Jani, ZUM 2009, 722, 724.

1343 Empfehlung der Kommission vom 18. Mai 2005 für die länderübergreifende kollektive Wahrnehmung von Urheberrechten und verwandten Schutzrechten, die für legale Online-Musikdienste benötigt werden, 2005/737/EG, Abl. 2005 L 276/54.

Die Empfehlung unterscheidet ausdrücklich zwischen der körperlichen und unkörperlichen Nutzungshandlung, für die jeweils ein gesondertes Online-Recht erforderlich ist. Der Online-Empfehlung zufolge bedeutet Online-Rechte sowohl

> „das ausschließliche Recht der Vervielfältigung in der Form von unkörperlichen Kopien, die im Zuge der Online-Verbreitung von Musikwerken vorgenommen werden“[1344],

als auch unabhängig davon

> „das ausschließliche Recht der öffentlichen Zugänglichmachung eines Musikwerkes (...) sowie als drittes Recht das Recht der öffentlichen Wiedergabe eines Musikwerkes, entweder in der Form eines Rechts zu erlauben oder zu verbieten (...).“[1345]

ddd) Ergebnis

Zusammenfassend lässt sich feststellen, dass das Vervielfältigungsrecht als körperliches Verwertungsrecht unabhängig neben dem unkörperlichen Recht der öffentlichen Zugänglichmachung steht. Das Recht der öffentlichen Zugänglichmachung gibt keine Befugnis zur Vervielfältigung.

Von § 19a UrhG werden deshalb die folgenden Tathandlungen des Cyber-Bullying nicht erfasst: das Speichern der Bildaufnahmen auf dem Fotohandy oder I-Phone, das Übertragen der hergestellten Bildaufnahmen auf ein anderes Speichermedium, das *Hochladen* (*Uploading*), das *Herunterladen* (*Downloading*), das Sichtbarmachen auf dem Bildschirm, der Abruf eines *Streaming*-Mediums, also das Betrachten, die Aufzeichnung des *Streaming*-Mediums, das Versenden einer E-Mail, das Setzen eines Links sowie das Anklicken eines Links.

Hingegen ist das Bereithalten von Inhalten auf dem *Server*, das sog. Ins-Netz-Stellen, sowie die Übermittlung des zum Abruf gestellten Bildes und das Angebot eines *Streaming*-Mediums von § 19a UrhG erfasst.

cc) Beurteilung der Öffentlichkeit der Tatorte beim Cyber-Bullying

Problematisch ist auch die Beurteilung der Öffentlichkeit der Tatorte des Cyber-Bullying. Die Begründung zum Regierungsentwurf[1346] stellt klar, dass Bezie-

---

1344 Empfehlung der Kommission vom 18. Mai 2005 für die länderübergreifende kollektive Wahrnehmung von Urheberrechten und verwandten Schutzrechten, die für legale Online-Musikdienste benötigt werden, 2005/737/EG, Abl. 2005 L 276/55.

1345 Empfehlung der Kommission vom 18. Mai 2005 für die länderübergreifende kollektive Wahrnehmung von Urheberrechten und verwandten Schutzrechten, die für legale Online-Musikdienste benötigt werden, 2005/737/EG, Abl. 2005 L 276/55.

hungen, die im Wesentlichen nur in einer technischen Verbindung zu einer Werknutzung liegen, i.d.R. für sich allein keine persönliche Verbundenheit begründen können. Vielmehr muss die persönliche Verbundenheit unabhängig von dieser rein technischen Verbindung bestehen, um eine Öffentlichkeit auszuschließen.

Wird ein mit der *Handy*kamera hergestellter Film bzw. Bildaufnahme oder eine Video- bzw. Bildmontage auf eine eigene *Homepage* gestellt und mit einem Passwort geschützt und dieses Passwort nur dem engsten Bekannten- und Freundeskreis verraten, fehlt es an dem Merkmal der Öffentlichkeit[1347]. Dabei ist es unerheblich, ob die Bild- bzw. Videoaufnahme erst nach einer Registrierung und/oder Passworteingabe zugänglich ist[1348]. Für die Beurteilung der Öffentlichkeit kommt es in diesem Zusammenhang allein darauf an, wem die Registrierung erlaubt oder wem ein Passwort gegeben wird[1349]. Dementsprechend kann trotz eines abgegrenzten Kreises der Personen, denen die Video- oder Bildaufnahme zugänglich gemacht wird, Öffentlichkeit vorliegen, wenn ihnen eine hinreichende persönliche Verbundenheit fehlt[1350].

Die Beurteilung der Öffentlichkeit ist bei Online-Communities wie SchülerVZ fraglich. Zum einen lassen sich Nachrichten nur innerhalb des SchülerVZ verschicken. Zum anderen lassen sich Fotoalben so einstellen, dass sie entweder für jeden, nur für die eigenen Freunde oder auch nur für den Nutzer selbst einsehbar sind.

Der jeweilige Nutzer entscheidet durch die Privatsphäreneinstellung, ob die in seinem Profil gespeicherten Informationen von jedem im *Netzwerk* eingesehen werden können. Umfangreiche Privatsphäreneinstellungen ermöglichen es den *Usern*, individuell zu bestimmen, welche Inhalte sie welchen Nutzern zugänglich machen möchten und wer sie über welche Wege kontaktieren darf. Unter anderem kann die Profilseite nur den eigenen Freunden angezeigt und der Nachname zum Initial abgekürzt werden. Daneben ist natürlich auch die Einstellung möglich, dass allen, die Mitglied im SchülerVZ sind, die Profilseite ange-

---

1346 BT-Drs. 15/38, S. 17; vgl. auch: Dreier/Schulze/Dreier, § 15 UrhG Rdnr. 44; Dustmann, in: Fromm/Nordemann, UrhG, § 15 Rdnr. 34; Loewenheim/Hoeren, Handbuch des Urheberrechts, 2. Aufl., § 21 Rdnr. 25.

1347 Vgl. auch: Vianello, MMR 2009, 90, 91; Wandtke/Bullinger/Bullinger, UrhG, § 19a Rdnr. 32.

1348 Wandtke/Bullinger/Bullinger, UrhG, § 19a Rdnr. 6.

1349 Wandtke/Bullinger/Bullinger, UrhG, § 19a Rdnr. 6.

1350 Dreier/Schulze/Dreier, UrhG, § 19a Rdnr. 7; Dustmann, in: Fromm/Nordemann, UrhG, § 19a Rdnr. 12; Vianello, MMR 2009, 90, 91; Wandtke/Bullinger/Bullinger, UrhG, § 19a Rdnr. 6.

zeigt wird. Weiterhin kann eingestellt werden, dass nur Freunde einem Nachrichten schicken dürfen und man selbst über die Suchfunktion nicht gefunden werden kann.

Die Profile sind ausschließlich von der Plattform SchülerVZ abrufbar[1351]. Eine Auffindbarkeit über Suchmaschinen wie Google ist ausgeschlossen, auch nicht optional einstellbar[1352]. Auch eine Vernetzung mit den Schwesternetzwerken StudiVZ und MeinVZ ist nicht gegeben[1353]. Profile von SchülerVZ-Nutzern können nicht von angemeldeten Nutzern der Schwesternetzwerke aufgerufen werden[1354].

Auf jedem Bild können die eigenen Freunde markiert werden. Diese Markierung verlinkt dann direkt auf das Profil des Freundes. Die Markierung lässt sich wieder löschen, außerdem können die Nutzer einstellen, dass sie einer Markierung zunächst zustimmen müssen, bevor diese frei geschaltet wird. SchülerVZ speichert die Bilder in Verzeichnissen auf einem *Webserver*. Auch wenn eine Auffindbarkeit über Suchmaschinen ausgeschlossen ist, können Bilder aus dem Inhalt der Plattform auch von Nicht-Mitgliedern frei im *Internet* abgerufen werden, insbesondere gilt dies für Profilbilder, wenn die URL bekannt ist[1355]. Im eingeloggten Zustand genügt ein Rechtsklick auf die Eigenschaften des Bildes, so dass die Bild-URL sichtbar ist[1356]. Mit dieser ist es möglich, ohne Login und ohne Anmeldung das entsprechende Bild frei im *Internet* abzurufen[1357].

Die Beurteilung der Öffentlichkeit bei dem *Netzwerk* SchülerVZ bedarf also einer Einzelfallbetrachtung.

Grundsätzlich zu bejahen, ist das Merkmal der Öffentlichkeit bei der Online-Community Facebook, da es hier an der erforderlichen persönlichen Verbundenheit fehlt[1358]. Die Profilseiten bei Facebook sind über Suchmaschinen wie Google möglich. Öffentlich sichtbar sind dann die Profilseite, mithin das eigene Profilbild sowie die Bilder von Freunden und weitere persönliche Daten der Profilseite wie z.B. die Interessen. Nach der Registrierung sind die persönlichen Informationen zunächst für alle registrierten Nutzer sichtbar. Die Privatsphäre-Einstellung sieht vor, dass das Profil entweder „Nur Freunde", „Freunde von

---

1351 Stephan, S. 52.
1352 Stephan, S. 52.
1353 Stephan, S. 52.
1354 Stephan, S. 52.
1355 Stephan, S. 52.
1356 Stephan, S. 52.
1357 Stephan, S. 52.
1358 Vgl. auch zum Fehlen der persönlichen Verbundenheit bei Online-Communities: Dustmann, in: Fromm/Nordemann, UrhG, § 15 Rdnr. 13.

Freunden“ oder „alle Nutzer“ einsehen können. Erfolgt keine Privatsphäre-Einstellung ist das Profil weiterhin für alle sichtbar.

Das Merkmal der Öffentlichkeit kann also im Falle von Facebook nur dann verneint werden, wenn das Profil durch die Privatsphären-Einstellung „Nur Freunde“ geschützt ist und dieser abgegrenzte Personenkreis nicht nur durch die technische Nutzung, sondern tatsächlich persönlich miteinander verbunden ist.

Bei Netzen kleineren Zuschnitts kann eine persönliche Verbundenheit jedoch durchaus gegeben sein[1359] und damit eine Öffentlichkeit verneint werden.

c) Ergebnis

Im Ergebnis lässt sich festhalten, dass von der Tathandlung des öffentlichen Zurschaustellens i.S.d. § 22 Satz 1, 2. Alt. KUG nur die Tathandlungsvorgänge beim Cyber-Bullying erfasst sind, die sich aus der Inanspruchnahme der Bilddatei ergeben. Zu diesen Tathandlungsvorgängen zählen das Bereithalten von Bildinhalten auf dem *Server*, also das sog. Ins-Netz-Stellen sowie die Übermittlung der zum Abruf gestellten Bilddatei und das Angebot eines *Streaming*-Mediums.

Problematisch kann die Beurteilung des Begriffs der Öffentlichkeit sein. In Bezug auf die Online-Communities lässt sich hier keine allgemeine Regel aufstellen, vielmehr bedarf es jeweils einer Einzelfallbetrachtung.

C. Das Merkmal „mit Einwilligung“

Eine strafrechtliche Relevanz erlangt das öffentliche Zurschaustellen eines Bildnisses im *Internet* jedoch erst dann, wenn der Cyber-Bully ohne Einwilligung des Abgebildeten handelt. Gemäß § 22 Satz 1 KUG dürfen Bildnisse nur mit Einwilligung des Abgebildeten verbreitet oder öffentlich zur Schau gestellt werden.

Die rechtliche Beurteilung der Einwilligung im Rahmen des § 22 KUG erweist sich jedoch in folgenden Fällen als problematisch: in den Fällen, in denen die Herstellung der Bild- oder Videoaufnahme während des Unterrichts erfolgt und die Lehrer dies mitbekommen, könnte an eine Einwilligung durch Hinnehmen der Bildaufnahme zu denken sein, die sich dann auch auf das öffentliche Zurschaustellen erstreckt. Ferner könnte daran zu denken sein, dass es einer Einwilligung eines Lehrers gar nicht bedarf, wenn Lehrer als Personen der Zeitgeschichte unter die Ausnahmebestimmung des § 23 Abs. 1 Nr. 1 KUG fallen. Im Fall von Miriam stellt sich die Frage, ob Minderjährige i.S.d. § 22 Satz 1

1359 Dreier/Schulze/Dreier, § 19a UrhG Rdnr. 7.

KUG überhaupt einwilligungsfähig sind. Problematisch ist die Beurteilung der Einwilligung auch in dem Fall, in dem der Abgebildete bereits in eine Veröffentlichung seines Bildnisses auf einer anderen *Internet*seite zuvor eingewilligt hat.

I. Einwilligung durch Hinnehmen der Bildaufnahme ?

Es stellt sich die Frage, ob durch die Hinnahme der Bild- oder Videoaufnahmen im Unterricht zugleich eine Einwilligung der Lehrer in die Verbreitung bzw. Zuschaustellung des Bildnisses gesehen werden kann.

Die Einwilligung kann stillschweigend, konkludent oder ausdrücklich erfolgen[1360]. Dabei ist von einer stillschweigenden Einwilligung stets nur auszugehen, wenn die abgebildete Person die Herstellung der Aufnahme in Kenntnis ihres Zwecks billigt[1361]. Ob eine Einwilligung vorliegt, ist nach den allgemeinen Auslegungsregeln der §§ 133, 157 BGB zu ermitteln[1362].

Vor diesem Hintergrund stellt das bloße Hinnehmen der Aufnahmen während des Unterrichts noch keine Einwilligung dar. Im Übrigen gibt es an den meisten Schulen Verhaltensregelungen, die den Umgang mit dem *Handy* während des Aufenthalts in der Schule beinhalten. Darüber hinaus ist in den meisten Schulen die Benutzung von *Handys* während des gesamten Unterrichtstages untersagt und kann bei Verstoß mit entsprechenden Disziplinarmaßnahmen sanktioniert werden. Außerdem erscheint es sehr zweifelhaft, ob ein Lehrer überhaupt den Aufnahmevorgang bemerkt.

II. Lehrer = Person der Zeitgeschichte ?

Einer Einwilligung würde es jedoch nicht bedürfen, wenn es sich bei Lehrern um Personen der Zeitgeschichte handelt, so dass die Ausnahmebestimmung des § 23 Abs. 1 Nr. 1 KUG greift. Gemäß § 23 Abs. 1 Nr. 1 KUG dürfen ohne die nach § 22 KUG erforderliche Einwilligung Bildnisse aus dem Bereich der Zeitgeschichte zur Schau gestellt werden.

1360 Loewenheim/Schertz, Handbuch des Urheberrechts, 2. Aufl., § 18 Rdnr. 16; von Strobl-Albeg, in: Wenzel, Kap. 7 Rdnr. 63; OLG Hamburg, Urt. v. 28. Juni 2011 – 7 U 39/11, AfP 2012, 166 f.

1361 Loewenheim/Schertz, Handbuch des Urheberrechts, 2. Aufl., § 18 Rdnr. 16.

1362 Götting, in: Schricker/Loewenheim, 4. Aufl., § 60/§ 22 KUG Rdnr. 43; Loewenheim/Schertz, Handbuch des Urheberrechts, 2. Aufl., § 18 Rdnr. 16.

Der Begriff der Zeitgeschichte ist weit auszulegen und erfasst neben dem politischen auch das soziale, wirtschaftliche und kulturelle Leben des Volkes[1363]. Dabei beschränkt sich der Begriff des Zeitgeschehens nicht nur auf historisches Geschehen, sondern umfasst auch die tagesaktuellen Geschehnisse, und zwar auf überregionaler und lokaler Ebene[1364]. Für die Bestimmung des Begriffs der Zeitgeschichte ist das Informationsinteresse der Öffentlichkeit entscheidend[1365]. Zu unterscheiden ist zwischen absoluten und relativen Personen der Zeitgeschichte[1366]. Relative Personen der Zeitgeschichte sind solche, die lediglich im

---

1363 Götting, in: Schricker/Loewenheim, 4. Aufl., § 60/§ 23 KUG Rdnr. 7; von Strobl-Albeg, in: Wenzel, Kap. 8 Rdnr. 6; Wandtke/Bullinger/Fricke, KUG, § 23 Rdnr. 3; BVerfG, Urt. v. 15. Dezember 1999 – 1 BvR 653/96, BVerfGE 101, 361, 392 – Caroline von Monaco; BGH, 29. Oktober 2009 – I ZR 65/07, ZUM 2010, 529, 530 – Der strauchelnde Liebling; BGH, Urt. v. 28. Oktober 2008 – VI ZR 307/07, BGHZ 178, 213, 216; BGH, Urt. v. 19. Juni 2007 – VI ZR 12/06, GRUR 2007, 899, 900 – Grönemeyer; VGH Baden Württemberg, Urt. v. 19. August 2010 – 1 S 2266/09, AfP 2011, 97, 100; LG Hamburg, Urt. v. 14. Mai 2010 – 324 O 159/10, AfP 2011, 83, 84.

1364 Engels/Schulz, AfP 1998, 574, 576; Wandtke/Bullinger/Fricke, KUG, § 23 Rdnr. 3; Wanckel, NJW 2011, 726 ff; BGH, Urt. v. 26. Oktober 2010 – VI ZR 190/08, NJW 2011, 746, 747 – Rosenball in Monaco.

1365 Dreier/Schulze/Dreier, § 23 KUG Rdnr. 3; Loewenheim/Schertz, Handbuch des Urheberrechts, 2. Aufl., § 18 Rdnr. 26 ff.; von Strobl-Albeg, in: Wenzel, Kap. 8 Rdnr. 6; Wandtke/Bullinger/Fricke, KUG, § 23 Rdnr. 4; BVerfG, Beschl.v. 26. April 2001 – 1 BvR 758/97, 1 BvR 1857/98, 1 BvR 1918/98, 1 BvR 2109/99, 1 BvR 182/00, AfP 2001, 212, 214 – Prinz Ernst August von Hannover; BVerfG, Urt. v. 15. Dezember 1999 – 1 BvR 653/96, GRUR 2000, 446, 447 f. – Caroline von Monaco; Berliner Verfassungsgerichtshof, Beschl. v. 7. November 2006 – 56/05, AfP 2007, 345, 347 f.; BGH, Urt. v. 18. November 2010 – I ZR 119/08 (Absatz-Nr. 15) online abrufbar unter: www.bundesgerichtshof.de - Markt & Leute; BGH, Urt. v. 26. Oktober 2010 – VI ZR 190/08, NJW 2011, 746, 747 – Rosenball in Monaco; BGH, Urt. v. 29. Oktober 2009 – I ZR 65/07, ZUM 2010, 529, 530 – Der strauchelnde Liebling; BGH, Urt. v. 28. Oktober 2008 – VI ZR 307/07, BGHZ 178, 213, 216.

1366 Dreier/Schulze/Dreier, § 23 KUG Rdnr. 4; Loewenheim/Schertz, Handbuch des Urheberrechts, 2. Aufl., § 18 Rdnr. 23; Neumann-Duesberg, JZ 1960, 114, 115 ff.; Götting, in: Schricker/Loewenheim, 4. Aufl., § 60/§ 23 KUG Rdnr. 21; von Strobl-Albeg, in: Wenzel, Kap. 8 Rdnr. 8; Wandtke/Bullinger/Fricke, KUG, § 23 Rdnr. 7; BVerfG, Beschl. v. 26. April 2001 – 1 BvR 758/97, 1 BvR 1857/98, 1 BvR 1918/98, 1 BvR 2109/99, 1 BvR 182/00, AfP 2001, 212, 214 – Prinz Ernst August von Hannover; BGH, Urt. v. 1. Dezember 1999 – I ZR 49/97, NJW 2000, 2195, 2200 – Marlene Dietrich I; BGH, Urt. v. 12. Dezember 1995 – VI ZR 223/94, NJW 1996, 985, 986 – Caroline von Monaco III; KG, Urt. v. 20. Juni 2006 – 9 U 47/06, NJW 2007, 703; KG, Urt. v. 22. Juni 2004 – 9 U 53/04, GRUR 2004, 1056 f. – Lebenspartnerin von Herbert

Zusammenhang mit einem bestimmten Ereignis für kurze Zeit in den Blickpunkt des öffentlichen Interesses gerückt sind[1367]. Entscheidend ist, dass es das zeitgeschichtliche Ereignis ist, das vorrangig das Informationsinteresse der Öffentlichkeit begründet; gerade dieses Informationsinteresse soll durch die Veröffentlichung des Bildnisses befriedigt werden[1368]. Absolute Personen der Zeitgeschichte sind alle Personen, die auf Grund ihrer hervorgehobenen Stellung in Staat und Gesellschaft oder durch außergewöhnliches Verhalten oder besondere Leistungen aus der Masse der Mitmenschen herausragen[1369]. Sie finden unabhängig von einem bestimmten Ereignis allgemein öffentliche Aufmerksamkeit[1370]. In der Öffentlichkeit findet ihr Bildnis um der dargestellten Person willen Beachtung[1371]. Der zeitgeschichtliche Gegenstand ist hier die Person selbst[1372].

Da Lehrer durch ihren Erziehungs- und Lehrauftrag an der gesellschaftlichen Entwicklung mitwirken, könnte dies vor dem Hintergrund, dass der Begriff der Zeitgeschichte weit auszulegen ist und durch die durch Art. 5 Abs. 1 GG geschützten Grundrechte der Meinungs- und Pressefreiheit vom Informationsinteresse der Öffentlichkeit her bestimmt wird, dafür sprechen, Lehrer als Personen der Zeitgeschichte anzusehen.

Grönemeyer; OLG Hamburg, Urt. v. 13. Oktober 1994 – 3 U 129/94, ZUM 1995, 494, 495.

1367 Dreier/Schulze/Dreier, § 23 Rdnr. 8; Loewenheim/Schertz, Handbuch des Urheberrechts, 2. Aufl., § 18 Rdnr. 23; Götting, in: Schricker/Loewenheim, 4. Aufl., § 60/§ 23 KUG Rdnr. 31; von Strobl-Albeg, in: Wenzel, Kap. 8 Rdnr. 13 ff.

1368 Dreier/Schulze/Dreier, § 23 Rdnr. 8; Götting, in: Schricker/Loewenheim, 4. Aufl., § 60/§ 23 KUG Rdnr. 8; von Strobl-Albeg, in: Wenzel, Kap. 8 Rdnr. 13; Wandtke/Bullinger/Fricke, KUG, § 23 Rdnr. 14; OLG Frankfurt a.M., Urt. v. 25. August 1994 – 6 U 296/93, NJW 1995, 878, 879 – Universelles Leben II.

1369 Dreier/Schulze/Dreier, § 23 KUG Rdnr. 5; Götting, in: Schricker/Loewenheim, 4. Aufl., § 60/§ 23 KUG Rdnr. 25; Loewenheim/Schertz, Handbuch des Urheberrechts, 2. Aufl., § 18 Rdnr. 23; von Strobl-Albeg, in: Wenzel, Kap. 8 Rdnr. 9 ff.; Wandtke/Bullinger/Fricke, KUG, § 23 Rdnr. 8; BGH, Urt. v. 19. Dezember 1995 – VI ZR 15/95, BGHZ 131, 332, 336 – Paparazzi-Fotos; OLG Frankfurt am Main, Urt. v. 9. Januar 1958 – 6 U 77/57, GRUR 1958, 508, 509 – Verbrecherbraut.

1370 Dreier/Schulze/Dreier, § 23 KUG Rdnr. 5; Wandtke/Bullinger/Fricke, KUG, § 23 Rdnr. 8.

1371 Götting, in: Schricker/Loewenheim, 4. Aufl., § 60/§ 23 KUG Rdnr. 25; von Strobl-Albeg, in: Wenzel, Kap. 8 Rdnr. 9; Wandtke/Bullinger/Fricke, KUG, § 23 Rdnr. 8; BVerfG, Beschl. v. 26. April 2001 – 1 BvR 758/97, 1 BvR 1857/98, 1 BvR 1918/98, 1 BvR 2109/99, 1 BvR 182/00, AfP 2001, 212, 214 – Prinz Ernst August von Hannover.

1372 Wandtke/Bullinger/Fricke, KUG, § 23 Rdnr. 8; BGH, Urt. v. 19. Juni 2007 – VI ZR 12/06, GRUR 2007, 899, 900 – Grönemeyer.

Jedoch in Bezug auf die Fälle des Cyber-Bullying ist eine solche weite Auslegung des Begriffs Zeitgeschichte zu verneinen. Dies resultiert zum einen daraus, dass Lehrer bzw. Hochschullehrer in der Regel nicht als absolute Personen der Zeitgeschichte angesehen werden können. Zum anderen können sie auch nicht als relative Personen der Zeitgeschichte qualifiziert werden, da es sich beim Abhalten der Unterrichts- oder Vorlesungsstunden in der Regel nicht um zeitgeschichtliche Ereignisse handelt.

Darüber hinaus fehlt es bei der Veröffentlichung von Bildnissen im Bereich des Cyber-Bullying eindeutig am erforderlichen Informationszweck, so dass das allgemeine Persönlichkeitsrecht gegenüber dem Grundrecht der Meinungsfreiheit überwiegt.

III. Einwilligung durch Minderjährige ?

Im dargestellten Fall von Miriam ist davon auszugehen, dass das Mädchen mit der Hinnahme der Nacktaufnahmen nicht zugleich eine stillschweigende Einwilligung in die Veröffentlichung der Bilder erteilt hat.

Da die Einwilligung eine rechtsgeschäftliche Erklärung[1373] darstellt, bedarf sie grundsätzlich nach § 107 BGB der Zustimmung des gesetzlichen Vertreters. Der gesetzliche Vertreter kann die Einwilligung ohne Zustimmung des Minderjährigen und sogar gegen dessen Willen erklären.

Aufgrund des persönlichkeitsbezogenen Charakters der Einwilligung i.S.d. § 22 KUG muss allerdings die Grundrechtsmündigkeit des Minderjährigen beachtet werden. Es geht also um die Frage, ob und inwieweit der Minderjährige sein Grundrecht auf freie Entfaltung seiner Persönlichkeit allein, also ohne Zustimmung des Personenberechtigten ausüben und verwirklichen kann und ob die Personenberechtigten allein, also ohne Zustimmung des Minderjährigen in eine Veröffentlichung des Bildnisses des Minderjährigen einwilligen können. In beiden Fällen setzt dies voraus, dass der Minderjährige die Bedeutung und Tragweite seiner alleinigen Einwilligung in vollem Maße zu überblicken in der Lage ist. Das ist wiederum eine Einzelfallbetrachtung. Aus Gründen des Minderjährigenschutzes liegt die Lösung in einer Doppelzuständigkeit, so dass die Einwilli-

---

1373 Dreier/Schulze/Dreier, § 22 KUG Rdnr. 17; Götting, in: Schricker/Loewenheim, 4. Aufl., § 60/§ 22 KUG Rdnr. 39; Loewenheim/Schertz, Handbuch des Urheberrechts, 2. Aufl., § 18 Rdnr. 15; von Strobl-Albeg, in: Wenzel, Kap. 7 Rdnr. 68; Wandtke/Bullinger/Fricke, KUG, § 22 Rdnr. 13.

gung des Minderjährigen allein nicht ausreicht, sondern zusätzlich der Zustimmung durch den gesetzlichen Vertreter bedarf[1374].

Vor diesem Hintergrund bedürfte es also auch der zusätzlichen Zustimmung des gesetzlichen Vertreters, wenn der Minderjährige bei SchülerVZ oder Facebook Bildaufnahmen seiner Person einstellt.

IV. Einwilligung in die Veröffentlichung eines Bildnisses durch vorherige Einwilligung in die Veröffentlichung auf einer anderen Internetseite

In den Fällen, in denen Lehrkräfte in das Einstellen von Abbildungen ihrer Person auf der Schul*homepage* einwilligen oder die Abgebildeten in die Fotoeinstellung in Soziale Netzwerke einwilligen, stellt sich die Frage, welche Reichweite diese Einwilligung hat. Die Reichweite einer Einwilligung gemäß § 22 Satz 1 KUG ist durch Auslegung entsprechend §§ 133, 157 BGB nach den Umständen des Einzelfalles zu ermitteln[1375]. Als Auslegungsmaxime ist die urheberrechtliche Zweckübertragungsregel des § 31 Abs. 5 UrhG[1376] entsprechend heranzuziehen[1377]. Danach ist im Zweifel, d.h. bei nicht genau bestimmten Umfang und Zweck der Einwilligung, davon auszugehen, dass der Abgebildete die Einwilligung in die Verwendung der Abbildung nur in dem Umfang erteilt hat, wie dies zur Erfüllung des Vertrags- und Aufnahmezweckes erforderlich war[1378]. Es bedarf keiner ausdrücklichen Beschränkung der Einwilligung seitens des Betroffenen. Vielmehr hängt der Umfang der Einwilligung wesentlich von der Art der Veröffentlichung ab, die den unmittelbaren Anstoß für die Erteilung

1374 Dreier/Schulze/Dreier, § 22 KUG Rdnr. 26; Götting, in: Schricker/Loewenheim, 4. Aufl., § 60/§ 22 KUG Rdnr. 42; Wandtke/Bullinger/Fricke, KUG, § 22 Rdnr. 14.

1375 Loewenheim/Schertz, Handbuch des Urheberrechts, 2. Aufl., § 18 Rdnr. 16; Wandtke/Bullinger/Fricke, KUG, § 22 Rdnr. 16; BGH, Urt. v. 28. September 2004 – VI ZR 305/03, GRUR 2005, 74, 75 – Charlotte Casiraghi II; BGH, Urt. v. 8. Mai 1956 – I ZR 62/54, BGHZ 20, 345, 348 – Paul Dahlke.

1376 Siehe Gesetzestext in Anhang 5.

1377 Dreier/Schulze/Dreier, § 22 KUG Rdnr. 21; Götting, in: Schricker/Loewenheim, § 60/§ 22 KUG Rdnr. 44; Loewenheim/Schertz, Handbuch des Urheberrechts, 2. Aufl., § 18 Rdnr. 17; Wandtke/Bullinger/Fricke, KUG, § 22 Rdnr. 16; OLG Hamburg, Urt. v. 27. April 1995 – 3 U 292/94, ZUM 1996, 789, 790; OLG Köln, Beschl. v. 28. Mai 1999 – 6 W 15/99, AfP 1999, 377; OLG München, Urt. v. 4. Mai 2006 – 29 U 3499/05, ZUM 2006, 936.

1378 Dreier/Schulze/Dreier, § 22 KUG Rdnr. 21; Götting, in: Schricker/Loewenheim, § 60/§ 22 KUG Rdnr. 44; Wandtke/Bullinger/Fricke, KUG, § 22 Rdnr. 16; BGH, Urt. v. 22. Januar 1985 – VI ZR 28/83, GRUR 1985, 398, 399 – Nacktfoto; OLG Hamburg, Urt. v. 22. September 1994 – 3 U 106/94, AfP 1995, 508, 509.

Veröffentlichung ab, die den unmittelbaren Anstoß für die Erteilung gegeben hat; ihr darüber hinaus Bedeutung auch für spätere Veröffentlichungen eines anderen Zuschnitts beizulegen, ist aller Regel nur auf Grund eines dahin gehenden besonderen Interesses möglich[1379]. Ein solches Interesse wäre dann zu bejahen, wenn es sich um eine eigene *Website* des Abgebildeten handelt, auf der er eigene Inhalte zur Nutzung bereitgehalten hat[1380]. In dem Fall, dass der Abgebildete sein Bildnis in eine fremde *Internet-Homepage* einstellt, willigt er stillschweigend nur darin ein, dass Dritte durch Hyperlinks auf das Bild verweisen, nicht aber darin, dass sie das Bildnis auf fremde *Websites* übernehmen[1381]. Im Übrigen richtet sich die Reichweite der Einwilligung in den Sozialen Netzwerken nach den Privatsphäre- und Anwendungseinstellungen[1382].

D. Täterkreis

Zum Täterkreis des § 33 KUG kann beim Cyber-Bullying derjenige zählen, der die Bilder oder Videos aufnimmt und dann öffentlich zur Schau stellt. Aber auch ein Dritter kann die Bilder oder Videos öffentlich zur Schau stellen. Auch eine gemeinschaftliche Tatbegehung ist beim Cyber-Bullying durchaus denkbar. Im Übrigen ist fraglich, ob auch die Schüler, die während der Aufnahme anwesend sind, als Täter oder Teilnehmer der Tat qualifiziert werden können. Interessant ist auch die Frage, ob das Betrachten der Bildaufnahmen oder der Videos auf dem Handy oder dem Bildschirm ein täter- oder teilnehmerqualifizierendes Verhalten darstellt.

Gemäß Art. 1 Abs. 1 EGStGB gelten die Vorschriften des Allgemeinen Teils des StGB auch für § 33 KUG. Täterschaft und Teilnahme an dem Vergehen nach § 33 KUG richten sich demnach nach den allgemeinen Vorschriften der §§ 25-29 StGB[1383].

1379 BGH, Urt. v. 28. September 2004 – VI ZR 305/03, VersR 2005, 83 – Charlotte Casiraghi II; OLG München, Urt. v. 26. Juni 2007 – 18 U 2067/07, K&R 2007, 531, 532.

1380 von Strobl-Albeg, in: Wenzel, Kap. 7 Rdnr. 64; OLG München, Urt. v. 26. Juni 2007 – 18 U 2067/07, K&R 2007, 531, 532.

1381 Libertus, ZUM 2007, 621, 622; von Strobl-Albeg, in: Wenzel, Kap. 7 Rdnr. 78; Wandtke/Bullinger/Fricke, KUG, § 22 Rdnr. 17; so auch OLG Köln, das über die Fotoeinstellung in Social Networks als Einwilligung in Zugriff durch andere Medien zu entscheiden hatte, OLG Köln, Urt. v. 9. Februar 2010 – 15 U 107/09, CR 2010, 530.

1382 Vgl. dazu die AGB von SchülerVZ und Facebook, abrufbar unter: http://www.schuelervz.net/l/terms_new und http://de-de.facebook.com/privacy/ explanation.php.

1383 Siehe Gesetzestext in Anhang 29.

I. Unmittelbarer Täter

§ 33 KUG kann von jedermann begangen werden. Dies ergibt sich aus der Formulierung „wer" im Gesetzestext. Damit ist § 33 KUG ein Allgemeindelikt. Täter der Tathandlung des öffentlichen Zurschaustellens muss nicht der Aufnehmende selbst sein, auch wenn es nahe liegt, dass dieser seine Aufnahmen in der Regel auch öffentlich zur Schau stellt. Vielmehr ist ein öffentliches Zurschaustellen ebenso durch einen Dritten möglich. Es muss mithin keine Täteridentität vorliegen.

II. Täter und Teilnehmer

§ 33 i.V.m. §§ 22, 23 KUG ist kein eigenhändiges Delikt. Mittelbare Täterschaft gemäß § 25 Abs. 1, 2. Alt. StGB kommt deshalb z.B. dann in Betracht, wenn der Aufnehmende für das öffentliche Zurschaustellen einen Dritten, der beispielsweise ein *Internet*fachmann ist, als gutgläubiges Werkzeug einschaltet. Ausgeprägte Kenntnisse über Funktion und Anwendung des *Internet* sind bei Jugendlichen heutzutage keine Seltenheit mehr.

Eine gemeinschaftliche Tatbegehung als Mittäter gemäß § 25 Abs. 2 StGB ist möglich, wenn etwa einer der Täter keine Kenntnisse oder nicht die technischen Möglichkeiten besitzt, die Aufnahme im *Cyberspace* öffentlich zur Schau zu stellen, und sich daher der Mitwirkung eines anderen Täters versichert und beide am Taterfolg interessiert sind.

Hingegen ist der andere als bloßer Gehilfe gemäß § 27 Abs. 1 StGB in Form der psychischen Beihilfe zu qualifizieren, wenn er lediglich einen technischen Ratschlag erteilt.

III. Zuschauer und Betrachter = Täter oder Teilnehmer des § 33 KUG?

Der größte Teil der Videosequenzen, die auf YouTube gesehen werden können, sind während des Unterrichts mit der *Handy*kamera aufgenommen worden. Größtenteils ist diesen Aufnahmen zu entnehmen, dass die anderen Schüler im Klassenzimmer die Tatsache der Videoaufnahme sehr amüsant finden und durch entsprechende Kommentare honorieren.

Es stellt sich also die Frage, ob diese „Zuschauer" als Täter oder Teilnehmer des Blankettstraftatbestandes des § 33 KUG qualifiziert werden können. Ferner stellt sich die Frage, ob diejenigen, die sich die Bildaufnahme oder das Video, auf dem Handy oder auf dem Bildschirm betrachten, auch als Täter oder Teilnehmer des Blankettstraftatbestandes des § 33 KUG zu qualifizieren sind.

Die Begriffsdefinition des Zurschaustellens i.S.d. § 22 Satz 1, 2. Alt. KUG stellt klar, dass das Verhalten des Zuschauens und Betrachtens keine tatbestandsmäßigen Tathandlungen beim Cyber-Bullying sind. Ergebnis dieser Negativselektion ist, dass die beiden Verhaltensweisen des Zuschauens und Betrachtens zumindest keine Täterqualität aufweisen. Deshalb stellt sich die Frage, ob diesen Verhaltensweisen zumindest eine Teilnehmerqualität zukommt.

Eine Anstiftung setzt gemäß § 26 StGB voraus, dass der Anstifter eine andere Person zu deren vorsätzlich begangener rechtswidriger Tat bestimmt hat. Bestimmen i.S.d. § 26 StGB bedeutet das kausale Hervorrufen des Tatentschlusses[1384]. Allgemein kommt als Tathandlung der Anstiftung jede Form kommunikativer Einflussnahme in Betracht. Dazu gehören Anregungen, Überredung, Ratschläge, auch scheinbar allgemeine Erwägungen oder Verharmlosungen, wenn sie auf die Herbeiführung eines konkreten Tatentschlusses abzielen[1385]. Zum Zeitpunkt des Zuschauens oder Betrachtens war der Haupttäter bereits zur Tat entschlossen, mithin ein omnimodo facturus. Eine Anstiftung ist demnach zu verneinen.

Nun könnte ein Fall der psychischen Beihilfe bei diesen beiden Verhaltensweisen noch in Betracht kommen. Die Beihilfe i.S.d. § 27 StGB setzt voraus, dass der Gehilfe vorsätzlich einem anderen zu dessen vorsätzlich begangener rechtswidriger Tat Hilfe geleistet hat. Ein Hilfeleisten kann in jedem Tatbeitrag gesehen werden, der die Haupttat ermöglicht oder erleichtert oder die vom Haupttäter begangene Rechtsgutverletzung verstärkt[1386]. Zum Zeitpunkt des Zuschauens und Betrachtens ist der Täter jedoch schon zur Tatausführung übergegangen, also in seinem Tatentschluss bereits gefestigt. Im Übrigen wäre eine psychische Beihilfe in diesem Zusammenhang mangels Vorliegens des doppelten Gehilfenvorsatzes zu verneinen.

1384 Bernd Schünemann, in: Leipziger Kommentar, StGB Bd. 1, § 26 Rdnr.16 ff.; Fischer, § 26 Rdnr. 3; Krüger, JA 2008, 492 ff.; MünchKommStGB/Joecks, Bd. 1, § 26 Rdnr. 10 ff.; Schönke/Schröder/Heine, § 26 Rdnr. 4; SK-StGB/Hoyer, § 26 Rdnr. 4 ff.; KG, Urt. v. 29. Juni 2001 – (3) 1 Ss 410/00 (35/01), NStZ-RR 2002, 10 f.

1385 Bernd Schünemann, in: Leipziger Kommentar, StGB Bd. 1, § 26 Rdnr. 51 ff.; Fischer, § 26 Rdnr. 6; MünchKommStGB/Joecks, Bd. 1, § 26 Rdnr. 15 ff.; Schönke/Schröder/Heine, § 26 Rdnr. 4; SK-StGB/Hoyer, § 26 Rdnr. 10 ff.

1386 Bernd Schünemann, in: Leipziger Kommentar, StGB Bd. 1, § 27 Rdnr. 1 ff.; Fischer, § 27 Rdnr. 9 ff; Lackner/Kühl, § 27 Rdnr. 2; Schönke/Schröder/Heine, § 27 Rdnr. 5 ff.; SK-StGB/Hoyer, § 27 Rdnr. 6 ff.

8. Kapitel: Die Strafbarkeit des Cyber-Bullying in Bezug auf den strafrechtlichen Bildnisschutz gemäß § 201a StGB und die Anwendungsprobleme im Rahmen des Cyber-Bullying

§ 201a StGB enthält drei eigenständige Tatbestände. Demnach macht sich gemäß § 201a Abs. 1 StGB strafbar, wer von einer anderen Person, die sich in einer Wohnung oder einem gegen Einblick besonders geschützten Raum befindet, unbefugt Bildaufnahmen herstellt oder überträgt und dadurch deren höchstpersönlichen Lebensbereich verletzt. Ebenso wird gemäß § 201a Abs. 2 StGB bestraft, wer eine durch eine Tat nach Absatz 1 hergestellte Bildaufnahme gebraucht oder einem Dritten zugänglich macht. Gemäß § 201a Abs. 3 StGB wird derjenige bestraft, der eine befugt hergestellte Bildaufnahme von einer anderen Person, die sich in einer Wohnung oder einem gegen Einblick besonders geschützten Raum befindet, wissentlich unbefugt einem Dritten zugänglich macht und dadurch deren höchstpersönlichen Lebensbereich verletzt. Welche Anwendungsprobleme es im Zusammenhang mit Cyber-Bullying bei dieser Strafvorschrift gibt, soll in den folgenden Ausführungen aufgezeigt werden.

A. Tatobjekt = Bildaufnahme von einer anderen Person

Tatobjekt aller drei Straftatbestände des § 201a StGB ist die Bildaufnahme einer anderen Person.

I. Begriff der Bildaufnahme

Unter einer Bildaufnahme ist die durch ein zumindest teilweise selbsttätig arbeitendes technisches Gerät bewirkte Fixierung von Informationen über einen bestimmten Aufnahmegegenstand auf einem Bildträger zu verstehen, welche es ermöglichen, den optischen Sinneseindruck von diesem Aufnahmegegenstand zweidimensional sichtbar zu reproduzieren[1387].

1387 A/W-Hilgendorf, § 8 Rdnr. 23e; Fischer, § 201a Rdnr. 4; SK-StGB/Hoyer, § 201a Rdnr. 9; Valerius, in: Leipziger Kommentar, StGB Bd. 6, § 201a Rdnr. 9.

1. Rückführbarkeit des Aufnahmeobjektes auf ein selbsttätig arbeitendes Bildaufnahmegerät – Problem bei Foto- und Videomontagen

Für das Vorliegen einer Bildaufnahme ist also die Rückführbarkeit des Aufnahmeobjektes auf ein zumindest teilweise selbsttätig arbeitendes Bildaufnahmegerät entscheidend.

Dementsprechend ist das Abmalen oder Abzeichnen bzw. Zeichnen einer anderen Person nicht vom Schutzbereich des § 201a StGB erfasst[1388], da es ein Ergebnis menschlicher Fertigkeiten ist.

Interessant ist auch, dass fotorealistische Wiedergaben anderer Personen keine Bildaufnahmen i.S.v. § 201a StGB sind. Fotorealismus ist ein Stil der extrem realistischen Malerei. Das Interesse der Künstler liegt in der möglichst exakten Umsetzung der Darstellungsweise von Fotografie in Malerei und den sich daraus ergebenden Wirkungen und Möglichkeiten. Kennzeichnend ist dabei der bis zur Augentäuschung gehende Detailrealismus. Durch die fotorealistische Wiedergabe kann mithin genauso der persönliche Lebensbereich verletzt werden[1389]. Es ist also nicht nachvollziehbar, dass diese Art der Wiedergabe keine Bildaufnahme im Sinne des § 201a StGB sein soll.

Im Rahmen des Cyber-Bullying gegen Lehrpersonal gehören Pornomontagen und fingierte Hinrichtungsvideos, in denen der Kopf des unliebsamen Lehrers rollt, zu den Extremfällen. Es kommt nicht selten vor, dass Lehrer sich durch die Benotung einzelner Schüler unbeliebt machen. Neu ist allerdings die von den Schülern verübte Rache. Es kommt immer häufiger vor, dass sich Schüler ein Bild des von ihnen „verhassten“ Lehrers beschaffen, sich das animierte Video einer Hinrichtung nehmen und das Gesicht des Lehrers einfügen. Das Video zeigt dann, wie er eine Straße entlangläuft. Ein Gewehr taucht auf, ein Schuss trifft den Mann in den Kopf. Der Kopf platzt blutspritzend und rollt auf die Straße. Untermalt wird die Szenerie mit düsterer Musik der „Böhsen Onkelz“[1390]. In einer anderen Fallvariante wird das Bild einer Lehrerin in einem im Schulbereich spielenden Pornofilm montiert und im Internet veröffentlicht. Vor dem Hintergrund, dass die Definition des Begriffs der Bildaufnahme verlangt, dass das Aufnahmeobjekt auf ein selbsttätig arbeitendes Bildaufnahmegerät rückführbar ist, erscheint es jedoch eher fraglich, ob Foto- und Videomontagen vom Schutz des § 201a StGB erfasst sind. *Eisele*[1391] ist der Auffassung, dass Fo-

---

1388 Beck, MMR 2008, 77, 79; Fischer, § 201a Rdnr. 4; Flechsig, ZUM 2004, 605, 611; Kächele, S. 163; Lackner/Kühl, § 201a Rdnr. 2; Schönke/Schröder/Lenckner, § 201a Rdnr. 4; Valerius, in: Leipziger Kommentar, StGB, § 201a Rdnr. 9; .

1389 Vgl. auch Flechsig, ZUM 2004, 605, 611.

1390 Eberspächer (2007).

1391 Eisele, JR 2005, 6, 10; vgl. auch BT-Drs. 15/2466, S. 5.

tomontagen, die mithilfe befugt aufgenommener Bildaufnahmen hergestellt werden, im Einzelfall vom Begriff der Bildaufnahme erfasst sein können, wenn dadurch der höchstpersönliche Lebensbereich erfasst wird. Mithin geht *Eisele* von einem weiten Bildaufnahmebegriff aus. Entgegen dieser Auffassung sind Foto- und Videomontagen jedoch vom Begriff der Bildaufnahme schon aufgrund ihrer Definition nicht umfasst, sofern sie nicht Bildaufnahmen im Sinne des § 201a StGB enthalten[1392]. Es fehlt in diesem Fall eindeutig daran, dass ein lebendes Aufnahmeobjekt derart in einer kompromittierenden Situation erfasst wurde, dass die dabei entstandene Aufnahme als echtes und damit unwiderlegbares Beweismittel gegen den so Abgebildeten verwendet werden kann[1393] und auf diese Weise gerade eine Bildaufnahme im Sinne der Definition enthält. Eine Foto- oder Videomontage ist auch nicht auf ein selbsttätig arbeitendes Bildaufnahmegerät rückführbar, da sie gerade das Ergebnis menschlicher Fertigkeit ist und nicht eines mechanischen Prozesses. Insoweit muss der Schutz des § 33 KUG genügen, dessen Bildnisbegriff in § 22 KUG auch Foto- und Videomontagen umfasst. Denn vor dem Hintergrund des Schutzgutes des höchstpersönlichen Lebensbereichs in § 201a StGB werden gerade Augenblicke dieser Art aus dem höchstpersönlichen Lebensbereich des Opfers in aller Regel nicht auf derart langwierige Weise hergestellt. Vom Begriff der Bildaufnahme sind mithin lediglich Reproduktionen der Wirklichkeit umfasst[1394].

2. gegenständliche perpetuierbare zur Vervielfältigung geeignete Verkörperung eines visuell erfassbaren Abbildes

Ferner muss es sich für das Vorliegen einer Bildaufnahme um eine gegenständliche perpetuierbare und zur Vervielfältigung geeignete Verkörperung eines visuell erfassbaren Abbildes handeln[1395]. Darunter sind insbesondere analog oder digital gespeicherte Fotos, aber auch Filme, Einzelbilder aus Videosequenzen, sowie Verkörperungen von Aufnahmen mit nicht sichtbarer Strahlung zu verstehen[1396].

1392 Vgl. auch Fischer, § 201a Rdnr. 5; Flechsig, ZUM 2004, 605, 611; Hoyer, ZIS 2006, 1, 3; Kächele, S. 175; Koch, GA 2005, 589, 602 FN 104; SK-StGB/Hoyer, § 201a Rdnr. 29; Valerius, in: Leipziger Kommentar, StGB Bd. 6, § 201a Rdnr. 9.

1393 Hoyer, ZIS 2006, 1, 3.

1394 Valerius, in: Leipziger Kommentar, StGB Bd. 6, § 201a Rdnr. 9.

1395 Fischer, § 201a Rdnr. 4; Valerius, in: Leipziger Kommentar, StGB Bd. 6, § 201a Rdnr. 9.

1396 Fischer, § 201a Rdnr. 4; Valerius, in: Leipziger Kommentar, StGB Bd. 6, § 201a Rdnr. 9.

II. „von einer anderen Person"

Nach dem Wortlaut des § 201a StGB muss sich die Bildaufnahme auf eine andere Person beziehen, wobei auch mehrere Personen gleichzeitig als Tatobjekt in Betracht kommen[1397]. Im Zusammenhang mit Cyber-Bullying stellt sich die Frage, ob der Täter selbst, die Schule oder Hochschule, das Lehrerzimmer sowie das Lehrpersonal, das zum einen zu Lebzeiten als auch als Verstorbener im Rahmen der Hinrichtungsvideos dargestellt wird, ein tatbestandsmäßiger Aufnahmegegenstand sein kann, oder ob es eine inhaltliche Begrenzung in Bezug auf den Aufnahmegegenstand gibt.

1. Täter als geschützter Aufnahmegegenstand

Selbstaufnahmen des Täters sind als Tatobjekt des § 201a Abs. 1 StGB ausgeschlossen[1398]. Gleiches gilt aufgrund seiner Anknüpfung an Absatz 1 für Absatz 2, und zwar selbst dann, wenn ein anderer als der Hersteller der Bildaufnahme diese verbreiten sollte[1399]. Das folgt bereits eindeutig aus dem Wortlaut der Norm, der von „einer anderen Person" spricht. Dem Ausschluss von Selbstaufnahmen des Täters stehen auch keine verfassungsrechtlichen Bedenken gegenüber. Denn bei dem Schutzgut des allgemeinen Persönlichkeitsrechts sowie des Rechts auf informationelle Selbstbestimmung handelt es sich um disponible Rechtsgüter. Hingegen können „befugt hergestellte" Bildaufnahmen im Sinne des Absatzes 3 auch von dem Aufgenommenen selbst[1400] angefertigt werden[1401]. Der Einschub „von einer anderen Person" in Absatz 3 bezieht sich lediglich auf die Bildaufnahme, nicht hingegen auf deren Herstellung, und erfordert somit nur Personenverschiedenheit von demjenigen, der die Aufnahme zugänglich macht, und dem Abgebildeten, nicht hingegen von dem Aufnehmenden und Abgebildeten[1402].

1397 Kächele, S. 184.

1398 Fischer, § 201a Rdnr. 5; Lackner/Kühl, § 201a Rdnr. 3; Mitsch, Jura 2006, 117, 118; Schönke/Schröder/Lenckner, § 201a Rdnr. 4; SK-StGB/Hoyer, § 201a Rdnr. 11.

1399 Valerius, in: Leipziger Kommentar, StGB Bd. 6, § 201a Rdnr. 12.

1400 Dies kann durch Selbstauslöser oder durch eine auf einem Stativ angebrachte Videokamera erfolgen.

1401 Valerius, in: Leipziger Kommentar, StGB Bd. 6, § 201a Rdnr. 12.

1402 Valerius, in: Leipziger Kommentar, StGB Bd. 6, § 201a Rdnr. 12.

2. Schulen und Hochschulen

Im Rahmen des Cyber-Bullying können auch Schulen und Hochschulen Gegenstand eines Bildes[1403] sein. Auch im Anwendungsbereich des § 201a StGB stellt sich die Frage, ob juristische Personen als tatbestandliche Aufnahmegegenstände in Betracht kommen können. Diese Frage kann jedoch von vornherein eindeutig verneint werden. Das folgt bereits aus der im StGB verwendeten Terminologie. Das Merkmal „andere Person" als Bezeichnung des Tatopfers ist im StGB nicht neu und kommt z.B. auch in den §§ 177 Abs. 1, 179 Abs. 1, 180a Abs. 2 Nr. 2, 181a, 223 Abs. 1, 229, 232, 233 Abs. 1, 233a Abs. 1, 234, 244 Abs. 1 Nr. 1 b), 250 Abs. 1 Nr. 1 b), Abs. 2, 263 Abs. 3 Satz 2 Nr. 3 und § 271 Abs. 3 StGB zur Anwendung. Bei der Verwendung des Begriffs „Person" geht der Gesetzgeber des StGB immer von einem schon und noch lebenden Menschen aus[1404]. Es gelten hier dieselben Grenzen wie bei Tötungs- und Körperverletzungsdelikten[1405]. Mit dem Beginn der Geburt wird das sich im Mutterleib entwickelnde Lebewesen zum Menschen und zur „Person"[1406]. Im Gegensatz zu § 33 KUG stellt sich bei § 201a StGB erst gar nicht die Frage, ob juristische Personen Träger des durch § 201a StGB geschützten Rechtsguts sein können. Dementsprechend ist der Anwendungsbereich des § 201a StGB grundsätzlich auf natürliche, lebende und tatsächlich existierende Personen beschränkt[1407].

3. Lehrerzimmer

Bildaufnahmen von Privaträumen und Gegenständen wie Einrichtungsstücke oder Dokumente sind im Anwendungsbereich des § 201a StGB straflos[1408]. Dies sah der Alternativ-Entwurf eines StGB in § 146 Abs. 2 AE noch anders. Danach sollte bestraft werden, wer 1. von einer fremden Person in ihren Privaträumen

---

1403 Der Begriff „Bild" stellt den Oberbegriff zu den Begriffen „Bildnis" und „Bildaufnahme" dar.

1404 Vgl. A/W-Hilgendorf, § 8 Rdnr. 23e; Kühl, AfP 2004, 190, 195; Mitsch, Jura 2006, 117, 118; Valerius, in: Leipziger Kommentar, StGB Bd. 6, § 201a Rdnr. 10.

1405 Mitsch, Jura, 2006, 117, 118.

1406 Lackner/Kühl, vor § 211 Rdnr. 3.

1407 Eisele, JR 2005, 6, 9; Fischer, § 201a Rdnr. 5; Flechsig, ZUM 2004, 605, 613; Hoppe, GRUR 2004, 990, 994; Kühl, AfP 2004, 190, 195; Lackner/Kühl, § 201a Rdnr. 3; Sauren, ZUM 2005, 425, 430; SK-StGB/Hoyer, § 201a Rdnr. 11; Valerius, in: Leipziger Kommentar, StGB Bd. 6, § 201a Rdnr. 10.

1408 A/W-Hilgendorf, § 8 Rdnr. 23e; Eisele, JR 2005, 6, 9; Fischer, § 201a Rdnr. 5; Kächele, S. 184; Kindhäuser, LPK-StGB, § 201a Rdnr. 3; Koch GA 200 5, 389, 398; Mitsch, Jura 2006, 117, 118; Schönke/Schröder/Lenckner, § 201a Rdnr. 4; SK-StGB/Hoyer, § 201a Rdnr. 11; Valerius, in: Leipziger Kommentar, StGB Bd. 6, § 201a Rdnr. 10.

oder 2. von einem anderen oder von dessen Privaträumen unter Verletzung des Anspruchs auf Wahrung des höchstpersönlichen Lebensbereichs ohne Einwilligung des Betroffenen Bildaufnahmen herstellt oder überträgt. In der Tat ist es unter dem Aspekt des Schutzes vor unerwünschter Offenlegung des Persönlichkeitsbildes nicht einleuchtend, warum § 201a StGB sich auf die Abbildung von Personen beschränkt[1409]. Es stellt kein strafbares Verhalten dar, wenn der räumliche Lebensbereich eines anderen ausgespäht wird, indem er unter Überwindung von Hindernissen das Anwesen, das Schlafzimmer oder die Einrichtung fotografiert wird und die Bilder später genutzt werden[1410]. Trotzdem ist de lege lata festzuhalten, dass das Lehrerzimmer kein tatbestandlicher Aufnahmegegenstand des § 201a StGB sein kann, unabhängig davon, ob es als Privatraum, öffentlicher oder halböffentlicher Raum qualifiziert wird.

4. Lehrpersonal

Lehrpersonal an Schulen und Hochschulen in der öffentlichen Ausübung ihres Lehrauftrages werden vom Begriff „von einer anderen Person" i.S.d. § 201a StGB erfasst. Auch in § 201a StGB ist es für die Bejahung des Schutzes nicht relevant, dass die Fixierung im Rahmen des öffentlichen Handelns erfolgt. Eine derartige Beschränkung würde im Übrigen im Widerspruch mit der Achtung der Menschenwürde aus Art. 1 Abs. 1 GG stehen.

5. Verstorbene als Aufnahmegegenstand

Vor dem Hintergrund, dass im Zusammenhang mit Cyber-Bullying in den Extremfällen die Köpfe von Lehrern in Hinrichtungsvideos montiert werden, stellt sich unabhängig von der bereits verneinten Frage, ob Foto- oder Videomontagen vom Schutz des § 201a StGB umfasst sind, auch die Frage, ob die Bild- bzw. Videoaufnahme von Verstorbenen vom Schutz des § 201a StGB erfasst sind.

a) Postmortaler Strafrechtsschutz

In einem gewissen Umfang findet ein postmortaler Schutz der Persönlichkeit durch das Strafrecht statt.

1409 Vgl. dazu auch Kargl, ZStW 117 (2005), 324, 352.

1410 In diesem Zusammenhang ist insbesondere an die Paparazzi-Fälle zu denken, bei denen der persönliche Lebensbereich Prominenter ausgespäht wird. Kritisch dazu: Kargl, ZStW 117 (2005), 324, 352.

Als Ausformung eines Persönlichkeitsrechts eigener Art[1411] ist § 189 StGB[1412] einschlägig, wenn das Andenken Verstorbener verunglimpft wird. Dieses Persönlichkeitsrecht eigener Art findet seinen Ausdruck in der postmortalen Respektierung eines Kernbereichs dessen, was den Verstorbenen in seinem Leben ausmachte und prägte[1413].

§ 168 Abs. 1 StGB[1414] schützt den Leichnam oder die Asche des Verstorbenen vor Wegnahme und beschimpfenden Unfug und damit auch das nachwirkende Persönlichkeitsrecht des Verstorbenen, der nach seinem Tod Achtung verdient[1415].

Gemäß § 203 Abs. 4 StGB[1416] wird der strafrechtliche Schutz vor der Offenbarung von Geheimnissen (§ 203 Abs. 1 bis 3 StGB) auf die Zeit nach dem Tod des Betroffenen erstreckt. Über § 33 KUG ist schließlich auch das Recht am eigenen Bild wegen § 22 Satz 3 KUG für zehn Jahre nach dem Tod der abgebildeten Person unter Strafschutz gestellt und von der Einwilligung der Angehörigen gemäß § 22 Satz 4 KUG abhängig[1417].

Anders als im Zivilrecht ist aber kein darüber hinausgehender postmortaler Schutz durch das allgemeine Persönlichkeitsrecht möglich, weil eine entsprechende Bestrafung gegen Art. 103 Abs. 2 GG verstieße[1418].

b) Postmortaler Schutz durch § 201a StGB ?

Insbesondere vor dem Hintergrund der Bismarck-Entscheidung[1419] und dem Fall Uwe Barschel wurde diskutiert, ob Verstorbene vom Tatbestand des § 201a StGB erfasst seien.

Im Fall Uwe Barschel waren Bilder veröffentlicht worden, die den toten Ministerpräsidenten Uwe Barschel (1987) in der Badewanne seines Genfer Hotelzimmers zeigten. Der Presserat vertrat die Auffassung, dass die erste Veröffentlichung des Bildes der Leiche von Barschel als „zeitgeschichtliche Dokumenta-

---

1411 Schönke/Schröder/Lenckner, § 189 Rdnr. 1.
1412 Siehe Gesetzestext in Anhang 29.
1413 Schönke/Schröder/Lenckner, § 189 Rdnr. 1.
1414 Siehe Gesetzestext in Anhang 29.
1415 Schönke/Schröder/Lenckner, Vorbem. §§ 166 Rdnr. 2.
1416 Siehe Gesetzestext in Anhang 29.
1417 Flechsig, ZUM 2004, 605, 613.
1418 Kächele, S. 185.
1419 Vgl. RG, Urt. v. 28. Dezember 1899 – Rep. VI. 259/99, RGZ 45, 170 ff. – Otto von Bismarck.

tion“ nicht zu beanstanden war[1420], wohingegen die folgenden Veröffentlichungen gegen Ziffer 8 des Pressekodexes[1421] verstießen[1422].

Das OLG Hamburg[1423] vertrat die Auffassung, dass der Schutz des Intimbereichs des Verstorbenen zurücktreten muss, wenn die Aussage des Bildes sich nicht darin erschöpft, den dem engsten Intimbereich zuzuordnenden Anblick des Toten wiederzugeben. Sind mithin der Tod und seine Begleitumstände Teil eines Ereignisses, das ein berechtigtes Interesse der Öffentlichkeit hervorgerufen hat und richtet sich dieses berechtigte Interesse der Öffentlichkeit gerade auch auf den Tod selbst, so wird ein berechtigtes Informationsinteresse der Öffentlichkeit anzuerkennen sein, das dem Interesse des Verstorbenen und seiner Angehörigen vorgeht.

Das Schweizer Bundesgericht beurteilte den Sachverhalt hingegen anders[1424]. Es hatte den Sternjournalisten, der die Bilder hergestellt hatte, wegen Verletzung des Geheim- und Privatbereichs durch Aufnahmegeräte (Art. 179^quater^ Schweizerisches Strafgesetzbuch) sowie Hausfriedensbruch (Art. 186 Schweizerisches Strafgesetzbuch[1425]) verurteilt[1426]. Trotz seines Todes konnte Barschel noch den Schutz aus den Persönlichkeitsrechten in Anspruch nehmen. Das Schweizer Bundesgericht wies hinsichtlich der von dem Leichnam gefertigten Aufnahmen darauf hin, dass dieser Tod keineswegs an einem für die Öffentlichkeit zugänglichen Ort eingetreten ist und dass die Fotos nur infolge eines rechtswidrigen Zutritts in das Hotelzimmer aufgenommen werden konnten[1427].

1420 Flechsig, ZUM 2004, 605, 612.

1421 Ziffer 8 Pressekodex – Persönlichkeitsrechte: „Die Presse achtet das Privatleben und die Intimsphäre des Menschen. Berührt jedoch das private Verhalten öffentliche Interessen, so kann es im Einzelfall in der Presse erörtert werden. Dabei ist zu prüfen, ob durch eine Veröffentlichung Persönlichkeitsrechte Unbeteiligter verletzt werden. Die Presse achtet das Recht auf informationelle Selbstbestimmung und gewährleistet den redaktionellen Datenschutz.“

1422 Flechsig, ZUM 2004, 605, 612.

1423 OLG Hamburg, Urt. v. 7. Juli 1983 – 3 U 7/83, AfP 1983, 466 ff. - Oktoberfestattentäter.

1424 SchweizBG, Urt. v. 10. Juli 1992 – 6 S. 392/1991/NB, NJW 1194, 504 ff. – Uwe Barschel.

1425 Siehe Gesetzestext in Anhang 8.

1426 SchweizBG, Urt. v. 10. Juli 1992 – 6 S. 392/1991/NB, NJW 1194, 504, 506 – Uwe Barschel.

1427 SchweizBG, Urt. v. 10. Juli 1992 – 6 S. 392/1991/NB, NJW 1194, 504, 505 – Uwe Barschel.

Sie verletzten damit nicht nur den Privatbereich des toten Uwe Barschel, sondern im Grunde seinen engsten Geheimbereich[1428].

Vor diesem Hintergrund lässt sich eine differenzierte Beurteilung des postmortalen Schutzes von Bildaufnahmen in § 201a StGB herausbilden.

aa) Bildaufnahmen von Leichen

Aus der Auslegung des § 201a StGB folgt, dass nur Bildaufnahmen von Lebenden, nicht von Leichen vom Schutz erfasst sind[1429].

Dies ergibt sich bereits aus dem Wortlaut der Vorschrift. Zum anderen ist es aufgrund der im deutschen StGB verwendeten Terminologie „eine andere Person" ersichtlich, dass § 201a StGB auf Bildwiedergaben von Verstorbenen nicht anwendbar sein soll. Denn der Begriff „andere Person" wird im StGB nur für lebende Menschen verwendet. In den Fällen, in denen es um den Schutz eines Toten gehen soll, spricht das StGB von Verstorbener. Diesbezüglich sei noch einmal auf die Vorschriften der §§ 169, 189 StGB hingewiesen[1430]. Nicht strafbar sind demnach Aufnahmen, wie sie im Fall Bismarck und Uwe Barschel hergestellt wurden.

Aus einer systematischen Auslegung ergibt sich ebenfalls, dass Verstorbene nicht unter den Schutz des § 201a StGB fallen sollen. So hat der Gesetzgeber etwa in § 203 Abs. 4 StGB explizit klargestellt, dass auch die unbefugte Offenbarung von Geheimnissen nach dem Tod des Betroffenen strafbar ist. In diesem Zusammenhang hat er die Gefahr für den Persönlichkeitsschutz eines Toten gesehen und geregelt. Wenn er in § 201a keine diesbezügliche Regelung trifft, so kann daraus geschlossen werden, dass der Gesetzgeber im Rahmen des § 201a StGB keine vergleichbare Gefahrenlage gesehen hat und es sich bei dem Fehlen einer diesbezüglichen Regelung nicht um eine planwidrige Regelungslücke handeln kann, die nunmehr zu schließen wäre.

1428 SchweizBG, Urt. v. 10. Juli 1992 – 6 S. 392/1991/NB, NJW 1194, 504, 505 – Uwe Barschel.

1429 A/W-Hilgendorf, § 8 Rdnr. 23h; Eisele, JR 2005, 6, 9; Fischer, § 201a Rdnr. 5; Flechsig, ZUM 2004, 605, 612 f.; Hoppe, GRUR 2004, 990, 994; Kächele, S. 186; Kindhäuser, LPK-StGB, § 201a Rdnr. 3; Koch, GA 2005, 589, 592; Lackner/Kühl, § 201a Rdnr. 3; Mitsch, Jura 2006, 117, 118; Rengier, Strafrecht BT II, § 31 II Rdnr. 10; Sauren, ZUM 2005, 425, 430; Schönke/Schröder/Lenckner, § 201a Rdnr. 4; SK-StGB/Hoyer, § 201a Rdnr. 11; Valerius, in: Leipziger Kommentar, StGB Bd. 6, § 201a Rdnr. 10.

1430 Vgl. dazu auch: A/W-Higendorf, § 8 Rdnr. 23 h; Eisele, JR 2005, 6, 9; Flechsig, ZUM 2004, 605, 612 f.; Kindhäuser, LPK-StGB, § 201a Rdnr. 3; Koch, GA 2005, 589, 592; Mitsch, Jura 2006, 117, 118; Sauren, ZUM 2005, 425, 430 f.

Bekräftigt wird dies durch die Berücksichtigung der Entstehungsgeschichte der Vorschrift des § 201a StGB. Vor der Schaffung dieses Tatbestandes wurde der Gesetzgeber im Rahmen einer Anhörung auf die Problematik der Erfassung Verstorbener hingewiesen. Durch Nichtberücksichtigung im Tatbestand hat der Gesetzgeber deutlich gemacht, dass er keine Notwendigkeit für die tatbestandliche Erfassung von Toten gesehen hat. Würde man dennoch Tote mit in den Tatbestand des § 201a StGB einbeziehen, so widerspräche dies dem Willen des Gesetzgebers.

Aus der Auslegung der Vorschrift ergibt sich damit, dass Verstorbene nicht von dem Schutz durch diese Vorschrift erfasst werden sollen.

Selbst wenn man wie *Hügel*[1431] auch eine Leiche als geschützte Person des § 201a StGB ansähe, so wäre die Tat dennoch nicht verfolgbar, da das Strafantragsrecht gemäß § 205 Abs. 2 StGB[1432] nur auf die Angehörigen übergeht, wenn der Verletzte stirbt, dieser also zur Tatzeit noch gelebt haben muss.

Erst die Verbreitung oder öffentliche Schaustellung von Leichenbildnissen ist gemäß § 33 i.V.m. § 22 KUG strafbar, da Bildnisse i.S.d. § 22 KUG nach dem Willen des Gesetzgebers auch ausdrücklich Bilder sind, die nach dem Tod der abgebildeten Person angefertigt werden[1433].

bb) Bildaufnahmen von gerade sterbenden Personen

Bildaufnahmen von gerade sterbenden Personen sind hingegen vom Schutz der Vorschrift des § 201a StGB umfasst[1434]. Denn die sterbende Person ist nach der Terminologie des StGB immer noch eine andere Person bis zum Zeitpunkt des Hirntodes und kann damit auch noch in ihrem höchstpersönlichen Lebensbereich verletzt werden.

cc) zu Lebzeiten erstellte Bildaufnahmen nach dem Tod der abgebildeten Person

Ein weiteres Problem sind Bildaufnahmen, die zu Lebzeiten des Abgebildeten unbefugt hergestellt werden und erst nach dessen Tod gegen den Willen der Angehörigen gebraucht und anderen zugänglich gemacht werden. Entscheidend ist die strafrechtliche Beurteilung dieser Problemstellung im Rahmen der Tatbestände des § 201a Abs. 2 und Abs. 3 StGB.

1431 Hügel in RABT 15/27, S. 40: „Das tote Opfer fällt natürlich auch in den Schutzbereich.“

1432 Siehe Gesetzestext in Anhang 29.

1433 Sten. Ber. über d. Verh. d. RT, 11. Leg.per., II. Session, 1. Abschnitt 1905/1906, Aktenstück Nr. 30, S. 1540.

1434 A/W-Hilgendorf, § 8 Rdnr. 23 h; Kühl, AfP 2004, 190, 195.

aaa) Beurteilung in Bezug auf § 201a Abs. 2 StGB

Aus der Auslegung des § 201a Abs. 2 StGB folgt, dass sich der Schutz dieser Vorschrift nicht auf zu Lebzeiten erstellte Bildaufnahmen nach dem Tod der abgebildeten Person erstreckt.

Das in § 201a Abs. 2 StGB strafrechtlich normierte Unrecht stellt eine Intensivierung gegenüber dem in § 201a Abs. 1 StGB normierten Unrecht dar, das seinen Erfolg in der Verletzung des höchstpersönlichen Lebensbereichs findet. Damit sich aber gerade die Verletzung dieses höchstpersönlichen Lebensbereichs gegenüber § 201a Abs. 1 StGB intensivieren kann, muss die abgebildete Person allerdings zum Zeitpunkt der Tathandlung des § 201a Abs. 2 StGB noch leben[1435].

Im Übrigen spricht der Begriff des *höchstpersönlichen Lebensbereichs* dafür, dass dieser letzte Rückzugsbereich des Menschen nur im Leben als schützenswert angesehen werden kann und es demnach an dessen Verletzungsmöglichkeit im Tode fehlt[1436].

Bekräftigt wird dies auch durch die Entstehungsgeschichte des § 201a StGB. Denn auch in diesem Bereich ist der Gesetzgeber trotz entsprechenden Anregungen im Gesetzgebungsverfahren[1437] diesen nicht gefolgt, so dass es sich auch hier um kein Redaktionsversehen[1438] bzw. eine planwidrige Regelungslücke handelt.

Das hat zur Folge, dass nach wie vor nur Bildnisse i.S.d. § 22 KUG, nicht aber den höchstpersönlichen Lebensbereich verletzende Bildaufnahmen postmortal geschützt werden.

bbb) Beurteilung in Bezug auf § 201a Abs. 3 StGB

Zu demselben Ergebnis muss man hinsichtlich des Tatbestandes des § 201a Abs. 3 StGB kommen[1439]. Neben der fehlenden Verletzungsmöglichkeit des höchstpersönlichen Lebensbereichs, fehlt es allerdings auch an der Möglichkeit des nachträglichen Vertrauensbruchs, der von § 201a Abs. 3 StGB auch unter Strafe gestellt wird. Denn auch in diesem Fall kann Vertrauen nur ein lebender Mensch entwickeln, so dass auch dessen Vertrauen gebrochen werden kann. Das hat zur Folge, dass in dem Fall, in dem eine Beziehung durch den Tod eines der Partner endet und kompromittierende Bilder anderen zugänglich gemacht werden, eine

1435 So auch: SK-StGB/Hoyer, § 201a Rdnr. 27.

1436 Vgl. auch Flechsig, ZUM 2004, 605, 613.

1437 Kühl in RABT 15/27, S. 17 und 94.

1438 Hoppe, GRUR 2004, 990, 994.

1439 Vgl. auch Flechsig, ZUM 2004, 605, 613.

Bestrafung nur erfolgen kann, wenn es sich um Bildnisse i.S.d. § 22 KUG handelt und diese verbreitet oder öffentlich zur Schau gestellt werden.

dd) Kritik

Diese Unterscheidungen sind nicht nur bedauerlich[1440], sondern vor dem Hintergrund des postmortalen Schutzes aus zivilrechtlicher und verfassungsrechtlicher Sicht sowie der Tatsache, dass ausgerechnet der Tod als Paradebeispiel für den Schutzbereich der Intimsphäre in den Gesetzesentwürfen[1441] angeführt wurde, schlichtweg nicht nachvollziehbar[1442]. Dass dieser Bereich der Intimsphäre nur für die Angehörigen im Rahmen des Schutzbereichs des KUG gelten soll, ist nicht überzeugend, zumal auch im Zivilrecht Bilder von Toten nur in begründeten Ausnahmefällen hergestellt und veröffentlicht werden dürfen[1443]. Aus der Verwendung des Begriffs „höchstpersönlicher Lebensbereich" anstelle der Intimsphäre ergibt sich nichts anderes, da zum höchstpersönlichen Lebensbereich nach dem Willen des Gesetzgebers ausdrücklich alle der Intimsphäre zugehörigen Bestandteile gehören sollen. Hinzu kommt, dass es im Rahmen des Vorsatznachweises zu Schwierigkeiten kommen kann, nämlich dann, wenn der Aufnehmende aussagt, er habe die aufgenommene Person für tot gehalten.

c) Ergebnis

Bei der aktuellen Fassung des § 201a StGB ist eine Einbeziehung Verstorbener in dessen Schutzbereich nicht möglich. Wie oben dargestellt, steht dem sowohl der Wortlaut als auch die Systematik und Entstehungsgeschichte dieser Vorschrift entgegen[1444].

III. Notwendigkeit der Erkennbarkeit des Aufnahmegegenstandes

Ob die abgebildete Person als solche erkennbar sein muss oder zumindest mit entsprechenden technischen Aufwand erkennbar gemacht werden können muss, um von einer Bildaufnahme dieser Person sprechen zu können, wird unterschiedlich beurteilt.

1440 So Hoppe, GRUR 2004, 990, 994; Sauren, ZUM 2005, 425, 430.
1441 BT-Drs. 15/2466, S. 5; ebenso BT-Drs. 15/1891, S. 7.
1442 Kritisch auch Kühl, AfP 2004, 190, 195.
1443 Helle, S. 191.
1444 Vgl. Kindhäuser, LPK-StGB, § 201a Rdnr. 3; Linkens, S. 73.

1. Darstellung des Meinungsstandes

In der Literatur wird zum Teil die Auffassung vertreten, dass eine etwaige Erkennbarkeit der betroffenen Person für die Bejahung einer Bildaufnahme nicht erforderlich sei[1445]. Der Täter könne sich seiner Strafe nicht dadurch entziehen, dass er bestimmte Aufnahmewinkel wählt oder nachträglich Retuschen oder Rasterungen vornimmt[1446]. Dementsprechend stellen Nahaufnahmen von Körperteilen der Person einen tauglichen Tatgegenstand des § 201a StGB dar, selbst wenn sie als solche eine Identifizierung des oder der Betroffenen in der Regel nicht gestatten[1447]. Ebenso sollen verfremdete und unscharfe Fotos der Strafvorschrift unterfallen[1448]. Dagegen wird von anderen Stimmen in der Literatur jedoch vertreten, dass eine Bildaufnahme von einer anderen Person nur vorliege, wenn diese auf dem Bild erkennbar sei, da sonst das Recht am eigenen Bild nicht betroffen sei[1449].

2. Stellungnahme

Tatsächlich ist es erst die Möglichkeit der Identifikation des Aufgenommenen, die ihn in die Gefahr bringt, dass ein Betrachter der Aufnahme, Schlüsse auf den höchstpersönlichen Lebensbereich des Aufgenommenen ziehen kann[1450]. Jedoch geht der Verweis auf das Recht am eigenen Bild fehl. Denn Schutzgut des § 201a StGB ist gerade nicht das Recht am eigenen Bild, das Selbstbestimmungsrecht des Einzelnen darüber, auf welche Weise sein Bildnis in der Öffentlichkeit erscheint, sondern der höchstpersönliche Lebensbereich. Der Taterfolg der Verletzung des höchstpersönlichen Lebensbereichs bildet jedoch gerade das notwendige Regulativ, um nicht jegliche Abbildung eines Körperteils oder völlig

---

1445 Beck, MMR 2008, 77, 79; Ernst, NJW 2004, 1277, 1278; Kargl, ZStW 117 (2005), 324, 340; Kindhäuser, LPK-StGB, § 201a Rdnr. 7; Koch, GA 2005, 589, 595; Rengier, Strafrecht BT II, § 31 II Rdnr. 16; Valerius, in: Leipziger Kommentar, StGB Bd. 6, § 201a Rdnr. 11.

1446 Koch, GA 2005, 589, 595.

1447 Koch, GA 2005, 589, 595; Valerius, in: Leipziger Kommentar, StGB Bd. 6, § 201a Rdnr. 11.

1448 Fischer, § 201a Rdnr. 5; Valerius, in: Leipziger Kommentar, StGB Bd. 6, § 201a Rdnr. 11.

1449 Gola, RDV 2004, 215, 216; Hoyer, ZIS 2006, 1, 2; Lackner/Kühl, § 201a Rdnr. 4; Maurach/Schroeder/Maiwald, StrafR BT 1, § 29 VI Rdnr. 83; SK-StGB/Hoyer, § 201a Rdnr. 12; Rahmlow, HRRS 2005, 89; Wendt, AfP 2004, 181, 189; Wolter-Schünemann-Festgabe (2005), 231.

1450 SK-StGB/Hoyer, § 201a Rdnr. 12

verschwommene Bildaufnahmen tatbestandlich zu erfassen[1451]. Deshalb muss das auf der Bildaufnahme Abgebildete zumindest auch noch höchstpersönlich zuordenbar sein, das heißt, Identifikationsmerkmale mit beinhalten, die auf eine bestimmte und nicht nur irgendeine Person als Aufnahmegegenstand Rückschlüsse ermöglichen[1452]. Ist das nicht der Fall, muss eine Beeinträchtigung des höchstpersönlichen Lebensbereichs verneint werden. Gleiches gilt, wenn die Aufnahme so unscharf oder wenig zuordenbar ist, dass sogar der Betroffene selbst sich darauf nicht zu erkennen vermag[1453]. Beschränkt sich beispielsweise die Aufnahme des Täters auf den weiblichen Busen, so liegt keine Bildaufnahme im Sinne des § 201a StGB vor. Anders muss dies aber beurteilt werden, wenn der weibliche Busen eine einzigartige Tätowierung oder eine spezielle Narbe hat. Dann sind Identifikationsmerkmale vorhanden, die den Rückschluss auf die abgebildete Person zulassen. Eine andere Betrachtungsweise würde einen Verstoß gegen das Übermaßverbot zu Folge haben.

B. „in einer Wohnung oder einem gegen Einblick besonders geschützten Raum“

Der Schutz des § 201a StGB entfaltet sich nur, wenn sich die Person zum Zeitpunkt der Bildaufnahme in einer Wohnung oder einem gegen Einblick besonders geschützten Raum befindet. Eine derartige räumliche Einschränkung sah bereits auch der Alternativentwurf eines Strafgesetzbuches in § 146 Abs. 2 Nr. 1 vor, wonach die Herstellung von Bildaufnahmen von fremden Personen, die sich in ihren Privaträumen befinden, strafbar sein sollte.

I. Auslegung des Begriffs „Wohnung“

§ 201a StGB verwendet den Begriff der Wohnung wie die §§ 123 Abs. 1, 124, 180a Abs. 2 Nr. 1 und 2, 244 Abs. 1 Nr. 3 und 306a Abs. 1 Nr. 1 StGB. Der Begriff der Wohnung ist weder in § 201a StGB noch in den übrigen Strafnormen legal definiert. In den Kommentierungen zu den zuletzt genannten Strafnormen

---

1451 Fischer, § 201a Rdnr. 5; Gola, RDV 2004, 215, 216; Rengier, Strafrecht BT II, § 31 II Rdnr. 16; Sauren, ZUM 2005, 425, 430; SK-StGB/Hoyer, § 201a Rdnr. 12; Valerius, in: Leipziger Kommentar, StGB Bd. 6, § 201a Rdnr. 11; a.A. Linkens, S. 107 f..

1452 SK-StGB/Hoyer, § 201a Rdnr. 12; Valerius, in: Leipziger Kommentar, StGB Bd. 6, § 201a Rdnr. 11.

1453 Fischer, § 201a Rdnr. 5; SK-StGB/Hoyer, § 201a Rdnr. 12; Valerius, in: Leipziger Kommentar, StGB Bd. 6, § 201a Rdnr. 11.

kommt dem Begriff der Wohnung unterschiedliche Bedeutung zu. Unklar ist deshalb, wie der Begriff der Wohnung in § 201a StGB zu definieren ist und welche Weite dieser räumliche Schutzbereich hat.

1. Bedeutung des Begriffs der Wohnung in anderen Normen des StGB

Aufgrund der Unklarheit der Definition des Begriffs der Wohnung und der Reichweite seines Schutzbereichs, sollen zum Zwecke einer systematischen Auslegung zunächst die Normen des StGB betrachtet werden, die diesen Begriff verwenden.

a) in § 123 Abs. 1 StGB

Im Sinne des § 123 Abs. 1 StGB[1454] ist die Wohnung der Inbegriff von einer baulich oder sonst abgeschlossenen, zumindest teilweise überdachten Räumlichkeit, deren Zweck darin besteht, einem oder mehreren Menschen ausschließlich oder überwiegend jedenfalls vorübergehend Unterkunft zu gewähren[1455]. Auf längere Dauer braucht der Aufenthalt nicht angelegt zu sein[1456]. Deshalb stellen auch eine Zweitwohnung, ein Ferienhaus[1457], ein Hotelzimmer[1458] oder die Unterkunft in einem Heim für Wohnsitzlose[1459] eine Wohnung dar[1460]. Auf einen Rechtsgrund, auf dem das Nutzungsrecht beruht, kommt es nicht an[1461]. Auch bewegliche Sachen kommen als Wohnungen in Betracht, wenn sie dazu eingerichtet sind, wie z.B. Wohnwagen, Wohnmobile, Zelte, Zirkuswagen, Schiffe oder ein mit Schlafkabine ausgestatteter Lkw[1462]. Sonstige Kraftfahrzeuge

---

1454 Da der Wohnungsbegriff in § 124 StGB dem des § 123 StGB entspricht, wird auf dessen Darstellung verzichtet.

1455 Fischer, § 123 Rdnr. 6; Lilie, in: Leipziger Kommentar, StGB Bd. 5, § 123 Rdnr. 8; MünchKommStGB/Schäfer, Bd. 3, 2. Aufl., § 123 Rdnr. 11; Ostendorf, in: Kindhäuser/Neumann/Paeffgen, StGB Bd. 1, § 123 Rdnr. 21.

1456 Fischer, § 123 Rdnr. 6; Lilie, in: Leipziger Kommentar, StGB Bd. 5; § 123 Rdnr. 9; MünchKommStGB/Schäfer, Bd. 3, 2. Aufl., § 123 Rdnr. 11.

1457 MünchKommStGB/Schäfer, Bd. 3, 2. Aufl., § 123 Rdnr. 11.

1458 Lilie, in: Leipziger Kommentar, StGB Bd. 5, § 123 Rdnr. 9; MünchKommStGB/Schäfer, Bd. 3, 2. Aufl., § 123 Rdnr. 11.

1459 Lilie, in: Leipziger Kommentar, StGB Bd. 5, § 123 Rdnr. 10; MünchKommStGB/Schäfer, Bd. 3, 2. Aufl., § 123 Rdnr. 11.

1460 MünchKommStGB/Schäfer, Bd. 3, 2. Aufl., § 123 Rdnr. 11.

1461 Lilie, in: Leipziger Kommentar, StGB Bd. 5, § 123 Rdnr. 10; MünchKommStGB/Schäfer, Bd. 3, 2. Aufl., § 123 Rdnr. 11.

1462 Lilie, in: Leipziger Kommentar, StGB Bd. 5, § 123 Rdnr. 12; MünchKommStGB/Schäfer, Bd. 3, 2. Aufl., § 123 Rdnr. 11.

scheiden demgegenüber als Wohnung grundsätzlich aus, da ihre Zweckbestimmung nicht darin besteht, der Unterkunft von Menschen zu dienen, sondern als reine Beförderungsmittel genutzt werden[1463]. Allerdings genießen sonstige Kraftfahrzeuge dann den Schutz des § 123 StGB, wenn sie zum öffentlichen Dienst oder Verkehr bestimmt sind[1464]. Zur Wohnung i.S.v. § 123 StGB gehören auch dem Wohnen funktional zugeordnete Räume, wie Flure, Treppen, Vorratsräume, Waschküchen oder Keller- und Speicherräume[1465]. Diese Räume müssen allerdings in gewisser Weise baulich abgeschlossen und die Zugehörigkeit zur Wohnung muss erkennbar sein[1466]. Eindeutig keine Wohnung bilden offene Bereiche wie Höfe, Gärten oder Abstellplätze[1467]. In Mehrfamilienhäusern sind Räumlichkeiten, die einer bestimmten Wohnung zuzuordnen sind, wie z.B. Keller, Vorrats- oder Waschräume, Teile dieser Wohnung[1468]. Gemeinschaftsräume wie Fahrradkeller oder Treppenhäuser sind demgegenüber keine Räumlichkeiten, die einer Wohnung zuordenbar sind[1469]. Mithin verwendet § 123 Abs. 1 StGB einen weiten Wohnungsbegriff.

b) in § 180a Abs. 2 Nr. 1 und 2 StGB

Unter dem Begriff der Wohnung in § 180a Abs. 2 Nr. 1 und 2 StGB ist eine Räumlichkeit zu verstehen, die außer zur ständigen Benutzung auch zum Übernachten dient[1470]. Der in § 180a Abs. 2 Nr. 1 und 2 StGB verwendete Wohnungsbegriff entspricht im Übrigen dem in § 123 StGB verwendeten Wohnungsbegriff, so dass er weit zu interpretieren ist.

1463 Lilie, in: Leipziger Kommentar, StGB Bd. 5, § 123 Rdnr. 12; MünchKommStGB/Schäfer, Bd. 3, 2. Aufl., § 123 Rdnr. 11.

1464 Lilie, in: Leipziger Kommentar, StGB Bd. 5, § 123 Rdnr. 12.

1465 Fischer, § 123 Rdnr. 6; Lackner/Kühl, § 123 Rdnr. 3; MünchKommStGB/Schäfer, Bd. 3, 2. Aufl., § 123 Rdnr. 12; Lilie, in: Leipziger Kommentar, StGB Bd. 5, § 123 Rdnr. 11; OLG Düsseldorf, Urt. v. 29. August 1997 – 22 U 17/97, NJW 1997, 3383, 3384.

1466 Lilie, in: Leipziger Kommentar, StGB Bd. 5, § 123 Rdnr. 11; MünchKommStGB/Schäfer, Bd. 3, 2. Aufl., § 123 Rdnr. 12.

1467 Lilie, in: Leipziger Kommentar, StGB Bd. 5, § 123 Rdnr. 11; MünchKommStGB/Schäfer, Bd. 3, 2. Aufl., § 123 Rdnr. 12.

1468 MünchKommStGB/Schäfer, Bd. 3, 2. Aufl., § 123 Rdnr. 12.

1469 MünchKommStGB/Schäfer, Bd. 3, 2. Aufl., § 123 Rdnr. 12; Schönke/Schröder/Lenckner, § 123 Rdnr. 4.

1470 Fischer, § 180a Rdnr. 22; Schönke/Schröder/Lenckner/Perron/Eisele, § 180a Rdnr. 12.

c) in § 244 Abs. 1 Nr. 3 StGB

Wohnungen im Sinne des § 244 Abs. 1 Nr. 3 StGB sind abgeschlossene, überdachte Räume, die Menschen auf Dauer als Unterkunft dienen, also nicht Arbeits-, Geschäfts- oder Ladenräume[1471]. Zur Wohnung gehören im Übrigen auch die funktional zugeordneten Nebenräume, wie Treppenhaus, Waschküche und Keller[1472]. Im Hinblick auf das Schutzgut des § 244 Abs. 1 Nr. 3 StGB, nämlich den Kernbereich privater Lebensführung sowie dem Bereich der Selbstentfaltung und vertraulichen Kommunikation[1473] sowie der darauf beruhenden Strafschärfung, bedarf es einer Einschränkung des Wohnungsbegriffs in § 244 Abs. 1 Nr. 3 StGB[1474]. Deshalb umfasst der in § 244 Abs. 1 Nr. 3 StGB verwendete Wohnungsbegriff nicht: freistehende oder mit Wohnraum nicht verbundene Garagen[1475], Gartenhäuser[1476], Nebengebäude[1477], Speicher-, Keller- und gemeinschaftlich genutzte Räume[1478]. Bei diesen Räumlichkeiten fehlt es an dem Bedrohtheits- und Schutzlosigkeitsgefühl, was bei dem Opfer nach einem Eindringen in den Intimbereich hinterlassen wird[1479]. Hotelzimmer stellen wegen der vorübergehenden Nutzung einen Grenzfall dar. Da ein Hotelgast eine dem Wohnungsinhaber ähnliche Privatsphäre entfalten kann, ist seine Räumlichkeit jedenfalls als Wohnung anzusehen, wenn er sich dort nicht nur kurzfristig aufhält[1480]. In § 244 Abs. 1 Nr. 3 StGB wird mithin ein enger Wohnungsbegriff vertreten. Diese enge Auslegung begründet sich damit, dass mit dem Wohnungseinbruchsdiebstahl ein Eingriff in die Intimsphäre des Opfers verbunden ist, der oftmals schwerer wiegt als der Verlust der gestohlenen Sachen[1481].

1471 Fischer, § 244 Rdnr. 46; Kindhäuser, in: Kindhäuser/Neumann/Paeffgen, StGB Bd. 2, § 244 Rdnr. 52; Schönke/Schröder/Eser, § 244 Rdnr. 30.

1472 Kindhäuser, in: Kindhäuser/Neumann/Paeffgen, StGB Bd. 2, § 244 Rdnr. 52.

1473 Fischer, § 244 Rdnr. 45.

1474 Fischer, § 244 Rdnr. 47; Kindhäuser, in: Kindhäuser/Neumann/Paeffgen, StGB Bd. 2, § 244 Rdnr. 52; Lackner/Kühl, § 244 Rdnr. 11.

1475 Fischer, § 244 Rdnr. 48; Kindhäuser, in: Kindhäuser/Neumann/Paeffgen, StGB Bd. 2, § 244 Rdnr. 52.

1476 Fischer, § 244 Rdnr. 47, 48; AG Saalfeld, Urt. v. 27. Januar 2004 – 675 Js 15258/03 DSjug., NStZ-RR 2004, 141, 142.

1477 Fischer, § 244 Rdnr. 47.

1478 Fischer, § 244 Rdnr. 47.

1479 Fischer, § 244 Rdnr. 47.

1480 Kindhäuser, in: Kindhäuser/Neumann/Paeffgen, StGB Bd. 2, § 244 Rdnr. 52; BGH, Beschl. v. 3. Mai 2001 – 4 StR 59/01, StV 2001, 624.

1481 Fischer, § 244 Rdnr. 47.

d) in § 306a Abs. 1 Nr. 1 StGB

Vom räumlichen Schutzbereich des § 306a Abs. 1 Nr. 1 StGB sind Gebäude, Schiffe, Hütten oder andere Räumlichkeiten, die der Wohnung von Menschen dient, erfasst. Maßgeblich ist die Zweckverwendung. Geschützt werden menschliche Wohnstätten als solche, als auch jeder irgendwie abgeschlossene, sowohl unbewegliche als auch bewegliche Raum, der tatsächlich zu Wohnzwecken genutzt wird[1482]. Ob die Räumlichkeit dazu bestimmt und geeignet ist, zur Wohnung, d.h. als Mittelpunkt des Aufenthalts, insbesondere zum Übernachten von Menschen zu dienen, ist unerheblich; erforderlich und genügend ist die bloße Tatsache des Dienens im Zeitpunkt der Tat[1483]. Eine bloß vorübergehende, selbst monatelange Abwesenheit beseitigt die Wohneigenschaft nicht[1484]. Gleiches gilt für die nur zeitweise Nutzung einer Räumlichkeit zu Wohnzwecken, z.B. während der Wochenenden oder der Ferien[1485].

2. Auswirkungen der unterschiedlichen Definitionen auf den Wohnungsbegriff in § 201a StGB

Die Wohnungsbegriffe haben gemeinsam, dass ein nach außen hin durch Wände und Decken abgegrenzter Raum erforderlich ist, der dem Aufenthalt, mindestens für eine gewisse Dauer, wenn nicht sogar dauernd, von Menschen dient. Welcher Wohnungsbegriff im Rahmen der Auslegung des Begriffs der Wohnung in § 201a StGB zugrunde zu legen ist, wird von der Gesetzesbegründung nicht beantwortet.

Der Wohnungsbegriff des § 306a StGB ist jedoch nicht als Parallele zu § 201a StGB geeignet, was sich bereits aus der unterschiedlichen Schutzrichtung der beiden Strafnormen ergibt. Schutzgut des § 306a StGB ist Leib und Leben des Menschen. § 201a StGB schützt hingegen den höchstpersönlichen Lebensbereich des Einzelnen. Gerade diese unterschiedliche Ausgestaltung der Schutz-

---

1482 Fischer, § 306a Rdnr. 4; Herzog, in: Kindhäuser/Neumann/Paeffgen, StGB Bd. 2, § 306a Rdnr. 6; Schönke/Schröder/Heine, § 306a Rdnr. 5.

1483 Fischer, § 306a Rdnr. 4; Herzog, in: Kindhäuser/Neumann/Paeffgen, StGB Bd. 2, § 306a Rdnr. 10; Schönke/Schröder/Heine, § 306a Rdnr. 5; Wessels/Hettinger, Strafrecht BT 1, Rdnr. 962; BGH, Urt. v. 20. November 1961 – 2 StR 521/61, BGHSt 16, 394, 396; BGH, Beschl. v. 14. Juli 1993 – 3 StR 334/93, NStZ 1994, 130; BGH, Beschl. v. 22. Juli 1992 – 3 StR 77/92, NStZ 1992, 541.

1484 Fischer, § 306a Rdnr. 4; Herzog, in: Kindhäuser/Neumann/Paeffgen, StGB Bd. 2, § 306a Rdnr. 10; Lackner/Kühl, § 306a Rdnr. 2; Schönke/Schröder/Heine, § 201a Rdnr. 5.

1485 Herzog, in: Kindhäuser/Neumann/Paeffgen, StGB Bd. 2, § 306a Rdnr. 10; Schönke/Schröder/Heine, § 306a Rdnr. 5.

richtung erfordert es, dass die Wohnungsbegriffe des § 306a StGB und des § 201a StGB strikt getrennt nebeneinander stehen. § 306a StGB will gerade aufgrund seines Schutzgutes Wohnstätten von Menschen als solches schützen. § 201a will allerdings das Vertrauen des Menschen in seinen höchstpersönlichen Rückzugsbereich schützen.

Ebenso strikt sind die Wohnungsbegriffe des § 180a StGB und des § 201a StGB aufgrund ihrer völlig verschiedenen Schutzrichtungen voneinander zu trennen. Denn § 180a StGB schützt zum einen die persönliche und wirtschaftliche Freiheit von Prostituierten gegen Gefahren, die sich daraus ergeben können, dass sie in einem von Gewinnstreben geleiteten Betrieb in wirtschaftlicher Abhängigkeit gehalten werden[1486]. Zum anderen bezweckt die Vorschrift den Jugendschutz[1487]. Dieses Schutzziel ist § 180a Abs. 2 Nr. 1 StGB zu entnehmen.

Fraglich bleibt nun, ob eine Orientierung an § 123 Abs. 1 StGB[1488] oder an § 244 Abs. 1 Nr. 3 StGB[1489] geboten ist.

Der Beschluss des Bundesrates vom 26. September 2003[1490] sah eine enge Auslegung des Wohnungsbegriffes vor. Der Entwurf beschränkte den Strafschutz auf den letzten Rückzugsbereich des Einzelnen und grenzt den der Strafe würdigen und bedürftigen Kern auf diese Weise ein. Umfasst sind zunächst eigene und fremde Wohnungen einschließlich Gäste- oder Hotelzimmern. Hingegen sind Räumlichkeiten, die einer auch nur beschränkten Öffentlichkeit zugänglich sind, wie Geschäfts- oder Diensträume grundsätzlich nicht einbezogen[1491]. Im Verlauf des Gesetzgebungsverfahrens zu § 201a StGB hielt ein weiterer Gesetzesentwurf des Bundesrates vom 5. November 2003 an dieser engen Tatbestandsauslegung fest[1492]. Der fraktionsübergreifende Gesetzesentwurf vom 10. Februar 2004[1493] sprach sich ebenso für dieselbe enge Tatbestandsauslegung aus.

Durch die Betrachtung des Wortlautes der Vorschrift des § 201a StGB, insbesondere des Begriffes des höchstpersönlichen Lebensbereichs als auch der Zielsetzung dieser Strafvorschrift, das allgemeine Persönlichkeitsrecht einer je-

---

1486 Frommel, in: Kindhäuser/Neumann/Paeffgen, StGB Bd. 2, §§ 180, 180a Rdnr. 16; Schönke/Schröder/Lenckner/Perron/Eisele, § 180a Rdnr. 1a.

1487 Frommel, in: Kindhäuser/Neumann/Paeffgen, StGB Bd. 2, §§ 180, 180a Rdnr. 17; Schönke/Schröder/Lenckner/Perron/Eisele, § 180a Rdnr. 1a.

1488 So Eisele, JR 2005, 6, 8; Koch, GA 2005, 589, 599; Mitsch, Jura 2006, 117, 118.

1489 So Kühl, AfP 2004, 190, 194; Lackner/Kühl, § 201a Rdnr. 2; Mitsch, Jura 2006, 117, 118.

1490 BT-Drs. 164/03, S. 6.

1491 BT-Drs. 15/2466, S. 5; BT-Dr. 15/1891, S. 7.

1492 BT-Drs. 15/1891, S. 7.

1493 BT-Drs. 15/2466, S. 5.

den Person, die sich der Öffentlichkeit entzogen hat, vor bestimmten Eingriffen zu schützen, wird deutlich, dass von § 201a StGB nur solche Räume erfasst sein sollen, in denen die jeweilige Person sich zurückgezogen hat und in denen sie allein und ungestört sein kann[1494]. Diese Nichtöffentlichkeit setzt voraus, dass einerseits der Betroffene davon ausgehen kann, in einem Bereich zu sein, in dem er sich unbeobachtet bewegen kann und andererseits für den Täter dieser Wille des Betroffenen nach den Gegebenheiten erkennbar ist[1495]. Nicht dem letzten Rückzugsbereich unterfallen mithin Räumlichkeiten, die einer zumindest auch nur beschränkten Öffentlichkeit zugänglich sind, wie Geschäfts- oder Diensträume, Hotelhallen, Flure oder Räumlichkeiten auch geschlossener Veranstaltungen[1496].

Dafür spricht auch die systematische Stellung des § 201a StGB im 15. Abschnitt des Besonderen Teils des Strafgesetzbuches „Verletzung des persönlichen Lebens – und Geheimbereichs". Die Vorschriften dieses Abschnitts dienen gerade dem Schutz der individuellen Eigensphäre als einem Freiraum, der für die Entfaltung der menschlichen Persönlichkeit unerlässlich ist[1497].

Folglich ist der Wohnungsbegriff des § 201a StGB eng auszulegen[1498]. Entscheidend ist, dass sich die jeweilige Person in die Räumlichkeit zurückzieht und darin den Mittelpunkt ihres privaten Lebens sieht, in dem sie ungestört leben will[1499]. Aufgrund des Erfordernisses des ständigen Aufenthalts wird in der Literatur zum Teil gefordert, dass die Räumlichkeit nach außen abgeschirmt sein muss[1500].

Dem ist nicht zuzustimmen, da die Wohnung ein absolut geschützter Bereich ist[1501]. Deshalb kommt es nicht darauf an, ob ein besonderer Schutz gegen Einblick besteht[1502]. Vielmehr ist die Wohnung für sich bereits ein schützens-

---

1494 Linkens, S. 75.

1495 Gola, RDV 2004, 215, 216.

1496 Flechsig, ZUM 2004, 605, 610.

1497 Vgl. auch Kargl, ZStW 117, 324, 330.

1498 Heuchemer/Paul, JA 2006, 616, 617 f.; Lackner/Kühl, § 201a Rdnr. 2.

1499 Valerius, in: Leipziger Kommentar, StGB Bd. 6, § 201a Rdnr. 15.

1500 Ernst, NJW 2004, 1277, 1278; Kargl, ZStW 117, 324, 330; Kindhäuser, LPK-StGB, § 201a Rdnr. 4.

1501 Eisele, JR 2005, 6, 8; Kächele, S. 106; Linkens, S. 76; Valerius, in: Leipziger Kommentar, StGB Bd. 6, § 201a Rdnr. 16.

1502 Bosch, JZ 2005, 377, 379; Eisele, JR 2005, 6, 8; Gola, RDV 2004, 215, 216; Hesse, ZUM 2005, 432, 433; Heuchemer/Paul, JA 2006, 616, 617; Hoppe, GRUR 2004, 990, 992; Kächele, S. 106; Linkens, S. 76; Mitsch, Jura 2006, 117, 118; Obert/Gottschalk, ZUM 2005, 436, 437; a.A. Ernst, NJW 2004, 1277, 1278: „Die Differenzierung (zwischen Wohnung und einem gegen Einblick besonders geschützten Raum) ist erforder-

werter Bereich, unabhängig davon, ob sie zusätzlich durch andere Vorkehrungen vor dem Einblick anderer geschützt ist[1503].

Der Begriff „Wohnung" ist, wie sich bereits aus den dargelegten Gesetzesbegründungen ergibt, nicht auf die eigene Wohnung beschränkt, sondern erfasst auch fremde Wohnungen[1504], da auch diese den Zweck des letzten Rückzugsbereichs ermöglichen. Demnach kommt es nicht auf die Eigentumslage an der Wohnung an oder wem das Hausrecht zusteht[1505]. Vielmehr ist die Frage entscheidend, wo der einzelne sein persönliches Leben in dem konkreten Moment der Bildaufnahme lebt und vor der unbefugten Bildaufnahme geschützt sein will und muss[1506]. Da der Gesetzeswortlaut gerade keine Beschränkung auf die eigene Wohnung erkennen lässt, genießen auch die Gäste des Wohnungsinhabers, unabhängig von einem letzten Rückzugsbereich vor diesem Schutz[1507].

Deshalb werden vom Begriff der Wohnung in § 201a StGB auch solche Räume erfasst, die nur vorübergehend einer bestimmten Person zugeordnet und von dieser bewohnt werden können[1508]. Zu diesen Räumen zählen Gäste- und Hotelzimmer[1509] sowie Wohnwagen[1510] und Zelte[1511]. Diese Tatbestandsauslegung ist erforderlich, weil auch im Urlaub und auf Geschäftsreisen jede Person die Möglichkeit haben muss, sich zurückziehen zu können[1512]. In diesen Fällen würde eine Persönlichkeitsrechtsverletzung durch unbefugte Bildaufnahmen ebenso schwer wiegen, wie eine entsprechende Bildaufnahme in der eigentlichen Wohnung[1513].

Nicht erfasst sind hingegen Treppenhäuser, Hausflure, Kellerabteile, Tiefgaragen in Mehrfamilienhäusern, noch außen liegende Teile der Wohnung wie

---

lich, da eine Wohnung bei nicht durch Gardinen bewehrten Fenstern einen solchen besonderen Schutz allein nicht bieten würde.".

1503 Linkens, S. 76.

1504 Flechsig, ZUM 2004, 605, 610; Hesse, ZUM 2005, 432, 433; Heuchemer/Paul, JA 2006, 616, 617; Mitsch, Jura 2006, 117, 118.

1505 Valerius, in: Leipziger Kommentar, StGB Bd. 6, § 201a Rdnr. 16.

1506 Linkens, S. 75 f.

1507 Bosch, JZ 2005, 377, 379 FN 21; kritisch dazu Borgmann, NJW 2004, 2133, 2134.

1508 Linkens, S. 76.

1509 Flechsig, ZUM 2004, 605, 610; Hesse, ZUM 2005, 432, 433; Obert/Gottschalk, ZUM 2005, 436, 437; Sauren, ZUM 2005, 425, 429.

1510 Hoppe, GRUR 2004, 990, 992; Obert/Gottschalk, ZUM 2005, 436, 437; SK-StGB/Hoyer, § 201a Rdnr. 14.

1511 Valerius, in: Leipziger Kommentar, StGB Bd. 6, § 201a Rdnr. 15.

1512 Linkens, S. 76.

1513 Vgl. auch Linkens, S. 76.

Terrassen und Balkone[1514]. Denn bei diesen Räumlichkeiten kann gerade nicht von einem regelmäßig gegebenen Vertrauen in die Unbeobachtetheit ausgegangen werden.

Zusammenfassend lässt sich also festhalten, dass zur Definition des Wohnungsbegriffes des § 201a StGB nicht auf die Definitionen dieses Begriffes im Rahmen des § 123 StGB und des § 244 Abs. 1 Nr. 3 StGB zurückgegriffen werden kann. Vielmehr verfügt § 201a StGB über einen eigenständigen Wohnungsbegriff[1515].

3. Bedeutung der Definition für die im Rahmen des Cyber-Bullying betroffenen Räume

Fraglich ist, ob und welche Räume im Rahmen des Cyber-Bullying unter die Definition des Wohnungsbegriffs in § 201a StGB fallen können. Eindeutig sind Vorlesungsräume, Lehrerzimmer sowie Klassenzimmer nicht vom Wohnungsbegriff des § 201a StGB erfasst, da es sich hierbei um Räumlichkeiten handelt, die zumindest einer beschränkten Öffentlichkeit zugänglich sind. Ebenso wenig sind Umkleidekabinen in Sporthallen oder Schwimmbädern vom Wohnungsbegriff erfasst, da diese Räumlichkeiten nicht dem Schutz eines letzten Rückzugsbereiches des Menschen dienen sollen. Hingegen dienen Gemeinschaftsunterkünfte in Internaten oder bei Klassenfahrten sowie Unterkünfte in Studentenwohnheimen gerade auch dem Schutz der individuellen Eigensphäre als einem Freiraum, der für die Entfaltung der menschlichen Persönlichkeit unerlässlich ist. Dem steht auch nicht die Tatsache entgegen, dass diese Räumlichkeiten teilweise nur vorübergehend einem Schüler bzw. Studenten zugeordnet und von diesem bewohnt werden, da es erforderlich ist, dass jeder Mensch die Möglichkeit hat, sich zurückziehen zu können.

II. Auslegung des Begriffs „gegen Einblick besonders geschützter Raum“

Neben einer Wohnung wird von § 201a StGB auch ein gegen Einblick besonders geschützter Raum erfasst. Die Auslegung dieses Begriffs ist im Zusammenhang mit dem Phänomen des Cyber-Bullying problematisch. Das soll das folgende Beispiel verdeutlichen: Der 15-jährige Schüler Fritz hat zur Konfirma-

---

1514 BT-Drucks. 15/2466, S. 5; Fischer, § 201a Rdnr. 7; Flechsig, ZUM 2004, 605, 610; Hoppe, GRUR 2004, 990, 992; Sauren, ZUM 2005, 425, 429; SK-StGB/Hoyer, § 201a Rdnr.14; Valerius, in: Leipziger Kommentar, StGB Bd. 6, § 201a Rdnr. 15.

1515 So auch Valerius, in: Leipziger Kommentar, StGB Bd. 6, § 201a Rdnr. 15.

tion ein Foto*handy* geschenkt bekommen, das über eine hohe Bildauflösung verfügt, so dass sich Bildaufnahmen von guter Qualität anfertigen lassen. Fritz nimmt das Foto*handy* mit in die Schule und nutzt im gemeinsamen Sportunterricht der Jungen und Mädchen die Gelegenheit, um seine halbnackten Mitschülerinnen in deren Umkleidekabine heimlich beim Umkleiden zu filmen. Außerdem setzt er immer wieder sein Foto*handy* im Unterricht ein und nimmt seine Lehrerinnen und Lehrer ungefragt während des Unterrichts in den Unterrichtsräumen auf.

1. Gesetzgeberisches Ziel der Verwendung des Begriffs

Die Voraussetzung, dass sich die zu schützende Person in einem solchen Raum befinden muss, dient der räumlichen Beschränkung des Tatbestandes, da im Sinne des § 201a StGB nur der engste Rückzugsbereich einer jeden Person geschützt werden soll[1516]. Es soll verhindert werden, dass die Herstellung von Bildaufnahmen jeder Person in jeder beliebigen Situation bestraft wird[1517]. Andernfalls würde die Gefahr bestehen, dass sich der Anwendungsbereich des § 201a StGB auch auf Alltagshandlungen ausdehnen würde[1518]. Das wiederum wäre unvereinbar mit dem im Strafrecht geltenden Übermaßverbot staatlichen Strafens sowie dem strafrechtlichen Bestimmtheitsgebot[1519]. Dementsprechend bedarf es einer Einschränkung dahingehend, dass Strafe nur dann angebracht ist, wenn die zu schützende Person in einem Bereich gestört wird, in dem sie sich vor anderen zurückziehen will[1520]. Nur in diesem bestimmten Raum ist der strafrechtliche Schutz zu gewähren[1521]. Dies soll gerade durch den gewählten Begriff des gegen Einblick besonders geschützten Raum verdeutlicht werden[1522].

2. Begriff des gegen Einblick besonders geschützten Raumes

Bei der vom Gesetzgeber gewählten Terminologie des gegen Einblick besonders geschützten Raums handelt es sich um eine neue im Strafrecht. In Anbetracht dessen stellt sich die Frage, wie dieser Begriff auszulegen ist.

1516 Linkens, S. 76.
1517 Linkens, S. 76; Pollähne, KritV 2003, 387, 408.
1518 Linkens, S. 77.
1519 Pollähne, KritV 2003, 387, 408.
1520 Linkens, S. 77.
1521 Linkens, S. 77.
1522 Linkens, S. 77.

a) Begriff des Raumes

Der Begriff des Raumes im Sinne des § 201a StGB könnte entsprechend § 243 Abs. 1 Nr. 1 StGB als umschlossener Raum verstanden werden. Darunter wäre dann jedes Raumgebilde zu verstehen, das dazu bestimmt ist, von Menschen betreten zu werden, und das mit mindestens teilweise künstlichen Vorrichtungen zur Abwehr des Eindringens Unbefugter umgeben ist[1523]. Allerdings verlangt der Wortlaut des § 201a keinen umschlossenen Raum[1524]. Es kommt nach der Schutzrichtung des Tatbestandes nicht auf den Schutz gegen das körperliche Eindringen unberechtigter Personen, sondern allein auf den Sichtschutz an[1525]. Dies verdeutlicht insbesondere auch der Wortlaut, der nicht einen gegen Eindringen anderer umschlossenen Raum, sondern einen Raum verlangt, der besonders gegen Einblick geschützt ist[1526]. Es stellt sich trotzdem die Frage, ob der Begriff des Raumes so zu verstehen ist, dass es sich um einen Raum im Sinne des allgemeinen Sprachgebrauchs handeln muss, in den man sich begeben kann und abgegrenzt von anderen Bereichen ein Teil des Gebäudes ist. Dagegen spricht der Wille des Gesetzgebers, der in den Gesetzesentwürfen zu § 201 a StGB beispielhaft Toiletten, Umkleidekabinen oder ärztliche Behandlungszimmer und unter bestimmten Voraussetzungen auch Gärten erfasst sieht[1527]. Dementsprechend bedarf es keines fest abgegrenzten Raumes im Sinne eines Zimmers, sondern es sind auch solche Räume erfasst, die in irgendeiner Weise abgetrennt sind von anderen Räumen und Bereichen[1528].

b) „gegen Einblick besonders geschützt“

Der Raum erfordert einen besonderen Schutz, der sich gegen Einblick richtet; dieser kann auch durch natürliche Umgehungen bewirkt werden[1529]. Für die Bejahung des Sichtschutzes kommt es nach dem aufgezeigten gesetzgeberischen

---

1523 Lackner/Kühl, § 243 Rdnr. 9.

1524 Siehe auch Hesse, ZUM 2005, 432, 433.

1525 BT-Drs. 15/2466, S. 5; BT-Drs. 15/1891, S. 7; Flechsig, ZUM 2004, 605, 610; Obert/Gottschalck, ZUM 2005, 436, 437; Valerius, in: Leipziger Kommentar, StGB Bd. 6, § 201a Rdnr. 17.

1526 Linkens, S. 77.

1527 BT-Drs. 15/2466, S. 5; BT-Drs. 15/1891, S. 7.

1528 BT-Drs. 15/1891, S. 7; BT-Drs. 15/2466, S. 5; Fischer, § 201a Rdnr. 8; Hoppe, GRUR 2004, 990, 992; Kächele, S. 87; Obert/Gottschalk, ZUM 2005, 436, 437; Valerius, in: Leipziger Kommentar, StGB Bd. 6, § 201a Rdnr. 17.

1529 BT-Drs. 15/1891, S. 7; BT-Drucks. 15/2466, S. 5; Fischer, § 201a Rdnr. 8; Flechsig, ZUM 2004, 605, 610; Hesse, ZUM 2005, 432, 433; Hoppe, GRUR 2004, 990, 992; SK-StGB/Hoyer, § 201a Rdnr. 15.

Ziel auf dessen objektive Funktion an. Nur solche Räume sind vom räumlichen Schutzbereich des § 201a StGB erfasst, die einen Sichtschutz aufweisen, der gerade gegen Beobachtung des höchstpersönlichen Lebensbereichs schützen soll[1530]. Es bedarf auch einer gewissen Perpetuierung, um den zur Tatbestandsbegrenzung eingefügten objektiven Element annähernd eine Kontur zu verleihen[1531]. Demnach sind gegen Einblick besonders geschützte Räume zum Beispiel Toiletten, Umkleidekabinen, Beichtstühle und ärztliche Behandlungszimmer[1532]. Öffentlich zugängliche Räume müssen aus dem räumlichen Schutzbereich der Strafvorschrift ausgeklammert werden[1533]. Die Subsumtion von in der Öffentlichkeit hergestellten Bildaufnahmen von Alltagshandlungen unter die Strafvorschrift des § 201a StGB wäre weder konkret genug gefasst noch stünde sie im Einklang mit dem Verbot des Übermaßes staatlichen Strafens[1534]. Dafür spricht auch der Wille des Gesetzgebers, der davon ausgeht, dass im öffentlichen Lebensraum damit gerechnet werden muss, fotografiert zu werden[1535]. Die Beschränkung des Schutzes steht also im Einklang mit viktidogmatischen Grundsätzen[1536].

3. Bedeutung des Begriffs für die im Rahmen des Cyber-Bullying betroffenen Räume

Eindeutig sind Vorlesungsräume, Lehrerzimmer und Klassenzimmer keine Räume, die gegen Einblick besonders geschützt sein sollen, da es sich hierbei um Räumlichkeiten handelt, die zumindest einer beschränkten Öffentlichkeit zugänglich sind. Jedoch sind Umkleidekabinen in Sporthallen oder Schwimmbädern vom Begriff des gegen Einblick besonders geschützten Raumes erfasst,

---

1530 BT-Drs. 15/2466, S. 5; Fischer, § 201a Rdnr. 9; Koch, GA 2005, 589, 599; Tillmanns/Führ, ZUM 2005, 441, 445.

1531 BT-Drucks. 15/2466, S. 4; Fischer, § 201a Rdnr. 9.

1532 BT-Drs. 15/1891, S. 7; BT-Drs. 15/2466, S. 5; Flechsig, ZUM 2004, 605, 610; Hesse, ZUM 2005, 432, 434; Hoppe, GRUR 2004, 990, 992; Kargl, ZStW 117 (2005), 324, 331; Koch, GA 2005, 589, 599; Lackner/Kühl, § 201a Rdnr. 2; Obert/Gottschalk, ZUM 2005, 436, 437; Sauren, ZUM 2005, 425, 429; Schönke/Schröder/Lenckner, § 201a Rdnr. 5; Valerius, in: Leipziger Kommentar, StGB Bd. 6, § 201a Rdnr. 17.

1533 Vgl. auch Bosch, JZ 2005, 377, 379 FN 26; Eisele, JR 2005, 6, 8; Flechsig, ZUM 2004, 605, 606; Heuchemer/Paul, JA 2006, 616, 618; Hoppe, GRUR 2004, 990, 992; Kächele, S. 86.

1534 Flechsig, ZUM 2004, 605, 606.

1535 BT-Drs. 15/1891, S. 6; BT-Drs. 15/2466, S. 4.

1536 BT-Drs. 15/1891, S. 6; BT-Drs. 15/2466, S. 4.

da sie über einen Sichtschutz verfügen, der gerade gegen Beobachtung des höchstpersönlichen Lebensbereichs schützen soll.

C. Tathandlungen

I. Herstellen und Übertragen von Bildaufnahmen, § 201a Abs. 1 StGB

Gemäß § 201a Abs. 1, 1. Alt. StGB macht sich strafbar, wer eine Bildaufnahme von einer anderen Person, die sich in einer Wohnung oder einem gegen Einblick besonders geschützten Raum befindet, unbefugt herstellt und dadurch deren höchstpersönlichen Lebensbereich verletzt.

1. Herstellen gemäß § 201a Abs. 1, 1. Alt. StGB

Hergestellt wird eine Bildaufnahme dadurch, dass die Informationen aus denen sie besteht, mit einer gewissen Dauerhaftigkeit auf einen Daten- oder Bildträger abgespeichert werden[1537]. Für die Vollendung der Tat ist also eine visuelle Wahrnehmbarkeit nicht erforderlich. Am Anfang jeder Bildaufnahme steht ein optisches System, das entweder unmittelbar mit einem Bildträger (analoge Fotografie) oder einem Datenspeicher gekoppelt oder mittels leitungsgebundener oder leitungsfreier Übertragung mit einem Aufzeichnungs-, Wiedergabe- oder Verarbeitungssystem verbunden ist[1538]. Dies wird auch durch § 201a Abs. 4 StGB indiziert, der von Bildträger sowie Bildaufnahmegeräte oder andere technische Mittel spricht. Die Tathandlung des Herstellens kann an jeder Stelle dieses Prozesses erfolgen, setzt jedoch voraus, dass Tatherrschaft hinsichtlich des primären Aufzeichnungsaktes besteht[1539].

Man könnte daran denken, dass bereits das Beobachten eines Lehrers oder anderen Schülers mittels eines Bildaufnahmegerätes ein Herstellen einer Bildaufnahme im Sinne des § 201a Abs. 1, 1. Alt. StGB darstellt. Die Relevanz des Beobachtens im Rahmen des Cyber-Bullying soll das folgende Beispiel verdeutlichen: als eine Schülerin des Stollberger Berufskollegs das Damen-WC des Ge-

---

1537 BT-Drucks. 15/2466, S. 5; Borgmann, NJW 2004, 2133, 2134; Flechsig, ZUM 2004, 605, 610; Hoppe, GRUR 2004, 990, 992; Kargl, in: Kindhäuser/Neumann/Paeffgen, StGB Bd. 2, § 201a Rdnr. 6; Lackner/Kühl, § 201a Rdnr. 4; Mitsch, Jura 2006, 117, 119; SK-StGB/Hoyer, § 201a Rdnr. 10; Valerius, in: Leipziger Kommentar, StGB Bd. 6, § 201a Rdnr. 19.

1538 Fischer, § 201a Rdnr. 12.

1539 Fischer, § 201a Rdnr. 12.

bäudes aufsuchte, bemerkte sie eine Mini-Kamera, die an der Toilettenpapierhalterung installiert und direkt auf den Genitalbereich gerichtet war[1540].

Aus dem Wortlaut des in den Absätzen 1 bis 3 des § 201a StGB normierten Verbots des unbefugten Herstellens und der Übertragung von Bildaufnahmen, des Gebrauchmachens oder einem Dritten Zugänglichmachens einer solchen Bildaufnahme sowie des Verbots des wissentlich unbefugten Zugänglichmachens einer befugt hergestellten Bildaufnahme an einen Dritten wird deutlich, dass die bloße unbefugte Beobachtung ohne Herstellung von Abbildungen nicht unter Strafe gestellt ist, selbst dann nicht, wenn sich daran nach der Vorstellung des Täters unmittelbar das Herstellen einer Bildaufnahme anschließen sollte[1541]. Der Gesetzgeber war der Auffassung, dass der „freche Blick" keine der Strafe würdige und bedürftige Rechtsgutverletzung darstelle, sondern in erster Linie Gebote des Anstands verletze[1542]. Er hebt hervor, dass seit der großen Strafrechtsreform anerkannt sei, dass ohne Verletzung des ultima ratio-Prinzips bloße Moralwidrigkeiten nicht mit den Mittel des Strafrechts bekämpft werden könnten[1543].

Es stellt sich die Frage, ob die Norm in diesem Zusammenhang nicht zu kurz gefasst ist. Der Gesetzesentwurf der FDP-Bundestagsfraktion zu § 201a StGB Abs. 2 StGB-E stellte die unbefugte Beobachtung mit einem Bildaufnahmegerät oder anderen technischen Mittel unter Strafe, vorausgesetzt der Beobachtete wurde dadurch in seiner Intimsphäre verletzt[1544]. Die Schweiz kennt hierzu bereits seit dem Jahre 1969 einen entsprechenden Straftatbestand. Die Sinnfälligkeit eines entsprechenden Straftatbestandes kann sich auch aus § 6b BDSG ergeben, der selbst die Beobachtung öffentlich zugänglicher Räume mit optisch-elektronischen Einrichtungen (Videoüberwachung) der beschränkten Zulässigkeit unterwirft und den Straftatbestand des § 44 BDSG erfüllen kann. Nach *Flechsig*[1545] ist es ein kurzer Schritt vom Beobachten zum Festhalten des so genannten „frechen Blicks". Insbesondere vor dem Hintergrund des normativen Ziels des strafrechtlichen Schutzes, nämlich dem Schutz gegen Verletzung

---

1540 Wyboris (2011).

1541 BT-Drucks. 15/2466, S. 4; Fischer, § 201a Rdnr. 12; Heuchemer/Paul, JA 2006, 616, 617; Koch, GA 2005, 589, 591; Kühl, AfP 2004, 190, 194; Mitsch, Jura 2006, 117, 119; SK-StGB/Hoyer, § 201a Rdnr. 10.

1542 BT-Dr. 15/2466, S. 4; Eisele, JR 2005, 6, 9; Valerius, in: Leipziger Kommentar, StGB Bd. 6, § 201a Rdnr. 21.

1543 BT-Drs 15/1891, S. 6; ebenso: Bosch, JZ 2005, 377, 380; Eisele, JR 2005, 6, 9; Lackner/Kühl, § 201a Rdnr. 4.

1544 Siehe BT-Dr. 15/361, S. 2.

1545 Flechsig, ZUM 2004, 605, 607 f.

des höchstpersönlichen Lebensbereichs, sei es fraglich, ob der Gesetzgeber hier nicht zu kurz getreten sei. Ferner gelten offensichtliche und nachweisliche, optische Aktivitäten als sexualbezogene Beleidigung und nicht nur als Moralwidrigkeit oder als strafloses das Vertrauen brechendes Verhalten[1546].

Der Angriff auf die Persönlichkeitssphäre mittels einer in einem Mobiltelefon integriertem Bildaufnahmegerät ist trotz der abstrakten Gefährlichkeit der Tatmittel für den Bildnisschutz aufgrund deren Sozialadäquanz kaum mit Richtmikrofonen und ähnlichen Abhörgeräten vergleichbar[1547]. Es ist nicht zu leugnen, dass unter dem Aspekt des Selbstschutzes des Opfers der Eingriff, bspw. mittels eines Teleobjektivs dem Abhören vergleichbar ist, der Kreis sozialadäquater Verwendungsmöglichkeiten muss aber bei Teleobjektiven deutlich weiter als bei Abhörgeräten gefasst werden[1548]. Im Übrigen würde ein einschlägiger Straftatbestand jedoch kaum überwindliche Interpretations- und Nachweisprobleme aufwerfen[1549].

2. Übertragen gemäß § 201a Abs. 1, 2. Alt. StGB

Übertragen wird eine Bildaufnahme, wenn die Informationen, aus denen sie besteht, ohne dauerhafte Abspeicherung vom Bildaufnahmegerät auf einen andernorts befindlichen Bildträger weitergeleitet werden und dort sichtbar gemacht werden können[1550]. Diese Alternative erfasst die Strafbarkeit von Echtzeitübertragungen wie z.B. mittels webcams oder spycams[1551], bei denen es zwar zu einer Zwischenspeicherung, nicht aber zu einer dauerhaften Fixierung der Bildaufnahme kommt[1552]. Im zuvor genannten Fall des Stollberger Kollegs würde diese Handlungsalternative zu bejahen sein, wenn die Bildaufnahmen auch direkt in das Internet übertragen werden würden.

1546 Flechsig, ZUM 2004, 605, 607 f.

1547 So auch Bosch, JZ 2005, 377, 380; anders aber Ernst, NJW 2004, 1277, 1278f, der zumindest bei getarnten Aufnahmegeräten eine analoge Regelung zu § 65 Abs. 1, Satz 1 TKG fordert.

1548 BT-Drs. 15/1891, S. 6.

1549 BT-Drs. 15/1891, S. 6.

1550 Lackner/Kühl, § 201a Rn.5; SK-StGB/Hoyer, § 201a Rn. 10; Valerius, in: Leipziger Kommentar, StGB Bd. 6, § 201a Rdnr. 20.

1551 BT-Drs. 15/1891, S. 6; BT-Drs. 15/2466, S. 5; Fischer, § 201a Rn. 13; Flechsig, ZUM 2004, 605, 611 f.; Heuchemer/Paul, JA 2006, 616, 617; Hoppe, GRUR 2004, 990, 992.

1552 Valerius, in: Leipziger Kommentar, StGB Bd. 6, § 201a Rdnr. 20.

II. Gebrauchen und Zugänglichmachen von Bildaufnahmen, § 201a Abs. 2 StGB

Gemäß § 201a Abs. 2 macht sich strafbar, wer eine durch eine Tat nach Abs. 1 hergestellte Bildaufnahme gebraucht, § 201a Abs. 2, 1. Alt. StGB, oder einem Dritten zugänglich macht, § 201a Abs. 2, 2. Alt. StGB.

Der 15-jährige Fritz hat heimlich Bildaufnahmen von seinen Mitschülerinnen mit seinem Foto*handy* während des gemeinsamen Schulsports gemacht, die seine Mitschülerinnen halbnackt in der Umkleidekabine beim Umkleiden zeigen. Diese zeigt er nun seinem 16-jährigen Klassenkameraden Hugo, der schwer beeindruckt ist. Hugo bietet Fritz nun an, die Aufnahmen auf seiner *Homepage* zu veröffentlichen. Fritz überlässt daraufhin Hugo Kopien der Bildaufnahmen, von denen Hugo auf seiner *Homepage* eine Fotogalerie erstellt, die für jedermann frei zugänglich ist.

1. Gebrauchen gemäß § 201a Abs. 2, 1. Alt. StGB

Gebrauchen ist jede Nutzung der Bildaufnahme für eigene oder fremde, private oder öffentliche, persönliche oder kommerzielle Zwecke[1553]. Es kommt darauf an, dass die technischen Möglichkeiten eines Bildträgers ausgenutzt werden[1554]. Erfasst ist auch das Verwenden durch andere Personen als den Täter des Herstellens[1555]. Der Anwendungsbereich ist ersichtlich weit gefasst. Um einer uferlosen Ausweitung der Strafbarkeit nach dieser Norm entgegenzutreten, bedarf es einer restriktiven Auslegung[1556]. Deshalb hat die Subsumtion der Handlungen des Cyber-Bullying unter den Anwendungsbereich des § 201a StGB differenziert zu erfolgen.

1553 BT-Drs. 15/2466, S. 5; Fischer, § 201a Rn. 18; Lackner/Kühl, § 201a Rn.6; Mitsch, Jura 2006, 117, 119; Schönke/Schröder/Lenckner/Eisele, § 201a Rdnr. 15; SK-StGB/Hoyer, § 201a Rn. 28; Valerius, in: Leipziger Kommentar, StGB Bd. 6, § 201a Rdnr. 24.

1554 BT-Drs. 15/2466, S. 5; Hoppe, GRUR 2004, 990, 992; Kargl, in: Kindhäuser/Neumann/Paeffgen, StGB Bd. 2, § 201a Rdnr. 9; Valerius, in: Leipziger Kommentar, StGB Bd. 6, § 201a Rdnr. 24.

1555 Beck, MMR 2008, 77, 79; Hoppe, GRUR 2004, 990, 992; Schönke/Schröder/Lenckner/Eisele, § 201a Rdnr. 15; Valerius, in: Leipziger Kommentar, StGB Bd. 6, § 201a Rdnr. 24.

1556 Vgl. auch Bosch, JZ 2005, 377, 380.

a) „Bloßes Betrachten" der Bildaufnahme

Ob das bloße Betrachten einer Bildaufnahme ein Gebrauchen im Sinne des § 201a Abs. 2 darstellt, wird unterschiedlich beurteilt. *Sauren*[1557], *Borgmann*[1558], *Hoppe*[1559] und *Kargl*[1560] vertreten die Auffassung, dass derjenige, der die Bildaufnahme allein betrachtet, Täter des § 201a Abs. 2, 1.Alt. sein kann. Diese Auffassung muss aber schon deshalb abgelehnt werden, weil selbst das Beobachten und Betrachten des Abgebildeten nicht tatbestandsmäßig ist. Es würde einen Wertungswiderspruch darstellen, wenn das bloße Betrachten der Bildaufnahme strafrechtliche Sanktionen nach sich ziehen würde[1561]. Im Übrigen würde eine andere Auslegung der Tathandlung des Gebrauchens i.S.d. § 201a Abs. 2, 1. Alt. StGB auch in einem Wertungswiderspruch zu der Strafvorschrift des § 184b Abs. 4 StGB[1562] stehen. Danach wird erst die Besitzverschaffung bzw. der Besitz von kinderpornographischen Schriften unter Strafe gestellt, obwohl kinderpornographische Schriften gerade den höchstpersönlichen Lebensbereiches eines Kindes verletzen[1563]. Deshalb erscheint eine restriktive Auslegung des Tatbestandsmerkmals des Gebrauchens angezeigt[1564]. In Anlehnung an § 184b Abs. 4 StGB sollte auch für § 201a Abs. 2, 1. Alt. StGB die Begründung selbständiger Verfügungsgewalt über den Bildinhalt vorausgesetzt werden[1565]. Dadurch kann dem ungeschriebenen Merkmal des Ausnutzens der technischen Möglichkeiten eines Bildträgers Kontur verliehen werden, durch die wiederum ein Mindestgrad an Sozialschädlichkeit erreicht werden kann[1566]. Dementsprechend ist das Betrachten der Videosequenzen auf YouTube oder von Bildaufnahmen auf anderen Sozialen Netzwerken im Internet nicht von der Tathandlung des Gebrauchens erfasst und somit straflos.

1557 Sauren, ZUM 2005, 425, 429.

1558 Borgmann, NJW 2004, 2135.

1559 Hoppe, GRUR 2004, 990, 992.

1560 Kargl, ZStW 117 (2005), 325, 334.

1561 Bosch, JZ 2005, 377, 380; Flechsig, ZUM 2004, 605, 614; Koch, GA 2005, 589, 601; SK-StGB/Hoyer, § 201a Rn. 28; Vogel, ZUM 2005, 449, 451; Wessels/Hettinger, Strafrecht BT 1, Rn. 545e.

1562 Siehe Gesetzestext in Anhang 29.

1563 Heuchemer/Paul, JA 2006, 616, 619.

1564 Heuchemer/Paul, JA 2006, 616, 619.

1565 Heuchemer/Paul, JA 2006, 616, 619; Valerius, in: Leipziger Kommentar, StGB Bd. 6, § 201a Rdnr. 24.

1566 Heuchemer/Paul, JA 2006, 616, 619.

b) Übertragen und Kopie einer Bildaufnahme

Ein Gebrauchen der ursprünglichen Aufnahme liegt dann vor, wenn die Aufnahme zunächst auf einen anderen Bildträger überspielt und später die Kopie abgespielt wird[1567]. Denn diese Handlung hat bezogen auf das zu schützende Persönlichkeitsrecht dieselbe beeinträchtigende Wirkung bzw. verstärkt diese sogar noch dadurch, dass ein weiteres Exemplar einer Bildaufnahme existiert, mit dessen Hilfe eine weitere Verbreitung gefördert werden kann. Dementsprechend ist von der Tathandlung des Gebrauchens auch das Versenden der Bildaufnahmen von einem Foto*handy* zum anderen mittels *MMS* oder unter Nutzung der *Bluetooth*- oder *Infrarot-Schnittstelle* umfasst. Bei der Erstellung der Kopien durch Fritz für Hugo, damit dieser sie auf seiner *Homepage* veröffentlichen kann, handelt es sich um ein Gebrauchen i.S.d. § 201a Abs. 2, 1. Alt. StGB.

c) Vorgänge des Speicherns, Verarbeitens und Veränderns

Ob eine Gebrauchen im Sinne des § 201a StGB auch dann vorliegt, wenn eine hergestellte Aufnahme verarbeitet, gespeichert oder verändert wird, könnte im Hinblick auf das Bundesdatenschutzgesetz zweifelhaft sein.

So wäre die Definition des § 3 Abs. 5 BDSG[1568], nach der das Nutzen jede Verwendung personenbezogener Daten ist, soweit es sich nicht um Verarbeitung handelt, auf die Tathandlung des Gebrauchens dann anwendbar, wenn der Begriff des Gebrauchens allgemein gleichbedeutend mit dem Begriff des Nutzens wäre[1569]. Dann würde der Begriff des Gebrauchens nicht den Vorgang der Verarbeitung erfassen und damit auch nicht das Speichern oder Verändern[1570].

Allerdings ist der Wortlaut des Begriffs Gebrauchen zu betrachten. Nach dem allgemeinen Sprachgebrauch ist der Begriff des Gebrauchens ein sehr weiter Begriff, der jedwede Handlung erfasst, die bezogen auf einen bestimmten Gegenstand vorgenommen wird, also auch etwa das Speichern oder Verändern von Bildaufnahmen[1571]. Auch aus einer teleologischen Auslegung folgt, dass die Handlungen des Speicherns, Veränderns und Verarbeitens ebenfalls von dem Oberbegriff des Gebrauchens erfasst sein müssen[1572].

1567 SK-StGB/Hoyer, § 201 Rdnr. 19.

1568 Siehe Gesetzestext in Anhang 28.

1569 Pollähne, KritV 2003, 387, 411 f..

1570 Vgl. § 3 Abs. 4 BDSG.

1571 Fischer, § 201a Rdnr. 18.

1572 Linkens, S. 97.

Hat jemand eine Bildaufnahme hergestellt und verändert er sie später, so beinhaltet sie bereits dem Sinn nach das Gebrauchen dieser Aufnahme[1573]. Um sie verändern zu können, muss zunächst auf das Bestehende zurückgegriffen und darauf eingewirkt werden[1574]. Ohne die Ursprungsaufnahme wäre keine Veränderung möglich, vielmehr bildet sie die Grundvoraussetzung für die spätere Veränderung[1575]. Deutlich zeigt sich das beim Erstellen von Fotomontagen.

Gleichzeitig ist auch in diesem Fall die Gefahr der Persönlichkeitsverletzungen denkbar, wie die Porno- und Hinrichtungsvideos zeigen. Gerade dann, wenn Bildaufnahmen von bestimmten Situationen aus dem Zusammenhang gerissen und beliebig verändert oder gar manipuliert werden, besteht die Gefahr, dass die betroffene Person in der Öffentlichkeit einen Eindruck hinterlässt, auf den sie selbst keinerlei Einfluss hatte und der unter Umständen nicht den Tatsachen entspricht[1576]. Der die Bildaufnahme Verändernde hat es in der Hand, ein bestimmtes Ansehen einer Person in der Öffentlichkeit zu beeinflussen oder hervorzurufen[1577]. Gerade dadurch wird das Persönlichkeitsrecht dieser Person verletzt, hat sie doch nun nicht mehr die Möglichkeit, frei darüber zu entscheiden, wie sie sich in der Öffentlichkeit darstellt[1578].

Deshalb muss der Begriff des Gebrauchens einer Bildaufnahme im Sinne des § 201a Abs. 2, 1. Alt. StGB auch nach dem Sinn und Zweck dieser Regelung soweit ausgelegt werden, dass er auch die Handlungen des Speicherns und Veränderns bzw. des Verarbeitens erfasst[1579]. Dies entspricht auch dem Willen des Gesetzgebers. Denn in den Gesetzesmaterialien ist beispielhaft gerade die Rede vom Speichern, Archivieren und Kopieren[1580].

Für den *Internetuser* bedeutet das, dass das Tatbestandsmerkmal des Gebrauchens dann zu bejahen ist, wenn eine Bilddatei auf den *Server* heruntergeladen wird und auf einem Datenträger gespeichert wird[1581]. Dadurch verschafft sich der User die Verfügungsgewalt über die Aufnahme und begründet eine ei-

1573 Linkens, S. 98.
1574 Linkens, S. 98.
1575 Linkens, S. 98.
1576 Linkens, S. 98.
1577 Linkens, S. 98.
1578 Linkens, S. 98.
1579 Linkens, S. 98.
1580 BT-Drs. 15/2466, S. 5.
1581 Heuchemer/Paul, JA 2006, 616, 619 f.; Valerius, in: Leipziger Kommentar, StGB Bd. 6, § 201a Rdnr. 24.

genständige Gefährdungslage ihrer unkontrollierten Verbreitung, welcher der Tatbestand gerade entgegenwirken will[1582].

Durch das Anklicken eines Links wird die Datei, auf die der Link verweist, durch den Nutzer aktiviert, d.h. auf dessen Rechner heruntergeladen. Das *Herunterladen* allein reicht für das Vorliegen des Tatbestandsmerkmals des Gebrauchens noch nicht aus. Vielmehr muss der Täter des Cyber-Bullying die Bildaufnahme auf einem Datenträger speichern.

2. Zugänglichmachen einer Bildaufnahme gegenüber einem Dritten im Sinne von § 201a Abs. 2, 2. Alt. und § 201a Abs. 3 StGB

Die Tathandlung des Zugänglichmachens in den Absätzen 2 und 3 ist inhaltlich gleichbedeutend, so dass ihre nähere Definition für beide Absätze gemeinsam erfolgen kann.

Der Begriff des Zugänglichmachens gegenüber einem Dritten ist ein im StGB bereits bekannter Begriff, der sich ebenfalls in § 201 Abs. 1 Nr. 2 StGB wiederfindet. In diesem Zusammenhang ist eine Aufnahme dann zugänglich gemacht, wenn einem beliebigen Dritten der Zugriff auf die Aufnahme ermöglicht wird, vor allem durch Überlassen des Tonträgers an ihn, so dass er durch Abspielen der Aufnahme von der Bedeutung des aufgenommenen Wortes Kenntnis nehmen kann[1583].

Diese Definition lässt sich ohne weiteres auf das Zugänglichmachen von Bildaufnahmen im Sinne des § 201a Abs. 2, 2. Alt. StGB und § 201a Abs. 3 StGB übertragen[1584]. Denn in beiden Vorschriften besteht der Sinn der Erfassung dieser Tathandlung darin, zu verhindern, dass andere Personen durch Einsicht in hergestellte Bildaufnahmen Einblick in den höchstpersönlichen Lebensbereich einer Person erhalten[1585]. Dies gilt es zu vermeiden, denn dadurch, dass ein Dritter Zugang zu Bildaufnahmen erhält, kann er Kenntnis von Einzelheiten aus dem Privatleben und der engsten Privatsphäre einer anderen Person erhalten und diese Kenntnis unter Umständen an andere Personen weitergeben und damit letztlich das Ansehen der betroffenen Person beeinflussen oder gar beeinträchtigen[1586].

1582 Heuchemer/Paul, JA 2006, 616, 619 f.; Valerius, in: Leipziger Kommentar, StGB Bd. 6, § 201a Rdnr. 24.

1583 SK-StGB/Hoyer, § 201 Rdnr. 20; Lackner/Kühl, § 201 Rdnr. 6; Schönke/Schröder/Lenckner/Eisele, § 201 Rdnr. 17.

1584 Linkens, S. 99.

1585 Linkens, S. 99.

1586 Linkens, S. 99.

Auch nach dem Willen des Gesetzgebers soll ein Bild einem Dritten dann zugänglich gemacht sein, wenn der Täter einer oder mehreren anderen Personen den Zugriff auf das Bild oder die Kenntnisnahme vom Gegenstand des Bildes ermöglicht[1587]. Für ein Zugänglichmachen bedarf es jedoch keiner Übertragung der körperlichen Verfügungsgewalt an einer Bildaufnahme[1588]. Vielmehr genügt die unkörperliche Weitergabe digitalisierter Dateien im Internet[1589].

Es ist zu beachten, dass die Gefahr der Persönlichkeitsverletzung durch Ermöglichung des Einblicks anderer in die Privatsphäre bereits dann gegeben ist, wenn einem Dritten die Kenntnisnahme vom Inhalt einer solchen Bildaufnahme ermöglicht wird, unabhängig davon, ob er tatsächlich Kenntnis von der Aufnahme erlangt hat[1590]. Allein die grundsätzliche Möglichkeit hierzu muss zum Schutze des Betroffenen ausreichen, zumal es andernfalls oftmals allein vom Zufall abhinge, ob ein Dritter die Bildaufnahme wahrnimmt oder nicht und ob eine solche Kenntnisnahme nachgewiesen werden kann[1591].

Indem Fritz Hugo die Bildaufnahmen aus der Umkleidekabine gezeigt hat, hat er sie einem Dritten i.S.d. § 201a Abs. 2, 2. Alt. StGB zugänglich gemacht. Auch das Veröffentlichen der Bildaufnahmen auf der *Homepage* von Hugo macht die Bildaufnahmen dritten Personen zugänglich. Dementsprechend sind das Ablegen von Bilddateien auf einem *Server* sowie das Versenden von E-Mails von der Tathandlung des Zugänglichmachens erfasst. Denn dadurch wird dem *User* der Lesezugriff auf die Datei verschafft und die Möglichkeit des Zugriffs verschafft.

Auch durch das Setzen eines Hyperlinks oder Deep-Links wird ein Lesezugriff auf die verlinkten Inhalte gestellt und die Möglichkeit des Zugriffs auf die Datei gegeben, so dass das Setzen eines Links als Zugänglichmachen i.S.d. § 201a Abs. 2, 2. Alt. StGB zu beurteilen ist.

1587 BT-Drs. 15/2466, S. 5; vgl. auch Kargl, in: Kindhäuser/Neumann/Paeffgen, StGB Bd. 2, § 201a Rdnr. 9; Schönke/Schröder/Lenckner/Eisele, § 201a Rdnr. 15; Valerius, in: Leipziger Kommentar, StGB Bd. 6, § 201a Rdnr. 25.

1588 Valerius, in: Leipziger Kommentar, StGB Bd. 6, § 201a Rdnr. 25.

1589 Heuchemer/Paul, JA 2006, 616, 619; Valerius, in: Leipziger Kommentar, StGB Bd. 6, § 201a Rdnr. 25.

1590 Kargl, in: Kindhäuser/Neumann/Paeffgen, StGB Bd. 2, § 201a Rdnr. 9; Schönke/Schröder/Lenckner/Eisele, § 201a Rdnr. 15; Valerius, in: Leipziger Kommentar, StGB Bd. 6, § 201a Rdnr. 25.

1591 Linkens, S. 100.

D. Taterfolg = Verletzung des höchstpersönlichen Lebensbereichs

Wie bereits aufgezeigt fordern nur die Tatbestände des § 201a Abs. 1 und Abs. 3 StGB den Eintritt eines konkreten Erfolges in Form der Verletzung des höchstpersönlichen Lebensbereiches. § 201a Abs. 2 StGB ist hingegen als abstraktes Gefährdungsdelikt ausgestaltet.

Das folgende Fallbeispiel soll exemplarisch aufzeigen, dass es durchaus fraglich sein kann, ob im Fall der Cyber-Bullying der höchstpersönliche Lebensbereich auch tatsächlich verletzt ist: Thomas ist auf der Klassenfahrt und teilt sich das Jugendherbergszimmer mit vier Klassenkameraden. Nach exzessivem Alkoholgenuss im Rahmen einer Zimmerparty liegt Thomas halbnackt im Bett auf seinem Zimmer und erbricht. Währenddessen wird er von seinen vier Klassenkameraden mit der *Handy*kamera gefilmt.

Den Eintritt eines konkreten Erfolges zu fordern bedeutet, solche Handlungen aus der Strafbarkeit nach § 201a StGB herauszunehmen, die nicht geeignet sind, das Persönlichkeitsrecht einer bestimmten Person zu beeinträchtigen. Denn das Übermaßverbot bestimmt, dass es nur dann zu einer Strafbarkeit kommen darf, wenn es zu dem Schutze des jeweiligen Rechtsgutes keine andere gleich wirksame Möglichkeit gibt. Das Strafrecht darf insofern nur ultima ratio sein.

Das Merkmal des höchstpersönlichen Lebensbereichs hat bisher keinen Eingang in die Gesetzgebung und Rechtsprechung gefunden. Mithin stellt sich die Frage, wie dieser Begriff auszulegen ist.

I. Auslegung des Begriffs anhand der Rechtsprechung zur Intimsphäre

Nach der Gesetzesbegründung[1592] soll der Begriff des höchstpersönlichen Lebensbereichs an die zur Intimsphäre entwickelte Rechtsprechung[1593] angelehnt werden können. Danach sind vor allem die Bereiche Krankheit, Tod und Sexua-

---

1592 BT-Drs. 15/2466, S. 5.

1593 BVerfG, Beschl. v. 5. April 2000 – 1 BvR 1213/97, ZUM-RD 2000, 320, 321; BVerfG, Urt. v. 5. Juni 1973 – 1 BvR 536/72, BVerfGE 35, 202, 220 f. – Lebach; BVerfG, Beschl. v. 8. März 1972 – 2 BvR 28/71, BVerfGE 32, 373, 378 ff. – Ärztekartei; BVerfG, Beschl. v. 16. Juli 1969 – 1 BvL 19/63, BVerfGE 27, 1, 6 f. – Mikrozensus; BVerfG, Urt. v. 16. Januar 1957 – 1 BvR 253/56, BVerfGE 6, 32, 41 – Elfes; BGH, Urt. v. 29. Juni 1999 – VI ZR 264/98, NJW 1999, 2893, 2894; BGH, Urt. v. 24. November 1987 – VI ZR 42/87, NJW 1988, 1984 f.; BGH, Beschl. v. 18. November 1957 – GSSt 2/57, BGHSt 11, 67, 71 f.; OLG Karlsruhe, Urt. v. 14. Oktober 1998 – 6 U 120/97, AfP 1999, 489, 490; AG Mannheim, Urt. v. 11. Juli 2008 – 3 C 154/08, zitiert nach www.juris.de Rdnr. 21, 22.

lität sowie Religionsausübung zuzuordnen. Ferner umfasst die Intimsphäre grundsätzlich die innere Gedanken- und Gefühlswelt mit ihren äußeren Erscheinungsformen wie vertraulichen Briefen und Tagebuchaufzeichnungen sowie für die Angelegenheiten, für die ihrer Natur nach Anspruch auf Geheimhaltung besteht, beispielsweise Gesundheitszustand sowie Einzelheiten über das Sexualleben und Nacktaufnahmen. Die Rechtsprechung hat aber keine abschließende Aufzählung zum Begriff der Intimsphäre entwickelt.

II. Auslegung des Begriffs anhand des § 68a StPO[1594] und des § 171b GVG[1595]

§ 68a StPO und § 171b GVG verwenden beide den Begriff des persönlichen Lebensbereichs. Zum persönlichen Lebensbereich gehören nur Umstände, die nicht das Berufs- und Erwerbsleben betreffen[1596]. Gemeint ist der private Bereich, der jedermann zur Entfaltung seiner Persönlichkeit gewährleistet werden muss[1597]. Dazu gehören insbesondere private Eigenschaften und Neigungen des Betroffenen, sein Gesundheitszustand, seine Sexualsphäre, seine politische und religiöse Einstellung, aber auch Tatsachen aus dem Familienleben[1598],

> „die lediglich die wechselseitigen persönlichen Bindungen, Beziehungen und Verhältnisse innerhalb der Familie betreffen, darum unbeteiligten Dritten nicht ohne weiteres zugänglich sind und Schutz vor dem Einblick Außenstehender verdienen."[1599]

1594 Siehe Gesetzestext in Anhang 31.

1595 Siehe Gesetzestext in Anhang 34.

1596 Baumbach/Lauterbach/Albers/Hartmann, § 171b GVG Rdnr. 4; Meyer-Goßner, § 171b GVG Rdnr. 3; MünchKommZPO/Zimmermann, Bd. 3, § 171b GVG Rdnr. 9; Wickern, in: Löwe-Rosenberg, StPO Bd. 10, § 171b GVG Rdnr. 5.

1597 Baumbach/Lauterbach/Albers/Hartmann, § 171b Rdnr. 4; Meyer-Goßner, § 171b GVG Rdnr. 3; MünchKommZPO/Zimmermann, Bd. 3, § 171b GVG Rdnr. 9; Wickern, in: Löwe-Rosenberg, StPO Bd. 10, § 171b GVG Rdnr. 5; BGH, Urt. v. 18. September 1981 – 2 StR 370/81, NJW 1982, 59.

1598 Baumbach/Lauterbach/Albers/Hartmann, § 171b Rdnr. 4; Meyer-Goßner, § 171b GVG Rdnr. 3; MünchKommZPO/Zimmermann, Bd. 3, § 171b GVG Rdnr. 9; Wickern, in: Löwe-Rosenberg, StPO Bd. 10, § 171b GVG Rdnr. 5 ff.; BGH, Urt. v. 18. September 1981 – 2 StR 370/81, BGHSt 30, 212, 214.

1599 BGH, Urt. v. 18. September 1981 – 2 StR 370/81, BGHSt 30, 212, 214.

Insgesamt handelt es sich um Tatsachen, nach denen üblicherweise im Sozialleben nicht gefragt zu werden pflegt und die in der Regel nicht spontan und unbeteiligt mitgeteilt werden[1600].

III. Stellungnahme und Bedeutung für die Taten des Cyber-Bullying

Eine Bezugnahme auf das Urteil des BGH und die Vorschrift des § 68a StPO übersieht, dass es in beiden Fällen um verbale Mitteilungen und Offenbarungen geht. § 201a StGB betrifft allerdings Bilder, bei deren Aufnahme die Schutzbedürfnisse von ganz anderen Gesichtpunkten bestimmt sein können.

Zu dem in § 68a StPO und § 171b GVG verwendeten Begriff persönlicher Lebensbereich liegt weder eine gefestigte Rechtsprechung noch eine klar definierte Lehre vor[1601]. Auch in den Kommentierungen lässt sich keine allgemein gültige Definition finden. Zu finden sind jedoch Erläuterungen, was unter einem persönlichen Lebensbereich verstanden werden kann, sowie der Verweis auf das bereits zitierte Urteil des BGH. Was allerdings im Einzelnen unter privaten Eigenschaften und Neigungen, Gesundheitszustand, Sexualsphäre sowie politischer und religiöser Einstellung zu verstehen ist, wird zum einen von persönlichen Faktoren der betroffenen Person als auch durch die in seinem Umfeld herrschenden Auffassungen mitbestimmt[1602]. Eine allgemeine Definition ist also gar nicht möglich.

Um dem Erfordernis hinreichender Bestimmtheit gemäß Art. 103 Abs. 2 GG genügen zu können, bedarf es deshalb einer restriktiven Auslegung des § 201a StGB, um die Vorschrift entsprechend zu konkretisieren.

Der Begriff des höchstpersönlichen Lebensbereichs lässt also nach außen erkennen, dass es sich um einen besonders engen und privaten Bereich handeln muss, von dem dritte Personen ausgeschlossen sind und über den allein die jeweils betroffene Person ein Bestimmungsrecht hat. Entscheidend ist, dass es sich um den inneren Kreis einer Person mit einem besonders persönlichen Bezug handelt, über den die jeweilige Person frei verfügen kann, in den sie sich allein oder mit von ihr auserwählten Personen zurückziehen und aus dem sie die nicht zu diesem inneren Kreis zählende Öffentlichkeit ausschließen kann. Die Verletzung des höchstpersönlichen Lebensbereichs ist deshalb dann anzunehmen, wenn es der jeweiligen Person gerade nicht mehr frei überlassen ist, sich vor der Öffentlichkeit in einem bestimmten engen und persönlichen Bereich zurückzu-

---

1600 Meyer-Goßner, § 171b GVG Rdnr. 3.

1601 Borgmann, NJW 2004, 2133, 2134.

1602 Wickern, in: Löwe-Rosenberg, StPO Bd.10, § 171b GVG Rdnr. 5.

ziehen, in dem sie allein oder mit anderen von ihr auserwählten Personen zusammen sein kann[1603].

Das eben Gesagte bedeutet im Umkehrschluss, dass heimliche Bildaufnahmen von Personen in Alltagssituationen gerade nicht vom Begriff des höchstpersönlichen Lebensbereichs erfasst werden. Das heimliche Aufnehmen von Lehrkräften im Klassenzimmer oder Vorlesungssaal während ihrer beruflichen Tätigkeit reicht also nicht aus für die Verletzung des höchstpersönlichen Lebensbereichs. Anders ist der Fall zu beurteilen, wenn die Aufnahmen auf der Toilette oder in einer Umkleidekabine aufgenommen werden. Denn dann ist der Betroffene in seiner Intimsphäre verletzt. Angesichts des Gesagten wird die Beurteilung der Verletzung des höchstpersönlichen Lebensbereichs beim Cyber-Bullying immer eine Einzelfallbetrachtung bleiben müssen, die aus Opferschutzgesichtspunkten wahrscheinlich zu nicht immer befriedigenden Ergebnissen für den Betroffenen führen werden.

E. Täterkreis

I. Unmittelbarer Täter

§ 201a StGB kann seinem Wortlaut zufolge (*wer*) von jedermann begangen werden und ist mithin als Allgemeindelikt ausgestaltet. Der Täter muss sich an keinem bestimmten Ort befinden, weder innerhalb[1604] noch außerhalb des geschützten Rückzugsbereiches, vielmehr ist die Tatbegehung ortsunabhängig. Die Bildaufnahme kann also in der Wohnung selbst oder von außen durch Fenster oder offenstehende Türen gemacht werden[1605]. Auch eine Nebentäterschaft ist möglich, wenn zwei von mehreren im Raum anwesenden Personen das Geschehen dort filmen und keine Kenntnis von der Tat des anderen haben[1606].

Bei den Tatbestandsalternativen, die durch Gebrauchen gemäß § 201a Abs. 2, 1. Alt. StGB oder Zugänglichmachen gemäß § 201a Abs. 2, 2. Alt. StGB und § 201a Abs. 3 StGB verwirklicht werden, kann Täter sowohl der Hersteller der Aufnahme als auch ein Dritter sein[1607]. Dem Gesetzeswortlaut entsprechend kann sogar die *andere Person*, die Opfer der nach § 201a Abs. 1 StGB tatbestandsmäßigen Herstellung ist, wiederum Täter des Gebrauchens oder Zugäng-

---

1603 Vgl. dazu auch Hesse, ZUM 2005, 432, 434 f.; Hoppe, GRUR 2004, 990, 992 f.; Hoyer, ZIS 2006, 1 ff.; Obert/Gottschalck, ZUM 2005, 436, 438 f.

1604 BT-Drs. 15/1891, S. 7.

1605 So auch Hesse, ZUM 2005, 432, 433.

1606 Kächele, S. 183.

1607 Kächele, S. 183; Mitsch, Jura 2006, 117, 118.

lichmachens sein[1608]. In diesem Fall entfällt jedoch die Tatbestandsmäßigkeit aus dem Gesichtspunkt der eigenverantwortlichen Selbstschädigung.

Dem Tatbestand des § 201a Abs. 2 StGB kommt eine praxisrelevante Ergänzungsfunktion zu. Denn der Tatbestand ergänzt die Strafbarkeit in den Fällen, in denen der Täter, die Aufnahme nicht hergestellt hat oder zwar selbst hergestellt hat, aber sich nicht im Sinne des § 201a Abs. 1 StGB strafbar gemacht hat. Eine erstmalige Tatbegehung des § 201a Abs. 1, 1. Alt. und 2. Alt. StGB sowie des § 201a Abs. 3 StGB ist auch durch einen Dritten möglich, dem die Aufnahme zuvor befugt anvertraut wurde[1609].

II. Täter und Teilnehmer

Die Tatbestände des § 201a StGB können in der Form des mittelbartäterschaftlichen Handelns im Sinne des § 25 Abs. 1, 2. Alt. StGB verwirklicht werden[1610]. Eine mittelbare Täterschaft kommt z.B. dann in Betracht, wenn ein Fotograf oder ein Internetkundiger als gutgläubiges Werkzeug eingeschaltet wird[1611]. Dementsprechend ist § 201a StGB kein eigenhändiges Delikt.

Eine gemeinschaftliche Tatbegehung als Mittäter gemäß § 25 Abs. 2 StGB ist möglich, wenn etwa der Hersteller der Bildaufnahme über kein Foto*handy* verfügt und sich der Mitwirkung eines Dritten, der im Besitz eines Foto*handys* ist versichert, oder aber wenn der Hersteller der Bildaufnahme nicht über die technischen Möglichkeiten oder Kenntnisse verfügt, die hergestellte Bild- oder Videoaufnahme im *Internet* zugänglich zu machen, und sich auch in diesem Fall die Mitwirkung eines Dritten versichert[1612]. Voraussetzung ist natürlich, dass beide am Taterfolg mithin der Gefährdung des höchstpersönlichen Lebensbereichs interessiert sind[1613].

Hingegen ist der Dritte als bloßer Gehilfe im Sinne des § 27 Abs. 1 StGB zu qualifizieren, wenn er kein Interesse an der Bildaufnahme hat und sich sein Tatbeitrag auf klassische Gehilfentätigkeiten wie das Verschaffen eines Foto*handys* oder auf Abwehr- oder Warnfunktionen beschränkt[1614]. Auch eine psychische

1608 Mitsch, Jura 2006, 117, 118.
1609 Kächele, S. 183; Pollähne, KritV 2003, 387, 407 f..
1610 Mitsch, Jura 2006, 117, 118.
1611 Kächele, S. 183.
1612 Kächele, S. 183.
1613 Kächele, S. 183.
1614 Kächele, S. 183.

Beihilfe ist in den bekannten Formen, insbesondere dem Erteilen eines technischen Ratschlags, denkbar[1615].

F. Das Merkmal „Unbefugt“

Das Herstellen und Übertragen der Bildaufnahme gemäß § 201a Abs. 1 StGB müssen unbefugt erfolgen. § 201a Abs. 2 StGB setzt hingegen nicht voraus, dass das Gebrauchen und Zugänglichmachen unbefugt geschieht. Von § 201a Abs. 3 StGB werden diejenigen Fallkonstellationen erfasst, in denen die Bildaufnahme zwar befugt hergestellt wurde, aber entweder überhaupt nicht oder nicht für die konkret erfolgte Verbreitung bestimmt war.

I. in § 201a Abs. 1 StGB

Bei dem Merkmal der Unbefugtheit in § 201a Abs. 1 StGB handelt es sich um einen Hinweis auf das allgemeine Deliktsmerkmal der Rechtswidrigkeit[1616]. Denn eine Bildaufnahme aus dem höchstpersönlichen Lebensbereich verwirklicht bereits hinreichend Unrecht[1617]. Es handelt sich bei dem Merkmal der Unbefugtheit in Absatz 1 also um kein Tatbestandsmerkmal[1618]. In der Regel bedeutet die Zustimmung in die Bildaufnahme auch die Aufgabe des höchstpersönlichen Lebensbereichs, wodurch der Taterfolg der Verletzung des höchstpersönlichen Lebensbereichs ausgeschlossen wird[1619]. Mithin beinhaltet § 201a StGB zugleich auch ein tatbestandsausschließendes Einverständnis[1620]. Dementsprechend führt die irrige Vorstellung des Vorliegens eines Einverständnisses zum Wegfall des Vorsatzes und zur Straflosigkeit des Täters[1621].

1615 Kächele, S. 183.

1616 Fischer, § 201a Rdnr. 16; Kargl, in: Kindhäuser/Neumann/Paeffgen, StGB Bd. 2, § 201a Rdnr. 15; Schönke/Schröder/Lenckner/Eisele, § 201a Rdnr. 12; SK-StGB/Hoyer, § 201a Rdnr. 23; Valerius, in: Leipziger Kommentar, StGB Bd. 6, § 201a Rdnr. 22.

1617 Valerius, in: Leipziger Kommentar, StGB Bd. 6, § 201a Rdnr. 22.

1618 Heuchemer/Paul, JA 2006, 616, 617; Hoppe, GRUR 2004, 990, 994; Koch, GA 2005, 589, 602; Kühl, AfP 2004, 190, 196; Mitsch, Jura 2006, 117; Sauren, ZUM 2005, 425, 431; Valerius, in: Leipziger Kommentar, StGB Bd. 6, § 201a Rdnr. 22, 36.

1619 Flechsig, ZUM 2004, 605, 612; Valerius, in: Leipziger Kommentar, StGB Bd. 6, § 201a Rdnr. 22.

1620 Flechsig, ZUM 2004, 605, 612; Valerius, in: Leipziger Kommentar, StGB Bd. 6, § 201a Rdnr. 22.

1621 Valerius, in: Leipziger Kommentar, StGB Bd. 6, § 201a Rdnr. 36.

II. in § 201a Abs. 2 StGB

§ 201a Abs. 2 StGB setzt nicht voraus, dass das Gebrauchen oder Zugänglichmachen unbefugt geschieht. Tatobjekt des § 201a Abs. 2 StGB ist jedoch eine nach § 201a Abs.1 StGB unbefugt hergestellte Bildaufnahme. Der Vorsatz des Täters muss sich bei einer Tat nach § 201a Abs. 2 StGB also auch auf das Vorliegen einer tatbestandsmäßigen und rechtswidrigen Tat nach § 201a Abs. 1 StGB beziehen. Deshalb schließt die Fehlvorstellung des Täters, die Herstellung der Bildaufnahme sei mit Zustimmung des Abgebildeten erfolgt, den Vorsatz bei einer Tat nach § 201a Abs. 2 StGB aus[1622]. Hingegen hat die Einwilligung des Täters in das Gebrauchen oder Zugänglichmachen einer ursprünglich unbefugt hergestellten Aufnahme lediglich rechtfertigende Wirkung[1623].

III. in § 201a Abs. 3 StGB

§ 201a Abs. 3 StGB setzt voraus, dass der Täter eine befugt hergestellte Bildaufnahme wissentlich unbefugt einem Dritten zugänglich macht. Die Zugänglichmachung muss also gegen den Willen der abgebildeten Person geschehen. Bei dem Merkmal der Unbefugtheit handelt es sich in § 201a Abs. 3 StGB gerade nicht um einen Hinweis auf das allgemeine Deliktsmerkmal der Rechtswidrigkeit, sondern um ein Tatbestandsmerkmal[1624]. Der Täter muss also positiv wissen, gegen den Willen des Abgebildeten zu handeln[1625].

Im Rahmen des Cyber-Bullying ist problematisch zu bestimmen, wann der Täter positiv weiß, gegen den Willen des Abgebildeten zu handeln. Dies soll das folgende Beispiel verdeutlichen. Die beiden volljährigen Freundinnen Hanni und Nanni feiern exzessiv und mit viel Alkohol ihre bestandenen Abiturprüfungen. In angeheiterter Stimmung fotografieren sie sich gegenseitig in freizügigen Posen in der Wohnung von Nannis Eltern. Aufgrund eines heftigen Streits zwischen den beiden Freundinnen trennen sich ihre Wege. Hanni ist so wütend über

---

1622 Valerius, in: Leipziger Kommentar, StGB Bd. 6, § 201a Rdnr. 36.

1623 Valerius, in: Leipziger Kommentar, StGB Bd. 6, § 201a Rdnr. 36.

1624 BT-Drs. 15/2995, S. 6; Bosch, JZ 2005, 377, 381; Fischer, § 201a Rdnr. 24; Flechsig, ZUM 2004, 605, 612; Heuchemer/Paul, JA 2006, 616, 620; Koch, GA 2005, 589, 602; Kühl, AfP 2004, 190, 196; Obert/Gottschalck, ZUM 2005, 436, 439; Valerius, in: Leipziger Kommentar, StGB Bd. 6, § 201a Rdnr. 37; a.A., die davon ausgeht, dass das Merkmal der Unbefugtheit in Absatz 3 auf die Rechtfertigungsebene Bezug nimmt: Eisele, JR 2005, 6, 10; Hoppe, GRUR 2004, 990, 994; Kargl, in: Kindhäuser/Neumann/Paeffgen, StGB Bd. 2, § 201a Rdnr. 14, 15; SK-StGB/Hoyer, § 201a Rdnr. 36.

1625 Valerius, in: Leipziger Kommentar, StGB Bd. 6, § 201a Rdnr. 37.

das Verhalten ihrer Freundin, dass sie die freizügigen Bilder ihrer Freundin Nanni bei Facebook einstellt. In diesem Fall ist zwar davon auszugehen, dass Nanni mit der Weitergabe der Fotos nicht einverstanden gewesen ist, jedoch hat sie keinen dahingehenden ausdrücklichen Willen geäußert. Die Gesetzesbegründung deutet darauf hin, dass der Täter allerdings explizit um die Unbefugtheit der Weitergabe wissen muss[1626]. Eine solche Interpretation des Merkmals der wissentlichen Unbefugtheit würde aber zur Bedeutungslosigkeit des § 201a Abs. 3 StGB führen, da ein entsprechender Nachweis prozessual gar nicht erbracht werden kann[1627]. Der Tatbestand des § 201a Abs. 3 StGB ist vielmehr so auszulegen, dass der Täter sicher gewusst haben muss, dass keine ausdrücklich erklärte Zustimmung des Abgebildeten vorgelegen hat[1628]. Nur durch diese Auslegung ist es möglich, das Unrecht des genannten Beispielfalls auch strafrechtlich zu sanktionieren. Ansonsten würde der strafrechtliche Bildnisschutz i.S.d. § 201a Abs. 3 StGB ins Leere laufen.

1626 BT-Drs. 15/2995, S. 6; vgl. auch Valerius, in: Leipziger Kommentar, StGB Bd. 6, § 201a Rdnr. 37.

1627 Bosch, JZ 2005, 377, 382.

1628 Bosch, JZ 2005, 377, 382.

9. Kapitel: Beurteilung des strafrechtlichen Bildnisschutzes gemäß TKG und den Datenschutzgesetzen – Vergleich der einschlägigen strafrechtlichen Bildnisschutzvorschriften des § 33 i.V.m. § 22 KUG sowie § 201a StGB und ihre Wertungswidersprüche

A. Strafbarkeit gemäß § 148 Abs. 1 Nr. 2 a) i.V.m. § 90 Abs. 1 Satz 1 TKG

Beim Cyber-Bullying wird ein Großteil der Bilder mit dem Foto*handy* aufgenommen. Es stellt sich deshalb die Frage, ob gerade der Besitz eines *Handys* mit integriertem Bildaufnahmegerät eine Strafbarkeit nach dem Blankettstraftatbestand des § 148 Abs. 1 Nr. 2 a) i.V.m. § 90 Abs. 1 Satz 1 TKG begründet. Danach macht sich derjenige strafbar, der entgegen § 90 Abs. 1 Satz 1 TKG eine dort genannte Sendeanlage besitzt, herstellt, vertreibt, einführt oder sonst in den Geltungsbereich des TKG verbringt, die ihrer Form nach einen anderen Gegenstand vortäuschen oder die mit Gegenständen des täglichen Gebrauchs verkleidet sind und aufgrund dieser Umstände in besonderer Weise geeignet sind, das Bild eines anderen von diesem unbemerkt aufzunehmen.

I. Tatobjekt = Sendeanlage

Das würde zunächst voraussetzen, dass es sich bei einem *Handy* mit integriertem Bildaufnahmegerät um eine Sendeanlage handelt, die ihrer Form nach einen anderen Gegenstand vortäuscht oder die mit einem Gegenstand des täglichen Lebens verkleidet ist und aufgrund dieses Umstandes in besonderer Weise geeignet ist, das Bild eines anderen von diesem unbemerkt aufzunehmen.

1. Begriff der Sendeanlage

Der Begriff der Sendeanlage ist im TKG nicht legaldefiniert. Eine Orientierung bot die Legaldefinition in § 3 Nr. 4 TKG a.F.[1629], die jedoch das neue TKG nicht übernommen hat. Sie ist aber auch nach neuem Recht maßgeblich[1630]. Danach sind Sendeanlagen elektrische Sende- und Empfangseinrichtungen, zwischen

---

1629 BeckTKG-Komm/Bock/Piepenbrock, § 90 Rdnr. 8.

1630 BerlKommTKG/Klesczewski, § 90 Rdnr. 6.

denen die Informationsübertragung ohne Verbindungsleitungen, d.h. per Funk, stattfinden kann[1631]. Eine Sendeanlage besteht grundsätzlich aus einem Oszillator und einer Sendeantenne, wobei zur Nutzung zur Nachrichtenübermittlung stets eine Einrichtung zur Modulation der Schwingung nötig ist[1632]. Es sind Anlagen, die ohne körperliche Übersendung der Nachrichten Gedankengut dergestalt übermitteln, dass das, was an einem Ort ausgesendet, an einem anderen Ort reproduziert wird[1633]. Es können Sprache, Ton, Zeichen oder Bilder übermittelt werden[1634]. Das Verbot gilt nur für bestimmte Klassen von Sendeanlagen. Darunter fallen zunächst nur solche technische Einrichtungen, die auch Abhörgeräte sind, d.h. technische Vorrichtungen[1635], die das gesprochene Wort durch Verstärkung oder Übertragung wahrnehmbar machen, z.B. Richtmikrophone, Stethoskope, Vorrichtungen zum Anzapfen von Telefonleitungen[1636], Kontakt- und Lasermikrophone. Schließlich sind auch Anlagen erfasst, die zugleich als Einzelbild- oder Filmkameras eingesetzt werden können[1637].

2. Eignung zum unbemerkten Aufnehmen von Bildern

Die Sendeanlage muss aufgrund ihrer Gestaltung besonders zum unbemerkten Aufnehmen von Bildern spezifisch geeignet sein, Bildaufnahmen von Personen zu machen, die sich an Orten aufhalten, die von der Öffentlichkeit abgeschirmt sind[1638].

3. Tarnung der Sendeanlage

Es muss hinzukommen, dass der betreffende Gegenstand in seiner Eigenschaft als Sendeanlage nicht erkennbar ist. Er muss also eine Tarnung aufweisen[1639]. Demnach muss die Sendeanlage ihrer Form nach einen anderen Gegenstand vor-

---

1631 BerlKommTKG/Klesczewski, § 90 Rdnr. 6; Ellinghaus, in: Arndt/Fetzer/Scherer, (Hrsg.), TKG, § 90 Rdnr. 10; Scheurle/Mayen/Dierlamm, § 90 Rdnr. 5.

1632 Scheurle/Mayen/Dierlamm, § 90 Rdnr. 5.

1633 Scheurle/Mayen/Dierlamm, § 90 Rdnr. 5.

1634 Scheurle/Mayen/Dierlamm, § 90 Rdnr. 5.

1635 BerlKommTKG/Klesczewski, § 90 Rdnr. 5; Scheurle/Mayen/Dierlamm, § 90 Rdnr. 5.

1636 BerlKommTKG/Klesczewski, § 90 Rdnr. 5; Schönke/Schröder/Lenckner/Eisele, § 201 Rdnr. 19.

1637 BerlKommTKG/Klesczewski, § 90 Rdnr. 5; Ellinghaus, in: Arndt/Fetzer/Scherer, (Hrsg.), TKG, § 90 Rdnr. 15.

1638 BerlKommTKG/Klesczewski, § 90 Rdnr. 8.

1639 BerlKommTKG/Klesczewski, § 90 Rdnr. 9.

täuschen oder mit Gegenständen des täglichen Gebrauchs verkleidet sein[1640]. Unter solche getarnten Sendeanlagen fallen etwa Aschenbecher, Tischfeuerzeuge, Unterputzsteckdosen, Bilderrahmen, Streichholzschachteln, Kugelschreiber oder andere Gegenstände des Alltagsbedarfs[1641].

4. Stellungnahme

Handys mit integrierten Bildaufnahmegeräten können nach den gemachten Ausführungen zur Sendeanlage kein taugliches Tatobjekt im Sinne des § 90 Abs. 1 Satz 1 TKG sein, und zwar aus den folgenden Gründen: Eindeutig zu bejahen ist zwar, dass eine in ein Mobiltelefon integrierte Kamera, dann dem Begriff der Sendeanlage unterfällt, wenn sie die automatische Übermittlung von Bildern ermöglicht[1642]. Im Falle des Cyber-Bullying erscheint es allerdings sehr fraglich, ob ein Mobiltelefon mit integriertem Bildaufnahmegerät die Voraussetzung des unbemerkten Aufnehmen von Bildern erfüllt. Das Mobiltelefon muss gerade speziell geeignet sein, Bildaufnahmen von Personen zu machen, die sich an Orten aufhalten, die von der Öffentlichkeit abgeschirmt sind. In der Regel sind Tatorte des Cyber-Bullying beim Herstellen der Bildaufnahme das Klassenzimmer oder der Schulhof. Der Schulhof ist kein von der Öffentlichkeit abgeschirmter Raum. Bei Klassenzimmern erscheint dies nicht eindeutig. Hier sollte wohl eine Differenzierung vorgenommen werden, ob sie speziell gegen Einsichtnahme von außen abgeschottet sind oder nicht. Sind hingegen Tatorte die Schultoilette oder die Umkleidekabine sowie Privaträume, dann handelt es sich um von der Öffentlichkeit abgeschirmte Orte. Eindeutig zu verneinen ist aber die Voraussetzung der Tarnung der Sendeanlage. Die in ein Mobiltelefon integrierte Kamera ist in seiner Eigenschaft als Sendeanlage sehr wohl erkennbar. Denn eine solche Sendeanlage stellt in der Regel keinen anderen Gegenstand als ein Mobiltelefon mit integrierter Kamera dar[1643].

II. Ergebnis

Der Begriff eines Mobiltelefons mit integriertem Bildaufnahmegerät kann nicht unter den Straftatbestand des § 148 Abs. 1 Nr. 2 i.V.m. § 90 Abs. 1 Satz 1 TKG

1640 BerlKommTKG/Klesczewski, § 90 Rdnr. 9; Scheurle/Mayen/Dierlamm, § 90 Rdnr. 5.

1641 BerlKommTKG/Klesczewski, § 90 Rdnr. 9; Ellinghaus, in: Arndt/Fetzer/Scherer, (Hrsg.), TKG, § 90 Rdnr. 12; Scheurle/Mayen/Dierlamm, § 90 Rdnr. 5.

1642 Ellinghaus, in: Arndt/Fetzer/Scherer, (Hrsg.), TKG, § 90 Rdnr. 15.

1643 BerlKommTKG/Klesczewski, § 90 Rdnr. 9; BeckTKG-Komm/Bock/Piepenbrock, § 90 Rdnr. 8; Ellinghaus, in: Arndt/Fetzer/Scherer, (Hrsg.), TKG, § 90 Rdnr. 15.

subsumiert werden. Mithin ist der Besitz eines *Handys* mit integriertem Bildaufnahmegerät straflos.

B. Strafbarkeit gemäß dem BDSG und den LDSGen

Da Bildaufnahmen personenbezogene Daten i.S.d. BDSG und der LDSGe sind, stellt sich die Frage, ob die Tathandlungen des Cyber-Bullying im Sinne dieser Gesetze von strafrechtlicher Relevanz sind.

In § 44 Abs.1 i.V.m. § 43 Abs. 2 Nr. 1 BDSG sowie in den Strafvorschriften der LDSGe[1644] ist die Formulierung „wer" zu finden. Geht man vom Wortlaut der Strafnormen aus, könnte eigentlich jeder Täter sein.

Gegen diese Auslegung spricht jedoch der Wille des Gesetzgebers, der den personellen Anwendungsbereich sowohl im BDSG als auch in den LDSGen ausdrücklich definiert hat.

Aus § 1 Abs. 2 BDSG folgt, dass das BDSG für die Erhebung, Verarbeitung und Nutzung personenbezogener Daten durch 1. öffentliche Stellen des Bundes, 2. öffentliche Stellen der Länder, soweit der Datenschutz nicht durch Landesgesetz geregelt ist und soweit sie a) Bundesrecht ausführen oder b) als Organe der Rechtspflege tätig werden und es sich nicht um Verwaltungsangelegenheiten handelt, sowie 3. nicht-öffentliche Stellen, soweit sie die Daten unter Einsatz von Datenverarbeitungsanlagen verarbeiten, nutzen oder dafür erheben oder die Daten in oder aus nicht automatisierten Dateien verarbeiten, nutzen oder dafür erheben, es sei denn, die Erhebung, Verarbeitung oder Nutzung der Daten erfolgt ausschließlich für persönliche oder familiäre Tätigkeiten.

Auch den einzelnen LDSGen[1645] ist zu entnehmen, dass sich deren personeller Anwendungsbereich ausschließlich auf Behörden, Gerichte und sonstige öffentliche Stellen der einzelnen Länder, der Gemeinden, Gemeindeverbände und auf die sonstigen der Aufsicht des einzelnen Landes unterstehenden juristischen Personen des öffentlichen Rechts erstreckt. Ferner erstreckt sich der personelle Anwendungsbereich auch auf Vereinigungen des privaten Rechts, die Aufgaben der öffentlichen Verwaltung wahrnehmen.

Normadressat ist demnach derjenige, dem die tatsächliche Entscheidungsbefugnis und Verantwortung bei dem Verletzungstatbestand zugestanden hat. Dies

---

1644 Vgl. Art. 37 Abs. 3 BayDSG; § 41 LDSG Baden-Württemberg; § 31 DSG-LSA; § 43 ThürDSG.

1645 Vgl. Art. 2 BayDSG; § 2 LDSG Baden-Württemberg; § 2 BlnDSG; § 2 BbgDSG; § 1 BremDSG; § 2 HmbDSG; § 3 HDSG; § 2 DSG M-V; § 2 NDSG; § 2 DSG NRW; § 2 LDSG Rheinland-Pfalz; § 2 SDSG; § 2 SächsDSG; § 3 DSG-LSA; § 2 ThürDSG.

ist bei Unternehmen des nicht-öffentlichen Bereichs und bei öffentlichen Stellen der konkret tätige Mitarbeiter[1646].

Die Tathandlungen des Cyber-Bullying finden allerdings ausschließlich im privaten Bereich statt. Der Anwendungsbereich sowohl des BDSG als auch der LDSGe ist demnach nicht eröffnet, da es an einem entsprechenden Normadressaten i.S.d. Datenschutzgesetze fehlt.

C. Vergleich der einschlägigen strafrechtlichen Bildnisschutzvorschriften des § 33 i.V.m. § 22 KUG sowie § 201a StGB und ihre Wertungswidersprüche

I. in Bezug auf die Deliktsart

Sowohl § 33 KUG als auch § 201a StGB sind als absolute Antragsdelikte ausgestaltet. Jedoch handelt es sich bei § 33 KUG um ein Privatklagedelikt nach § 374 Abs. 1 Nr. 8 StPO. Demnach kann der Verletzte hinsichtlich der Verbreitung von Bildaufnahmen auf den Privatklageweg verwiesen werden, während dies hinsichtlich der unbefugten Bildaufnahme und des Zugänglichmachens für Dritte gerade nicht der Fall ist. Es fehlt also eindeutig an einer harmonischen Abstimmung zwischen diesen Strafvorschriften, wodurch Friktionen entstehen[1647].

§ 33 i.V.m. § 22 KUG sowie § 201a Abs. 2 StGB sind abstrakte Gefährdungsdelikte. Hingegen sind § 201a Abs. 1 und Abs. 3 StGB als konkrete Gefährdungsdelikte ausgestaltet. Da die Tathandlungen des Cyber-Bullying im Internet vorgenommen werden, wirkt sich diese unterschiedliche Typifizierung auf die Strafverfolgung aus. Erfolgt nämlich die Anwendung des deutschen Strafrechts nach der Differenzierung der Deliktstypen hat das zur Folge, dass es bei abstrakten Gefährdungsdelikten an einem Erfolgsort fehlt, so dass es für Straftaten im Ausland an einem sinnvollen Anknüpfungspunkt nach § 9 Abs. 1, 3. Alt. StGB fehlt. Für die Bestimmung des Tatortes ist dann nur der Handlungsort i.S.d. § 9 Abs. 1, 1. Alt. StGB einschlägig. Hingegen verfügen konkrete Gefährdungsdelikte über einen Erfolgsort i.S.d. § 9 Abs. 1, 3. Alt. StGB. Deshalb wirken bei diesen Delikten die auf deutschem Territorium eintretenden tatbestandsmäßigen Erfolge tatortbegründend. Im Rahmen des Cyber-Bullying hat diese Differenzierung zur Folge, dass die Strafverfolgung der Tathandlungen des Cyber-Bullying vom Zufall abhängen.

1646 Taeger/Gabel-Mackenthun, § 43 BDSG Rdnr. 9.

1647 Eisele, JR 2005, 6, 11.

II. in Bezug auf das Tatobjekt

Obwohl sowohl § 33 i.V.m. § 22 KUG als auch § 201a StGB denselben Schutzgegenstand verfolgen, verwendet der Gesetzgeber unterschiedliche Termini für das gleiche Tatobjekt. Damit gehen allerdings zugleich Unterschiede in der Reichweite der erfassten Tatobjekte einher, die sich auch auf die strafrechtliche Beurteilung des Cyber-Bullying auswirken.

Vom Schutz des § 33 i.V.m. § 22 KUG sind Bildnisse erfasst. Ein Bildnis ist ein Personenbildnis, d.h. die Darstellung einer oder mehrerer Personen, die die äußere Erscheinung der abgebildeten Person in einer für Dritte erkennbaren Weise wiedergibt[1648]. § 201a StGB erfasst hingegen Bildaufnahmen von einer anderen Person. Unter einer Bildaufnahme ist die durch ein zumindest teilweise selbsttätig arbeitendes technisches Gerät bewirkte Fixierung von Informationen über einen bestimmten Aufnahmegegenstand auf einem Bildträger zu verstehen, welche es ermöglichen den optischen Sinneseindruck von diesem Aufnahmegegenstand zweidimensional sichtbar zu reproduzieren[1649].

Für die Bejahung einer Bildaufnahme i.S.d. § 201a StGB ist also der technische Aufnahmevorgang entscheidend. Im Rahmen der strafrechtlichen Beurteilung des Cyber-Bullying hat dies zur Folge, dass Foto- und Videomontagen nicht vom Schutz des § 201a StGB erfasst sind. Denn zum einen sind Foto- und Videomontagen nicht auf ein selbsttätig arbeitendes Bildaufnahmegerät rückführbar, da sie gerade das Ergebnis menschlicher Fähigkeit sind und nicht eines mechanischen Prozesses. Zum anderen fehlt es für die Bejahung einer Bildaufnahme i.S.d. § 201a StGB eindeutig daran, dass ein lebendes Aufnahmeobjekt derart in einer kompromittierenden Weise erfasst wurde, dass die dabei entstandene Aufnahme als echtes und damit unwiderlegbares Beweismittel gegen den Abgebildeten verwendet werden kann und auf diese Weise eine Bildaufnahme i.S.d. Definition enthält. Hingegen werden Foto- und Videomontagen vom Bildnisbegriff des § 33 i.V.m. § 22 KUG erfasst[1650].

Für das Vorliegen eines Bildnisses ist es entscheidend, dass der einzelne Abgebildete erkennbar ist[1651]. Das Erfordernis der Erkennbarkeit wirkt sich zum einen auf die Beurteilung von Nacktaufnahmen und zum anderen auf die Beurteilung von Foto- und Videomontagen aus. Mangelt es bei Abbildungen lediglich nackter Körperteile an deren Erkennbarkeit, da eine Identifizierbarkeit aufgrund des Fehlens bestimmter Merkmale nicht möglich ist, ist ein Bildnis zu

---

1648 Vgl. FN 1031, 1032.

1649 Vgl. FN 1387.

1650 Vgl. FN 1145.

1651 Vgl. FN 1099, 1100.

verneinen. Für die Beurteilung der Erkennbarkeit ist es grundsätzlich allein entscheidend, dass die äußere Erscheinung einer Person in einer für Dritte erkennbaren Weise wiedergegeben wird. Die Erkennbarkeit des Abgebildeten bei Foto- und Videomontagen ist allerdings dann anders zu beurteilen, wenn für den Durchschnittsbetrachter, insbesondere den fototechnsich nicht Bewanderten ohne weiteres erkennbar ist, dass es sich bei der infrage stehenden Abbildung lediglich um eine Foto- oder Videomontage handelt, oder die Abbildung mit einem entsprechenden Hinweis gekennzeichnet ist, dass es sich um eine Foto- oder Videomontage handelt. Hingegen ist es für die Bejahung einer Bildaufnahme i.S.d. § 201a StGB nicht erforderlich, dass der Abgebildete erkennbar ist. Das folgt aus dem Schutzgut des § 201a StGB, das gerade nicht das Recht am eigenen Bild ist, sondern der höchstpersönliche Lebensbereich. Der Taterfolg der Verletzung des höchstpersönlichen Lebensbereichs bildet jedoch das notwendige Regulativ, um nicht jegliche Abbildungen eines Körperteils oder völlig verschwommene Bildaufnahmen tatbestandlich zu erfassen.

Ein weiterer Unterschied zwischen § 33 i.V.m. § 22 KUG und § 201a StGB besteht darin, dass Selbstaufnahmen eines Täters selbst vom Bildnisschutz des § 33 i.V.m. § 22 KUG erfasst ist, hingegen sind Selbstaufnahmen des Täters als Tatobjekt des § 201a Abs. 1 und Abs. 2 StGB ausgeschlossen. I.S.d. § 201a Abs. 3 StGB können jedoch befugt hergestellte Bildaufnahmen auch von dem Aufgenommenen selbst angefertigt werden. Denn der Einschub „von einer anderen Person" erfordert in Absatz 3 nur Personenverschiedenheit von demjenigen, der die Aufnahme zugänglich macht, und dem Abgebildeten, nicht hingegen von dem Aufnehmenden und Abgebildeten.

Gemeinsam sind beiden Vorschriften, dass lediglich natürliche Personen als Tatobjekte erfasst werden. Abbildungen des Lehrpersonals können also taugliche Tatobjekte sein. Hingegen sind Abbildungen von Schulen bzw. Hochschulen und von Lehrerzimmern keine tauglichen Tatobjekte.

Innerhalb der Strafvorschriften wird auch unterschiedlich behandelt, ob es sich um die Abbildung einer natürlichen lebenden Person handeln muss oder ob auch Abbildungen von Verstorbenen erfasst werden. Für die Beantwortung dieser Frage muss in beiden Strafvorschriften zwischen den einzelnen Aufnahmezeitpunkten unterschieden werden.

Für die Beurteilung der Einbeziehung Verstorbener in den geschützten Personenkreis der §§ 22 ff. KUG ist zwischen zwei Aufnahmezeitpunkten bei Bildnissen Verstorbener zu unterscheiden: der erste Aufnahmezeitpunkt bezeiht sich auf die Erstellung des Bildnisses zu Lebzeiten und die Verbreitung bzw. öffentliche Zurschaustellung des Bildnisses nach dem Tod des Abgebildeten. Diese Bildnisse werden bereits nach dem eindeutigen Wortlaut des § 22 Satz 3 KUG vom Schutz erfasst. Der zweite Aufnahmezeitpunkt bezieht sich auf die Erstellung eines Bildnisses sowie dessen Verbreitung nach dem Tod des Abgebildeten, also auf Leichenfotos. Die Einbeziehung dieser Bildnisse in den geschützten Personenkreis der §§ 22 ff. KUG sind zwar nicht einheitlich vertreten. Nach der hier vertretenen Auffassung ist die Einbeziehung jedoch vor dem rechtshistorischen Hintergrund und dem ausdrücklichen Willen des Gesetzgebers des KUG zu bejahen.

Im Rahmen des § 201a StGB wird der postmortale Schutz von Bildaufnahmen differenziert beurteilt. Dabei wird zwischen Bildaufnahmen von Leichen, Bildaufnahmen von gerade sterbenden Personen sowie zu Lebzeiten erstellten Bildaufnahmen, die nach dem Tod der abgebildeten Person verbreitet werden, differenziert. Sowohl nach dem Wortlaut, der Gesetzessystematik sowie der Entstehungsgeschichte des § 201a StGB nicht lediglich Bildaufnahmen von lebenden Personen, nicht von Leichen als Tatobjekte erfasst. Hingegen sind Abbildungen von gerade sterbenden Personen als Tatobjekte des § 201a StGB erfasst. Der Schutz des § 201a Abs. 2 StGB erstreckt sich nicht auf zu Lebzeiten erstellte Bildaufnahmen, die nach dem Tod der abgebildeten Person gebraucht oder zugänglich gemacht werden. Das hat zur Folge, das nach wie vor nur Bildnisse i.S.d. § 22 KUG, nicht aber den höchstpersönlichen Lebensbereich verletzende Bildaufnahmen postmortal geschützt werden. Auch in Bezug auf § 201a Abs. 3 StGB muss die Einbeziehung derartiger Bildaufnahmen in den Schutz der Vorschrift verneint werden. Denn neben der fehlenden Verletzungsmöglichkeit des höchstpersönlichen Lebensbereichs fehlt es auch an der Möglichkeit des nachträglichen Vertrauensbruchs, der von § 201a StGB gerade unter Strafe gestellt wird. Das hat zur Folge, dass es zu Strafbarkeitslücken kommen kann.

III. in Bezug auf die Tathandlungen

Das Anfertigen von Bildnissen ist gemäß § 33 i.V.m. § 22 KUG straflos. Die Tathandlung des Verbreitens i.S.d. § 22 Satz 1, 1. Alt. KUG erfasst nur die körperliche, nicht jedoch auch die unkörperliche Verbreitung. Deshalb kommt dieser Tatbestandsalternative im Rahmen der Beurteilung der strafrechtlichen Relevanz des Cyber-Bullying im Bildnisbereich keine Bedeutung zu, da sich die Tathandlungen des Cyber-Bullying gerade ausschließlich in der virtuellen Welt vollziehen. Die Tathandlung des öffentlichen Zurschaustellens i.S.d. § 22 Satz 1, 2. Alt. KUG erfasst das Bereithalten von Bildinhalten auf dem *Server*, also das sog. Ins-Netz-Stellen, die Übermittlung des zum Abruf gestellten Bildes sowie das Angebot eines *Streaming*-Mediums. Nicht erfasst sind von § 22 Satz 1, 2. Alt. KUG hingegen die folgenden Handlungen: das Speichern der Bildaufnahme auf dem *Handy* oder Smartphone, das Übertragen der hergestellten Bildaufnahme auf ein anderes Speichermedium, das *Uploading* sowie *Downloading*, das Sichtbarmachen auf dem Bildschirm, also das Betrachten, die Aufzeichnung eines *Streaming*-Mediums, das Versenden einer E-Mail, das Setzen eines Links und das Anklicken eines Links.

Gemäß § 201a Abs. 1, 1. Alt. StGB ist das unbefugte Herstellen einer Bildaufnahme im Gegensatz zu § 33 i.V.m. § 22 KUG strafbar.

§ 201a Abs. 1, 2. Alt. StGB stellt das unbefugte Übertragen einer Bildaufnahme unter Strafe. Die Alternative erfasst die Strafbarkeit von Echtzeitübertragungen wie z.B. mittels webcams oder spycams. Hingegen werden diese Echtzeitübertragungen nicht von der Tathandlung des öffentlichen Zurschaustellens i.S.d. § 33 i.V.m. § 22 Satz 1, 2. Alt. KUG erfasst.

§ 201a Abs. 2, 1. Alt. StGB stellt das Gebrauchen einer nach § 201a Abs.1 unbefugt hergestellten Bildaufnahme unter Strafe. Der Anwendungsbereich dieser Tathandlung ist ersichtlich weit gefasst, da darunter jede Nutzung der Bildaufnahme für eigene oder fremde, private oder öffentliche, persönliche oder kommerzielle Zwecke verstanden wird. Um jedoch einer uferlosen Ausweitung der Strafbarkeit nach dieser Norm entgegenzuwirken, ist eine restriktive Auslegung erforderlich. Deshalb ist das Betrachten von Bildern im *Internet* nicht von der Tathandlung des Gebrauchens erfasst und mithin straflos. Ein Gebrauchen einer Bildaufnahme liegt auch dann vor, wenn die Bildaufnahme zunächst auf einen anderen Träger überspielt und später die Kopie abgespielt wird. Von der Tathandlung des Gebrauchens ist demnach das Versenden der Bildaufnahmen von einem Foto*handy* und mittels *MMS* oder unter Nutzung der *Bluetooth-* oder *Infrarot-Schnittstelle* umfasst. Hingegen sind diese Tathandlungen beim Cyber-Bullying nicht von der Tathandlung des öffentlichen Zurschaustellens i.S.d. § 33 i.V.m. § 22 Satz 1, 2. Alt. KUG erfasst. Der Begriff des Gebrauchens erfasst auch die Handlungen des Speicherns, Veränderns und Verarbeitens. Für den *Internetuser* bedeutet das, dass das Tatbestandsmerkmal des Gebrauchens dann zu bejahen ist, wenn eine Bilddatei auf den *Server heruntergeladen* wird und auf einem Datenträger gespeichert wird. Dadurch verschafft sich der *User* die Verfügungsgewalt über die Aufnahme und begründet eine eigenständige Gefährdungslage ihrer unkontrollierten Verbreitung, welcher der Tatbestand gerade entgegenwirken will. Durch das Anklicken eines Links wird eine Datei, auf die der Link verweist, durch den Nutzer aktiviert, d.h. auf den *Rechner heruntergeladen*. Das *Herunterladen* allein reicht für das Vorliegen des Tatbestandsmerkmals des Gebrauchens noch nicht aus. Vielmehr muss der Täter des Cyber-Bullying die Bildaufnahme auf einem Datenträger speichern. Auch wenn für eine Strafbarkeit die körperliche Fixierung erforderlich ist, liegt hier ein weiterer Wertungswiderspruch zur Tathandlung des öffentlichen Zurschaustellens, die diese Vorgänge gerade nicht erfasst.

§ 201a Abs. 2, 2. Alt. StGB und § 201a Abs. 3 StGB stellen das Zugänglichmachen einer Bildaufnahme gegenüber einem Dritten unter Strafe. Eine Bildaufnahme ist von einem Dritten dann zugänglich gemacht, wenn der Täter einer oder mehrerer anderen Personen den Zugriff auf das Bild oder die Kenntnisnahme vom Gegenstand des Bildes ermöglicht. Der Übertragung der körperlichen Verfügungsgewalt an der Bildaufnahme bedarf es nicht. Für die Tathandlungen des Cyber-Bullying bedeutet das, dass das Ablegen von Bilddateien auf einem *Server* sowie das Versenden von E-Mails von der Tathandlung des Zugänglichmachen i.S.d. § 201a Abs. 2, 2. Alt. StGB und § 201a Abs. 3 StGB erfasst sind. Hingegen ist das Versenden einer E-Mail nicht von der Tathandlung des Zurschaustellens i.S.d. § 33 i.V.m. § 22 Satz 1, 2. Alt. KUG erfasst. Eindeutig ist, dass der Begriff des Zugänglichmachens in § 19a UrhG, der zur inhaltlichen Bestimmung des Zurschaustellens herangezogen wird, nicht die gleiche Bedeutung hat wie der im StGB benutzte Begriff des Zugänglichmachens. Dies führt jedoch zu Wertungswidersprüchen.

Im Übrigen muss die Tathandlung des Zurschaustellens i.S.d. § 33 i.V.m. § 22 Satz 1, 2. Alt. KUG öffentlich sein. Eine Öffentlichkeit der Tathandlungen wird in § 201a StGB jedoch nicht verlangt. Beim Zugänglichmachen reicht es vielmehr bereits aus, wenn der Täter den Zugriff auf das Bild oder die Kenntnisnahme vom Gegenstand des Bildes bereits einer Person ermöglicht. Dadurch ist der Anwendungsbereich des § 201a StGB weiter gefasst, da neben der Massenkommunikation im Internet auch die Individualkommunikation erfasst wird.

Die unterschiedliche Ausgestaltung der Tathandlungen in § 33 i.V.m. § 22 KUG und § 201a StGB führt zu Wertungswidersprüchen. Die fehlende harmonische Abstimmung der Tathandlungen führt zu Strafbarkeitslücken und Rechtsunsicherheit bei der strafrechtlichen Sanktionierung der Verletzung dieser Vorschriften bei Taten des Cyber-Bullying.

4. Teil: Verfassungsrechtliche Beschränkungen des strafrechtlichen Bildnisschutzes

10. Kapitel: Die Beschränkung des strafrechtlichen Bildnisschutzes im Zusammenhang mit Taten des Cyber-Bullying durch Art. 5 GG

Die Veröffentlichung eines Bildes einer Person begründet grundsätzlich eine rechtfertigungsbedürftige Beschränkung ihres allgemeinen Persönlichkeitsrechts aus Art. 2 Abs. 1 i.V.m. Art. 1 Abs. 1 GG[1652]. Eine rechtfertigende Beschränkung des Rechts am eigenen Bild könnten für die strafrechtlich sanktionierten Tathandlungen des Cyber-Bullying in § 201a StGB sowie § 33 i.V.m. § 22 KUG die Kommunikationsgrundrechte und die Kunstfreiheit des Art. 5 GG[1653] darstellen.

A. Beschränkung des strafrechtlichen Bildnisschutzes durch Art. 5 GG in Bezug auf das Herstellen der Bildaufnahmen gemäß § 201a Abs. 1, 1. Alt. StGB

Gemäß § 201a Abs. 1, 1. Alt. GG ist das Herstellen von Bildaufnahmen von einer anderen Person, die sich in einer Wohnung oder in einem sonst gegen Einblick besonders geschützten Raum befindet, strafbar. Fraglich ist jedoch, ob diese strafrechtliche Sanktionierung im Rahmen des Cyber-Bullying nicht durch Art. 5 GG beschränkt werden kann.

I. Beschränkung durch den sachlichen Schutzbereich der Meinungsfreiheit nach Art. 5 Abs. 1 Satz 1, 1. Halbs. GG

Nach Art. 5 Abs. 1 Satz 1, 1. Halbs. GG hat jeder das Recht, seine Meinung in Wort, Schrift und Bild frei zu äußern und zu verbreiten.

1652 BVerfG, Beschl. v. 14. September 2010 – 1 BvR 1842/08, 1 BvR 6/09, 1 BvR 2538/08, ZUM-RD 2010, 657, 661 - Wortberichterstattung.

1653 Siehe Gesetzestext in Anhang 1.

1. Bedeutung des Grundrechts der Meinungsfreiheit

Das Grundrecht der Meinungsfreiheit ist eines der wichtigsten Menschenrechte[1654]. Das BVerfG führt dazu in seinem Lüth-Urteil aus:

> „(...) Das Grundrecht auf freie Meinungsäußerung ist als unmittelbarer Ausdruck der menschlichen Persönlichkeit in der Gesellschaft eines der vornehmsten Menschrechte überhaupt. Für eine freiheitlich-demokratische Staatsordnung ist es schlechthin konstituierend, denn es ermöglicht erst die ständige geistige Auseinandersetzung, den Kampf der Meinungen, der ihr Lebenselement ist. Es ist in gewissem Sinn die Grundlage jeder Freiheit überhaupt.(...)“[1655]

Es sichert, dass jeder frei sagen kann, was er denkt, auch wenn er keine nachprüfbaren Gründe für sein Urteil angibt bzw. angeben kann[1656]. Zugleich sollen die geistigen Wirkungen ermöglicht werden, wie sie von Meinungsäußerungen ausgehen[1657].

2. Begriff der Meinung

Aufgrund der dargestellten wesentlichen Bedeutung des Grundrechts der Meinungsfreiheit ist der Begriff der Meinung grundsätzlich weit zu verstehen[1658].

1654 Christian Starck, in: v. Mangoldt/Klein/Starck, GG Bd. 1, Art. 5 Abs. 1, 2 Rdnr. 1; Jarass/Pieroth/Jarass, Art. 5 Rdnr. 2; von Münch/Kunig/Rudolf Wendt, Art. 5 Rdnr. 1; BVerfG, Beschl. v. 14. Mai 1985 – 1 BvR 233, 341/81, BVerfGE 69, 315, 344 – Brokdorf II; BVerfG, Urt. v. 15. Januar 1958 – 1 BvR 400/51, BVerfGE 7, 198, 208 - Lüth.

1655 BVerfG, Urt. v. 15. Januar 1958 – 1 BvR 400/51, BVerfGE 7, 198, 208 – Lüth; vgl. dazu auch: Christian Starck, in: v. Mangoldt/Klein/Starck, GG Bd. 1, Art. 5 Abs. 1, 2 Rdnr. 1; Jarass/Pieroth/Jarass, Art. 5 Rdnr. 2; Pieroth/Schlink, Rdnr. 590; von Münch/Kunig/Rudolf Wendt, Art. 5 Rdnr. 1; BVerfG, Urt. v. 12. Dezember 2000 – 1 BvR 1762, 1787/95, BVerfGE 102, 347, 363 – Bennetton-Werbung; BVerfG, Beschl. v. 14. Juli 1987 – 1 BvR 362/79, BVerfGE 76, 196, 208 f. – Werbeverbot für Rechtsanwalt; BVerfG, Beschl.v. 3. Dezember 1985 – 1 BvL 15/84, BVerfGE 71, 206, 219 f. – Anklageschriftveröffentlichung; BVerfG, Beschl.v. 14. Mai 1985 – 1 BvR 233, 341/81, BVerfGE 69, 316, 344 f. – Brokdorf II; BVerfG, Beschl. v. 15. November 1982 – 1 BvR 108, 438, 437/80, BVerfGE 62, 230, 247 – Boykottaufruf.

1656 Jarass/Pieroth/Jarass, Art. 5 Rdnr. 2; BVerfG, Beschl.v. 22. Juni 1982 – 1 BvR 1376/79, BVerfGE 61, 1, 7 – Wahlkampf; BVerfG, Beschl. v. 11. Mai 1976 – 1 BvR 163/72, BVerfGE 42, 163, 170 f.

1657 Jarass/Pieroth/Jarass, Art. 5 Rdnr. 2; BVerfG, Beschl.v. 22. Juni 1982 – 1 BvR 1376/79, BVerfGE 61, 1, 7 - Wahlkampf.

1658 Christian Starck, in: v. Mangoldt/Klein/Starck, GG Bd. 1, Art. 5 Abs. 1, 2 Rdnr. 22; Jarass/Pieroth/Jarass, Art. 5 Rdnr. 3; von Münch/Kunig/Rudolf Wendt, Art. 5 Rdnr. 8; BVerfG, 19. November 1985 – 1 BvR 934/82, BVerfGE 71, 162, 179 – Autobiogra-

Der Begriff der Meinung umfasst in erster Linie Werturteile, gleichgültig auf welchen Inhalt sie sich beziehen und welchen Inhalt sie haben[1659]. Sie können politische oder unpolitische, öffentliche oder private Angelegenheiten betreffen, vernünftig oder unvernünftig, wertvoll oder wertlos sein[1660]. Meinungsäußerungen können sogar beleidigend sein. Dies lässt sich aus der Schranke „Recht der persönlichen Ehre“ in Art. 5 Abs. 2 GG rückschließen[1661].

Bei einer Bildaufnahme handelt es sich jedoch nicht um ein Werturteil[1662]. Denn diese ist nicht das Ergebnis eines geistigen Denk- und Wertungsprozesses. Vielmehr handelt es sich um die Fixierung einer von außen kommenden Information auf einem Bildträger. Die objektive Richtigkeit dieser Information ist mit Mitteln des Beweises der Überprüfung zugänglich. Mithin sind Bildaufnahmen aufgrund ihrer objektiven Beziehung zur Wirklichkeit als Tatsachenbehauptungen einzuordnen[1663].

Ob Tatsachenbehauptungen jedoch vom Schutzbereich des Grundrechts der Meinungsfreiheit erfasst sind, ist differenziert zu beurteilen. Tatsachenbehauptungen und Werturteile lassen sich deutlich voneinander unterscheiden. Für Werturteile ist die subjektive Beziehung des sich Äußernden zum Inhalt seiner Aussage kennzeichnend[1664]. Tatsachenbehauptungen werden hingegen durch die

---

phie eines Chefarztes; BVerfG, Beschl. v. 22. Juni 1982 – 1 BvR 1376/79, BVerfGE 61, 1, 9 - Wahlkampf.

1659 Bethge, in: Sachs (Hrsg.), Grundgesetz, 6. Aufl. 2011, Art. 5 Rdnr. 25; Christian Starck, in: v. Mangoldt/Klein/Starck, GG Bd. 1, Art. 5 Abs. 1, 2 Rdnr. 22; Jarass/Pieroth/Jarass, Art. 5 Rdnr. 3; Pieroth/Schlink, Rdnr. 594; BVerfG, Beschl. v. 10. Oktober 1995 – 1 BvR 1476, 1980/91 und 102, 221/92, BVerfGE 93, 266, 289 – „Soldaten sind Mörder“; BVerfG, 13. April 1994 – 1 BvR 23/94, BVerfGE 90, 241, 247 – Judenverfolgung; BVerfG, Beschl. v. 22. Juni 1982 – 1 BvR 1376/79, BVerfGE 61, 1, 8 - Wahlkampf; BVerfG, Urt. v. 15. Januar 1958 – 1 BvR 400/51, BVerfGE 7, 198, 210 – Lüth.

1660 Bethge, in: Sachs (Hrsg.), Grundgesetz, 6. Aufl. 2011, Art. 5 Rdnr. 25; Christian Starck, in: v. Mangoldt/Klein/Starck, GG Bd. 1, Art. 5 Abs. 1, 2 Rdnr. 22; Jarass/Pieroth/Jarass, Art. 5 Rdnr. 3; von Münch/Kunig/Rudolf Wendt, Art. 5 Rdnr. 8; Pieroth/Schlink, Rdnr. 594; BVerfG, Beschl.v. 4. November 2009 – 1 BvR 2150/08, BVerfGE 124, 300, 320 – Wunsiedel-Versammlung; BVerfG, Beschl. v. 13. April 1994 – 1 BvR 23/94, BVerfGE 90, 241, 247 – Judenverfolgung; BVerfG, Beschl. v. 14. März 1972 – 2 BvR 41/71, BVerfGE 33, 1, 14 f. – Strafvollzug.

1661 Pieroth/Schlink, Rdnr. 594.

1662 Linkens, S. 149.

1663 Linkens, S. 149.

1664 Christian Starck, in: v. Mangoldt/Klein/Starck, GG Bd. 1, Art. 5 Abs. 1, 2 Rdnr. 22; Jarass/Pieroth/Jarass, Art. 5 Rdnr. 5; BVerfG, Beschl. v. 13. Februar 1996 – 1 BvR

objektive Beziehung zwischen der Äußerung und der Wirklichkeit geprägt, die der Überprüfung mit Mitteln des Beweises zugänglich ist[1665]. Nach der Rechtsprechung des BVerfG[1666] ist die erwiesen oder bewusst unwahre Tatsachenbehauptung nicht vom Schutz des Art. 5 Abs. 1 Satz 1, 1. Halbs. GG umfasst, da eine unrichtige Information grundsätzlich nicht schützenswert ist. Daran ist richtig, dass bewusste Entstellungen der Wahrheit, die die Meinung des Äußernden nicht wiedergeben, auch nicht als dessen Meinungsäußerung geschützt sein können[1667]. Zu beachten ist aber, dass es für den Schutz des Art. 5 Abs. 1 Satz 1, 1. Halbs. GG nicht auf Wahrheitsbeweise, d.h. die objektive Richtigkeit von Tatsachen ankommen kann; denn Meinungsfreiheit heißt auch Freiheit zum Irrtum[1668].

3. Formen der Kundgabe

Ist nun aber das Herstellen einer Bildaufnahme als Form der Meinungskundgabe vom Grundrecht des Art. 5 GG erfasst ? Das Grundrecht schützt, das Äußern und Verbreiten der Meinung, also ihre Abgabe wie den mehr oder minder langen Prozess der Informationsübertragung[1669]. Die Informationsbeschaffung ist

---

262/91, BVerfGE 94, 1, 8 – DGHS; BVerfG, Beschl. v. 10. Oktober 1995 – 1 BvR 1476, 1980/91 und 102, 221/92, BVerfGE 93, 266, 289 – „Soldaten sind Mörder".

1665 Jarass/Pieroth/Jarass, Art. 5 Rdnr. 5; BVerfG, Beschl. v. 13. Februar 2006 – 1 BvR 262/91, BVerfGE 94, 1, 8 – DGHS; BVerfG, Beschl. v. 13. April 1994 – 1 BvR 23/94, BVerfGE 90, 241, 247 - Judenverfolgung.

1666 BVerfG, Beschl. v. 10. November 1998 – 1 BvR 1531/96, BVerfGE 99, 185, 197 - Scientology; BVerfG, Beschl. v. 13. April 1994 – 1 BvR 23/94, BVerfGE 90, 241, 249 – Judenverfolgung; BVerfG, Beschl. v. 9. Oktober 1991 – 1 BvR 1555/88, BVerfGE 85, 1, 15 – Kritische Bayer-Aktionäre; BVerfG, Beschl. v. 25. Januar 1984 – 1 BvR 272/81, BVerfGE 66, 116, 149 - Springer/Wallraff; BVerfG, Beschl. v. 19. April 1990 – 1 BvR 40, 42/86, BVerfGE 82, 43, 51 – Strauß-Transparent; BVerfG, Beschl. v. 22. Juni 1982 – 1 BvR 1376/79, BVerfGE 61, 1, 7 ff. – Wahlkampf; BVerfG, Beschl. v. 3. Juni 1980 – 1 BvR 797/78, BVerfGE 54, 208, 219 – Heinrich Böll.

1667 Pieroth/Schlink, Rdnr. 599; BVerfG, Beschl. v. 22. Juni 1982 – 1 BvR 1376/79, BVerfGE 61, 1, 8 - Wahlkampf.

1668 Jarass/Pieroth/Jarass, Art. 5 Rdnr. 5; Pieroth/Schlink, Rdnr. 599; BVerfG, Beschl. v. 13. Februar 1996 – 1 BvR 262/91, BVerfGE 94, 1, 9 – DGHS; BVerfG, Beschl. v. 9. Oktober 1991 – 1 BvR 1555/88, BVerfGE 85, 1, 15 – Kritische Bayer-Aktionäre; BVerfG, Beschl. v. 3. Juni 1980 – 1 BvR 797/78, BVerfGE 54, 208, 219 f. – Heinrich Böll.

1669 Bethge, in: Sachs (Hrsg.), Grundgesetz, 6. Aufl. 2011, Art. 5 Rdnr. 44; Christian Starck, in: v. Mangoldt/Klein/Starck, GG Bd. 1, Art. 5 Abs. 1, 2 Rdnr. 32; Ja-

von der Meinungsfreiheit nicht umfasst[1670]. Das Herstellen einer Bildaufnahme befindet sich aber gerade noch im Stadium der Informationsbeschaffung[1671]. Es ist aber durchaus denkbar, das Herstellen einer Bildaufnahme als Prozess der Meinungsbildung anzusehen. Unklar ist allerdings, inwieweit auch die Meinungsbildung überhaupt durch das Grundrecht der Meinungsfreiheit geschützt wird[1672]. Vor diesem Hintergrund stellt sich die Frage, ob sich an dem Ergebnis, dass die Informationsbeschaffung nicht von dem Grundrecht der Meinungsfreiheit erfasst ist, etwas ändert, da das Herstellen der Bildaufnahme gerade der Meinungsbildung dienen soll. Diese Frage ist zu verneinen. Denn auch unter dem Titel der Meinungsbildung kann das Sammeln von Informationen nicht generell geschützt sein[1673]. Ansonsten hätte das Grundrecht der Informationsfreiheit keine eigenständige Bedeutung mehr[1674].

4. Ergebnis

Das strafrechtliche Verbot des Herstellens von Bildaufnahmen gemäß § 201a Abs. 1, 1. Alt. StGB im Rahmen des Cyber-Bullying berührt nicht den sachlichen Schutzbereich der Meinungsfreiheit des Art. 5 Abs. 1 Satz 1, 1. Halbs. GG. Mithin kann das Recht am eigenen Bild durch dieses Grundrecht nicht rechtfertigend beschränkt werden.

II. Beschränkung durch den sachlichen Schutzbereich der Informationsfreiheit nach Art. 5 Abs. 1 Satz 1, 2. Halbs. GG

Nach Art. 5 Abs. 1 Satz 1, 2. Halbs. GG hat jeder das Recht, sich aus allgemein zugänglichen Quellen ungehindert zu unterrichten. Deshalb könnte es naheliegend sein, dass die in § 201a Abs. 1, 1. Alt. StGB normierte Strafbarkeit des unbefugten Herstellens von Bildaufnahmen von anderen Personen, die dem persönlichen Rückzugsbereich entstammen und den höchstpersönlichen Lebensbereich des Einzelnen verletzen, die grundrechtlich geschützte Informationsfreiheit berührt.

---

rass/Pieroth/Jarass, Art. 5 Rdnr. 6; Pieroth/Schlink, Rdnr. 600; von Münch/Kunig/Rudolf Wendt, Art. 5 Rdnr. 17 ff.; Wendt, AfP 2004, 181, 184.

1670 Christian Starck, in: v. Mangoldt/Klein/Starck, GG Bd. 1, Art. 5 Abs. 1, 2 Rdnr. 37; Jarass/Pieroth/Jarass, Art. 5 Rdnr. 6; Wendt, AfP 2004, 181, 184.

1671 Linkens, S. 148.

1672 Christian Starck, in: v. Mangoldt/Klein/Starck, GG Bd. 1, Art. 5 Abs. 1, 2 Rdnr. 37; Jarass/Pieroth/Jarass, Art. 5 Rdnr. 6; Wendt, AfP 2004, 181, 184.

1673 Jarass/Pieroth/Jarass, Art. 5 Rdnr. 6; Wendt, AfP 2004, 181, 184.

1674 Jarass/Pieroth/Jarass, Art. 5 Rdnr. 6; Wendt, AfP 2004, 181, 184.

1. Bedeutung des Grundrechts der Informationsfreiheit

Die Informationsfreiheit des Art. 5 Abs. 1 Satz 1, 2. Halbs. GG steht selbständig neben der Freiheit der Meinungsäußerung und der Medienberichterstattung[1675]. Zum Zwecke der Meinungsäußerung und Medienberichterstattung ist es gerade die Möglichkeit, sich mittels Informationen eine eigene Meinung zu bilden und sie überprüfen zu können, eine notwendige Voraussetzung[1676]. Die Informationsfreiheit dient dem Prozess der individuellen Entfaltung sowie dem demokratischen Prinzip[1677]. Deshalb umfasst ihr Schutzbereich sowohl die schlichte Entgegennahme von Informationen als auch das aktive Beschaffen[1678]. Auf die Methode der Informationsbeschaffung kommt es dabei nicht an[1679]. Aus diesem Grund erfasst die Informationsfreiheit beispielsweise das Fotografieren von Personen in der Öffentlichkeit[1680].

2. Sachlicher Schutzbereich

Die Informationsfreiheit gewährleistet ausschließlich das Recht, sich ungehindert aus allgemein zugänglichen Quellen zu informieren. Damit ist der Schutzbereich der Informationsfreiheit gegenüber dem Schutzbereich der Meinungsfreiheit sachlich eingegrenzt.

1675 Bethge, in: Starck (Hrsg.), Grundgesetz, 6. Aufl. 2011, Art. 5 Rdnr. 62; Christian Starck, in: v Mangoldt/Klein/Starck, GG Bd. 1, Art. 5 Abs. 1, 2 Rdnr. 39; Jarass/Pieroth/Jarass, Art. 5 Rdnr. 14; von Münch/Kunig/Rudolf Wendt, Art. 5 Rdnr. 1; Wendt, AfP 2004, 181, 184; BVerfG, Beschl. v. 3. Oktober 1969 – 1 BvR 46/65, BVerfGE 27, 71, 81 – Leipziger Volkszeitung.

1676 von Münch/Kunig/Rudolf Wendt, Art. 5 Rdnr. 1; BVerfG, Beschl. v. 3. Oktober 1969 – 1 BvR 46/65, BVerfGE 27, 71, 81 – Leipziger Volkszeitung.

1677 Bethge, in: Starck (Hrsg.), Grundgesetz, 6. Aufl. 2011, Art. 5 Rdnr. 51; Herzog, in: Maunz/Dürig, GG Bd. I, Art. 5 Abs. I, II Rdnr. 81 ff.; Jarass/Pieroth/Jarass, Art. 5 Rdnr. 14; Wendt, AfP 2004, 181, 184; BVerfG, Beschl. v. 3. Oktober 1969 – 1 BvR 46/65, BVerfGE 27, 71, 81 f. – Leipziger Volkszeitung.

1678 Bethge, in: Starck (Hrsg.), Grundgesetz, 6. Aufl. 2011, Art. 5 Rdnr. 53; Jarass/Pieroth/Jarass, Art. 5 Rdnr, 17; Pieroth/Schlink, Rdnr. 610; von Münch/Kunig/Rudolf Wendt, Art. 5 Rdnr. 26; Wendt, AfP 2004, 181, 184; BVerfG, Beschl. v. 3. Oktober 1969 – 1 BvR 46/65, BVerfGE 27, 71, 82 f. – Leipziger Volkszeitung .

1679 von Münch/Kunig/Rudolf Wendt, Art. 5 Rdnr. 26; Wendt, AfP 2004, 181, 184.

1680 Jarass/Pieroth/Jarass, Art. 5 Rdnr. 17; von Münch/Kunig/Rudolf Wendt, Art. 5 Rdnr. 26; Wendt, AfP 2004, 181, 184.

a) Quellen

Als Informationsquellen sind alle denkbaren Träger von Informationen einzustufen, unabhängig davon, ob die Informationen eher Meinungen oder Tatsachen enthalten oder ob sie öffentliche oder private Angelegenheiten betreffen[1681]. Nach der heute h.L. kann auch der Informationsgegenstand selbst, d.h. ein Zustand oder Geschehen, das aufgenommen wird, gleichzeitig Informationsquelle sein[1682]. Das Grundrecht der Informationsfreiheit gewährleistet also nicht nur die Unterrichtung aus Quellen, sondern erst Recht die Informationsaufnahmen an der Quelle[1683], also etwa das Fotografieren von Personen[1684].

b) Allgemein zugängliche Quellen

Geschützt ist jedoch allein das Sich-Informieren aus allgemein zugänglichen Quellen. Allgemein zugänglich ist eine Quelle, wenn sie technisch geeignet und bestimmt ist, der Allgemeinheit, also einem individuell nicht bestimmbaren Personenkreis, Informationen zu verschaffen[1685]. Die Informationsfreiheit umfasst

---

1681 Bethge, in: Sachs (Hrsg.), Grundgesetz, 6. Aufl. 2011, Art. 5 Rdnr. 54; Christian Starck, in: v. Mangoldt/Klein/Starck, GG Bd. 1, Art. 5 Abs. 1, 2 Rdnr. 42; Herzog, in: Maunz/Dürig, GG Bd. I, Art. 5 Abs. I, II Rdnr. 87; Jarass/Pieroth/Jarass, Art. 5 Rdnr. 15; von Münch/Kunig/Rudolf Wendt, Art. 5 Rdnr. 22; Wendt, AfP 2004, 181, 184; BVerfG, Beschl. v. 9. Februar 1994 – 1 BvR 1687/92, BVerfGE 90, 27, 32 – Parabolantenne I; BVerfG, Beschl. v. 3. Oktober 1969 – 1 BvR 46/65, BVerfGE 27, 71, 82 f. – Leipziger Volkszeitung.

1682 Christian Starck, in: v. Mangoldt/Klein/Starck, GG Bd. 1, Art. 5 Abs. 1, 2 Rdnr. 42; Herzog, in: Maunz/Dürig, GG Bd. I, Art. 5 Abs. I, II Rdnr. 87; Jarass/Pieroth/Jarass, Art. 5 Rdnr. 15; Pieroth/Schlink, Rdnr. 606; von Münch/Kunig/Rudolf Wendt, Art. 5 Rdnr. 22; Wendt, AfP 2004, 181, 184; BVerfG, Urt. v. 24. Januar 2001 – 1 BvR 2623/95, 622/99, BVerfGE 103, 44, 60 - Gerichtsfernsehen.

1683 Jarass/Pieroth/Jarass, Art. 5 Rdnr. 17; Herzog, in: Maunz/Dürig, GG Bd. I, Art. 5 Abs. I, II Rdnr. 87; von Münch/Kunig/Rudolf Wendt, Art. 5 Rdnr. 22; Wendt, AfP 2004, 181, 184; BVerfG, Urt. v. 24. Januar 2001 – 1 BvR 2623/95, 622/99, BVerfGE 103, 44, 60 - Gerichtsfernsehen.

1684 Helmuth Schulze-Fielitz, in: H. Dreier (Hrsg.), Grundgesetz-Kommentar, Bd. 1, 2. Aufl. 2004, Art. 5 I, II Rdnr. 85; Jarass/Pieroth/Jarass, Art. 5 Rdnr. 17; von Münch/Kunig/Rudolf Wendt, Art. 5 Rdnr. 26; Wendt, AfP 2004, 181, 184.

1685 Bethge, in: Sachs (Hrsg.), Grundgesetz, 6. Aufl. 2011, Art. 5 Rdnr. 55; Christian Starck, in: v. Mangoldt/Klein/Starck, GG Bd. 1, Art. 5 Abs. 1, 2 Rdnr. 45; Helmuth Schulze-Fielitz, in H. Dreier (Hrsg.), Grundgesetz-Kommentar, Bd. 1, 2. Aufl. 2004, Art. 5 I, II Rdnr. 78; Jarass/Pieroth/Jarass, Art. 5 Rdnr. 16; Pieroth/Schlink, Rdnr. 608; von Münch/Kunig/Rudolf Wendt, Art. 5 Rdnr. 23; Wendt, AfP 2004, 181, 184; BVerfG, Urt. v. 24. Januar 2001 – 1 BvR 2623/95, 622/99, BVerfGE 103, 44, 60 – Ge-

kein Leistungsrecht auf Eröffnung einer Informationsquelle oder die Befugnis, Informationssperren zu überwinden[1686]. Diese will vielmehr als Abwehrrecht nur den Zugang zu allgemein zugänglichen Informationsquellen gegen staatliche Beschränkungen sichern[1687]. Dadurch, dass nur die technische, d.h. die tatsächliche Eignung zur Information der Allgemeinheit gegeben sein muss, ergibt sich, dass der Staat nicht durch rechtliche Regelungen oder Maßnahmen über die allgemeine Zugänglichkeit einer Informationsquelle entscheiden kann[1688]. Über die Zugänglichkeit und die Art der Zugangseröffnung entscheidet vielmehr derjenige, der nach der Rechtsordnung über ein entsprechendes Bestimmungsrecht verfügt[1689].

Im vorliegenden Zusammenhang ist das Merkmal der allgemeinen Zugänglichkeit problematisch. Denn die Informationsbeschaffung durch Bildaufnahmen erfolgt unter Verletzung des Rechts am eigenen Bild des Abgebildeten. Es erscheint aber nicht richtig, wenn jedwede Beschaffung von Informationen, die mit einer Verletzung von Rechtsgütern verbunden ist, von vornherein aus dem Schutzbereich der Informationsfreiheit ausgeklammert wird[1690]. Vielmehr ist im Hinblick auf eine rechtswidrige Informationsbeschaffung oder Informationsspeicherung zu unterscheiden:

aa) Rechtswidriges Überwinden der Sperre der fehlenden Allgemeinzugänglichkeit

Wird die Sperre der fehlenden Allgemeinzugänglichkeit in rechtswidriger Weise überwunden, so ist dies bereits tatbestandlich vom Grundrecht der Informationsfreiheit nicht erfasst[1691]. Eine Überwindung einer solchen Sperre kann beispielsweise durch die rechtswidrige Kenntnisnahme von privaten Aufzeichnun-

---

richtsfernsehen; BVerfG, Beschl. v. 9. Februar 1994 – 1 BvR 1687/92, BVerfGE 90, 27, 32 - Parabolantenne I; BVerfG, Beschl. v. 3. Oktober 1969 – 1 BvR 46/65, BVerfGE 27, 71, 83 – Leipziger Volkszeitung.

1686 Christian Starck, in: v. Mangoldt/Klein/Starck, GG Bd. 1, Art. 5 Abs. 1, 2 Rdnr. 50; von Münch/Kunig/Rudolf Wendt, Art. 5 Rdnr. 25.

1687 von Münch/Kunig/Rudolf Wendt, Art. 5 Rdnr. 28; BVerfG, Urt. v. 24. Januar 2001 – 1 BvR 2623/95, 622/99, BVerfGE 103, 44, 59 – Gerichtsfernsehen.

1688 von Münch/Kunig/Rudolf Wendt, Art. 5 Rdnr. 23.

1689 Christian Starck, in: v. Mangoldt/Klein/Starck, GG Bd. 1, Art. 5 Abs. 1, 2 Rdnr. 45; Jarass/Pieroth/Jarass, Art. 5 Rdnr. 16; BVerfG, Urt. v. 24. Januar 2001 – 1 BvR 2623/95, 622/99, BVerfGE 103, 44, 60 - Gerichtsfernsehen.

1690 Wendt, AfP 2004, 181, 184.

1691 Wendt, AfP 2004, 181, 184.

gen oder durch rechtswidriges Eindringen in die Privatsphäre erfolgen[1692]. Die entsprechenden Quellen sind in diesen Fällen nicht allgemein zugänglich[1693].

bb) Eingriff in anderweitige Rechtsgüter Dritter

Von der ersten dargestellten Fallgruppe ist der Fall zu unterscheiden, dass die Information beschafft wird durch Eingriff in anderweitige Rechtsgüter Dritter[1694]. Ein solcher Eingriff kann beispielsweise sein: etwa in Eigentumsrechte des Vermieters bei Anbringen einer Außenantenne oder in Persönlichkeitsrechte Dritter, nicht aber desjenigen der nach der Rechtsordnung über die allgemeine Zugänglichkeit zu entscheiden hat[1695]. Dieser Fall der Informationsbeschaffung wird tatbestandlich vom Schutzbereich des Grundrechts der Informationsfreiheit erfasst[1696]. Die Informationsbeschaffung, die anderweitige Rechtsgüter Dritter verletzt, findet ihre Schranken in der vom Gesetz in Übereinstimmung mit Art. 5 Abs. 2 GG geschaffenen (einfachen) Gesetzeslage, die verfassungskonform zu interpretieren ist[1697].

cc) Beurteilung des Falles des § 201a Abs. 1, 1. Alt. StGB

Im Falle des § 201a Abs. 1, 1. Alt. StGB ist die Situation gegeben, dass die Sperre der fehlenden Allgemeinzugänglichkeit rechtswidrig überwunden werden muss. Die Sperre der Allgemeinzugänglichkeit wird in rechtswidriger Weise durch die Verletzung des Persönlichkeitsrechts desjenigen überwunden, dem das Bestimmungsrecht der Zugänglichkeit der Quelle zusteht, nämlich des Betroffe-

---

1692 Helmuth Schulze-Fielitz, in: H. Dreier (Hrsg.), Grundgesetz-Kommentar, Bd. 1, 2. Aufl. 2004, Art. 5 I, II Rdnr. 81; Jarass/Pieroth/Jarass, Art. 5 Rdnr. 16; von Münch/Kunig/Rudolf Wendt, Art. 5 Rdnr. 29; Wendt, AfP 2004, 181, 184.

1693 Helmuth Schulze-Fielitz, in: H. Dreier (Hrsg.), Grundgesetz-Kommentar, Bd. 1, 2. Aufl. 2004, Art. 5 I, II Rdnr. 81; Jarass/Pieroth/Jarass, Art. 5 Rdnr. 16; von Münch/Kunig/Rudolf Wendt, Art. 5 Rdnr. 29; Wendt, AfP 2004, 181, 184; BVerfG, Beschl. v. 25. Januar 1984 – 1 BvR 272/81, BVerfGE 66, 116, 137 – Springer/Wallraff.

1694 Wendt, AfP 2004, 181, 184.

1695 Wendt, AfP 2004, 181, 184.

1696 Helmuth Schulze-Fielitz, in: H. Dreier (Hrsg.), Grundgesetz-Kommentar, Bd. 1, 2. Aufl. 2004, Art. 5 I, II Rdnr. 85; Wendt, AfP 2004, 181, 184; BVerfG, Beschl. v. 9. Februar 1994 – 1 BvR 1687/92, BVerfGE 90. 27, 32 f. – Parabolantenne I.

1697 Helmuth Schulze-Fielitz, in: H. Dreier (Hrsg.), Grundgesetz-Kommentar, Bd. 1, 2. Aufl. 2004, Art. 5 I, II Rdnr. 85; Wendt, AfP 2004, 181, 184; OLG Köln, Urt. v. 1. März 1978 – 2 U 133/77, DVBl. 1979, 523, 524.

nen[1698]. Die Frage, ob die in § 201a Abs. 1, 1. Alt. StGB normierte strafrechtliche Ahndung der unbefugten Herstellung von Bildaufnahmen im Rückzugsbereich des Einzelnen die grundrechtlich verbürgte Informationsfreiheit berührt, lässt sich damit bereits auf der Schutzbereichsebene des Grundrechts der Informationsfreiheit verneinen, da es sich bei dem strafrechtlich geschützten Rückzugsbereich bzw. dem höchstpersönlichen Lebensbereich nicht um eine allgemein zugängliche Informationsquelle handelt[1699].

3. Ergebnis

Auch der sachliche Schutzbereich der Informationsfreiheit ist durch die strafrechtliche Ahndung des unbefugten Herstellens der Bildaufnahmen von Personen, die sich in einem persönlichen Rückzugsbereich aufhalten, nicht berührt, so dass der strafrechtliche Bildnisschutz auch nicht durch das Grundrecht der Informationsfreiheit beschränkt wird.

III. Beschränkung durch den sachlichen Schutzbereich der Medienfreiheiten des Art. 5 Abs. 1 Satz 2 GG

Es stellt sich auch die Frage, ob das Herstellen von Bildaufnahmen im Rahmen des Cyber-Bullying eventuell vom Schutzbereich der Medienfreiheiten des Art. 5 Abs. 1 Satz 2 GG erfasst ist. Zu den Medienfreiheiten des Art. 5 Abs. 1 Satz 2 GG gehören die Presse-, Rundfunk- und Filmfreiheit.

1. Beschränkung durch den sachlichen Schutzbereich der Pressefreiheit nach Art. 5 Abs. 1 Satz 2, 1. Alt. GG

Art. 5 Abs. 1 Satz 2, 1. Alt. GG gewährleistet die Pressefreiheit.

a) Bedeutung des Grundrechts der Pressefreiheit

Auch die Pressefreiheit besitzt einen hohen Rang[1700]. Sie ist konstituierend für die freiheitlich demokratische Grundordnung[1701]. Das BVerfG führt dazu aus:

1698 Wendt, AfP 2004, 181, 184.

1699 Wendt, AfP 2004, 181, 184.

1700 Bethge, in: Sachs (Hrsg.), Grundgesetz, 6. Aufl. 2011, Art. 5 Rdnr. 65; Jarass/Pieroth/Jarass, Art. 5 Rdnr. 23; BVerfG, Beschl. v. 25. Januar 1984 – 1 BvR 272/81, BVerfGE 66, 116, 133 – Springer/Wallraff; BVerfG, Beschl. v. 6. November 1979 – 1 BvR 81/76, BVerfGE 52, 283, 296 - Tendenzbetrieb; BVerfG, Beschl. v. 6. Februar 1979 – 2 BvR 154/78, BVerfGE 50, 234, 239 f. – Ausschluss eines Reporters.

„Eine freie, nicht von der öffentlichen Gewalt gelenkte, keiner Zensur unterworfene Presse ist Wesensmerkmal des freiheitlichen Staates und für die moderne Demokratie unentbehrlich.[1702]“

sowie

„Ihre Aufgabe ist es, umfassende Informationen zu ermöglichen, die Vielfalt der bestehenden Meinungen wiederzugeben und selbst Meinungen zu bilden und zu vertreten[1703].“

b) Sachlicher Schutzbereich

aa) Begriff der Presse

Als Presse sind alle zur Verbreitung an einen bestimmten Personenkreis geeignete und bestimmte Druckerzeugnisse einzustufen[1704]. Die Verbreitung erfolgt durch ein körperliches Trägermedium[1705], das durch Vervielfältigung erstellt wird[1706]. Ferner muss sich die Verbreitung an einen unbestimmten Personenkreis richten[1707]. Insgesamt sind der Presse nicht nur Zeitungen und Zeitschriften jeder Art, sondern auch Bücher, Plakate, Flugblätter, Handzettel etc. zuzurechnen,

---

1701 Bethge, in: Sachs (Hrsg.), Grundgesetz, 6. Aufl. 2011, Art. 5 Rdnr. 66; Jarass/Pieroth/Jarass, Art. 5 Rdnr. 23; BVerfG, Urt. v. 27. Februar 2007 – 1 BvR 538, 2045/06, BVerfGE 117, 244, 258 - CICERO; BVerfG, Urt. v. 12. März 2003 – 1 BvR 330/96, 348/99, BVerfGE 107, 299, 329 – Handy-Überwachung.

1702 BVerfG, Beschl. v. 25. Januar 1884 – 1 BvR 272/81, BVerfGE 66, 116, 133 – Springer/Wallraff; BVerfG, Beschl. v. 6. November 1979 – 1 BvR 81/76, BVerfGE 52, 283, 296 - Tendenzbetrieb; BVerfG, Teilurt. v. 5. August 1966 – 1 BvR 586/62, 610/63 und 512/64, BVerfGE 20, 162, 174 f. - Spiegel.

1703 BVerfG, Beschl. v. 24. Mai 2005 – 1 BvR 1072/01, BVerfGE 113, 63, 76 – Verfassungsschutzbericht „Junge Freiheit“; BVerfG, Beschl. v. 6. November 1979 – 1 BvR 81/76, BVerfGE 52, 283, 296 - Tendenzbetrieb.

1704 Christian Starck, in: v. Mangoldt/Klein/Starck, GG Bd. 1, Art. 5 Abs. 1, 2 Rdnr. 59; Helmuth Schulze-Fielitz, in: H. Dreier (Hrsg.), Grundgesetz-Kommentar, Bd. 1, 2. Aufl. 2004, Art. 5 I, II Rdnr. 89; Jarass/Pieroth/Jarass, Art. 5 Rdnr. 25; Pieroth/Schlink, Rdnr. 611; von Münch/Kunig/Rudolf Wendt, Art. 5 Rdnr. 30; BVerfG, Beschl. v. 8. Oktober 1996 – 1 BvR 1183/90, BVerfGE 95, 28, 35 - Werkszeitungen.

1705 Christian Starck, in: v. Mangoldt/Klein/Starck, GG Bd. 1, Art. 5 Abs. 1, 2 Rdnr. 59; Helmuth Schulze-Fielitz, in: H. Dreier (Hrsg.), Grundgesetz-Kommentar, Bd. 1, 2. Aufl. 2004, Art. 5 I. II Rdnr. 89, 91; Jarass/Pieroth/Jarass, Art. 5 Rdnr. 25; Pieroth/Schlink, Rdnr. 611; von Münch/Kunig/Rudolf Wendt, Art. 5 Rdnr. 30.

1706 Jarass/Pieroth/Jarass, Art. 5 Rdnr. 25.

1707 Jarass/Pieroth/Jarass, Art. 5 Rdnr. 25; von Münch/Kunig/Rudolf Wendt, Art. 5 Rdnr. 30.

sowie Schallplatten, CD-ROM und Disketten jeder Art[1708]. Vom Begriff der Presse sind auch gruppeninterne Publikationen erfasst[1709]. Demnach ist die Berichterstattung in Schülerzeitungen vom Begriff der Presse erfasst. Für die Anwendbarkeit der Pressefreiheit spielt der Inhalt keine Rolle[1710]. Geschützt ist die Berichterstattung wie die Verbreitung eigener Meinung[1711] sowie die Unterhaltung[1712].

bb) Geschütztes Verhalten

Die Pressefreiheit schützt die Gründung und Gestaltung von Presseerzeugnissen[1713]. Mithin sind alle wesensmäßig mit der Pressefreiheit zusammenhängenden Tätigkeiten von der Beschaffung der Information bis zur Verbreitung der Nachricht und Meinung geschützt[1714]. Geschützt wird insbesondere die medien-

---

1708 Jarass/Pieroth/Jarass, Art. 5 Rdnr. 25; Pieroth/Schlink, Rdnr. 612; von Münch/Kunig/Rudolf Wendt, Art. 5 Rdnr. 30; BVerfG, Beschl.v. 8. Oktober 1996 – 1 BvR 1183/90, BVerfGE 95, 28, 35 - Werkszeitungen.

1709 Pieroth/Schlink, Rdnr. 612; BVerfG, Beschl.v. 8. Oktober 1996 – 1 BvR 1183/90, BVerfGE 95, 28, 35 - Werkszeitungen.

1710 Bethge, in: Sachs (Hrsg.), Grundgesetz, 6. Aufl. 2011, Art. 5 Rdnr. 69; Christian Starck, in: v. Mangoldt/Klein/Starck, GG Bd. 1, Art. 5 Abs. 1, 2 Rdnr. 60; Helmuth Schulze-Fielitz, in: H.Dreier (Hrsg.), Grundgesetz-Kommentar, Bd. 1, 2. Aufl. 2004, Art. 5 I, II Rdnr. 94; Jarass/Pieroth/Jarass, Art. 5 Rdnr. 26; von Münch/Kunig/Rudolf Wendt, Art. 5 Rdnr. 31.

1711 Jarass/Pieroth/Jarass, Art. 5 Rdnr. 26; BVerfG, Beschl. v. 15. November 1982 – 1 BvR 108, 438, 437/80, BVerfGE 62, 230, 243 - Boykottaufruf; BVerfG, Beschl. v. 6. Oktober 1959 – 1 BvL 118/53, BVerfGE 10, 118, 121 – Behördliches Presseverbot.

1712 Jarass/Pieroth/Jarass, Art. 5 Rdnr. 26; BVerfG, Urt. v. 15. Dezember 1999 – 1 BvR 653/96, BVerfGE 101, 361, 389 f. – Caroline von Monaco.

1713 Christian Starck, in: v. Mangoldt/Klein/Starck, GG Bd. 1, Art. 5 Abs. 1, 2 Rdnr. 62 ff.; Helmuth Schulze-Fielitz, in: H. Dreier (Hrsg.), Grundgesetz-Kommentar, Bd. 1, Art. 5 I, II Rdnr. 95; Jarass/Pieroth/Jarass, Art. 5 Rdnr. 27; Pieroth/Schlink, Rdnr. 613; BVerfG, Beschl. v. 14. Januar 1998 – 1 BvR 1861/93, 1864/96, 2073/97, BVerfGE 97, 125, 144 – Caroline von Monaco I.

1714 Jarass/Pieroth/Jarass, Art. 5 Rdnr. 27; Helmuth Schulze-Fielitz, in: H. Dreier (Hrsg.), Grundgesetz-Kommentar, Bd. 1, Art. 5 I, II Rdnr. 95; Pieroth/Schlink, Rdnr. 613 ff.; von Münch/Kunig/Rudolf Wendt, Art. 5 Rdnr. 33; Wendt, AfP 2004, 181, 185; BVerfG, Urt. v. 24. Januar 2001 – 1 BvR 2623/95, 622/99, BVerfGE 103, 44, 59 – Gerichtsfernsehen; BVerfG, Beschl. v. 14. Juli 1994 – 1 BvR 1595, 1606/92, BVerfGE 91, 125, 134 – Honecker; BVerfG, Teilurt. v. 5. August 1966 – 1 BvR 586/62, 610/63 und 512/64, BVerfGE 20, 162, 176 – Spiegel.

spezifische Informationsbeschaffung[1715]. Denn erst der freie Zugang zur Information versetzt die Medien in den Stand, die ihnen in der freiheitlichen Demokratie zukommende Funktion wahrzunehmen[1716]. In Bezug auf die Wahl der Mittel der Funktionserfüllung ist die Presse bei der Berichterstattung darauf beschränkt, ihren Lesern ein Ereignis in Wort und Schrift zu schildern[1717].

Es fragt sich, ob die Informationen aus allgemein zugänglichen Quellen stammen müssen, damit der Schutzbereich der Pressefreiheit eröffnet ist. In seiner Gerichtsfernsehen-Entscheidung bejaht das BVerfG die Frage ausdrücklich und führt dazu aus:

> „Soweit die Medien an der Zugänglichkeit einer für jedermann geöffneten Informationsquelle teilhaben, wird der Zugang durch die Informationsfreiheit des Art. 5 Abs. 1 Satz 1 GG geschützt, das heißt für die Medien nicht grundsätzlich etwas anderes als für die Bürger allgemein.“[1718]

Auf der Grundlage dieser Entscheidung des BVerfG ist davon auszugehen, dass sich für die Gewährleistung der Informationsbeschaffung durch die Pressefreiheit auf die zum Gewährleistungsbereich der Informationsfreiheit des Art, 5 Abs. 1 Satz 1, 2. Halbs. GG getroffenen Feststellungen zu stützen ist[1719]. Somit kann erst nach Herstellung der allgemeinen Zugänglichkeit und nur in ihrem Umfang der sachliche Schutzbereich der Pressefreiheit betroffenen sein[1720]. Fehlt es dagegen an einer für die allgemeine Zugänglichkeit bestimmten Quelle, ist die Informationsbeschaffung nicht von diesen Grundrechten geschützt[1721]. Über die Zugänglichkeit und die Art der Zugangseröffnung entscheidet, wer nach der Rechtsordnung über ein entsprechendes Bestimmungsrecht verfügt[1722]. Die Ausübung dieses Rechts ist für Dritte keine Beschränkung i.S.d. Art. 5 Abs.

1715 Jarass/Pieroth/Jarass, Art. 5 Rdnr. 27; von Münch/Kunig/Rudolf Wendt, Art. 5 Rdnr. 33; BVerfG, Urt. v. 24. Januar 2001 – 1 BvR 2623/95, 622/99, BVerfGE 103, 44, 59 – Gerichtsfernsehen; BVerfG, Beschl. v. 14. Juli 1994 – 1 BvR 1595, 1606/92, BVerfGE 91, 125, 134 - Honecker.

1716 Wendt, AfP 2004, 181, 185.

1717 Wendt, AfP 2004, 181, 185.

1718 BVerfG, Urt. v. 24. Januar 2001 – 1 BvR 2623/95, 622/99, BVerfGE 103, 44, 60 - Gerichtsfernsehen.

1719 Jarass/Pieroth/Jarass, Art. 5 Rdnr. 27a; Wendt, AfP 2004, 181, 185; BVerfG, Urt. v. 24. Januar 2001 – 1 BvR 2623/95, 622/99, BVerfGE 103, 44, 60 - Gerichtsfernsehen.

1720 Wendt, AfP 2004, 181, 185.

1721 Wendt, AfP 2004, 181, 185; BVerfG, Urt. v. 24. Januar 2001 – 1 BvR 2623/95, 622/99, BVerfGE 103, 44, 60 - Gerichtsfernsehen.

1722 Christian Starck, in: v. Mangoldt/Klein/Starck, GG Bd. 1, Art. 5 Abs. 1, 2 Rdnr. 45; Wendt, AfP 2004, 181, 185.

2 GG[1723]. Das Bestimmungsrecht richtet sich nach den allgemeinen Vorschriften, für Privatpersonen insbesondere nach denen des bürgerlichen Rechts[1724]. Der Bestimmungsberechtigte kann sein Bestimmungsrecht auch in differenzierender Weise ausüben und Modalitäten des Zugangs festlegen, z.B. durch das Erfordernis der Einwilligung in die Fotoaufnahmen[1725]. Demnach müssen Informationen aus allgemein zugänglichen Quellen stammen, damit der Schutzbereich der Pressefreiheit eröffnet ist.

c) Ergebnis

Da es sich bei dem durch § 201a Abs. 1 StGB geschützten Rückzugsbereich um den höchstpersönlichen Lebensbereich und nicht um eine allgemein zugängliche Quelle handelt, berührt die strafrechtliche Ahndung des unbefugten Herstellens von Bildaufnahmen den Schutzbereich der Pressefreiheit nicht. Im Übrigen wäre der Schutzbereich der Pressefreiheit auch deshalb nicht tangiert, weil das Herstellen der Bildaufnahmen beim Cyber-Bullying nicht zum Zwecke der Informationsbeschaffung im Sinne einer der Pressefreiheit unterfallenden Berichterstattung erfolgt.

2. Beschränkung durch den sachlichen Schutzbereich der Rundfunkfreiheit gemäß Art. 5 Abs. 1 Satz 2, 2. Alt. GG

Art. 5 Abs. 1 Satz 2, 2. Alt. GG gewährleistet die Freiheit der Rundfunkberichterstattung.

a) Die Bedeutung der Freiheit der Rundfunkberichterstattung

Die Rundfunkfreiheit dient der Gewährleistung freier individueller und öffentlicher Meinungsbildung[1726]. Sie ist wie die Meinungs- und Pressefreiheit konstitu-

---

1723 Wendt, AfP 2004, 181, 185; BVerfG, Urt. v. 24. Januar 2001 – 1 BvR 2623/95, 622/99, BVerfGE 103, 44, 60 - Gerichtsfernsehen.

1724 Christian Starck, in: v. Mangoldt/Klein/Starck, GG Bd. 1, Art. 5 Abs. 1, 2 Rdnr. 45; Wendt, AfP 2004, 181, 185.

1725 Christian Starck, in: v. Mangoldt/Klein/Starck, GG Bd. 1, Art. 5 Abs. 1, 2 Rdnr. 45; Wendt, AfP 2004, 181, 185; BVerfG, Urt. v. 24. Januar 2001 – 1 BvR 2623/95, 622/99, BVerfGE 103, 44, 60 - Gerichtsfernsehen.

1726 Jarass/Pieroth/Jarass, Art. 5 Rdnr. 34; BVerfG, Beschl. v. 24. März 1987 – 1 BvR 147, 478/86, BVerfGE 74, 297, 323 – 5. Rundfunkentscheidung; BVerfG, Beschl. v. 13. Januar 1982 – 1 BvR 848, 1047/77, 916, 1307/78, 350/79 und 475, 902, 965, 1177, 1238, 1461/80, BVerfGE 59, 231, 257 - WDR; BVerfG, 16. Juni 1981 – 1 BvL 89/78, BVerfGE 57, 295, 319 – 3. Rundfunkurteil.

ierendes Element einer Demokratie[1727]. Der Rundfunk hat in möglichster Breite und Vollständigkeit zu informieren; er gibt dem Einzelnen und den gesellschaftlichen Gruppen Gelegenheit zu meinungsbildendem Wirken und ist selbst am Prozess der Meinungsbildung beteiligt[1728]. Unter den Medien kommt dem Rundfunk wegen seiner Breitenwirkung, Aktualität und Suggestivkraft besondere Bedeutung zu[1729].

b) Sachlicher Schutzbereich

aa) Begriff des Rundfunks

Als Rundfunk ist die Veranstaltung und Verbreitung von Darbietungen aller Art für die Allgemeinheit mit Hilfe von physikalischen, insbesondere elektromagnetischen Wellen zu verstehen[1730]. Gleichgültig ist, ob die Übermittlung der Darbietung mittels Kabel oder drahtlos erfolgt[1731]. Obwohl sich die Umgangssprache hinsichtlich des Begriffs „Rundfunk" allein auf den Hörfunk bezieht, ist zum einen auch das Fernsehen miteinbezogen[1732], sowie auch neuartige Dienste wie z.B. Pay-TV, Videotext und das Internet[1733]. Die Rundfunkberichterstattung

---

1727 Jarass/Pieroth/Jarass, Art. 5 Rdnr. 34; BVerfG, Urt. v. 12. März 2003 – 1 BvR 330/96, 348/99, BVerfGE 107, 299, 329 - Handy-Überwachung; BVerfG, Beschl. v. 1. Oktober 1987 – 2 BvR 1434/86, BVerfGE 77, 65, 74 – ZDF.

1728 Jarass/Pieroth/Jarass, Art. 5 Rdnr. 34; BVerfG, Urt. v. 4. November 1986 – 1 BvF 1 /84, BVerfGE 73, 118, 152 - 4. Rundfunkurteil; BVerfG, Beschl. v. 13. Januar 1982 – 1 BvR 848, 1047/77, 916, 1307/78, 350/79 und 475, 902, 965, 1177, 1238, 1461/80, BVerfGE 59, 231, 257 f. – WDR.

1729 Jarass/Pieroth/Jarass, Art. 5 Rdnr. 34; BVerfG, Urt. v. 11. September 2007 – 1 BvR 2270/05, 809, 830/06, BVerfGE 119, 181, 215 – Rundfunkgebühren; BVerfG, Beschl. v. 26. Oktober 2005 – 1 BvR 396/98, BVerfGE 114, 371, 387 – Kabelgroschen; BVerfG, Urt. v. 22. Februar 1994 – 1 BvL 30/88, BVerfGE 90, 60, 87 – 8. Rundfunkurteil.

1730 Helmuth Schulze-Fielitz, in: H. Dreier (Hrsg.), Grundgesetz-Kommentar, Bd. 1, 2. Aufl. 2004, Art. 5 I, II Rdnr. 99; Herzog, in: Maunz/Dürig, GG Bd. I, Art. 5 Abs. I, II Rdnr. 195; Jarass/Pieroth/Jarass, Art. 5 Rdnr. 36.

1731 Helmuth Schulze-Fielitz, in: H. Dreier (Hrsg.), Grundgesetz-Kommentar, Bd. 1, 2. Aufl. 2004, Art. 5 I, II Rdnr. 99; Herzog, in: Maunz/Dürig, GG Bd. I, Art. 5 Abs. I, II Rdnr. 195.

1732 Helmuth Schulze-Fielitz, in: H. Dreier (Hrsg.), Grundgesetz-Kommentar, Bd. 1, 2. Aufl. 2004, Art. 5 I, II Rdnr. 100; v.Münch, NJW 2000, 634, 635.

1733 Bethge, in: Sachs (Hrsg.), Grundgesetz, 6. Aufl. 2011, Art. 5 Rdnr. 90b; Jarass/Pieroth/Jarass, Art. 5 Rdnr. 36; v.Münch/Kunig/Rudolf Wendt, Art. 5 Rdnr. 58.

schützt neben der Berichterstattung jede Vermittlung von Information und Meinung[1734].

bb) Geschütztes Verhalten

Die Rundfunkfreiheit umfasst alle wesensmäßig mit der Veranstaltung von Rundfunk zusammenhängenden Tätigkeiten von der Beschaffung der Information und der Produktion der Sendungen bis hin zu ihrer Verbreitung[1735]. Auch im Rahmen der Rundfunkfreiheit stellt sich die Frage, ob die Informationen aus allgemein zugänglichen Quellen stammen müssen. Dazu führt das BVerfG in seinem Gerichtsfernsehen-Urteil aus:

> „(...) zu deren Schutzbereich gehört aber ebenso wenig wie zu dem der Informationsfreiheit ein Recht auf Eröffnung einer Informationsquelle. Insoweit reicht die Rundfunkfreiheit nicht weiter als die Informationsfreiheit des Art. 5 Abs. 1 Satz 1 GG, die als Abwehrrecht nur den Zugang zu allgemein zugänglichen Informationsquellen gegen staatliche Beschränkungen sichert.“[1736].

c) Ergebnis

Auch die Freiheit der Rundfunkberichterstattung gemäß Art. 5 Abs. 1 Satz 2, 2. Alt. GG wird durch die strafrechtliche Ahndung des unbefugten Herstellens einer Bildaufnahme gemäß § 201a Abs. 1, 1. Alt. in seinem sachlichen Schutzbereich nicht berührt, da es an der allgemeinen Zugänglichkeit der Informationsquelle fehlt.

1734 Herzog, in: Maunz/Dürig, GG Bd. I, Art. 5 Abs. I, II Rdnr. 201; Jarass/Pieroth/Jarass, Art. 5 Rdnr. 37; BVerfG, Urt. v. 5 Juni 1973 – 1 BvR 536/72, BVerfGE 35, 202, 222 – Lebach.

1735 Christian Starck, in: v. Mangoldt/Klein/Starck, GG I, Art. 5 Abs. 1, 2 Rdnr. 104; Helmuth Schulze-Fielitz, in: H. Dreier (Hrsg.), Grundgesetz-Kommentar, Bd. 1, 2. Aufl. 2004, Art. 5 I, II Rdnr. 105; Jarass/Pieroth/Jarass, Art. 5 Rdnr. 39; BVerfG, Urt. v. 24. Januar 2001 – 1 BvR 2623/95, 622/99, BVerfGE 103, 44, 59 – Gerichtsfernsehen; BVerfG, Beschl. v. 14. Juli 1994 – 1 BvR 1595, 1606/92, BVerfGE 91, 125, 134 – Honecker; BVerfG, Beschl. v. 1. Oktober 1987 – 2 BvR 1434/86, BVerfGE 77, 65, 74 – ZDF.

1736 BVerfG, Urt. v. 24. Januar 2001 – 1 BvR 2623/95, 622/99, BVerfGE 103, 44, 59 f. – Gerichtsfernsehen.

3. Beschränkung durch den sachlichen Schutzbereich der Filmfreiheit gemäß Art. 5 Abs. 1 Satz 2, 3. Alt. GG

Gemäß Art. 5 Abs. 1 Satz 2, 3. Alt. GG wird die Filmfreiheit gewährleistet.

a) Bedeutung der Filmfreiheit

Die praktische Bedeutung der Filmfreiheit ist gering, da für die meisten Filme auch die Kunstfreiheit in Anspruch genommen werden kann, die einen weiterreichenden Schutz bietet[1737].

b) Sachlicher Schutzbereich

aa) Begriff des Films

Filme sind alle zur Darstellung durch einen Projektor geeigneten Bilderreihen, denen meistens eine Tonspur beigefügt ist und die in der Öffentlichkeit vorgeführt werden[1738].

bb) Geschütztes Verhalten

Die Filmfreiheit schützt die Herstellung und Verbreitung der Filme, u.a. die Erstellung eines Drehbuchs, die Aufnahme, die Herstellung der Kopien, die Filmeinfuhr, den Filmverleih und das Abspielen[1739]. Was den Schutz von Filmaufnahmen durch das Grundrecht der Filmfreiheit angeht, wird man im Sinne der dargestellten Rechtsprechung des BVerfG das unbefugte Herstellen von Bildaufnahmen, die dem persönlichen Rückzugsbereich entstammen und den höchstpersönlichen Lebensbereich verletzen, auch wiederum dem Grundrechtstatbestand nicht zurechnen können, da eine nicht allgemein zugängliche Quelle betroffen ist[1740].

1737 Helmuth Schulze-Fielitz, in: H. Dreier (Hrsg.), Grundgesetz-Kommentar, Bd. 1, 2. Aufl. 2004, Art. 5 I, II Rdnr. 39; Jarass/Pieroth/Jarass, Art. 5 Rdnr. 49; von Münch/Kunig/Rudolf Wendt, Art. 5 Rdnr. 61.

1738 Helmuth Schulze-Fielitz, in: H. Dreier (Hrsg.), Grundgesetz-Kommentar, Bd. 1, 2. Aufl. 2004, Art. 5 I, II Rdnr. 111; Jarass/Pieroth/Jarass, Art. 5 Rdnr. 50.

1739 Christian Starck, in: v. Mangoldt/Klein/Starck, GG Bd. I, Art. 5 Abs. 1, 2 Rdnr. 168; Helmuth Schulze-Fielitz, in: H. Dreier (Hrsg.), Grundgesetz-Kommentar, Bd. 1, 2. Aufl. 2004, Art. 5 I, II Rdnr. 113; Jarass/Pieroth/Jarass, Art. 5 Rdnr. 51.

1740 Wendt, AfP 2004, 181, 185.

c) Ergebnis

Die strafrechtliche Ahndung des unbefugten Herstellens einer Bildaufnahme gemäß § 201a Abs. 1, 1. Alt. berührt den sachlichen Schutzbereich des Grundrechts der Filmfreiheit aus Art. 5 Abs. 1 Satz 2, 3. Alt. GG nicht, da es auch hier an der erforderlichen allgemeinen Zugänglichkeit an der Informationsquelle fehlt.

IV. Beschränkung durch die Kunstfreiheit des Art. 5 Abs. 3 Satz 1, 1. Alt. GG

Gemäß Art. 5 Abs. 3 Satz 1, 1. Alt. GG ist die Kunst frei.

1. Bedeutung des Grundrechts der Kunstfreiheit

Die Bedeutung der Kunstfreiheit soll anhand der Esra-Entscheidung des BVerfG dargestellt werden, denn das BVerfG führt dazu aus:

> „(...) Wie alle Freiheitsrechte richtet sich die Kunstfreiheit in erster Linie gegen den Staat. Schon die ausdrückliche Aufnahme der Freiheit der Kunst in die Weimarer Verfassung (Art. 142 Satz 1: „Die Kunst, die Wissenschaft und ihre Lehre sind frei.“) war eine Reaktion auf obrigkeitsstaatliche Bekämpfung neuer künstlerischer Entwicklungen (...). Nach der massiven Verfolgung von Künstlern im Nationalsozialismus war die Übernahme der Kunstfreiheit als selbständiges Grundrecht in das Grundgesetz völlig unstreitig. (...)
>
> Das Grundrecht ist aber zugleich eine objektive Entscheidung für die Freiheit der Kunst, die auch im Verhältnis von Privaten zueinander zu berücksichtigen ist, insbesondere wenn unter Berufung auf private Rechte künstlerische Werke durch staatliche Gerichte verboten werden sollen.(...)“[1741]

2. Sachlicher Schutzbereich

a) Begriff der Kunst

Dem Wesen der Kunst ist es immanent, dass es eigentlich unmöglich ist, den Begriff der Kunst zu definieren, jedoch ist eine Definition im Rahmen der

---

1741 BVerfG, Beschl. v. 13. Juni 2007 – 1 BvR 1783/05, BVerfGE 119, 1, 21 – Esra; vgl. auch bereits: BVerfG, Urt. v. 5. März 1974 – 1 BvR 712/68, BVerfGE 36, 321, 331 – Schallplattenumsatzsteuer; BVerfG, Beschl. v. 24. Februar 1971 – 1 BvR 435/68, BVerfGE 30, 173, 188 – Mephisto.

Rechtsanwendung unerlässlich[1742]. Zur Definition des Begriffs der Kunst werden deshalb mehrere Kunstbegriffe nebeneinander verwendet.

Nach dem sog. materiellen Kunstbegriff kann Kunst zunächst materiell bestimmt werden[1743]. Danach ist jede künstlerische Betätigung als freie schöpferische Gestaltung, in der Eindrücke, Erfahrungen, Erlebnisse des Künstlers durch das Medium einer bestimmten Formensprache zum Ausdruck gebracht werden, erfasst[1744].

Kunst kann des Weiteren formal bestimmt werden. Nach diesem sog. formalen Kunstbegriff liegt Kunst vor, wenn das Wesentliche des betroffenen Werks einem bestimmten Werktyp zugeordnet werden kann[1745].

Der sog. offene Kunstbegriff sieht das kennzeichnende Merkmal einer künstlerischen Betätigung darin, dass es wegen der Mannigfaltigkeit des Aussagegehalts möglich sei, der Darstellung im Wege einer fortgesetzten Interpretation immer weiterreichende Bedeutung zu entnehmen, sodass sich eine praktisch unerschöpfliche, vielstufige Informationsvermittlung ergebe[1746].

Eindeutig ist jedoch, dass eine weite Definition des Kunstbegriffs zugrunde zu legen ist, um die Gefahr der Entstehung eines staatlichen Kunstrichtertums auszuschließen[1747].

1742 Ingolf Pernice, in: H. Dreier (Hrsg.), Grundgesetz-Kommentar, Bd. 1, 2. Aufl. 2004, Art. 5 III Rdnr. 17; Jarass/Pieroth/Jarass, Art. 5 Rdnr. 106; BVerfG, Beschl. v. 3. Juni 1987 – 1 BvR 313/85, BVerfGE 75, 369, 377 – Strauß-Karikatur; BVerfG, Beschl. v. 17. Juli 1984 – 1 BvR 816/82, BVerfGE 67, 213, 224 f. – anachronistischer Zug.

1743 Christian Starck, in: v. Mangoldt/Klein/Starck, GG I, Art. 5 Abs. 3 Rdnr. 302; Ingolf Pernice, in: H. Dreier (Hrsg.), Grundgesetz-Kommentar, Bd. 1, 2. Aufl. 2004, Art. 5 III Rdnr. 18; Jarass/Pieroth/Jarass, Art. 5 Rdnr. 106.

1744 BVerfG, Beschl. v. 13. Juni 2007 – 1 BvR 1783/05, BVerfGE 119, 1, 20 f. – Esra; BVerfG, Beschl. v. 17. Juli 1984 – 1 BvR 816/82, BVerfGE 67, 213, 226 – anachronistischer Zug; BVerfG, Beschl. v. 24. Februar 1971 – 1 BvR 435/68, BVerfGE 30, 173, 188 f. – Mephisto.

1745 Christian Starck, in: v. Mangoldt/Klein/Starck, GG I, Art. 5 Abs. 3 Rdnr. 302; Ingolf Pernice, in: H. Dreier (Hrsg.), Grundgesetz-Kommentar, Bd. 1, 2. Aufl. 2004, Art. 5 III Rdnr. 18; Jarass/Pieroth/Jarass, Art. 5 Rdnr. 106; BVerfG, 17. Juli 1984 – 1 BvR 816/82, BVerfGE 67, 213, 226 f. – anachronistischer Zug.

1746 Christian Starck, in: v. Mangoldt/Klein/Starck, GG I, Art. 5 Abs. 3 Rdnr. 302; Ingolf Pernice, in: H. Dreier (Hrsg.), Grundgesetz-Kommentar, Bd. 1, 2. Aufl. 2004, Art. 5 III Rdnr. 18; Jarass/Pieroth/Jarass, Art. 5 Rdnr. 106; BVerfG, Beschl. v. 17. Juli 1984 – 1 BvR 816/82, BVerfGE 67, 213, 227 – anachronistischer Zug.

1747 Christian Starck, in: v. Mangoldt/Klein/Starck, GG I, Art. 5 Abs. 3 Rdnr. 298; Jarass/Pieroth/Jarass, Art. 5 Rdnr. 106.

b) Geschütztes Verhalten

Das BVerfG führt zum Umfang der Kunstfreiheitsgarantie in seiner Esra-Entscheidung aus:

> „(...) Kunstfreiheitsgarantie betrifft in gleicher Weise den „Werkbereich“ und den „Wirkbereich“ künstlerischen Schaffens. Nicht nur die künstlerische Betätigung (Werkbereich), sondern darüber hinaus auch die Darbietung und Verbreitung des Kunstwerks sind sachnotwendig für die Begegnung mit dem Werk als eines ebenfalls kunstspezifischen Vorgangs. Dieser „Wirkbereich“ ist der Boden, auf dem die Freiheitsgarantie des Art. 5 Abs. 3 Satz 1 GG bisher vor allem Wirkung entfaltet hat.(...)“[1748].

3. Ergebnis

Bei dem Zugrundelegen einer weiten Definition des Kunstbegriffs ist das Herstellen von Bildaufnahmen durchaus als Kunst zu werten. Dies würde jedoch im konkreten Fall des Cyber-Bullying zu weit gehen. Insofern muss als Korrektiv ein weiterer Anhaltspunkt herangezogen werden, nämlich der, dass der Täter des Cyber-Bully das Herstellen der Bildaufnahmen selbst gar nicht als Kunstwerk betrachtet.

V. Ergebnis

Das strafrechtliche Verbot des Herstellens von Bildaufnahmen gemäß § 201a Abs. 1, 1. Alt. StGB berührt die Schutzbereiche der in Art. 5 Abs. 1 Satz 1 und Satz 2 GG verbürgten Kommunikationsgrundrechte sowie der in Art. 5 Abs. 3 GG verbürgten Kunstfreiheit nicht.

1748 BVerfG, Beschl. v. 13. Juni 2007 – 1 BvR 1783/05, BVerfGE 119, 1, 21 f. – Esra; vgl. bereits zuvor: BVerfG, Beschl. v. 17. Juli 1984 – 1 BvR 816/82, BVerfGE 67, 213, 224 – anachronistischer Zug; BVerfG, Beschl. v. 24. Februar 1971 – 1 BvR 435/68, BVerfGE 30, 173, 189 – Mephisto.

B. Beschränkung des strafrechtlichen Bildnisschutzes durch Art. 5 GG in Bezug auf das Übertragen der Bildaufnahmen gemäß § 201a Abs. 1, 2. Alt. StGB

I. Beschränkung durch den sachlichen Schutzbereich der Meinungsfreiheit nach Art. 5 Abs. 1 Satz 1, 1. Halbs. GG

Fraglich ist auch, ob das Übertragen einer Bildaufnahme von einer anderen Person in ihrem Rückzugsbereich vom Grundrecht der Meinungsfreiheit geschützt ist. Entscheidend für die Beantwortung dieser Frage ist, ob das Übertragen als Form der Kundgabe der Meinung erfasst wird. Das Grundrecht schützt das Äußern und Verbreiten der Meinung[1749]. Es kommt allen Tätigkeiten zugute, die zur Informationsübermittlung und Informationsverbreitung beitragen. Die Informationsbeschaffung ist von der Meinungsfreiheit jedoch gerade nicht umfasst[1750]. Das Übertragen einer Bildaufnahme bedeutet, dass die Informationen, aus denen die Bildaufnahme besteht, ohne dauerhafte Abspeicherung vom Bildaufnahmegerät auf einen andernorts befindlichen Bildträger weitergeleitet werden und dort sichtbar gemacht werden können[1751]. Das Übertragen einer Bildaufnahme befindet sich jedoch auch noch im Stadium der Informationsbeschaffung. Auch wenn das Übertragen einer Bildaufnahme wie das Herstellen der Meinungsbildung dienen soll, ist die Gewährung eines grundrechtlichen Schutzes vor dem strafrechtlichen Verbot des Übertragens einer Bildaufnahme zu verneinen. Denn auch hier gilt, dass unter dem Titel der Meinungsbildung das Sammeln von Informationen nicht generell geschützt sein kann, da ansonsten die Gefahr des Verlusts der eigenständigen Bedeutung des Grundrechts der Informationsfreiheit besteht[1752].

1749 Bethge, in: Sachs (Hrsg.), Grundgesetz, 6. Aufl. 2011, Art. 5 Rdnr. 44; Christian Starck, in: v. Mangoldt/Klein/Starck, GG Bd. 1, Art. 5 Abs. 1, 2 Rdnr. 32; Jarass/Pieroth/Jarass, Art. 5 Rdnr. 6; Pieroth/Schlink, Rdnr. 600; von Münch/Kunig/Rudolf Wendt, Art. 5 Rdnr. 17 ff.; Wendt, AfP 2004, 181, 184.

1750 Christian Starck, in: v. Mangoldt/Klein/Starck, GG Bd. 1, Art. 5 Abs. 1, 2 Rdnr. 37; Jarass/Pieroth/Jarass, Art. 5 Rdnr. 6; Wendt, AfP 2004, 181, 184.

1751 Brain Valerius, in: Leipziger Kommentar, StGB Bd. 6, § 201a Rdnr. 19; Fischer, § 201a Rdnr. 13.

1752 Jarass/Pieroth/Jarass, Art. 5 Rdnr. 6; Wendt, AfP 2004, 181, 184.

II. Beschränkung durch den sachlichen Schutzbereich der Informationsfreiheit nach Art. 5 Abs. 1 Satz 1, 2. Halbs. GG

Vom Schutzbereich der Informationsfreiheit ist die schlichte Entgegennahme von Informationen ebenso wie das Beschaffen erfasst[1753]. Die Informationen müssen allerdings auch aus allgemein zugänglichen Quellen stammen. Mit der Handlung des Weiterleitens werden Informationen aus nicht allgemein zugänglichen Quellen durch den Weiterleitenden entgegengenommen und auch aktiv beschafft, so dass das Übertragen von Bildaufnahmen nicht vom Schutzbereich der Informationsfreiheit nach Art. 5 Abs. 1 Satz 1, 2. Halbs. GG erfasst.

III. Beschränkung durch die Medienfreiheiten des Art. 5 Abs. 1 Satz 2 GG

1. Beschränkung durch den sachlichen Schutzbereich der Pressefreiheit nach Art. 5 Abs. 1 Satz 2, 1. Alt. GG

Das Übertragen von Bildaufnahmen ist ein Verhalten, das vom Schutzbereich der Pressefreiheit nach Art. 5 Abs. 1 Satz 2, 1. Alt. GG erfasst wird. Denn nach der Rechtsprechung des BVerfG[1754] werden alle wesensmäßig mit der Pressefreiheit zusammenhängenden Tätigkeiten von der Beschaffung der Information bis zur Verbreitung der Nachricht und Meinung erfasst.

Zu beachten ist aber, dass der sachliche Schutzbereich der Pressefreiheit nur nach Herstellung der allgemeinen Zugänglichkeit und nur in ihrem Umfang betroffen sein kann[1755]. Wie bereits oben dargestellt, entscheidet über die Zugänglichkeit und die Art der Zugangseröffnung, wer nach der Rechtsordnung über ein entsprechendes Bestimmungsrecht verfügt. Man könnte annehmen, dass im Fall der Echtzeitübertragung, die gerade unter die Tathandlung des Übertragens von Bildaufnahmen subsumiert werden, derjenige, der die Bildträger weiterleitet oder derjenige, der die Bildaufnahmen sichtbar macht, das Bestimmungsrecht

---

1753 Bethge, in: Starck (Hrsg.), Grundgesetz, 6. Aufl. 2011, Art. 5 Rdnr. 53; Jarass/Pieroth/Jarass, Art. 5 Rdnr, 17; Pieroth/Schlink, Rdnr. 610; von Münch/Kunig/Rudolf Wendt, Art. 5 Rdnr. 26; Wendt, AfP 2004, 181, 184; BVerfG, Beschl. v. 3. Oktober 1969 – 1 BvR 46/65, BVerfGE 27, 71, 82 f. – Leipziger Volkszeitung .

1754 BVerfG, Urt. v. 24. Januar 2001 – 1 BvR 2623/95, 622/99, BVerfGE 103, 44, 59 – Gerichtsfernsehen; BVerfG, Beschl. v. 14. Juli 1994 – 1 BvR 1595, 1606/92, BVerfGE 91, 125, 134 – Honecker; BVerfG, Teilurt. v. 5. August 1966 – 1 BvR 586/62, 610/63 und 512/64, BVerfGE 20, 162, 176 – Spiegel.

1755 Wendt, AfP 2004, 181, 185

über die Zugänglichkeit innehat. Dagegen spricht aber, dass er gerade nicht das Bestimmungsrecht über die Eröffnung der Informationsquelle innehat. Demzufolge berührt das strafrechtliche Verbot des Übertragens von Bildaufnahmen gemäß § 201a Abs. 1, 2. Alt. StGB nicht den Schutzbereich der Pressefreiheit nach Art. 5 Abs. 1 Satz 2, 1. Alt. GG.

2. Beschränkung durch den sachlichen Schutzbereich der Rundfunkfreiheit nach Art. 5 Abs. 1 Satz 2, 2. Alt. GG

Da die Rundfunkfreiheit nicht weiter reicht als die Informationsfreiheit, sichert sie nur den Zugang zu allgemein zugänglichen Informationsquellen gegen staatliche Beschränkungen. Im Fall der Echtzeitübertragung hat jedoch gerade derjenige, der die Bildaufnahmen sichtbar macht, nicht das Bestimmungsrecht über die Eröffnung der Informationsquelle.

3. Beschränkung durch den sachlichen Schutzbereich der Filmfreiheit nach Art. 5 Abs. 1 Satz 2, 3. Alt. GG

Auch die Betroffenheit des sachlichen Schutzbereichs der Filmfreiheit aus Art. 5 Abs. 1 Satz 2, 3. Alt. GG ist zu verneinen. Denn im Einklang mit der Rechtsprechung des BVerfG kann das Übertragen von Bildaufnahmen, die dem persönlichen Rückzugsbereich entstammen und den höchstpersönlichen Lebensbereich verletzen, dem Schutzbereich der Filmfreiheit nicht zugerechnet werden, da eine nicht allgemein zugängliche Quelle betroffen ist.

IV. Beschränkung durch die Kunstfreiheit nach Art. 5 Abs. 3 Satz 1, 1. Alt. GG

Die Echtzeitübertragung von Bildaufnahmen kann unter Zugrundelegung der dargestellten Definitionsversuche des Kunstbegriffs durch das BVerfG durchaus wie das Herstellen als Kunst gewertet werden. Aber wie beim Herstellen der Bildaufnahme würde diese Wertung im konkreten Fall des Cyber-Bullying zu weit gehen. Insofern muss als Korrektiv ein weiterer Anhaltspunkt herangezogen werden, nämlich der, dass der Täter des Cyber-Bully das Übertragen der Bildaufnahmen selbst gar nicht als Kunstwerk betrachtet.

V. Ergebnis

Die strafrechtliche Ahndung des Übertragens von Bildaufnahmen von jemandem, der sich in seinem persönlichen Rückzugsbereich aufhält, berührt weder den sachlichen Schutzbereich der in Art. 5 Abs. 1 Satz 1 und Satz 2 GG niedergelegten Kommunikationsgrundrechte noch den der in Art. 5 Abs. 3 GG niedergelegten Kunstfreiheit.

C. Beschränkung des strafrechtlichen Bildnisschutzes durch Art. 5 GG in Bezug auf das Gebrauchen und das Zugänglichmachen unbefugt hergestellter Bildaufnahmen gemäß § 201a Abs. 2 StGB

I. Beschränkung durch den sachlichen Schutzbereich der Meinungsfreiheit gemäß Art. 5 Abs. 1 Satz 1, 1. Halbs. GG

In § 201a Abs. 2 geht es um den Gebrauch und die Weitergabe rechtswidrig beschaffter oder erlangter Bildaufnahmen. Vom Grundrecht der Meinungsfreiheit wird aber auch die Veröffentlichung rechtswidrig beschaffter oder erlangter Informationen geschützt[1756]. Das BVerfG[1757] begründet diesen Standpunkt u.a. mit der Notwendigkeit der Erhaltung des Informationsflusses und der Aufdeckung von Missständen und dem Argument, dass ein gänzlicher Ausschluss der Verbreitung rechtswidrig beschaffter Informationen aus dem Schutzbereich des Art. 5 Abs. 1 GG dazu führen würde, dass der Grundrechtsschutz auch in Fällen entfiele, in denen es seiner bedürfe. Der für die Anwendbarkeit der Meinungsfreiheit bedeutungslose Umstand der rechtswidrigen Erlangung der Information kann allerdings bei der Frage der Einschränkbarkeit dieser Freiheit relevant werden[1758]. Diese Einschränkbarkeit ist allerdings an Hand einer einzelfallbezogenen Güterabwägung unter Berücksichtigung der Besonderheiten des zu beurteilenden Sachverhalts und der Bedeutung des Grundrechts zu beurteilen[1759]. Die Schutzwirkung des Grundrechts der Meinungsfreiheit wird im Falle der rechtswidrigen Erlangung der Information i.d.R. nicht besonders stark ausgeprägt sein[1760].

1756 Jarass/Pieroth/Jarass, Art. 5 Rdnr. 6a; von Münch/Kunig/Rudolf Wendt, Art. 5 Rdnr. 29; BVerfG, Beschl. v. 25. Januar 1984 – 1 BvR 272/81. BVerfGE 66, 116, 137 - Springer/Wallraff.

1757 BVerfG, Beschl. v. 25. Januar 1984 – 1 BvR 272/81, BVerfGE 66, 116, 137 – Springer/Wallraff.

1758 Wendt, AfP 2004, 181, 186.

1759 BVerfG, Beschl. v. 25. Januar 1984 – 1 BvR 272/81, BVerfGE 66, 116, 138 – Springer/Wallraff.

1760 Wendt, AfP 2004, 181, 186.

Die in § 201a Abs. 2 erfasste Weitergabe einer in § 201a Abs. 1 unbefugt hergestellten und dem Art. 5 Abs. 1 Satz 1 GG unterfallenden Bildaufnahme ist ein Äußern oder Verbreiten im Sinne des Grundrechts der Meinungsfreiheit[1761].

Aufgrund des weiten Anwendungsbereichs der Tathandlung des Gebrauchens, so dass unter einem Gebrauchen etwa das Zusammenstellen und Abspielen von Bildaufnahmen, das Speichern, Ordnen, Archivieren und Kombinieren solcher Aufnahmen oder die sonstige Bearbeitung oder etwa elektronische Verarbeitung des Bildmaterials verstanden wird, wird man der Tathandlung des Gebrauchens Außenbezüge nicht absprechen können und sie als geschütztes Verhalten i.S. der Meinungsfreiheit begreifen müssen[1762].

Es lässt sich feststellen, dass das in § 201a Abs. 2 ausgesprochene strafrechtliche Verbot, unbefugt hergestellte Bildaufnahmen i.S. von Absatz 1 zu gebrauchen oder weiterzugeben, den Schutzbereich der Meinungsfreiheit berührt, soweit die Aufnahmen Art. 5 Abs. 1 Satz 1, Halbs. 1 GG unterfallen.

Im Fall des Cyber-Bullying ist an dieser Stelle zu unterscheiden, ob es sich um eine Bildaufnahme handelt oder eine Foto- bzw. Videomontage. Bei Foto- bzw. Videomontagen sind bewusst unwahre Tatsachenbehauptungen, die vom Schutz des Art. 5 Abs. 1 Satz 1, 1. Halbs. GG nicht umfasst sind, da eine unrichtige Information grundsätzlich nicht schützenwert ist.

II. Begrenzung durch die Medienfreiheiten

Die Presse-, Rundfunk- und Filmfreiheit schützen alle wesensmäßig mit diesen Medien zusammenhängenden Tätigkeiten. Auch für diese Grundrechte muss im Einklang mit der Rechtsprechung des BVerfG konsequenterweise gelten, dass die Verwendung und Verbreitung rechtswidrig beschaffter oder erlangter Informationen ihren tatbestandlichen Schutz nicht ausschließt[1763]. Dementsprechend lässt sich feststellen, dass das in § 201a Abs. 2 StGB normierte strafrechtliche Verbot den Schutzbereich der Medienfreiheiten berührt.

1761 Wendt, AfP 2004, 181, 186.

1762 Wendt, AfP 2004, 181, 186.

1763 Wendt, AfP 2004, 181, 186; BVerfG, Beschl. v. 25. Januar 1984 – 1 BvR 272/81, BVerfGE 66, 116, 137 f. – Springer/Wallraff.

III. Beschränkung durch die Kunstfreiheit nach Art. 5 Abs. 3 Satz 1, 1. Alt. GG

Im Zusammenhang mit der Herstellung und Weitergabe der Porno- und Hinrichtungsvideomontagen soll nicht von vornherein der künstlerische Wert dieser Werke in Frage gestellt werden. Ein wesentlicher Anhaltspunkt spricht jedoch auch hier gegen die Bewertung dieser Montagen als Kunst, nämlich der dass die Täter des Cyber-Bullying diese Montagen selbst gar nicht als Kunstwerk betrachten.

IV. Ergebnis

Das in § 201a Abs. 2 StGB strafrechtlich normierte Verbot berührt den Schutzbereich der Meinungsfreiheit lediglich beim Gebrauchen oder Zugänglichmachen von Bildaufnahmen, nicht hingegen beim Gebrauchen oder Zugänglichmachen von Foto- oder Videomontagen, da es sich in diesem Fall um unwahre Tatsachenbehauptungen handelt, die vom Schutzbereich nicht umfasst sind. Ferner berührt das Verbot den Schutzbereich der Medienfreiheiten.

D. Beschränkung des strafrechtlichen Bildnisschutzes durch Art. 5 GG in Bezug auf das unbefugte Zugänglichmachen befugt hergestellter Bildaufnahmen gemäß § 201a Abs. 3 StGB

Wenn schon die Weitergabe unbefugt hergestellter Bildaufnahmen vom Schutzbereich der Meinungsfreiheit in dem beim Cyber-Bullying jedoch beschränkten Umfang und der Medienfreiheiten erfasst ist, muss dies erst recht für die Weitergabe befugt hergestellter Aufnahmen gelten. Das strafrechtliche Verbot ist demnach eine Frage der Schranken des Grundrechts[1764].

1764 Wendt, AfP 2004, 181, 186.

E. Beschränkung des strafrechtlichen Bildnisschutzes durch Art. 5 GG in Bezug auf das öffentliche Zurschaustellen gemäß § 33 i.V.m. § 22 KUG

Das strafrechtliche Verbot des öffentlichen Zurschaustellens in § 33 i.V.m. § 22 KUG berührt den Schutzbereich der Meinungsfreiheit aus Art. 5 Abs. 1 Satz 1, 1. Halbs. GG sowie der Medienfreiheiten aus Art. 5 Abs. 1 Satz 2 GG. Einschränkend gilt aber, wie bereits bei § 201a StGB, dass der Schutzbereich der Meinungsfreiheit beim öffentlichen Zurschaustellen von Foto- oder Videomontagen hingegen nicht berührt ist, da es sich in diesem Fall um unwahre Tatsachenbehauptungen handelt, die gerade nicht vom Schutzbereich der Meinungsfreiheit umfasst sein sollen. Eindeutig zu verneinen ist auch, dass der Schutzbereich der Kunstfreiheit aus Art. 5 Abs. 3 Satz 1, 1. Alt. GG durch das strafrechtliche Verbot des öffentlichen Zurschaustellens berührt wird.

11. Kapitel: Verfassungsrechtliche Rechtfertigung des 201a Abs. 2 und Abs. 3 StGB und § 33 i.V.m. § 22 KUG

A. Verfassungsrechtliche Rechtfertigung des § 201a Abs. 2 und Abs. 3 StGB

I. Eingriffsqualität der in § 201a StGB getroffenen Regelungen

Ein Eingriff ist jedes staatliche Handeln, das dem Einzelnen ein Verhalten, das in den Schutzbereich eines Grundrechts fällt, ganz oder teilweise unmöglich macht, gleichgültig ob diese Wirkung final oder unbeabsichtigt, unmittelbar oder mittelbar, rechtlich oder tatsächlich, mit oder ohne Befehl oder Zwang erfolgt[1765]. Die Wirkung muss allerdings von einem zurechenbaren Verhalten der öffentlichen Gewalt ausgehen[1766]. Durch das sanktionierte Verbot des § 201a Absatz 2 und 3 wird in den Schutzbereich des Art. 5 Abs. 1 GG, der den Schutz der Verhaltensweisen des § 201a Absatz 2 und 3 erfasst, eingegriffen.

II. Verfassungsrechtliche Rechtfertigung

Die Kommunikationsfreiheiten des Art. 5 Abs. 1 GG sind nicht schrankenlos gewährleistet. Sie finden ihre Grenzen in Art. 5 Abs. 2 GG. Gemäß Art. 5 Abs. 2 GG finden die Kommunikationsfreiheiten des Art. 5 Abs. 1 GG ihre Schranken in den Vorschriften der allgemeinen Gesetze, den gesetzlichen Bestimmungen zum Schutze der Jugend und in dem Recht der persönlichen Ehre. Mit der Vorschrift des § 201a StGB könnte an eine Schranke der allgemeinen Gesetze zu denken sein.

1. Schranke der allgemeinen Gesetze

Allgemeine Gesetze sind Normen, die sich weder gegen die Meinungsfreiheit an sich noch gegen bestimmte Meinungen richten, sondern dem Schutz eines schlechthin, ohne Rücksicht auf bestimmte Meinungen, zu schützenden Rechtsgutes dienen[1767]. Dieses Rechtsgut muss nach der ständigen Rechtsprechung des

---

1765 Horst Dreier, in: H. Dreier (Hrsg.), Grundgesetz-Kommentar, Bd. 1, 2. Aufl. 2004, Vorb. Rdnr. 123 ff.; Jarass/Pieroth/Jarass, Vorb. vor Art. 1 Rdnr. 23 ff..

1766 Pieroth/Schlink, Rdnr. 251ff.

1767 Christian Starck, in: v. Mangoldt/Klein/Starck, GG I, Art. 5 Abs. 1, 2 Rdnr. 194 ff.; Helmuth Schulze-Fielitz, in: H. Dreier (Hrsg.), Grundgesetz-Kommentar, Bd. 1, 2.

BVerfG[1768] in der Rechtsordnung allgemein und unabhängig davon geschützt sein, ob es durch Meinungsäußerungen oder auf andere Weise verletzt werden kann. Im Bereich des Art. 5 Abs. 1 Satz 2 GG kommt es darauf an, ob sich die Gesetze speziell gegen die Medien oder gegen eine bestimmte Meinung richten oder aber dem Schutz eines schlechthin, ohne Rücksicht auf bestimmte Informationen oder Meinungen zu schützenden Rechtsguts dienen, das dem Grundrechtsschutz der Medien nicht nachsteht[1769]. § 201a zielt darauf ab, den Schutz des allgemeinen Persönlichkeitsrechts zu stärken. Um die jeweilige Kommunikationsfreiheit in verfassungsmäßiger Weise einschränken zu können, darf ein allgemeines Gesetz die Geltungskraft des Grundrechts nicht einseitig einschränken[1770]. Die Grenzziehung muss im Lichte des Grundrechts erfolgen[1771]. Sie muss der Wert setzenden Bedeutung der Freiheit der Meinungsäußerung und der Presse-, Rundfunk- und Filmfreiheit im freiheitlichen Staat Rechnung tragen und sich in ihrer diese Grundrechte beschränkenden Wirkung selbst wieder beschränken[1772]. Diese so genannte Wechselwirkung ist eine besondere Ausprägung des Grundsatzes der Verhältnismäßigkeit[1773]. Dementsprechend muss die Einschränkung der Kommunikationsfreiheit verhältnismäßig sein[1774]. Das Recht zur Ausübung der Kommunikationsfreiheiten muss also zurücktreten, wenn schutzwürdige Interessen von höherem Rang durch deren Betätigung verletzt

---

Aufl. 2004, Art. 5 I, II Rdnr. 136 ff.; Jarass/Pieroth/Jarass, Art. 5 Rdnr. 56; von Münch/Kunig/Rudolf Wendt, Art. 5 Rdnr. 69 ff.; BVerfG, Beschl. v. 4. November 2009 – 1 BvR 2150/08, BVerfGE 124, 300, 322 – Wunsiedel-Versammlung; BVerfG, Beschl. v. 26. Februar 2008 – 1 BvR 1602, 1606, 1626/07, BVerfGE 120, 180, 200 – Caroline von Monaco IV.

1768 BVerfG, Beschl. v. 23. Juni 2004 – 1 BvQ 19/04, BVerfGE 111, 147, 155 – NPD-Kundgebung.

1769 Jarass/Pieroth/Jarass, Art. 5 Rdnr. 56; BVerfG, Beschl. v. 14. Juli 1994 – 1 BvR 1595, 1606/92, BVerfGE 91, 125, 135 – Honecker.

1770 Wendt, AfP 2004, 181, 187.

1771 Wendt, AfP 2004, 181, 187.

1772 Jarass/Pieroth/Jarass, Art. 5 Rdnr. 57; BVerfG, Beschl. v. 3. Dezember 1985 – 1 BvL 15/84, BVerfGE 71, 206, 214 - Anklageschriftveröffentlichung; BVerfG, Beschl. v. 25. Januar 1984 – 1 BvR 272/81, BVerfGE 66, 116, 150 – Springer/Wallraff.

1773 Bethge, in: Sachs (Hrsg.), Grundgesetz, 6. Aufl. 2011, Art. 5 Rdnr. 146; Helmuth Schulze-Fielitz, in: H. Dreier (Hrsg.), Grundgesetz-Kommentar, Bd. 1, 2. Aufl. 2004, Art. 5 I, II Rdnr. 159; Jarass/Pieroth/Jarass, Art. 5 Rdnr. 57.

1774 Helmuth Schulze-Fielitz, in: H. Dreier (Hrsg.), Grundgesetz-Kommentar, Bd. 1, 2. Aufl. 2004, Art. 5 I, II Rdnr. 159; Jarass/Pieroth/Jarass, Art. 5 Rdnr. 57; BVerfG, Beschl. v. 19. November 1985 – 1 BvR 934/82, BVerfGE 71, 162, 181 – Autobiographie eines Chefarztes.

werden würden[1775]. Ob solche überwiegenden Interessen anderer vorliegen, ist aufgrund aller Umstände des Einzelfalles zu ermitteln[1776]. Es bedarf mithin einer verfassungsmäßigen Zuordnung der durch Art. 5 Abs. 1 GG geschützten Freiheiten und des durch das einschränkende Gesetz geschützten Rechtsgutes – hier das allgemeine Persönlichkeitsrecht des Abgebildeten[1777]. Die Einschränkung dieser Freiheit muss geeignet und erforderlich sein, den Schutz zu bewirken, den die Vorschrift sichern soll[1778]. Darüber hinaus muss das, was mit ihr erreicht wird, in angemessenem Verhältnis zu den Einbußen stehen, die die Beschränkung für die Kommunikationsfreiheiten des Art. 5 Abs. 1 GG bedeutet[1779].

2. Gesetzgeberisches Ziel

Die Bildaufnahme ist eine für den Persönlichkeitsschutz relevante Angriffsweise, weil sie den persönlichen Lebensbereich fixiert. Durch eine Bild-, Film- oder Videoaufnahme in unbewegten und bewegten Bildern wird die momentane äußere Erscheinung einer Person oder die Situation, in der sie sich befindet, dauerhaft festgehalten. Diese Perpetuierung momentaner Lebenssachverhalte birgt außerdem die Gefahr jederzeit gegen den Betroffenen verwendet oder zumindest gegen seinen Willen gebraucht zu werden[1780]. Das gesetzgeberische Ziel des § 201a war einen weitergehenden strafrechtlichen Schutz des Rechts am eigenen Bild zu erreichen, als er traditionell nach den §§ 22 KUG besteht[1781]. Es sollten nicht mehr nur die unbefugte Verbreitung und öffentliche Zurschaustellung von Bildnissen strafbar sein[1782]. Vielmehr sollte in Anlehnung zu § 201 der höchstpersönliche Lebensbereich in umfassender Weise strafrechtlich geschützt werden: gegenüber der unbefugten Herstellung von Bildaufnahmen im Rückzugsbereich des Einzelnen, dem unbefugten Gebrauch und der Weitergabe derartiger unbefugt hergestellter Bildaufnahmen, schließlich aber auch gegenüber der unbefugten Weitergabe befugt hergestellter Bildaufnahmen, soweit hierdurch je-

---

1775 Wendt, AfP 2004, 181, 187.

1776 Jarass, in: Jarass/Pieroth, GG, Art. 5 Rdnr. 57; BVerfG, Beschl. v. 5. Juni 1973 – 1 BvR 536/72, BVerfGE 35, 202, 224 – Lebach.

1777 Wendt, AfP 2004, 181, 187.

1778 Wendt, AfP 2004, 181, 187.

1779 Wendt, AfP 2004, 181, 187; BVerfG, Beschl. v. 13. Januar 1982 – 1 BvR 848, 1047/77, 916, 1307/78, 350/79 und 475, 902, 965, 1177, 1238, 1461/80, BVerfGE 59, 231, 265 – WDR.

1780 Kühl, AfP 2004, 190, 194.

1781 Wendt, AfP 2004, 181, 187.

1782 Wendt, AfP 2004, 181, 187.

weils der höchstpersönliche Lebensbereich des Betroffenen verletzt wird[1783]. Die Legitimität des verfolgten Ziels steht dementsprechend außer Frage[1784].

3. Geeignetheit der Strafnorm

Ein Gesetz ist immer dann geeignet, wenn mit seiner Hilfe das angestrebte Ziel gefördert werden kann. Eine Förderung des gesetzgeberischen Ziels, die Zahl der pönalisierten Persönlichkeitsrechtsverletzungen zu verringern, kann bejaht werden[1785].

4. Erforderlichkeit der Strafnorm

Erforderlich ist eine staatliche Maßnahme, wenn es kein milderes Mittel gibt, welches den gleichen Erfolg mit der gleichen Sicherheit und einem vergleichbaren Aufwand herbeiführen würde[1786].

Zunächst stellt sich die Frage, ob die schon bestehende Strafnorm des § 33 KUG nicht ausgereicht hätte. Das ist zu verneinen, da § 33 KUG nur die Verbreitung nichtbewegter Bilder erfasst und daher keinen ausreichenden strafrechtlichen Schutz gewährt[1787]. Tatsächlich umfasst § 33 KUG allenfalls einen Teil des heutigen § 201a[1788]. Im Hinblick hierauf erfordert das Gebot des geringst möglichen Eingriffs keinen Verzicht auf die Schaffung des § 201a[1789].

Im Hinblick auf das Gebot des geringst möglichen Eingriffs ist auch die Frage zu stellen, ob der längst vorhandene zivilrechtliche Persönlichkeitsschutz hinsichtlich des Rechts am eigenen Bild nicht ebenso wirksam ist, wie die strafrechtliche staatliche Verfolgung[1790]. Wenn man dem zivilrechtlichen Schutz eine geringere Eingriffstiefe bescheinigen könnte, hätte der Gesetzgeber auf den § 201a verzichten müssen[1791]. Aus Gründen der Opportunität mögen einige Gründe dafür sprechen, Meinungsäußerungen und Medien statt durch das Strafrecht eher durch zivilrechtliche Entschädigungsansprüche zu disziplinieren[1792]. Denn

---

1783 Wendt, AfP 2004, 181, 187.
1784 Wendt, AfP 2004, 181, 187.
1785 Wendt, AfP 2004, 181, 187.
1786 Pieroth/Schlink, Rdnr. 295.
1787 Wendt, AfP 2004, 181, 187.
1788 Wendt, AfP 2004, 181, 187.
1789 Wendt, AfP 2004, 181, 187.
1790 Wendt, AfP 2004, 181, 188.
1791 Wendt, AfP 2004, 181, 188.
1792 Wendt, AfP 2004, 181, 188.

diese enthalten ebenfalls pönale und generalpräventive Elemente[1793]. Es darf aber nicht übersehen werden, dass zivilrechtliche Entschädigungsansprüche an ihre Grenzen stoßen, wo die Entschädigung das Vermögen des Schädigers übersteigt[1794]. Darüber hinaus ist der weniger begüterte Bürger auf Prozesskostenhilfe angewiesen, wenn er zivilrechtlich gegen die Medien vorgehen will; er wird also häufig schutzlos bleiben[1795]. In solchen Fällen verbleibt für den Rechtsgüterschutz allein das Strafrecht[1796]. Es ist des weiteren in Rechnung zu stellen, dass das Zivilrecht die Zuständigkeit für die Verfolgung von Persönlichkeitsverletzungen auf das einzelne Opfer verschiebt, das allgemein das Prozessrisiko trägt und sich in der Beweiserhebung und –führung allein schwer tut[1797]. Gegenüber heimlichen Bildaufnahmen scheint eine staatliche Verfolgung von Persönlichkeitsverletzungen daher wirksamer zu sein[1798]. Damit wird man im gegebenen Zusammenhang der Vorstellung des Gesetzgebers, mit dem Mittel des Strafrechts einen zusätzlichen Rechtsgüterschutz zu erreichen, folgen können[1799]. Das Gebot des geringst möglichen Eingriffs verlangte vom Gesetzgeber also nicht, auf die Norm des § 201a zu verzichten[1800].

5. *Angemessenheit der Strafnorm*

Es stellt sich die Frage, ob es im Anwendungsbereich des § 201a tatsächlich einer Abwägung einander widerstreitender Interesse oder Rechtsgüter bedarf. Der Gebrauch und die Weitergabe von Bildaufnahmen, die von jemandem unter Verletzung von dessen höchstpersönlichen Lebensbereich in dessen persönlichen Rückzugsbereich unbefugt hergestellt worden sind, oder die persönlichkeitsverletzende wissentlich unbefugte Weitergabe von im persönlichen Rückzugsbereich befugt hergestellten Bildaufnahmen können gleichwohl keinen ausgeprägten Grundrechtsschutz beanspruchen, weil sie an der Peripherie des eigentlichen Schutz- und Ordnungsziels der Kommunikationsgrundrechte angesiedelt sind, sich unmittelbar gegen ein privates Rechtsgut richten und typscherweise eher in Verfolgung eigennütziger Ziele geschehen werden[1801]. Um Vorgänge oder Fragen, die die Öffentlichkeit wesentlich berühren, wird es nicht

1793 Wendt, AfP 2004, 181, 188.
1794 Wendt, AfP 2004, 181, 188.
1795 Wendt, AfP 2004, 181, 188.
1796 Wendt, AfP 2004, 181, 188.
1797 Wendt, AfP 2004, 181, 188.
1798 Wendt, AfP 2004, 181, 188.
1799 Wendt, AfP 2004, 181, 188.
1800 Wendt, AfP 2004, 181, 188.
1801 Wendt, AfP 2004, 181, 189.

gehen, sondern eher um Vorgänge, die das Sensationsbedürfnis Dritter befriedigen[1802]. Gegenstand dieses Handelns ist darüber hinaus im Fall des § 201a Abs. 2 eine Information, die ihrerseits durch einen nicht unerheblichen Eingriff in die rechtlich geschützte Persönlichkeitssphäre eines anderen beschafft wurde[1803]. Durch die Verwertung rechtswidrig erlangten Bildmaterials wird der zuvor geschehene Eingriff oft erst aktualisiert, erhält er erst seine eigentliche Tragweite[1804]. Insbesondere im Fall des Cyber-Bullying wird den krassen und sozial unvertretbaren heimlichen Filmaufnahmen und den voyeuristischen Filmaufnahmen in Toiletten oder Umkleidekabinen aus der Perspektive des Art. 5 Abs. 2 GG kein nennenswerter Grundrechtsschutz zugebilligt werden können.

Auf der anderen Seite war das eingriffslegitimierende Interesse des Strafgesetzgebers nicht darauf gerichtet, den persönlichen Lebensbereich bzw. das allgemeine Persönlichkeitsrecht in seiner vollen Breite einem strafrechtlichen Schutz zu unterstellen[1805]. § 201a will in seiner gefassten Gestalt in seinen Absätzen 2 und 3 nur einen engen Bereich der Persönlichkeitssphäre schützen, nämlich den höchstpersönlichen Lebensbereich, und auch hier beschränkt er den strafrechtlichen Schutz auf den letzten Rückzugsbereich des Einzelnen[1806]. Angesichts des hohen Rangs dieses Kernbereichs der Persönlichkeitssphäre kann dieses Schutzanliegen Vorrang vor der Meinungsfreiheit und den Medienfreiheiten der durch die Strafnorm Betroffenen, deren Schutzwirkung im gegebenen Zusammenhang nicht sonderlich ausgeprägt ist, beanspruchen[1807]. Damit ist das verfassungsrechtliche Gebot der Verhältnismäßigkeit staatlichen Strafens gewahrt.

B. Verfassungsrechtliche Rechtfertigung des § 33 i.V.m. § 22 KUG

Die Ausführungen des 1. Kapitels haben deutlich gemacht, dass § 33 i.V.m. § 22 KUG eine legitime, geeignete, erforderliche und angemessene Schranke in den allgemeinen Gesetzen für die Kommunikationsfreiheiten darstellt.

1802 Wendt, AfP 2004, 181, 189.
1803 Wendt, AfP 2004, 181, 189.
1804 Wendt, AfP 2004, 181, 189.
1805 Wendt, AfP 2004, 181, 189.
1806 Wendt, AfP 2004, 181, 189.
1807 Wendt, AfP 2004, 181, 189.

5. Teil: Zusammenfassung und abschließende Würdigung in 40 Thesen

1. These

Der strafrechtliche Bildnisschutz findet seine Grundlage im Recht am eigenen Recht, das eine besondere Ausprägung des unbenannten Freiheitsrechts des allgemeinen Persönlichkeitsrechts aus Art. 2 Abs. 1 i.V.m. Art. 1 Abs. 1 GG ist[1808]. Das Recht am eigenen Bild gewährleistet dem Einzelnen Einfluss- und Entscheidungsmöglichkeiten, soweit es um die Anfertigung und Verwendung von Fotografien oder Aufzeichnungen seiner Person durch andere geht[1809]. Nur dem Abgebildeten soll die Verfügung über das eigene Bild zustehen; nur er selbst soll darüber befinden dürfen, ob, wann und wie er sich gegenüber Dritten oder der Öffentlichkeit im Bild darstellen will[1810].

2. These

Das strafrechtliche Schutzbedürfnis jedes Einzelnen an seinem Recht am eigenen Bild ist mit dem rasanten Fortschritt in der Bildaufnahmetechnik sowie der Verarbeitungs- und Verbreitungstechnik, insbesondere via *Internet*, gewachsen und wächst immer weiter.

3. These

Das Recht am eigenen Bild genießt durch § 33 i.V.m. §§ 22, 23 KUG strafrechtlichen Sonderschutz und dessen Tatbestandsverwirklichung sieht eines strafrechtliche Sanktionierung in Form einer Freiheitsstrafe bis zu einem Jahr oder Geldstrafe vor. § 33 KUG ist als absolutes Antragsdelikt sowie als Privatklagedelikt i.S.d. § 374 Abs. 1 Nr. 8 StPO ausgestaltet. Ein Vergleich mit den übrigen strafrechtlichen Bildnisschutzvorschriften zeigt, dass lediglich § 33 KUG als Privatklagedelikt ausgestaltet worden ist. Dieser Umstand verdeutlicht, dass der Gesetzgeber im Laufe der Entstehung des strafrechtlichen Bildnisschutzes die einzelnen Strafvorschriften nicht aufeinander abgestimmt hat. Auf der anderen Seite kann daraus auch der Schluss gezogen werden, dass die Verletzung des Rechts am eigenen Bild nicht mehr nur als leichtes Vergehen angesehen werden soll und der Schutz des Persönlichkeitsrechts durch den technischen und gesell-

1808 Vgl. FN 55, 56.
1809 Vgl. FN 57.
1810 Vgl. FN 58.

schaftlichen Wandel immer mehr Bedeutung erlangt. Denn in der Regel werden im Privatklageverfahren nach den §§ 374 ff StPO lediglich Verfahren verfolgt, die die Allgemeinheit wenig berühren.

4. These

Die Vorschrift des § 4 i.V.m. § 1 Abs. 2 Satz 1 Nr. 2 GewSchG schützt zumindest teilweise auch das allgemeine Persönlichkeitsrecht. Geschützt wird vor dem widerrechtlichen Eindringen in die Wohnung oder das befriedete Besitztum und vor der unzumutbaren Belästigung durch wiederholtes Nachstellen gegen den ausdrücklich erklärten Willen des Betroffenen und vor der Verfolgung unter Verwendung von Fernkommunikationsmitteln. Mit diesen Handlungen sind Eingriffe in das allgemeine Persönlichkeitsrecht verbunden, verhindern sie doch, dass der Betroffene frei darüber befinden kann, ob und mit wem er Kontakt hält oder ob er für sich alleine gelassen werden will.

Jedoch geht damit nicht einher, dass zugleich auch das Recht am eigenen Bild als besondere Ausprägung des allgemeinen Persönlichkeitsrechts vom Schutz des GewSchG erfasst sein soll. Dagegen spricht zum einen, dass sich der Gesetzgeber in § 1 GewSchG darauf beschränkt hat, lediglich zwei wesentliche Teilbereiche des allgemeinen Persönlichkeitsrechts zu regeln. Zum anderen sprechen die Auslegung der Tathandlung des Nachstellens gemäß § 1 Abs. 2 Satz 1 Nr. 2 b) GewSchG sowie die Auslegung des Merkmals „Verfolgung unter Verwendung von Fernkommunikationsmitteln" dagegen. Der Begriff des Nachstellens ist eng zu verstehen. Deshalb erfasst er nicht speziell das Herstellen und Verbreiten von Bildaufnahmen, sondern nur das diesem vorgelagerte Verhalten[1811]. Für die Qualifizierung als Fernkommunikationsmittel ist es erforderlich, dass das Mittel zur zwischenmenschlichen Verständigung durch Sprache oder Zeichen geeignet ist[1812]. Das Anfertigen von Bildaufnahmen erfolgt beim Cyber-Bullying in der Regel mittels der *Handy*kamera. Im Fall des Anfertigens von Bildaufnahmen sind *Handy*kameras jedoch nicht zur zwischenmenschlichen Verständigung durch Sprache und Zeichen geeignet. Im Übrigen fehlt es sowohl im Fall des Anfertigens der Bildaufnahme als auch im Fall der Verfolgung durch das Verbreiten einer Bildaufnahme auch an dem ausdrücklich entgegenstehenden Willen des Opfers i.S.d. § 1 Abs. 2 Satz 1 Nr. 2 b) GewSchG[1813].

1811 Vgl. FN 449.
1812 Vgl. FN 450.
1813 Vgl. FN 454.

5. These

Nach der Auffassung des Gesetzgebers dient die Vorschrift des § 148 Abs. 1 Nr. 2 a) i.V.m. § 90 Abs. 1 Satz 1 TKG zum einen dem Schutz der Privatsphäre, zum anderen aber auch dem Schutz des allgemeinen Persönlichkeitsrechts in seiner besonderen Ausprägung als Recht am eigenen Bild. § 148 i.V.m. § 90 TKG ist als Offizialdelikt ausgestaltet[1814]. Der Strafrahmen beträgt Freiheitsstrafe bis zu zwei Jahren oder Geldstrafe. Zwar ist es auch nach § 201a StGB strafbar, andere ohne ihre Einwilligung an einem von der Öffentlichkeit abgeschirmten Ort zu fotografieren. Dem Gesetzgeber kam es jedoch gerade darauf an bereits im Vorfeld das Aufnehmen von Bildern zu verhindern, da die allgemeine Verfügbarkeit von Sendeanlagen, die ganz gewöhnlichen Gebrauchsgegenständen gleichen, ein unbeschwertes Privatleben grundlegend in Frage stellen[1815].

Jedoch ist die Vorschrift des § 148 Abs. 1 Nr. 2 a) i.V.m. § 90 Abs. 1 Satz 1 TKG im Rahmen der strafrechtlichen Beurteilung der Verletzung des Bildnisschutzes bei Taten des Cyber-Bullying nicht von Relevanz. Der Besitz eines *Handys* mit integriertem Bildaufnahmegerät ist straflos.

Denn *Handys* mit integrierten Bildaufnahmegeräten sind keine Sendeanlagen und damit kein taugliches Tatobjekt i.S.d. § 90 Satz 1 TKG. Ein *Handy* mit integriertem Bildaufnahmegerät unterfällt dann dem Begriff der Sendeanlage, wenn es die automatische Übermittlung von Bildern ermöglicht. Im Fall des Cyber-Bullying erscheint es jedoch sehr fraglich, ob ein *Handy* mit integriertem Bildaufnahmegerät gerade die Voraussetzung des unbemerkten Aufnehmen von Bildern erfüllt. Das *Handy* muss speziell geeignet sein, Bildaufnahmen von Personen zu machen, die sich an Orten aufhalten, die von der Öffentlichkeit abgeschirmt sind. Tatorte des Cyber-Bullying sind beim Herstellen der Bildaufnahmen das Klassenzimmer oder der Schulhof. Der Schulhof ist kein von der Öffentlichkeit abgeschirmter Raum. Bei Klassenzimmer erscheint dies nicht so eindeutig. Hier sollte eine Differenzierung vorgenommen werden, ob sie speziell gegen Einsichtnahme von außen abgeschottet sind oder nicht. Sind hingegen die Tatorte beim Herstellen der Bildaufnahme die Schultoilette, die Umkleidekabine oder Privaträume, handelt es sich um von der Öffentlichkeit abgeschirmte Orte. Eindeutig zu verneinen ist bei einem *Handy* mit integriertem Bildaufnahmegerät jedoch die Voraussetzung der Tarnung der Sendeanlage, da das integrierte Bildaufnahmegerät sehr wohl als Sendeanlage erkennbar ist.

1814 Vgl. FN 455.
1815 Vgl. FN 287, 288.

6. These

Der Blankettstraftatbestand des § 44 BDSG ist auch auf Bilder anwendbar. Sowohl der Wille des nationalen Gesetzgebers als auch eine richtlinienkonforme Auslegung sprechen dafür, dass das Recht am eigenen Bild als besondere Ausprägung des allgemeinen Persönlichkeitsrechts auch vom Schutz des BDSG erfasst ist. Indem der nationale Gesetzgeber in § 6b Abs. 1 BDSG eine Regelung zur Zulässigkeit der Videoüberwachung getroffen hat, wird deutlich, dass Bildaufnahmen vom Begriff der Daten erfasst sind. Zum gleichen Ergebnis führt eine richtlinienkonforme Auslegung. Neben Bildaufnahmen werden vom Begriff der personenbezogenen Daten auch Bildträger in Form von Videoaufzeichnungen erfasst, das die in § 6b Abs. 1 BDSG getroffene Regelung verdeutlicht. Im Übrigen ist § 44 i.V.m. § 43 Abs. 2 BDSG als absolutes Antragsdelikt mit erweiterter Antragsberechtigung ausgestaltet und sieht einen Strafrahmen von einer Freiheitsstrafe bis zu zwei Jahren oder Geldstrafe vor.

Entsprechendes gilt auch für die LDSGe. Jedoch resultiert aus der föderalen Vielfalt der Strafvorschriften eine Ungleichheit, die insbesondere die unterschiedlichen tatbestandlichen Ausgestaltungen der Straftatbestände, die Strafrahmen und die Ausgestaltung als Antragsdelikt betreffen. Jedoch sind auch die von den LDSGen verfolgten Schutzzwecke unterschiedlich ausgestaltet. Das führt dazu, dass in einigen Bundesländern, ausschließlich das informationelle Selbstbestimmungsrecht als besondere Ausprägung des allgemeinen Persönlichkeitsrechts Schutzzweck ist. Lediglich Art. 37 BayDSG, § 41 LDSG Baden-Württemberg, § 31 DSG-LSA und § 43 ThürDSG verfolgen den strafrechtlichen Bildnisschutz. Der Schutz des Rechts am eigenen Bild ist demnach auf föderaler Ebene lückenhaft. Diese Strafbarkeitslücke kann auch nicht durch die Anwendung des BDSG ausgeglichen werden. Das Strafrecht gehört zu den Gegenständen der konkurrierenden Gesetzgebung gemäß Art. 74 Abs. 1 Nr. 1 GG. Die Vorschriften über den Anwendungsbereich des BDSG zeigen, dass der Bundesgesetzgeber davon abgesehen hat, Sanktionsnormen auch für den Bereich der Erhebung, Verarbeitung und Nutzung von personenbezogenen Daten durch Landesbehörden zu erlassen. Gemäß Art. 72 Abs. 1 GG verbleibt dieser Bereich somit der Gesetzgebungskompetenz der Länder. Dementsprechend sind die Strafvorschriften des BDSG nicht anwendbar, wenn eine Datenverarbeitung im Anwendungsbereich eines LDSGes erfolgt.

Auch wenn Bildaufnahmen personenbezogene Daten i.S.d. BDSG und der LDSGe sind und in § 44 Abs. 1 i.V.m. § 43 Abs. 2 Nr. 1 BDSG sowie in Art. 37 Abs. 3 BayDSG, § 41 LDSG Baden-Württemberg, § 31 DSG-LSA und § 43 ThürDSG die Formulierung „wer" zu finden ist, die den Schluss zulassen kann, dass eigentlich jeder Täter sein könnte, ist der personelle Anwendungsbereich der Datenschutzgesetzes beim Cyber-Bullying nicht eröffnet. Der personelle Anwendungsbereich der Datenschutzgesetze erstreckt sich ausschließlich auf Behörden, Gerichte, sonstige öffentliche Stellen und Vereinigungen des privaten Rechts, die Aufgaben der öffentlichen Verwaltung wahrnehmen sowie auf nicht-öffentliche Stellen, soweit sie Daten unter Einsatz von Datenverarbeitungsanlagen verarbeiten, nutzen oder dafür erheben oder die Daten in oder aus nicht automatisierten Daten verarbeiten, nutzen oder dafür erheben. Hingegen finden die Tathandlungen des Cyber-Bullying ausschließlich im privaten Bereich statt, so dass es an einem entsprechenden Normadressaten i.S.d. Datenschutzgesetze fehlt.

7. These

Die strafrechtlichen Bildnisschutzvorschriften des Nebenstrafrechts sind als Blankettstraftatbestände ausgestaltet. Die wesentlichen gesetzgeberischen Motive für die Verwendung blankettartiger Verweisungen sind gesetzestechnische Vereinfachung sowie die Flexibilisierung des Strafrechtsschutzes. Dadurch kann der Gesetzgeber der schnellen technischen Entwicklung und den damit einhergehenden wachsenden Gefahren für das Recht am eigenen Bild besser Rechnung tragen.

8. These

Auch wenn Bildaufnahmen auf den unterschiedlichsten Medienträgern von dem Begriff der Schrift i.S.d. § 11 Abs. 3 StGB erfasst werden, führt dies jedoch nicht zu dem Umkehrschluss, dass das Recht am eigenen Bild zugleich auch Schutzgut der § 130a StGB, § 131 StGB und § 184 StGB ist.

Vielmehr wird als geschütztes Rechtsgut des § 130a StGB der innerstaatliche öffentliche Friede angesehen[1816], d.h. sowohl der objektive Zustand der allgemeinen Rechtssicherheit und des frei von Furcht voreinander verlaufenden Zusammenlebens der Staatsbürger als auch das Vertrauen der Bevölkerung in Ruhe und Frieden leben zu können. Das geistig-politische Klima, in dem Gewaltanwendung tabu ist, soll geschützt bzw. hergestellt werden, nicht die Individualsphäre des Einzelnen.

Die Schutzbestimmung des § 131 StGB ist vielfältig. Schutzgegenstand sind der Schutz der Allgemeinheit vor sozialschädlicher Aggression und Hetze sowie das

1816 Vgl. FN 378.

Rechtsgut des öffentlichen Friedens[1817], der Schutz des Einzelnen vor einer aggressionsbedingten Fehlentwicklung[1818] und der Jugendschutz[1819]. Eindeutig ist, dass es nicht der Wille des Gesetzgebers war, dem Recht am eigenen Bild durch § 131 StGB Schutz zu gewähren.

Auch von § 184 StGB wird nicht die Individualsphäre in Form eines Bildnisschutzes geschützt, sondern ausschließlich der Jugendschutz[1820].

9. These

Auch wenn die unbefugte Verbreitung von Bildaufnahmen in einigen Fällen den Tatbestand des § 185 StGB erfüllt und eine Beleidigung darstellt, so ist dies doch eine Ausnahme. Da die Beleidigung nach § 185 StGB ein Kundgabedelikt darstellt, setzt sie voraus, dass sich die Kundgabe der Miss- und Nichtachtung an einen Anderen richtet, der sie zur Kenntnis nimmt und als Beleidigung auffasst[1821]. Nun kann aber nicht jeder Bildaufnahme ohne weiteres eine konkludente Kundgabe der Missachtung gesehen werden. Gerade in den Fällen, in denen die Herstellung der Bildaufnahme und ihre Verbreitung der bloßen Informationsgewinnung und Informationsweitergabe dienen, wird keine Äußerung im Sinne einer Missachtung anzunehmen sein[1822]. Auch eine persönlichkeitsorientierte Auslegung in Anlehnung an § 192 StGB führt nicht dazu, dass das Recht am eigenen Bild zum Schutzgut des § 185 StGB wird[1823]. Denn würde man in jeder Verletzung des allgemeinen Persönlichkeitsrechts gleichzeitig eine Missachtung in dem speziellen Sinn des § 185 StGB sehen, so wäre dies nur schwer mit dem Wortlaut der Vorschrift des § 185 StGB zu vereinbaren. Eine solche Auslegung würde aber auch dem Willen des Gesetzgebers widersprechen, der die Fälle der Persönlichkeitsverletzungen gerade nicht unter die Beleidigungstatbestände der §§ 185 ff. StGB fassen wollte[1824]. Außerdem wäre eine solch weite Auslegung nicht mit dem Analogieverbot des Strafrechts zu vereinbaren[1825].

1817 Vgl. FN 383.
1818 Vgl. FN 385.
1819 Vgl. FN 386.
1820 Vgl. FN 388, 389.
1821 Vgl. FN 427.
1822 Linkens, S. 27.
1823 Linkens, S. 28.
1824 Linkens, S. 28.
1825 Linkens, S. 28 f.

10. These

§ 201a StGB erfasst die Beeinträchtigungen des Rechts am eigenen Bild. Allerdings darf der Verweis auf den Schutz des Rechts am eigenen Bild nicht darüber hinwegtäuschen, dass eigentliches Schutzgut der Vorschrift der höchstpersönliche Lebensbereich ist[1826]. Eine Besonderheit stellt die Vorschrift des § 201a Abs. 3 StGB dar. Sie stellt den Bruch persönlich entgegengebrachten Vertrauens unter Strafe, ohne dass der Aufnahmeinhalt von Bedeutung ist[1827].

Im Vergleich zum BDSG ist festzustellen, dass im Fall des Vorliegens des Tatbestandes des § 201a StGB diese Norm aufgrund der in § 1 Abs. 4 BDSG verfügten Subsidiarität des BDSG vorrangig ist. Das hat zur Folge, dass dem Täter dann ein auf die Hälfte reduzierter Strafrahmen zugute kommt.

11. These

In der Regel sind die Bildnisschutzvorschriften des Nebenstrafrechts sowie § 201a StGB als absolute Antragsdelikte ausgestaltet. Eine Ausnahme stellt § 31 Abs. 3 DSG-LSA dar, der als relatives Antragsdelikt ausgestaltet ist. Im Gegensatz dazu hat es der badenwürttembergische Landesgesetzgeber für notwendig erachtet, die Strafvorschrift des § 41 LDSG Baden-Württemberg als Offizialdelikt auszugestalten. Eine weitere Besonderheit besteht darin, dass sowohl § 44 Abs. 2 Satz 2 BDSG als auch Art. 37 Abs. 3 Satz 3 BayDSG und § 43 Abs. 4 Satz 2 ThürDSG über ein erweitertes Antragsrecht verfügen. Dies erscheint deshalb fragwürdig, da der Grund für die Ausgestaltung als absolutes Antragsdelikt gerade in der höchstpersönlichen Betroffenheit des Opfers liegt. Der Gesetzgeber sah das erweiterte Antragsrecht als sachgerecht an, damit sich die verantwortliche Stelle gegen einen Missbrauch der von ihr gespeicherten Daten wehren kann[1828]. Diese Erwägung des Gesetzgebers ändert jedoch nichts daran, dass das Schutzobjekt der Datenschutzgesetze das Persönlichkeitsrecht des Opfers ist. Das erweiterte Antragsrecht soll gerade auf einen wirksameren Schutz des Betroffenen abzielen, und nicht zur Verteidigung eigener Rechtspositionen der verarbeitenden Stelle dienen. Das kann jedoch zur Folge haben, dass ein Verfahren auch gegebenenfalls gegen den Willen des Betroffenen eingeleitet werden kann. Dieses erweiterte Antragsrecht im BDSG sowie vereinzelt in den LDSGen ist mit Art. 1 EGStGB vereinbar. Gemäß Art. 1 Abs. 1 EGStGB gelten die Vorschriften des Allgemeinen Teils des StGB für das bei seinem Inkrafttreten be-

---

1826 Vgl. FN 438.

1827 Vgl. FN 443.

1828 BT-Drs. 14/4329, S. 47 zu Nr.47.

stehende und das künftige Bundesrecht, soweit das Gesetz nichts anderes bestimmt. Ferner gelten die Vorschriften des Allgemeinen Teils nach Art. 1 Abs. 2 Satz 1 EGStGB auch für das bei seinem Inkrafttreten bestehende und das zukünftige Landesrecht. Da die Vorschrift des § 77 Abs. 1 StGB den Begriff Gesetz verwendet, schließt die in § 77 Abs. 1 StGB eingeräumte Möglichkeit, durch Gesetz eine Antragsbefugnis anderen Personen als dem Verletzten zuzubilligen, nach ihrem Wortlaut eindeutig bundes- sowie landesgesetzliche Regelungen ein[1829]. Um zu vermeiden, dass das Opfer durch einen gegen seinen Willen durchgeführten Strafprozess erneut in seinen schutzwürdigen Belangen beeinträchtigt wird, ist es aber notwendig, dass sich die verarbeitende Stelle vor Stellung eines Strafantrags mit dem Opfer einvernehmlich abstimmt[1830].

12. These

Cyber-Bullying ist gekennzeichnet durch charakteristische Merkmale. Zum einen spielt sich Cyber-Bullying in der digitalen Welt ab. Es findet über das *Handy* und/oder *Internet* in Form von Text, Bild oder Video statt. Deshalb können Eingriffe in das Privatleben rund um die Uhr stattfinden. Zwischen Täter und Opfer gibt es keinen gemeinsamen Handlungshintergrund, da beide nicht physisch anwesend sind. Durch diesen fehlenden Handlungskontext wird zwischen dem Täter und Opfer eine Distanz geschaffen. Ein weiteres Merkmal des Cyber-Bullying ist die Vielfalt innerhalb der Kommunikationsart. Die meisten Internetanwendungen finden in schriftlicher Form statt. Zusätzlich werden beim Cyber-Bullying diffamierende Bilder oder Videos eingesetzt. Beim Cyber-Bullying fehlt es an einer Face-to-Face-Konfrontation. Dies führt beim Opfer zu Angst und Verunsicherung. Ferner nimmt der Täter die Reaktionen, die auf Angriffe im realen Leben erfolgen, nicht wahr und empfindet keine Empathie, die seine Handlungen eventuell mildern würden. Das Ausmaß und der Spielraum von Cyber-Bullying sind bei Tathandlungen im Internet viel größer. Aufgrund der Digitalisierung der Daten sind diese dauerhaft gespeichert und können eine wesentlich größere Reichweite erlangen, da Nachrichten und Bilder, die elektronisch verschickt werden, sobald sie online sind, nur noch schwer kontrollierbar sind. Die Opfer haben weniger Abwehrmöglichkeiten und Entziehungsmöglichkeiten gegen Cyber-Attacken. Ein weiteres Merkmal ist, dass es beim Cyber-Bullying für Außenstehende weniger Unterstützungsmöglichkeiten zugunsten des Opfers gibt. Wesentliches Merkmal ist, dass die Drangsalierung beim Cyber-Bullying über einen längeren Zeitraum geht. Gerade an diesem Punkt wird sich aber in

1829 Johann, Schmid, in: Leipziger Kommentar, StGB Bd. 3, Vor §§ 77 ff. Rdnr. 16.
1830 Dammann, in: Simitis, BDSG, § 44 Rdnr. 14.

der juristischen Praxis das Problem stellen, ab welcher Zeitspanne von Cyber-Bullying gesprochen werden kann. Zu klären ist, ob die Aggressionen überhaupt mehrmals stattfinden müssen, damit von Cyber-Bullying gesprochen werden kann. Denn eine einzige Aussage kann an einen unübersehbaren Personenkreis weitergeleitet werden und von ihnen täglich erneut betrachtet werden. Es handelt sich womöglich nur um einen einzigen Angriff, aber das Opfer fühlt sich von mehreren Personen und über einen längeren Zeitraum gemobbt. Die Frage wird deshalb in der juristischen Praxis sein, ob bei der Beurteilung dieses Zeitraums objektive oder subjektive Kriterien herangezogen werden sollen.

13. These

Anhand der Charakteristika des Cyber-Bullying sowie der in der erziehungs- und kommunikationswissenschaftlichen sowie psychologischen Literatur vorgenommenen Definitionsansätze lässt sich für das Phänomen Cyber-Bullying die folgende Definition zusammenfassen:

Cyber-Bullying ist das absichtliche Beleidigen, Bedrohen oder Belästigen anderer Menschen über einen längeren Zeitraum mit Hilfe elektronischer Kommunikationsmittel durch einzelne Personen oder durch Gruppen. Es findet entweder im Internet, wie z.B. durch E-Mails, Chatrooms, Instant Messaging oder in Sozialen Netzwerken, durch Videos auf Portalen, und/oder mittels Mobiltelefonen, wie z.B. durch SMS oder lästige Anrufe, statt.

14. These

Cyber-Bullying ist ein Phänomen, dass insbesondere bei Kindern und Jugendlichen auftaucht. Aber auch Lehrkräfte sind Opfer von Cyber-Bullying-Attacken.

Typische Merkmale von Täterpersonen sind: eine positive Einstellung gegenüber Gewalt und eine niedrige Hemmschwelle, Gewalt als Lösungsmittel einzusetzen, sowie ein Mangel an empathischen Einfühlungsvermögen.

Opferpersonen sind tendenziell jüngere, schwächere, unsichere, sensible Schüler mit niedrigem Selbstwertgefühl. Es sind oft Jugendliche, die irgendeiner Hinsicht anders sind als die Gleichaltrigen. Häufig zeigen sie sich verletzlich, passiv und hilflos.

15. These

Erscheinungsformen des Cyber-Bullying sind: Cyber-Bullying unter Gleichaltrigen, Cyber-Grooming und Cyber-Bullying gegen Lehrpersonal.

16. These

Beim Cyber-Bullying werden drei Kategorisierungsarten vertreten: die Kategorisierung nach der Art der Übergriffe, die Kategorisierung anhand des verwendeten Mediums und die Kategorisierung nach den verwendeten Methoden.

Bei der Kategorisierung nach der Art der Übergriffe werden acht Typen des Cyber-Bullying unterschieden: Flaming, Harassment, Denigration, Impersonation, Outing und Trickery, Exclusion, Cyberstalking und Cyberthreats. Diese Typen können auch in Mischformen auftreten.

Bei der Kategorisierung anhand des verwendeten Mediums ist nach folgenden Kanälen zu unterscheiden: via *SMS*, E-Mail, am Telefon, durch Verbreitung von Bildern oder Videoclips, in *Chat*rooms, via Instant-Messaging oder auf *Websites*. Auch hier können Mischformen auftreten, die durch die technologische Entwicklung und damit einhergehende Medienkonvergenz bedingt sind.

Bei der Kategorisierung nach der verwendeten Methode ist zwischen dem direkten und indirektem Cyber-Bullying zu unterscheiden.

17. These

Von Relevanz für den strafrechtliche Bildnisschutz können die Kategorisierungen des Flaming, des Harassment, des Denigration, des Impersonation, des Outing und Trickery sowie des Cyberstalking sein, da die Kategorisierungen auch die Verwendung von Bildaufnahmen des Opfers beinhalten können. Diese können auch in Mischformen auftreten.

18. These

Im Fall des Cyber-Bullyings wird die Anwendbarkeit des deutschen Strafrechts aufgrund des Handlungsortes i.S.d. § 9 Abs. 1, 1. Alt. StGB eindeutig anzunehmen sein, wenn das Datenmaterial, also die Bild- oder Videoaufnahmen, für die weitere Nutzung im Internet auf dem Territorium der Bundesrepublik Deutschland eingespeist wird oder wenn die eingespeisten Daten im Internet weiter verwendet werden. Maßgeblich ist allein, dass der Täter in Deutschland tätig wird, so dass unerheblich ist, ob der Täter die Inhalte auf einen deutschen oder ausländischen Server übermittelt.

19. These

Der Handlungsbegriff des § 9 Abs. 1, 1. Alt. StGB ist zur Bestimmung der Anwendbarkeit des deutschen Strafrechts nicht auf vom Ausland aus handelnde Täter des Cyber-Bullying anwendbar. Der Versuch durch eine virtuelle Anwesenheit des Täters des Cyber-Bullying oder über den Standort des Servers einen Handlungsort im Inland zu konstruieren, ist abzulehnen. Ebenso kann auch kein Handlungsort über die gesetzliche Unrechtsbeschreibung des § 33 KUG und des § 201a StGB bestimmt werden, da die Wirkungen eines Verhaltens keinen Handlungsort i.S.d. § 9 Abs. 1, 1. Alt. StGB in Deutschland bewirken können. Denn die generelle Einbeziehung von Handlungswirkungen in den Handlungsbegriff würde die in § 9 StGB vom Gesetzgeber angelegte Unterscheidung zwischen Handlung und Erfolg auflösen.

20. These

Für die Bestimmung der Anwendbarkeit des deutschen Strafrechts bei im Ausland begangenen Bildnisverletzungen über das Internet ist der Erfolgsort i.S.d. § 9 Abs. 1, 3. Alt. StGB kein zufriedenstellender Anknüpfungspunkt.

Vor dem Hintergrund des völkerrechtlich garantierten Nichteinmischungsgrundsatzes ist es abzulehnen, dass das deutsche Strafrecht auf alle im Sinne des Strafrechts tatbestandsmäßigen Publikationen im Internet anwendbar ist.

Die Anwendung des deutschen Strafrechts nach der Differenzierung der Deliktstypen hat zur Folge, dass bei Tätigkeitsdelikten und ihren besonderen Ausprägungen als abstrakte Gefährdungsdelikte, die gerade keinen Erfolgsort kennen, es für Taten im Ausland an einem sinnvollen Anknüpfungspunkt nach § 9 Abs. 1, 3. Alt. StGB fehlt. Für die Bestimmung des Tatortes ist dann nur der Handlungsort i.S.d. § 9 Abs. 1, 1. Alt. StGB einschlägig. Lediglich konkrete Gefährdungsdelikte verfügen über einen Erfolgsort i.S.d. § 9 Abs. 1, 3. Alt. StGB. Dementsprechend wirken bei diesen Delikten die auf deutschem Territorium eintretenden tatbestandsmäßigen Erfolge tatortbegründend. Dies führt jedoch zu dem Risiko einer Zufallsstrafverfolgung. Denn das *Internet* zielt gerade auf die Abrufbarkeit der Daten an jedem Ort der Welt ab. Insgesamt erscheint es deshalb sehr fragwürdig, ob bei Taten im *Internet* für die Bestimmung der Anwendbarkeit des deutschen Strafrechts eine Differenzierung anhand der Deliktstypen für sinnvoll erscheint.

Den Geltungsbereich des deutschen Strafrechts durch subjektive Kriterien einzuschränken, ist nicht überzeugend. Dies folgt zum einen bereits aus dem Wortlaut des § 9 Abs. 1, 3. Alt. StGB, aus dem folgt, dass das deutsche Strafrecht jedenfalls nicht für alle Deliktsgruppen gelten kann. Entscheidend ist jedoch, dass die Regelungen des Internationalen Strafrechts von ihrer Rechtsnatur her objektive Strafbarkeitsbedingungen sind, auf die sich der Vorsatz des Täters nicht erstrecken kann.

Auch der objektive Anknüpfungspunkt der Nationalität des Opfers oder Täters ist nicht überzeugend, da dies zu Kollisionen mit dem Gleichheitsgrundsatz aus Art. 3 Abs. 1 GG führen kann.

Der objektive Anknüpfungspunkt der territorialen Spezifizierung ist aufgrund seiner geringen Praktikabilität und mangelnden Rechtsklarheit nicht überzeugend.

Der analogen Anwendung des Prinzips der identischen Norm zur Bestimmung der Anwendbarkeit des deutschen Strafrechts ist entgegenzuhalten, dass es auch bei ihr zu einer Verletzung des Gleichheitsgrundsatzes aus Art. 3 Abs. 1 GG kommen kann sowie zu Strafverfolgungslücken.

Eine eigenständige Auslegung des Erfolgsbegriffs in § 9 Abs. 1, 3. Alt. StGB anhand der *Push-* und *Pull-Technologie* ist insofern abzulehnen, da die vorgenommene technische Unterscheidung keinerlei Anknüpfungspunkt in § 9 Abs. 1, 3. Alt. StGB findet. Im Übrigen ist es kaum sinnvoll eine strafrechtsdogmatische Frage über die Unterscheidung technischer Details zu lösen, da diese aufgrund des rasanten technischen Wandels von heute auf morgen überholt sein können.

Die vom BGH im Fall Töben vorgenommene weite Erfolgsortbestimmung führt jedoch zu einem weiten Anwendungsbereich des deutschen Strafrechts, so dass dieses auf alle im Sinne des Strafrechts tatbestandsmäßigen Publikationen im *Internet* anwendbar ist. Wie bereits zu Anfang dargestellt, führt dies jedoch zu einer weltweiten Allzuständigkeit des deutschen Strafrechts. Darin ist allerdings ein Verstoß gegen die Souveränität der Staaten zu sehen und eine Verletzung des völkerrechtlich garantierten Nichteinmischungsgrundsatzes. Zwar kann diese Allzuständigkeit durch das Kriterium des legitimierenden Anknüpfungspunktes, wie dies auch vom BGH vorgenommen wurde, eingeschränkt werden. Ferner kann die Möglichkeit der Einstellung nach dem Opportunitätsprinzips genutzt werden (§ 153c StPO). Bei den Delikten, die das Recht am eigenen Bild schützen, wird dies allerdings zur Folge haben, dass die meisten Strafverfahren eingestellt werden. Denn ein wesentliches Problem ist, dass das Unrecht der Bildnisverletzung vor allem im privaten Bereich entweder erst gar nicht durch den Einzelnen wahrgenommen wird oder aber das Recht am eigenen Bild aufgrund des Dranges nach Selbstdarstellung in der Außenwelt, und der damit einhergehenden Einschränkung des Selbstschutzes, als zu wenig schützenswert angesehen wird.

21. These

Da das Medium *Internet* und die in ihm geführte Kommunikation sich immer rasanter entwickeln wird und noch mehr Bedeutung im Alltag des Einzelnen gewinnen wird, scheint der Gesetzgeber gefordert zu sein, für den Bereich der *Internet*-Publikationen im Wege einer Ergänzung der §§ 3 ff. StGB Klarheit für die Anwendbarkeit des deutschen Strafrechts herbeizuführen und Kriterien zu definieren, welche einen über die bloße Abrufbarkeit von Deutschland aus hinausgehenden Bezug zum deutschen Territorium herstellen und eine Ausdehnung der deutschen Strafgewalt auf *Internet*-Publikationen rechtfertigen können. Denn die Ausführungen haben gezeigt, dass insbesondere die Regelung des § 9 Abs. 1, 3. Alt. StGB nicht auf *Internet*delikte zugeschnitten ist und seine Auslegung zu keinen überzeugenden und Rechtsklarheit schaffenden Ergebnissen führt.

22. These

Der Reformansatz den Katalog des § 6 StGB um weitere Kommunikationsdelikte zu erweitern, die als geschütztes Rechtsgut das Recht am eigenen Bild beinhalten, ist vor dem Hintergrund der Beschränkbarkeit des Universalprinzips abzulehnen. Denn das Universalprinzip kann nur auf solche Taten beschränkt bleiben, deren Strafwürdigkeit in allen Kulturstaaten anerkannt ist. Der Erweiterung des Katalogs des § 6 StGB um ein weiteres Kommunikationsdelikt steht das Grundrecht der Meinungsfreiheit entgegen, da die Reichweite dieses Grundrechts in zahlreichen Staaten unterschiedlich weit ist, so dass es anmaßend wäre, die deutsche Rechtsordnung als weltweiten Maßstab zu erheben.

23. These

Ein Reformansatz könnten Internationale Abkommen sein. In der bereits existierenden Convention on Cybercrime gibt es jedoch keine Vorgaben zur Anwendung des nationalen Strafanwendungsrechts. Vielmehr kommt in den Vorgaben zur Internationalen Zusammenarbeit für die nationalen Rechtsordnungen zum Ausdruck, dass die Convention on Cybercrime auch angesichts des dezentralisierten und grenzüberschreitenden Charakters des *Internets* an der staatlichen Souveränität festhält. Für den Fall der konkurrierenden Strafgewalt enthält Art. 22 Abs. 5 der Konvention eine Regelung, die die betroffenen Staaten dazu anhält, sich zu einigen, welcher von ihnen am besten in der Lage ist, die Strafverfolgung durchzuführen. Das könnte als Hinweis gewertet werden, dass auch im Bereich des Strafanwendungsrechts an der staatlichen Souveränität festgehalten werden soll.

24. These

Sowohl § 33 KUG als auch § 201a StGB sind als absolute Antragsdelikte ausgestaltet. Jedoch handelt es sich bei § 33 KUG um ein Privatklagedelikt nach § 374 Abs. 1 Nr. 8 StPO. Demnach kann der Verletzte hinsichtlich der Verbreitung von Bildaufnahmen auf den Privatklageweg verwiesen werden, während dies hinsichtlich der unbefugten Bildaufnahme und des Zugänglichmachens für Dritte gerade nicht der Fall ist. Es fehlt also eindeutig an einer harmonischen Abstimmung zwischen diesen Strafvorschriften, wodurch Friktionen entstehen[1831].

25. These

§ 33 i.V.m. § 22 KUG sowie § 201a Abs. 2 StGB sind abstrakte Gefährdungsdelikte. Hingegen sind § 201a Abs. 1 und Abs. 3 StGB als konkrete Gefährdungsdelikte ausgestaltet. Da die Tathandlungen des Cyber-Bullying im Internet vorgenommen werden, wirkt sich diese unterschiedliche Typifizierung auf die Strafverfolgung aus. Erfolgt nämlich die Anwendung des deutschen Strafrechts nach der Differenzierung der Deliktstypen hat das zur Folge, dass es bei abstrakten Gefährdungsdelikten an einem Erfolgsort fehlt, so dass es für Straftaten im Ausland an einem sinnvollen Anknüpfungspunkt nach § 9 Abs. 1, 3. Alt. StGB fehlt. Für die Bestimmung des Tatortes ist dann nur der Handlungsort i.S.d. § 9 Abs. 1, 1. Alt. StGB einschlägig. Hingegen verfügen konkrete Gefährdungsdelikte über einen Erfolgsort i.S.d. § 9 Abs. 1, 3. Alt. StGB. Deshalb wirken bei diesen Delikten die auf deutschem Territorium eintretenden tatbestandsmäßigen Erfolge tatortbegründend. Im Rahmen des Cyber-Bullying hat diese Differenzierung zur Folge, dass die Strafverfolgung der Tathandlungen des Cyber-Bullying vom Zufall abhängen.

26. These

Obwohl sowohl § 33 i.V.m. § 22 KUG als auch § 201a StGB denselben Schutzgegenstand verfolgen, verwendet der Gesetzgeber unterschiedliche Termini für das gleiche Tatobjekt. Damit gehen allerdings zugleich Unterschiede in der Reichweite der erfassten Tatobjekte einher, die sich auch auf die strafrechtliche Beurteilung des Cyber-Bullying auswirken.

1831 Eisele, JR 2005, 6, 11.

27. These

Für die Bejahung einer Bildaufnahme i.S.d. § 201a StGB ist also der technische Aufnahmevorgang entscheidend. Im Rahmen der strafrechtlichen Beurteilung des Cyber-Bullying hat dies zur Folge, dass Foto- und Videomontagen nicht vom Schutz des § 201a StGB erfasst sind. Denn zum einen sind Foto- und Videomontagen nicht auf ein selbsttätig arbeitendes Bildaufnahmegerät rückführbar, da sie gerade das Ergebnis menschlicher Fähigkeit sind und nicht eines mechanischen Prozesses. Zum anderen fehlt es für die Bejahung einer Bildaufnahme i.S.d. § 201a StGB eindeutig daran, dass ein lebendes Aufnahmeobjekt derart in einer kompromittierenden Weise erfasst wurde, dass die dabei entstandene Aufnahme als echtes und damit unwiderlegbares Beweismittel gegen den Abgebildeten verwendet werden kann und auf diese Weise eine Bildaufnahme i.S.d. Definition enthält. Hingegen werden Foto- und Videomontagen vom Bildnisbegriff des § 33 i.V.m. § 22 KUG erfasst.

28. These

Für das Vorliegen eines Bildnisses ist es entscheidend, dass der einzelne Abgebildete erkennbar ist. Das Erfordernis der Erkennbarkeit wirkt sich zum einen auf die Beurteilung von Nacktaufnahmen und zum anderen auf die Beurteilung von Foto- und Videomontagen aus. Mangelt es bei Abbildungen lediglich nackter Körperteile an deren Erkennbarkeit, da eine Identifizierbarkeit aufgrund des Fehlens bestimmter Merkmale nicht möglich ist, ist ein Bildnis zu verneinen. Für die Beurteilung der Erkennbarkeit ist es grundsätzlich allein entscheidend, dass die äußere Erscheinung einer Person in einer für Dritte erkennbaren Weise wiedergegeben wird. Die Erkennbarkeit des Abgebildeten bei Foto- und Videomontagen ist allerdings dann anders zu beurteilen, wenn für den Durchschnittsbetrachter, insbesondere den fototechnsich nicht Bewanderten ohne weiteres erkennbar ist, dass es sich bei der infrage stehenden Abbildung lediglich um eine Foto- oder Videomontage handelt, oder die Abbildung mit einem entsprechenden Hinweis gekennzeichnet ist, dass es sich um eine Foto- oder Videomontage handelt. Hingegen ist es für die Bejahung einer Bildaufnahme i.S.d. § 201a StGB nicht erforderlich, dass der Abgebildete erkennbar ist. Das folgt aus dem Schutzgut des § 201a StGB, das gerade nicht das Recht am eigenen Bild ist, sondern der höchstpersönliche Lebensbereich. Der Taterfolg der Verletzung des höchstpersönlichen Lebensbereichs bildet jedoch das notwendige Regulativ, um nicht jegliche Abbildungen eines Körperteils oder völlig verschwommene Bildaufnahmen tatbestandlich zu erfassen.

29. These

Ein weiterer Unterschied zwischen § 33 i.V.m. § 22 KUG und § 201a StGB besteht darin, dass Selbstaufnahmen eines Täters selbst vom Bildnisschutz des § 33 i.V.m. § 22 KUG erfasst ist, hingegen sind Selbstaufnahmen des Täters als Tatobjekt des § 201a Abs. 1 und Abs. 2 StGB ausgeschlossen. I.S.d. § 201a Abs. 3 StGB können jedoch befugt hergestellte Bildaufnahmen auch von dem Aufgenommenen selbst angefertigt werden. Denn der Einschub „von einer anderen Person" erfordert in Absatz 3 nur Personenverschiedenheit von demjenigen, der die Aufnahme zugänglich macht, und dem Abgebildeten, nicht hingegen von dem Aufnehmenden und Abgebildeten.

30. These

Gemeinsam ist den Vorschriften des § 33 i.V.m. § 22 KUG und § 201a StGB, dass lediglich natürliche Personen als Tatobjekte erfasst werden. Abbildungen des Lehrpersonals können also taugliche Tatobjekte sein. Hingegen sind Abbildungen von Schulen bzw. Hochschulen und von Lehrerzimmern keine tauglichen Tatobjekte.

31. These

Innerhalb der Strafvorschriften wird auch unterschiedlich behandelt, ob es sich um die Abbildung einer natürlichen lebenden Person handeln muss oder ob auch Abbildungen von Verstorbenen erfasst werden. Für die Beantwortung dieser Frage muss in beiden Strafvorschriften zwischen den einzelnen Aufnahmezeitpunkten unterschieden werden.

32. These

Das Anfertigen von Bildnissen ist gemäß § 33 i.V.m. § 22 KUG straflos. Die Tathandlung des Verbreitens i.S.d. § 22 Satz 1, 1. Alt. KUG erfasst nur die körperliche, nicht jedoch auch die unkörperliche Verbreitung. Deshalb kommt dieser Tatbestandsalternative im Rahmen der Beurteilung der strafrechtlichen Relevanz des Cyber-Bullying im Bildnisbereich keine Bedeutung zu, da sich die Tathandlungen des Cyber-Bullying gerade ausschließlich in der virtuellen Welt vollziehen. Die Tathandlung des öffentlichen Zurschaustellens i.S.d. § 22 Satz 1, 2. Alt. KUG erfasst das Bereithalten von Bildinhalten auf dem *Server*, also das sog. Ins-Netz-Stellen, die Übermittlung des zum Abruf gestellten Bildes sowie das Angebot eines *Streaming*-Mediums. Nicht erfasst sind von § 22 Satz 1, 2. Alt. KUG hingegen die folgenden Handlungen: das Speichern der Bildaufnahme auf dem *Handy* oder I-Phone, das Übertragen der hergestellten Bildaufnahme auf ein anderes Speichermedium, das *Uploading* sowie *Downloading*, das Sichtbarmachen auf dem Bildschirm, also das Betrachten, die Aufzeichnung eines *Streaming*-Mediums, das Versenden einer E-Mail, das Setzen eines Links und das Anklicken eines Links.

33. These

Gemäß § 201a Abs. 1, 1. Alt. StGB ist das unbefugte Herstellen einer Bildaufnahme im Gegensatz zu § 33 i.V.m. § 22 KUG strafbar.

34. These

§ 201a Abs. 1, 2. Alt. StGB stellt das unbefugte Übertragen einer Bildaufnahme unter Strafe. Die Alternative erfasst die Strafbarkeit von Echtzeitübertragungen wie z.B. mittels webcams oder spycams. Hingegen werden diese Echtzeitübertragungen nicht von der Tathandlung des öffentlichen Zurschaustellens i.S.d. § 33 i.V.m. § 22 Satz 1, 2. Alt. KUG erfasst.

35. These

§ 201a Abs. 2, 1. Alt. StGB stellt das Gebrauchen einer nach § 201a Abs.1 unbefugt hergestellten Bildaufnahme unter Strafe. Der Anwendungsbereich dieser Tathandlung ist ersichtlich weit gefasst, da darunter jede Nutzung der Bildaufnahme für eigene oder fremde, private oder öffentliche, persönliche oder kommerzielle Zwecke verstanden wird. Um jedoch einer uferlosen Ausweitung der Strafbarkeit nach dieser Norm entgegenzuwirken, ist eine restriktive Auslegung erforderlich. Deshalb ist das Betrachten von Bildern im *Internet* nicht von der Tathandlung des Gebrauchens erfasst und mithin straflos. Ein Gebrauchen einer Bildaufnahme liegt auch dann vor, wenn die Bildaufnahme zunächst auf einen anderen Träger überspielt und später die Kopie abgespielt wird. Von der Tathandlung des Gebrauchens ist demnach das Versenden der Bildaufnahmen von einem Foto*handy* und mittels *MMS* oder unter Nutzung der *Bluetooth-* oder *Infrarot-Schnittstelle* umfasst. Hingegen sind diese Tathandlungen beim Cyber-Bullying nicht von der Tathandlung des öffentlichen Zurschaustellens i.S.d. § 33 i.V.m. § 22 Satz 1, 2. Alt. KUG erfasst. Der Begriff des Gebrauchens erfasst auch die Handlungen des Speicherns, Veränderns und Verarbeitens. Für den *Internetuser* bedeutet das, dass das Tatbestandsmerkmal des Gebrauchens dann zu bejahen ist, wenn eine Bilddatei auf den *Server heruntergeladen* wird und auf einem Datenträger gespeichert wird. Dadurch verschafft sich der *User* die Verfügungsgewalt über die Aufnahme und begründet eine eigenständige Gefährdungslage ihrer unkontrollierten Verbreitung, welcher der Tatbestand gerade entgegenwirken will. Durch das Anklicken eines Links wird eine Datei, auf die der Link verweist, durch den Nutzer aktiviert, d.h. auf den *Rechner heruntergeladen*. Das *Herunterladen* allein reicht für das Vorliegen des Tatbestandsmerkmals des Gebrauchens noch nicht aus. Vielmehr muss der Täter des Cyber-Bullying die Bildaufnahme auf einem Datenträger speichern. Auch wenn für eine Strafbarkeit die körperliche Fixierung erforderlich ist, liegt hier ein weiterer Wertungswiderspruch zur Tathandlung des öffentlichen Zurschaustellens, die diese Vorgänge gerade nicht erfasst.

36. These

Für die Tathandlungen des Cyber-Bullying bedeutet das, dass das Ablegen von Bilddateien auf einem *Server* sowie das Versenden von E-Mails von der Tathandlung des Zugänglichmachen i.S.d. § 201a Abs. 2, 2. Alt. StGB und § 201a Abs. 3 StGB erfasst sind. Hingegen ist das Versenden einer E-Mail nicht von der Tathandlung des Zurschaustellens i.S.d. § 33 i.V.m. § 22 Satz 1, 2. Alt. KUG erfasst. Eindeutig ist, dass der Begriff des Zugänglichmachens in § 19a UrhG, der zur inhaltlichen Bestimmung des Zurschaustellens herangezogen wird, nicht die gleiche Bedeutung hat wie der im StGB benutzte Begriff des Zugänglichmachens. Dies führt jedoch zu Wertungswidersprüchen.

37. These

Im Übrigen muss die Tathandlung des Zurschaustellens i.S.d. § 33 i.V.m. § 22 Satz 1, 2. Alt. KUG öffentlich sein. Eine Öffentlichkeit der Tathandlungen wird in § 201a StGB jedoch nicht verlangt. Beim Zugänglichmachen reicht es vielmehr bereits aus, wenn der Täter den Zugriff auf das Bild oder die Kenntnisnahme vom Gegenstand des Bildes bereits einer Person ermöglicht. Dadurch ist der Anwendungsbereich des § 201a StGB weiter gefasst, da neben der Massenkommunikation im Internet auch die Individualkommunikation erfasst wird.

38. These

Die unterschiedliche Ausgestaltung der Tathandlungen in § 33 i.V.m. § 22 KUG und § 201a StGB führt zu Wertungswidersprüchen. Die fehlende harmonische Abstimmung der Tathandlungen führt zu Strafbarkeitslücken und Rechtsunsicherheit bei der strafrechtlichen Sanktionierung der Verletzung dieser Vorschriften bei Taten des Cyber-Bullying.

39. These

Die Veröffentlichung des Bildes einer Person begründet grundsätzlich eine rechtfertigungsbedürftige Beschränkung des allgemeinen Persönlichkeitsrechts aus Art. 2 Abs.1 i.V.m. Art. 1 Abs. 1 GG. Eine rechtfertigende Beschränkung kann durch das Vorliegen einer Einwilligung des Abgebildeten zu bejahen sein. Im Rahmen des Cyber-Bullying bedarf es jedoch für das Vorliegen einer wirksamen Einwilligung in der Regel neben der Einwilligung des in der Regel minderjährigen Abgebildeten zugleich auch der Zustimmung des gesetzlichen Vertreters. Diese wird jedoch in der Regel nicht vorliegen.

40. These

Zwar ist es zu bejahen, dass durch das sanktionierte Verbot des Gebrauchens und öffentlich Zurschaustellens einer unbefugt hergestellten Bildaufnahme gemäß § 201a Abs. 2 und Abs. 3 StGB sowie durch das sanktionierte Verbot des öffentlich Zurschaustellens eines Bildnisses gemäß § 33 i.V.m. § 22 KUG in den Schutzbereich des Art. 5 Abs. 1 GG, der den Schutz dieser Verhaltensweisen erfasst, eingegriffen. Jedoch ist das Grundrecht des Art. 5 Abs. 1 GG nicht schrankenlos gewährleistet. Vielmehr finden die Kommunikationsfreiheiten des Art. 5 Abs. 1 GG ihre Grenzen in Art. 5 Abs. 2 GG. Danach können sie unter anderem durch die Vorschriften der allgemeinen Gesetze beschränkt werden. Sowohl § 201a als auch § 33 i.V.m. § 22 KUG stellen solche verfassungsrechtlich gerechtfertigten allgemeinen Gesetze dar, die die Kommunikationsfreiheiten zugunsten des allgemeinen Persönlichkeitsrechts aus Art. 2 Abs. 1 i.V.m. Art. 1 Abs. 1 GG beschränken.

Verzeichnis der zitierten gerichtlichen Entscheidungen

Datum	Name der Entscheidung	Aktenzeichen	zitierte Fundstellen

Europäischer Gerichtshof für Menschenrechte

26. Februar 2004	Görgülü/Deutschland	74969/01	NJW 2004, 3397
24. Juni 2004	Caroline von Hannover	59320/00	NJW 2004, 2647
7. Februar 2012	von Hannover Nr. 2	40660/08, 60641/08	NJW 2012, 1053

Europäischer Gerichtshof

5. Oktober 2004	Pfeiffer	Rs c-397-403/01	ZIP 2004, 2342
4. Juli 2006	Adeneler	R C-212/04	ZIP 2006, 2141

Bundesverfassungsgericht

16. Januar 1957	Elfes	1 BvR 253/56	BVerfGE 6, 32
15. Januar 1958	Lüth	1 BvR 400/51	BVerfGE 7, 198
6. Oktober 1959	Behördliches Presseverbot	1 BvL 118/53	BVerfGE 10, 118
16. Januar 1963	Universitäre Selbstverwaltung	1 BvR 316/60	BVerfGE 15, 256
5. August 1966	Spiegel	1 BvR 586/62, 610/63 und 512/64	BVerfGE 20, 162
2. Mai 1967	Sozialversicheungsträger	1 BvR 578/63	BVerfGE 21, 362
16. Juli 1969	Mikrozensus	1 BvL 19/63	BVerfGE 27, 1
3. Oktober 1969	Leipziger Volkszeitung	1 BvR 46/65	BVerfGE 27, 71
15. Januar 1970	Ehescheidungsakten I	1 BvR 13/68	BVerfGE 27, 344
24. Februar 1971	Mephisto	1 BvR 435/68	BVerfGE 30, 173 NJW 1971, 1645
27. Juli 1971	2. Rundfunkurteil	2 BvF 1/68, 2 BvR 702/68	BVerfGE 31, 314
8. März 1972	Ärztekartei Krankenblätter	2 BvR 28/71	BVerfGE 32, 373
14. März 1972	Strafvollzug	2 BvR 41/71	BVerfGE 33, 1
31. Januar 1973	Tonbandaufnahme	2 BvR 454/71	BVerfGE 34, 238
14. Februar 1973	Soraya	1 BvR 112/65	BVerfGE 34, 269
5. Juni 1973	Lebach	1 BvR 536/72	BVerfGE 35, 202 NJW 1973, 1226
5. März 1974	Schallplattenumsatzsteuer	1 BvR 712/68	BVerfGE 36, 321
15. Januar 1975		2 BvR 65/74	BVerfGE 38, 312

9. April 1975	AOK	2 BvR 879/73	BVerfGE 39, 302
11. Mai 1976		1 BvR 163/72	BVerfGE 42, 163
26. Mai 1976	Quick-Entscheidung Quick-Durchsuchung Durchsuchungsbefehl	2 BvR 294/76	BVerfGE 42, 212
21. September 1976	Abgeordnetenmandat	2 BvR 350/75	BVerfGE 42, 312
7. Juni 1977	Stadtwerke Hameln	1 BvR 108, 424/73 und 226/74	BVerfGE 45, 63
21. Dezember 1977	Sexualkundeunter-richt	1 BvL 1/75, 1 BvR 147/75	BVerfGE 47, 46
11. Oktober 1978	Transsexueller Geschlechtsumwand-lung	1 BvR 16/72	BVerfGE 49, 286
6. Februar 1979	Ausschluss eines Re-porters	2 BvR 154/78	BVerfGE 50, 234
6. November 1979	Tendenzbetrieb	1 BvR 81/76	BVerfGE 52, 283
3. Juni 1980	Eppler	1 BvR 185/77	BVerfGE 54, 148
3. Juni 1980	Heinrich Böll	1 BvR 797/78	BVerfGE 54, 208
16. Juni 1981	3. Rundfunkurteil	1 BvL 89/78	BVerfGE 57, 295
13. Januar 1982	WDR	1 BvR 848, 1047/77, 916, 1307/78, 350/79 und 475, 902, 965, 1177, 1238, 1461/80	BVerfGE 59, 231
16. März 1982	Transsexuellenopera-tion	1 BvR 938/81	BVerfGE 60, 123
22. Juni 1982	Wahlkampf	1 BvR 1376/79	BVerfGE 61, 1
8. Juli 1982	Sasbach	2 BvR 1187/80	BVerfGE 61, 82
15. November 1982	Boykottaufruf	1 BvR 108, 438, 437/80	BVerfGE 62, 230
8. Februar 1983	Gegendarstellung	1 BvL 20/81	BVerfGE 63, 131
28. Juni 1983	Hafturlaub Lebenslange Frei-heitsstrafe	2 BvR 539, 612/80	BVerfGE 64, 261
13. Dezember 1983	Konkursausfallgeld	2 BvL 13, 14, 15/82	BVerfGE 66, 1
15. Dezember 1983	Volkszählung	1 BvR 209, 269, 362, 420, 440, 484/83	BVerfGE 65, 1
25. Januar 1984	Springer/Wallraff	1 BvR 272/81	BVerfGE 66, 116
17. Juli 1984	Anachronistischer Zug	1 BvR 816/82	BVerfGE 67, 213
31. Oktober 1984	Zahntechniker-Innung	1 BvR 35, 356, 794/82	BVerfGE 68, 193
14. Mai 1985	Brokdorf II	1 BvR 233, 341/81	BVerfGE 69, 315
19. November 1985	Autobiographie eines Chefarztes	1 BvR 934/82	BVerfGE 71, 162
3. Dezember 1985	Anklageschriftveröf-fentlichung	1 BvL 15/84	BVerfGE 71, 206
13. Mai 1986	Elterliche Vertre-	1 BvR 1542/84	BVerfGE 72, 155

	tungs- Macht		
4. November 1986	4. Rundfunkurteil	1 BvF 1/84	BVerfGE 73, 118
24. März 1987	5. Rundfunkent- scheidung	1 BvR 147, 478/86	BVerfGE 74, 297
14. April 1987	Sparkasse	1 BvR 775/84	BVerfGE 75, 192
3. Juni 1987	Strauß-Karikatur	1 BvR 313/85	BVerGE 75, 369
14. Juli 1987	Werbeverbot für Rechtsanwalt	1 BvR 362/79	BVerfGE 76, 196
1. Oktober 1987	ZDF	2 BvR 1434/86	BVerfGE 77, 65
8. März 1988	Namensrecht Familienname Gemeinsamer Fami- lien- name	1 BvL 9/85 und 43/86	BVerfGE 78, 38
23. März 1988	Eigentumsrecht von Rundfunkanstalten	1 BvR 686/86	BVerfGE 78, 101
31. Januar 1989	Kenntnis der eigenen Abstammung	1 BvL 17/87	BVerfGE 79, 256
14. September 1989	Tagebuch	2 BvR 1062/87	BVerfGE 80, 367
19. April 1990	Strauß-Transparent	1 BvR 40, 42/86	BVerfGE 82, 43
26. Juni 1990	Flughafenblockade Startbahn 18 West Startbahn West Fall Schubart	1 BvR 776/84	BVerfGE 82, 236
9. Oktober 1991	Kritische Bayer-Aktionäre	1 BvR 1555/88	BVerfGE 85, 1
11. November 1992		1 BvR 1595, 1606/92	BVerfGE 87, 334 NJW 1992, 3288 AfP 1992, 359 NStZ 1993, 89
28. Mai 1993	Schwangerschafts-Abbruch	2 BvF 2/90 und 4,5/92	BVerfGE 88, 203
24. Juni 1993	Haschischkonsum	1 BvR 689/92	BVerfGE 89, 69
9. Februar 1994	Parabolantenne I	1 BvR 1687/92	BVerfGE 90, 27
22. Februar 1994	8. Rundfunkurteil	1 BvL 30/88	BVerfGE 90, 60
13. April 1994	Judenverfolgung	1 BvR 23/94	BVerfGE 90, 241
26. April 1994	Ehelichkeitsanfech- tung	1 BvR 1299/89 1 BvL 6/90	BVerfGE 90, 263
14. Juli 1994	Honecker	1 BvR 1595, 1606/92	BVerfGE 91, 125
15. Mai 1995	DDR-Spionage Spionage Spionagetätigkeit der DDR	2 BvL 19/91, 2 BvR 1206; 1584/91 und 2601/93	BVerfGE 92, 277
20. September 1995	Kassenärztliche Ver- einigung	1 BvR 597/95	NJW 1996, 1588
2. Oktober 1995		1 BvR 1357/94	NJW 1996, 584
10. Oktober 1995	„Soldaten sind Mör-	1 BvR 1476, 1980/91	BVerfGE 93, 266

	der“	und 102, 221/92	
13. Februar 1996	DGHS	1 BvR 262/91	BVerfGE 94, 1
8. Oktober 1996	Werkszeitungen	1 BvR 1183/90	BVerfGE 95, 28
24. Oktober 1996	Mauerschützen	2 BvR 1851, 1853, 1875, 1852/94	BVerfGE 95, 96
26. Februar 1997	Aufzeichnungspflicht	1 BvR 2172/96	BVerfGE 95, 220
6. Mai 1997	Vaterschaftsbenennung	1 BvR 409/90	BVerfGE 96, 56
8. Juli 1997	Stasi-Fragen Eignungsprüfung	1 BvR 2111/94 und 195, 2189/95	BVerfGE 96, 171
14. Januar 1998	Caroline von Monaco I	1 BvR 1861/93, 1864/96, 2073/97	BVerfGE 97, 125
17. Februar 1998	Kurzberichterstattung im Fernsehen	1 BvF 1/91	BVerfGE 97, 228 ZUM 1998, 240 NJW 1998, 1627 AfP 1998, 192
24. März 1998	Namensnennung	1 BvR 131/96	NJW 1998, 2889
10. November 1998	Scientology	1 BvR 1531/96	BVerfGE 99, 185
8. April 1999	Greenpeace	1 BvR 2126/93	NJW 1999, 2358
25. November 1999	Lebach II	1 BvR 348/98 u.a.	NJW 2000, 1859
15. Dezember 1999	Caroline von Monaco	1 BvR 653/96	BVerfGE 101, 361 GRUR 2000, 446 ZUM 2000, 149
31. März 2000	Caroline von Monaco III	1 BvR 1454/97	NJW 2000, 2191 AfP 2000, 347
31. März 2000		1 BvR 2223/96	NJW 2000, 2194 AfP 2000, 348
5. April 2000		1 BvR 1213/97	ZUM-RD 2000, 320
13. April 2000		1 BvR 2080/98	NJW 2000, 2192 AfP 2000, 348
12. Dezember 2000	Völkermordkonvention	2 BvR 1290/99	EuGRZ 2001, 76 NJW 2001, 1848
12. Dezember 2000	Bennetton-Werbung	1 BvR 1762, 1787/95	BVerfGE 102, 347
14. Dezember 2000	Genetischer Fingerabdruck I	2 BvR 1741/99, 276, 2061/00	BVerfGE 103, 21
24. Januar 2001	Gerichtsfernsehen	1 BvR 2623/95, 622/99	BVerfGE 103, 44
26. April 2001	Prinz Ernst August von Hannover	1 BvR 758/97, 1 BvR 1857/98, 1 BvR 1918/98, 1 BvR 2109/99, 1 BvR 182/00	AfP 2001, 212
9. Oktober 2002	Mithörvorrichtung	1 BvR 1611/96, 805/98	BVerfGE 106, 28 NJW 2002, 3619 AfP 2003, 36
12. März 2003	Handy-Überwachung	1 BvR 330/96, 348/99	BVerfGE 107, 299
18. Februar 2004	Gemeinsamer Fami-	1 BvR 193/97	BVerfGE 109, 256

	lienname		
23. Juni 2004	NPD-Kundgebung	1 BvQ 19/04	BVerfGE 111, 147
14. Oktober 2004	Görgülü-Beschluss	2 BvR 1481/04	NJW 2004, 3407
18. November 2004	Tierversuchsbericht	1 BvR 2252/04	NJW 2005, 883
14. Februar 2005	Ron Sommer	1 BvR 240/04	NJW 2005, 3271
12. April 2005	Beschlagnahme von Datenträgern	2 BvR 1027/02	BVerfGE 113, 29
24. Mai 2005	Verfassungsschutz-bericht „Junge Frei-heit“	1 BvR 1072/01	BVerfGE 113, 63
25. August 2005	Ehrenschutz Presseberichterstat-tung	1 BvR 2165/00	NJW 2006, 595
25. Oktober 2005	Manfred Stolpe Stasi-Streit Stolpe-Beschluss	1 BvR 1696/98	BVerfGE 114, 339
26. Oktober 2005	Kabelgroschen	1 BvR 396/98	BVerfGE 114, 371
6. Dezember 2005	Transsexuellengesetz Vornamensänderung	1 BvL 3/03	BVerfGE 115, 1
9. Januar 2006	Einsichtsanspruch in Krankenhausunterla-gen Maßregelvollzug	2 BvR 443/02	NJW 2006, 1116
2. März 2006	Telekommunikati-ons-Überwachung	2 BvR 2099/04	BVerfGE 115, 166
4. April 2006	Rasterfahndung Schläfer	1 BvR 518/02	BVerfGE 115, 320
22. August 2006	Marlene Dietrich	1 BvR 1168/04	NJW 2006, 3409
13. Februar 2007	Kuckuckskinder Vaterschaftsfeststel-lung Heimlicher Vater-schaftstest	1 BvR 421/05	BVerfGE 117, 202
27. Februar 2007	CICERO	1 BvR 538, 2045/06	BVerfGE 117, 244
13. Juni 2007	Kontenabfrage	1 BvR 1550/03, 2357/04, 603/05	BVerfGE 118, 168
13. Juni 2007	Esra	1 BvR 1783/05	BVerfGE 119, 1
11. September 2007	Rundfunkgebühren	1 BvR 2270/05, 809, 830/06	BVerfGE 119, 181
26. Februar 2008	Caroline von Hanno-ver Caroline von Monaco IV	1 BvR 1626/07 u.a.	NJW 2008, 1793 GRUR 2008, 539 BVerfGE 120, 180
27. Februar 2008	Online-Durchsuchung	1 BvR 370/07, 1 BvR 595/07	NJW 2008, 822 BVerfGE 120, 274
11. März 2008	Kfz-Kennzeichenerfas-	1 BvR 2074/05, 1 BvR 1254/07	NJW 2008, 1505 BVerfGE 120, 378

	sung Automatisierte Kenn-Zeichenerfassung		
5. März 2009	Fernsehköchin	1 BvR 127/09	EuGRZ 2009, 273
4. November 2009	Wunsiedel-Versammlung	1 BvR 2150/08	BVerfGE 124, 300
14. September 2010	Wortberichterstattung Prominentenkind	1 BvR 1842/08, 1 BvR 6/09, 1 BvR 2538/08	ZUM-RD 2010, 657
7. Dezember 2011		1 BvR 2678/10	http://www.bverfg.de/entscheidungen/rk20111207_1bvr267810.html
25. Januar 2012	Wortberichterstattung über Prominente	1 BvR 2499/09, 1 BvR 2503/09	http://www.bverfg.de/entscheidungen/rk20120125_1bvr249909.html

Berliner Verfassungsgerichtshof

27. Januar 1999	Studentenschaft	VerfGH 66/98	NVwZ 2000, 549
7. November 2006		56/05	AfP 2007, 345

Reichsgericht in Zivilsachen

28. Dezember 1899	Otto von Bismarck	Rep. VI. 259/99	RGZ 45, 170
21. Dezember 1921	Rausch	I 185/21	RGZ 103, 319

Reichsgericht in Strafsachen

15. März 1880		Rep. 599/80	RGSt 1, 279
24. Juni 1884		Rep. 1433/84	RGSt 11, 20
4./11. Juli 1887		Rep. 1549/87	RGSt 16, 173
29. November 1898	Dame im Badeanzug	D. 4093/98.VIII.3145.	Kohler S. 32 f.
26. Mai 1900		Rep. 1525/00	RGSt 33, 295
2. Oktober 1906		II 459/06	RGSt 39, 183
30. Dezember 1912		IV 1013/12	RGSt 46, 390
27. Juni 1913		IV 11/13	RGSt 47, 223
28. Oktober 1913		II 197/13	RGSt 47, 404
2. März 1933		II 834/32	RGSt 67, 130
2. Februar 1940		4 D 663/39	RGSt 74, 55

Bundesgerichtshof in Zivilsachen

25. Mai 1954	Schacht-Briefe Leserbriefe	I ZR 211/53	BGHZ 13, 334 GRUR 1955, 197
24. Juni 1955	Betriebsfeier	I ZR 178/53	GRUR 1955, 549
8. Mai 1956	Paul Dahlke	I ZR 62/54	BGHZ 20, 345 GRUR 1958, 408
19. Juni 1956	Tanzkurse	I ZR 104/54	GRUR 1956, 515

2. April 1957	Krankenkassenpapiere	VI ZR 9/56	BGHZ 24, 72
10. Mai 1957	Spätheimkehrer	I ZR 234/55	GRUR 1957, 494
14. Februar 1958	Herrenreiter	I ZR 151/56	BGHZ 26, 349 GRUR 1958, 408 (Bußmann)
20. Mai 1958	Tonbandaufnahme	VI ZR 104/57	BGHZ 27, 284
18. März 1959	Caterina Valente	IV ZR 182/58	BGHZ 30, 7
8. Januar 1960	Tanzstundenabschlussbälle	I ZR 128/58	GRUR 1960, 338
7. Oktober 1960	Sportheim	I ZR 17/59	GRUR 1961, 97
17. November 1960	Familie Schölermann	I ZR 87/59	GRUR 1961, 138
19. September 1961	Ginseng-Wurzel	VI ZR 259/60	BGHZ 35, 363
10. November 1961	Hochzeitsbild	I ZR 78/60	GRUR 1962, 211
28. November 1961	Rundfunkempfang im Hotelzimmer	I ZR 56/60	GRUR 1962, 201
5. März 1963	Fernsehansagerin	VI ZR 55/62	BGHZ 39, 124
9. Juni 1965	Spielgefährtin	Ib ZR 126/63	GRUR 1966, 102 NJW 1965, 2148
16. September 1966	Vor unserer eigenen Tür	VI ZR 268/64	GRUR 1967, 205
20. Februar 1968	Ligaspieler	VI ZR 200/66	GRUR 1968, 652 BGHZ 49, 288
20. März 1968	Mephisto	I ZR 44/66	BGHZ 50, 133
26. Januar 1971	Pariser Liebestropfen	VI ZR 95/70	NJW 1971, 698
10. März 1972	Landesversicherungsanstalt	I ZR 30/70	GRUR 1972, 614
2. Juli 1974	Nacktaufnahmen	VI ZR 121/73	GRUR 1975, 561 NJW 1974, 1947
12. Juli 1974	Alterswohnheim	I ZR 68/73	GRUR 1975, 33
12. Juli 1974	Postjugendwohnheim	I ZR 67/73	UFITA 73/1975, 286
30. Juni 1976	Schmalfilmrechte	I ZR 63/75	GRUR 1977, 42
26. Juni 1979	Fußballtor	VI ZR 108/78	GRUR 1979, 732 NJW 1979, 2205
20. Januar 1981	Wallraff	VI ZR 162/79	NJW 1981, 1089
17. März 1983	Zoll- und Finanzschulen	I ZR 186/80	GRUR 1983, 562
7. Juni 1984	Vollzugsanstalten	I ZR 57/82	GRUR 1984, 734
22. Januar 1985	Nacktfoto	VI ZR 28/83	NJW 1985, 1617 AfP 1985, 110 ZUM 1985, 321 GRUR 1985, 398
14. Oktober 1986	NENA	VI ZR 10/86	NJW-RR 1987, 231
24. November 1987		VI ZR 42/87	NJW 1988, 1984
4. Oktober 1990	Betriebssystem	I ZR 139/89	GRUR 1991, 449
29. Mai 1991	Harry Schütt	3 StE 4/91-3-geh.StB 11/91	NJW 1991, 2498

12. Dezember 1991	Taschenbuch-Lizenz	I ZR 165/89	GRUR 1992, 310
14. April 1992	Talkmaster-Foto Joachim Fuchsberger	VI ZR 285/91	GRUR 1992, 557 AfP 1992, 149
15. November 1994	Caroline von Monaco I	VI ZR 56/94	BGHZ 128, 1
25. April 1995		VI ZR 272/94	NJW 1995, 1955 GRUR 1995, 621 ZUM 1995, 719
5. Dezember 1995	Caroline von Monaco II	VI ZR 332/94	NJW 1996, 984
12. Dezember 1995	Caroline von Monaco III	VI ZR 223/94	NJW 1996, 985 GRUR 1996, 227
19. Dezember 1995	Paparazzi-Fotos	VI ZR 15/95	BGHZ 131, 332 JZ 1997, 39
11. Juli 1996	Zweibettzimmer im Krankenhaus	I ZR 22/94	GRUR 1996, 875
1. Oktober 1996	Schallplattenhülle	VI ZR 206/95	AfP 1997, 475
29. Juni 1999		VI ZR 264/98	NJW 1999, 2893
1. Dezember 1999	Marlene Dietrich I	I ZR 49/97	BGHZ 143, 214 NJW 2000, 2195
1. Dezember 1999	Der blaue Engel	I ZR 226/97	GRUR 2000, 715
17. Juli 2003	Paperboy	I ZR 259/00	GRUR 2003, 959 MMR 2003, 719
28. September 2004	Charlotte Casiraghi II	VI ZR 305/03	GRUR 2005, 74 VersR 2005, 83
8. November 2005	Satirische Fotomontage	VI ZR 64/05	GRUR 2006, 255
6. Dezember 2005	Mordkommission Köln	VI ZR 265/04	GRUR 2006, 252
5. Oktober 2006	kinski.klaus.de	I ZR 277/03	GRUR 2007, 168
26. Oktober 2006	Lafontaine Rücktritt des Finanzministers	I ZR 182/04	GRUR 2007, 139 AfP 2006, 559 BGHZ 169, 340
6. März 2007	Winterurlaub	VI ZR 51/06	GRUR 2007, 527
6. März 2007	„7 Tage“	VI ZR 52/06	WRP 2007, 648
19. Juni 2007	Grönemeyer	VI ZR 12/06	GRUR 2007, 899
5. Juni 2008	Zerknitterte Zigaretten-Schachtel	I ZR 96/07	GRUR 2008, 1124 ZUM 2008, 957 NJW 2008, 3782
5. Juni 2008	Zwei Zigarettenschachteln	I ZR 223/05	NJOZ 2008, 4549 AfP 2008, 598
28. Oktober 2008		VI ZR 307/07	BGHZ 178, 213
11. März 2009	Rätselheft	I ZR 8/07	GRUR 2009, 1085 NJW 2009, 3032 ZUM-RD 2009, 517

23. Juni 2009	www.spickmich.de	VI ZR 196/08	NJW 2009, 2888
29. Oktober 2009	Der strauchelnde Liebling	I ZR 65/07	ZUM 2010, 529
24. November 2009		VI ZR 219/08	ZUM 2010, 251
18. November 2010	Markt & Leute	I ZR 119/08	www.bundesgerichtshof.de
26. Oktober 2010	Rosenball in Monaco	VI ZR 190/08	NJW 2011, 746

Bundesgerichtshof in Strafsachen

29. Mai 1951		2 StR 153/51	BGHSt 1, 288
16. Dezember 1954		3 StR 384/54	BGHSt 7, 129
12. Januar 1956		4 StR 470/55	BGHSt 9, 17
18. November 1957		GSSt 2/57	BGHSt 11, 67
22. Dezember 1959		3 StR 52/59	BGHSt 13, 375
28. Februar 1961		1 StR 467/60	BGHSt 15, 377
21. April 1961		4 StR 20/61	BGHSt 16, 58
20. November 1961		2 StR 521/61	BGHSt 16, 394
9. Oktober 1964		3 StR 34/64	BGHSt 20, 45
10. Juni 1975		5 StR 169/75	NJW 1975, 1610
20. Oktober 1976		3 StR 298/76	BGHSt 27, 30
26. November 1980		3 StR 393/80 (S)	BGHSt 30, 1
18. September 1981		2 StR 370/81	NJW 1982, 59 BGHSt 30, 212
7. März 1984		3 StR 550/83 (S)	BGHSt 32, 293
14. Mai 1986		3 StR 504/85	NStZ 1986, 453 NJW 1986, 2442 JuS 1987, 71
19. Juni 1986		4 StR 622/85	BGHSt 34, 101
8. April 1987		3 StR 11/87	BGHSt 34, 334
15. März 1989		2 StR 662/88	JZ 1989, 801 BGHSt 36, 145 NStZ 1989, 528 NJW 1989, 3028
29. Mai 1991	Harry Schütt	3 StE 4/91-3-geh.StB 11/91	NJW 1991, 2498
22. Juli 1992		3 StR 77/92	NStZ 1992, 541
14. Juli 1993		3 StR 334/93	NStZ 1994, 130
20. September 1994		1 StR 466/94	NStZ 1995, 129
5. März 1998		5 StR 494/97	BGHSt 44, 52
25. März 1999		1 StR 493/98	NJW 1999, 2129
19. Mai 1999		2 StR 86/99	BGHSt 45, 97
30. April 1999		3 StR 215/98	BGHSt 45, 64
15. Dezember 1999		2 StR 365/99	NStZ 2000, 307
12. Dezember 2000	Fall Töben	1 StR 184/00	BGHSt 46, 212 NStZ 2001, 305

3. Mai 2001		4 StR 59/01	StV 2001, 624

Bundesarbeitsgericht

27. März 2003		2 AZR 51/02	NJW 2003, 3436 JZ 2004, 366

Bayerisches Oberstes Landesgericht

9. Mai 1957		3. St. 18/57	NJW 1957, 1327
25. April 1980		RReg. 3 St 140/78	NJW 1980, 1969
23. Mai 1997		3 St 20/96	NJW 1998, 392
20. Oktober 2004		1 St RR 153/04	NJW 2005, 1291

Oberlandesgerichte

Berlin (Kammergericht)

6. Dezember 1979		(3) Ss 103/79 (78/79)	JR 1981, 37
16. März 1999		(5) 1 Ss 7/98 (8/98)	NJW 1999, 3500
29. Juni 2001		(3) 1 Ss 410/00 (35/01)	NStZ-RR 2002, 10
23. November 2001		5 U 188/01	ZUM 2002, 828
30. April 2004	Ausschnittdienst	5 U 98/02	GRUR-RR 2004, 228
22. Juni 2004	Lebenspartnerin von Herbert Grönemeyer	9 U 53/04	GRUR 2004, 1056
12. August 2005		(4) 1 Ss 93/04 (91/04)	NJW 2005, 2872
20. Juni 2006		9 U 47/06	NJW 2007, 703
22. August 2006		9 W 114/06	ZUM 2007, 60
5. September 2006		9 W 127/06	AfP 2006, 567

Celle

25. September 1978		2 Ss 157/78	JR 1979, 424

Dresden

16. April 2010	Werbung für Welterbe	4 U 127/10	ZUM 2010, 597 AfP 2010, 402

Düsseldorf

30. September 1969	Schleppjagd	20 U 80/69	GRUR 1970, 618
10. April 1984		2 Ss 42/84	NStZ 1985, 268
7. Juli 1989		5 Ss 250/89 – 101/89 I	NJW 1989, 3030
29. August 1997		22 U 17/97	NJW 1997, 3383
29. Mai 2001		2 a Ss 50/01 – 16/01 II	NJW 2001, 3562

Frankfurt am Main

9. Januar 1958	Verbrecherbraut	6 U 77/57	GRUR 1958, 508
20. März 1986	Tanzkurs III	6 U 43/85	NJW-RR 1986, 1056
12. Dezember 1988		1 Ws 229/88	NJW 1989, 675
12. Juli 1991		25 U 87/90	NJW 1992, 441
25. August 1994	Universelles Leben II	6 U 296/93	NJW 1995, 878
21. September 1999		11 U 28/99	NJW 2000, 594 AfP 2000, 185

Hamburg

20. November 1901			Hanseatische Gerichtszeitung, Nr. 5-6 Beiblatt, S. 25
14. April 1972		1 Ws 84/72	NJW 1972, 1290
18. Juni 1980		1 Ss 37/80	MDR 1981, 71
7. Juli 1983	Oktoberfestattentäter	3 U 7/83	AfP 1983, 466
16. April 1987		3 U 210/86	AfP 1987, 703
28. März 1991		3 U 262/90	NJW-RR 1992, 536
6. Januar 1993		3 W 2/93	NJW-RR 1993, 923
9. Juni 1994		3 U 277/93	AfP 1995, 214
22. September 1994		3 U 106/94	AfP 1995, 508
13. Oktober 1994		3 U 129/94	ZUM 1995, 494
27. April 1995		3 U 292/94	ZUM 1996, 789
22. Februar 2001	Roche Lexikon Medizin	3 U 247/00	ZUM 2001, 512
13. Januar 2004		7 U 41/03	ZUM 2004, 309
7. Juli 2005	staytuned	5 U 176/04	MMR 2006, 173
28. Juni 2011		7 U 39/11	AfP 2012, 166

Hamm

13. September 2007		4 Ss 389/07	NStZ 2008, 631

Jena

27. Februar 2008		2 U 319/07	MMR 2008, 408

Karlsruhe

21. Februar 1985		4 Ss 1/85	NStZ 1985, 317
14. Oktober 1998		6 U 120/97	AfP 1999, 489
6. Juli 2001		14 U 71/00	ZUM 2001, 883
8. November 2001		12 U 180/01	NJW 2002, 2799
28. Juli 2004	Bildfragment	6 U 39/04	GRUR 2004, 1058

Koblenz

11. November 1976		1 Ss 524/76	MDR 1977, 334

Köln

10. Oktober 1967		Ss 284/67	NJW 1968, 954
1. März 1978		2 U 133/77	DVBl. 1979, 523
28. Oktober 1980		1 Ss 650 – 651/80	NJW 1981, 1280
27. April 1999		Ss 118/99	NStZ 2000, 39
28. Mai 1999		6 W 15/99	AfP 1999, 377
25. Februar 2003		15 U 138/02	AfP 2003, 447
9. September 2005	Personal Video Recorder	6 U 90/05	GRUR-RR 2006, 5 ZUM 2006, 143
9. Februar 2010		15 U 107/09	CR 2010, 530
22. Februar 2011		15 U 133/10	ZUM 2011, 504

München

21. Dezember 1981	Liebesschule	21 U 3951/81	AfP 1983, 276
28. November 1985		6 U 4440/84	ZUM 1986, 482
13. November 1987		21 U 2979/87	NJW 1988, 915
17. April 1990		2 Ws 339/90	StV 1991, 504
21. Januar 1998		21 U 6238/97	AfP 1999, 351
8. März 2001	MIDI-Files	29 U 3282/00	ZUM 2001, 420 CR 2001, 333
4. Mai 2006		29 U 3499/05	ZUM 2006, 936
10. Mai 2007	subito	29 U 1638/06	MMR 2007, 525
26. Juni 2007		18 U 2067/07	K&R 2007, 531
14. September 2007		18 W 1902/07	ZUM 2007, 932
29. April 2010	myvideo	29 U 3698/09	ZUM 2010, 709

Nürnberg

26. Oktober 1971	Kunstflieger	3 U 68/71	GRUR 1973, 40

Oldenburg

18. Januar 1963		1 Ss 323/62	NJW 1963, 920

Saarbrücken

3. Oktober 1974		Ss 55/74	NJW 1975, 506

Stuttgart

30. Januar 1987		2 U 195/86	AfP 1987, 693
26. Oktober 1998		1 Ss 433/98	NStZ-RR 2000, 25
30. Oktober 2003		1 Ws 288/03	NStZ 2004, 402
17. Mai 2006		1 Ws 128/06	NJW 2006, 2197
21. Januar 2008		2 Ws 328/07	ZUM 2008, 698 MMR 2008, 474

Landgerichte

Berlin

21. Februar 1902			Abgedruckt bei Kohler, S. 38 ff.
29. Juni 1995		20 O 67/95	AfP 1997, 732
14. Oktober 1999		16 O 803/98	AfP 2000, 197
18 Juli 2002		27 O 241/02	AfP 2002, 540
11. März 2004		27 O 45/04	ZUM 2004, 578
12. August 2005		(4) 1 Ss 93/04 (91/04)	NJW 2005, 2872

Bremen

15. September 1993	Fotoausschnitt	5 O 1374/93b	GRUR 1994, 897

Darmstadt

18. November 2004		3 Qs 637/04	NStZ-RR 2005, 140

Düsseldorf

29. August 2001		12 O 566/00	AfP 2002, 64

Hamburg

5. September 2003	thumbnails	308 O 449/03	GRUR-RR 2004, 313
14. Mai 2010		324 O 159/10	AfP 2011, 83

Hannover

11. Januar 2006		6 O 73/05	AfP 2006, 193 ZUM 2006, 574

Köln

10. Juni 1977		78 O 405/76	AfP 1978, 149
3. November 2004		28 O 731/03	AfP 2005, 81
28. Februar 2007		28 O 16/07	MMR 2007, 610
17. Juni 2009		28 O 662/08	K&R 2009, 820

München I

9. September 1983		21 S 7144/83	UFITA 100 (1985), 294
10. Juli 1996	Meister Eder	21 O 23932/95	AfP 1997, 559
30. März 2000	MIDI-Files	7 O 3625/98	ZUM 2000, 418 MMR 2000, 431
16. Juli 2003		21 O 8790/03	ZUM-RD 2003, 607

15. März 2007		7 O 7061/06	ZUM 2007, 409
13. März 2008		7 O 16829/07	MMR 2008, 839
25. Juni 2009	myvideo	7 O 4139/08	ZUM 2009, 788

Oldenburg

11. Januar 2006	Beachparty im Bullenstall	5 S 740/05	GRUR-RR 2006, 177

Stuttgart

2. März 1982		7 O 516/81	AfP 1983, 292
14. Janaur 1992		17 O 586/91	AfP 1992, 314

Verwaltungsgerichtshof

Baden-Württemberg

19. August 2010		1 S 2266/09	AfP 2011, 97

Verwaltungsgerichte

Hamburg

7. März 1980		VII VG 1280/79	DuD 1981, 57

Wiesbaden

11. November 1980		IV/1 E 79/79	DVBl. 1981, 790

Amtsgerichte

Ahrensböck

9. März 1920	Reichspräsident Ebert		DJZ 1920, 595

Mannheim

11. Juli 2008		3 C 154/08	www.juris.de

Saalfeld

27. Januar 2004		675 Js 15258/03 DSjug.	NStZ-RR 2004, 141

Schweizerisches Bundesgericht

10. Juli 1992	Uwe Barschel	6 S. 392/1991/NB	NJW 1994, 504

Oberster Gerichtshof (Österreich)

21. November 2006	St. Stephan	4 Ob 178/06 i	GRUR Int. 2007, 626

Literaturverzeichnis

Abrahams, Nick, Is cyber-bullying a crime?, The Sydney Morning Herald, 2009/05/21, online abrufbar unter: http://www.smh.com.au/news/technology/biztech/iscyberbullying-a-crime/2009/05/21/1242498854929, (zitiert: Abrahams (2009))

Ahrens, Claus, Napster, Gnutella, FreeNet&Co. – die immaterialgüterrechtliche Beurteilung von Internet-Musiktauschbörsen, ZUM 2000, 1029, (zitiert: Ahrens, ZUM 2000, 1029, ...)

Akyol, Manolya, Mobbing an Schulen ein großes Problem, Artikel in Frankfurter Rundschau vom 25.1.2011, Online abrufbar unter: http://www.fr-online.de/frankfurt/mobbing-an-Schulen-ein-grosses-problem/-/1472798/6822752/-/index.html, (zitiert: Akyol (2011))

Allfeld, Philipp, Urheber- und Erfinderrecht, 2. Auflage, Berlin 1929, (zitiert: Allfeld, S. ...)

Amelung, Ulrich, Der Schutz der Privatheit im Zivilrecht, Tübingen 2002, (zitiert: Amelung, S. ...)

Amelung, Knut / Tyrell, Christoph, Zur Behandlung des Rechts am eigenen Bild in der neueren strafrechtlichen Rechtsprechung, NJW 1980, 1560, (zitiert: Amelung/Tyrell, NJW 1980, 1560, ...)

Andenaes, Johannes, Der Frieden des Privatlebens, Betrachtungen zum Persönlichkeitsrecht, UFITA 30 (1960), 30, (zitiert: Andenaes, UFITA (1960), 30, ...)

Arndt, Hans-Wolfgang / Fetzer, Thomas / Scherer, Joachim, Telekommunikationsgesetz, Kommentar, Berlin 2008, (zitiert: *Bearbeiter,* in: Arndt/Fetzer/Scherer (Hrsg.), TKG, § ... Rdnr. ...)

Arzt, Gunther, Der strafrechtliche Schutz der Intimsphäre, Tübingen 1970, (zitiert: Arzt, S. ...)

Arzt, Gunther / Backes, Otto / u.a., Alternativ-Entwurf eines Strafgesetzbuches, Besonderer Teil, Straftaten gegen die Person, Tübingen 1971, (zitiert: AE-StGB, S. ...)

Arzt, Gunther / Fezer, Gerhard / Weber, Ulrich / Schlüchter, Ellen / Rössner, Dieter, Festschrift für Jürgen Baumann zum 70. Geburtstag, 22. Juni 1992 - Theodor Lenckner, Zur „Verletzung des Vertraulichkeit des Wortes“: § 201 StGB nach dem 25. Strafrechtsänderungsgesetz –, Bielefeld 1992, (zitiert: Lenckner, in FS Baumann, 1992, S. 135, ...)

Arzt, Gunther / Weber, Ulrich / Heinrich, Bernd / Hilgendorf, Eric, Strafrecht, Besonderer Teil, 2. Auflage, Bielfeld 2009, (zitiert: A/W-*Bearbeiter*, Strafrecht BT, § ... Rdnr. ...)

Bager, Jo, Dabei sein ist alles – Das Phänomen SchülerVZ, c´t 2008, 92-94, (zitiert: Bager, c´t 2008, 92, ...)

Barton, Dirk-Michael, Multimedia-Strafrecht, Neuwied und Kriftel 1999, (zitiert: Barton, Rdnr. ....)

Barton, Dirk-Michale / Gercke, Björn / Janssen, Gerhard, Die Veranstaltung von Glücksspielen durch ausländische Anbieter per Internet unter besonderer Berücksichtigung der Rechtsprechung des EuGH, wistra 2004, 321, (zitiert: Barton/Gercke/Janssen, wistra 2004, 321, ...)

Baumann, Jürgen / Weber, Ulrich / Mitsch, Wolfgang, Strafrecht, Allgemeiner Teil, 11. Auflage, Bielefeld 2003, (zitiert: Baumann/Weber/Mitsch, Strafrecht AT, § ... Rdnr. ...)

Baumbach, Adolf / Lauterbach, Wolfgang / Albers, Jan / Hartmann, Peter, Zivilprozessordnung mit FamFG, GVG und anderen Nebengesetzen, 69. Auflage, München 2011,
(zitiert: Baumbach/Lauterbach/Albers/Hartmann, § ... (Gesetz) Rdnr. ...)

Beck, Markus, Lehrermobbing durch Videos im Internet – ein Fall für die Staatsanwaltschaft?, MMR 2008, 77, (zitiert: Beck, MMR 2008, 77, ...)

Bernau, Patrick, 50 Milliarden für eine Quasselbude, Frankfurter Allgemeine Sonntagszeitung vom 9. Januar 2011, S. 25, (zitiert: Bernau, Frankfurter Allgemeine Sonntagszeitung vom 9. Januar 2011, S. 25)

Bewier, Martin, Über das Recht am eigenen Bilde, Leipzig 1916, (zitiert: Bewier, S. ...)

Bolder, Eva Charlotte / Mörz, Nadine / Schornberg, Jasmin, Virtuell gemobbt – real verletzt.Wenn das Netz auf einmal weh tut. Online abrufbar unter: http://websquare.imb-uni-augsburg.de, (zitiert: Bolder/Mörz/Schornberg (2010))

Borgmann, Matthias, Von Datenschutzbeauftragten und Bademeistern – Der strafrechtliche Schutz am eigenen Bild durch den neuen § 201a StGB, NJW 2004, 2133, (zitiert: Borgmann, NJW 2004, 2133, ...)

Bosch, Nikolaus, Der strafrechtliche Schutz vor Foto-Handy-Voyeuren und Paparazzi, JZ 2005, 377, (zitiert: Bosch, JZ 2005, 377, ...)

Bremer, Karsten, Strafbare Internet-Inhalte in internationaler Sicht, Ist der Nationalstaat wirklich überholt? Frankfurt am Main 2001, (zitiert: Bremer, S. ...)

Breuer, Barbara, Anwendbarkeit des deutschen Strafrechts auf exterritorial handelnde Internet-Benutzer, MMR 1998, 141, (zitiert: Breuer, MMR 1998, 141, ...)

Bussmann, Kurt, Reichen die geltenden gesetzlichen Bestimmungen insbesondere im Hinblick auf die modernen Nachrichtenmittel aus, um das Privatleben gegen Indiskretion zu schützen? Gutachten für den 42. Deutschen Juristentag,Verhandlungen des Zweiundvierzigsten Deutschen Juristentages (Düsseldorf 1957), Band I (Gutachten), 1. Teil, Tübingen 1957, (zitiert: Bussmann, Verhandlungen des 42. Deutschen Juristentages (1957), Bd. I, S. ...)

Cohn, Georg, Neue Rechtsgüter. Das Recht am eigenen Namen. Das Recht am eigenen Bilde. Berlin 1902, (zitiert: Cohn, S. ...)

Collardin, Marcus, Straftaten im Internet. Fragen zum internationalen Strafrecht, CR 1995, 618, (zitiert: Collardin, CR 1995, 618, ...)

Conradi, Ulrich / Schlömer, Uwe, Die Strafbarkeit der Internet-Provider -1. Teil-, NStZ 1996, 366, (zitiert: Conradi/Schlömer, NStZ 1996, 366, ...)

Cornils, Karin, Der Begehungsort von Äußerungsdelikten im Internet, JZ 1999, 394, (zitiert: Cornils, JZ 1999, 394, ...)

Däubler, Wolfgang / Klebe, Thomas / Wedde, Peter / Weichert, Thilo, Bundesdatenschutzgesetz, Kompaktkommentar, 3. Auflage, Frankfurt am Main 2010, (zitiert: *Bearbeiter*, in: Däubler/Klebe/Wedde/Weichert, BDSG, § ... Rdnr. ...)

Dambach, Karl E., Wenn Schüler im Internet mobben, Präventions- und Interventionsstrategien gegen Cyber-Bullying, München 2011, (zitiert: Dambach, S. ...)

Dasch, Norbert, Die Einwilligung zum Eingriff in das Recht am eigenen Bild, München 1990, (zitiert: Dasch, S. ...)

Degenhart, Christoph, Das allgemeine Persönlichkeitsrecht, Art. 2 I i.V.m. Art. 1 I GG, JuS 1992, 361, (zitiert: Degenhart, JuS 1992, 361, ...)

Derksen, Roland, Strafrechtliche Verantwortung für in internationalen Computernetzen verbreitete Daten mit strafbarem Inhalt, NJW 1997, 1878, (zitiert: Derksen, NJW 1997, 1878, ...)

Dietlein, Johannes / Woesler, Wolfgang, Spielbank goes „online", Zu den rechtlichen Problemen so genannter „Internet-Casinos", K&R 2003, 458, (zitiert: Dietlein/Woesler, K&R 2003, 458, ...)

Dietmeier, Frank, Blankettstrafrecht – Ein Beitrag zur Lehre vom Tatbestand,Marburg 2001, (zitiert: Dietmeier, S. ...)

Döring, Nicola, Sozialpsychologie des Internet, Die Bedeutung des Internet für Kommunikationsprozesse, Identitäten, soziale Beziehungen und Gruppen. 2. Auflage, Göttingen-Bern-Toronto-Seatlle 2003, (zitiert: Döring, S. ...)

Dolzer, Rudolf / Kahl, Wolfgang / Waldhoff, Christian / Graßhof, Karin (Hrsg.), Bonner Kommentar zum Grundgesetz, Band 1, Einleitung – Art. 3, 156. Aktualisierung / Februar 2012, Heidelberg 2012 (zitiert: *Bearbeiter*, in: Dolzer/Kahl/Waldhoff/Graßhof (Hrsg.), BK, Art. ... Rdnr. ...)

Dreher, Jennifer, Mobbing, Psycho-Terror, Machtspiele: Immer mehr Jugendliche üben Gewalt per Mobiltelefon aus, Wenn das Handy zur Waffe wird: Mädchen mit Nacktbildern erpresst, 1. November 2009, Rheinmain-Extra Tipp, S. 3, (zitiert: Dreher (2009))

Dreier, Horst (Hrsg.), Grundgesetz, Kommentar, Band I, Präambel, Artikel 1-19 2. Auflage, Tübingen 2004, (zitiert: *Bearbeiter*, in: Dreier (Hrsg.), Grundgesetz – Kommentar, Bd. 1, 2. Aufl. 2004, Art. ... Rdnr. ...)

Dreier, Thomas / Schulze, Gernot, Urheberrechtsgesetz, Urheberrechtswahrnehmungsgesetz, Kunsturhebergesetz, Kommentar, 3. Auflage, München 2008, (zitiert: Dreier/Schulze/*Bearbeiter*, § ... Rdnr. ...)

Dreyer, Gunda / Kotthoff, Jost / Meckel, Astrid, Urheberrecht, Urheberrechtsgesetz, Urheberrechtswahrnehmungsgesetz, Kunsturhebergesetz, 2. Auflage, Heidelberg 2009, (zitiert: *Bearbeiter* in HK-UrhR, § ... Rdnr. ...)

Duden, Herkunftswörterbuch, Etymologie der deutschen Sprache, 3. Auflage, Mannheim – Leipzig – Wien – Zürich 2001, (zitiert: Duden, Herkunftswörterbuch, Etymologie der deutschen Sprache)

Dumont, Karl, Das Recht am eigenen Bilde, Berlin 1910, (zitiert: Dumont, S. ...)

Eberspächer, Matthias, Cyber-Mobbing gegen Lehrer. Pornomontagen und Hinrichtungsvideos, Artikel vom 12. Juni 2007, Online abrufbar unter: http://www.spiegel.de/schulspiegel/leben/0,1518,488062,00.html, (zitiert: Eberspächer (2007))

Ehmann, Horst, Zur Struktur des Allgemeinen Persönlichkeitsrechts, JuS 1997, 193, (zitiert: Ehmann, JuS 1997, 193, ...)

Ehrenstein, Claudia, Internet – Führerschein für Kinder? Heute Beratungen über mehr Sicherheit im Netz. Politiker sehen Wirtschaft in der Pflicht, Die Welt vom Dienstag, den 8. Februar 2011, (zitiert: Ehrenstein (2011))

Eisele, Jörg, Strafrechtlicher Schutz vor unbefugten Bildaufnahmen - Zur Einführung eines § 201a in das Strafgesetzbuch- JR 1/2005, 6, (zitiert: Eisele, JR 2005, 6, ...)

Eisenbarth, Peter J., Das Recht am eigenen Bild von relativen und absoluten Personen der Zeitgeschichte, Konstanz 2000, (zitiert: Eisenbarth, S. ...)

Engel, Christoph, Inhaltskontrolle im Internet, AfP 1996, 220, (zitiert: Engel, Afp 1996, 220, ...)

Engels, Stefan / Schulz, Wolfgang, Das Bildnis aus dem Bereich der Zeitgeschichte, Anmerkung zur Dogmatik des Bildnisschutzes, AfP 1998, 574, (zitiert: Engels/Schulz, AfP 1998, 574, ...)

Ensthaler, Jürgen / Weidert, Stefan, Handbuch Urheberrecht und Internet, 2. Auflage, Frankfurt am Main 2010 (zitiert: *Bearbeiter*, in: Ensthaler/Weidert (Hrsg.), Handbuch Urheberrecht und Internet, 2. Aufl., Kap. ... (Absch.) Rdnr. ...)

Erb, Volker / Esser, Robert u.a. (Hrsg.), Die Strafprozessordnung und das Gerichtsverfassungsgesetz, Großkommentar, Band 10, GVG, EGGVG, 26. Auflage, Berlin, New York 2010, (zitiert: *Bearbeiter*, in: Löwe-Rosenberg, StPO Bd. 10, § ... (Gesetz) Rdnr...)

Erdemir, Murad, Gewaltverherrlichung, Gewaltverharmlosung und Menschenwürde, ZUM 2000, 699, (zitiert: Erdemir, ZUM 2000, 699, ...)

Neue Paradigmen der Pornografie? – Ein unbestimmter Rechtsbegriff auf dem Prüfstand, MMR 2003, 628, (zitiert: Erdemir, MMR 2003, 628, ...)

Ernst, Stefan, Gleichklang des Persönlichkeitsschutzes im Bild- und Tonbereich? NJW 2004, 1277, (zitiert: Ernst, NJW 2004, 1277, ...)

Fawzi, Nayla, Cyber-Mobbing, Ursachen und Auswirkungen von Mobbing im Internet, Baden-Baden 2009, (zitiert: Fawzi, S. ...)

Cyber-Mobbing – die Veränderungen gegenüber traditionellem Mobbing, Blickpunkt, Ausgabe 01-2009, Schwerpunkt-Thema: „Cyberbullying“, herausgegeben vom LandesMedienZentrum Rheinland-Pfalz, Online abrufbar unter: http://lmz.rlp.de/presse, (zitiert: Fawzi (2009), S. ...)

Fechner, Frank, Medienrecht, 13. Auflage, Tübingen 2012, (zitiert: Fechner, S. ...)

Fezer, Karl-Heinz, Lauterkeitsrecht, Kommentar zum Gesetz gegen den unlauteren Wettbewerb (UWG), Band 1: §§ 1-4 UWG, 2. Auflage, München 2010, (zitiert: Fezer/*Bearbeiter*, § ... Rdnr. ...)

Finke, Thorsten, Die strafrechtliche Verantwortung von Internet-Providern, Tübingen 1998, (zitiert: Finke, S. ...)

Fischer, Thomas, Strafgesetzbuch und Nebengesetze, Kommentar, 59. Auflage, München 2012, (zitiert: Fischer, §... Rdnr. ...)

Flechsig, Norbert P., Schutz gegen Verletzung des höchstpersönlichen Lebensbereichs durch Bilaufnahmen, ZUM 2004, 605, (zitiert: Flechsig, ZUM 2004, 605, ...)

Frank, Thomas, Zur strafrechtlichen Bewältigung des Spamming, Berlin 2004, (zitiert: Frank, S. ...)

Franke, Dietmar, Die Bildberichterstattung über den Angeklagten und der Öffentlichkeitsgrundsatz im Strafverfahren, Berlin 1978, (zitiert: Franke, S. ...)

Zur Rechtmäßigkeit der Bildberichterstattung über Polizeieinsätze, NJW 1981, 2033, (zitiert: Franke, NJW 1981, 2033, ...)

Franke, Einhard, Bildberichterstattung über Demonstrationen und Persönlichkeitsschutz der Polizei, JR 1982, 48, (zitiert: Franke, JR 1982, 48, ...)

Frenz, Walter, Recht am eigenen Bild für Prinzessin Caroline, NJW 2008, 3102 (zitiert: Frenz, NJW 2008, 3102, ...)

Freund, Gisèle, Photographie und Gesellschaft, Hamburg 1983, (zitiert: Freund, S. ...)

Fricke, Michael, Keine Geldentschädigung für Hassprediger, AfP 2005, 335, (zitiert: Fricke, AfP 2005, 335, ...)

Gallas, Wilhelm, Beiträge zur Verbrechenslehre, Berlin 1968, (zitiert: Gallas, S. ...)

Gareis, Karl, Gutachten des Herrn Professor Dr. Karl Gareis in Königsberg i. Pr. über die Frage: Wie weit ist ein Recht am eigenen Bild anzuerkennen und zu schützen? Verhandlungen des 26. Deutschen Juristentages, Band I (Gutachten), Berlin 1902, (zitiert: Gareis, Verhandlungen des 26. Deutschen Juristentages, Bd. I, S...)

Geis, Max-Emanuel, Der Kernbereich des Persönlichkeitsrechts, JZ 1991, 112, (zitiert: Geis, JZ 1991, 112, ...)

Geppert, Klaus, Repetitorium: Strafrecht, Straftaten gegen die Ehre (§§ 185 ff. StGB), Jura 1983, 530, (zitiert: Geppert, Jura 1983, 530, ...)

Repetitorium: Strafrecht, Straftaten gegen die Ehre (§§ 185 ff. StGB), Jura 1983, 580, (zitiert: Geppert, Jura 1983, 580, ...)

Geppert, Martin / Piepenbrock, Hermann-Josef / Schütz, Raimund / Schuster, Fabian (Hrsg.), Beck`scher TKG Kommentar, Telekommunikationsgesetz, 3. Auflage, München 2006, (zitiert: Beck TKG-Kommentar/*Bearbeiter*, § ... Rdnr. ...)

Gerhardt, Rudolf, ZRP-Rechtsgespräch mit der Justizministerin von Baden-Württemberg, Corinna Werwigk-Hertneck, FDP, Schutz vor den Paparazzi? Der Einbruch in die Intimsphäre soll strafbar werden, ZRP 2003, 293, (zitiert: Werwigk-Hertneck in ZRP-Rechtsgespräch, ZRP 2003, 293)

Germann, Michael, Das Allgemeine Persönlichkeitsrecht, Jura 2010, 734, (zitiert: Germann, Jura 2010, 734, ...)

Gewerkschaft Erziehung und Wissenschaft (GEW), Cyber-Mobbing, Informationen, Tipps und Hinweise zum Umgang mit Mobbing via Internet, E-Mail und Mobiltelefon, April 2008, Online abrufbar unter: www.gew.de, (zitiert: GEW (2008), S. ...)

Gössel, Karl Heinz / Dölling, Dieter, Strafrecht, Besonderer Teil 1, 2. Auflage, Heidelberg 2004, (zitiert: Gössel/Dölling, § ... Rdnr. ...)

Götting, Horst-Peter, Persönlichkeitsrechte als Vermögensrechte, Tübingen 1995, (zitiert: Götting, S. ...)

Götting, Horst-Peter / Schertz, Chritsian / Seitz, Walter, Handbuch des Persönlichkeitsrechts, München 2008

(zitiert: *Bearbeiter*, in: Götting/Schertz/Seitz, Handbuch des Persönlichkeitsrechts, § ... Rdnr. ...)

Gola, Peter, Der neue strafrechtliche Schutz vor unbefugten Bildaufnahmen im Lichte der Zulässigkeits- und Straftatbestände des BDSG, RDV 2004, 215 (zitiert: Gola, RDV 2004, 215, ...)

Gola, Peter / Schomerus Rudolph, BDSG – Bundesdatenschutzgesetz, Kommentar, 10. Auflage, München 2010, (zitiert: Gola/Schomerus, § ... Rdnr. ...)

Gollnick, Rüdiger, Schulische Mobbing-Fälle. Analysen und Strategien. Münster 2005, (zitiert: Gollnick, S. ...)

Grabenwarter, Christoph / Pabel, Katharina, Europäische Menschenrechtskonvention, 5. Auflage, München 2012, (zitiert: Grabenwarter/Pabel, § ... Rdnr. ...)

Graf, Jürgen P., Internet: Straftaten und Strafverfolgung, DRiZ 1999, 281, (zitiert: Graf, DRiZ 1999, 281, ...)

Gribbohm, Günter, Strafrechtsgeltung und Teilnahme -Zur Akzessorietät der Teilnahme im Internationalen Strafrecht-, JR 1998, 177, (zitiert: Gribbohm, JR 1998, 177, ...)

Grziwotz, Herbert, Schutz vor Gewalt in Lebensgemeinschaften und vor Nachstellungen, NJW 2002, 872, (zitiert: Grziwotz, NJW 2002, 872, ...)

Günther, Hans-Ludwig, Die Genese eines Straftatbestandes, Eine Einführung in Fragen der Strafgesetzgebungslehre, JuS 1978, 8, (zitiert: Günther, JuS 1978, 8, ...)

Haupt, Stefan, „E-Mail-Versand" – eine neue Nutzungsart im urheberrechtlichen Sinn? ZUM 2002, 797, (Haupt, ZUM 2002, 797, ...)

Hecker, Bernd, Die Strafbarkeit grenzüberschreitender Luftverunreinigung im deutschen und europäischen Umweltstrafrecht, ZStW 115 (2003), 880, (zitiert: Hecker, ZStW 115 (2003), 880, ...)

Heghmanns, Michael, Problemaufriss zu BGH, Urt. v. 12. Dezember 2000 – 1 StR 184/00 – Fall Töben, JA 2001, 276, (zitiert: Heghmanns, JA 2001, 276 ff.)

Heinrich, Bernd, Der Erfolgsort beim abstrakten Gefährdungsdelikt, GA 1999, 72, (zitiert: Heinrich, GA 1999, 72, ...)

Heinker, Markus, Strafrechtlicher Schutz des gesprochenen Wortes und des Bildnisses bei „Spaßtelefonaten" und „versteckter Kamera", AfP 06/2008, 573, (zitiert: Heinker, AfP 2008, 573, ...)

Helle, Jürgen, Besondere Persönlichkeitsrechte im Privatrecht, Das Recht am eigenen Bild, das Recht am geschriebenen Wort und der Schutz des geschriebenen Wortes, Tübingen 1991, (zitiert: Helle, S. ...)

Die heimliche Videoüberwachung – zivilrechtlich betrachtet, JZ 7/2004, 340, (zitiert: Helle, JZ 2004, 340, ...)

Herdegen, Matthias, Völkerrecht, 11. Auflage, München 2012, (zitiert: Herdegen, Völkerrecht, § ... Rdnr. ...)

Europarecht, 14. Auflage, München 2012, (zitiert: Herdegen, § ... Rdnr. ...)

Hesse, Albrecht, § 201a StGB aus Sicht des öffentlich-rechtlichen Rundfunks, ZUM 6/2005, 432, (zitiert: Hesse, ZUM 2005, 432, ...)

Heuchemer, Michael O. / Paul, Thomas, Die Strafbarkeit unbefugter Bildaufnahmen – Tatbestandliche Probleme des § 201a StGB, JA 2006, 616, (zitiert: Heuchemer/Paul, JA 2006, 616, ...)

Hilgendorf, Eric, Überlegungen zur strafrechtlichen Interpretation des Ubiquitätsprinzips im Zeitalter des Internet, NJW 1997, 1873, (zitiert: Hilgendorf, NJW 1997, 1873, ...)

Neue Medien und das Strafrecht, ZStW 113 (2001), 650, (zitiert: Hilgendorf, ZStW (2001), 650, ...)

Hilgendorf, Eric / Frank, Thomas / Valerius, Brian, Computer- und Internetstrafrecht, Berlin – Heidelberg 2005, (zitiert: Hilgendorf/Frank/Valerius, Rdnr. ...)

Hilgendorf, Eric / Wolf, Christian, Internetstrafrecht – Grundlagen und aktuelle Fragestellungen, K&R Heft 12/2006, 541, (zitiert: Hilgendorf/Wolf, K&R 2006, 541, ...)

Hinterseh, Sven, Die strafrechtliche Verantwortlichkeit für Pornographie im Internet: Ein Beitrag zum Thema „Datennetzkriminalität", JuR-PC 1996, 460, (zitiert: Hinterseh, JuR-PC 1996, 460, ...)

Hirsch, Kurt, Das Recht am eigenen Bilde, Bonn 1934, (zitiert: Hirsch, S. ...)

Hobe, Stephan, Europarecht, 6. Auflage, Köln 2011, (zitiert: Hobe, § ... Rdnr. ...)

Hochrathner, Uwe J., Hidden Camera – Ein zulässiges Einsatzwerkzeug des investigativen Journalismus? Rechtliche Aspekte bei der Arbeit mit versteckter Kamera, ZUM 2001, 669, (zitiert: Hochrathner, ZUM 2001, 669, ...)

Hoeren, Thomas, Das Internet für Juristen – eine Einführung, NJW 1995, 3295, (zitiert: Hoeren, NJW 1995, 3295)

Internet und Recht – Neue Paradigmen des Informationsrechts, NJW 1998, 2849, (zitiert: Hoeren, NJW 1998, 2849, ...)

Internet und Recht – Neue Paradigmen des Informationsrechts, NJW 1998, 2849, (zitiert: Hoeren, NJW 1998, 2849, ...)

Hofer, Sebastian, Cyber-Mobbing-Studie, Die Eltern pöbeln mit, Spiegel online vom 17. August 2011, online abrufbar unter:

http://www.spiegel.de/schulspiegel/0,1518,druck-780562,00.html, (zitiert: Hofer (2011))

Höller, Veronica, Cyber-Mobbing: Was versteht man darunter? Artikel vom 24. März 2010, online abrufbar unter: http://ww.vnr.de/b2c/familie/erziehung/cyber-mobbing-was-versteht-man-darunter.html, (zitiert: Höller (2010))

Hörnle, Tatjana, Anmerkung zu BGH, Urt. v. 12. Dezember 2000 – 1 StR 184/00 – Fall Töben, NStZ 2001, 309, (zitiert: Hörnle, NStZ 2001, 309, ...)

Holtschneider, Henning, Von Pipelines und Strohhalmen, Der Aufbau des Internet in Deutschland, c`t 1/1996, S. 114 f., (zitiert: Holtschneider, c`t 1/1996, S. 114 f.)

Hoppe, Tilman, Bildaufnahmen aus dem höchstpersönlichen Lebensbereich – der neue § 201a StGB, GRUR 2004, Heft 12, 990, (zitiert: Hoppe, GRUR 2004, 990, ...)

Hoyer, Andreas, Die Verletzung des höchstpersönlichen Lebensbereichs bei § 201a StGB, ZIS 2006, 1, (zitiert: Hoyer, ZIS 2006, 1, ...)

Hubmann, Heinrich, Der zivilrechtliche Schutz der Persönlichkeit gegen Indiskretion, JZ 1957, 521, (zitiert: Hubmann, JZ 1957, 521, ...)

Hufen, Friedhelm, Staatsrecht II, Grundrechte, 3. Auflage, München 2011, (zitiert: Hufen, § ... Abs. Rdnr. ...)

Ipsen, Jörn, Staatsrecht II, Grundrechte, 14. Auflage, Köln 2011, (zitiert: Ipsen, StaatsR II, Rdnr. ...)

Irlbeck, Thomas, Computer-Lexikon, Das Nachschlagewerk zum Thema EDV, 3. Auflage, München 1998, (zitiert: Irlbeck, Computer-Lexikon, S. ...)

Jäger, Reinhold S. / Riebel, Julia / Fluck, Lisa, Mobbing bei Schülerinnen und Schülern in der Bundesrepublik Deutschland, Eine empirische Untersuchung auf der Grundlage einer Online-Befragung im Jahre 2009, Online abrufbar unter: http://www.zepf.uni-landau.de/das-zepf/mitarbeiter/jaeger-reinhold-s/veroeffentlichungen/, (zitiert: Jäger/Riebel/Fluck (2009))

Jakobs, Günther, Strafrecht, Allgemeiner Teil, 2. Auflage, Berlin, New York 1991, (zitiert: Jakobs, Strafrecht AT, Abschn. ... Rdnr. ...)

Jani, Ole, Alles eins? – das Verhältnis des Rechts der öffentlichen Zugänglichmachung zum Vervielfältigungsrecht, Zugleich Anmerkung zu LG München I, ZUM 2009, 788 – myvideo, ZUM 2009, 722, (zitiert: Jani, ZUM 2009, 722, ...)

Jarass, Hans D., Das allgemeine Persönlichkeitsrecht im Grundgesetz, NJW 1989, 857, (zitiert: Jarass, NJW 1989, 857, ...)

Jarass, Hans D. / Pieroth, Bodo, Grundgesetz für die Bundesrepublik Deutschland, Kommentar, 11. Auflage, München 2011, (zitiert: Jarass/Pieroth/*Bearbeiter*, Art. ... Rdnr. ...)

Jescheck, Hans-Heinrich / Weigend, Thomas, Lehrbuch des Strafrechts, Allgemeiner Teil, 5. Auflage, Berlin 1996, (zitiert: Jescheck/Weigend, Strafrecht AT, § ... Abs. Unterabschnitt)

Jeßberger, Florian, Anmerkung zu: BGH, Urt. v. 12. Dezember 2000 – 1 StR 184/00 – Fall Töben, JR 2001, 432, (zitiert: Jeßberger, JR 2001, 432, ...)

Joecks, Wolfgang / Miebach, Klaus (Hrsg.), Münchner Kommentar, Strafgesetzbuch, Band 1, §§ 1-37 StGB, 2. Auflage, München 2011, (zitiert: MünchKommStGB/*Bearbeiter*, Bd. 1, § ... Rdnr. ...)

Münchner Kommentar, Strafgesetzbuch, Band 3, §§ 80-184 g StGB, 2. Auflage, München 2012, (zitiert: MünchKommStGB/*Bearbeiter*, Bd. 3, 2. Aufl., § ... Rdnr. ...)

Münchner Kommentar, Strafgesetzbuch, Band 3, §§ 185-262 StGB, München 2003, (zitiert: MünchKommStGB/*Bearbeiter*, Bd. 3, § ... Rdnr. ...)

Münchner Kommentar, Strafgesetzbuch, Band 6/1, Nebenstrafrecht II Strafvorschriften aus: MarkenG – UrhG – UWG – AO – SchwarzArbG AÜG – BetrVG – AktG – AWG – BauFordSiG – BörsG – DepotG – GenG – GewO – GmbHG – HGB – InsO – KWG – WpHG – TKG – TMG, München 2010, (zitiert: MünchKommStGB/*Bearbeiter*, Bd. 6/1, § ... TKG Rdnr. ...)

Kaboth, Daniel, Kontaktverbote und deren prozessuale Durchsetzung zum-Schutz vor „Stalking", ZUM 2003, 342, (zitiert: Kaboth, ZUM 2003, 342, ...)

Kächele, Andreas, Der strafrechtliche Schutz vor unbefugten Bildaufnahmen (§ 201a StGB), Baden-Baden 2007, (zitiert: Kächele, S. ...)

Kargl, Walter, Zur Differenz zwischen Wort und Bild im bereich des strafrechtlichen Persönlichkeitsschutzes, ZStW 117 (2005), 324, (zitiert: Kargl, ZStW 117 (2005), 324, ...)

Keller, Rainer, Grenzen der Unabhängigkeit und Subsidiarität der Weltrechtspflege, GA 2006, 25, (zitiert: Keller, GA 2006, 25 ff.)

Keyßner, Hugo, Das Recht am eigenen Bilde, Berlin 1896, (zitiert: Keyßner, S. ...)

Gutachten des Herrn Geh. Justiz- und Kammergerichtsrath Dr. Keyßner über die Frage: Zum Schutze des Rechts am eigenen Bilde. Verhandlungen des 26. Deutschen Juristentages, Band I (Gutachten), Berlin 1902, (zitiert: Keyßner, Verhandlungen des 26. Deutschen Juristentages, Bd. I, S. ...)

Kienapfel, Diethelm, Privatsphäre und Strafrecht, Frankfurt am Main 1969, (zitiert: Kienapfel, S. ...)

Kienle, Michael, Internationales Strafrecht und Straftaten im Internet, Zum Erfordernis der Einschränkung des Ubiquitätsprinzips des § 9 Abs. 1 Var. 3 StGB, 2. Auflage, Konstanz 1998, (zitiert: Kienle, S. ...)

Kilian, Wolfgang / Heussen, Benno, Computerrechts-Handbuch, Informationstechnologie in der Rechts- und Wirtschaftspraxis, München 2009, (zitiert: Bearbeiter, in: Kilian/Heussen, CHB Nr. ... Rdnr. ...)

Kindhäuser, Urs, Strafgesetzbuch, Lehr- und Praxiskommentar, 4. Auflage, Baden-Baden 2010, (zitiert: Kindhäuser, LPK-StGB, §... Rdnr. ...)

Kindhäuser, Urs / Neumann, Ulfried / Paeffgen, Hans-Ulrich (Hrsg.), Nomos Kommentar, Strafgesetzbuch, Band 1, §§ 1-145d , 3. Auflage, Baden-Baden 2010, (zitiert: *Bearbeiter*, in: Kindhäuser/Neumann/Paeffgen, StGB Bd. 1, § ... Rdnr. ...)

Nomos Kommentar, Strafgesetzbuch, Band 2, §§ 146-358, 3. Auflage, Baden-Baden 2010, (zitiert: *Bearbeiter*, in: Kindhäuser/Neumann/Paeffgen, StGB, Bd. 2, § ... Rdnr. ...)

Klengel, Jürgen Detlef W. / Heckler, Andreas, Geltung des deutschen Strafrechts für vom Ausland aus im Internet angebotenes Glücksspiel, Ein Beitrag zur Frage des Erfolgsorts bei abstrakten Gefährdungsdelikten und zugleich eine Besprechung der Entscheidung des BGH v. 12.12.2000 – 1 StR 184/00, CR 2001, 243, (zitiert: Klengel/Heckler, CR 2001, 243 ff.)

Koch, Arnd, Zur Strafbarkeit der „Auschwitzlüge" im Internet – BGHSt 46, 212, JuS 2002, 123, (zitiert: Koch, JuS 2002, 123, ...)

Nationales Strafrecht und globale Internet-Kriminalität, Zur Reform des Strafanwendungsrechts bei Kommunikationsdelikten im Internet, GA 2002, 703, (zitiert: Koch, GA 2002, 703, ...)

Strafrechtlicher Schutz vor unbefugten Bildaufnahmen, Zur Einführung von § 201a StGB, GA 2005, 589, (zitiert: Koch, GA 2005, 589, ...)

Koenig, Leo , Das Recht am eigenen Bilde, Berlin 1908, (zitiert: Koenig, S. ...)

Köhler, Markus / Arndt, Hans-Wolfgang / Fetzer, Thomas, Recht des Internet, 7. Auflage, Heidelberg-München-Landsberg-Frechen-Hamburg 2011, (zitiert: Köhler/Arndt/Fetzer, Rdnr. ...)

Köhne, Michael, Die Verhältnismäßigkeit des Gewaltdarstellungsverbots, KritV 2005, 244, (zitiert: Köhne, KritV 2005, 244, ...)

Köhntopp, Marit / Köhntopp, Kristian, Datenspuren Im Internet, CR 2000, 248, (zitiert: Köhntopp/Köhntopp, CR 2000, 248, ...)

Körber, Florian, Rechtsradikale Propaganda im Internet – der Fall Töben, Berlin 2003, (zitiert: Körber, S. ...)

Kohler, Josef, Das Eigenbild im Recht, Berlin 1903, (zitiert: Kohler, S. ...)

Zum Autorenrecht und Individualrecht, Der Fall der Bismarckphotographie, GRUR 1900, 196, (zitiert: Kohler, GRUR 1900, 196 f.)

Kowalski, Robin M. / Limber, Sue / Agatston, Patricia W., Cyber bullying: bullying in the digital age, Blackwell, 2008, (zitiert: Kowalski/Limber/Agatston, S. ...)

Kraenz, Nadja, Der strafrechtliche Schutz des Persönlichkeitsrechts, Zu den Auswirkungen der § 201a (unbefugte Bildaufnahmen) und § 238 StGB (Stalking) auf die journalistische Tätigkeit, Baden-Baden 2008, (zitiert: Kraenz, S. ...)

Körger, Detlef / Kuner, Christopher, Internet für Juristen, Zugang, Recherche, Informationsquellen, 3. Auflage, München 2011, (zitiert: Körger/Kuner, S. ...)

Krüger, Alfred, Schüler-Mobbing im Netz: Bloßgestellt, beleidigt und beschimpft, Polizei und Schulen warnen vor Mobbingportal im Internet, online abrufbar unter: http://www.heute.de/ZDFheute/inhalt/3/0,3672,8202115,00.html, (zitiert: Krüger (2011))

Krüger, Matthias, Zum „Bestimmen" im Sinne von §§ 26, 30 StGB, JA 2008, 492, (zitiert: Krüger, JA 2008, 492 ff.)

Kudlich, Hans, Anmerkung zu BGH, Urt. v. 12. Dezember 2000 – 1 StR 184/00 – Fall Töben, StV 2001, 397, (zitiert: Kudlich, StV 2001, 397, ...)

Kübler, Friedrich, Öffentliche Kritik an gewerblichen Erzeugnissen und beruflichen Leistungen, AcP 172, 177, (zitiert: Kübler, AcP 172, 177, ...)

Kühl, Kristian, Zur Strafbarkeit unbefugter Bildaufnahmen, AfP 2004, 190, (zitiert: Kühl, AfP 2004, 190, ...)

Kuner, Christopher, Internationale Zuständigkeitskonflikte im Internet, CR 1996, 453, (zitiert: Kuner, CR 1996, 453, ...)

Kunig, Philip, Die Bedeutung des Nichteinmischungsprinzips für das Internationale Strafrecht der Bundesrepublik Deutschland – BGHSt 27, 30, Jus 1978, 594, (zitiert: Kuni, JuS 1978, 594, ...)

Kunig, Philip / Uerpmann, Robert, Der Fall des Postschiffes Lotus - StIGH-Urt. v. 7.9.1927 = PCIJSeries A No.10 – , Jura 1994, 186, (zitiert: Kunig/Uerpmann, Jura 194, 186, ...)

Lackner, Karl / Kühl, Kristian, Strafgesetzbuch, Kommentar, 27. Auflage, München 2011, (zitiert: Lackner/Kühl, § ... Rdnr. ...)

Lagodny, Otto, Anmerkung zu BGH, Urt. v. 12. Dezember 2000 – 1 StR 184/00 – Fall Töben, JZ 2001, 1198, (zitiert: Lagodny, JZ 2001, 1198, ...)

LandesMedienZentrum Rheinland-Pfalz (Hrsg.), Schwerpunkt-Thema: „Cyberbullying", Erscheinungsformen – Handlungsstrategien – Prävention, Blickpunkt, Ausgabe 01-2009, Online abrufbar unter:

http://lmz.rlp.de/presse, (zitiert: LandesMedienZentrum Rheinland-Pfalz, S. ...)

Laufhütte, Heinrich Wilhelm / Rissing-van Saan, Ruth / Tiedemann, Klaus (Hrsg.), Leipziger Kommentar, Strafgesetzbuch, Großkommentar, Erster Band, Einleitung; §§ 1 bis 31, 12. Auflage, Berlin 2007, (zitiert: *Bearbeiter*, in: Leipziger Kommentar, StGB Bd. 1, § ... Rdnr. ...)

Leipziger Kommentar, Strafgesetzbuch, Großkommentar, Dritter Band, §§ 56 bis 79b, 12. Auflage, Berlin 2008, (zitiert: *Bearbeiter*, in: Leipziger Kommentar, StGB Bd. 3, § ... Rdnr. ...)

Leipziger Kommentar, Strafgesetzbuch, Großkommentar, Vierter Band, §§ 80 bis 109k, 12. Auflage, Berlin 2007, (zitiert: *Bearbeiter*, in: Leipziger Kommentar, StGB Bd. 4, § ... Rdnr. ...)

Leipziger Kommentar, Strafgesetzbuch, Großkommentar, Fünfter Band, §§ 110-145d, 12. Auflage, Berlin 2009, (zitiert: *Bearbeiter*, in: Leipziger Kommentar, StGB Bd. 5, § ... Rdnr. ...)

Leipziger Kommentar, Strafgesetzbuch, Großkommentar, Sechster Band, §§ 146-210, 12. Auflage, Berlin 2010, (zitiert: *Bearbeiter*, in: Leipziger Kommentar, StGB Bd. 6, § ... Rdnr. ...)

Lehle, Thomas, Der Erfolgsbegriff und die deutsche Strafrechtszuständigkeit im Internet, Konstanz 1999, (zitiert: Lehle, S. ...)

Leßmann, H., Weiterentwicklung in Rechtsprechung und Lehre zu § 823 Abs. 1 BGB, JA 1988, 409, (zitiert: Leßmann, JA 1988, 409, ...)

Leupold, Andreas / Bachmann, Peter / Pelz, Christian, Russisches Roulette im Internet ? Zulässigkeit von Glücksspielen im Internet unter gewerbe- und strafrechtlichen Gesichtspunkten, MMR 2000, 648, (zitiert: Leupold/Bachmann/Pelz, MMR 2000, 648, ...)

Libertus, Michael, Die Einwilligung als Voraussetzung für die Zulässigkeit von Bildnisaufnahmen und deren Verbreitung, ZUM 2007, 621, (zitiert: Libertus, ZUM 2007, 621, ...)

Linkens, Christina, Der strafrechtliche Schutz vor unbefugten Bildaufnahmen – eine Betrachtung des neuen § 201a StGB – Bonn 2005, (zitiert: Linkens, S. ...)

Löffler, Martin / Ricker, Reinhart, Handbuch des Presserechts, 5. Auflage, München 2005, (zitiert: Löffler/Ricker, Kap. ... Rdnr. ...)

Loewenheim, Ulrich, Handbuch des Urheberrechts, 2. Auflage, München 2010, (zitiert: Loewenheim/*Bearbeiter*, Handbuch des Urheberrechts, 2. Aufl., § ... Rdnr. ...)

Loewenheim, Ulrich / Koch, Frank A., Praxis des Online-Rechts: technische Grundzüge, Vertragsrecht, Zulassung als Anbieter, elektronischer Rechtsverkehr, Warenvertrieb, Werbung, Urheberrecht, Kennzeichenrecht, Haftung, Strafbarkeit, Datenschutz. WILEY-VCH, Weinheim, 1998, (zitiert: Loewenheim/Koch, S. ...)

Magold, Hanns Arno, Personenmerchandising. Der Schutz der Persona im recht der USA und Deutschlands, Frankfurt am Main-Berlin-Bern-New York-Paris-Wien 1994, (zitiert: Magold, S. ...)

Malek, Klaus, Strafsachen im Internet, Heidelberg 2005, (zitiert: Malek, S. ...)

Mankowski, Peter / Bock, Stefanie, Die internationale Zuständigkeit der deutschen Strafgerichte als eigene Kategorie des Internationalen Strafverfahrensrechts, JZ 2008, 555, (zitiert: Mankowski/Peter, JZ 2008, 555, ...)

Marberth-Kubicki, Annette, Computer- und Internetstrafrecht, 2. Auflage, München 2010, (zitiert: Marberth-Kubicki, Rdnr. ...)

Martin, Jörg, Grenzüberschreitende Umweltbeeinträchtigungen im deutschen Strafrecht, ZRP 1992, 19, (zitiert: Martin, ZRP 1992, 19, ...)

Maunz, Theodor / Dürig, Günther (Begr.), Grundgesetz, Kommentar, Band I, Art. 1-5, 64. Ergänzungslieferung, Januar 2012, München 2012, (zitiert: *Bearbeiter*, in: Maunz/Dürig, GG Bd. I, Art. ... Rdnr. ...)

Maurach, Reinhart / Schroeder, Friedrich-Christian / Maiwald, Manfred, Strafrecht, Besonderer Teil, Teilband 1, Straftaten gegen Persönlichkeits- und Vermögenswerte, 10. Auflage, Heidelberg 2009, (zitiert: Maurach/Schroeder/Maiwald, Strafrecht BT 1, § ... Abs. Rdnr. ...)
Strafrecht, Besonderer Teil, Teilband 2, Straftaten gegen Gemeinschaftswerte, 9. Auflage, Heidelberg 2005, (zitiert: Maurach/Schroeder/Maiwald, Strafrecht BT 2, § ... Abs. Rdnr. ...)

Medienpädagogischer Forschungsverband Südwest (Hrsg.), Forschungsberichte – JIM Studie 2011, Jugend, Information, (Multi-)Media, Basisuntersuchung zum Medienumgang 12- bis 19-Jähriger in Deutschland, Stuttgart, November 2011, Online abrufbar unter: http://www.mpfs.de, (zitiert: JIM-Studie 2011, S. ...)

Melichar, Ferdinand, Anmerkung zu OLG München – Urteil vom 29. April 2010 – 29 U 3698/09, ZUM 2010, 713, (zitiert: Melichar, ZUM 2010, 713, ...)

Meyer-Goßner, Lutz, Strafprozessordnung mit GVG und Nebengesetzen, 55. Auflage, München 2012, (zitiert: Meyer-Goßner, § ... (Gesetz) Rdnr. ...)

Meyer-Ladewig, Jens, Europäische Menschenrechtskonvention, Handkommentar, 3. Auflage, Baden-Baden 2011, (zitiert: Meyer-Ladewig, EMRK, Art. ... Rdnr. ...)

Miebach, Klaus, Aus der Rechtsprechung des BGH zu materiell-rechtlichen Fragen des Sexualstrafrechts, NStZ 1997, 119, (zitiert: Miebach, NStZ 1997, 119, ...)

Miller, Dennis / Rackow, Peter, Transnationale Täterschaft und Teilnahme – Beteiligungsdogmatik und Strafanwendungsrecht, ZStW 117 (2005), 379, (zitiert: Miller/Rackow, ZStW 117 (2005), 379, ...)

Mitsch, Wolfgang, „Saddam Hussein in Unterhose" – Strafbares Fotografieren, Jura Heft 2006, 117, (zitiert: Mitsch, Jura 2006, 117, ...)

Möhring, Philipp / Nicolini, Käte, Urheberrechtsgesetz, Kommentar, 2. Auflage, München 2000, (zitiert: Möhring/Nicolini/*Bearbeiter*, § ... Rdnr. ...)

Müller-Meiningen, Bemerkung zum Entwurf eines neuen Gesetzes betreffend das Urheberrecht an Werken der Photographie, DJZ 1902, 430, (zitiert: Müller-Meiningen, DJZ 1902, 430 ff.)

Mulligan, Therese / Wooters, David (Hrsg.), The George Eatsman House Collection, Geschichte der Photogaphie, Von 1839 bis heute, Köln 2005, (zitiert: Mulligan/Wooters, S. ...)

Neider, Andreas, Mobbing und Gewalt unter Kindern und Jugendlichen , Herausforderung für Erziehung und Bildung, 1. Auflage, Stuttgart 2009, (zitiert: Neider, S. ...)

Neumann-Duesberg, Horst, Bildberichterstattung über absolute und relative Personen der Zeitgeschichte, JZ 1960, 114, (zitiert: Neumann-Duesberg, JZ 1960, 114, ...)

Nipperdey, Hans C., Das Allgemeine Persönlichkeitsrecht, UFITA 30 (1960), 6, (zitiert: Nipperdey, UFITA 30 (1960), 6, ...)

Nolte, Georg, Paperboy oder die Kunst den Informationsfluss zu regulieren von Datenbanken, Links und Suchmaschinen, ZUM 2003, 540, (zitiert: Nolte, ZUM 2003, 540, ...)

Nordemann, Wilhelm / Nordemann, Axel / Nordemann, Jan Bernd (Hrsg.), Urheberrecht, Kommentar zum Urheberrechtsgesetz, Verlagsgesetz, Urheberrechtswahrnehmungsgesetz, 10. Auflage, Stuttgart 2008, (zitiert: *Bearbeiter*, in: Fromm/Nordemann, UrhG, § ... Rdnr. ...)

Obert, Anne / Gottschalk, Sascha, § 201a StGB aus Sicht des privaten Rundfunks, ZUM 6/2005, 436, (zitiert: Obert/Gottschalk, ZUM 2005, 436, ...)

Oehler, Dietrich, Internationales Strafrecht, Köln-Berlin-Bonn-München 1973, (zitiert: Oehler, S. ...)

Olweus, Dan, Bullying at school: What we know and what we can do, Oxford: Blackwell 1993, (zitiert: Olweus, S. ...)

Oppermann, Thomas / Classen, Claus Dieter / Nettesheim, Martin, Europarecht, 5. Auflage, München 2011, (zitiert: Oppermann/Classen/Nettesheim, § ... Rdnr. ...)

Osterrieth, Albert, Bemerkungen zum Entwurf eines Gesetzes betreffend das Urheberrecht an Werken der Photographie, GRUR 1902, 361, (zitiert: Osterrieth, GRUR 1902, 361, ...)

Bemerkungen zum Entwurf eines Gesetzes, betreffend das Urheberrecht an Werken der bildenden Künste und der Photographie, GRUR 1904, 245, (zitiert: Osterrieth, GRUR 1904, 245 ff.)

Otto, Harro, Anmerkung zu BGH, Urteil vom 15. März 1989 – 2 StR 662/88 – (LG Hanau), JZ 1989, 803, (zitiert: Otto, JZ 1989, 803, ...)

Paeffgen, Hans-Ulrich, Allgemeines Persönlichkeitsrecht der Polizei und § 113 StGB, JZ 1979, 516, (zitiert: Paeffgen, JZ 1979, 516, ...)

Palandt, Otto (Begr.), Bürgerliches Gesetzbuch, Kommentar, 71. Auflage, München 2012, (zitiert: Palandt/*Bearbeiter*, § ... Rdnr. ...)

Pelgau, Jens, Plädoyer für einen stärkeren strafrechtlichen Persönlichkeitsschutz, ZRP 1998, 249, (zitiert: Pelgau, ZRP 1998, 249, ...)

Pelz, Christian, Die strafrechtliche Verantwortlichkeit von Internet-Providern, ZUM 1998, 531, (zitiert: Pelz, ZUM 1998, 531, ...)

Petersen, Jens, Medienrecht, 5. Auflage, München 2010, (Petersen, § ... Rdnr. ...)

Pieroth, Bodo / Schlink, Bernhard, Grundrechte, Staatsrecht II, 27. Auflage, Heidelberg, München, Landsberg, Frechen, Hamburg 2011, (zitiert: Pieroth/Schlink, Rdnr. ...)

Poll, Günther, Neue internetbasierte Nutzungsformen, Das Recht der Zugänglichmachung auf Abruf (§ 19a UrhG) und seine Abgrenzung zum Senderecht (§§ 20, 20b UrhG), GRUR 2007, 476, (zitiert: Poll, GRUR 2007, 476, ...)

Pollähne, Helmut, Lücken im kriminalpolitischen Diskurs - Zu den Gesetzentwürfen zur Verbesserung des Schutzes der Intimsphäre, KritV 2003, 387, (zitiert: Pollähne, KritV 2003, 387, ...)

Popp, Martin, Die strafrechtliche Verantwortung von Internet-Providern, Berlin 2002, (zitiert: Popp, S. ...)

Prinz, Matthias / Peters, Butz, Medienrecht, Die zivilrechtlichen Ansprüche, München 1999, (zitiert: Prinz/Peters, Rdnr. ...)

Rauscher, Thomas / Wax, Peter / Wenzel, Joachim (Hrsg.), Münchner Kommentar zur Zivilprozessordnung mit Gerichtsverfassungsgesetz und Nebengesetzen, Band 3, §§ 946-1086, EGZPO, GVG, EGGVG, UKlaG, Internationales Zivilprozessrecht, 3. Auflage, München 2008, (zitiert: MünchKommZPO/*Bearbeiter*, Bd. 3, § ... (Gesetz) Rdnr. ...)

Rebmann, Kurt, Aktuelle Probleme des Zeugnisverweigerungsrechts von Presse und Rundfunk und des Verhältnisses von Presse und Polizei bei Demonstrationen, AfP 1982, 189, (zitiert: Rebmann, AfP 1982, 189, ...)

Rehbinder, Manfred, Urheberrecht, 16. Auflage, München 2010, (zitiert: Rehbinder, Rdnr. ...)

Reinhardt, Rudolf, Der Streit um den Persönlichkeitsschutz nach dem Referentenentwurf des Bundesjustizministeriums, JZ 1959, 41, (zitiert: Reinhardt, JZ 1959, 41, ...)

Rengier, Rudolf, Strafrecht, Allgemeiner Teil, 3. Auflage, München 2011, (zitiert: Rengier, Strafrecht AT, § ... Abs. Rdnr. ...)

Strafrecht, Besonderer Teil II, Delikte gegen die Person und die Allgemeinheit, 13. Auflage, München 2012, (zitiert: Rengier, Strafrecht BT II, § ... Abs. Rdnr. ...)

Ringel, Kurt, Rechtsextremistische Propaganda aus dem Ausland im Internet, CR 1997, 302, (zitiert: Ringel, CR 1997, 302, ...)

Robertz, Frank J., Cyberbullying: Eine neue Form der Gewalt, Deutsche Polizei 10/2006, S. 12, (zitiert: Robertz, Deutsche Polizei 10/2006, 12, ...)

Römer, Nicole, Verbreitungs- und Äußerungsdelikte im Internet, Eine Untersuchung zur strafrechtlichen Bewältigung von Normanwendungs- und Normauslegungsproblemen eines neuen Kriminalfeldes, Frankfurt am Main 2000, (zitiert: Römer, S. ...)

Roßnagel, Alexander (Hrsg.), Handbuch Datenschutzrecht, Die neuen Grundlagen für Wirtschaft und Verwaltung, München 2003, (zitiert: Roßnagel/*Bearbeiter*, Kap. ... Rdnr. ...)

Roßnagel, Alexander / Scholz, Philip, Datenschutz durch Anonymität und Pseudonymität, Rechtsfolgen der Verwendung anonymer und pseudonymer Daten, MMR 2000, 721, (zitiert: Roßnagel/Scholz, MMR 2000, 721, ...)

Roxin, Claus, Strafrecht, Allgemeiner Teil, Band I, Grundlagen – Der Aufbau der Verbrechenslehre, 4. Auflage, München 2006, (zitiert: Roxin, Strafrecht, AT, Bd. I, § ... Rdnr. ...)

Rudolphi, Hans-Joachim / Horn, Eckhard / Samson, Erich u.a., Systematischer Kommentar zum Strafgesetzbuch, Band I, Allgemeiner Teil, 125. Lieferung (Stand Oktober 2010), Köln 2010, (zitiert: SK-StGB/*Bearbeiter*, § ... Rdnr. ...)

Systematischer Kommentar zum Strafgesetzbuch, Band II, Besonderer Teil, (§§ 80-200), Stand: 120. Lieferung (November 2009), (zitiert: SK-StGB/*Bearbeiter*, §... Rdnr. ...)

Systematischer Kommentar zum Strafgesetzbuch, Besonderer Teil, Band III, §§ 201-266b, Stand: 125. Lieferung (Oktober 2010), (zitiert: SK-StGB/*Bearbeiter*, §... Rdnr. ...)

Sachs, Michael (Hrsg.), Grundgesetz, Kommentar, 6. Auflage, München 2011, (zitiert: *Bearbeiter*, in: Sachs (Hrsg.), Grundgesetz, 5. Aufl. 2009, Art. ... Rdnr. ...)

Säcker, Franz Jürgen (Hrsg.), Berliner Kommentar zum Telekommunikationsgesetz, 2. Auflage, Frankfurt am Main 2011, (zitiert: BerlKommTKG/*Bearbeiter*, § ... Rdnr. ...)

Säcker, Franz Jürgen / Rixecker, Roland (Hrsg.), Münchner Kommentar zum Bürgerlichen Gesetzbuch, Band 1, Allgemeiner Teil, §§ 1-240, ProstG, AGG, 6. Auflage, München 2012, (zitiert: MünchKommBGB/Bearbeiter, Bd. 1, § ... Rdnr. ...)

Münchner Kommentar zum Bürgerlichen Gesetzbuch, Band 5 Schuldrecht – Besonderer Teil III, §§ 705-853, Partnerschaftsgesellschaftsgesetz – Produkthaftungsgesetz, 5. Auflage, München 2009, (zitiert: MünchKommBGB/*Bearbeiter*, Bd. 5, § ... Rdnr. ...)

Münchner Kommentar zum Bürgerlichen Gesetzbuch, Band 7 / 1. Halbband, §§ 1297-1588, Gewaltschutzgesetz, 5. Auflage, München 2010, (zitiert: MünchKommBGB/*Bearbeiter*, Bd. 7/1. Halbband, Gesetz, § ... Rdnr. ...)

Sanchez-Hermosilla, Fernando, Neues Strafrecht für den Kampf gegen Computerkriminalität, Konvention des Europarates und neuer Rahmenbeschluss der Europäischen Union im Vergleich mit dem deutschen Strafrecht, CR 2003, 774, (zitiert: Sanchez-Hermosilla, CR 2003, 774, ...)

Satzger, Helmut, Die Anwendung des deutschen Strafrechts auf grenzüberschreitende, Gefährdungsdelikte, NStZ 1998, 112, (zitiert: Satzger, NStZ 1998, 112, ...)

Sauren, Jürgen, Bedrohung der freien Berichterstattung durch den neuen § 201a StGB? ZUM 2005, 425, (zitiert: Sauren, ZUM 2005, 425, ...)

Scanzoni, Gustav von, Zur Entwicklung und Theorie des Rechts am eigenen Bilde, Erlangen 1907, (zitiert: Scanzoni, S. ...)

Schack, Haimo, Urheber- und Urhebervertragsrecht, 5. Auflage, Tübingen 2010, (zitiert: Schack, Rdnr. ...)

Rechtsprobleme der Online-Übermittlung, GRUR 2007, 639, (zitiert: Schack, GRUR 2007, 639, ...)

Schaefer, Martin, Alles oder nichts! Erwiderung auf Jani, Alles eins? – Das Verhältnis des Rechts der öffentlichen Zugänglichmachung zum Vervielfältigungsrecht, ZUM 2009, 722, ZUM 2010, 150, (zitiert: Schaefer, ZUM 2010, 150, ...)

Scheithauer, Herbert / Hayer, Tobias / Petermann, Franz, Bullying unter Schülern, Erscheinungsformen, Risikobedingungen und Interventionskonzepte, Göttingen-Bern-Toronto-Seattle 2003, (zitiert: Scheithauer/Hayer/Petermann, S. ...)

Schertz, Christian, Merchandising, Rechtsgrundlagen und Rechtspraxis, München 1997, (zitiert: Schertz, Rdnr. ...)

Der Schutz der Persönlichkeit vor heimlichen Bild- und Tonaufnahmen Zugleich Anmerkung zum § 201a StGB (Verletzung des höchstpersönlichen Lebensbereichs durch Bildaufnahmen, AfP 2005, 421, (zitiert: Schertz, AfP 2005, 421, ...)

Schertz, Christian / Reich, Helge, Vermögensrechtliche Ansprüche bei unzulässiger publizistischer Verwendung von Bildnissen aus der Privatsphäre, AfP 2010, 1, (zitiert: Schertz/Reich, AfP 2010, 1, ...)

Scheurle, Klaus-Dieter / Mayen, Thomas (Hrsg.), Telekommunikationsgesetz Kommentar, 2. Auflage, München 2008, (zitiert: Scheurel/Mayen/*Bearbeiter*, § ... Rdnr. ...)

Schilling, Georg, Verschärfter Strafschutz gegen Abhör- und Aufnahmegeräte, JZ 1980, 7, (zitiert: Schilling, JZ 1980, 7, ...)

Schilling, Theodor, Internationaler Menschenrechtsschutz, Das Recht der EMRK und des IPbpR, 2. Auflage, Tübingen 2010, (zitiert: Schilling, Rdnr. ...)

Schmidt, Walter, Die Freiheit vor dem Gesetz, Zur Auslegung des Art. 2 Abs. 1 des Grundgesetzes, AöR 91 (1966), 42, (zitiert: Schmidt, AöR 91 (1966), 42, ...)

Schnabel, Christoph, Das Recht am eigenen Bild und der Datenschutz, Die richterliche Dogmatik zur Einwilligung vor dem Hintergrund europarechtlicher Einflüsse des Datenschutzes, ZUM 2008, 657, (zitiert: Schnabel, ZUM 2008, 657, ...)

Schneider, Max, Mobbing – Alarm an Frankfurts Schulen, Anonyme Verleumdungen, Beleidigungen, Lügen im Internet. Kripo, Schul- und Jugendamt greifen ein, Artikel in Bild Frankfurt vom 25. Januar 2011, S. 3, (zitiert: Schneider (2011))

Schneider, Max / Cronauer, H., Jetzt übernimmt die Generalstaatsanwaltschaft Top-Ankläger jagt die Schul-Mobber, Artikel in Bild Frankfurt vom 25. Januar 2011, S. 5, (zitiert: Schneider/Cronauer (2011))

Schnorr, Stefan / Wissing, Volker, Verschärfung des Sexualstrafrechts, ZRP 2001, 278, (zitiert: Schnorr/Wissing, ZRP 2001, 278, ...)

Schönke, Adolf / Schröder, Horst, Strafgesetzbuch, Kommentar, 28. Auflage, München 2010, (zitiert: Schönke/Schröder/*Bearbeiter*, § ... Rdnr. ...)

Schricker, Gerhard / Loewenheim, Ulrich (Hrsg.), Urheberrecht, Kommentar, 4. Auflage, München 2010, (zitiert: *Bearbeiter*, in: Schricker/Loewenheim, 4. Aufl., § ... Rdnr. ...)

Schünemann, Bernd, Der strafrechtliche Schutz von Privatgeheimnissen, ZStW 90 (1978), 11, (zitiert: Schünemann, ZStW 90 (1978), 11, ...)

Schuhmacher, Silvia, Mehr Schutz bei Gewalt in der Familie - Das Gesetz zur Verbesserung des zivilgerichtlichen Schutzes bei Gewalttaten und Nachstellungen sowie zur Erleichterung der Überlassung der Ehewohnung bei Trennung, FamRZ 2002, 645, (zitiert: Schuhmacher, FamRZ 2002, 645, ...)

Schulze, Gernot, Aspekte zu Inhalt und Reichweite von § 19a UrhG, ZUM 2011, 2, (zitiert: Schulze, ZUM 2011, 2, ...)

Schuster, Eva, Das Recht am eigenen Bild, Berlin 1931, (zitiert: Schuster, S. ...)

Schwenzer, Oliver, Tonträgerauswertung zwischen Exklusivrecht und Sendeprivileg im Lichte von Internetradio, GRUR Int. 2001, 722, (zitiert: Schwenzer, GRUR Int. 2001, 722, ...)

Shariff, Shaheen, Cyber-Bullying, Issues and solutions fort he school, the classrooms and the home, London, New York 2008, (zitiert: Shariff, S. ...)

Shanmuganathan, Niransana, Cyberstalking: Psychoterror im Web 2.0, Information – Wissenschaft und Praxis, Band 61 (2010), Heft 2, 91, (zitiert: Shanmuganathan, Information – Wissenschaft und Praxis, Band 61 (2010), Heft 2, S. ...)

Sieber, Ulrich, Strafrechtliche Verantwortlichkeit für den Datenverkehr in internationalen Computernetzen (1), Neue Herausforderungen des Internet, JZ 1996, 429, (zitiert: Sieber, JZ 1996, 429, ...)

Strafrechtliche Verantwortlichkeit für den Datenverkehr in internationalen Computernetzen (2), JZ 1996, 494, (zitiert: Sieber, JZ 1996, 494, ...)

Internationales Strafrecht im Internet, Das Territorialitätsprinzip des §§ 3, 9 StGB im globalen Cyberspace, NJW 1999, 2065, (zitiert: Sieber, NJW 1999, 2065, ...)

Die Bekämpfung von Hass im Internet, Technische, rechtliche und strategische Grundlagen für ein Präventionskonzept, ZRP 2001, 97, (zitiert: Sieber, ZRP 2001, 97, ...)

Simitis, Spiros (Hrsg.), Bundesdatenschutzgesetz, Kommentar, 6. Auflage, Baden-Baden 2006, (zitiert: *Bearbeiter*, in: Simitis, BDSG, § ... Rdnr. ...)

Smith, Peter / Mahdavi, Jess / Carvalho, Manuel / Tippett, Neil, An investigation into cyberbullying, ist forms, awareness and impact, and the relationship between age and gender in Cyberbullying. Unit for School and Family Studies, London: Goldsmiths College 2006, Online abrufbar unter: http://www.dcsf.gov.uk/research/data/uploadfiles/RBX03-06.pdf, (zitiert: Smith/Mahdavi/Carvalho/Tippett (2006))

Sodan, Helge / Ziekow, Jan, Grundkurs Öffentliches Recht, Staats- und Verwaltungsrecht, 5. Auflage, München 2012, (zitiert: Sodan/Ziekow, § ... Rdnr. ...)

Staatsinstitut für Schulqualität und Bildungsforschung München (Hrsg.), Cyber-Mobbing, Kennzeichen, Maßnahmen, Empfehlungen, Online:

www.isb.bayern.de, (zitiert: Staatsinstitut für Schulqualität und Bildungsforschung, S. ...)

Stadler, Thomas, Haftung für Informationen im Internet, 2. Auflage, Berlin 2005, (zitiert: Stadler, Rdnr. ...)

Stegmann, Matthias, Die Haftung der Basisinfrastruktur bei rechtswidrigen Internetangeboten - Verantwortlichkeit von Internet- und Finanzdienstleistern im Rahmen des illegalen Online-Glücksspiels, Baden-Baden 2010, (zitiert: Stegmann, S. ...)

Stenglein, M., Bemerkung zum Entwurf eines Gesetzes betreffend das Urheberrecht an Werken der Photographie, DJZ 1902, 501, (zitiert: Stenglein, DJZ 1902, 501 ff.)

Stephan, René, Cyber-Bullying in sozialen Netzwerken, Maßnahmen gegen Intenet-Mobbing am Beispiel von schülerVZ, Boizenburg 2010, (zitiert: Stephan, S. ...)

Streinz, Rudolf, Europarecht, 9. Auflage, Heidelberg, München, Landsberg, Frechen, Hamburg 2012, (zitiert: Streinz, Rdnr. ...)

Taeger, Jürgen / Gabel, Detlev (Hrsg.), Kommentar zum BDSG und zu den Datenschutzvorschriften des TKG und TMG, Frankfurt am Main 2010, (zitiert: Taeger/Gabel-*Bearbeiter*, § ... Gesetz Rdnr. ...)

Takim, Jasmin, Bloßgestellt im WorldWideWeb, Journal Frankfurt Nr. 09/10, S. 42, 43, (zitiert: Takim (2010))

Teubner, E., Anmerkung zu OLG Celle, Urt. v. 25. September 1978 – 2 Ss 157/78, JR 1979, 422 ff., JR 1979, 424, (zitiert: Teubner, Anm. zu OLG Celle, Urt. v. 25. September 1978 – 2 Ss 157/78, JR 1979, 424, ...)

Tillmanns, Lutz/Führ, Janina, § 201a StGB – Eine problemorientierte Betrachtung aus Sicht der Presseselbstregulierung, ZUM 2005, 441, (zitiert: Tillmanns/Führ, ZUM 2005, 441, ...)

Ullrich, Jan Nicolaus, Alles in einem – Die Einräumung eines Nutzungsrechts i.S.d. § 31 Abs. 1 UrhG für einen On-Demand-Dienst im Internet, Zugleich zum Unterschied zwischen Verwertungsrechten, Nutzungsrechten, Nutzungsarten und Nutzungen, ZUM 2010, 311, (zitiert: Ullrich, ZUM 2010, 311, ...)

Valerius, Brian, Ermittlungen der Strafverfolgungsbehörden in den Kommunikationsdiensten des Internet, Hoheitliche Recherchen in einem grenzüberschreitenden Medium (Diss.), Würzburg 2004, (zitiert: Valerius, S. ...)

Der Weg zu einem sicheren Internet? Zum In-Kraft-Treten der Convention on Cybercrime, K&R 2004, 513, (zitiert: Valerius, K&R 2004, 513, ...)

Vassilaki, Irini E., Kommunikationsrechtliche, computer- und internetspezifische Entscheidungen der Strafgerichte, Einfluss der Informations- und Telekommunikationstechnik auf die Strafrechtsfortbildung im Jahre 1998, MMR 1999, 525, (zitiert: Vassilaki, MMR 1999, 525, ...)

Vianello, Mirko, Lizenzierung von Musik in nutzergenerierten Videos, Der steinige Weg zur Verwendung im Internet, MMR 2009, 90, (zitiert: Vianello, MMR 2009, 90 ...)

Abruf und Aufzeichnung von Video- und Audiostreams zum privaten Gebrauch, CR 2010, 728, (zitiert: Vianello, CR 2010, 728, ...)

Völker, Stefan / Lührig, Nicolas, Abwehr unerwünschter Inline-Links, K&R 2000, 20, (zitiert: Völker/Lührig, K&R 2000, 20, ...)

Vogel, Simon, Bedrohung der freien Berichterstattung durch den neuen § 201a StGB? Diskussionsbericht über die gleichnamige Arbeitssitzung des Instituts für Urheber- und Medienrecht vom 11. März 2005, ZUM 2005, 449, (zitiert: Vogel, ZUM 2005, 449, ...)

Vogt, Oliver, Angst an Lübecks Schulen: Mobbing mit dem Handy vom 5.3.2006, (zitiert: Vogt (2006))

von Gamm, Otto Friedrich Frhr., Urheberrechtsgesetz, Kommentar, München 1968, (zitiert: von Gamm, Einführung Absatz Rdnr. ...)

von Mangoldt, Hermann / Klein, Friedrich / Starck, Christian, Kommentar zum Grundgesetz, Band 1: Präambel, Artikel 1 bis 19, 6. Auflage, München 2010, (zitiert: *Bearbeiter*, in: v. Mangoldt/Klein/Starck, GG I, Art. ... Rdnr. ...)

von Münch, Ingo, Wie lange noch Rundfunkzwangsgebühr? NJW 2000, 634, (zitiert: von Münch, NJW 2000, 634, ...)

von Münch, Ingo / Kunig, Philip, Grundgesetz-Kommentar, Band 1, Präambel bis Art. 69, 6. Auflage, München 2012, (zitiert: von Münch/Kunig/*Bearbeiter*, Art. ... Rdnr. ...)

von Sponeck, Henning, Datenschutzrechtliche Aspekte optischer Speichermedien, CR 1993, 334, (zitiert: von Sponneck, CR 1993, 334, ...)

Wachs, Sebastian, Bullying unter Schülern: Eine empirisch-quantitative Untersuchung unter Berücksichtigung des Cyber-Bullyings, Saarbrücken 2009, (zitiert: Wachs (2009))

Walter, Tonio, Einführung in das internationale Strafrecht, JuS 2006, 870, (zitiert: Walter, JuS 2006, 870, ...)

Walter, Ute, Der zivilrechtliche Schutz vor Nachstellungen, Was der Gesetzgeber über den Unterschied zwischen Paparazzo und Papagallo nicht zu sagen wagte, ZUM 2002, 886, (zitiert: Walter, ZUM 2002, 886, ...)

Walther, Zur Anwendbarkeit der Vorschriften des strafrechtlichen Jugendmedienschutzes auf im Bildschirmtext verbreitete Mitteilungen, NStZ 1990, 523, (zitiert: Walther, NStZ 1990, 523, ...)

Wanckel, Endress, Foto- und Bildrecht, 4. Auflage, München 2012, (zitiert: Wanckel, Rdnr. ...)
Personenbezogene Prominentenberichterstattung anlässlich zeitgeschichtlicherEreignisse, NJW 2011, 726, (zitiert: Wanckel, NJW 2011, 726, ...)
Anmerkung zu BVerfG, Beschl. v. 22. August 2006 – 1 BvR 1168/04 – Marlene Dietrich, NJW 2006, 3411, (zitiert: Wanckel, NJW 2006, 3411, ...)

Wandtke, Artur-Axel / Bullinger, Winfried, Praxiskommentar zum Urheberrecht, 3. Auflage, München 2009, (zitiert: Wandtke/Bullinger/*Bearbeiter*, KUG, § ... Rdnr. ...)

Wasserburg, Klaus, Der Schutz der Persönlichkeit im Recht der Medien, Heidelberg 1988, (zitiert: Wasserburg, S. ...)

Wendt, Rudolf, Das Recht am eigenen Bild als strafbewehrte Schranke der verfasungsrechtlich geschützten Kommunikationsfreiheiten des Art. 5 Abs. 1 GG, AfP 2004, 181, (zitiert: Wendt, AfP 2004, 181, ...)

Wenzel, Karl Egbert (Begr.), Das Recht der Wort- und Bildberichterstattung Handbuch des Äußerungsrechts, 5. Auflage, Köln 2003, (zitiert: *Bearbeiter*, in: Wenzel, Kap. ... Rdnr. ...)

Werwigk-Hertneck, Corinna, Rudolf Gerhardt im Gespräch mit Corinna Werwigk-Hertneck, Schutz vor den Paparazzi? – Der Einbruch in die Intimsphäre soll strafbar werden, ZRP 2003, 293, (zitiert: Werwigk-Hertneck, ZRP-Rechtsgespräch, ZRP 2003, 293, ...)

Wessels, Johannes / Beulke, Werner, Strafrecht, Allgemeiner Teil, Die Straftat und ihr Aufbau, 41. Auflage, Heidelberg, München, Landsberg, Frechen, Hamburg 2011, (zitiert: Wessels/Beulke, Rdnr. ...)

Wessels, Johannes / Hettinger, Michael, Strafrecht Besonderer Teil/1, Straftaten gegen Persönlichkeits- und Gemeinschaftswerte, 35. Auflage, Heidelberg, München, Landsberg, Frechen, Hamburg 2011, (zitiert: Wessels/Hettinger, StrafR BT/1, Rdnr. ...)

Wieczoreck, Mirko Andreas, I Share Gossip – Kapituliert die Rechtsordnung vor dem virtuellen Pranger? AfP 2012, 14, (zitiert: Wieczoreck, AfP 2012, 14, ...)

Wiedemann, Peter, Tatwerkzeug Internet, Ein Überblick über das System und sein kriminelle Nutzung, Kriminalistik 2000, 229, (zitiert: Wiedemann, Kriminalistik 2000, 229, ...)

Willard, Nancy E., Cyberbullying and Cyberthreats. Responding to the Challenge of Online Social Aggression, Threats and Distress. Champaign, IL 2007, (zitiert: Willard, S. ...)

Wimmers, Jörg / Schulz, Carsten, Kommentar zum OLG München, Urt. v. 26. Juni 2007 – 18 U 2067/07, K&R 2007, 531, (zitiert: Wimmers/Schulz, K&R 2007, 531, ...)

Wölfl, Bernd, Sphärentheorie und Vorbehalt des Gesetzes, NVwZ 2002, 49, (zitiert: Wölfl, NVwZ 2002, 49, ...)

Wohlers, Wolfgang, Deliktstypen des Präventionsstrafrechts – Zur Dogmatik „moderner" Gefährdungsdelikte, Berlin 2000, (zitiert: Wohlers, S. ...)

Wyboris, Mischa, Mini-Kamera auf Damen-WC des Berufskollegs, Artikel in Aachener Zeitung vom 4. April 2011-06-09, Online abrufbar unter: http://www.az-web.de, (zitiert: Wyboris (2011))

Zentai, Susanna, Das Recht auf eine originalgetreue Darstellung des eigenen Bildnisses? ZUM 2003, 363, (zitiert: Zantai, ZUM 2003, 363, ...)

Zieher, Wolfgang, Das sogenannte Internationale Strafrecht nach der Reform - Der Rechtsgrund bei Straftaten im Ausland nach den §§ 5 und 6 StGB, Berlin 1977, (zitiert: Zieher, S. ...)

Internetrecherche

http://www.aerzteblatt.de, Deutsches Ärzteblatt, Redeaktion, Ottostraße 12, 50859 Köln, „Cybermobbing unter Schülern weit verbreitet, Artikel vom 8. Juni 2011, online abrufbar unter: http://www.aezteblatt.de/nachrichten/46168

http://www.aerztezeitung.de, Ärzte Zeitung Verlags-GmbH, Am Forsthaus Gravenbruch 5, 63263 Neu-Isenburg, Postfach 200251, 630770 Offenbach, „Cyber-Mobbing bei Schülern weit verbreitet", Artikel vom 28. April 2010, online abrufbar unter: http://www.aerztezeitung.de/panorama/article/600316/cyber-mobbing-schuelern-weit-verbreitet.html

http://www.bullying.org

http://www.bundesgerichtshof.de, Bundesgerichtshof, Herrenstraße 45a, 76133 Karlsruhe

http://www.bverfg.de, Bundesverfassungsgericht, Schlossbezirk 3, 76131 Karlsruhe
http://www.bverfg.de/entscheidungen/rk20120125_1bvr249909.html
http://www.bverfg.de/entscheidungen/rk20111207_1bvr267810.html

http://www.computerbetrug.de, Heiko Rittelmeier, Schlesierstraße 1, 97720 Nüdlingen, Sascha Barowski. Karmelitengasse 1, 86152 Augsburg, „Cyberstalking – Psychoterror per Internet", online abrufbar unter: http://www.computerbetrug.de/sicherheit-im-internet/cyber-stalking-psychterror-per-internet

http://conventions.coe.int., „Explanatory Report to the Convention on Cybercrime", online abrufbar unter: http://conventions.coe.int/treaty/en/reports/html/185.htm

www.cyberbullying.org, Definition Cyberbullying von Bill Belsey, online abrufbar unter: http://cyberbullying.orgconceidof,andcreatedbyBillBelsey,creatorandfacili atorofwww.bullying.org

http://ec.europa.eu, „Safer Internet for Cilfren, Qualitative Study in 29 European Countries, Summary Report, May 2007", online abrufbar unter: ec.europa.eu/public.../quali/ql_safer_internet_summary.pdf

http://www.facebook.com, Facebook Ireland Limited, Hanover Reach, 5-7 Hanover Quay, Dublin 2 Ireland

www.fnp.de, Frankfurter Societäts-Medien GmbH, Frankenalle 71-81, 60327 Frankfurt am Main: „Schüler wehrt sich erfolgreich gegen Lästerseite", Frankfurter Neue Presse vom 26. Januar 2011, online abrufbar unter:

http://www.genios-presse.de/artikel,FNP,20110126,schueler-wehrt-sich-erfolgreich-geg,570C532CA1B8D42D3000

www.focus.de, Focus Online, Neumarkterstr. 61, 81673 München, „Internet-mobbing: Lehrer schlägt zurück“ vom 9. Juli 2009, online abrufbar unter: http://www.focus.de/schule/lehrerzimmer/internetmobbing_aid_65911.html

http://www.gegenstalking.de, „Was ist Cyberstalking?“, online abrufbar unter: http://www.gegenstalking.de/cyberstalking.html

www.heise.de, heise online, Helstorfer Str. 7, 30625 Hannover, Postfach 61040, „EU will mit dem „Safer Internet Day“ Cyber-Mobbing bekämpfen“ vom 8. Februar 2009, online abrufbar unter: http://www.heise.de/meldung/EU-will-mit-dem-Safer-Internet-Day-Cyber-Mobbing-bekaempfen-206403.html/from/related

http://www.klicksafe.de, c/o Landeszentrale für Medien und Kommunikation (LMK) Rheinland-Pfalz, Turmstraße 10, 67059 Ludwigshafen, „Cyber-Mobbing – was ist das?“, online abrufbar unter: https://www.klicksafe.de/cms/front_content.php?idcat=154&idart=4327

http://www.lehrer-online.de, LO Lehrer-Online GmbH, Taunusstraße 52, 65183 Wiesbaden, „Fall des Monats: Ist Cyber-Mobbing eine Straftat?“ Stand: 13. Januar 2010, online abrufbar unter: http://www.leherer-online.de/url/fall-des-monats-01-10.php

www.pcwelt.de, PC-Welt.de, Lyonel-Feininger-Str. 26, 80807 München, „Millionenklage gegen Facebook“ vom 6. März 2009, online abrufbar unter: http://www.pcwelt.de/_misc/article/print/index.cfm?pid=172-o&pk=194897&op=prn

http://www.schuelervz.de, VZnet Netzwerke Ltd., Saarbrücker Str. 38, 10405 Berlin, AGB (Version 1.17), online abrufbar unter: http://www.schuelervz.net/terms_new

http://www.spiegel.de, Spiegel Online GmbH, Ericusstraße 1, 20457 Hamburg

http://vbe.de, Verband Bildung und Erziehung e.V., Behrenstraße 23/24, 10177 Berlin

http://de.wikipedia.org: Hauptseite, Wikimedia Foundation Inc., 149 New Montgomery Street, 3rd Floor, San Francisco, CA 94105, USA
http://de.wikipedia.org/wiki/App
http://en.wikipedia.org/wiki/Flaming_(Internet)
http://de.wikipedia.org/wiki/Fotohandy
http://de.wikipedia.org/w/index.php?title=Cyber-Mobbing
http://en.wikipedia.org/wiki/Harassment
http://de.wikipedia.org/wiki/Stalking
http://de.wikipedia.org/wiki/Chat

http://de.wikipedia.org/wiki/Youtube
http://de.wikipedia.org/wiki/Online-Community
http://de.wikipedia.org/wiki/Facebook
http://de.wikipedia.org/wiki/Blog
http://de.wikipdeia.org/wiki/Bluetooth
http://de.wikipedia.org/wiki/Browser
http://de.wikipedia.org/wiki/Channel
http://de.wikipedia.org/wiki/Chat
http://de.wikipedia.org/wiki/Client
http://de.wikipedia.org/wiki/Cyberspace
http://de.wikipedia.org/wiki/Digitalkamera
http://de.wikipedia.org/wiki/Gateway_(Informatik)
http://de.wikipedia.org/wiki/Greasemonkey
http://de.wikipedia.org/wiki/Mobiltelefon
http://de.wikipedia.org/wiki/Hochladen
http://de.wikipedia.org/wiki/Homepage
http://de.wikipedia.org/wiki/ICQ
http://de.wikipedia.org/wiki/Infrarotstrahlung
http://de.wikipedia.org/wiki/Internetforum
http://de.wikipedia.org/wiki/Internetplattform
http://de.wikipedia.org/wiki/Intranet
http://de.wikipedia.org/wiki/Makro
http://de.wikipedia.org/wiki/Multimedia_Messaging_Service
http://de.wikipedia.org/wiki/Netz
http://de.wikipedia.org/wiki/Push-Medien
http://de.wikipedia.org/wiki/SchülerVZ
http://de.wikipedia.org/wiki/server_(Software)
http://de.wikipedia.org/wiki/Short_Message_Service
http://de.wikipedia.org/wiki/Smartphone
http://de.wikipedia.org/wiki/Software
http://de.wikipedia.org/wiki/Social_Media
http://de.wikipedia.org/wiki/Stream
http://de.wikipedia.org/wiki/Uniform_Resource_Locator
http://de.wikipedia.org/wiki/User
http://de.wikipedia.org/wiki/Newsgroup
http://de.wikipedia.org/wiki/Viewer
http://de.wikipedia.org/wiki/Webcam
http://de.wikipedia.org/wiki/Website
http://de.wikipedia.org/wiki/Wireless_Local_Area_Network
http://de.wikipedia.org/wiki/World_Wide_Web

http://de.wikipedia.org/wiki/Byte
http://de.wikipedia.org/wiki/VZnetNetzwerke

www.youtube.com; YouTube, LLC, 901 Cherry Ave., San Bruno, CA 94066, USA: „Lehrer rastet aus wegen Papierflieger", eingestellt am 23. September 2008 (190.186 views), online abrufbar unter:
http://youtube.com/watch?v=wZZKCUQzyAE&feature=related
„Lehrerin im Unterricht", eingestellt am 1. Oktober 2007 (130.438 views)
Online abrufbar unter:
http://www.youtube.com/watch?v=6vnSudhhCqU&feature=related
„Steinbart Lehrer rastet aus", eingestellt am 14. November 2009 (20.958 views)
Online abrufbar unter:
http://www.youtube.com/watch?v=zrvY2RAQAXc&feature=related
„Lehrer rastet aus Teil 1", eingestellt am 27. März 2009 (13.044 views)
Online abrufbar unter:
http://www.youtube.com/watch?v=A1OXeTfbam0&feature=related
„Lehrerin rastet aus Teil 2", eingestellt am 27. März 2009 (7.721 views)
Online abrufbar unter:
http://www.youtube.com/watch?v=A6TsL9g-x1A&feature=related
„Lehrer Verarschung" eingestellt am 4. August 2008 (3.167 views)
Online abrufbar unter:
http://www.youtube.com/watch?v=5ecpMc1LX9U&feature=related

Glossar

App

Der Begriff App ist die deutsche Kurzform für Applikation und bezeichnet im Allgemeinen jede Form von Anwendungsprogrammen. Im allgemeinen Sprachgebrauch sind damit meist Anwendungen für Smartphone und Tablet-Computer gemeint, die über einen in das Betriebssystem integrierten Onlineshop bezogen und so direkt auf dem Smartphone installiert werden können. (Quelle: http://de. wikipedia.org/wiki/App)

Blog

Ein *Blog* oder auch Web-Log ist eine Wortkreuzung aus dem englischen Begriff *WorldWideWeb* und Log für Logbuch. Er wird auf einer *Website* geführt und ist damit ein meist öffentlich einsehbares Tagebuch oder Journal, in dem mindestens eine Person, der Blogger, Aufzeichnungen führt, Sachverhalte protokolliert oder Gedanken niederschreibt. Das Medium kann dementsprechend sowohl dem Ablegen von Notizen in einem Zettelkasten, dem Austausch von Informationen, Gedanken und Erfahrungen als auch der Kommunikation dienen. (Quelle: http://de. wikipedia.org/wiki/Blog)

Bluetooth-Schnittstelle

Bluetooth ist eine energiesparende Funktechnik zur Datenübertragung, mit der es möglich ist Daten ohne Kabel auf kurze Distanz von einem Datenträger auf einen anderen zu übertragen. Die Geräte haben dafür einen winzigen Mikrochip samt Sende- und Empfangseinheit. Darüber hinaus benötigen die Geräte die passende *Software*, die den Datentransfer steuert. Der Name *Bluetooth* entstand bei einem Treffen zwischen einem Intel- und einem Ericsson-Ingenieur im Jahr 1997 in einer kanadischen Bar. Er verweist auf den Wikinger-König Harald Blaatand (wörtlich übersetzt „Blauzahn", englisch: „bluetooth"). So wie König Blauzahn einst weite Teile Dänemarks und Norwegens einte, sollte die Funktechnik die Computer- und Telekommunikationswelt zusammenführen und eine Vielzahl unterschiedlicher Anschlüsse ablösen. *Bluetooth* gehört inszwischen zur Standarausstattung von Mobiltelefonen. Damit lassen sich Daten mit anderen *Bluetooth-Handys* in der Nähe austauschen. Von einem *bluetooth*fähigen PC oder Notebook kann das *Handy* so auch Fotos empfangen. (Quelle: http://de.wikipedia.org/wiki/Bluetooth)

Bookmarklet

Ein *Bookmarklet* ist ein kleines *JavaScript* geschriebenes *Makro*, das als Bookmark abgespeichert wird und dadurch die Funktionen eines *Browser* erweitert. Es erlaubt bspw. Aussehen und Funktionalität von *Websites* zu verändern. Technisch gesehen sind *Bookmarklets* Lesezeichen. (Quelle: http://de.wikipedia.org/wiki/Bookmarklet)

Browser

Browser ist die Abkürzung für Web-Browser. Dabei handelt es sich um ein Anwendungsprogramm, das zum Blättern und Recherchieren im *WorldWideWeb* dient, dem grafisch orientierten Teil des *Internet*. (Quelle: http://de.wikipedia.org/wiki/Browser)

Byte

Das *Byte* ist ein Mengenbegriff (Maßeinheit) in der Digitaltechnik und der Informatik, der für eine Zusammenstellung aus mehreren Bit steht, im Allgemeinen für eine Anzahl von 8. (Quelle: http://de.wikipedia. org/wiki/ Byte)

Channel

Ein *Channel* ist im Internet Relay *Chat* und anderen *Chats* die gängige Bezeichnung für einen *Chat*room. (Quelle: http://de.wikipedia. org/wiki/ Channel)

Chat

Der englische Begriff *chat* bedeutet im Deutschen „plaudern, sich unterhalten". Er bezeichnet die elektronische Kommunikation in Echtzeit, meist über das *Internet*. Der Raum, in dem gechattet wird, wird deshalb auch als *Chat*room bezeichnet. *Chat*rooms können öffentlich sein oder aber geschlossen. Im letzteren Fall benötigen die chattenden Personen dann eine entsprechende *Software*, die auf ihrem *Rechner* installiert ist. (Quelle: http://de.wikipedia.org/wiki/Chat)

Client

Der englische Begriff *Client* bedeutet im Deutschen Kunde. Ein *Client* ist ein Computerprogramm, das Kontakt zu einem anderen Computerprogramm, dem *Server*, aufnimmt, um dessen Dienstleistung zu nutzen. (Quelle: http://de.wikipedia.org/wiki/Client)

Cyberspace

Der Begriff *Cyberspace* ist ein Kunstwort. Er setzt sich zusammen aus der Vorsilbe „Cyber", die die englische Kurzform für Kybernetik ist, und „Space", dem englischen Begriff für „Raum" bzw. „Weltraum". Kybernetik leitet sich vom griechischen Begriff „Kybernetike" ab und bedeutet „Kunst des Steuermanns". Im Deutschen lässt sich der Begriff *Cyberspace* als kybernetischer Raum übersetzen. (Quelle: http://de.wikipedia. org/wiki/ Cyberspace)

Digitalkamera

Eine *Digitalkamera* ist eine Kamera, die als Aufnahmemedium anstatt eines Films einen elektronischen Bildwandler (Bildsensor) und ein digitales Speichermedium enthält. Sie basiert auf der Videotechnik. (Quelle: http://de.wikipedia.org/wiki/Digitalkamera)

Digital Native

Als *digital native* werden all diejenigen bezeichnet, die in einer Zeit aufgewachsen sind, in der digitale Technologien wie Computer, *Internet* und *Handys* bereits weit verbreitet waren, umgangssprachlich auch Netzgeneration genannt. Es ist anzunehmen, dass es sich dabei um die Generation ab dem Geburtsjahrgang 1980 handelt. (Quelle: Stephan, S. 92)

Gateway

Ein *Gateway* (zu Deutsch: Protokollumsetzer) erlaubt es *Netzwerken*, die auf völlig unterschiedlichen Protokollen basieren, miteinander zu kommunizieren. Ein Beispiel für die Umsetzung unterschiedlicher Protokolle ist E-Mail zu *SMS*. (Quelle: http://de.wikipedia.org/wiki/Gateway_(Informatik))

Greasemonkey-Skript

Der englische Begriff grease monkey bedeutet wörtlich Schmieraffe und im übertragenen Sinn Kfz-Mechaniker. *Greasemonkey* erlaubt dem *User*, eigene *Java Script*-Dateien im *Browser* auszuführen. Diese Skripte individualisieren das Erscheinungsbild und Verhalten der angezeigten *Website*, ohne einen Zugriff auf die eigentliche *Website* vornehmen zu müssen. Dadurch erweitert *Greasemonkey* bspw. *Websites* und Funktionen, behebt Fehler in der Darstellung, bindet Inhalte anderer *Websites* ein und erledigt wiederkehrende Aufgaben automatisch. (Quelle: http://de.wikipedia.org /wiki/Greasemonkey)

Handy

Ein *Handy*, auch Mobiltelefon genannt, ist ein tragbares Telefon, das über Funk mit dem Telefonnetz kommuniziert und daher ortsunabhängig eingesetzt werden kann. Heutzutage ist fast jedes Mobiltelefon mit einer integrierten *Digitalkamera* ausgestattet. In diesem Zusammenhang wird auch von einem Foto-*Handy* oder einem Kamera-*Handy* gesprochen. (Quelle: http://de.wikipedia.org/wiki/Mobiltelefon)

Hochladen

Das Hochladen oder der Upload bezeichnet in der Informatik einen Datenfluss vom lokalen Rechner oder einem lokalen Speichermedium zu einem entfernten Rechner. Der Datenfluss in die andere Richtung wird auch als *Download* bezeichnet. Im Rahmen eines *Uploads* von Daten über das

Internet wird der *Upload* auch als *Upstream* bezeichnet. (Quelle: http://wikipedia.org/wiki/Hochladen)

Homepage

Der englische Begriff *Homepage* bedeutet im Deutschen Leitseite, Einstiegseite, Hauptseite oder Frontpage. Sie bezeichnet die Seite eines Webauftrittes (*Website*), die als zentraler Dreh- und Angelpunkt angelegt ist. In den meisten Fällen ist die *Homepage* auch die Startseite einer *Website*. In besonderen Fällen ist ihr jedoch eine Intro-Seite vorgeschaltet, die dann als Einstiegsseite fungiert. Als Startseite wird das Webdokument bezeichnet, welches erscheint, wenn eine Webadresse ohne Angabe eines Webdokumentes aufgerufen wird. Umgangssprachlich wird das Wort *Homepage* auch häufig für eine *Website* oder eine ganze *Website* verwendet. (Quelle: http://de.wikipedia.org/wiki/Homepage)

HTML (Hyper Text Markup Language)

HTML ist die Abkürzung für den englischen Begriff *Hyper Text Markup Language*. Es bezeichnet eine Beschreibungssprache, die im World Wide Web, dem grafischen Teil des Internet, zum Formatieren von Seiten zum Einsatz kommt. (Quelle: Irlbeck, Computer-Lexikon, S. 365f.; Köhler/Arndt/Fetzer, Rdnr. 6)

ICQ

ICQ ist ein Homophon, das für *I seek you*, zu Deutsch *Ich suche Dich* steht. Dabei handelt es sich um ein Instant-Messaging-Programm. (Quelle: http://de.wikipedia.org/wiki/ICQ)

Infrarot-Schnittstellen

Infrarot-Schnittstellen arbeiten mit elektromagnetischen Wellen und ermöglichen eine drahtlose Kommunikation von Computern mit Peripheriegeräten bzw. unter diesen Peripheriegeräten. (Quelle: http://de.wikipedia.org/wiki/Infrarotstrahlung)

Internet

Im Kern ist *Internet* nichts anderes als die Verbindung vieler Computer zu einem zusammenhängenden *Netz* unter Einigung auf einen Standard zur Kommunikation zwischen den angeschlossenen Rechnern,

die auf der Grundlage des *„Internet-Protokolls“* (*IP*) bzw. des *„Transmission Control Protocol“* (*TCP*) Daten austauschen können. (Quelle: Finke, S. 2; Irlbeck, Computer-Lexikon, S. 418 ff.)

Internetforum

Ein *Internetforum*, auch Diskussionsforum genannt, ist ein virtueller Platz zum Austausch und zur Archivierung von Gedanken, Meinungen und Erfahrungen. Die Kommunikation findet dabei asynchron, das heißt, nicht in Echtzeit statt. (Quelle: http://de.wikipedia.org/wiki/Internetforum)

Internetplattform

Der Begriff *Internetplattform* wird im deutschem Sprachgebrauch auch für den Begiff *Website* genutzt. Dabei handelt es sich um einen virtuellen Platz im *WWW*. (Quelle: http://de.wikipedia.org/wiki/Internetplattform)

Intranet

Der Begriff *Intranet* leitet sich vom lateinischen Wort *intra*, dessen Bedeutung im Deutschen innen ist, und vom englischen Wort net, dessen Bedeutung im Deutschen Netz ist, ab. Ein Intranet ist ein Rechnernetz, das im Gegensatz zum Internet nicht öffentlich ist. Das bedeutet, dass sich die Nutzung auf einen begrenzten Benutzerkreis beschränkt. Dieser Dienst wird vor allem die betriebs- und gemeinschaftsinterne Web-Kommunikation genutzt. Typische Inhalte sind betriebsinterne öffentliche Informationen wie Regeln, Absprachen, Verfahrens- und Arbeitsablaufanweisungen, Mitarbeiterzeitschriften, Dokumente und Formulare. Der Zugriff der Mitarbeiter erfolgt häufig über ein Intranetportal. (Quelle: http://de.wikipedia.org/wiki/Intranet)

IP (Internet Protocol)

Das Kommunikationsprotokoll IP ist verantwortlich für die tatsächliche Verwendung und die Routenwahl durch das *Internet*, das sog. *Routing*. Es eruiert die jeweils schnellste und stabilste Verbindung vom Absender zum Empfänger. Es sucht auch Ersatzwege, wenn die Daten auf einem bestimmten vorgesehenen Weg nicht weitergeleitet werden können. Da die Auslastung und die Kapazität des *Internets* ständig wechseln, ist es auf diese Weise möglich, dass die Datenpakete auf völlig verschiedenen *Routen* und zeitlich asynchron verschickt werden. Hieraus ergibt sich auch, dass eine inhaltliche Überprüfung der einzelnen Pakete jedenfalls durch *Router* üblicherweise nicht möglich ist. Um eine vollständige Rekonstruktion der Daten beim Empfänger zu gewährleisten, wird jedem Paket ein sogenannter IP-Header beigefügt, der – ähnlich einem Breifumschlag im Postversand – Absender- und Empfängeradresse enthält. Die richtige Adressierung ist notwendige Voraussetzung dafür, dass die einzelnen Pakete den gewünschten Empfänger erreichen und nicht etwa ungewollt an Dritte übermittelt werden. Jeder *Rechner*, der an das *Internet* angeschlossen ist, verfügt zu diesem Zweck über eine eigene eindeutige Adresse, einer sogenannten IP-Adresse. Diese Adressen bestehen aus vier *Bytes* und identifizieren die jeweiligen Unternetze sowie den benutzten Computer, wobei diese Zahlen nur programmintern austauchen. An der Oberfläche, die dem Benutzer sichtbar ist, erscheinen nur Klartextnamen. Die Zuordnung dieser Klartextnamen zu Adressen übernimmt der „Domain Name Server" (DNS). Dieser setzt die Klartextnamen von Computern in IP-

Adressen um und umgekehrt, so dass mit diesen Namen gearbeitet werden kann. (Quelle: Barton, Rdnr. 62, 63; Finke, S. 6; Loewenheim/Koch, S. 25 f.; Malek, S. 9 Rdnr. 25; Marberth-Kubicki, Rdnr. 5, 7)

JavaScript

Javascript ist eine Computersprache.

Makro

Das Wort *Makro* ist entlehnt aus dem Englischen macro eine Verkürzung von macroinstruction, wörtlich in etwa Groß-Befehl. Ein Makro ist ein Programm, das eine fest vorgegebene Folge von Befehlen, Aktionen oder Tastaturcodes enthält. Alle Anweisungen der Makros werden automatisch ausgeführt, wenn das Makro entweder mit Hilfe eines Tastenschlüssels oder mit Hilfe eines Menunamens aufgerufen wird. Makros werden z.B. in der Tabellenkalkulation, in der Textverarbeitung und in Datenbanken eingesetzt. Die Arbeit mit diesem Programmen wird dadurch erleichtert und beschleunigt, dass eine Befehlsfolge, die häufig gebraucht wird, mit Hilfe eines Makros ausgeführt wird. (Quelle: http://de.wikipedia.org/wiki/Makro)

Maus

Eine *Maus* ist ein Eingabegerät zur vereinfachten Eingabe bestimmter Befehle, die mittels „Anklickens" bestimmter Schaltflächen auf dem Monitor ermöglicht wird. (Quelle: Finke, S. 9)

Modem

Ein *Modem* ist ein Anpassungsgerät, das über entsprechende Modulationsumsetzung, z.B. in eine Frequenzmodulation die Übertragung von Computersignalen über Standardtelefonkabel ermöglicht. (Quelle: Finke, S. 9)

MMS (Multimedia Messaging Service)

MMS ist die Abkürzung für den englischen Begriff *Multimedia Messaging Service*. Dabei handelt es sich um einen Telekommunikationsdienst zur Übertragung von multimedialen Nachrichten mit einem Mobiltelefon an andere mobile Endgeräte oder an normale E-Mail-Adressen. Mit diesem Service ist es möglich, simple Texte, komplexe Dokumente, Bilder und sogar kurze Videosequenzen an einen oder mehrere Empfänger zu verschicken.

(Quelle: http://de.wikipedia.org/wiki/Multimedia_Messaging_Service)

Netz

Der Begriff *Netz* wird synonym für den Begriff *WWW* benutzt. (Quelle: http://de.wikipedia.org/wiki/Netz)

Netzwerk

Computer, die miteinander verbunden sind, bilden ein *Netzwerk*. Die *Netzwerke* in gleichen oder in benachbarten Gebäuden heißen Local area networks, LAN (= lokale Netzwerke), die weiter auseinander liegen, heißen Wide area networks, WAN. Die *Netzwerke*, die über die ganze Welt miteinander verbunden sind, bilden das Internet. (Quelle: Irlbeck, S. 563)

Pull-Technologie

Die *Pull-Technologie* ist ein Prinzip des *WorldWideWeb*, bei dem der Nutzer selbst entscheidet, ob, wann und wie lange er eine *Website* besucht. Das Pull-Prinzip besagt, dass alle Aktionen im *WorldWideWeb* durch den Nutzer ausgelöst werden, der sich die gewünschten Informationen „heranzieht" (pull).
(Quelle:http://www.contentmanager.de/ressourcen/glossar_50_pull-technologie.html)

Push-Technologie

Als *Push-Technologie* wird eine Technologie bezeichnet, bei der der Informationsfluss vom Sender gesteuert wird und der Kommunikationsfluss primär in einer Richtung vom Sender zum Empfänger verläuft. (Quelle: http://de.wikipedia.org/wiki/Push-Medien)

Rechner

Das Wort *Rechner* bezeichnet im allgemeinen Sprachgebrauch einen Personalcomputer (PC).

Route

Eine *Route* ist eine Information, die einem Gerät sagt, wie es ein Paket in ein bestimmtes Ziel-Subnetz senden kann. Eine Route heißt asymmetrisch, wenn die Rückroute einen anderen Pfad benutzt*Router*

Ein *Router* ist ein Computer, der zwei oder mehrere *Netzwerke* (Subnetze) miteinander verbindet. Computer in beiden Subnetzen geben ihre Pakete für das jeweils andere Subnetz beim *Router* ab.

Routing / Routing-Protokoll

Das Routing-Protokoll ist ein Mechanismus für das dynamische Entdecken der Pfade für Datenpakete durch das *Internet*.

Server

Der Begriff *Server* kommt aus dem Englischen und bedeutet im Deutschen Diener. Er bezeichnet entweder eine *Software* (Programm) im Rahmen eines *Client-Server*-Modells oder eine Hardware (Computer), auf der diese *Software* im Rahmen dieses Konzepts abläuft. Ein *Server* als *Software* ist ein Programm, das mit einem anderen Programm, dem *Client* kommuniziert, um ihm Zugang zu speziellen Dienstleistungen zu ver-

schaffen. Ein *Server* als Hardware ist ein Computer, auf dem ein oder mehrere *Server* laufen.
(Quelle: http://de.wikipedia.org/wiki/server_(Software); Finke, S. 3 FN 11)

SMS (Short Message System)

SMS ist die Abkürzung für den englischen Begriff *Short Message System*, der im Deutschen Kurznachrichtendienst bedeutet. Dabei handelt es sich um einen Telekommuniktionsdienst zur Übertragung von Textnachrichten. (Quelle: http://de.wikipedia.org/wiki/Short_Message_Service)

Software

Software ist ein Sammelbegriff für die Gesamtheit ausführbarer Programme und die zugehörigen Daten. Sie dient dazu, Aufgaben zu erledigen, indem sie von einem Prozessor ausgewertet wird und so softwaregesteuerte Geräte, die einen Teil der Hardware bilden, in ihrer Arbeit beeinflusst. (Quelle: http://de.wikipedia.org/wiki/Software)

Soziale Medien

Unter Sozialen Medien, die auch als Social Media bezeichnet werden, werden Soziale Netzwerke und Netzgemeinschaften verstanden, die als Plattformen zum gegenseitigen Austausch von Meinungen, Eindrücken und Erfahrungen dienen. Soziale Medien sind eine Vielfalt digitaler Medien und Technologien, die es Nutzern ermöglichen, sich untereinander auszutauschen und mediale Inhalte einzeln oder in Gemeinschaft zu gestalten. Sie sollen die Demokratisierung von Wissen und Information unterstützen und den Benutzer von einem Konsumenten zu einem Produzenten entwickeln. Die Nutzer nehmen durch Kommentare, Bewertungen und Empfehlungen aktiv auf die Inhalte Bezug und bauen auf diese Weise eine soziale Beziehung untereinander auf. Als Kommunikationsmittel werden dabei Text, Bild, Audio oder Video verwendet. Soziale Medien sind von den traditionellen Massenmedien, wie z.B. Zeitungen, Radio, Fernsehen und Film zu unterscheiden. Sie stützen sich ausschließlich auf onlinebasierte Kommunikationskanäle und Anwendungen. (Quelle: http://de.wikipedia.org/wiki/Social_Media)

Stream

Stream bzw. Streaming ist die kontinuierliche Übertragung von Daten.
(Quelle: http.//de.wikipedia.org/wiki/Stream)

TCP (Transmission Control Protocol)

Das *TCP* sorgt für die schnelle und sichere Datenübertragung. Es ist verantwortlich für die Fragmentierung der zu versendenden Daten und die Rekonstruktion der übersandten Pakete in der richtigen Reihenfolge. Hierzu werden die Pakete beim Empfänger auf ihre Vollständigkeit überprüft und möglicherweise fehlende Pakete erneut beim Absender angefordert. Zur Überprüfung, ob bei der Übersendung Übertragungsfehler aufgetreten sind, berechnet das *TCP* eine Prüfsumme, die sich aus der präzisen Datenmenge des Pakets ergibt. Stimmt diese Prüfsumme nicht mit der zu übertragenen Datenmenge überein, steht fest, dass die Übertragung nicht erfolgreich war. In diesem Fall wird das entsprechende Element eleminiert und beim Absender die erneute Übermittlung des Original-Pakets angefordert. (Quelle: Barton, Rdnr. 62, 63; Finke, S. 5; Kuner, S. 4, 5; Loewenheim/Koch, S. 22; Malek, S. 8 Rdnr. 24; Marberth-Kubicki, Rdnr. 5, 9, 10)

Uniform Resource Locator (URL)

Als *Uniform Resource Locator* (*URL*) bezeichnet man eine Unterart von Uniform Resource Identifiern (URIs). *URLs* identifizieren und lokalisieren eine Ressource über das verwendete Netzwerkprotokoll (beispielsweise HTTP oder FTP) und den Ort (engl. location) der Ressource in Computernetzwerken. Da URLs die erste und häufigste Art von URIs darstellen, werden die Begriffe häufig synonym verwendet. In der Umgangssprache wird *URL* häufig als Synonym für *Internet*adresse verwendet. (Quelle: http://de.wikipedia.org/wiki/Uniform_Resource_Locator)

User

Der englische Begriff *User* bedeutet im Deutschen Anwender, Verwender oder Benutzer. In der elektronischen Datenverarbeitung ist er u.a. gebräuchlich für a) den Benutzer eines Computers, also eine reale Person, b) ein Mitglied z.B. einer Online-Community oder c) einen Internetnutzer. (Quelle: http://de.wikipedia.org/wiki/User)

Usenet

Usenet ist die Abkürzung für den englischen Begriff *Users Network*. Auch die Bezeichnungen Usenet News, Network News oder Netnews werden verwendet. Dabei handelt es sich bei Usenet um das bekannteste der weltweit existierenden verschiedenen News-Systeme. Das Usenet verbindet eine Vielzahl von Newsservern weltweit. Oft sind Newsgroups aber auch rein regional verteilt, oder sie werden in Intranets (⇒ Glossar) zur Verfügung gestellt. Der Zugriff auf Newsgroups erfolgt über spezielle Computerprogramme, die man Newsreader nennt, oder über Webschnittstellen. (Quelle: Marberth-Kubicki, Rdnr. 20; Stadler, Rdnr. 5; Valerius, S. 15; http://de.wikipedia..org/wiki/Newsgroup)

Viewer

Ist ein Dateibetrachter, der dem Darstellen der als Datei abgelegten digitalen Daten dient. (Quelle: http://de.wikipedia.org/wiki/Viewer)

WAP (Wireless Application Protocol)

WAP ist die Abkürzung für den englischen Begriff *Wireless Application Protocol*. Es bezeichnet eine Sammlung von Techniken und Protokollen, deren Zielsetzung es ist, Internetinhalte für die langsamere Übertragungsrate und die längeren Antwortzeiten im Mobilfunk sowie für die kleinen Displays der Mobiltelefone verfügbar zu machen.

Webcam

Eine *Webcam* ist eine Kamera, deren Bilder direkt auf eine Seite des *WorldWideWeb* übertragen werden. Der Begriff *Webcam* geht auf Webseiten zurück, auf denen durch den Betreiber regelmäßig aktualisierte Bilder angeboten werden. Bei vielen *Webcams* wird dabei das Bild nur in längeren Abständen (z.B. alle 15 Minuten) aktualisiert, nur manche *Webcams* bieten tatsächlich eine Art Live-Stream. *Webcams* werden häufig durch Firmen oder öffentliche Einrichtungen angeboten, die über eine Standleitung zum Internet verfügen. Aber auch Privatpersonen z.B. mit DSL-Anschluss stellen zunehmend *Webcams* bereit. Die Motive für den Betrieb einer *Webcam* sind unterschiedlichster Natur: von der reinen Hobbyausübung, Exhibitionismus, Werbung, bis hin zu rein finanziellen Interessen. (Quelle: http://de.wikipedia.org/wiki/Webcam)

Website

Der Begriff *Website* leitet sich zum einen vom englischen Begriff site ab und bedeutet im Deutschen Ort, Platz, Stelle und zum anderen lässt sich der Begriff vom lateinischen Wort situs ableiten, dem im Deutschen die Bedeutung *Lage* oder *Stellung* zukommt. Eine *Website* ist ein virtueller Platz im *WorldWideWeb,* an dem sich meist mehrere Webdokumente (Dateien) und andere Ressourcen befinden. Diese sind üblicherweise durch eine einheitliche Navigation zusammengefasst und verknüpft. Die *Website* kann unterschiedliche Zwecke verfolgen: Sie kann zum einen der rein privaten Selbstdarstellung dienen, in der sich jemand mit seinen persönlichen Angaben, seinen Interessen, Fotos, einem Online-Tagebuch und einem Gästebuch darstellt, in dem Besucher ihre Kommentare zu der Gestaltungund dem Inhalt des Angebots abgeben können. Zum anderen kann sie der halb privaten Darstellung in so genannten Weblogs dienen, die meist privater Natur sind und einem offenen Online-Tagebuch gleichen, bei dem die Besucher zu den Inhalten der Seite beitragen können, sowie in Foren, die sich mit teils sehr speziellen Themenbereichen beschäftigen und wo jeder seine Fragen, Antworten und Meinungen in den öffentlichen Raum des Internets stellen kann. Ferner kann die Website rein informativer Darstellung geschäftlicher oder privater Art dienen, mit der entweder eine Organisation oder ein Unternehmen sich und das dazugehörige Tätigkeitsfeld oder eine Privatperson ihre Qualifikation und bisherigen Tätigkeiten vorstellt. Sie kann der geschäftlichen Webpräsenz von Unternehmen, deren Hauptbetätigungsfeld das Netz ist, dienen. Die Website kann themenbezogen sein. Dann dient sie dazu, sich über einen bestimmten Inhalt unfassend zu informieren. (Quelle: http://de.wikipedia.org/wiki/Website)

W-LAN

Steht für Wireless Local Area Network und bedeutet im Deutschen wörtlich drahtloses lokales *Netzwerk*. Es bezeichnet ein lokales Funknetz, das der Datenübertragung dient. (Quelle: http://de.wikipedia.org/wiki/ Wireless_Local_Area_Network)

WorldWideWeb (WWW)

Der englische Begriff *WorldWideWeb* bedeutet im Deutschen „Weltweites Netz“. Das *WWW* ist ein über das Internet abrufbares Hypertext-System, bestehend aus elektronischen Dokumenten, die durch Hyperlinks miteinander verknüpft sind. Zur Nutzung des WWW wird ein Webbrowser benötigt, welcher die Daten vom Webserver holt und z.B. auf dem Bildschirm anzeigt. Der Benutzer kann den Hyperlinks die auf andere Dokumente verweisen, im Dokument folgen, gleichgültig ob sie auf demselben *Server* oder einem anderen gespeichert sind. Dadurch ergibt sich ein weltweites Netz aus Websites. Das *WWW* wird im allgemeinen Sprachgebrauch oft mit dem Internet gleichgesetzt, obwohl es nur eine mögliche Nutzung des *Internet* darstellt. Es gibt durchaus *Internet*dienste, die nicht in das *WWW* integriert sind. Dazu gehören z.B. E-Mail und IRC. (Quelle: http://de.wikipedia.org/wiki/World_Wide_Web)

Anhang

Gesetzestexte

Anhang 1 Grundgesetz für die Bundesrepublik Deutschland vom 23. Mai 1949

Anhang 2 Gesetz betreffend das Urheberrecht an Werken der bildenden Künste vom 9. Januar 1876

Anhang 3 Gesetz betreffend den Schutz der Photographien gegen unbefugte-Nachbildung vom 10. Januar 1876

Anhang 4 Gesetz betreffend das Urheberrecht an Werken der bildenden Künste und der Photographie vom 9. Januar 1907 in der Fassung vom 16. Februar 2001

Anhang 5 Gesetz über Urheberrecht und verwandte Schutzrechte (Urheberrechtsgesetz) vom 9. September 1965 in der Fassung vom 17. Dezember 2008

Anhang 6 Schweizerisches Zivilgesetzbuch

Anhang 7 Alternativ-Entwurf eines Strafgesetzbuches – Besonderer Teil Straftaten gegen die Person – Zweiter Halbband

Anhang 8 Schweizerisches Strafgesetzbuch

Anhang 9 Europäische Menschenrechtskonvention vom 4. November 1950

Anhang 10 Gesetz zum zivilrechtlichen Schutz vor Gewalttaten und Nachstellungen (Gewaltschutzgesetz – GewSchG) vom 11. Dezember 2001

Anhang 11 Telekommunikationsgesetz (TKG) vom 22. Juni 2004 in der Fassung vom 24. März 2011

Anhang 12 Bayerisches Datenschutzgesetz (BayDSG) vom 23. Juli 1993

Anhang 13 Gesetz zum Schutz personenbezogener Daten (Landesdatenschutzgesetz – LDSG) Baden-Württemberg in der Fassung vom 18. September 2000

Anhang 14 Gesetz zum Schutz personenbezogener Daten in der Berliner Verwaltung (Berliner Datenschutzgesetz – BlnDSG) in der Fassung vom 17. Dezember 1990

Anhang 15 Gesetz zum Schutz personenbezogener Daten im Land Brandenburg (Brandenburgisches Datenschutzgesetz – BbgDSG) vom 15. Mai 2008

Anhang 16 Bremisches Datenschutzgesetz (BremDSG9 in der Fassung der Bekanntmachung vom 4. März 2003

Anhang 17 Hamburgisches Datenschutzgesetz (HmbDSG) vom 5. Juli 1990

Anhang 18 Hessisches Datenschutzgesetz (HDSG) in der Fassung vom 7. Januar 1999

Anhang 19 Gesetz zum Schutz des Bürgers bei der Verarbeitung seiner Daten (Landesdatenschutzgesetz – DSG M-V) vom 28. März 2002

Anhang 20 Niedersächsisches Datenschutzgesetz (NDSG) in der Fassung vom 29. Januar 2002

Anhang 21 Gesetz zum Schutz personenbezogener Daten (Datenschutzgesetz Nordrhein-Westfalen – DSG NRW) in der Fassung der Bekanntmachung vom 9. Juni 2000

Anhang 22 Landesdatenschutzgesetz (LDSG) Rheinland-Pfalz vom 5. Juli 1994

Anhang 23 Saarländisches Gesetz zum Schutz personenbezogener Daten (Saarländisches Datenschutzgesetz – SDSG) vom 24. März 1993 in der Fassung der Bekanntmachung vom 28. Januar 2008

Anhang 24 Gesetz zum Schutz der informationellen Selbstbestimmung im Freistaat Sachsen (Sächsisches Datenschutzgesetz – SächsDSG) vom 25. August 2003

Anhang 25 Gesetz zum Schutz personenbezogener Daten der Bürger (DSG-LSA) in der Fassung der Bekanntmachung vom 18. Februar 2002

Anhang 26 Thüringer Datenschutzgesetz (ThürDSG) in der Fassung der Bekanntmachung vom 10. Oktober 2001

Anhang 27 Schleswig-Holsteinisches Gesetz zum Schutz personenbezogener Informationen (LDSG Schleswig-Holstein) vom 9. Februar 2000

Anhang 28 Bundesdatenschutzgesetz vom 14. Januar 2003 in der Fassung vom 14. August 2009

Anhang 29 Strafgesetzbuch vom 13. November 1998 in der Fassung vom 28. April 2011

Anhang 30 Einführungsgesetz zum Strafgesetzbuch (EGStGB) vom 2. März 1974 in der Fassung vom 22. Dezember 2010

Anhang 31 Strafprozessordnung vom 7. April 1987 in der Fassung vom 22. Dezember 2010

Anhang 32 Richtlinie 95/46/EG

Anhang 33 Convention on Cybercrime

Anhang 34 Gerichtsverfassungsgesetz vom 9. Mai 1975 in der Fassung vom 22. Dezember 2010

Anhang 1

Grundgesetz der Bundesrepublik Deutschlandvom 23. Mai 1949

- Auszüge -

Art. 1[Schutz der Menschenwürde]

(1) [1]Die Würde des Menschen ist unantastbar. [2]Sie zu achten und zu schützen ist Verpflichtung aller staatlichen Gewalt.

(2) Das Deutsche Volk bekennt sich darum zu unverletzlichen und unveräußerlichen Menschenrechten als Grundlage jeder menschlichen Gemeinschaft, des Friedens und der Gerechtigkeit in der Welt.

(3) Die nachfolgenden Grundrechte binden Gesetzgebung, vollziehende Gewalt und Rechtsprechung als unmittelbar geltendes Recht.

Art. 2[Freie Entfaltung der Persönlichkeit; Recht auf Leben, körperliche Unversehrtheit, Freiheit der Person]

(1) Jeder hat das Recht auf die freie Entfaltung seiner Persönlichkeit, soweit er nicht die Rechte anderer verletzt und nicht gegen die verfassungsmäßige Ordnung oder das Sittengesetz verstößt.

(2) [1]Jeder hat das Recht auf Leben und körperliche Unversehrtheit. [2]Die Freiheit der Person ist unverletzlich. [3]In diese Rechte darf nur auf Grund eines Gesetzes eingegriffen werden.

Art. 3 [Gleichheit vor dem Gesetz]

(1) Alle Menschen sind vor dem Gesetz gleich.

Art. 5 [Recht der freien Meinungsäußerung]

(1) [1]Jeder hat das Recht, seine Meinung in Wort, Schrift und Bild frei zu äußern und zu verbreiten und sich aus allgemein zugänglichen Quellen ungehindert zu unterrichten. [2]Die Pressefreiheit und die Freiheit der Berichterstattung durch Rundfunk und Film werden gewährleistet. [3]Eine Zensur findet nicht statt.

(2) Diese Rechte finden ihre Schranken in den Vorschriften der allgemeinen Gesetze, den gesetzlichen Bestimmungen zum Schutze der Jugend und in dem Recht der persönlichen Ehre.

(3) [1]Kunst und Wissenschaft, Forschung und Lehre sind frei. [2]Die Freiheit der Lehre entbindet nicht von der Treue zur Verfassung.

Art. 19 [Einschränkung von Grundrechten, Grundrechtsträger, Rechtsschutz]

(3) Die Grundrechte gelten auch für inländische juristische Personen, soweit sie ihrem Wesen nach auf diese anwendbar sind.

Art. 72 [Konkurrierende Gesetzgebung]

(1) Im Bereich der konkurrierenden Gesetzgebung haben die Länder die Befugnis zur Gesetzgebung, solange und soweit der Bund von seiner Gesetzgebungszuständigkeit nicht durch Gesetz Gebrauch gemacht hat.

Art. 74 [Gegenstände der konkurrierenden Gesetzgebung]

(1) Die konkurrierende Gesetzgebung erstreckt sich auf folgende Gebiete:

1. das bürgerliche Recht, das Strafrecht (...)

Art. 103 [Bestimmtheitsgebot]

(2) Eine Tat kann nur bestraft werden, wenn die Strafbarkeit gesetzlich bestimmt war, bevor die Tat begangen wurde.

Anhang 2

Gesetz betreffend das Urheberrecht an Werken der bildenden Künste vom 9. Januar 1876[1832]

-Auszüge-

§ 8

Wenn der Urheber eines Werkes der bildenden Künste das Eigenthum am Werke einem Anderen überlässt, so ist darin die Uebertragung des Nachbildungsrechts fortan nicht enthalten; bei Portraits und Portraitbüsten geht dieses Recht jedoch auf den Besteller über.

Der Eigenthümer des Werkes ist nicht verpflichtet, dasselbe zum Zweck der Veranstaltung von Nachbildungen an den Urheber oder dessen Rechtsnachfolger herauszugeben.

§ 9

Der Schutz des gegenwärtigen Gesetzes gegen Nachbildung wird für die Lebensdauer des Urhebers und dreißig Jahre nach dem Tode desselben gewährt.

Bei Werken, welche veröffentlicht sind, ist diese Dauer des Schutzes an die Bedingung geknüpft, dass der wahre Name des Urhebers auf dem Werke vollständig genannt oder durch kenntliche Zeichen ausgedrückt ist.

[1832] Quelle: Deutsches Reichsgesetzblatt Band 1876, Nr. 2, Seite 4-8.

Anhang 3

Gesetz betreffend den Schutz der Photographien gegen unbefugte Nachbildung vom 10. Januar 1876[1833]

-Auszüge-

§ 1

Das Recht, ein durch Photographie hergestelltes Werk ganz oder theilweise auf mechanischem Wege nachzubilden, steht dem Verfertiger der photographischen Aufnahme ausschließlich zu.

§ 5

Jede rechtmäßige photographische oder sonstige mechanische Abbildung der Originalaufnahme muß auf der Abbildung selbst oder auf dem Karton

den Namen beziehungsweise die Firma des Verfertigers der Originalaufnahme oder des Verlegers, und den Wohnort des Verfertigers oder Verlegers, das Kalenderjahr, in welchem die rechtmäßige Abbildung zuerst erschienen ist, enthalten, widrigenfalls ein Schutz gegen Nachbildung nicht stattfindet.

§ 6

Der Schutz des gegenwärtigen Gesetzes gegen Nachbildung wird dem Verfertiger des photographischen Werkes fünf Jahre gewährt. Diese Frist wird vom Ablaufe desjenigen Kalenderjahres ab gerechnet, in welchem die rechtmäßigen photographischen oder sonstigen mechanischen Abbildungen der Originalaufnahme zuerst erschienen sind.

Wenn solche Abbildungen nicht erschienen sind, so wird die fünfjährige Frist von dem Ablauf desjenigen Kalenderjahres ab gerechnet, in welchem das Negativ der photographischen Aufnahme entstanden ist.

§ 7

Das in § 1 bezeichnete Recht des Verfertigers eines photographischen Werkes geht auf dessen Erben über. Auch kann dieses Recht von dem Verfertiger oder dessen Erben ganz oder theilweise durch Vertrag oder durch Verfügung von To-

---

[1833] Quelle: Deutsches Reichsgesetzblatt Band 1876, Nr. 2, Seite 8-10.

des wegen auf Andere übertragen werden. Bei photographischen Bildnissen (Portraits) geht das Recht auch ohne Vertrag von selbst auf den Besteller über.

Anhang 4

Gesetz betreffend das Urheberrecht an Werken der bildenden Künste und der Photographie vom 9. Januar 1907 -Auszüge-

§ 22 KUG [Recht am eigenen Bilde]

[1]Bildnisse dürfen nur mit Einwilligung des Abgebildeten verbreitet oder öffentlich zur Schau gestellte werden. [2]Die Einwilligung gilt im Zweifel als erteilt, wenn der Abgebildete dafür, dass er sich abbilden ließ, eine Entlohnung erhielt. [3]Nach dem Tode des Abgebildeten bedarf es bis zum Ablaufe von 10 Jahren der Einwilligung der Angehörigen des Abgebildeten. [4]Angehörige im Sinne dieses Gesetzes sind der überlebende Ehegatte und die Kinder des Abgebildeten, und wenn weder ein Ehegatte noch Kinder vorhanden sind, die Eltern des Abgebildeten.

§ 23 [Ausnahmen zu § 22]

(1) Ohne die nach § 22 erforderliche Einwilligung dürfen verbreitet und zur Schau gestellt werden:

1. Bildnisse aus dem Bereiche der Zeitgeschichte;

2. Bilder, auf denen Personen nur als Beiwerk neben einer Landschaft oder sonstigen Örtlichkeit erscheinen;

3. Bilder von Versammlungen, Aufzügen und ähnlichen Vorgängen, an denen die dargestellten Personen teilgenommen haben;

4. Bildnisse, die nicht auf Bestellung angefertigt sind, sofern die Verbreitung oder Schaustellung einen höheren Interesse der Kunst dient.

(2) Die Befugnis erstreckt sich jedoch nicht auf eine Verbreitung und Schaustellung, durch die ein berechtigtes Interesse des Abgebildeten oder, falls dieser verstorben ist, seiner Angehörigen verletzt wird.

§ 33 [Strafvorschrift]

(1) Mit Freiheitsstrafe bis zu einem Jahr oder mit Geldstrafe wird bestraft, wer entgegen den §§ 22, 23 ein Bildnis verbreitet oder öffentlich zur Schau stellt.

(2) Die Tat wird nur auf Antrag verfolgt.

Anhang 5

Gesetz über Urheberrecht und verwandte Schutzrechte (Urheberrechtsgesetz) vom 9. September 1965 in der Fassung vom 17. Dezember 2008

-Auszüge-

§ 15 Allgemeines

(1) Der Urheber hat das ausschließliche Recht, sein Werk in körperlicher Form zu verwerten; das Recht umfaßt insbesondere

1. das Vervielfältigungsrecht (§ 16),

2. das Verbreitungsrecht (§ 17),

3. das Ausstellungsrecht (§ 18).

(2) [1]Der Urheber hat ferner das ausschließliche Recht, sein Werk in unkörperlicher Form öffentlich wiederzugeben (Recht der öffentlichen Wiedergabe). [2]Das Recht der öffentlichen Wiedergabe umfasst insbesondere

1. das Vortrags-, Aufführungs- und Vorführungsrecht (§ 19),

2. das Recht der öffentlichen Zugänglichmachung (§ 19a),

3. das Senderecht (§ 20),

4. das Recht der Wiedergabe durch Bild- oder Tonträger (§ 21),

5. das Recht der Wiedergabe von Funksendungen und von öffentlicher Zugänglichmachung (§ 22).

(3) [1]Die Wiedergabe ist öffentlich, wenn sie für eine Mehrzahl von Mitgliedern der Öffentlichkeit bestimmt ist. [2]Zur Öffentlichkeit gehört jeder, der nicht mit demjenigen, der das Werk verwertet, oder mit den anderen Personen, denen das Werk in unkörperlicher Form wahrnehmbar oder zugänglich gemacht wird, durch persönliche Beziehungen verbunden ist.

§ 16 Vervielfältigungsrecht

(1) Das Vervielfältigungsrecht ist das Recht, Vervielfältigungsstücke des Werkes herzustellen, gleichviel ob vorübergehend oder dauerhaft, in welchem Verfahren und in welcher Zahl.

(2) Eine Vervielfältigung ist auch die Übertragung des Werkes auf Vorrichtungen zur wiederholbaren Wiedergabe von Bild- oder Tonfolgen (Bild- oder Tonträger), gleichviel, ob es sich um die Aufnahme einer Wiedergabe des Werkes auf einen Bild- oder Tonträger oder um die Übertragung des Werkes von einem Bild- oder Tonträger auf einen anderen handelt.

§ 17 Verbreitungsrecht

(1) Das Verbreitungsrecht ist das Recht, das Original oder Vervielfältigungsstücke des Werkes der Öffentlichkeit anzubieten oder in Verkehr zu bringen.

(2) Sind das Original oder Vervielfältigungsstücke des Werkes mit Zustimmung des zur Verbreitung Berechtigten im Gebiet der Europäischen Union oder eines anderen Vertragsstaates des Abkommens über den Europäischen Wirtschaftsraum im Wege der Veräußerung in Verkehr gebracht worden, so ist ihre Weiterverbreitung mit Ausnahme der Vermietung zulässig.

(3) Vermietung im Sinne der Vorschriften dieses Gesetzes ist die zeitlich begrenzte, unmittelbar oder mittelbar Erwerbszwecken dienende Gebrauchsüberlassung. Als Vermietung gilt jedoch nicht die Überlassung von Originalen oder Vervielfältigungsstücken

1. von Bauwerken und Werken der angewandten Kunst oder

2. im Rahmen eines Arbeits- oder Dienstverhältnisses zu dem ausschließlichen Zweck, bei der Erfüllung von Verpflichtungen aus dem Arbeits- oder Dienstverhältnis benutzt zu werden.

§ 19a Recht der öffentlichen Zugänglichmachung

Das Recht der öffentlichen Zugänglichmachung ist das Recht, das Werk drahtgebunden oder drahtlos der Öffentlichkeit in einer Weise zugänglich zu machen, dass es Mitgliedern der Öffentlichkeit von Orten und zu Zeiten ihrer Wahl zugänglich ist.

§ 20 Senderecht

Das Senderecht ist das Recht, das Werk durch Funk, wie Ton- und Fernsehrundfunk, Satellitenrundfunk, Kabelfunk oder ähnliche technische Mittel, der Öffentlichkeit zugänglich zu machen.

§ 31 Einräumung von Nutzungsrechten

(5) Sind bei der Einräumung eines Nutzungsrechts die Nutzungsarten nicht ausdrücklich einzeln bezeichnet, so bestimmt sich nach dem von beiden Partnern zugrunde gelegten Vertragszweck, auf welche Nutzungsarten es sich erstreckt. Entsprechendes gilt für die Frage, ob ein Nutzungsrecht eingeräumt wird, ob es sich um ein einfaches oder ausschließliches Nutzungsrecht handelt, wie weit Nutzungsrecht und Verbotsrecht reichen und welchen Einschränkungen das Nutzungsrecht unterliegt.

§ 44a Vorübergehende Vervielfältigungshandlungen

Zulässig sind vorübergehende Vervielfältigungshandlungen, die flüchtig oder begleitend sind und einen integralen und wesentlichen Teil eines technischen Verfahrens darstellen und deren alleiniger Zweck es ist,

1. eine Übertragung in einem Netz zwischen Dritten durch einen Vermittler oder

2. eine rechtmäßige Nutzung

eines Werkes oder sonstigen Schutzgegenstands zu ermöglichen, und die keine eigenständige wirtschaftliche Bedeutung haben.

§ 52a Öffentliche Zugänglichmachung für Unterricht und Forschung

(1) Zulässig ist,

1. veröffentlichte kleine Teile eines Werkes, Werke geringen Umfangs sowie einzelne Beiträge aus Zeitungen oder Zeitschriften zur Veranschaulichung im Unterricht an Schulen, Hochschulen, nichtgewerblichen Einrichtungen der Aus- und Weiterbildung sowie an Einrichtungen der Berufsbildung ausschließlich für den bestimmt abgegrenzten Kreis von Unterrichtsteilnehmern oder

2. veröffentlichte Teile eines Werkes, Werke geringen Umfangs sowie einzelne Beiträge aus Zeitungen oder Zeitschriften ausschließlich für einen bestimmt abgegrenzten Kreis von Personen für deren eigene wissenschaftliche Forschung

öffentlich zugänglich zu machen, soweit dies zu dem jeweiligen Zweck geboten und zur Verfolgung nicht kommerzieller Zwecke gerechtfertigt ist.

(2) Die öffentliche Zugänglichmachung eines für den Unterrichtsgebrauch an Schulen bestimmten Werkes ist stets nur mit Einwilligung des Berechtigten zulässig. Die öffentliche Zugänglichmachung eines Filmwerkes ist vor Ablauf von zwei Jahren nach Beginn der üblichen regulären Auswertung in Filmtheatern im Geltungsbereich dieses Gesetzes stets nur mit Einwilligung des Berechtigten zulässig.

(3) Zulässig sind in den Fällen des Absatzes 1 auch die zur öffentlichen Zugänglichmachung erforderlichen Vervielfältigungen.

(4) Für die öffentliche Zugänglichmachung nach Absatz 1 ist eine angemessene Vergütung zu zahlen. Der Anspruch kann nur durch eine Verwertungsgesellschaft geltend gemacht werden.

§ 52b Wiedergabe von Werken an elektronischen Leseplätzen in öffentlichen Bibliotheken, Museen und Archiven

[1]Zulässig ist, veröffentlichte Werke aus dem Bestand öffentlich zugänglicher Bibliotheken, Museen oder Archive, die keinen unmittelbar oder mittelbar wirtschaftlichen oder Erwerbszweck verfolgen, ausschließlich in den Räumen der jeweiligen Einrichtung an eigens dafür eingerichteten elektronischen Leseplätzen zur Forschung und für private Studien zugänglich zu machen, soweit dem keine vertraglichen Regelungen entgegenstehen. [2]Es dürfen grundsätzlich nicht mehr Exemplare eines Werkes an den eingerichteten elektronischen Leseplätzen gleichzeitig zugänglich gemacht werden, als der Bestand der Einrichtung umfasst. [3]Für die Zugänglichmachung ist eine angemessene Vergütung zu zahlen. [4]Der Anspruch kann nur durch eine Verwertungsgesellschaft geltend gemacht werden.

§ 141 Aufgehobene Vorschriften

Mit Inkrafttreten dieses Gesetzes werden aufgehoben:

Nr. 5 das Gesetz betreffend das Urheberrecht an Werken der bildenden Künste und der Photographie vom 9. Januar 1907 (Reichsgesetzblatt S. 7) in der Fassung des Gesetzes zur Ausführung der revidierten Berner Übereinkunft zum Schutze von Werken der Literatur und Kunst vom 22. Mai 1910, (...).

Anhang 6

Schweizerisches Zivilgesetzbuch

(Fassung gemäß Ziff. I des BG vom 16. Dezember 1983, in Kraft seit 1. Juli 1985; Stand am 1. Februar 2010)[1834]

-Auszüge-

Art. 28

II. Gegen Verletzungen

1. Grundsatz

[1]Wer in seiner Persönlichkeit widerrechtlich verletzt wird, kann zu seinem Schutz jeden, der an der Verletzung mitwirkt, das Gericht anrufen.

[2]Eine Verletzung ist widerrechtlich, wenn sie nicht durch Einwilligung des Verletzten, durch ein überwiegendes privates oder öffentliches Interesse oder durch Gesetz gerechtfertigt ist.

[1834] Quelle: Die Bundesbehörden der Schweizerischen Eidgenossenschaft, abrufbar unter: http://www.admin.ch/ch/d/sr/210/a28.html.

Anhang 7

Alternativ-Entwurf eines Strafgesetzbuches, Besonderer Teil – Straftaten gegen die Person, Zweiter Halbband

-Auszüge-

§ 146 Unbefugtes Abhören und Abbilden

(1) Wer das nicht zu seiner Kenntnis bestimmte, nicht öffentlich gesprochene Wort eines anderen ohne dessen Einwilligung

1. mit einem Abhörgerät abhört,

2. auf einen Tonträger aufnimmt oder sonst technisch speichert oder

3. mit einem Schallträger oder durch sonstige technische Vorrichtungen einem Dritten unmittelbar zugänglich macht,

wird mit Geld- oder Freiheitsstrafe bis zu einem Jahr bestraft.

(2) Ebenso wird bestraft, wer

1. von einer fremden Person in ihren Privaträumen oder

2. von einem anderen oder von dessen Privaträumen unter Verletzung des Anspruchs auf Wahrung des höchstpersönlichen Lebensbereichs

ohne Einwilligung des Betroffenen Bildaufnahmen herstellt oder überträgt.

(3) Dieselbe Strafe trifft denjenigen, der eine nach Abs. 1 oder 2 hergestellte Aufnahme oder Aufzeichnung einem Dritten zugänglich macht.

(4) In den Fällen der Absätze 1 und 2 ist der Versuch strafbar.

(5) Die Tat wird nur auf Antrag verfolgt, sofern nicht die Strafverfolgung im öffentlichen Interesse geboten ist. § 144 Abs. 1 Satz 2 gilt entsprechend.

Anhang 8

Schweizerisches Strafgesetzbuch

-Auszüge-

Art. 179 Verletzung des Geheim- oder Privatbereichs durch Aufahmegeräte

Wer eine Tatsache aus dem Geheimbereich eines anderen oder eine nicht jedermann ohne weiteres zugängliche Tatsache aus dem Privatbereich eines andern ohne dessen Einwilligung mit einem Aufnahmegerät beobachtet oder auf einen Bildträger aufnimmt,

wer eine Tatsache, von der er weiss oder annehmen muss, dass sie aufgrund einer nach Absatz 1 strafbaren Handlung zu seiner Kenntnis gelangte, auswertet oder einem Dritten bekannt gibt,

wer eine Aufnahme, von der er weiss oder annehmen muss, dass sie durch eine nach Absatz 1 strafbare Handlung hergestellt wurde, aufbewahrt oder einem Dritten zugänglich macht,

wird, auf Antrag, mit Freiheitsstrafe bis zu drei Jahren oder Geldstrafe bestraft.

Art. 186 Hausfriedensbruch

Wer gegen den Willen des Berechtigten in ein Haus, in eine Wohnung, in einen abgeschlossenen Raum eines Hauses oder in einen unmittelbar zu einem Hause gehörenden umfriedeten Platz, Hof oder Garten oder in einen Werkplatz unrechtmässig eindringt oder, trotz der Aufforderung eines Berechtigten, sich zu entfernen, darin verweilt, wird, auf Antrag, mit Freiheitsstrafe bis zu drei Jahren oder Geldstrafe bestraft.

Anhang 9

Konvention zum Schutze der Menschenrechte und Grundfreiheiten vom 4. November 1950

-Auszüge-

Artikel 7 Keine Strafe ohne Gesetz

(1) Niemand darf wegen einer Handlung oder Unterlassung verurteilt werden, die zur Zeit ihrer Begehung nach innerstaatlichem oder internationalem Recht nicht strafbar war. Es darf auch keine schwerere als die zur Zeit der Begehung angedrohte Strafe verhängt werden.

(2) Dieser Artikel schließt nicht aus, daß jemand wegen einer Handlung oder Unterlassung verurteilt oder bestraft wird, die zur Zeit ihrer Begehung nach den von den zivilisierten Völkern anerkannten allgemeinen Rechtsgrundsätzen strafbar war.

Artikel 8 Recht auf Achtung des Privat – und Familienlebens

(1) Jede Person hat das Recht auf Achtung ihres Privat- und Familienlebens, ihrer Wohnung und ihrer Korrespondenz.

(2) Eine Behörde darf in die Ausübung dieses Rechts nur eingreifen, soweit der Eingriff gesetzlich vorgesehen und in einer demokratischen Gesellschaft notwendig ist für die nationale oder öffentliche Sicherheit, für das wirtschaftliche Wohl des Landes, zur Aufrechterhaltung der Ordnung, zur Verhütung von Straftaten, zum Schutz der Gesundheit oder der Moral oder zum Schutz der Rechte und Freiheiten anderer.

Artikel 46 Verbindlichkeit und Durchführung der Urteile

(1) Die Hohen Vertragsparteien verpflichten sich, in allen Rechtssachen, in denen sie Partei sind, das endgültige Urteil des Gerichtshofs zu befolgen.

(2) Das endgültige Urteil des Gerichtshofs ist dem Ministerkomitee zuzuleiten; dieses überwacht seine Durchführung.

Anhang 10

Gesetz zum zivilrechtlichen Schutz vor Gewalttaten und Nachstellungen (Gewaltschutzgesetz – GewSchG) vom 11. Dezember 2001

- Auszüge -

§ 1 Gerichtliche Maßnahmen zum Schutz vor Gewalt und Nachstellungen

(1) [1]Hat eine Person vorsätzlich den Körper, die Gesundheit oder die Freiheit einer anderen Person widerrechtlich verletzt, hat das Gericht auf Antrag der verletzten Person die zur Abwendung weiterer Verletzungen erforderlichen Maßnahmen zu treffen. [2]Die Anordnungen sollen befristet werden; die Frist kann verlängert werden. [3]Das Gericht kann insbesondere anordnen, dass der Täter es unterlässt,

1. die Wohnung der verletzten Person zu betreten,

2. sich in einem bestimmten Umkreis der Wohnung der verletzten Person aufzuhalten,

3. zu bestimmende andere Orte aufzusuchen, an denen sich die verletzte Person regelmäßig aufhält,

4. Verbindung zur verletzten Person, auch unter Verwendung von Fernkommunikationsmitteln aufzunehmen,

5. Zusammentreffen mit der verletzten Person herbeizuführen,

soweit dies nicht zur Wahrnehmung berechtigter Interessen erforderlich ist.

(2) [1]Absatz 1 gilt entsprechend, wenn

1. eine Person einer anderen mit einer Verletzung des Lebens, des Körpers, der Gesundheit oder der Freiheit widerrechtlich gedroht hat oder

2. eine Person widerrechtlich und vorsätzlich

a) in die Wohnung einer anderen Person oder deren befriedetes Besitztum eindringt oder

b) eine andere Person dadurch unzumutbar belästigt, dass sie ihr gegen den ausdrücklich erklärten Willen wiederholt nachstellt oder sie unter Verwendung von Fernkommunikationsmitteln verfolgt.

[2]Im Falle des Satzes 1 Nr. 2 Buchstabe b) liegt eine unzumutbare Belästigung nicht vor, wenn die Handlung der Wahrnehmung berechtigter Interessen dient.

(3) In den Fällen des Absatzes 1 Satz 1 oder des Absatzes 2 kann das Gericht die Maßnahmen nach Absatz 1 auch dann anordnen, wenn eine Person die Tat in einem die freie Willensbestimmung ausschließenden Zustand krankhafter Störung der Geistestätigkeit begangen hat, in den sie sich durch geistige Getränke oder ähnliche Mittel vorübergehend versetzt hat.

§ 4 Strafvorschriften

[1]Wer einer bestimmten vollstreckbaren Anordnung nach § 1 Abs. 1 Satz 1 oder 3, jeweils auch in Verbindung mit Absatz 2 Satz 1, zuwiderhandelt, wird mit Freiheitsstrafe bis zu einem Jahr oder mit Geldstrafe bestraft. [2]Die Strafbarkeit nach anderen Vorschriften bleibt unberührt.

Anhang 11

Telekommunikationsgesetz (TKG) vom 22. Juni 2004 in der Fassung vom 14.8.2009

-Auszüge-

§ 90 Missbrauch von Sendeanlagen

(1) [1]Es ist verboten, Sendeanlagen zu besitzen, herzustellen, zu vertreiben, einzuführen oder sonst in den Geltungsbereich dieses Gesetzes zu verbringen, die ihrer Form nach einen anderen Gegenstand vortäuschen oder die mit Gegenständen des täglichen Gebrauchs verkleidet sind und aufgrund dieser Umstände in besonderer Weise geeignet sind, das nicht öffentlich gesprochene Wort eines anderen von diesem unbemerkt abzuhören oder das Bild eines anderen von diesem unbemerkt aufzunehmen.

§ 148 Strafvorschriften

(1) Mit Freiheitsstrafe bis zu zwei Jahren oder mit Geldstrafe wird bestraft, wer

2. entgegen § 90 Abs. 1 Satz 1 eine dort genannte Sendeanlage

a) besitzt oder

b) herstellt, vertreibt, einführt oder sonst in den Geltungsbereich dieses Gesetzes verbringt.

Anhang 12

Bayerisches Datenschutzgesetz (BayDSG) vom 23. Juli 1993

-Auszüge -

Art. 1 Zweck des Gesetzes

Zweck dieses Gesetzes ist es, die einzelnen davor zu schützen, dass sie bei der Erhebung, Verarbeitung oder Nutzung ihrer personenbezogenen Daten durch öffentliche Stellen in unzulässiger Weise in ihrem Persönlichkeitsrecht beeinträchtigt werden.

Art. 4 Begriffsbestimmungen

(1) Personenbezogene Daten sind Einzelangaben über persönliche oder sachliche Verhältnisse bestimmter oder bestimmbarer natürlicher Personen (Betroffene).

Art. 21a Videobeobachtung und Videoaufzeichnung (Videoüberwachung)

(1) [1]Mit Hilfe von optisch-elektronischen Einrichtungen sind die Erhebung (Videobeobachtung) und die Speicherung (Videoaufzeichnung) personenbezogener Daten zulässig, wenn dies im Rahmen der Erfüllung öffentlicher Aufgaben oder in Ausübung des Hausrechts erforderlich ist, (...).

Art. 37 Ordnungswidrigkeiten, Strafvorschrift

(1) Mit Geldbuße bis zu dreißigtausend Euro kann belegt werden, wer unbefugt von diesem Gesetz oder von nach Art. 2 Abs. 7 diesem Gesetz vorgehenden Rechtsvorschriften geschützte personenbezogene Daten, die nicht offenkundig sind,

1. speichert, verändert oder übermittelt,

2. zum Abruf mittels automatisiertem Verfahrens bereithält oder

3. abruft oder sich oder einem anderen aus Dateien verschafft.

(2) Ferner kann mit Geldbuße bis zu dreißigtausend Euro belegt werden, wer

1. die Übermittlung von durch dieses Gesetz oder durch nach Art. 2 Abs. 7 diesem Gesetz vorgehenden Rechtsvorschriften geschützten personenbe-

zogenen Daten, die nicht offenkundig sind, durch unrichtige Angaben erschleicht,

2. entgegen Art. 19 Abs. 4 Satz 1, Art. 22 Satz 1 oder Art. 23 Abs. 1 die übermittelten Daten für andere Zwecke nutzt, indem er sie an Dritte weitergibt oder

3. entgegen Art. 23 Abs. 3 Satz 3 die in Art. 23 Abs. 3 Satz 2 bezeichneten Merkmale mit den Einzelangaben zusammenführt.

(3) Wer eine der in den Absätzen 1 und 2 bezeichneten Handlungen gegen Entgelt oder in der Absicht, sich oder einen anderen zu bereichern oder einen anderen zu schädigen, begeht, wird mit Freiheitsstrafe bis zu zwei Jahren oder mit Geldstrafe bestraft. Die Tat wird nur auf Antrag verfolgt.

Anhang 13

Gesetz zum Schutz personenbezogener Daten (Landesdatenschutzgesetz – LDSG) Baden-Württemberg in der Fassung vom 18. September 2000

-Auszüge-

§ 1 Aufgabe des Gesetzes

Aufgabe dieses Gesetzes ist es, den Einzelnen davor zu schützen, dass er durch die Verarbeitung seiner personenbezogenen Daten durch öffentliche Stellen in seinem Persönlichkeitsrecht beeinträchtigt wird.

§ 3 Begriffsbestimmungen

(1) Personenbezogene Daten sind Einzelangaben über persönliche oder sachliche Verhältnisse einer bestimmten oder bestimmbaren natürlichen Person (Betroffener).

§ 40 Ordnungswidrigkeiten

(1) Ordnungswidrig handelt, wer

1. unbefugt von diesem Gesetz geschützte personenbezogene Daten, die nicht offenkundig sind,

a) speichert, nutzt, verändert, übermittelt oder löscht,

b) zum Abruf mittels automatisierten Verfahrens bereithält oder

c) abruft oder sich oder einem anderen aus Dateien verschafft,

2. die Übermittlung von personenbezogenen Daten, die durch dieses Gesetz geschützt werden und nicht offenkundig sind, durch unrichtige Angaben erschleicht,

3. personenbezogene Daten ohne die nach § 18 Abs. 4 Satz 3 oder nach § 34 Abs. 2 Nr. 2 erforderliche Einwilligung oder entgegen § 35 Abs. 1 für einen anderen Zweck nutzt,

4. entgegen § 35 Abs. 2 Satz 3 die in § 35 Abs. 2 Satz 2 bezeichneten Merkmale mit den Einzelangaben zusammenführt oder

5. entgegen § 18 Abs. 5 eine vollziehbare Auflage nicht, nicht rechtzeitig oder nicht vollständig erfüllt.

(2) Die Ordnungswidrigkeit kann mit einer Geldbuße bis zu 25.000 Euro geahndet werden.

§ 41 Straftaten

Wer eine der in § 40 Abs. 1 Nr. 1 bis 4 bezeichneten Handlungen gegen Entgelt oder in der Absicht begeht, sich oder einen anderen zu bereichern oder einen anderen zu schädigen, wird mit Freiheitsstrafe bis zu zwei Jahren oder mit Geldstrafe bestraft. Der Versuch ist strafbar.

Anhang 14

Gesetz zum Schutz personenbezogener Daten in der Berliner Verwaltung (Berliner Datenschutzgesetz – BlnDSG) in der Fassung vom 17. Dezember 1990

-Auszüge-

§ 1 Aufgabe und Gegenstand des Datenschutzes

(1) Aufgabe dieses Gesetzes ist es, die Verarbeitung personenbezogener Daten durch Behörden und sonstige öffentliche Stellen zu regeln, um

1. das Recht des einzelnen zu schützen, selbst über die Preisgabe und Verwendung seiner Daten zu bestimmen, soweit keine Einschränkungen in diesem Gesetz oder in anderen Rechtsvorschriften zugelassen sind (informationelles Selbstbestimmungsrecht),

2. die auf dem Grundsatz der Gewaltenteilung beruhende verfassungsmäßige Ordnung vor einer Gefährdung infolge der automatisierten Datenverarbeitung zu bewahren.

(2) Dieses Gesetz schützt personenbezogene Daten, die von Behörden oder sonstigen öffentlichen Stellen erhoben, gespeichert, verändert, übermittelt, gesperrt, gelöscht oder sonst genutzt werden.

§ 4 Begriffsbestimmungen

(1) Im Sinne dieses Gesetzes sind personenbezogene Daten Einzelangaben über persönliche oder sachliche Verhältnisse einer bestimmten oder bestimmbaren natürlichen Person (Betroffener). Entsprechendes gilt für Daten über Verstorbene, es sei denn, dass schutzwürdige Belange des Betroffenen nicht mehr beeinträchtigt werden können.

§ 31b Beobachtung öffentlich zugänglicher Räume mit optisch-elektronischen Einrichtungen

(1) Die Beobachtung öffentlich zugänglicher Räume mit optisch-elektronischen Einrichtungen (Videoüberwachung) ist nur zulässig, soweit der Einsatz der Videoüberwachung zur Aufgabenerfüllung oder zur Wahrnehmung des Hausrechts erforderlich ist und keine Anhaltspunkte bestehen, dass schutzwürdige Interessen der Betroffenen überwiegen.

§ 32 Straftaten

(1) Wer unbefugt personenbezogene Daten, die nicht offenkundig sind,

1. übermittelt oder verändert oder

2. abruft oder sich aus in Behältnissen verschlossenen Dateien verschafft,

wird mit Freiheitsstrafe bis zu einem Jahr oder mit Geldstrafe bestraft.

(2) Handelt der Täter gegen Entgelt oder in der Absicht, sich oder einen anderen zu bereichern oder einen anderen zu schädigen, so ist die Strafe Freiheitsstrafe bis zu zwei Jahren oder Geldstrafe.

(3) [1]Die Tat wird nur auf Antrag verfolgt. Antragsberechtigt ist der Betroffene. [2]Antragsberechtigt ist auch der Berliner Beauftragte für Datenschutz und Informationsfreiheit. [3]Der Berliner Beauftragte für Datenschutz und Informationsfreiheit ist auch gegen den Willen des Betroffenen antragsberechtigt.

Anhang 15

Gesetz zum Schutz personenbezogener Daten im Land Brandenburg (Brandenburgisches Datenschutzgesetz – BbgDSG) vom 15. Mai 2008

-Auszüge-

§ 1 Aufgabe

Aufgabe dieses Gesetzes ist es, den einzelnen davor zu schützen, dass er durch die Verarbeitung personenbezogener Daten durch öffentliche Stellen in unzulässiger Weise in seinem Grundrecht beeinträchtigt wird, selbst über die Preisgabe und Verwendung seiner Daten zu bestimmen (informationelles Selbstbestimmungsrecht).

§ 3 Begriffsbestimmungen

(1) Personenbezogene Daten sind Einzelangaben über persönliche oder sachliche Verhältnisse einer bestimmten oder bestimmbaren natürlichen Person (Betroffener).

§ 33c Videobeobachtung und –aufzeichnung

(1) Öffentliche Stellen dürfen mit optisch-elektronischen Einrichtungen öffentlich zugängliche Räume überwachen, sowiet dies

1. zur Erfüllung ihrer Aufgaben,
2. zur Wahrnehmung des Hausrechts,
3. zum Schutz des Eigentums oder Besitzes oder
4. zur Kontrolle von Zugangsberechtigungen

erforderlich ist und keine Anhaltspunkte bestehen, dass überwiegende schützwürdige Interessen der Betroffenen entgegenstehen.

§ 38 Ordnungswidrigkeiten, Strafvorschrift

(1) [1]Ordnungswidrig handelt, wer entgegen der Vorschriften dieses Gesetzes oder einer anderen Rechtsvorschrift über den Datenschutz personenbezogene Daten, die nicht offenkundig sind,

1. erhebt, speichert, unbefugt verwendet, verändert, übermittelt, weitergibt, zum Abruf bereit hält, den Personenbezug herstellt oder löscht oder

2. abruft, einsieht, sich verschafft oder durch Vortäuschung falscher Tatsachen ihre Übermittlung oder Weitergabe an sich oder andere veranlasst.

[2]Ordnungswidrig handelt auch, wer unter den in Satz 1 genannten Voraussetzungen Einzelangaben über persönliche oder sachliche Verhältnisse einer nicht mehr bestimmbaren Person mit anderen Informationen zusammenführt und dadurch die betroffene Person wieder bestimmbar macht.

(...)

(3) [1]Wer gegen Entgelt oder in der Absicht sich oder einen anderen zu bereichern oder einen anderen zu schädigen, eine der in Absatz 1 genannten Handlungen begeht, wird mit Freiheitsstrafe bis zu zwei Jahren oder mit Geldstrafe bestraft. [2]Die Tat wird nur auf Antrag verfolgt. [3]Antragsberechtigt sind der Betroffene, die verantwortliche Stelle und der Landesbeauftragte für den Datenschutz und für das Recht auf Akteneinsicht.

Anhang 16

Bremisches Datenschutzgesetz (BremDSG) in der Fassung der Bekanntmachung vom 4. März 2003

-Auszüge-

§ 1 Aufgabe und Anwendungsbereich

(1) Aufgabe dieses Gesetzes ist es, die Verarbeitung personenbezogener Daten durch öffentliche Stellen zu regeln, um das Recht des einzelnen zu schützen, selbst über die Preisgabe und Verwendung seiner Daten zu bestimmen.

(2) [1]Dieses Gesetz gilt für die Verarbeitung von personenbezogenen Daten durch Behörden und sonstige öffentliche Stellen des Landes, der Gemeinden und der sonstigen der Aufsicht des Landes unterstehenden juristischen Personen des öffentlichen Rechts und deren Vereinigungen ungeachtet ihrer Rechtsform. [2]Nimmt eine Person oder Stelle außerhalb des öffentlichen Bereichs Aufgaben der öffentlichen Verwaltung wahr, so ist sie insoweit öffentliche Stelle im Sinne dieses Gesetzes. [3]Besondere Rechtsvorschriften über die Verarbeitung personenbezogener Daten gehen den Bestimmungen dieses Gesetzes vor.

(3) [1]Die Bürgerschaft (Landtag), ihre Mitglieder, ihre Gremien, die von ihr gewählten Mitglieder der Deputationen, die Fraktionen und Gruppen sowie deren Verwaltungen und deren Beschäftigte unterliegen nicht den Bestimmungen dieses Gesetzes, soweit sie in Wahrnehmung verfassungsmäßiger Aufgaben personenbezogene Daten verarbeiten. [2]Dies gilt, soweit sie Aufgaben der Stadtbürgerschaft wahrnehmen, entsprechend für die Fraktionen und Gruppen der Stadtbürgerschaft, die Mitglieder der Bürgerschaft (Landtag) und die von der Stadtbürgerschaft gewählten Mitglieder von Deputationen.

(4) [1]Für Gerichte gilt dieses Gesetz nur, soweit sie Verwaltungsaufgaben erledigen; § 1 Abs. 2 Nr. 2 Buchstabe b des Bundesdatenschutzgesetzes bleibt unberührt. [2]Für Gnadenverfahren gelten der Abschnitt 4 und § 21 nicht.

(5) [1]Soweit öffentlich-rechtliche Unternehmen der in Absatz 2 Satz 1 genannten Rechtsträger am Wettbewerb teilnehmen, gelten für sie nur der Abschnitt 4 und § 20 dieses Gesetzes. [2]Im übrigen sind die für nicht öffentli-

che Stellen geltenden Vorschriften des Bundesdatenschutzgesetzes einschließlich der Straf- und Bußgeldvorschriften anwendbar.

(6) Soweit Radio Bremen personenbezogene Daten ausschließlich zu eigenen publizistischen Zwecken verarbeitet, gelten nur die §§ 7 und 36 dieses Gesetzes.

(7) Dieses Gesetz gilt nicht für personenbezogene Daten, solange sie in allgemein zugänglichen Quellen enthalten sind, und für Daten des Betroffenen, die von ihm zur Veröffentlichung bestimmt sind.

§ 2 Begriffsbestimmungen

(1) Im Sinne dieses Gesetzes sind personenbezogene Daten Einzelangaben über persönliche oder sachliche Verhältnisse einer bestimmten oder bestimmbaren natürlichen Person (Betroffener).

§ 20b Videoüberwachung

(1) Die Beobachtung öffentlich zugänglicher Bereiche mit optisch-elektronischen Einrichtungen (Videoüberwachung) ist nur zulässig, soweit sie in Wahrnehmung des Hausrechts zum Zwecke des Schutzes von Personen oder des Eigentums oder des Besitzes oder zur Kontrolle von Zugangsberechtigungen erforderlich ist und schutzwürdige Belange der Betroffenen nicht überwiegen. (...)

§ 37 Straftaten

Wer gegen Entgelt oder in der Absicht, sich oder einen anderen zu bereichern oder einen anderen zu schädigen, personenbezogene Daten entgegen den Vorschriften dieses Gesetzes

1. erhebt, speichert, verändert, übermittelt, zum Abruf bereithält, löscht oder nutzt,

2. abruft, einsieht oder einem Dritten verschafft,

wird mit einer Freiheitsstrafe bis zu zwei Jahren oder mit Geldstrafe bestraft. Der Versuch ist strafbar.

Anhang 17

Hamburgisches Datenschutzgesetz (HmbDSG) vom 5. Juli 1990

-Auszüge-

§ 1 Aufgabe des Datenschutzes

Dieses Gesetz regelt die Verarbeitung personenbezogener Daten durch öffentliche Stellen, um das Recht einer jeden Person zu schützen, selbst über die Preisgabe und Verwendung ihrer Daten zu bestimmen, soweit keine Einschränkungen in diesem Gesetz oder in anderen Rechtsvorschriften zugelassen sind.

§ 4 Begriffsbestimmungen

(1) Personenbezogene Daten sind Einzelangaben über persönliche oder sachliche Verhältnisse bestimmter oder bestimmbarer natürlicher Personen (Betroffene, betroffene Personen).

§ 30 Videobeobachtung und Videoaufzeichnung (Videoüberwachung)

(1) Die Beobachtung öffentlich zugänglicher und besonders gefährdeter nicht öffentlich zugänglicher Bereiche innerhalb und außerhalb von Dienstgebäuden mit optischelektronischen Einrichtungen (Videobeobachtung) ist nur zulässig, soweit sie in Ausübung des Hausrechts der verantwortlichen Stelle

1. zum Schutz von Personen und Sachen oder

2. zur Überwachung von Zugangsberechtigungen

erforderlich ist und keine Anhaltspunkte dafür bestehen, dass schutzwürdige Interessen der Betroffenen überwiegen.

§ 32 Straftaten

(1) Wer gegen Entgelt oder in der Absicht, sich oder eine andere bzw. einen anderen zu bereichern oder eine andere bzw. einen anderen zu schädigen, personenbezogene Daten, die nicht offenkundig sind,

1. unbefugt erhebt, speichert, löscht, sperrt, verändert, übermittelt oder nutzt oder

2. durch Vortäuschung falscher Tatsachen an sich oder eine andere bzw. einen anderen übermitteln lässt,

wird mit Freiheitsstrafe bis zu zwei Jahren oder mit Geldstrafe bestraft.

(2) Der Versuch ist strafbar.

(3) Die Tat wird nur auf Antrag verfolgt.

(4) Die Absätze 1 bis 3 finden nur Anwendung, soweit die Tat nicht nach anderen Vorschriften mit Strafe bedroht ist.

Anhang 18

Hessisches Datenschutzgesetz (HDSG) in der Fassung vom 7. Januar 1999

-Auszüge-

§ 1 Aufgabe

(1) Aufgabe dieses Gesetzes ist es, die Verarbeitung personenbezogener Daten durch die in § 3 Abs. 1 genannten Stellen zu regeln, um

1. das Recht des einzelnen zu schützen, selbst über die Preisgabe und Verwendung seiner Daten zu bestimmen, soweit keine Einschränkungen in diesem Gesetz oder in anderen Rechtsvorschriften zugelassen sind,

2. das auf dem Grundsatz der Gewaltenteilung beruhende verfassungsmäßige Gefüge des Staates, insbesondere der Verfassungsorgane des Landes und der Organe der kommunalen Selbstverwaltung untereinander und zueinander, vor einer Gefährdung infolge der automatisierten Datenverarbeitung zu bewahren.

(2) Aufgabe der obersten Landesbehörden, Gemeinden und Landkreise sowie der sonstigen der Aufsicht des Landes unterstehenden juristischen Personen des öffentlichen Rechts ist es, die Ausführung dieses Gesetzes sowie anderer Vorschriften über den Datenschutz jeweils für ihren Bereich sicherzustellen.

§ 2 Begriffsbestimmungen

(1) Personenbezogene Daten sind Einzelangaben über persönliche und sachliche Verhältnisse einer bestimmten oder bestimmbaren natürlichen Person (Betroffener).

§ 40 Straftaten

(1) Wer gegen Entgelt oder in der Absicht, sich oder einen anderen zu bereichern oder einen anderen zu schädigen, personenbezogene Daten entgegen den Vorschriften dieses Gesetzes

1. erhebt, speichert, zweckwidrig verwendet, verändert, übermittelt, zum Abruf bereithält oder löscht,

2. abruft, einsieht, sich verschafft oder durch Vortäuschung falscher Tatsachen ihre Übermittlung an sich oder einen Dritten veranlasst,

wird mit Freiheitsstrafe bis zu zwei Jahren oder mit Geldstrafe bestraft.

(2) Abs. 1 findet nur Anwendung, soweit die Tat nicht in anderen Vorschriften mit Strafe bedroht ist.

Anhang 19

Gesetz zum Schutz des Bürgers bei der Verarbeitung seiner Daten (Landesdatenschutzgesetz – DSG M-V) vom 28. März 2002

-Auszüge-

§ 1 Zweck

Zweck dieses Gesetzes ist es, das Recht des Einzelnen zu schützen, grundsätzlich selbst über die Preisgabe und Verwendung seiner Daten zu bestimmen (Recht auf informationelle Selbstbestimmung).

§ 3 Begriffsbestimmungen

(1) Personenbezogene Daten sind Einzelangaben über persönliche oder sachliche Verhältnisse einer bestimmten oder bestimmbaren natürlichen Person (Betroffener).

§ 37 Videoüberwachung und -aufzeichnung

(1) Öffentliche Stellen dürfen mit optisch-elektronischen Einrichtungen öffentlich zugängliche Räume beobachten, soweit

1. dies zur Wahrnehmung eines Hausrechts erforderlich ist,

2. schutzwürdige Belange Betroffener nicht überwiegen und

3. die Überwachung durch geeignete Maßnahmen erkennbar gemacht wurde.

(2) [1]Das Bildmaterial darf gespeichert werden, wenn dies zur Abwendung einer konkreten Gefahr oder zu Zwecken der Beweissicherung erforderlich ist und die Tatsache der Aufzeichnung für die Betroffenen durch geeignete Maßnahmen erkennbar gemacht wurde. [2]Die Aufzeichnungen sind spätestens nach sieben Tagen zu löschen, es sei denn, die weitere Speicherung ist zur Aufklärung oder Verfolgung der dokumentierten Vorkommnisse erforderlich.

§ 42 Straftaten

(1) Wer unbefugt von diesem Gesetz geschützte personenbezogene Daten, die nicht offenkundig sind,

1. speichert, verändert oder übermittelt,
2. zum Abruf mittels automatisierten Verfahrens bereithält oder
3. abruft oder sich oder einem anderen aus Dateien verschafft,

wird mit Freiheitsstrafe bis zu einem Jahr oder mit Geldstrafe bestraft.

(2) Ebenso wird bestraft, wer

1. die Übermittlung von durch dieses Gesetz geschützten personenbezogenen Daten, die nicht offenkundig sind, durch unrichtige Angaben erschleicht,
2. entgegen § 15 Abs. 2 Satz 2 oder § 34 Abs. 4 die übermittelten Daten für andere Zwecke nutzt, indem er sie an Dritte weitergibt, oder
3. entgegen § 34 Abs. 2 Satz 6 die Zuordnungsfunktion anwendet und dadurch die Betroffenen erkennbar macht.

(3) Handelt der Täter gegen Entgelt oder in der Absicht, sich oder einen anderen zu bereichern oder zu schädigen, so ist die Strafe Freiheitsstrafe bis zu zwei Jahren oder Geldstrafe.

(4) [1]Die Tat wird nur auf Antrag verfolgt. [2]Antragsberechtigt sind neben dem Betroffenen die Daten verarbeitende Stelle und der Landesbeauftragte für den Datenschutz.

Anhang 20

Niedersächsisches Datenschutzgesetz (NDSG) in der Fassung vom 29. Januar 2002

-Auszüge-

§ 1 Aufgabe des Gesetzes

Aufgabe dieses Gesetzes ist es, das Recht einer jeden Person zu gewährleisten, selbst über die Preisgabe und Verwendung ihrer Daten zu bestimmen (Recht auf informationelle Selbstbestimmung). Dieses Gesetz bestimmt, unter welchen Voraussetzungen personenbezogene Daten durch öffentliche Stellen verarbeitet werden dürfen.

§ 3 Begriffsbestimmungen

(1) Personenbezogene Daten sind Einzelangaben über persönliche oder sachliche Verhältnisse von bestimmten oder bestimmbaren natürlichen Personen (Betroffene).

§ 28 Straftaten

(1) [1]Wer gegen Entgelt oder in der Absicht, sich oder einen anderen zu bereichern oder einen anderen zu schädigen, personenbezogene Daten, die nicht allgemein zugänglich sind,

1. unbefugt erhebt, speichert, verändert, löscht, übermittelt oder nutzt oder

2. durch Vortäuschung falscher Tatsachen ihre Weitergabe an sich oder andere veranlasst,

wird mit Freiheitsstrafe bis zu zwei Jahren oder mit Geldstrafe bestraft. [2]Ebenso wird bestraft, wer unter den in Satz 1 genannten Voraussetzungen Einzelangaben über persönliche oder sachliche Verhältnisse einer nicht mehr bestimmbaren Person mit anderen Informationen zusammenführt und dadurch die betroffene Person wieder bestimmbar macht.

(2) Der Versuch ist strafbar.

Anhang 21

Gesetz zum Schutz personenbezogener Daten (Datenschutzgesetz Nordrhein-Westfalen – DSG NRW) in der Fassung der Bekanntmachung vom 9. Juni 2000

-Auszüge-

§ 1 Aufgabe

Aufgabe dieses Gesetzes ist es, den Einzelnen davor zu schützen, dass er durch die Verarbeitung personenbezogener Daten durch öffentliche Stellen in unzulässiger Weise in seinem Recht beeinträchtigt wird, selbst über die Preisgabe und Verwendung seiner Daten zu bestimmen (informationelles Selbstbestimmungsrecht).

§ 3 Begriffsbestimmungen

(1) Personenbezogene Daten sind Einzelangaben über persönliche oder sachliche Verhältnisse einer bestimmten oder bestimmbaren natürlichen Person (betroffene Person).

§ 33 Straftaten

(1) [1]Wer gegen Entgelt oder in der Absicht, sich oder einen anderen zu bereichern oder einen anderen zu schädigen, entgegen den Vorschriften über den Datenschutz in diesem Gesetz oder in anderen Rechtsvorschriften des Landes Nordrhein-Westfalen personenbezogene Daten, die nicht offenkundig sind,

1. erhebt, speichert, zweckwidrig verwendet, verändert, weitergibt, zum Abruf bereithält oder löscht,

2. abruft, einsieht, sich verschafft oder durch Vortäuschung falscher Tatsachen ihre Weitergabe an sich oder andere veranlasst,

wird mit Freiheitsstrafe bis zu zwei Jahren oder mit Geldstrafe bestraft. [2]Ebenso wird bestraft, wer unter den in Satz 1 genannten Voraussetzungen Einzelangaben über persönliche oder sachliche Verhältnisse einer nicht mehr bestimmbaren Person mit anderen Informationen zusammenführt und dadurch die betroffene Person wieder bestimmbar macht. [3]Der Versuch ist strafbar.

(2) Absatz 1 findet nur Anwendung, soweit die Tat nicht nach anderen Vorschriften mit Strafe bedroht ist.

Anhang 22

Landesdatenschutzgesetz (LDSG Rheinland-Pfalz) vom 5. Juli 1994

-Auszüge-

§ 1 Zweck, Datenvermeidung und Datensparsamkeit

(1) Zweck dieses Gesetzes ist es, das Recht einer jeden Person zu schützen, grundsätzlich selbst über die Preisgabe und Verwendung ihrer personenbezogenen Daten zu bestimmen.

§ 3 Begriffsbestimmungen

(1) Personenbezogene Daten sind Einzelangaben über persönliche oder sachliche Verhältnisse bestimmter oder bestimmbarer natürlicher Personen (Betroffene).

§ 34 Videoüberwachung

(1) Die Beobachtung öffentlich zugänglicher Räume mit optisch-elektronischen Einrichtungen (Videoüberwachung) ist nur zulässig, soweit dies zur Aufgabenerfüllung oder zur Wahrnehmung des Hausrechts erforderlich ist und keine Anhaltspunkte bestehen, dass schutzwürdige Interessen der Betroffenen überwiegen.

§ 37 Strafbestimmungen

(1) Wer gegen Entgelt oder in der Absicht, sich oder einen anderen zu bereichern oder einen anderen zu schädigen, entgegen den Bestimmungen dieses Gesetzes personenbezogene Daten, die nicht offenkundig sind,

1. erhebt, speichert, nutzt, sperrt, löscht, zum Abruf bereithält oder übermittelt, oder
2. abruft, einsieht, sich verschafft oder durch Vortäuschung falscher Tatsachen ihre Weitergabe an sich oder einen anderen veranlasst, wird mit Freiheitsstrafe bis zu einem Jahr oder mit Geldstrafe bestraft.

(2) Der Versuch ist strafbar.

Anhang 23

Saarländisches Gesetz zum Schutz personenbezogener Daten (Saarländisches Datenschutzgesetz – SDSG) vom 24. März 1993 in der Fassung der Bekanntmachung vom 28. Januar 2008

-Auszüge-

§ 1 Aufgabe

Aufgabe dieses Gesetzes ist es, die Einzelne oder den Einzelnen davor zu schützen, dass sie oder er durch die Verarbeitung personenbezogener Daten durch öffentliche Stellen in unzulässiger Weise in ihrem oder seinem Recht beeinträchtigt wird, selbst über die Preisgabe und Verwendung ihrer oder seiner Daten zu bestimmen (informationelles Selbstbestimmungsrecht).

§ 3 Begriffsbestimmungen

(1) Personenbezogene Daten sind Einzelangaben über persönliche oder sachliche Verhältnisse einer bestimmten oder bestimmbaren natürlichen Person (Betroffene oder Betroffener).

§ 34 Videoüberwachung

(1) [1]Die Beobachtung öffentlich zugänglicher Bereiche mit optisch-elektronischen Einrichtungen (Videoüberwachung) ist nur zulässig, soweit sie

1. in Wahrnehmung des Hausrechts der verantwortlichen Stelle zum Zweck des Schutzes von Personen, des Eigentums oder des Besitzes oder der Kontrolle von Zugangsberechtigungen, oder

2. zur Aufgabenerfüllung der verantwortlichen Stelle

erforderlich ist. [2]Für die Gefährdung der in Nummer 1 genannten Rechtsgüter müssen konkrete Anhaltspunkte bestehen. [3]Die Videoüberwachung nach Nummer 2 ist nur zulässig, wenn Anhaltspunkte für eine konkrete Gefährdung von Gesundheit, Leib oder Leben, Eigentum oder sonstigen hochrangigen Rechtsgütern vorliegen. [4]Es dürfen keine Anhaltspunkte dafür bestehen, dass schutzwürdige Interessen der Betroffenen überwiegen. [5]Die Videoüberwachung darf nur durch die Leitung der verantwortlichen Stelle angeordnet werden. [6]Dabei sind der Zweck, die räumliche Ausdehnung und die Dauer der Videoüberwachung zu dokumentieren.

§ 35 Straftaten

(1) Wer unbefugt von diesem Gesetz geschützte personenbezogene Daten, die nicht offenkundig sind, gegen Entgelt oder in der Absicht, sich oder einen anderen zu bereichern oder einen anderen zu schädigen,

1. erhebt, speichert, verändert, weitergibt, zur Einsichtnahme oder zum Abruf bereithält, löscht oder nutzt,

2. abruft, einsieht, sich verschafft oder durch Vortäuschung falscher Tatsachen ihre Weitergabe an sich oder andere veranlasst,

wird mit Freiheitsstrafe bis zu zwei Jahren oder mit Geldstrafe bestraft. Der Versuch ist strafbar.

(2) Absatz 1 findet nur Anwendung, soweit die Tat nicht nach anderen Vorschriften mit Strafe bedroht ist.

Anhang 24

Gesetz zum Schutz der informationellen Selbstbestimmung im Freistaat Sachsen (Sächsisches Datenschutzgesetz – SächsDSG) vom 25. August 2003

-Auszüge-

§ 1 Zweck des Gesetzes

Zweck dieses Gesetzes ist es, den Einzelnen davor zu schützen, dass er im Freistaat Sachsen durch Behörden und sonstige öffentliche Stellen bei der Verarbeitung personenbezogener Daten in seinem Recht auf informationelle Selbstbestimmung beeinträchtigt wird.

§ 3 Begriffsbestimmungen

(1) Personenbezogene Daten sind Einzelangaben über persönliche oder sachliche Verhältnisse einer bestimmten oder bestimmbaren natürlichen Person (Betroffener).

§ 33 Videoüberwachung und Videoaufzeichnung

(1) Die Beobachtung öffentlich zugänglicher Räume mit optisch-elektronischen Einrichtungen (Videoüberwachung) ist nur zulässig, soweit dies zur Aufgabenerfüllung, insbesondere zur Gewährleistung der öffentlichen Sicherheit und Ordnung, oder zur Wahrnehmung eines Hausrechts erforderlich ist und schutzwürdige Interessen Betroffener nicht überwiegen.

§ 38 Ordnungswidrigkeiten

(1) Ordnungswidrig handelt, wer

1. unbefugt von diesem Gesetz geschützte personenbezogene Daten, die nicht offenkundig sind,

a) verarbeitet,

b) zum Abruf bereithält oder

c) für sich oder einen anderen abruft oder auf andere Weise verschafft,

2. die Übermittlung von personenbezogenen Daten, die durch dieses Gesetz geschützt werden und nicht offenkundig sind, durch unrichtige Angaben erschleicht,

3. nach einer Verpflichtung gemäß § 6 Abs. 2 das Datengeheimnis gemäß § 6 Abs. 1 Satz 1 oder 2 verletzt, wenn die Verletzung nicht mit Strafe bedroht ist,

3a. entgegen § 10 Abs. 3 Satz 1 eine Meldung nicht, nicht richtig, nicht vollständig oder nicht rechtzeitig macht,

4. entgegen § 11 Abs. 2 Satz 3 den Datenschutzbeauftragten einer öffentlichen Stelle wegen der Erfüllung seiner Aufgaben benachteiligt,

5. als Datenschutzbeauftragter einer öffentlichen Stelle seine Verschwiegenheitspflicht nach § 11 Abs. 5 Satz 1 verletzt, wenn die Verletzung nicht mit Strafe bedroht ist,

6. personenbezogene Daten ohne die nach § 14 Abs. 3 Satz 3 oder nach § 16 Abs. 4 Satz 3 erforderliche Einwilligung oder entgegen § 36 Abs. 3 für einen anderen Zweck verarbeitet,

7. eine Auskunft nach § 18 Abs. 1 unrichtig oder unvollständig erteilt,

8. entgegen § 24 Abs. 1 Satz 3 einen anderen benachteiligt oder maßregelt, weil er von seinem Recht auf Anrufung des Sächsischen Datenschutzbeauftragten Gebrauch gemacht hat,

8a. entgegen § 28 Abs. 1 Satz 1 Nr. 1 eine Auskunft nicht, nicht richtig, nicht vollständig oder nicht rechtzeitig erteilt,

8b. entgegen § 28 Abs. 1 Satz 1 Nr. 2 Einsicht in Unterlagen und Akten oder Zutritt zu den Diensträumen nicht, nicht vollständig oder nicht rechtzeitig gewährt,

9. bei der Datenverarbeitung im Auftrag als Auftragnehmer gegen eine Weisung des Auftraggebers gemäß § 7 Abs. 2 Satz 4 und 5 verstößt,

10. entgegen § 16 Abs. 5 eine vollziehbare Auflage oder eine Vereinbarung nicht, nicht rechtzeitig oder nicht vollständig erfüllt oder

11. entgegen § 36 Abs. 2 die dort bezeichneten Merkmale nicht getrennt speichert.

(2) Die Ordnungswidrigkeit kann mit einer Geldbuße bis zu 25 000 EUR geahndet werden.

(3) [1]Der Sächsische Datenschutzbeauftragte ist Verwaltungsbehörde im Sinne von § 36 Abs. 1 Nr. 1 des Gesetzes über Ordnungswidrigkeiten (OWiG) in der Fassung der Bekanntmachung vom 19. Februar 1987 (BGBl. I S. 602), das zuletzt durch Artikel 3 Abs. 6 des Gesetzes vom 12. Juli 2006 (BGBl. I S. 1466, 1470), geändert worden ist, in der jeweils geltenden Fassung. [2]Die Staatsregierung wird ermächtigt, dem Sächsischen Datenschutzbeauftragten durch Rechtsverordnung die Zuständigkeit für die Verfolgung und Ahndung von Ordnungswidrigkeiten nach anderen datenschutzrechtlichen Bestimmungen zuzuweisen. [3]Die Zuweisung bedarf der Zustimmung des Sächsischen Datenschutzbeauftragten.

§ 39 Straftaten

[1]Wer eine der in § 38 Abs. 1 Nr. 1 bis 8 bezeichneten Handlungen gegen Entgelt oder in der Absicht begeht, sich oder einen anderen zu bereichern oder einen anderen zu schädigen, wird mit Freiheitsstrafe bis zu zwei Jahren oder mit Geldstrafe bestraft. [2]Der Versuch ist strafbar.

Anhang 25

Gesetz zum Schutz personenbezogener Daten der Bürger (DSG – LSA) in der Fassung der Bekanntmachung vom 18. Februar 2002

-Auszüge-

§ 1 Zweck des Gesetzes

(1) Zweck dieses Gesetzes ist es, den Einzelnen davor zu schützen, dass er durch den Umgang öffentlicher Stellen des Landes mit seinen personenbezogenen Daten in seinem Persönlichkeitsrecht beeinträchtigt wird.

(2) Die öffentlichen Stellen haben Verfahren zur Erhebung, Verarbeitung oder Nutzung personenbezogener Daten an dem Ziel auszurichten, so wenig personenbezogene Daten wie möglich zu erheben, zu verarbeiten oder zu nutzen. Insbesondere ist von den Möglichkeiten der Anonymisierung und Pseudonymisierung Gebrauch zu machen, soweit dies möglich ist und der Aufwand in einem angemessenen Verhältnis zu dem angestrebten Schutzzweck steht.

§ 2 Begriffsbestimmungen

(1) Personenbezogene Daten sind Einzelangaben über persönliche oder sachliche Verhältnisse einer bestimmten oder bestimmbaren natürlichen Person (Betroffener). Handelt es sich dabei um Angaben über die rassische oder ethnische Herkunft, politische Meinungen, religiöse oder philosophische Überzeugungen, Gewerkschaftszugehörigkeit, Gesundheit oder Sexualleben, sind diese personenbezogene Daten besonderer Art. Allgemein zugänglich sind personenbezogene Daten, die jedermann ohne oder nach vorheriger Anmeldung, Zulassung oder Entrichtung eines Entgelts verwenden kann.

§ 30 Optisch-elektronische Beobachtung

(1) Öffentliche Stellen dürfen öffentlich zugängliche Bereiche durch optisch-elektronische Einrichtungen beobachten, soweit dies

1. zur Wahrnehmung des Hausrechts,

2. zum Schutz des Eigentums oder Besitzes oder

3. zur Kontrolle von Zugangsberechtigungen, insbesondere in Durchführung technischer und organisatorischer Maßnahmen nach § 6,

erforderlich ist und keine Anhaltspunkte bestehen, dass schutzwürdige Interessen der Personen, die sich im Aufnahmebereich der Einrichtung befinden, überwiegen.

§ 31 Strafvorschriften

(1) Wer gegen Entgelt oder in der Absicht, sich oder einen anderen zu bereichern oder einen anderen zu schädigen, unbefugt von diesem Gesetz oder einer anderen Rechtsvorschrift über den Datenschutz geschützte personenbezogene Daten, die nicht allgemein zugänglich sind,

1. erhebt, verarbeitet oder nutzt,

2. zum Abruf durch Dritte mittels automatisierten Verfahrens bereithält oder

3. abruft oder sich oder einem anderen aus Dateien verschafft,

wird mit Freiheitsstrafe bis zu zwei Jahren oder mit Geldstrafe bestraft.

(2) Ebenso wird bestraft, wer gegen Entgelt oder in der Absicht, sich oder einen anderen zu bereichern oder einen anderen zu schädigen,

1. die Übermittlung von durch dieses Gesetz oder eine andere Rechtsvorschrift über den Datenschutz geschützten personenbezogenen Daten, die nicht allgemein zugänglich sind, durch unrichtige Angaben erschleicht,

2. entgegen § 12 Abs. 4 Satz 1, § 26 Abs. 2 Satz 1 oder § 27 Abs. 1 die übermittelten Daten für andere Zwecke nutzt, indem er sie an Dritte weitergibt,

3. entgegen § 27 Abs. 3 Satz 3 die in § 27 Abs. 3 Satz 2 bezeichneten Merkmale mit den Einzelangaben zusammenführt oder

4. entgegen § 18 Abs. 4 Satz 3 des Gesetzes über den Verfassungsschutz im Land Sachsen-Anhalt personenbezogene Daten zu einem Zweck verwendet, zu dem ihm die Daten nicht übermittelt worden sind.

(3) Die Tat wird nur auf Antrag verfolgt, es sei denn, dass die Strafverfolgungsbehörde wegen des besonderen öffentlichen Interesses an der Strafverfolgung ein Einschreiten von Amts wegen für geboten hält.

Anhang 26

Thüringer Datenschutzgesetz (ThürDSG) in der Fassung der Bekanntmachung vom 10. Oktober 2001

-Auszüge-

§ 1 Zweck des Gesetzes

Zweck dieses Gesetzes ist es, den Einzelnen davor zu schützen, dass er durch den Umgang mit seinen personenbezogenen Daten durch öffentliche Stellen (§ 2 Abs. 1 und 2) in seinem Persönlichkeitsrecht beeinträchtigt wird.

§ 3 Begriffsbestimmungen

(1) Personenbezogene Daten sind Einzelangaben über persönliche oder sachliche Verhältnisse einer bestimmten oder bestimmbaren natürlichen Person (Betroffener).

§ 43 Strafbestimmung

(1) Wer unbefugt personenbezogene Daten, die nicht offenkundig sind,

1. verarbeitet,
2. zum Abruf mittels automatisierten Verfahrens bereithält oder
3. abruft oder sich oder einem anderen aus Dateien verschafft, wird mit Freiheitsstrafe bis zu einem Jahr oder mit Geldstrafe bestraft.

(2) Ebenso wird bestraft, wer

1. die Übermittlung von personenbezogenen Daten, die nicht offenkundig sind, durch unrichtige Angaben erschleicht,
2. entgegen § 22 Abs. 4 Satz 1, § 24 Abs. 1 oder § 25 Abs. 1 die übermittelten Daten für einen anderen Zweck nutzt, indem er sie an Dritte weitergibt, oder
3. entgegen § 25 Abs. 3 Satz 3 die in § 25 Abs. 3 Satz 2 bezeichneten Merkmale mit den Einzelangaben zusammenführt.

(3) Handelt der Täter gegen Entgelt oder in der Absicht, sich oder einen anderen zu bereichern oder einen anderen zu schädigen, so ist die Strafe Freiheitsstrafe bis zu zwei Jahren oder Geldstrafe.

(4) Die Tat wird nur auf Antrag verfolgt. Antragsberechtigt sind der Betroffene oder der Landesbeauftragte für den Datenschutz.

Anhang 27

Schleswig-Holsteinisches Gesetz zum Schutz personenbezogener Informationen (LDSG Schleswig-Holstein) vom 9. Februar 2000

- Auszüge -

§ 20 Videoüberwachung und Videoaufzeichnung

(1) Öffentliche Stellen dürfen mit optisch-elektronischen Einrichtungen öffentlich zugängliche Räume beobachten (Videoüberwachung), soweit dies zur Erfüllung ihrer Aufgaben oder zur Wahrnehmung eines Hausrechts erforderlich ist und schutzwürdige Belange Betroffener nicht überwiegen.

(2) [1]Das Bildmaterial darf gespeichert werden (Videoaufzeichnung), wenn die Tatsache der Aufzeichnung für die Betroffenen durch geeignete Maßnahmen erkennbar gemacht ist. [2]Die Aufzeichnungen sind spätestens nach sieben Tagen zu löschen, es sei denn, sie dokumentieren Vorkommnisse, zu deren Aufklärung die weitere Speicherung erforderlich ist.

Anhang 28

Bundesdatenschutzgesetz vom 14. Januar 2003 in der Fassung vom 14. August 2009

-Auszüge-

§ 1 Zweck und Anwendungsbereich des Gesetzes

(1) Zweck dieses Gesetzes ist es, den Einzelnen davor zu schützen, dass er durch den Umgang mit seinen personenbezogenen Daten in seinem Persönlichkeitsrecht beeinträchtigt wird.

(2) Dieses Gesetz gilt für die Erhebung, Verarbeitung und Nutzung personenbezogener Daten durch

1. öffentliche Stellen des Bundes,

2. öffentliche Stellen der Länder, soweit der Datenschutz nicht durch Landesgesetz geregelt ist und soweit sie

a) Bundesrecht ausführen oder

b) als Organe der Rechtspflege tätig werden und es sich nicht um Verwaltungsangelegenheiten handelt,

3. nicht-öffentliche Stellen, soweit sie die Daten unter Einsatz von Datenverarbeitungsanlagen verarbeiten, nutzen oder dafür erheben oder die Daten in oder aus nicht automatisierten Dateien verarbeiten, nutzen oder dafür erheben, es sei denn, die Erhebung, Verarbeitung oder Nutzung der Daten erfolgt ausschließlich für persönliche oder familiäre Tätigkeiten.

(4) Die Vorschriften dieses Gesetzes gehen denen des Verwaltungsverfahrensgesetzes vor, soweit bei der Ermittlung des Sachverhalts personenbezogene Daten verarbeitet werden.

§ 3 Weitere Begriffsbestimmungen

(1) Personenbezogene Daten sind Einzelangaben über persönliche oder sachliche Verhältnisse einer bestimmten oder bestimmbaren natürlichen Person (Betroffener).

§ 6b Beobachtung öffentlich zugänglicher Räume mit optisch-elektronischen Einrichtungen

(1) Die Beobachtung öffentlich zugänglicher Räume mit optisch-elektronischen Einrichtungen (Videoüberwachung) ist nur zulässig, soweit sie zur Aufgabenerfüllung öffentlicher Stellen, zur Wahrnehmung des Hausrechts oder zur Wahrnehmung berechtigter Interessen für konkret festgelegte Zwecke erforderlich ist und keine Anhaltspunkte bestehen, dass schutzwürdige Interessen der Betroffenen überwiegen.

§ 43 Bußgeldvorschriften

(2) Ordnungswidrig handelt, wer vorsätzlich oder fahrlässig

1. unbefugt personenbezogene Daten, die nicht allgemein zugänglich sind, erhebt oder verarbeitet,

2. unbefugt personenbezogene Daten, die nicht allgemein zugänglich sind, zum Abruf mittels automatisierten Verfahrens bereithält,

3. unbefugt personenbezogene Daten, die nicht allgemein zugänglich sind, abruft oder sich oder einem anderen aus automatisierten Verarbeitungen oder nicht automatisierten Dateien verschafft,

4. die Übermittlung von personenbezogenen Daten, die nicht allgemein zugänglich sind, durch unrichtige Angaben erschleicht,

5. entgegen § 16 Abs. 4 Satz 1, § 28 Abs. 5 Satz 1, auch in Verbindung mit § 29 Abs. 4, § 39 Abs. 1 Satz 1 oder § 40 Abs. 1, die übermittelten Daten für andere Zwecke nutzt,

5a. entgegen § 28 Absatz 3b den Abschluss eines Vertrages von der Einwilligung des Betroffenen abhängig macht,

5b. entgegen § 28 Absatz 4 Satz 1 Daten für Zwecke der Werbung oder der Markt- oder Meinungsforschung verarbeitet oder nutzt,

6. entgegen § 30 Absatz 1 Satz 2, § 30a Absatz 3 Satz 3 oder § 40 Absatz 2 Satz 3 ein dort genanntes Merkmal mit einer Einzelangabe zusammenführt oder

7. entgegen § 42a Satz 1 eine Mitteilung nicht, nicht richtig, nicht vollständig oder nicht rechtzeitig macht.

(3) [1]Die Ordnungswidrigkeit kann im Fall des Absatzes 1 mit einer Geldbuße bis zu fünfzigtausend Euro, in den Fällen des Absatzes 2 mit einer Geldbuße bis zu dreihunderttausend Euro geahndet werden. [2]Die Geldbuße soll den wirtschaftlichen Vorteil, den der Täter aus der Ordnungswidrigkeit gezogen hat, übersteigen. [3]Reichen die in Satz 1 genannten Beträge hierfür nicht aus, so können sie überschritten werden.

§ 44 Strafvorschriften

(1) Wer eine in § 43 Abs. 2 bezeichnete vorsätzliche Handlung gegen Entgelt oder in der Absicht, sich oder einen anderen zu bereichern oder einen anderen zu schädigen, begeht, wird mit Freiheitsstrafe bis zu zwei Jahren oder mit Geldstrafe bestraft.

(2) Die Tat wird nur auf Antrag verfolgt. Antragsberechtigt sind der Betroffene, die verantwortliche Stelle, der Bundesbeauftragte für den Datenschutz und die Informationsfreiheit und die Aufsichtsbehörde.

§ 46 Weitergeltung von Begriffsbestimmungen

(1) [1]Wird in besonderen Rechtsvorschriften des Bundes der Begriff Datei verwendet, ist Datei

1. eine Sammlung personenbezogener Daten, die durch automatisierte Verfahren nach bestimmten Merkmalen ausgewertet werden kann (automatisierte Datei), oder

2. jede sonstige Sammlung personenbezogener Daten, die gleichartig aufgebaut ist und nach bestimmten Merkmalen geordnet, umgeordnet und ausgewertet werden kann (nicht automatisierte Datei).

[2]Nicht hierzu gehören Akten und Aktensammlungen, es sei denn, dass sie durch automatisierte Verfahren umgeordnet und ausgewertet werden können.

(2) [1]Wird in besonderen Rechtsvorschriften des Bundes der Begriff Akte verwendet, ist Akte jede amtlichen oder dienstlichen Zwecken dienende Unterlage, die nicht dem Dateibegriff des Absatzes 1 unterfällt; dazu zählen auch Bild- und Tonträger. [2]Nicht hierunter fallen Vorentwürfe und Notizen, die nicht Bestandteil eines Vorgangs werden sollen.

Anhang 29

Strafgesetzbuch vom 13. November 1998 in der Fassung vom 28. April 2011

-Auszüge-

§ 1 Keine Strafe ohne Gesetz

Eine Tat kann nur bestraft werden, wenn die Strafbarkeit gesetzlich bestimmt war, bevor die Tat begangen wurde.

§ 2 Zeitliche Geltung

(1) Die Strafe und ihre Nebenfolgen bestimmen sich nach dem Gesetz, das zur Zeit der Tat gilt.

§ 3 Geltung für Inlandstaten

Das deutsche Strafrecht gilt für Taten, die im Inland begangen werden.

§ 4 Geltung für Taten auf deutschen Schiffen und Luftfahrzeugen

Das deutsche Strafrecht gilt, unabhängig vom Recht des Tatorts, für Taten, die auf einem Schiff oder in einem Luftfahrzeug begangen werden, das berechtigt ist, die Bundesflagge oder das Staatszugehörigkeitszeichen der Bundesrepublik Deutschland zu führen.

§ 5 Auslandstaten gegen inländische Rechtsgüter

Das deutsche Strafrecht gilt, unabhängig vom Recht des Tatorts, für folgende Taten, die im Ausland begangen werden:

1. Vorbereitung eines Angriffskrieges (§ 80);

2. Hochverrat (§§ 81 bis 83);

3. Gefährdung des demokratischen Rechtsstaates

    a) in den Fällen der §§ 89, 90a Abs. 1 und des § 90b, wenn der Täter Deutscher ist und seine Lebensgrundlage im räumlichen Geltungsbereich dieses Gesetzes hat, und

    b) in den Fällen der §§ 90 und 90a Abs. 2;

4. Landesverrat und Gefährdung der äußeren Sicherheit (§§ 94 bis 100a);

5. Straftaten gegen die Landesverteidigung

   a) in den Fällen der §§ 109 und 109e bis 109g und

   b) in den Fällen der §§ 109a, 109d und 109h, wenn der Täter Deutscher ist und seine Lebensgrundlage im räumlichen Geltungsbereich dieses Gesetzes hat;

6. Verschleppung und politische Verdächtigung (§§ 234a, 241a), wenn die Tat sich gegen einen Deutschen richtet, der im Inland seinen Wohnsitz oder gewöhnlichen Aufenthalt hat;

6a. Entziehung eines Kindes in den Fällen des § 235 Abs. 2 Nr. 2, wenn die Tat sich gegen eine Person richtet, die im Inland ihren Wohnsitz oder gewöhnlichen Aufenthalt hat;

7. Verletzung von Betriebs- oder Geschäftsgeheimnissen eines im räumlichen Geltungsbereich dieses Gesetzes liegenden Betriebs, eines Unternehmens, das dort seinen Sitz hat, oder eines Unternehmens mit Sitz im Ausland, das von einem Unternehmen mit Sitz im räumlichen Geltungsbereich dieses Gesetzes abhängig ist und mit diesem einen Konzern bildet;

8. Straftaten gegen die sexuelle Selbstbestimmung

   a) in den Fällen des § 174 Abs. 1 und 3, wenn der Täter und der, gegen den die Tat begangen wird, zur Zeit der Tat Deutsche sind und ihre Lebensgrundlage im Inland haben, und

   b) in den Fällen der §§ 176 bis 176b und 182, wenn der Täter Deutscher ist;

9. Abbruch der Schwangerschaft (§ 218), wenn der Täter zur Zeit der Tat Deutscher ist und seine Lebensgrundlage im räumlichen Geltungsbereich dieses Gesetzes hat;

10. falsche uneidliche Aussage, Meineid und falsche Versicherung an Eides Statt (§§ 153 bis 156) in einem Verfahren, das im räumlichen Geltungsbereich dieses Gesetzes bei einem Gericht oder einer anderen deutschen Stelle anhängig ist, die zur Abnahme von Eiden oder eidesstattlichen Versicherungen zuständig ist;

11. Straftaten gegen die Umwelt in den Fällen der §§ 324, 326, 330 und 330a, die im Bereich der deutschen ausschließlichen Wirtschaftszone begangen

werden, soweit völkerrechtliche Übereinkommen zum Schutze des Meeres ihre Verfolgung als Straftaten gestatten;

11a. Straftaten nach § 328 Abs. 2 Nr. 3 und 4, Abs. 4 und 5, auch in Verbindung mit § 330, wenn der Täter zur Zeit der Tat Deutscher ist;

12. Taten, die ein deutscher Amtsträger oder für den öffentlichen Dienst besonders Verpflichteter während eines dienstlichen Aufenthalts oder in Beziehung auf den Dienst begeht;

13. Taten, die ein Ausländer als Amtsträger oder für den öffentlichen Dienst besonders Verpflichteter begeht;

14. Taten, die jemand gegen einen Amtsträger, einen für den öffentlichen Dienst besonders Verpflichteten oder einen Soldaten der Bundeswehr während der Ausübung ihres Dienstes oder in Beziehung auf ihren Dienst begeht;

14a. Abgeordnetenbestechung (§ 108e), wenn der Täter zur Zeit der Tat Deutscher ist oder die Tat gegenüber einem Deutschen begangen wird;

15. Organ- und Gewebehandel (§ 18 des Transplantationsgesetzes), wenn der Täter zur Zeit der Tat Deutscher ist.

§ 6 Auslandstaten gegen international geschützte Rechtsgüter

Das deutsche Strafrecht gilt weiter, unabhängig vom Recht des Tatorts, für folgende Taten, die im Ausland begangen werden:

1. (weggefallen)

2. Kernenergie-, Sprengstoff- und Strahlungsverbrechen in den Fällen der §§ 307 und 308 Abs. 1 bis 4, des § 309 Abs. 2 und des § 310;

3. Angriffe auf den Luft- und Seeverkehr (§ 316c);

4. Menschenhandel zum Zweck der sexuellen Ausbeutung und zum Zweck der Ausbeutung der Arbeitskraft sowie Förderung des Menschenhandels (§§ 232 bis 233a);

5. unbefugter Vertrieb von Betäubungsmitteln;

6. Verbreitung pornographischer Schriften in den Fällen der §§ 184a, 184b Abs. 1 bis 3 und § 184c Abs. 1 bis 3, jeweils auch in Verbindung mit § 184d Satz 1;

7. Geld- und Wertpapierfälschung (§§ 146, 151 und 152), Fälschung von Zahlungskarten mit Garantiefunktion und Vordrucken für Euroschecks (§ 152b Abs. 1 bis 4) sowie deren Vorbereitung (§§ 149, 151, 152 und 152b Abs. 5);

8. Subventionsbetrug (§ 264);

9. Taten, die auf Grund eines für die Bundesrepublik Deutschland verbindlichen zwischenstaatlichen Abkommens auch dann zu verfolgen sind, wenn sie im Ausland begangen werden.

§ 7 Geltung für Auslandstaten in anderen Fällen

(1) Das deutsche Strafrecht gilt für Taten, die im Ausland gegen einen Deutschen begangen werden, wenn die Tat am Tatort mit Strafe bedroht ist oder der Tatort keiner Strafgewalt unterliegt.

(2) Für andere Taten, die im Ausland begangen werden, gilt das deutsche Strafrecht, wenn die Tat am Tatort mit Strafe bedroht ist oder der Tatort keiner Strafgewalt unterliegt und wenn der Täter

   1. zur Zeit der Tat Deutscher war oder es nach der Tat geworden ist oder

   2. zur Zeit der Tat Ausländer war, im Inland betroffen und, obwohl das Auslieferungsgesetz seine Auslieferung nach der Art der Tat zuließe, nicht ausgeliefert wird, weil ein Auslieferungsersuchen innerhalb angemessener Frist nicht gestellt oder abgelehnt wird oder die Auslieferung nicht ausführbar ist.

§ 9 Ort der Tat

(1) Eine Tat ist an jedem Ort begangen, an dem der Täter gehandelt hat oder im Falle des Unterlassens hätte handeln müssen oder an dem der zum Tatbestand gehörende Erfolg eingetreten ist oder nach der Vorstellung des Täters eintreten sollte.

(2) [1]Die Teilnahme ist sowohl an dem Ort begangen, an dem die Tat begangen ist, als auch an jedem Ort, an dem der Teilnehmer gehandelt hat oder

im Falle des Unterlassens hätte handeln müssen oder an dem nach seiner Vorstellung die Tat begangen werden sollte. [2]Hat der Teilnehmer an einer Auslandstat im Inland gehandelt, so gilt für die Teilnahme das deutsche Strafrecht, auch wenn die Tat nach dem Recht des Tatorts nicht mit Strafe bedroht ist.

§ 11 Personen- und Sachbegriffe

(3) Den Schriften stehen Ton- und Bildträger, Datenspeicher, Abbildungen und andere Darstellungen in denjenigen Vorschriften gleich, die auf diesen Absatz verweisen.

§ 13 Begehen durch Unterlassen

(1) Wer es unterläßt, einen Erfolg abzuwenden, der zum Tatbestand eines Strafgesetzes gehört, ist nach diesem Gesetz nur dann strafbar, wenn er rechtlich dafür einzustehen hat, daß der Erfolg nicht eintritt, und wenn das Unterlassen der Verwirklichung des gesetzlichen Tatbestandes durch ein Tun entspricht.

(2) Die Strafe kann nach § 49 Abs. 1 gemildert werden.

§ 25 Täterschaft

(1) Als Täter wird bestraft, wer die Straftat selbst begeht oder durch einen anderen begeht.

(2) Begehen mehrere die Straftat gemeinschaftliche, so wird jeder als Täter bestraft (Mittäter).

§ 26 Anstiftung

Als Anstifter wird gleich einem Täter bestraft, wer vorsätzlich einen anderen zu dessen vorsätzlich begangener rechtswidriger Tat bestimmt hat.

§ 27 Beihilfe

(1) Als Gehilfe wird bestraft, wer vorsätzlich einen anderen zu dessen vorsätzlich begangener rechtswidriger Tat Hilfe geleistet hat.

(2) [1]Die Strafe für den Gehilfen richtet sich nach der Strafdrohung für den Täter. [2]Sie ist nach § 49 Abs. 1 zu mildern.

§ 77 Antragsberechtigte

(1) Ist die Tat nur auf Antrag verfolgbar, so kann, soweit das Gesetz nichts anderes bestimmt, der Verletzte den Antrag stellen.

(2) [1]Stirbt der Verletzte, so geht sein Antragsrecht in den Fällen, die das Gesetz bestimmt, auf den Ehegatten, den Lebenspartner und die Kinder über. [2]Hat der Verletzte weder einen Ehegatten oder einen Lebenspartner noch Kinder hinterlassen oder sind sie vor Ablauf der Antragsfrist gestorben, so geht das Antragsrecht auf die Eltern und, wenn auch sie vor Ablauf der Antragsfrist gestorben sind, auf die Geschwister und die Enkel über. [3]Ist ein Angehöriger an der Tat beteiligt oder ist seine Verwandtschaft erloschen, so scheidet er bei dem Übergang des Antragsrechts aus. [4]Das Antragsrecht geht nicht über, wenn die Verfolgung dem erklärten Willen des Verletzten widerspricht.

(3) Ist der Antragsberechtigte geschäftsunfähig oder beschränkt geschäftsfähig, so können der gesetzliche Vertreter in den persönlichen Angelegenheiten und derjenige, dem die Sorge für die Person des Antragsberechtigten zusteht, den Antrag stellen.

(4) Sind mehrere antragsberechtigt, so kann jeder den Antrag selbständig stellen.

§ 78a Beginn

[1]Die Verjährung beginnt, sobald die Tat beendet ist. [2]Tritt ein zum Tatbestand gehörender Erfolg erst später ein, so beginnt die Verjährung mit diesem Zeitpunkt.

§ 126 Störung des öffentlichen Friedens durch Androhung von Straftaten

(1) Wer in einer Weise, die geeignet ist, den öffentlichen Frieden zu stören,

1. einen der in § 125a Satz 2 Nr. 1 bis 4 bezeichneten Fälle des Landesfriedensbruchs,

2. einen Mord (§ 211), Totschlag (§ 212) oder Völkermord (§ 6 des Völkerstrafgesetzbuches oder ein Kriegsverbrechen (§§ 8,9, 10, 11 oder 12 des Volkerstrafgesetzbuches),

3. eine schwere Körperverletzung (§ 226),

4. eine Straftat gegen die persönliche Freiheit in den Fällen des § 232 Abs. 3, 4 oder Abs. 5, des § 233 Abs. 3, jeweils soweit es sich um Verbrechen handelt, der §§ 234, 234a, 239a oder 239b,

5. einen Raub oder eine räuberische Erpressung (§§ 249 bis 251 oder 255),

6. ein gemeingefährliches Verbrechen in den Fällen der §§ 306 bis 306c oder 307 Abs. 1 bis 3, des § 308 Abs. 1 bis 3, des § 309 Abs. 1 bis 4, der §§ 313, 314 oder 315 Abs. 3, des § 315b Abs. 3, des § 316a Abs. 1 oder 3, des § 316c Abs. 1 oder 3 oder des § 318 Abs. 3 oder 4 oder

7. ein gemeingefährliches Vergehen in den Fällen des § 309 Abs. 6, des § 311 Abs. 1, des § 316b Abs. 1, des § 317 Abs. 1 oder des § 318 Abs.1

androht, wird mit Freiheitsstrafe bis zu drei Jahren oder mit Geldstrafe bestraft.

§ 130 Volksverhetzung

(1) Wer in einer Weise, die geeignet ist, den öffentlichen Frieden zu stören,

1. gegen eine nationale, rassische, religiöse oder durch ihre ethnische Herkunft bestimmte Gruppe, gegen Teile der Bevölkerung oder gegen einen Einzelnen wegen seiner Zugehörigkeit zu einer vorbezeichneten Gruppe oder zu einem Teil der Bevölkerung zum Hass aufstachelt, zu Gewalt- oder Willkürmaßnahmen auffordert oder

2. die Menschenwürde anderer dadurch angreift, dass er eine vorbezeichnete Gruppe, Teile der Bevölkerung oder einen Einzelnen wegen seiner Zugehörigkeit zu einer vorbezeichneten Gruppe oder zu einem Teil der Bevölkerung beschimpft, böswillig verächtlich macht oder verleumdet,

wird mit Freiheitsstrafe von drei Monaten bis zu fünf Jahren bestraft.

(2) Mit Freiheitsstrafe bis zu drei Jahren oder mit Geldstrafe wird bestraft, wer

1. Schriften (§ 11 Absatz 3), die zum Hass gegen eine vorbezeichnete Gruppe, Teile der Bevölkerung oder gegen einen Einzelnen wegen

seiner Zugehörigkeit zu einer vorbezeichneten Gruppe oder zu einem Teil der Bevölkerung aufstacheln, zu Gewalt- oder Willkürmaßnahmen gegen sie auffordern oder ihre Menschenwürde dadurch angreifen, dass sie beschimpft, böswillig verächtlich gemacht oder verleumdet werden,

a) verbreitet,

b) öffentlich ausstellt, anschlägt, vorführt oder sonst zugänglich macht,

c) einer Person unter achtzehn Jahren anbietet, überlässt oder zugänglich macht oder

d) herstellt, bezieht, liefert, vorrätig hält, anbietet, ankündigt, anpreist, einzuführen oder auszuführen unternimmt, um sie oder aus ihnen gewonnene Stücke im Sinne der Buchstaben a bis c zu verwenden oder einem anderen eine solche Verwendung zu ermöglichen, oder

2. eine Darbietung des in Nummer 1 bezeichneten Inhalts durch Rundfunk, Medien- oder Teledienste verbreitet.

(3) Mit Freiheitsstrafe bis zu fünf Jahren oder mit Geldstrafe wird bestraft, wer eine unter der Herrschaft des Nationalsozialismus begangene Handlung der in § 6 Abs. 1 des Völkerstrafgesetzbuches bezeichneten Art in einer Weise, die geeignet ist, den öffentlichen Frieden zu stören, öffentlich oder in einer Versammlung billigt, leugnet oder verharmlost.

(4) Mit Freiheitsstrafe bis zu drei Jahren oder mit Geldstrafe wird bestraft, wer öffentlich oder in einer Versammlung den öffentlichen Frieden in einer die Würde der Opfer verletzenden Weise dadurch stört, dass er die nationalsozialistische Gewalt- und Willkürherrschaft billigt, verherrlicht oder rechtfertigt.

(5) Absatz 2 gilt auch für Schriften (§ 11 Abs. 3) des in den Absätzen 3 und 4 bezeichneten Inhalts.

(6) In den Fällen des Absatzes 2, auch in Verbindung mit Absatz 5, und in den Fällen der Absätze 3 und 4 gilt § 86 Abs. 3 entsprechend.

§ 130a Anleitung zu Straftaten

(1) Wer eine Schrift (§ 11 Abs. 3), die geeignet ist, als Anleitung zu einer in § 126 Abs. 1 genannten rechtwidrigen Tat zu dienen, und nach ihrem Inhalt bestimmt ist, die Bereitschaft anderer zu fördern oder zu wecken, eine solche Tat zu begehen, verbreitet, öffentlich ausstellt, anschlägt, vorführt oder sonst zugänglich macht, wird mit Freiheitsstrafe bis zu drei Jahren oder mit Geldstrafe bestraft.

(2) Ebenso wird bestraft, wer

1. eine Schrift (§ 11 Abs. 3), die geeignet ist, als Anleitung zu einer in § 126 Abs. 1 genannten rechtswidrigen Tat zu dienen, verbreitet, öffentlich ausstellt, anschlägt, vorführt oder sonst zugänglich macht oder

2. öffentlich oder in einer Versammlung zu einer in § 126 Abs. 1 genannten rechtswidrigen Tat eine Anleitung gibt,

um die Bereitschaft anderer zu fördern oder zu wecken, eine solche Tat zu begehen.

(3) § 86 Abs. 3 gilt entsprechend.

§ 131 Gewaltdarstellung

(1) Wer Schriften (§ 11 Abs. 3), die grausame oder sonst unmenschliche Gewalttätigkeiten gegen Menschen oder menschenähnliche Wesen in einer Art schildern, die eine Verherrlichung oder Verharmlosung solcher Gewalttätigkeiten ausdrückt oder die das Grausame oder Unmenschliche des Vorgangs in einer die Menschenwürde verletzenden Weise darstellt,

1. verbreitet,

2. öffentlich ausstellt, anschlägt, vorführt oder sonst zugänglich macht,

3. einer Person unter achtzehn Jahren anbietet, überlässt oder zugänglich macht oder

4. herstellt, bezieht, liefert, vorrätig hält, anbietet, ankündigt, anpreist, einzuführen oder auszuführen unternimmt, um sie oder aus ihnen

gewonnene Stücke im Sinne der Nummern 1 bis 3 zu verwenden oder einem anderen eine solche Verwendung zu ermöglichen,

wird mit Freiheitsstrafe bis zu einem Jahr oder mit Geldstrafe bestraft.

(2) Ebenso wird bestraft, wer eine Darbietung des in Absatz 1 bezeichneten Inhalts durch Rundfunk, Medien- oder Teledienste verbreitet.

(3) Die Absätze 1 und 2 gelten nicht, wenn die Handlung der Berichterstattung über Vorgänge des Zeitgeschehens oder der Geschichte dient.

(4) Absatz 1 Nr. 3 ist nicht anzuwenden, wenn der zur Sorge für die Person Berechtigte handelt; dies gilt nicht, wenn der Sorgeberechtigte durch das Anbieten, Überlassen oder Zugänglichmachen seine Erziehungspflicht gröblich verletzt.

§ 168 Störung der Totenruhe

(1) Wer unbefugt aus dem Gewahrsam des Berechtigten den Körper oder Teile des Körpers eines verstorbenen Menschen, eine tote Leibesfrucht, Teile einer solchen oder die Asche eines verstorbenen Menschen wegnimmt oder wer daran beschimpfenden Unfug verübt, wird mit Freiheitsstrafe bis zu drei Jahren oder mit Geldstrafe bestraft.

(2) Ebenso wird bestraft, wer eine Aufbahrungsstätte, Beisetzungsstätte oder öffentliche Totengedenkstätte zerstört oder beschädigt oder wer dort beschimpfenden Unfug verübt.

(3) Der Versuch ist strafbar.

§ 184 Verbreitung pornographischer Schriften

(1) Wer pornographische Schriften (§ 11 Abs. 3)

1. einer Person unter achtzehn Jahren anbietet, überlässt oder zugänglich macht,

2. an einem Ort, der Personen unter achtzehn Jahren zugänglich ist oder von ihnen eingesehen werden kann, ausstellt, anschlägt, vorführt oder sonst zugänglich macht,

3. im Einzelhandel außerhalb von Geschäftsräumen, in Kiosken oder anderen Verkaufsstellen, die der Kunde nicht zu betreten pflegt, im

Versandhandel oder in gewerblichen Leihbüchereien oder Lesezirkeln einem anderen anbietet oder überlässt,

3a. im Wege gewerblicher Vermietung oder vergleichbarer gewerblicher Gewährung des Gebrauchs, ausgenommen in Ladengeschäften, die Personen unter achtzehn Jahren nicht zugänglich sind und von ihnen nicht eingesehen werden können, einem anderen anbietet oder überlässt,

§ 184b Verbreitung, Erwerb und Besitz kinderpornographischer Schriften

(1) Wer pornographische Schriften (§ 11 Abs. 3), die sexuelle Handlungen von, an oder vor Kindern (§ 176 Abs. 1) zum Gegenstand haben (kinderpornographische Schriften),

1. verbreitet,

2. öffentlich ausstellt, anschlägt, vorführt oder sonst zugänglich macht oder

3. herstellt, bezieht, liefert, vorrätig hält, anbietet, ankündigt, anpreist, einzuführen oder auszuführen unternimmt, um sie oder aus ihnen gewonnene Stücke im Sinne der Nummer 1 oder Nummer 2 zu verwenden oder einem anderen eine solche Verwendung zu ermöglichen,

wird mit Freiheitsstrafe von drei Monaten bis zu fünf Jahren bestraft.

(2) Ebenso wird bestraft, wer es unternimmt, einem anderen den Besitz von kinderpornographischen Schriften zu verschaffen, die ein tatsächliches oder wirklichkeitsnahes Geschehen wiedergeben.

(3) In den Fällen des Absatzes 1 oder des Absatzes 2 ist auf Freiheitsstrafe von sechs Monaten bis zu zehn Jahren zu erkennen, wenn der Täter gewerbsmäßig oder als Mitglied einer Bande handelt, die sich zur fortgesetzten Begehung solcher Taten verbunden hat, und die kinderpornographischen Schriften ein tatsächliches oder wirklichkeitsnahes Geschehen wiedergeben.

(4) Wer es unternimmt, sich den Besitz von kinderpornographischen Schriften zu verschaffen, die ein tatsächliches oder wirklichkeitsnahes Geschehen wiedergeben, wird mit Freiheitsstrafe bis zu zwei Jahren oder mit

Geldstrafe bestraft. Ebenso wird bestraft, wer die in Satz 1 bezeichneten Schriften besitzt.

(5) Die Absätze 2 und 4 gelten nicht für Handlungen, die ausschließlich der Erfüllung rechtmäßiger dienstlicher oder beruflicher Pflichten dienen.

(6) In den Fällen des Absatzes 3 ist § 73d anzuwenden. Gegenstände, auf die sich eine Straftat nach Absatz 2 oder Absatz 4 bezieht, werden eingezogen. § 74a ist anzuwenden.

§ 185 Beleidigung

Die Beleidigung wird mit Freiheitsstrafe bis zu einem Jahr oder mit Geldstrafe und, wenn die Beleidigung mittels einer Tätlichkeit begangen wird, mit Freiheitsstrafe bis zu zwei Jahren oder mit Geldstrafe bestraft.

§ 189 Verunglimpfung des Andenkens Verstorbener

Wer das Andenken eines Verstorbenen verunglimpft, wird mit Freiheitsstrafe bis zu zwei Jahren oder mit Geldstrafe bestraft.

§ 192 Beleidigung trotz Wahrheitsbeweises

Der Beweis der Wahrheit der behaupteten oder verbreiteten Tatsache schließt die Bestrafung nach § 185 nicht aus, wenn das Vorhandensein einer Beleidigung aus der Form der Behauptung oder Verbreitung oder aus den Umständen, unter welchen sie geschah, hervorgeht.

§ 201 Verletzung der Vertraulichkeit des Wortes

(1) Mit Freiheitsstrafe bis zu drei Jahren oder mit Geldstrafe wird bestraft, wer unbefugt

1. das nichtöffentlich gesprochene Wort eines anderen auf einem Tonträger aufnimmt oder

2. eine so hergestellte Aufnahme gebraucht oder einem anderen zugänglich macht.

(2) [1]Ebenso wird bestraft, wer unbefugt

1. das nicht zu seiner Kenntnis bestimmte nichtöffentlich gesprochene Wort eines anderen mit einem Abhörgerät abhört oder

2. das nach Absatz 1 Nr. 1 aufgenommene oder nach Absatz 2 Nr. 1 abgehörte nichtöffentlich gesprochene Wort eines anderen im Wortlaut oder seinem wesentlichen Inhalt nach öffentlich mitteilt

[2]Die Tat nach Satz 1 Nr. 2 ist nur strafbar, wenn die öffentliche Mitteilung geeignet ist, berechtigte Interessen eines anderen zu beeeinträchtigen. [3]Sie ist nicht rechtswidrig, wenn die öffentliche Mitteilung zur Wahrnehmung überragender öffentlicher Interessen gemacht wird.

(3) Mit Freiheitsstrafe bis zu fünf Jahren oder mit Geldstrafe wird bestraft, wer als Amtsträger oder als für den öffentlichen Dienst besonders Verpflichteter die Vertraulichkeit des Wortes verletzt (Absätze 1 und 2).

(4) Der Versuch ist strafbar.

(5) [1]Die Tonträger und Abhörgeräte, die der Täter oder Teilnehmer verwendet hat, können eingezogen werden. [2]§ 74a ist anzuwenden.

§ 201a Verletzung des höchstpersönlichen Lebensbereichs durch Bildaufnahmen

(1) Wer von einer anderen Person, die sich in einer Wohnung oder einem gegen Einblick besonders geschützten Raum befindet, unbefugt Bildaufnahmen herstellt oder überträgt und dadurch deren höchstpersönlichen Lebensbereich verletzt, wird mit Freiheitsstrafe bis zu einem Jahr oder mit Geldstrafe bestraft.

(2) Ebenso wird bestraft, wer eine durch eine Tat nach Absatz 1 hergestellte Bildaufnahme gebraucht oder einem Dritten zugänglich macht.

(3) Wer eine befugt hergestellte Bildaufnahme von einer anderen Person, die sich in einer Wohnung oder einem gegen Einblick besonders geschützten Raum befindet, wissentlich unbefugt einem Dritten zugänglich macht und dadurch deren höchstpersönlichen Lebensbereich verletzt, wird mit Freiheitsstrafe bis zu einem Jahr oder mit Geldstrafe bestraft.

(4) [1]Die Bildträger sowie Bildaufnahmegeräte oder andere technische Mittel, die der Täter oder Teilnehmer verwendet hat, können eingezogen werden. [2]§ 74a ist anzuwenden.

§ 203 Verletzung von Privatgeheimnissen

(1) Wer unbefugt ein fremdes Geheimnis, namentlich ein zum persönlichen Lebensbereich gehörendes Geheimnis oder ein Betriebs- oder Geschäftsgeheimnis, offenbart, das ihm als

1. Arzt, Zahnarzt, Tierarzt, Apotheker oder Angehörigen eines anderen Heilberufs, der für die Berufsausübung oder die Führung der Berufsbezeichnung eine staatlich geregelte Ausbildung erfordert,

2. Berufspsychologen mit staatlich anerkannter wissenschaftlicher Abschlußprüfung,

3. Rechtsanwalt, Patentanwalt, Notar, Verteidiger in einem gesetzlich geordneten Verfahren, Wirtschaftsprüfer, vereidigtem Buchprüfer, Steuerberater, Steuerbevollmächtigten oder Organ oder Mitglied eines Organs einer Rechtsanwalts-, Patentanwalts-, Wirtschaftsprüfungs-, Buchprüfungs- oder Steuerberatungsgesellschaft,

4. Ehe-, Familien-, Erziehungs- oder Jugendberater sowie Berater für Suchtfragen in einer Beratungsstelle, die von einer Behörde oder Körperschaft, Anstalt oder Stiftung des öffentlichen Rechts anerkannt ist.

4a. Mitglied oder Beauftragten einer anerkannten Beratungsstelle nach den §§ 3 und 8 des Schwangerschaftskonfliktgesetzes,

5. staatlich anerkanntem Sozialarbeiter oder staatlich anerkanntem Sozialpädagogen oder

6. Angehörigen eines Unternehmens der privaten Kranken-, Unfall- oder Lebensversicherung oder einer privatärztlichen, steuerberaterlichen oder anwaltlichen Verrechnungsstelle

anvertraut worden oder sonst bekanntgeworden ist, wird mit Freiheitsstrafe bis zu einem Jahr oder mit Geldstrafe bestraft.

(2) Ebenso wird bestraft, wer unbefugt ein fremdes Geheimnis, namentlich ein zum persönlichen Lebensbereich gehörendes Geheimnis oder ein Betriebs- oder Geschäftsgeheimnis, offenbart, das ihm als

1. Amtsträger,

2. für den öffentlichen Dienst besonders Verpflichteten,

3. Person, die Aufgaben oder Befugnisse nach dem Personalvertretungsrecht wahrnimmt,

4. Mitglied eines für ein Gesetzgebungsorgan des Bundes oder eines Landes tätigen Untersuchungsausschusses, sonstigen Ausschusses oder Rates, das nicht selbst Mitglied des Gesetzgebungsorgans ist, oder als Hilfskraft eines solchen Ausschusses oder Rates,

5. öffentlich bestelltem Sachverständigen, der auf die gewissenhafte Erfüllung seiner Obliegenheiten auf Grund eines Gesetzes förmlich verpflichtet worden ist, oder

6. Person, die auf die gewissenhafte Erfüllung ihrer Geheimhaltungspflicht bei der Durchführung wissenschaftlicher Forschungsvorhaben auf Grund eines Gesetzes förmlich verpflichtet worden ist,

anvertraut worden oder sonst bekanntgeworden ist. Einem Geheimnis im Sinne des Satzes 1 stehen Einzelangaben über persönliche oder sachliche Verhältnisse eines anderen gleich, die für Aufgaben der öffentlichen Verwaltung erfaßt worden sind; Satz 1 ist jedoch nicht anzuwenden, soweit solche Einzelangaben anderen Behörden oder sonstigen Stellen für Aufgaben der öffentlichen Verwaltung bekanntgegeben werden und das Gesetz dies nicht untersagt.

(2a) Die Absätze 1 und 2 gelten entsprechend, wenn ein Beauftragter für den Datenschutz unbefugt ein fremdes Geheimnis im Sinne dieser Vorschriften offenbart, das einem in den Absätzen 1 und 2 Genannten in dessen beruflicher Eigenschaft anvertraut worden oder sonst bekannt geworden ist und von dem er bei der Erfüllung seiner Aufgaben als Beauftragter für den Datenschutz Kenntnis erlangt hat.

(3) Einem in Absatz 1 Nr. 3 genannten Rechtsanwalt stehen andere Mitglieder einer Rechtsanwaltskammer gleich. Den in Absatz 1 und Satz 1 Genannten stehen ihre berufsmäßig tätigen Gehilfen und die Personen gleich, die bei ihnen zur Vorbereitung auf den Beruf tätig sind. Den in Absatz 1 und den in Satz 1 und 2 Genannten steht nach dem Tod des zur Wahrung des Geheimnisses Verpflichteten ferner gleich, wer das Geheimnis von dem Verstorbenen oder aus dessen Nachlaß erlangt hat.

(4) Die Absätze 1 bis 3 sind auch anzuwenden, wenn der Täter das fremde Geheimnis nach dem Tod des Betroffenen unbefugt offenbart.

(5) Handelt der Täter gegen Entgelt oder in der Absicht, sich oder einen anderen zu bereichern oder einen anderen zu schädigen, so ist die Strafe Freiheitsstrafe bis zu zwei Jahren oder Geldstrafe.

§ 205 Strafantrag

(1) [1]In den Fällen des § 201 Abs. 1 und 2 und der §§ 201a, 202, 203 und 204 wird die Tat nur auf Antrag verfolgt. [2]Dies gilt auch in den Fällen der §§ 202a und 202b, es sei denn, dass die Strafverfolgungsbehörde wegen des besonderen öffentlichen Interesses an der Strafverfolgung ein Einschreiten von Amts wegen für geboten hält.

(2) [1]Stirbt der Verletzte, so geht das Antragsrecht nach § 77 Abs. 2 auf die Angehörigen über; dies gilt nicht in den Fällen der §§ 202a und 202b. [2]Gehört das Geheimnis nicht zum persönlichen Lebensbereich des Verletzten, so geht das Antragsrecht bei Straftaten nach den §§ 203 und 204 auf die Erben über. [3]Offenbart oder verwertet der Täter in den Fällen der §§ 203 und 204 das Geheimnis nach dem Tod des Betroffenen, so gelten die Sätze 1 und 2 sinngemäß.

Anhang 30

Einführungsgesetz zum Strafgesetzbuch (EGStGB) vom 2. März 1974 in der Fassung vom 22. Dezember 2010

-Auszüge-

Art. 1 Geltung des Allgemeinen Teils

(1) Die Vorschriften des Allgemeinen Teils des Strafgesetzbuches gelten für das bei seinem Inkrafttreten bestehende und das zukünftige Bundesrecht, soweit das Gesetz nichts anderes bestimmt.

(2) [1]Die Vorschriften des Allgemeinen Teils des Strafgesetzbuches gelten auch für das bei seinem Inkrafttreten bestehende und das zukünftige Landesrecht. [2]Sie gelten nicht, soweit das Bundesrecht besondere Vorschriften des Landesrechts zulässt und das Landesrecht derartige Vorschriften enthält.

Anhang 31

Strafprozessordnung vom 7. April 1987 in der Fassung vom 22. Dezember 2010

-Auszüge-

§ 7 Gerichtsstand

(1) Der Gerichtsstand ist bei dem Gericht begründet, in dessen Bezirk die Straftat begangen ist.

(2) Wird die Straftat durch den Inhalt einer im Geltungsbereich dieses Bundesgesetzes erschienenen Druckschrift verwirklicht, so ist als das nach Absatz 1 zuständige Gericht nur das Gericht anzusehen, in dessen Bezirk die Druckschrift erschienen ist. Jedoch ist in den Fällen der Beleidigung, sofern die Verfolgung im Wege der Privatklage stattfindet, auch das Gericht, in dessen Bezirk die Druckschrift verbreitet worden ist, zuständig, wenn in diesem Bezirk die beleidigte Person ihren Wohnsitz oder gewöhnlichen Aufenthalt hat.

§ 68a

(1) Fragen nach Tatsachen, die dem Zeugen oder einer Person, die im Sinne des § 52 Abs. 1 sein Angehöriger ist, zur Unehre gereichen können oder deren persönlichen Lebensbereich betreffen, sollen nur gestellt werden, wenn es unerläßlich ist.

(2) Fragen nach Umständen, die die Glaubwürdigkeit des Zeugen in der vorliegenden Sache betreffen, insbesondere nach seinen Beziehungen zu dem Beschuldigten oder der verletzten Person, sind zu stellen, soweit dies erforderlich ist. Der Zeuge soll nach Vorstrafen nur gefragt werden, wenn ihre Feststellung notwendig ist, um über das Vorliegen der Voraussetzungen des § 60 Nr. 2 zu entscheiden oder um seine Glaubwürdigkeit zu beurteilen.

§ 100c Maßnahmen ohne Wissen des Betroffenen

(1) Auch ohne Wissen der Betroffenen darf das in einer Wohnung nichtöffentlich gesprochene Wort mit technischen Mitteln abgehört und aufgezeichnet werden, wenn

1. bestimmte Tatsachen den Verdacht begründen, dass jemand als Täter oder Teilnehmer eine in Absatz 2 bezeichnete besonders schwere Straftat begangen oder in Fällen, in denen der Versuch strafbar ist, zu begehen versucht hat,

2. die Tat auch im Einzelfall besonders schwer wiegt,

3. aufgrund tatsächlicher Anhaltspunkte anzunehmen ist, dass durch die Überwachung Äußerungen des Beschuldigten erfasst werden, die für die Erforschung des Sachverhalts oder die Ermittlung des Aufenthaltsortes eines Mitbeschuldigten von Bedeutung sind, und

4. die Erforschung des Sachverhalts oder die Ermittlung des Aufenthaltsortes eines Mitbeschuldigten auf andere Weise unverhältnismäßig erschwert oder aussichtslos wäre.

§ 152

(1) Zur Erhebung der öffentlichen Klage ist die Staatsanwaltschaft berufen.

(2) Sie ist, soweit nicht gesetzlich ein anderes bestimmt ist, verpflichtet, wegen aller verfolgbaren Straftaten einzuschreiten, sofern zureichende tatsächliche Anhaltspunkte vorliegen.

§ 153c

(1) [1]Die Staatsanwaltschaft kann von der Verfolgung von Straftaten absehen,

1. die außerhalb des räumlichen Geltungsbereichs dieses Gesetzes begangen sind oder die ein Teilnehmer an einer außerhalb des räumlichen Geltungsbereichs dieses Gesetzes begangenen Handlung in diesem Bereich begangen hat,

2. die ein Ausländer im Inland auf einem ausländischen Schiff oder Luftfahrzeug begangen hat,

3. wenn in den Fällen der §§ 129 und 129a, jeweils auch in Verbindung mit § 129b Abs. 1, des Strafgesetzbuches die Vereinigung nicht oder nicht überwiegend im Inland besteht und die im Inland begangenen Beteiligungshandlungen von untergeordneter Bedeutung sind oder sich auf die bloße Mitgliedschaft beschränken.

[2]Für Taten, die nach dem Völkerstrafgesetzbuch strafbar sind, gilt § 153f.

(2) Die Staatsanwaltschaft kann von der Verfolgung einer Tat absehen, wenn wegen der Tat im Ausland schon eine Strafe gegen den Beschuldigten vollstreckt worden ist und die im Inland zu erwartende Strafe nach Anrechnung der ausländischen nicht ins Gewicht fiele oder der Beschuldigte wegen der Tat im Ausland rechtskräftig freigesprochen worden ist.

(3) Die Staatsanwaltschaft kann auch von der Verfolgung von Straftaten absehen, die im räumlichen Geltungsbereich dieses Gesetzes durch eine außerhalb dieses Bereichs ausgeübte Tätigkeit begangen sind, wenn die Durchführung des Verfahrens die Gefahr eines schweren Nachteils für die Bundesrepublik Deutschland herbeiführen würde oder wenn der Verfolgung sonstige überwiegende öffentliche Interessen entgegenstehen.

(4) Ist die Klage bereits erhoben, so kann die Staatsanwaltschaft in den Fällen des Absatzes 1 Nr. 1, 2 und des Absatzes 3 die Klage in jeder Lage des Verfahrens zurücknehmen und das Verfahren einstellen, wenn die Durchführung des Verfahrens die Gefahr eines schweren Nachteils für die Bundesrepublik Deutschland herbeiführen würde oder wenn der Verfolgung sonstige überwiegende öffentliche Interessen entgegenstehen.

(5) Hat das Verfahren Straftaten der in § 74a Abs. 1 Nr. 2 bis 6 und § 120 Abs. 1 Nr. 2 bis 7 des Gerichtsverfassungsgesetzes bezeichneten Art zum Gegenstand, so stehen diese Befugnisse dem Generalbundesanwalt zu.

§ 374 Zulässigkeit; Klageberechtigte

(1) Im Wege der Privatklage können vom Verletzten verfolgt werden, ohne dass es einer vorgängigen Anrufung der Staatsanwaltschaft bedarf,

(.....)

eine Straftat nach § 142 Abs. 1 des Patentgesetzes, § 25 Abs. 1 des Gebrauchsmustergesetzes, § 10 Abs. 1 des Halbleiterschutzgesetzes, § 39 Abs. 1 des Sortenschutzgesetzes, § 143 Abs. 1, § 143a Abs. 1 und § 144 Abs. 1 und 2 des Markengesetzes, § 51 Abs. 1 und § 65 Abs. 1 des Geschmacksmustergesetzes, den §§ 106 bis 108 sowie § 108b Abs. 1 und 2 des Urheberrechtsgesetzes und § 33 des Gesetzes betreffend das Urheberrecht an Werken der bildenden Künste und der Photographie.

(2) [1]Die Privatklage kann auch erheben, wer neben dem Verletzten oder an seiner Stelle berechtigt ist, Strafantrag zu stellen. [2]Die in § 77 Abs. 2 des

Strafgesetzbuches genannten Personen können die Privatklage auch dann erheben, wenn der vor ihnen Berechtigte den Strafantrag gestellt hat.

(3) Hat der Verletzte einen gesetzlichen Vertreter, so wird die Befugnis zur Erhebung der Privatklage durch diesen und, wenn Körperschaften, Gesellschaften und andere Personenvereine, die als solche in bürgerlichen Rechtsstreitigkeiten klagen können, die Verletzten sind, durch dieselben Personen wahrgenommen, durch die sie in bürgerlichen Rechtsstreitigkeiten vertreten werden.

Anhang 32

Richtlinie 95/46/EG des Europäischen Parlaments und des Rates vom 24. Oktober 1995 zum Schutz natürlicher Personen bei der Verarbeitung personenbezogener Daten und zum freien Datenverkehr, ABl. Nr. L 281 com 23/11/1995, S. 0031-0050

-Auszüge-

Art. 1 Gegenstand der Richtlinie

(1) Die Mitgliedstaaten gewährleisten nach den Bestimmungen dieser Richtlinie den Schutz der Grundrechte und Grundfreiheiten und insbesondere den Schutz der Privatsphäre natürlicher Personen bei der Verarbeitung personenbezogener Daten.

(2) Die Mitgliedstaaten beschränken oder untersagen nicht den freien Verkehr personenbezogener Daten zwischen Mitgliedsstaaten aus Gründen des gemäß Abs. 1 gewährleisteten Schutzes.

Art. 2 Begriffsbestimmungen

Im Sinne dieser Richtlinie bezeichnet der Ausdruck

a) „personenbezogene Daten“ alle Informationen über eine bestimmte oder bestimmbare natürliche Person („betroffene Person“); als bestimmbar wird eine Person angesehen, die direkt oder indirekt identifiziert werden kann, insbesondere durch Zuordnung zu einer Kennnummer oder zu einem oder mehreren spezifischen Elementen, die Ausdruck ihrer physischen, physiologischen, psychischen, wirtschaftlichen, kulturellen oder sozialen Identität sind.

Anhang 33

Convention on Cybercrime

-Auszüge-

Art. 22 – Gerichtsbarkeit

(1) Jede Vertragspartei trifft die erforderlichen gesetzgeberischen und anderen Maßnahmen, um ihre Gerichtsbarkeit über die (...) Straftaten zu begründen, wenn die Straftat wie folgt begangen wird:

a) in ihrem Hoheitsgebiet;

b) an Bord eines Schiffes, das die Flagge dieser Vertragspartei führt;

c) an Bord eines Luftfahrzeuges, das nach dem Recht dieser Vertragspartei eingetragen ist, oder

d) von einem ihrer Staatsangehörigen, wenn die Straftat nach dem am Tatort geltenden Recht strafbar ist oder die Straftat außerhalb des Hoheitsbereichs irgendeines Staates begangen wird.

(2) Jede Vertragspartei kann sich das Recht vorbehalten, die in Absatz 1 Buchsatben b) bis d) oder in Teilen davon enthaltenen Vorschriften in Bezug auf die Gerichtsbarkeit nicht oder nur in bestimmten Fällen oder unter bestimmten Bedingungen anzuwenden.

(3) Jede Vertragspartei trifft die erforderlichen Maßnahmen, um ihre Gerichtsbarkeit über die in Art. 24 Abs. 1 bezeichneten Straftaten in den Fällen zu begründen, in denen sich eine verdächtige Person in ihrem Hoheitsgebiet befindet und sie sie, nachdem ein Auslieferungsersuchen gestellt worden ist, nur deshalb nicht an eine andere Vertragspartei ausliefert, weil sie ihre Staatsangehörige ist.

(4) Dieses Übereinkommen schließt die Ausübung einer Strafgerichtsbarkeit durch eine Vertragspartei nach ihrem innerstaatlichen Recht nicht aus.

(5) Wird die Gerichtsbarkeit für eine mutmaßliche Straftat, die nach diesem Übereinkommen umschrieben ist, von mehr als einer Vertragspartei geltend gemacht, so konsultieren die beteiligten Vertragsparteien einander, soweit angebracht, um für die Strafverfolgung geeignetste Gerichtsbarkeit zu bestimmen.

Anhang 34

Gerichtsverfassungsgesetz vom 9. Mai 1975 in der Fassung vom 22. Dezember 2010

-Auszüge-

§ 171b

(1) [1]Die Öffentlichkeit kann ausgeschlossen werden, soweit Umstände aus dem persönlichen Lebensbereich eines Prozeßbeteiligten, Zeugen oder durch eine rechtswidrige Tat (§ 11 Abs. 1 Nr. 5 des Strafgesetzbuches) Verletzten zur Sprache kommen, deren öffentliche Erörterung schutzwürdige Interessen verletzen würde, soweit nicht das Interesse an der öffentlichen Erörterung dieser Umstände überwiegt. [2]Dies gilt nicht, soweit die Personen, deren Lebensbereiche betroffen sind, in der Hauptverhandlung dem Ausschluß der Öffentlichkeit widersprechen.

(2) Die Öffentlichkeit ist auszuschließen, wenn die Voraussetzungen des Absatzes 1 Satz 1 vorliegen und der Ausschluß von der Person, deren Lebensbereich betroffen ist, beantragt wird.

(3) Die Entscheidungen nach den Absätzen 1 und 2 sind unanfechtbar.

Schriften zum Medien-, Urheber- und Wirtschaftsrecht

Herausgegeben von Prof. Dr. Georgios Gounalakis

Band 1 Thomas Lang: Immaterialgüterrechtliche Lizenzierung und kartellrechtliche Verhaltenskontrolle. Eine Untersuchung der Reichweite gemeinschaftskartellrechtlicher Eingriffsbefugnisse in Immaterialgüterrechtspositionen vor dem Hintergrund der schutzrechtsspezifischen wettbewerblichen Ausschließlichkeit. 2009.

Band 2 Anna-Karina Bonacker: Der Widerruf von Fernabsatzverträgen am Beispiel der Internetauktion eBay. 2009.

Band 3 Rainer Jürgen Scharf: Der unbefristete Widerruf internetbasierter Verträge. Zugleich ein Beitrag zur Dogmatik des § 355 BGB. 2009.

Band 4 Sebastian Gorski: Effizienz, Wahlfreiheit und Gleichbehandlung? Eine Untersuchung der Einführung von Wettbewerb zwischen musikalischen Verwertungsgesellschaften durch die Europäische Kommission. 2009.

Band 5 Daniel Walter: Die rechtliche Behandlung der Erbringung unbestellter Leistungen nach § 241a BGB. 2009.

Band 6 Richard Helwig: Die Kompetenz der Europäischen Gemeinschaft zur Schaffung eines europäischen Medienkonzentrationsrechts. Notwendigkeit, Voraussetzungen und Reichweite einer möglichen Regulierung zur Sicherung von Medien- und Meinungsvielfalt in Europa. 2009.

Band 7 Bettina Yunis: Alternative Streitbeilegung über elektronische Datennetze. 2011.

Band 8 Andreas Walter: Störerhaftung bei Handeln Dritter. 2011.

Band 9 Andreas Zenner: Die zivilrechtliche Verantwortlichkeit des Abschlussprüfers für den Bestätigungsvermerk. 2011.

Band 10 Kristine Wagner: Die Privatkopie als urheberrechtliche Schrankenregelung. 2011.

Band 11 Ina Lutz: Testierfreiheit und Pflichtteilsrecht im spanischen *Código Civil* im Vergleich mit dem deutschen Bürgerlichen Gesetzbuch. Unter besonderer Berücksichtigung von Immobilienerbschaften. 2011.

Band 12 Heiko Drebes: „Datenschutz" für Unternehmen im B2B? Schutz der Daten des geschäftlichen E-Business im Spannungsfeld zwischen technisch-organisatorischer und rechtlicher Regulierung. 2012.

Band 13 Heiko Zimmer: Zugriff auf Internetzugangsdaten. Unter besonderer Berücksichtigung der Verhältnismäßigkeit einer verdachtsunabhängigen Vorratsdatenspeicherung. Eine Interessenabwägung zwischen Datenschutz, Strafverfolgung und Urheberrecht im Internet. 2012.

Band 14 Ricarda Leffler: Der strafrechtliche Schutz des Rechts am eigenen Bild vor dem neuen Phänomen des Cyber-Bullying. Eine Untersuchung der Normanwendungs- und Auslegungsprobleme der strafrechtlichen Bildnisschutzvorschriften bei deren Verletzung im Rahmen von Internetdelikten. 2012.

www.peterlang.de

Florian Hengst

Der strafrechtliche Schutz des Rechts am eigenen Bild (§ 201a StGB)

Frankfurt am Main, Berlin, Bern, Bruxelles, New York, Oxford, Wien, 2012.
XX, 237 S.
Europäische Hochschulschriften. Reihe 2: Rechtswissenschaft. Bd. 5340
ISBN 978-3-631-62384-8 · br. € 52,80*

Wer einen Blick in einschlägige Boulevard-Medien wirft, wird erschlagen von Bildern bekannter und unbekannter Personen in ihrem Privatbereich. Unabhängig von einer moralischen oder rechtlichen Bewertung wird hieran eines deutlich: Es scheint ein besonderes Interesse daran zu bestehen, Einblicke in das Privatleben Dritter zu erhalten. Einleitend mit einer Erörterung der historischen Entwicklung des Bildnisschutzes in Deutschland stellt diese Abhandlung den Schutz des Rechts am eigenen Bild vor dem Hintergrund der Einführung des § 201a StGB dar. Ziel der Untersuchung ist zu ergründen, ob hinsichtlich der Ausweitung des Bildnisschutzes – neben dem bereits bestehenden zivil- und strafrechtlichen Schutz außerhalb des Kernstrafrechts – ein zusätzliches Pönalisierungserfordernis vorliegt und ob die Ausgestaltung des § 201a StGB zu überzeugen vermag.

Aus dem Inhalt: Zivil- und strafrechtlicher Bildnisschutz nach dem Kunsturhebergesetz und Stellung des Bildnisschutzes im Rahmen des allgemeinen Persönlichkeitsrechts · Die historische Entwicklung des Bildnisschutzes · Inhalt und Grenzen des Kunsturhebergesetzes · Schranken des Bildnisschutzes im Kunsturhebergesetz · Die Entscheidung „Caroline von Monaco" des Europäischen Gerichtshofs für Menschenrechte vom 24. Juni 2004 · Das Recht am eigenen Bild als besonderes Persönlichkeitsrecht · Das zivilrechtliche allgemeine Persönlichkeitsrecht · Das verfassungsrechtliche allgemeine Persönlichkeitsrecht · Strafrechtliche Folgen einer Rechtsverletzung nach dem Kunsturhebergesetz (§ 33 KunstUrhG) · Strafrechtlicher Bildnisschutz nach § 201a StGB

*inklusive der in Deutschland gültigen Mehrwertsteuer. Preisänderungen vorbehalten

Frankfurt am Main · Berlin · Bern · Bruxelles · New York · Oxford · Wien
Auslieferung: Verlag Peter Lang AG
Moosstr. 1, CH-2542 Pieterlen
Telefax 0041(0)32/3761727
E-Mail info@peterlang.com

www.ingramcontent.com/pod-product-compliance
Ingram Content Group UK Ltd.
Pitfield, Milton Keynes, MK11 3LW, UK
UKHW021826290926
8980IPUK00004B/289